混凝土桥

赵人达　占玉林 ◎ 主编

西南交通大学出版社
·成　都·

图书在版编目（CIP）数据

混凝土桥 / 赵人达，占玉林主编. -- 成都：西南交通大学出版社，2025.2
ISBN 978-7-5643-9710-4

Ⅰ. ①混… Ⅱ. ①赵… ②占… Ⅲ. ①混凝土建筑物 – 桥梁工程 – 高等学校 – 教材 Ⅳ. ①U448.33

中国国家版本馆 CIP 数据核字（2024）第 037422 号

Hunningtu Qiao
混凝土桥

赵人达　占玉林 / 主编

策划编辑 / 胡　军
责任编辑 / 杨　勇
封面设计 / 曹天擎

西南交通大学出版社出版发行
（四川省成都市金牛区二环路北一段 111 号西南交通大学创新大厦 21 楼　610031）
发行部电话：028-87600564　　028-87600533
网址：http://www.xnjdcbs.com
印刷：郫县犀浦印刷厂

成品尺寸　185 mm×260 mm
印张　24.25　　字数　606 千
版次　2025 年 2 月第 1 版　　印次　2025 年 2 月第 1 次

书号　ISBN 978-7-5643-9710-4
定价　75.00 元

课件咨询电话：028-81435775
图书如有印装质量问题　本社负责退换
版权所有　盗版必究　举报电话：028-87600562

PREFACE 前言

本书系根据2019版新的人才培养方案编写，混凝土桥为土木工程专业桥梁工程方向的专业核心课程，主要介绍混凝土桥的适用范围和发展应用概况，混凝土简支梁桥、连续梁桥、刚构桥、拱桥、桥梁支座和桥梁下部结构——墩台的构造原理、设计计算理论和施工方法。为了便于相关技术人员参考，兼顾内容的完整性，本书还简要介绍了混凝土桥规划与设计、桥梁设计作用、混凝土桥面系、混凝土斜拉桥和悬索桥的构造、设计与施工要点。考虑土木工程专业人才培养特点，本书涵盖了公路、铁路混凝土桥设计计算的相关基础知识。

本书获西南交通大学全日制本科教育教材建设项目资助，编写工作由赵人达、占玉林全面负责。编写工作分工如下：第1章由赵人达编写；第2章由占玉林编写；第3章由勾红叶编写；第4章由黄胜前编写；第5章由邵长江编写；第6章由施洲编写；第7章由贾宏宇编写；第8章由陈远久编写；第9章由周厚斌编写；在编写过程中桥梁工程系混凝土桥教学团队指导的部分研究生参与了书稿的校对工作；全书由赵人达、占玉林统稿。

为了便于读者学习参考又少占纸质篇幅，本书结合新形态方式出版，目录中加"*"号部分内容提供相应数字资源，读者可通过扫描二维码提取。

书中若有疏漏和不当之处，敬请同行专家和读者不吝指正。

编 者

2024年8月

CONTENTS 目录

第 1 章 绪 论 ·· 001
  1.1 混凝土桥的主要特点及适用范围 ··· 001
  1.2 混凝土桥材料的发展 ·· 012
  1.3 混凝土桥结构形式的发展 ··· 015
  1.4 混凝土桥施工技术工艺的发展* ·· 029
  思考与练习题 ··· 029

第 2 章 混凝土桥梁的规划与设计 ·· 030
  2.1 桥梁规划设计的一般原则和程序 ··· 030
  2.2 混凝土桥立面、断面和平面布置 ··· 036
  2.3 桥梁全寿命周期设计 ·· 046
  思考与练习题 ··· 051

第 3 章 桥梁设计作用（荷载） ·· 052
  3.1 作用（荷载）的分类与取值 ·· 052
  3.2 公路桥梁作用分类与组合 ··· 055
  3.3 铁路桥梁荷载分类与组合 ··· 068
  3.4 车辆荷载的演变史* ·· 074
  思考与练习题 ··· 075

第 4 章 混凝土桥面系 ·· 076
  4.1 公路桥面系 ·· 076
  4.2 普通铁路桥面系 ·· 091
  4.3 高速铁路桥面系 ·· 095
  思考与练习题 ··· 104

第 5 章 混凝土简支梁桥 ··· 105
  5.1 混凝土简支梁桥构造 ·· 105
  5.2 混凝土简支梁桥的施工方法 ·· 111
  5.3 混凝土简支梁桥计算 ·· 123
  思考与练习题 ··· 157

第6章 混凝土连续体系梁桥及刚架桥 ································ 159
6.1 概　述 ································ 159
6.2 混凝土连续体系梁桥及刚架桥的构造 ································ 165
6.3 混凝土连续体系梁桥施工 ································ 179
6.4 连续体系梁桥结构设计计算 ································ 213
6.5 连续体系梁桥有限元建模与分析 ································ 262
6.6 箱梁空间受力特性* ································ 275
思考与练习题 ································ 275

第7章 混凝土拱桥 ································ 277
7.1 概　述 ································ 277
7.2 拱桥的设计与构造 ································ 282
7.3 混凝土拱桥施工 ································ 302
7.4 拱桥的计算 ································ 309
思考与练习题 ································ 345

第8章 混凝土斜拉桥与悬索桥简介* ································ 347

第9章 混凝土桥梁的支座与墩台 ································ 348
9.1 桥梁支座 ································ 348
9.2 桥墩和桥台 ································ 361
思考与练习题 ································ 378

参考文献 ································ 379

第1章 绪 论

1.1 混凝土桥的主要特点及适用范围

混凝土桥（concrete bridge）是指以混凝土为主要材料建造的桥梁。根据需要，可以采用素混凝土、钢筋混凝土和预应力混凝土。随着现代结构材料的发展，从初期的普通钢筋混凝土延伸发展出劲性混凝土（亦称劲性钢筋混凝土、型钢混凝土或钢骨混凝土，系将型钢等骨架埋入钢筋混凝土而形成），将其应用于桥梁工程，已建造了许多劲性骨架混凝土桥（skeleton reinforced concrete bridge），劲性骨架可采用型钢骨架、钢管混凝土骨架等。

1.1.1 混凝土桥的主要特点

在公路、铁路等交通基础设施建设中，中小型桥梁比例最大，占整个线路桥梁总数的80%～90%，这些桥梁，在我国大都是采用混凝土桥。

与石桥相比，混凝土桥可做成比较轻巧的、各种各样的结构型式，以适应不同的地域条件，可以广泛地采用工业化施工，因而能保证质量、缩短工期、降低造价。与钢桥相比，混凝土桥可节约钢材，砂、石则可就地取材，而且耐久性强，养护维修费用低，不需油漆，并有较大的整体性和刚度，其耐火性及抗震性也比较好。且混凝土在凝固硬化前具有可模性，便于艺术处理，容易满足某些桥梁（如城市桥）在美观上的要求；此外还能消除噪音。在铁路建设中，具有道砟桥面的混凝土桥还能满足各种曲线及坡道的要求。因此，混凝土桥是目前中小跨度桥梁广泛使用的一种结构。但它也有某些不如钢桥的地方，例如结构自重较大，在运送、吊装和架设时不如钢梁方便。如就地灌筑，则混凝土的质量比较难于控制，而且需要大量的辅助结构如模板和支架等，要耗费一定数量的木材；建造工作还受季节性的影响，严寒和雨季均不便于施工；加之，普通钢筋混凝土梁桥还由于梁部受拉区混凝土的开裂常使钢筋容易锈蚀，这些就导致了预应力混凝土桥的飞速发展。

1.1.2 混凝土桥的主要类型及适用范围

按结构形式，混凝土桥可以分为以下几种：

梁桥（简支梁、伸臂梁和连续梁）、拱桥（有推力拱桥和无推力拱桥）、刚构桥（门式刚构、T形刚构、连续刚构、斜腿刚构）、斜拉桥、悬索桥和组合体系桥等。

1. 梁桥（beam bridge）

梁桥是一种在竖向荷载作用下无水平反力的结构[图 1.1.1 中的（a）和（b）]。由于外力（恒载和活载）的作用方向与承重结构的轴线接近垂直，故与同样跨径的其他结构体系相比，梁内产生的弯矩最大，通常需要使梁体结构具有较强的抗弯能力。目前在公路、铁路上应用最广的是钢筋混凝土简支梁桥和预应力混凝土简支梁桥。钢筋混凝土简支梁桥的结构简单，施工方便，对地基承载能力的要求也不高，但其常用跨径在 25 m 以下。当跨度较大时，需要采用预应力混凝土简支梁桥，其经济适用跨度一般不超过 50 m。采用双预应力技术，奥地利于 1977 年成功建造了跨径 76 m 的 Alm 桥，跨中梁高 2.5 m，高跨比 1∶30.4。采用超高性能混凝土（UHPC），桥梁的跨越能力可以大大提高。我国于 2021 年建成广东英德北江四桥跨度 102 m 的预应力 UHPC 简支梁，使混凝土简支梁桥的跨度突破了百米大关，2023 年在中山西环高速公路工程中，又建成了跨度 105 m 的预应力 UHPC 简支梁。

为了达到经济、省料的目的，可根据地质条件等修建伸臂梁或连续梁桥，如图 1.1.1（c）和（d）所示。钢筋混凝土连续梁和预应力混凝土连续梁也是最常用的梁桥结构。其结构主要内力弯矩正负交变分布的特征，决定了连续梁除端支点断面类似简支梁不受弯外，主梁在中间支点断面承受较大负弯矩作用，在各跨中间部分的断面承受正弯矩作用，纵向受拉普通钢筋或预应力钢筋分别布置于相应断面上部和下部，并有许多梁段的断面需要在不同工况下既承受正弯矩又承受负弯矩，钢筋必须在断面的顶底部按双筋配置。在连续梁结构中，简支的端支点对梁体约束小，边跨整体抗弯刚度小于中间跨，合理的边跨跨径明显小于中间连续跨；主梁中间支点断面负弯矩绝对数值大于跨间正弯矩数值，主梁往往采用中间支点最高、跨中最矮的变高度梁。施工方法以悬臂浇筑（拼装）为主，亦可采用顶推法等工艺施工。

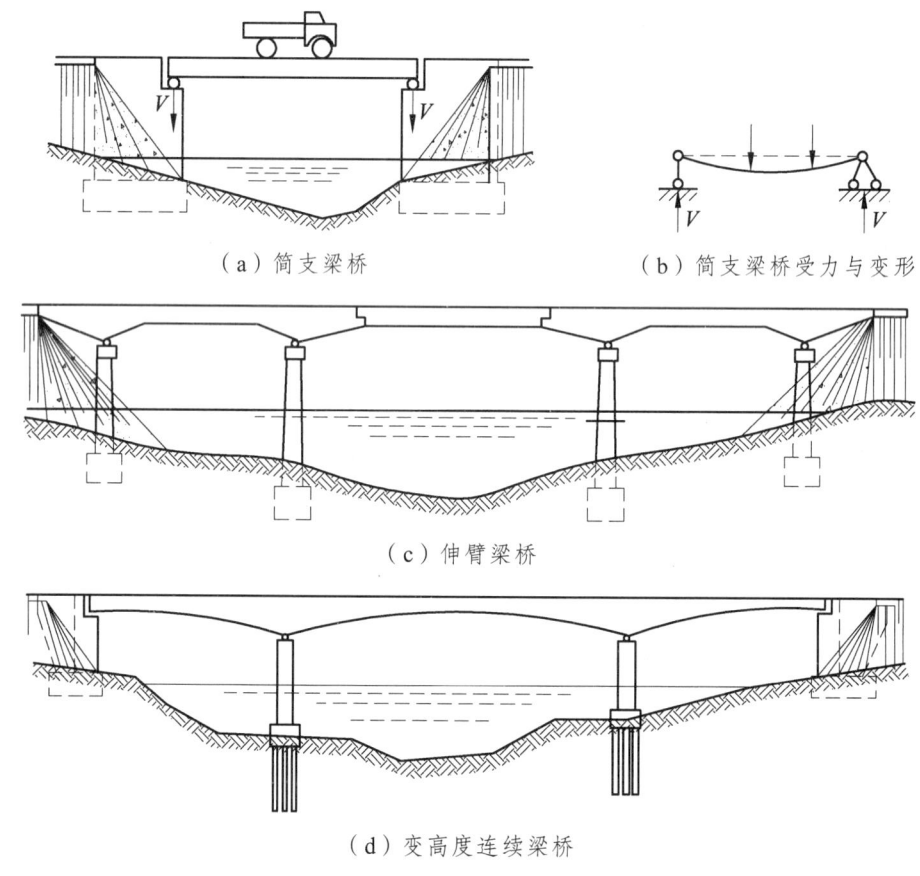

（a）简支梁桥　　　　　　　　（b）简支梁桥受力与变形

（c）伸臂梁桥

（d）变高度连续梁桥

图 1.1.1　梁桥示意图

对于很大跨径，以及对于承受很大荷载的特大桥梁，可建造使用高强度轻质材料的预应力混凝土连续梁桥或连续刚构桥。目前，预应力混凝土连续梁的跨径常用范围在 200 m 以内。2013 年建成的乐自高速公路岷江特大桥为预应力混凝土连续梁桥，其最大跨径达 180 m。

2. 刚构桥（rigid frame bridge）

刚构桥又称刚架桥，其主要承重结构是梁（或板）和立柱（或竖墙）整体结合在一起的刚架结构，梁和柱的连接处具有很大的刚性，如图 1.1.2（a）所示。在竖向荷载作用下，柱脚处具有水平反力，梁部主要受弯，但弯矩值较同跨径的简支梁小，梁内还有轴压力 H，因而其受力状态介于梁桥与拱桥之间[图 1.1.2（b）]，刚构桥跨中的建筑高度就可以做得较小。当遇到线路立体交叉或需要跨越通航江河时，采用这种桥型能尽量降低线路高程，以改善纵坡并能减少路堤土方量。但普通钢筋混凝土修建的刚构桥施工比较困难，梁柱刚接处较易产生裂缝，需要在该处加强配筋。此外，门式刚构桥在温度变化时，内部易产生较大的附加内力，应引起重视。

图 1.1.2（c）所示的 T 形刚构是修建较大跨径钢筋混凝土桥曾采用的桥型，它是结合了刚构桥和多孔静定悬臂梁桥的特点发展起来的一种多跨结构。对于普通钢筋混凝土 T 形刚构桥，由于悬臂根部的负弯矩很大，修建时不仅钢材用量大，而且控制混凝土裂缝的开展成为关键，因此，跨径就不能做得太大，通常可达 40~50 m，目前已很少修建。

预应力混凝土工艺的发展，使得 T 形刚构桥和连续刚构桥得到了广泛应用。特别是由于采用了悬臂安装或悬臂浇筑的分段施工方法，不但加速了修建大跨度桥梁的施工速度，而且克服了要在江河或深谷中搭设支架的困难。1980 年建成的重庆石板坡长江大桥，采用预应力混凝土 T 形刚构，最大跨度达 174 m。预应力混凝土连续刚构桥的跨越能力为 300 m 左右，1998 年建成的挪威 Stolma 桥，跨度为 301 m；2006 年建成的重庆石板坡长江大桥复线桥主跨达 330 m，但该主跨中间 108 m 采用钢箱梁，即采用钢—预应力混凝土混合结构形式。

图 1.1.2（d）所示的多跨连续刚构桥，属多次超静定结构，在设计中一般应减小墩柱的抗弯刚度，否则会在结构内引起较大的附加内力。对很长的桥，为了降低这种附加内力，往往将两侧的边跨设置活动铰支座，甚至将主跨的墩柱做成双壁式结构。

当跨越陡峭河岸和深邃狭谷时，修建斜腿式的刚构桥往往既经济合理，又造型轻巧美观，如图 1.1.2（e）所示。由于斜腿墩柱置于岸坡上，有较大斜角，中跨梁内的轴压力也很大，因而斜腿刚构桥的跨越能力比门式刚构桥要大得多，但斜腿的施工难度较直腿大。

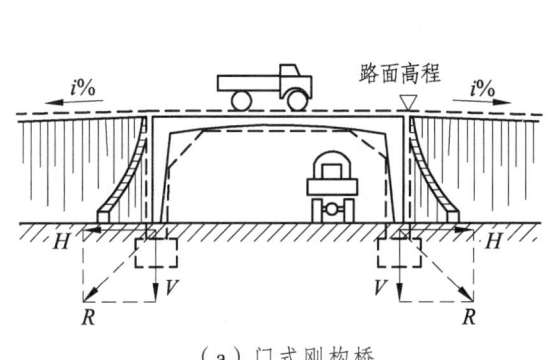

（a）门式刚构桥

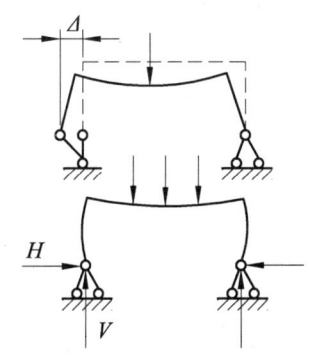

（b）门式刚构受力与变形

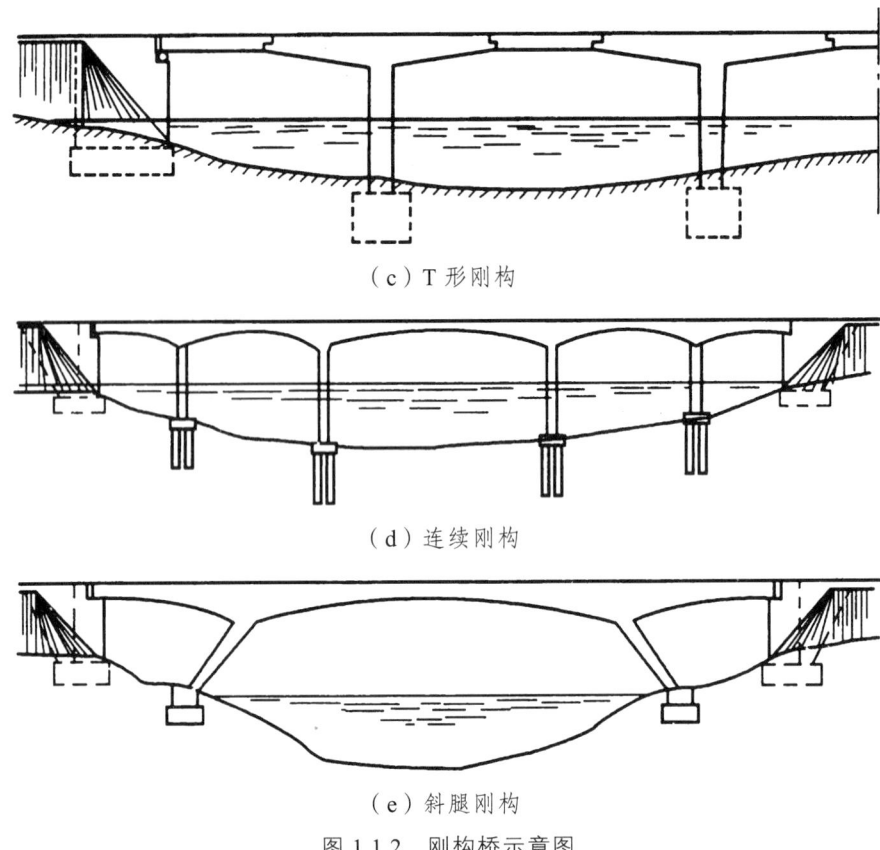

(c) T形刚构

(d) 连续刚构

(e) 斜腿刚构

图 1.1.2　刚构桥示意图

　　T形刚构桥的悬臂主梁，主要承受负弯矩作用，因此，横截面宜用箱形截面。连续刚构桥和斜腿刚构桥的主梁受力与连续梁相近，通常也采用各式箱形横截面。

3. 拱桥（arch bridge）

　　拱桥的主要承重结构是拱圈或拱肋，如图 1.1.3（a）。这种结构在竖向荷载作用下，桥墩或桥台将承受水平推力，如图 1.1.3（b）所示。同时，这种水平推力将显著抵消荷载所引起在拱圈（或拱肋）内的弯矩作用。因此，与同跨径的梁相比，拱的弯矩和变形要小得多。鉴于拱桥的承重结构以受压为主，通常就可用抗压能力强的圬工材料（如砖、石、素混凝土）和钢筋混凝土等来建造。

　　拱桥的跨越能力很大，外形也较美观，在条件许可的情况下，修建拱桥往往是经济合理的。一般在跨径 500 m 以内均可作为比选方案。

　　同时应当注意，为了确保拱桥能安全使用，下部结构和地基（特别是桥台）必须能经受住很大的水平推力的不利作用。此外，拱桥的施工一般要比梁桥困难些。对于大跨度桥梁，也可建造钢管混凝土劲性骨架拱桥，目前，已建成的沪昆高速铁路钢管混凝土劲性骨架拱桥，跨度已达到 445 m；新建的南丹至天峨下老高速公路天峨龙滩特大桥，跨度达到 600 m，已于 2024 年 2 月 1 日建成通车。

　　在地基条件不适于修建具有强大推力的拱桥的情况下，必要时也可建造水平推力由钢或预应力筋做成抗拉系杆来承受的系杆拱桥，如图 1.1.3（c）所示。此外，还发展了一种所谓

"飞雁式"三跨无推力拱桥,如图 1.1.3(e)所示。即在拱桥边跨的两端施加强大的预加力,通过边跨梁传至拱脚,以抵消主跨拱脚巨大的恒载水平推力。

按照行车道处于主拱圈的不同位置,拱桥分为上承式、中承式和下承式三种。通常称车辆在主要承重结构拱之上行驶者为上承式拱桥,如图 1.1.3(a)所示;车辆在主要承重结构之下行驶者为下承式拱桥,如图 1.1.3(d)所示;图 1.1.3 中的(c)和(e)则称为中承式拱桥。

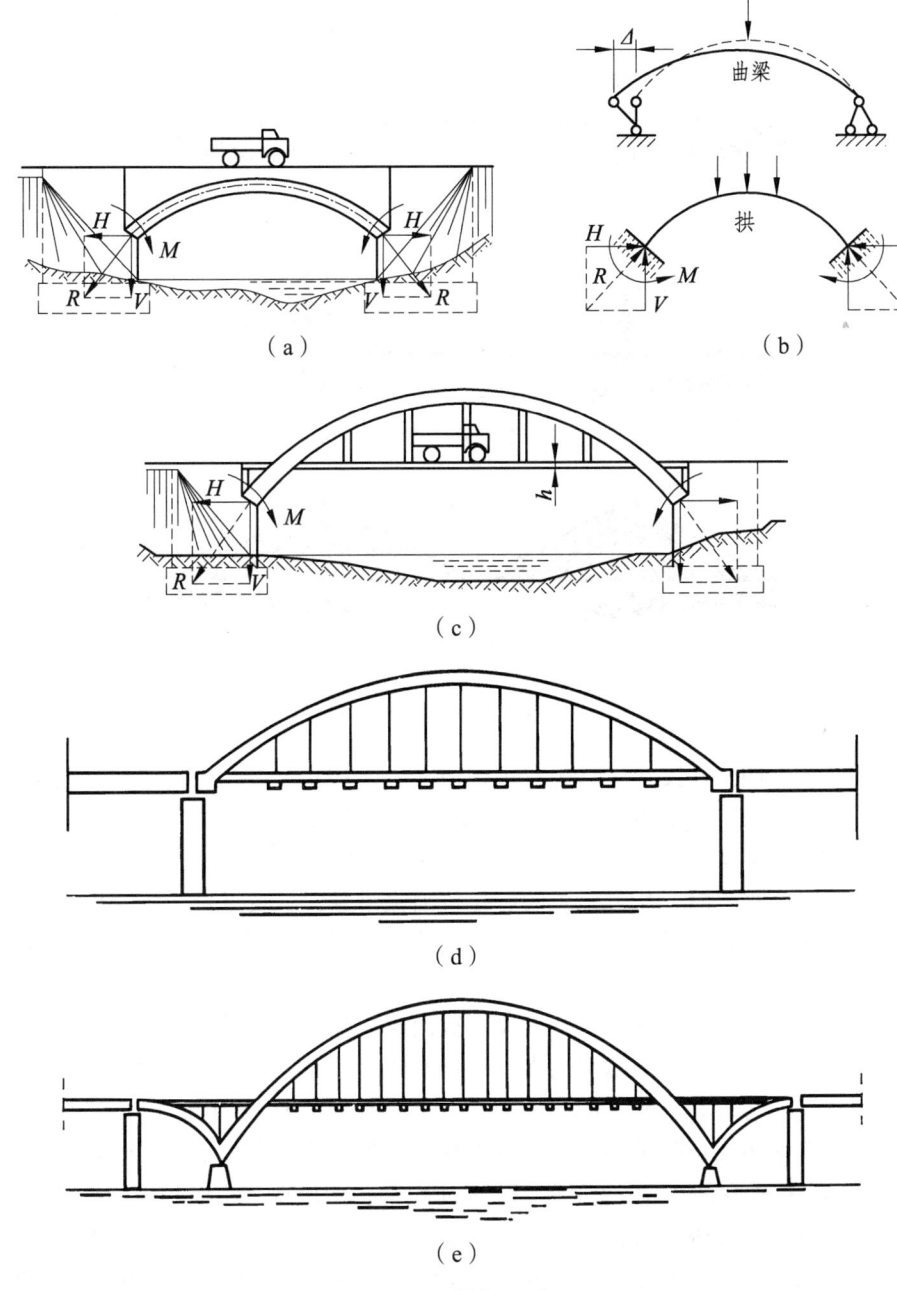

图 1.1.3 拱桥示意图

4. 斜拉桥（cable stayed bridge）

斜拉桥由塔柱、主梁和斜拉索组成，如图 1.1.4 所示。它的基本受力特点是：受拉的斜拉索将主梁多点吊起，并将主梁的恒载和车辆等其他荷载传至塔柱，再通过塔柱基础传至地基。塔柱基本上以受压为主。跨度较大的主梁就像一根多点弹性支承（吊起）的连续梁一样工作，从而使主梁内的弯矩大大减小。由于同时受到斜拉索水平分力的作用，主梁截面的基本受力特征是偏心受压构件。斜拉桥属高次超静定结构，主梁所受弯矩大小与斜拉索的初张力密切相关，存在着一定的最优索力分布，使主梁在各种状态下的弯矩（或应力）最小。

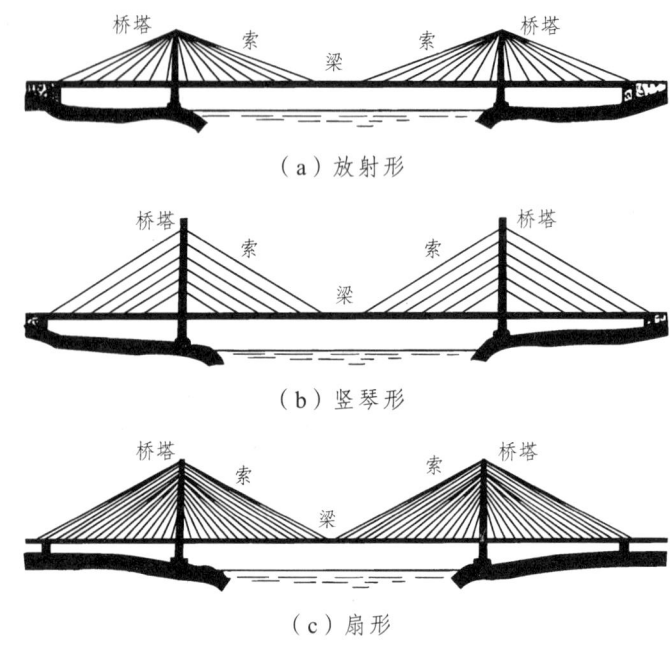

（a）放射形

（b）竖琴形

（c）扇形

图 1.1.4　斜拉桥不同形式斜拉索布置示意图

由于受到斜拉索的弹性支承，弯矩较小，使得主梁尺寸大大减小，结构自重显著减轻，大幅度提高了斜拉桥的跨越能力，跨度 500 m 以内均可考虑混凝土斜拉桥为比选方案。此外，由于塔柱、拉索和主梁构成稳定的三角形，斜拉桥的结构刚度较大，抗风能力较悬索桥要好得多。但是，当跨度很大时，悬臂施工的斜拉桥因主梁悬臂长度过长，承受压力过大，而风险较大，塔高也过高，外索过长，索垂度的影响使索的刚度大幅下降，这些问题都需要进一步研究和解决。

斜拉索的组成和布置、塔柱形式及主梁的截面形状是多种多样的，主梁的截面形态与拉索的布置情况要相互配合。我国常用高强平行钢丝或钢绞线等制成斜拉索，斜拉索按施工工艺可分为工厂预制（成品索）和现场防护两种。我国 20 世纪 80 年代末 90 年代初修建的斜拉桥中，斜拉索大多采用现场防护的方法，由于现场防护环境不利，不确定因素较多，加上施工技术不够成熟，拉索在使用 7~8 年后，索内高强钢材均出现了不同程度的锈蚀现象，影响了大桥的安全，有些斜拉桥已对拉索进行了更换。目前常用的平行钢丝斜拉索系完全在工厂内制成，在钢丝束上包一层高密度聚乙烯（HDPE）外套进行防护，还可用彩色高密度聚乙烯制成彩色索。除防锈外，斜拉索的疲劳和 PE 套的老化也是需认真对待的问题。

常用的斜拉桥是三跨双塔式结构，但独塔双跨形式也常见（图 1.1.5），具体形式及布置的选择应根据河流、地形、通航、美观等要求加以论证确定。

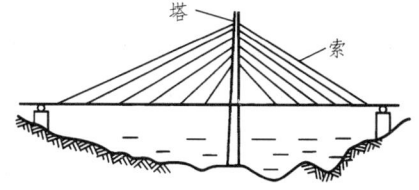

图 1.1.5　独塔斜拉桥示意图

在横桥向，斜拉索一般按双索面布置，也有采用中央布置的单索面结构。多塔式斜拉桥如图 1.1.6 所示。

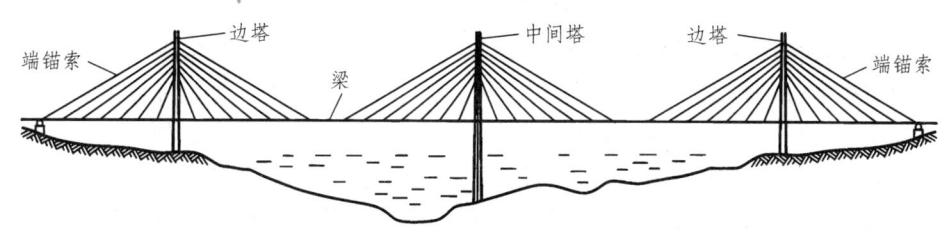

图 1.1.6　多塔式斜拉桥示意图（三塔）

5. 悬索桥（suspension bridge）

悬索桥亦称吊桥，是一种古老的桥型。它是以通过索塔悬挂并锚固于两岸（两端）的缆索作为上部结构主要承重构件的桥梁，如图 1.1.7 所示。在桥面系竖向荷载作用下，通过吊杆使缆索承受很大的拉力，缆索锚于悬索桥两端的锚碇结构中。为了承受巨大的缆索拉力，锚碇结构需做得很大（重力式锚碇），或者依靠天然完整的岩体来承受水平拉力（隧道式锚碇）。缆索传至锚碇的拉力可分解为垂直和水平两个分力，因而悬索桥也是具有水平反力（拉力）的结构。现代悬索桥广泛采用高强度的钢丝成股编制形成钢缆，以充分发挥其优良的抗拉性能。悬索桥的承载系统包括缆索、塔柱和锚碇三部分，因此结构自重较轻，能够跨越其他桥型无法达到的特大跨度。但混凝土加劲梁悬索桥跨度不大（一般在 500 m 以下），特大跨度悬索桥均采用钢加劲梁。悬索桥的另一特点是，受力简单明了，成卷的钢缆易于运输，在将缆索架设完成后，便形成了一个强大稳定的结构支承系统，施工过程中的风险相对较小。

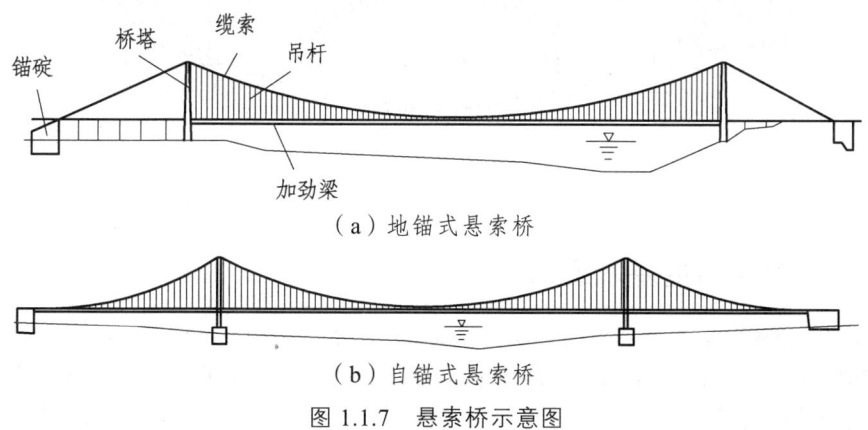

（a）地锚式悬索桥

（b）自锚式悬索桥

图 1.1.7　悬索桥示意图

上述悬索桥可称为地锚式悬索桥。悬索桥的另一种形式是自锚式悬索桥，即取消锚碇，而将缆索直接锚固在加劲梁上，此时缆索水平分力由加劲梁承受，竖向分力则由梁端配重相平衡。

自锚式悬索桥需采用"先梁后缆"的施工方式，施工风险较大，另外，加劲梁在巨大的轴向压力作用下，为满足稳定和应力要求，材料用量较大，因而，自锚式悬索桥只能用于跨径不大的情形。

在所有桥梁体系中，悬索桥的刚度最小，属柔性结构，在车辆荷载作用下，悬索桥将产生较大的变形，例如跨度 1 000 m 的悬索桥，在车辆荷载作用下，$L/4$ 区域的最大挠度可达 3 m 左右。另外，悬索桥风致振动及稳定性在设计和施工中需予以特别的重视。

6. 组合体系桥（combined-system bridge）

除了以上 5 种桥梁的基本体系以外，根据结构的受力特点，工程实践中还有由几种不同体系的结构组合而成的桥梁，称为组合体系桥。图 1.1.8 所示为一种梁和拱的组合体系，其中梁和拱都是主要承重结构，两者相互配合共同受力。在图 1.1.8（a）的组合体系桥中，由于吊杆将梁向上（与荷载作用的挠度方向相反）吊住，这样就显著减小了梁中的弯矩，同时由于拱与梁连接在一起，拱的水平推力就传给梁来承受，这样梁除了受弯以外尚且受拉。这种组合体系桥能跨越较一般简支梁桥更大的跨度，而对墩台没有推力作用，因此，对地基的要求就与一般简支梁桥一样。图 1.1.8（b）所示为拱置于梁的下方，通过立柱对梁起辅助支承作用的组合体系桥。梁拱组合体系中，也有连续梁（置于下方）与拱（置于上方）的组合体系。此外，还有斜拉刚构组体系、V 形连续刚构—拱组合体系等。

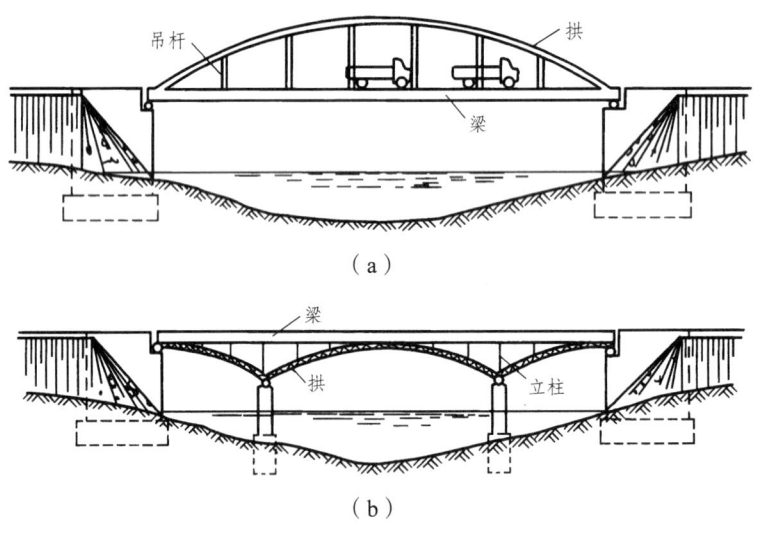

图 1.1.8 梁拱组合桥示意图

1.1.3 混凝土桥的基本组成

概括而言，桥梁一般由上部结构（superstructure）、下部结构（substructure）、支座（bearing）和附属结构物（accessory structure）四个基本部分组成，以下对梁桥、拱桥和索桥分别简要介绍，说明相关概念。

1. 梁　桥

图 1.1.9 为一座简支梁桥的概貌。其基本组成分述如下：

跨越障碍的主要承重结构即上部结构，是简支梁支座以上跨越结构的总称。

下部结构包括桥墩（pier）、桥台（abutment）和基础（foundation）。

桥墩和桥台是支承上部结构并将其传来的恒载和车辆等活载传至基础的结构物。设置在桥两端的称为桥台，设置在桥中间部分的称为桥墩。桥台除了上述作用外，还与路堤衔接，并抵御路堤土压力，防止路堤填土的坍落。单孔桥只有两端的桥台，而没有中间桥墩。

桥墩和桥台底部的奠基部分称为基础，基础承担了从桥墩和桥台传来的全部荷载，这些荷载包括竖向荷载以及地震力、船舶撞击墩身等引起的水平荷载。由于桥墩基础往往埋置于水下地基中，在桥梁施工中是难度较大的一部分，也是确保桥梁安全的关键之一。

支座是设在墩（台）顶，用于支承上部结构的传力装置，它不仅要传递很大的荷载，而且要保证上部结构按设计要求能产生一定的变位。

桥梁附属设施包括桥面系（bridge decking）、伸缩缝（expansion joint）、桥梁与路堤衔接处的桥头搭板（approach slab at bridge end）和锥形护坡（conical slope）等。

河流中的水位是变动的，枯水季节的最低水位称为低水位（low water level），洪水季节河流中的最高水位称为高水位（high water level）。桥梁设计中按规定的设计洪水频率计算所得的高水位（很多情况下是推算水位），称为设计水位（designed water level）。在各级航道中，能保持船舶正常航行时的水位，称为通航水位（navigable water level）。

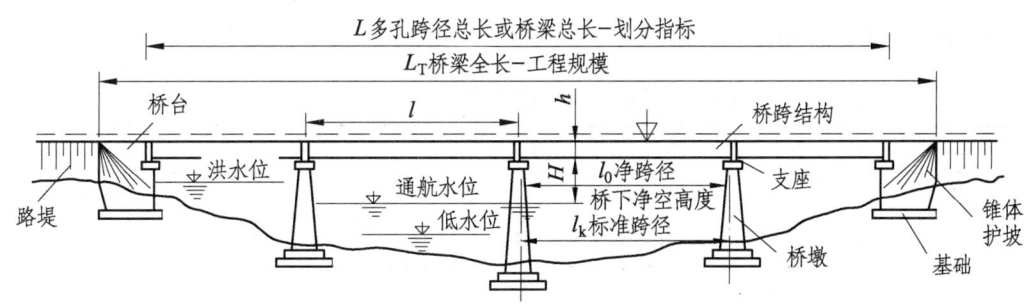

图 1.1.9　梁桥组成示意图

下面介绍一些与桥梁布置有关的主要尺寸和名词术语。

净跨径（clear span）：对于设支座的桥梁是指在设计洪水位线上相邻两墩、台身内缘之间的水平净距；对于不设支座的梁是指上下部结构相交处内缘间的水平净距，用 l_0 表示（如图 1.1.9 和图 1.1.10）。

总跨径（total span）：多孔桥梁中各孔净跨径的总和（$\sum l_0$），它反映了桥下宣泄洪水的能力。

计算跨径（calculated span）：对于设支座的桥梁，为相邻支座中心的水平距离，对于不设支座的桥梁（如拱桥、刚构桥等），为上、下部结构的相交面之中心间的水平距离，用 l 表示。桥梁结构的力学计算是以计算跨径为准的。

标准跨径（standard span）：对于梁桥、板式桥，以两桥墩中线之间桥中心线长度或桥墩中线与桥台台背前缘线之间桥中心线长度为准，拱桥和涵洞以净跨径为准，用 l_k 表示。

需要说明的是，在《铁路桥涵设计规范》中，桥梁跨度（bridge span）是指桥梁顺桥向两支承中心之间的距离，即上述的计算跨径，读者需要注意公路桥和铁路桥术语的差别。

桥梁全长（total length of bridge）：简称桥长，对于有桥台的桥梁为两岸桥台翼墙尾端间的距离，对于无桥台的桥梁为桥面系行车道长度，用 L_T 表示。

桥梁总长（total span length of bridge）：多孔标准跨径的总长，用于桥梁规模（特大桥、大桥、中桥、小桥）划分的指标之一，两岸桥台前墙之间的长度，用 L 表示。

桥下净空（underneath clearance）：为满足通航（或行车、行人）的需要和保证桥梁安全而对上部结构底缘以下规定的空间界限。

桥梁建筑高度（construction height of bridge）：上部结构底缘至桥面顶面的垂直距离（图1.1.9 中的 h）。线路定线中所确定的桥面高程，与通航（或桥下通车、行人）净空界限顶部高程之差，称为容许建筑高度（allowable construction height）。由此可见，桥梁建筑高度不得大于容许建筑高度。为控制桥梁建筑高度，可以通过在桥面以上布置结构（如斜拉桥，悬索桥，中、下承式拱桥等）的方式加以解决。

桥下净空高度（clearance under bridge superstructure）：设计洪水位或设计通航水位对桥跨结构最下缘的高差，用于通航与排洪，图1.1.9 中的 H。

桥面净空（clearance above bridge deck）：桥梁行车道、人行道上方应保持的空间界限，公路、铁路和城市桥梁对桥面净空都有相应的规定，设计时按相关规范办理。

关于桥梁规模，我国《公路桥涵设计通用规范》（JTG D60—2015）按总长和跨径划分为特大桥、大桥、中桥和小桥，见表1.1.1。

表1.1.1　桥梁按多孔跨径总长和单孔跨径分类

桥梁分类	多孔跨径总长 L/m	单孔跨径 L_k/m	桥梁分类	多孔跨径总长 L/m	单孔跨径 L_k/m
特大桥	$L>1\,000$	$L_k>150$	中桥	$30<L<100$	$20\leq L_k<40$
大桥	$100\leq L\leq 1\,000$	$40\leq L_k\leq 150$	小桥	$8\leq L\leq 30$	$5\leq L_k<20$

注：单孔跨径系指标准跨径。

我国《铁路桥涵设计规范》（TB10002—2017）的规定则有所不同，具体为：桥长500 m 以上的铁路桥梁为特大桥；桥长100～500 m 者为大桥；桥长20～100 m 者为中桥；桥长20 m 以下者为小桥。这里的桥长表述为：梁桥系指桥台挡砟前墙之间的长度；拱桥系指拱上侧墙与桥台侧墙间两伸缩缝外端之间的长度；刚架桥系指刚架顺跨度方向外侧间的长度。

2. 拱　桥

拱桥的上部结构和下部结构各主要组成部分的名称如图1.1.10 所示。

拱桥上部结构由主拱圈（main arch ring）和拱上建筑（spandrel construction）组成。主拱圈是拱桥的主要承重结构。桥面与主拱圈之间需要有传力的构件或填充物，以使车辆能在平顺的桥道上行驶。桥面系和这些传力构件或填充物统称为拱上结构或拱上建筑。

拱桥的下部结构由桥墩、桥台及基础等组成，用以支承桥跨结构，将桥跨结构的荷载传至地基。桥台还起到与两岸路堤相连接的作用，使路桥形成一个协调的整体。

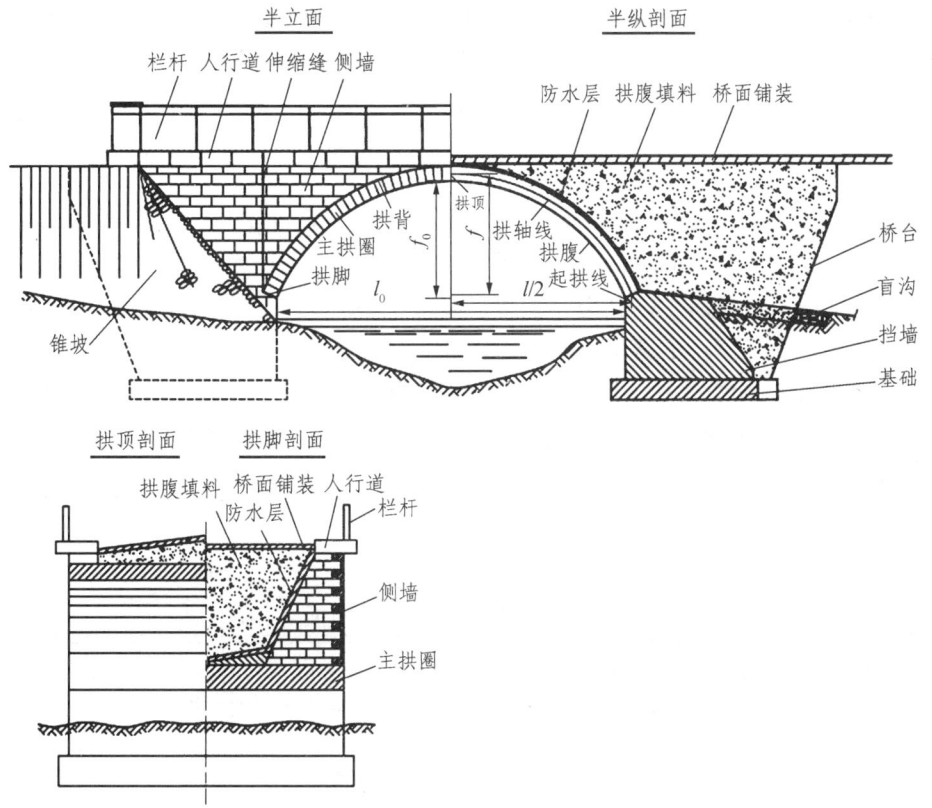

图 1.1.10 拱桥的基本组成

拱圈最高处称为拱顶（arch crown），拱圈和墩台连接处称为拱脚（arch springing）或起拱面。拱圈各横截面形心的连线称为拱轴线（arch axis）。拱圈的上曲面称为拱背（extrados/back of arch），下曲面称为拱腹（soffit）。起拱面与拱腹相交的直线称为起拱线（springing line）。

桥上荷载通过拱上建筑传递给主拱圈（或主拱肋），再由主拱传给桥墩（桥台），最后传到地基。

拱桥的几个主要技术名称如下：

净跨径：每孔拱跨两个起拱线之间的水平距离，用 l_0 表示。

计算跨径：相邻两拱脚截面形心点之间的水平距离。因为拱圈（或拱肋）各截面形心点的连线称为拱轴线，故也就是拱轴线两端点之间的水平距离，用 l 表示。

净矢高（clear rise）：拱顶截面下缘至起拱线连线的垂直距离，用 f_0 表示。

计算矢高（calculated rise）：拱顶截面形心至相邻两拱脚截面形心之连线的垂直距离，用 f 表示。

矢跨比（rise span ratio）：拱圈（或拱肋）的净矢高与净跨径之比 f_0/l_0，或计算矢高与计算跨径之比 f/l。一般将矢跨比 f/l 大于或等于 1/5 的拱称为陡拱；矢跨比小于 1/5 的拱称为坦拱。

以上是实腹拱桥（filled spandrel arch bridge）的基本组成。实腹拱桥的拱上建筑构造简单，施工方便，但填料的数量较多，自重大，一般在小跨径桥梁中采用。对于空腹拱桥（open spandrel arch bridge），其拱上建筑主要有腹拱（或梁）、腹孔墩柱或横墙等。空腹拱桥较实腹拱桥轻巧，节省材料，外形美观，还有助于泄洪，适用于大跨度桥梁，但施工较实腹拱桥麻烦。

3. 悬索桥

现代悬索桥由主缆（main cable）、索塔/桥塔（cable tower/pylon）、基础（foundation）、锚碇（anchorage）、吊索（suspender）、加劲梁（stiffening girder）、鞍座（cable saddle）及桥面系等组成，如图1.1.11所示。其中，主缆、索塔（桥塔）和锚碇构成主要承重结构，被称为第一承重体系；而悬索桥的梁主要起支撑桥面、传递荷载及维持抗风稳定等作用，因而被称为加劲梁（当桥梁跨度较大、大缆系统在竖向活载作用下柔性明显时，需要梁来增加桥的刚度）；桥面荷载通过吊索（吊杆）传递给主缆，主缆通过索塔和锚碇将荷载传到地基；锚碇可以采用重力式锚碇、隧道式锚碇等。

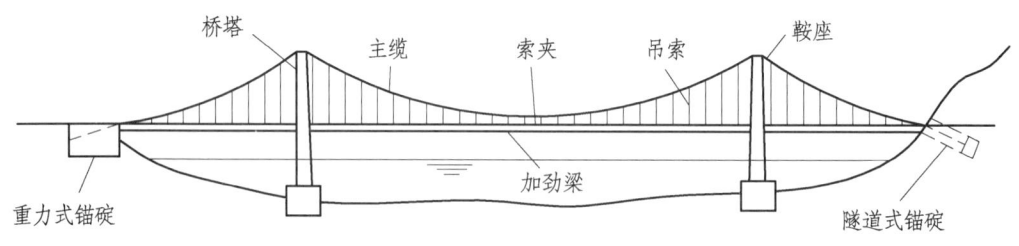

图1.1.11　悬索桥构造示意图

悬索桥的索塔通常采用混凝土、钢或钢—混凝土组合结构，主缆和吊索为钢丝束（或钢丝绳）。根据设计需要，加劲梁可采用混凝土结构、钢—混凝土组合结构或钢结构。混凝土加劲梁悬索桥跨度一般在500 m以下，现代大跨度悬索桥多采用钢加劲梁，主要有钢桁架梁和扁平钢箱梁两种形式。在受力特点上，悬索桥以高强度钢丝作为主要承重材料，其具有自重轻、柔度大、跨越能力强的特点，极限跨径可达5 000 m左右。由于刚度较小，悬索桥通常由抗风控制设计，应用于铁路桥时难度较大。

鞍座位于大缆和索塔之间，其功能是支撑大缆，并让大缆在这里可以转折。

吊索常用钢丝绳做成，上端用索夹夹紧大缆，下端则锚固在加劲梁上。

在主缆进入锚碇处，为了将主缆的丝股分散开来、便于锚固，在锚碇前端上方需要设置散索鞍（splay saddle）。

1.2 混凝土桥材料的发展

1.2.1 混凝土材料

迄今为止，用于建造混凝土桥梁的结构材料，包括了以混凝土为主体的多种现代结构材料：普通混凝土、高强混凝土、高性能混凝土、纤维混凝土、特种混凝土等，一般而言，钢筋混凝土结构的混凝土强度等级不宜低于C25（《公路钢筋混凝土及预应力混凝土桥涵设计规范》JTG 3362—2018）或C30（《铁路桥涵混凝土结构设计规范》TB 10092—2017），预应力混凝土结构的混凝土强度等级不宜低于C40；加劲（配筋）材料包括普通钢筋、预应力钢丝/钢筋和钢绞线、纤维增强聚合物材料等。在混凝土桥梁结构中，混凝土这一主体材料，正朝着高强、轻质、高性能、耐久、抗震、抗爆、抗冲击和耐磨耗等方向发展。以下分别简要介绍。

高强混凝土：现在一般把强度等级为C60以下的混凝土称为普通混凝土，而C60及以上者称为高强混凝土（High Strength Concrete，简称HSC），C100强度等级以上的混凝土称为超高强混凝土（Super High Strength Concrete，简称SHSC）。HSC是用水泥、砂、石原材料掺加减水剂或同时掺加粉煤灰、F矿粉、矿渣、硅粉等混合料，经常规工艺生产而获得高强的混凝土。高强或超高强混凝土的配制通过适当减少水泥用量，依靠加入超细矿物掺合料与高效减水剂来降低水灰比，增加流动度，改进混凝土的微观结构与综合性能，使之具有高强度、高流动度、高密实、高耐久性等各种优良性能。但是，需注意其韧性较低、破坏应变小，抗拉或抗剪强度的增加不与抗压强度的增加成比例，而是比抗压强度的增加慢得多。

高性能混凝土（High Performance Concrete，简称HPC），其性能包括：易灌筑，易密实，不离析，早期强度高，韧性高，体积稳定性好，能长期保持优越的力学性能，在恶劣的环境下寿命长等特点。高性能混凝土可以是高强度、高流动性、高密实的耐久混凝土，也可以是强度较低的自密实混凝土。但是，绝大多数桥梁中所采用的HPC多着重于耐久性、强度与工作度等性能。HPC一般具有较低的水灰比，但仍有良好的流动性，主要依靠掺用较多的超细矿物掺合料（如硅粉、磨细碱矿渣、粉煤灰）以及高效减水剂来提高混凝土的综合性能。超细掺合料具有填充效应、减水效应和增强效应，可以降低水灰比，增加流动度，提高密实度和强度。

轻集料混凝土（Lightweight Aggregate Concrete，简称LAC），利用天然轻集料（如浮石、凝灰岩等）、工业废料轻集料（如炉渣、粉煤灰陶粒、自燃煤矸石等及其轻砂）、人造轻集料（页岩陶粒、粘土陶粒、膨胀珍珠岩等及其轻砂）制成的轻集料混凝土，具有容重较小（干表观密度不大于1950 kg/m^3）、相对强度高以及保温、抗冻性能好等优点。

自密实混凝土（Self-Compacting Concrete，简称SCC），它是一种无需振捣、完全依靠自重就能密实地灌满模板每个隅角的混凝土。这种混凝土具有很高的流动度，且不会离析。为了达到自密实，对于给定的集料，需要水灰比与超级减水剂的最佳配合，并需限制粗集料的含量不超过混凝土固体体积的50%，细集料的含量不超过砂浆体积的40%。

纤维混凝土，亦称纤维增强混凝土（Fiber Reinforced Concrete，简称FRC），是混凝土改性的一个重要手段，可以提高混凝土的抗拉、抗弯、抗剪性能，提高其耐磨、耐冲击、耐疲劳与抗变形能力。常用纤维有：钢纤维、碳纤维、玻璃纤维、聚丙烯纤维、玄武岩纤维、植物纤维等。纤维混凝土破坏时，纤维被拔出而不是被拉断，所以需要通过适当技术措施，增加纤维与基体间的粘结力，以提高纤维对混凝土的增强效果。纤维的增强效果取决于：基体混凝土强度、纤维长径比、纤维体积率、纤维与基体的粘结强度，以及纤维的分布状态等。在该类材料中，还有纤维增强钢丝网混凝土（fiber reinforced ferroconcrete）、浆渗纤维混凝土（SIFCON）、浆渗纤维网混凝土（SIMCON）、高延性水泥基复合材料（Engineered Cementitious Composite，简称ECC）和超高性能混凝土（Ultra-High Performance Concrete，简称UHPC）等。

此外，尚有水下浇筑不离析混凝土、膨胀混凝土、喷射混凝土、聚合物混凝土和绿色可持续发展混凝土（如再生集料混凝土、地聚物混凝土）等。

1.2.2 加劲材料

混凝土桥梁结构中的金属加劲材料主要有普通钢筋与预应力钢筋。

普通钢筋通常采用热轧光圆钢筋（Hot-rolled Plain Bar）和热轧带肋钢筋（Hot-rolled Ribbed Bar），其技术条件应符合现行国标《钢筋混凝土用钢第 1 部分：热轧光圆钢筋》（GB1499.1）和《钢筋混凝土用钢第 2 部分：热轧带肋钢筋》（GB1499.2）的规定。

预应力钢丝、钢绞线应符合现行国标《预应力混凝土用钢丝》（GB/T 5223）和《预应力混凝土用钢绞线》（GB/T 5224）的规定。预应力钢丝的公称直径为 4～9 mm（具体查阅相关规范），抗拉强度标准值介于 1 470～1 860 MPa。钢绞线公称直径为 9.5 mm、12.7 mm、15.2 mm、17.8 mm 和 21.6 mm，其抗拉强度标准值介于 1 720～1 960 MPa。

预应力混凝土用螺纹钢筋应符合现行国标《预应力混凝土用螺纹钢筋》（GB/T 20065）的规定，公称直径有 18 mm、25 mm、32 mm、40 mm 和 50 mm 等，其抗拉强度标准值介于 785～1 080 MPa。

当采用其他种类的钢筋时，应有试验资料为依据。

在海洋环境或者有腐蚀性介质的环境中，如冬季撒盐的桥面，钢筋锈蚀是影响混凝土桥梁结构耐久性的重要原因。为了防止钢筋锈蚀，可以用不锈钢制造钢筋，但是价格昂贵。另一个途径是用环氧树脂涂敷钢筋表面，形成防锈的涂层，防止钢筋生锈。

除上述常用金属加劲材料外，20 世纪 80 年代中期以来，国际上还逐步采用纤维增强复合材料（Fiber Reinforced Polymer，简称 FRP）。FRP 是由多股连续纤维与基材（如树脂）胶合后，经过挤压拉拔成型的复合材料。纤维作为加劲材料，赋予复合物以独特力学性质，而树脂则主要起粘合作用。由于 FRP 具有轻质、高强、耐腐蚀、耐疲劳等优点，已成功应用于宇航飞行器、飞机、汽车、船舶、码头及土木工程等领域。

一些腐蚀环境中的桥梁及其他建筑，已愈来愈多地采用了 FRP 取代钢材。FRP 在旧桥的加固与修复中，也不断得到推广应用。

目前常用的 FRP 筋有：碳纤维增强复合材料（CFRP）、玻璃纤维增强复合材料（GFRP）、芳纶纤维增强复合材料（AFRP）和玄武岩纤维增强复合材料（BFRP）。实际应用时需遵循相关标准、规程。当将 FRP 筋用作预应力筋时，应选用高强度、低蠕变、低松弛的 FRP 筋，因此，一般选择 CFRP 筋或 AFRP 筋。

FRP 为非磁性材料，具有很大的可设计性。与钢筋相比，其纤维方向抗拉强度高，抗腐蚀性能好，重量仅为钢材的 1/5～1/4，弹性模量和热膨胀系数低，应力-应变曲线直到破坏都呈线性关系，破坏应变低，破坏形态呈脆性，没有屈服阶段。材料为各向异性，抗剪和抗多轴向应力的强度低，当用作预应力加劲材料时，需要采用与之相适应的专用配套锚具，如：粘结型锚、楔粘型锚、锥楔型锚和锥塞型锚等。

粘结型锚：将 FRP 筋插入有内外螺纹的钢管，用树脂或膨胀砂浆使 FRP 固结于管内，钢管后部的内螺纹用以与张拉千斤顶的拉杆连接。张拉后用锚固螺母沿外螺纹锚固。

楔粘型锚：FRP 力筋用树脂或膨胀砂浆固结在钢套筒内，钢套筒又用楔片锚固在锚杯上，锚杯有外螺纹，用外螺母锚固在梁端垫板上。

锥楔型锚：钢锚筒内壁为锥形孔，外壁有螺纹，楔片外壁与锚筒内壁光滑接触，楔片内壁粗糙并夹住 FRP 力筋。

锥塞型锚：将力筋放入内部有锥形孔的锚筒内，剥去部分护套，将纤维均匀分散到锥塞四周，压紧锥塞，将力筋锚固在锚筒内，锚筒后部的内螺纹用来连接千斤顶拉杆，张拉后用锚筒外部的螺母锚固。

当前桥梁结构材料的发展趋势是：具有低收缩、高抗裂性、高耐久性和优异泵送性能的高性能混凝土、超高性能混凝土、纤维改性混凝土；大直径、高强度的平行钢丝，如抗拉标准强度 1 960 MPa、直径 6.2 mm 的高强钢丝，以及抗拉标准强度 2 000 MPa、直径 7 mm 的高强钢丝等；公路桥规增补了 17.8 mm 和 21.6 mm 大直径钢绞线等。

1.3 混凝土桥结构形式的发展

1.3.1 梁 桥

1824 年，英国的约瑟夫·阿斯普丁（Joseph Aspdin）发明了波特兰水泥并取得专利，1850 年，法国的蓝波特（L. Lambot）制成了铁丝网水泥砂浆的小船。1875 年，法国园艺师约瑟夫·莫尼埃（Joseph Monier，1828—1906 年）在巴黎建成世界上第一座钢筋混凝土桥：一座长 16 m、宽 4 m 的人行桥。20 世纪 40 年代以前，除了拱桥以外，钢筋混凝土桥基本上局限于小跨度桥梁。1937 年第一座预应力混凝土桥——德国萨克森州奥厄（Aue）公路桥建成，系跨径组成为（25.2 + 69.0 + 23.4）m 的悬臂梁桥，采用 F. Dischinger 的无黏结体外预应力技术，揭开了预应力混凝土桥向中、大跨度大量发展的序幕。

1951 年，我国铁道部编制出跨度 8～16 m 普通钢筋混凝土梁的标准图，创办了混凝土制品工厂，制造了 65 t 架桥机，开创了成批制造普通钢筋混凝土梁的工厂化道路，之后又发展了跨度 20 m 的普通钢筋混凝土梁，推动了钢筋混凝土梁在我国的应用。预应力技术也起步于 20 世纪 50 年代。1954 年，铁道科学研究院研制成功第一根预应力混凝土轨枕，1955 年在丰台桥梁厂研制成功跨度 12 m 的预应力混凝土试验梁。1956 年在东陇海线（兰州—连云港）新沂河建成中国第一座预应力混凝土铁路桥，为 28 孔跨度 23.9 m 的道砟桥面 T 形梁桥，如图 1.3.1 所示。1957 年，公路部门在北京周口店建造第一座预应力混凝土公路试验桥，为单跨 20 m 简支 T 梁桥。1958 年在兰州建成七里河黄河桥，为 7 孔主跨 40 m 的钢筋混凝土公路悬臂梁桥。现在，桥梁工程中大量使用混凝土简支梁桥。

图 1.3.1 东陇海线新沂河桥（中国第一座铁路预应力混凝土 T 梁桥）

为了便于生产制造、现场架设和日后更换，常用跨度混凝土简支梁桥形成了标准化系列。公路桥梁的标准化跨径从 5 m 变化到 50 m：5.0 m、6.0 m、8.0 m、10 m、13 m、16 m、20 m、25 m、30 m、35 m、40 m、45 m 和 50 m。铁路简支梁桥的标准化跨度系列见表 1.3.1，跨度 64 m 以上的简支梁桥常为钢桥。

表 1.3.1　铁路桥梁跨度系列　　　　　　　　　　单位：m

跨度	4	5	6	8	10
梁长	4.5	5.5	6.5	8.5	10.5
跨度	12	16	20	24	32
梁长	12.5	16.5	20.6	24.6	32.6
跨度	40	48	56	64	80
梁长	40.6	49.1	57.1	65.1	81.1
跨度	96	112	128	144	168
梁长	97.1	113.5	129.5	145.5	169.5

注：表中的跨度指支点间的距离。

就混凝土简支梁的最大跨越能力而言，我国 1985 年建成的浙江飞云江公路桥预应力混凝土简支梁跨径达 62 m，2014 年建成的西安至成都客运专线汉中汉江大桥，其跨径为 64 m。采用双预应力技术，奥地利于 1977 年成功建造了跨径 76 m 的 Alm 桥，2023 年 1 月建成通车的中山西环高速公路工程中，预应力 UHPC 简支梁的跨度达到 105 m。

钢筋混凝土连续梁和预应力混凝土连续梁也是最常用的梁桥结构。连续梁由于支座负弯矩的抵消作用，可使跨中正弯矩减小，跨越能力远大于简支梁。当跨度大于 40 m 时，即可以考虑采用连续梁方案；当跨度大于 60 m 时，在经济技术指标上，简支梁无法与连续梁相抗衡。连续梁的梁高随跨度大小采用不同的形式，跨度 40～60 m 的连续梁，一般可采用等高度梁；当跨度达到 70 m 后，若主梁仍采用等截面布置，在荷载作用下，主梁支点截面的负弯矩将比跨中截面的正弯矩大得多，受力不合理也不经济，采用变截面连续梁更符合受力要求，梁高的变化基本上与内力变化相适应。

1975 年，日本在东北新干线建成了当时跨度最大的预应力混凝土铁路连续梁桥，跨度达到 105 m，跨度组成为（104.9 + 3×105 + 104.9）m。1975 年，我国在北京东北环行线上建成一座预应力混凝土连续梁双线铁路桥——通惠河桥，其跨度组成为（26.7 + 40.7 + 26.7）m，采用满堂支架施工；1978 年，采用顶推法建成 4×40 m 的西延线狭家河桥；20 世纪 80 年代后，大跨度连续梁桥进一步发展，南房线茅岭江特大桥中连续梁跨度组成为（48 + 80 + 48）m，采用挂篮悬臂浇筑施工；1991 年竣工的杭州钱塘江二桥跨度组成为：（45 + 65 + 14×80 + 65 + 45）m，是一座公路、铁路并行分离的公路铁路两用桥，连续长度达 1 340 m，如图 1.3.2 所示；2000 年，我国建成的南京长江第二大桥北汊桥，连续梁主跨达到 165 m，其跨度组成为（90 + 3×165 + 90）m，如图 1.3.3 所示；2013 年建成的乐自高速公路岷江特大桥，跨度组成为（100.4 + 3×180 + 100.4）m，跨度提升到 180 m，如图 1.3.4 所示。2019 年建成的连乐铁路九峰岷江特大桥预应力混凝土连续梁的主跨也达到 180 m。

图 1.3.2　钱塘江二桥

图 1.3.3　南京长江第二大桥北汊桥

图 1.3.4　四川乐自高速公路岷江特大桥

值得一提的是，我国在发展超静定预应力混凝土梁桥的过程中，20 世纪六十年代、七十年代还修建了悬臂梁桥。例如，1966 年建成的成昆线旧庄河一号桥，跨度组成为（24 + 48 + 24）m，采用悬臂拼装法施工，如图 1.3.5 所示；1970 年建成的成昆线孙水河五号桥，跨度组成为（32.3 + 64.6 + 32.3）m，采用悬臂灌筑法施工。这两座桥均为铰接悬臂梁桥，在中间跨的跨中设置剪力铰，系一次超静定结构。但因结构构造和施工方法等问题，悬臂梁桥在实际工程中已较少采用。

图 1.3.5 成昆线旧庄河一号桥

1.3.2 刚构桥

门式刚构桥是将桥台台身与主梁固结，从而省去主梁与桥台之间的伸缩缝，改善桥头行车的平顺性，提高结构的刚性。在城市中当遇到线路立体交叉或需要跨越不太宽的河流时，采用这种桥型，就能降低线路高程，改善纵坡和减少路堤方量。当桥面高程已经确定时，采用这种桥型可以增加桥下净空。由于梁柱节点采用刚性连接，在竖向荷载作用下，主梁端部将产生负弯矩，从而减小主梁跨中的正弯矩，跨中截面尺寸相应减小。门式刚构桥外形美观，在无需设置水中墩的单跨桥梁中应用广泛。但是梁柱节点构造复杂，柱脚有水平推力。节点内缘混凝土承受很高的压应力，而外缘则承受很大的拉应力，常通过设置预应力筋来控制该拉应力。门式刚构桥多采用超静定的结构形式，混凝土收缩徐变、温度变化、墩台不均匀沉降和预应力作用都会在结构中产生较大的附加内力，尤其是温度变化产生的附加内力占整个内力的比例相当大，设计中需要引起重视。

由斜置的撑杆与梁体固结后形成的桥梁即为斜腿刚构桥，斜置的撑杆称为斜腿。斜腿刚构桥的主跨相当于一座折线形拱桥，斜腿间的桥跨结构接近拱桥的受力状态，斜腿以受压为主，比门式刚构的立墙或立柱受力更加合理，故其跨越能力更大。1974年，法国建成博诺姆桥，两斜腿支承铰之间的跨度为 186.26 m，迄今为止，它是最大跨度的预应力混凝土斜腿刚构桥。其斜腿和斜腿顶部的一段主梁在支架上施工，余下的主梁则采用悬臂浇筑施工。1981年，在山西境内邯郸至长治铁路线上建成我国第一座预应力混凝土斜腿刚构铁路桥——浊漳河桥（见图 1.3.6），斜腿刚构两腿趾设铰支座，中心距离为 82 m，梁长 91 m，按（23.5 + 44.0 + 23.5）m 分跨，斜腿倾角为 43°18′13″，梁和斜腿均设计为单室箱形截面，斜腿间的结构在钢拱架上浇筑，两边跨则在钢桁梁支架上浇筑完成。目前，斜腿刚构在跨线桥上广泛使用。

T形刚构桥是墩梁固结的结构，每单元在立面上呈 T形。按结构体系可分为带挂孔 T形刚构桥（静定结构）和带铰 T形刚构桥（超静定结构）。其施工方法多采用对称悬臂浇筑或拼装。20 世纪 60 年代，我国开始采用悬臂施工方法建造预应力混凝土 T形刚构桥，如 1965 年建成的江苏盐河公路桥（16.5 + 33.0 + 16.5）m，1971 年建成的福建乌龙公路大桥，主孔跨径为 3×144 m；1980 年建成的重庆石板坡长江公路大桥为带挂孔的 T构，主跨已达 174 m，如图 1.3.7 所示。对于这种桥型，由于 T构长悬臂处于一种不受约束的自由变形状态，在车辆荷载作用下，悬臂内的弯、扭应力均较大，因而易产生裂缝；此外，由于混凝土徐变，会使悬臂端产生徐变下挠，在悬臂端部和挂梁的结合处形成折角，易导致伸缩缝损坏，并引起此处发生跳车，对悬臂产生附加冲击力，既影响乘客的行车舒适感，又对桥梁不利，故目前这种桥型已较少使用。

图 1.3.6 浊漳河桥

图 1.3.7 重庆石板坡长江大桥

连续刚构桥采用墩梁固结的形式。不设支座，节省了支座制造、养护和更换的费用；由于墩梁共同参与工作，与相同跨径的连续梁桥相比，跨中弯矩减小，可以进一步减小跨中梁高，减轻主梁自重；适合采用悬臂施工法，适用于跨越高山峡谷、深水河流；连续刚构桥具有结构整体性能好、抗震能力强、抗扭潜力大，桥体简洁明快等特点。但是，其对温度变化、混凝土收缩、徐变等比较敏感。大跨度预应力混凝土连续刚构桥主要适用于高桥墩情况。其桥墩不仅应满足施工、运营等各阶段支撑上部结构重力和稳定性等方面的要求，而且桥墩的柔度需适应由于温度变化、混凝土收缩徐变以及车辆制动力等因素引起的水平位移，以尽量减小这些因素对结构产生的次内力。因此，连续刚构桥的墩柱一般采用竖直双肢薄壁墩、竖直单薄壁墩（如箱型截面空心墩）以及 V 形墩或 Y 形柱式墩。

我国于 1988 年建成第一座大跨度预应力混凝土连续刚构桥——广东洛溪大桥，主跨 180 m，跨径组成为（65 + 125 + 180 + 110）m，如图 1.3.8 所示。近 30 余年来，连续刚构桥在我国发展迅速。在公路桥梁中，具有代表性的大跨连续刚构桥有：1997 年建成的广东虎门大桥辅航道桥主跨 270 m，跨度组成（150 + 270 + 150）m，如图 1.3.9 所示；2006 年建成的重庆石板坡长江大桥复线桥主跨达 330 m，跨径组成为（87.75 + 4×138 + 330 + 133.75）m，如图 1.3.10 所示；2013 年建成的贵州六盘水至盘县高速公路上的北盘江大桥主跨 290 m，跨度组成为（82.5+220+290+220+82.5）m。在铁路桥梁中，大跨度预应力混凝土连续刚构桥的代表有：2009年建成的陕西牛角坪特大桥，跨度组成为（100+192+100）m；2014年建成的贵州省南江特大桥，跨度组成为（92+176+92）m。在上述桥梁中，重庆石板坡长江大桥复线桥330 m主跨采用了钢—混凝土混合结构，主跨中间108 m为钢箱梁，以减轻自重弯矩，在同类桥梁中跨度排名第一。1998年在挪威建成的Stolma桥（见图1.3.11），主跨301 m，跨度组成为（94+301+72）m，主跨的中间182 m采用轻质高强混凝土，有效降低了桥梁的自重及其弯矩。我国在连续刚构桥的设计和施工中积累了丰富的经验，具有很高的技术水平。

图1.3.8　广东洛溪大桥

图1.3.9　广东虎门大桥辅航道桥

图1.3.10　重庆石板坡长江大桥复线桥

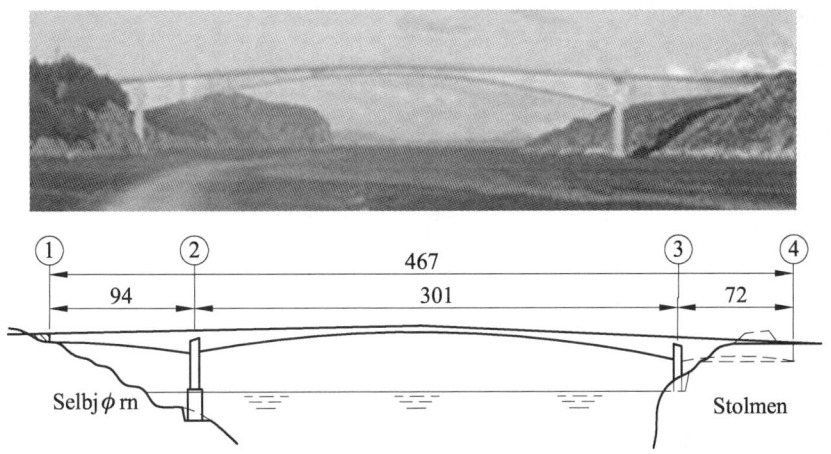

图 1.3.11 挪威 Stolma 桥

大跨度预应力混凝土连续梁桥和连续刚构桥的应用已非常普遍，但也出现了一些问题，主要表现在跨中下挠变形大和梁体开裂现象，因此，需要不断总结经验，查找不足，持续改进设计、构造和配筋等，以保证大跨度预应力混凝土连续梁桥和连续刚构桥具有良好的长期服役性能。

1.3.3 拱 桥

拱桥的主要承重结构是拱圈或拱肋。拱圈可以是整体实心或空心横断面的板形、箱形结构，称为板拱；也可以是横向分离，由两个或多个拱圈组成，并通过拱圈之间的横撑或横向连接系相互连接，共同构成肋拱结构，拱肋的断面仍然可以是实心或空心的横断面，截面形状常用矩形、工形和箱形等。板拱为横向整体结构，桥面结构只能设置于其上，形成上承式拱桥；而肋拱桥，桥面既可以设置在拱结构上方形成上承式拱桥，也可以将桥面设置在拱肋下方或拱肋中部，形成下承式拱桥或中承式拱桥。拱桥结构在竖向荷载作用下，桥墩或桥台将承受水平推力。同时，水平推力将显著抵消荷载在拱圈内所引起的弯矩。因此，与同跨径的梁桥相比，拱桥的弯矩和变形要小得多。鉴于拱桥的承重结构以受压为主，通常可以采用抗压能力强的圬工材料（砖、石、混凝土）和钢筋混凝土来建造。拱圈的曲线线型以其在重力等主要荷载作用下均匀受压为基本原则确定，通常有倒悬链线、抛物线等基本线型。

拱桥的跨越能力大，外形也美观，在条件许可时，修建拱桥往往是经济合理的。

同时应当注意，为了保证拱桥能安全使用，下部结构和地基必须能经受住水平推力的不利作用。此外，拱桥的施工一般比梁桥困难。对于跨度很大时，可以建造钢拱桥、钢管混凝土拱桥或外包混凝土的钢管混凝土劲性骨架拱桥等。

当地基条件不适于修建具有强大推力的拱桥时，若必要，也可以修建水平推力由钢或预应力混凝土作为抗拉系杆来承受的系杆拱桥或飞燕式拱桥。

拱桥因受压为主，能充分发挥材料承载能力，1980 年，前南斯拉夫（现克罗地亚）就建成跨度 390 m 的克尔克一号桥（见图 1.3.12），创造了当时钢筋混凝土拱桥跨度世界纪录。

图 1.3.12　克尔克一号桥（390 m）和二号桥（240 m）

1961 年，我国在兰新线昌吉河桥，建成了一孔跨度 56 m 的拼装式刚性梁柔性拱桥，1966 年建成主跨 150 m 丰沙铁路永定河 7 号桥（见图 1.3.13），为当时亚洲最大跨径钢筋混凝土拱桥，为中承式空腹肋拱桥。我国还独创了钢筋混凝土双曲拱桥，1968 年建成跨径 150 m 的河南嵩县前河桥。1979 年建成主跨 150 m 的宜宾马鸣溪金沙江大桥，开创了采用无支架缆索吊装工艺实现拱肋分段预制拼装的大跨径桥梁施工先河。1995 年建成世界第一大跨度预应力混凝土桁架拱桥——贵州瓮安江界河大桥（见图 1.3.14），主跨 330 m，采用悬臂拼装法施工。发展了劲性骨架钢筋混凝土拱桥，1997 年建成主跨 420 m 的重庆万州长江公路大桥（图 1.3.15），2016 年建成跨度 445 m 沪昆高铁北盘江大桥（图 1.3.16）等，各自均创造了当时的世界纪录，主跨 600 m 的天峨龙潭特大桥再创新的世界纪录。

图 1.3.13　永定河 7 号桥

图 1.3.14　贵州瓮安江界河大桥

第 1 章 绪 论

图 1.3.15 万州长江公路大桥

图 1.3.16 沪昆高铁北盘江大桥

1.3.4 斜拉桥

1955 年，瑞典建成的主跨为 182.6 m 的斯特罗姆桥是第一座现代斜拉桥；接着德国修建了主跨为 260 m 的杜塞尔多夫北桥，进一步巩固了现代斜拉桥的地位。以上两桥均采用稀索和钢梁，这是早期斜拉桥的特点。稀索斜拉桥梁的高度大，架设施工难度大，斜拉索锚固点受力大，构造庞大而复杂。工程师们很快就认识到这些问题，稀索很快就被密索所代替。现在，斜拉桥索距已从最初的 50 多米降到 10 m 左右。

最初的预应力混凝土斜拉桥为 1925 年由西班牙工程师托罗哈（Torroja）建造的特姆普尔水道桥（Tempul, Jerez de la Frontera），跨度 60.35 m。1962 年建成的委内瑞拉马拉开波（Maracaibo）桥是第一座现代预应力混凝土斜拉桥，主跨达 235 m，如图 1.3.17 所示。此后各国纷纷仿效，开启了大量修建预应力混凝土斜拉桥的时代。1977 年建成的法国布罗托纳（Brotonne）桥，是一座单索面预应力混凝土斜拉桥，主跨 320 m，如图 1.3.18 所示。1980 年建成主跨 127 m 的瑞士甘特（Ganter）桥首创了一种受力行为介于斜拉桥与梁桥之间的混凝土拉板式新桥型，成为现代预应力混凝土矮塔斜拉桥的开端。由于密索能给主梁提供密集的弹性支承，采用混凝土梁，其梁高不必做得很大，因此现在 200～500 m 左右跨径的斜拉桥绝大多数用混凝土梁。随着斜拉桥建造技术的不断进步，斜拉桥的跨径也不断加大。当跨径

023

达到 500~1 000 m 之后，混凝土梁自重大带来许多新的问题，而代之以自重较轻的钢—混凝土结合梁和钢梁。特大跨的斜拉桥为增大主跨的刚度常在边跨配自重较大的混凝土梁，主跨则用钢梁，这就是混合梁斜拉桥。

图 1.3.17　委内瑞拉马拉开波（Maracaibo）桥

图 1.3.18　法国布罗托纳（Brotonne）桥

我国斜拉桥建设起步较晚，1975 年和 1976 年分别在四川云阳（图 1.3.19）和上海松江建成跨径为 76 m（实为 75.84 m）和 54 m 的两座混凝土公路斜拉桥。1981 年，中国建成的广西来宾红水河桥为当时亚洲最大跨度（96 m）的铁路预应力混凝土斜拉桥，如图 1.3.20 所示。1982 年，我国先后建成上海泖港斜拉桥[（85+200+85）m]和山东济南黄河桥（主跨 220 m），使混凝土斜拉桥的跨径突破 200 m。从此，我国斜拉桥建设进入大发展阶段。1995 年建成的武汉长江二桥预应力混凝土斜拉桥，主跨 400 m；1995 年建成的铜陵长江大桥预应力混凝土斜拉桥，主跨 432 m；1997 年中国建成跨度组成为（169+444+169）m 的重庆李家沱第二长江大桥；2001 年建成的宜昌夷陵长江大桥，三塔单索面预应力混凝土斜拉桥，梁段采用预制拼装施工，主跨 348 m；2001 年建成的岳阳洞庭湖大桥，三塔双索面预应力混凝土斜拉桥，主跨 310 m；2002 年建成的湖北鄂黄长江大桥，跨度组成为（55+200+480+200+55）m；荆州长江公路大桥（图 1.3.21）北汊通航孔桥，其跨度组成为（200+500+200）m，是双塔双索面预应力混凝土斜拉桥，桥面为全漂浮体系，2002 年建成通车，建成时为中国最大跨度公路预应力混凝土斜拉桥。跨度 500 m 以下的混凝土斜拉桥在我国应用十分广泛。

图 1.3.19　四川云阳汤溪河桥（我国第一座试验性斜拉桥）

图 1.3.20　红水河桥（我国第一座铁路预应力混凝土斜拉桥）

图 1.3.21　荆州长江公路大桥

在我国斜拉桥的发展过程中，钢—混凝土结合结构、混合结构也得到了广泛应用。1991年建成上海南浦大桥（结合梁斜拉桥），主跨 423 m；1993 年建成上海杨浦大桥（结合梁斜拉桥），主跨 602 m；1996 年建成上海徐浦大桥，主桥采用边跨混凝土梁、中跨钢—混凝土结合梁的混合型斜拉桥结构，主跨 590 m。

1.3.5 悬索桥

传统的悬索桥（吊桥）均用悬挂在两边塔架上的强大缆索作为主要承重结构。在竖向荷载作用下，通过吊杆使缆索承受很大的拉力，通常就需要在两岸桥台的后方修建巨大的锚碇结构。刚性悬索桥譬如公路、铁路悬索桥，通常在桥面和吊杆之间设置加劲梁；而柔性悬索桥如一些人行桥则不设置加劲梁。悬索桥也是具有水平反力（拉力）的结构。现代悬索桥广泛采用高强度钢丝成股编制的钢缆，以充分发挥其优异的抗拉性能，因此，结构自重较轻，能以较小的建筑高度实现其他任何桥型都无与伦比的特大跨度。悬索桥的另一特点是成卷的钢缆易于运输，结构的组成构件较轻，便于无支架悬吊拼装。我国在西南山区和在遭受山洪泥石流冲击等威胁的山区河流上，以及对于大跨径桥梁，当修建其他桥型有困难的情况下，往往采用悬索桥。1995年建成的广东汕头海湾大桥，跨径452 m，采用预应力混凝土加劲梁（如图1.3.22所示），开创了我国建造现代公路悬索桥的先河。此后，特大跨悬索桥发展十分迅速，跨越能力不断提高，但加劲梁多采用钢桁梁、扁平钢箱梁。有学者曾以与汕头海湾大桥悬索桥同等跨度的钢箱加劲梁悬索桥进行综合经济技术比较，结果表明：当跨度达到450 m左右时，二者的工程造价已基本接近。换言之，混凝土加劲梁的经济跨度在450 m左右，似不宜再向更大跨度推广。目前，钢加劲梁悬索桥的跨度已突破了2 000 m，土耳其卡纳卡莱1915桥的跨度达到2 023 m，我国在建的狮子洋大桥主跨2 180 m，张靖皋长江大桥南航道桥主跨2 300 m。

图 1.3.22　汕头海湾大桥

鉴于桥梁美观的要求，在不宜修建锚碇的情况下，也可以建造将主缆锚固在主梁两端的自锚式悬索桥，如图1.3.23所示，此为辽宁庄河建设大街东桥，跨径组成为（70 + 200 + 70）m。这种桥型虽然很有特色，但其结构设计和施工工艺比较复杂，经济性较差，而且跨径也不宜过大。

然而，相对于前述其他体系而言，悬索桥的自重轻，结构的刚度小，在车辆动荷载和风荷载作用下，桥梁有大的变形和振动。可以说，整个悬索桥的发展历史，是不断研究和克服其有害的变形与振动的历史，亦即是争取其结构刚度的历史。

第 1 章 绪 论

图 1.3.23 庄河建设大街东桥

1.3.6 组合体系桥

除上述结构形式外,在实践中,为了满足使用功能和某些特定要求,还创造出许多由上述两种及以上结构组成的组合体系桥。2006 年 7 月 1 日竣工运营的青藏铁路拉萨河桥主桥,跨度组成为 (36 + 72 + 108 + 72 + 36) m,采用预应力混凝土连续梁—钢管混凝土拱组合体系,如图 1.3.24 所示。2007 年建成,2010 年通车运营的宜昌——万州铁路宜昌长江大桥为预应力混凝土连续刚构—钢管混凝土拱组合体系桥,主桥跨度组成为 (130 + 2 × 275 + 130) m,如图 1.3.25 所示。2011 年建成的广珠城际快速轨道交通线上的西江大桥,主桥采用跨径组成为 (100 + 2×210 + 100) m 的单塔斜拉-连续刚构组合体系,如图 1.3.26 所示。2014 年,在浙江省湖州市建成的东苕溪大桥全桥跨度组成为 (4×25 + 75 + 228 + 75 + 4×25) m,全长 585.04 m,主桥采用 (75 + 228 + 75) m 斜拉-悬索组合体系 (hybrid cable-supported bridge system),半飘浮体系,主梁为钢—混凝土混合梁,中跨采用钢箱梁,边跨采用现浇混凝土箱梁,整幅桥面全宽 41.6 m;主塔为钢塔,其轴线线形采用悬链线,如图 1.3.27 所示。

图 1.3.24 青藏铁路拉萨河桥主桥

图 1.3.25 宜昌-万州铁路宜昌长江大桥

图 1.3.26 广珠城际快速轨道交通西江大桥

图 1.3.27 东茗溪大桥

1.4 混凝土桥施工技术工艺的发展*

思考与练习题

1.1 按结构形式分,混凝土桥可以分为哪几种?

1.2 混凝土桥的主要特点是什么?

1.3 各种混凝土桥梁结构的适用范围如何?

1.4 新型高性能混凝土的研究现状及发展趋势如何?你了解的其他新型混凝土有哪些?

1.5 若采用 FRP 代替普通受力钢筋,设计非预应力 FRP 筋混凝土桥梁时,与普通 RC 桥相比,你认为哪些使用性能指标需要进行适当调整?

1.6 若采用 FRP 代替预应力钢筋,设计建造 FRP 筋预应力混凝土桥,如何选择 FRP 筋材料(应满足哪些基本条件)?

1.7 在工程实际中,当建造大跨度混凝土桥梁时,常用的结构体系有哪些?哪种体系不常用?为什么?

第 2 章　混凝土桥梁的规划与设计

桥梁是公路、铁路、市政道路的重要组成部分。简单而言，桥梁是跨越障碍（河流、沟谷和既有线路等）的构筑物。但是，一座桥梁的建设不仅直接影响到当地的交通和人们的日常出行，还对一个区域的发展、市容和文化提升有着至关重要的影响，甚至对国民经济、政治和国防都有着重要意义。

桥梁的规划与设计是将构思逐步变为蓝图的过程，也是桥梁建设的第一步，它涉及众多的学科，包括测量、地质、水文、经济、美学、材料、力学、计算机、结构工程等等，是一个综合性极强的领域。

桥梁的规划与设计既是一门工程应用，也是一门艺术实践。对一座拟建桥梁，不同的选址、不同的桥型、不同的结构布置，往往会得到不同的解决思路，这需要设计人员进行大量的调研、分析和综合对比工作，从而得到一个在可靠、经济和美观等方面综合最优的解决办法。

2.1 桥梁规划设计的一般原则和程序

2.1.1 桥梁规划设计的一般原则与方法

可以将桥梁设计视为一个从无到有、反复尝试、逐步优化的渐进过程，主要环节包括：通过对多个可选桥梁方案的对比，综合比较其社会影响、美观程度、建造难度、桥梁与既有路网的协调等多方面的优缺点，从而选定一个在各方面都能兼顾或较优的桥梁方案；在选定桥梁方案的基础上进行桥梁结构设计，以使桥梁能满足使用、受力、施工、构造等多方面的需要。

对桥梁的安全、适用、经济和美观各个方面的要求必须贯彻到桥梁规划设计的每个阶段。

1. 使用方面的要求

桥梁在使用方面要确保安全和适用的要求。建成的桥梁要能保证交通的安全、通畅和舒适，桥梁的运输能力既要满足当前需求，还应充分适应未来的交通发展趋势。对跨越线路或河流的桥梁，不能妨碍桥下交通、通航和泄洪。位于城镇范围的桥梁，还当综合考虑桥头及引桥范围的城市环境和发展。在使用年限内，桥梁应只需常规养护、简单维修就可保证日常使用。

2. 经济方面的要求

在桥梁规划设计过程中，必须认识到桥梁的经济性不能只是局限于桥梁本身的建造成本，而是应该从以下各个方面综合考虑。

桥位选择：应考虑能缩短河道两岸的运距，促进该地区的经济发展；在短期和中长期，建成的桥梁都能产生较大的经济效益。桥位处应选择河道顺直稳定、地质良好、水文和地形条件要能与桥梁的结构形式和基础类型相适应、河槽能通过大部分设计流量的河段。桥位应避开河汊、沙洲、古河道、急弯、汇合口、港口作业区及易形成流冰、流水阻塞的河段,以及断层、岩溶、滑坡、泥石流等不良地质的河段。桥梁纵轴线宜与水流流向正交。

桥型:首先需要考虑的是桥梁建造的直接成本;还应考虑使用年限内养护、维护的成本,优先选择维修方便、维修成本低、维修对交通的干扰或中断时间短的桥型;并适当考虑与城市环境相结合的桥梁美学要求。

材料和施工:桥梁设计应在遵循因地制宜、就地取材和方便施工的原则下,尽可能采用成熟的新技术、新工艺、新材料、新设备;在保证施工质量和施工安全的前提下,逐步应用国内外的先进技术,充分利用最新科学技术成果,将传承和创新相结合,为技术的长期发展做铺垫。

3. 美学和环境方面的要求

桥梁的造型应与周围环境相协调,通过一定程度的桥梁建筑艺术、景观设计方面的考虑,使得桥梁与自然环境、城市景观和人文氛围相协调。优美的桥型可以通过精炼的结构布置、和谐的空间比例、艺术的造型,再辅以适当的景观、装饰等多方面的因素得以实现。

必须注意的是,在追求桥型特色或美观的过程时,应使其造型与结构的受力行为相协调。否则在外形上一味突出标新立异、与众不同,而舍弃结构受力行为的合理性,除了会增加施工难度及造价、增加后期的养护及维护成本,更有甚者会影响到结构的安全性和耐久性。

2.1.2 桥梁规划设计的一般程序

1. 桥梁规划设计的阶段划分

简而言之,一座桥梁建设过程中的规划设计环节,是将建设意图变为设计图纸的整个过程。一座桥梁,尤其是工程量大、过程复杂的大、中桥梁的规划设计,其涉及的因素众多,是一个综合性的系统工程。

桥梁设计的合理性,除了直接控制到造价、施工、运营安全和服役寿命外,甚至还影响到区域经济发展、交通出行和城市建设等方面。因此,在桥梁规划设计过程中,有必要遵循一定的工作流程,从而保证各项技术工可以循序渐进、逐步深入地开展,也能保证及时发现规划设计过程中隐藏的各类问题。

在进行具体的设计工作之前,首先需要确定合理的桥位,桥位选择时必须结合建桥区域的交通需求情况、地形、地质、水文以及气象资料的全面调查,在此基础上才能得出合适的建桥位置,并确保后续的正式设计、施工的顺利进行,使桥梁建成后能满足使用要求。

桥梁设计前的资料调查、准备工作应包括如下方面:

(1)桥梁的使用任务:根据桥梁所属的既有路线或者新规划路网中,通行桥梁的车辆、行人的交通量,以确定桥梁的荷载等级和行车道数量、人行道宽度。在确定桥梁的使用任务的交通量调查过程中应具备一定前瞻性,以确保建成的桥梁能很好地适应交通发展和城市规划。

(2)桥位附近的地形:对选定的桥位进行地形"草测",为后续论证桥梁建设的可行性提供技术资料。

(3)桥位地质情况:调查场地的地质构造、地层结构、岩土工程特性和地下水埋藏条件,查明场地不良地质作用(包括滑坡、断层溶洞、裂隙等)的分布规模、发展趋势,并对场地的稳定性做出评价。

（4）河流的水文情况：调查河道性质（如河床及两岸的冲刷和淤积、河道的自然变迁等），测量河床断面图，收集历史洪水资料，确定各种特征水位（包括最高洪水位、设计通航水位、最低水位及流冰水位等）、流速、流量；与水利和航道部门商定通航水位和通航净空标准；了解河流上既有或拟建水利设施与新建桥梁的相互影响。

（5）当地建筑材料及运输情况：调查当地建筑材料（砂、石料等）的来源，水泥、钢材的供应情况以及水陆交通的运输情况。

（6）施工技术状况：调查施工单位的技术水平、主要机械装备情况，施工现场的动力设备和电力供应情况。

（7）气象资料：调查桥梁所在区域的月平均气温、极端气温，风力、风向及台风影响、降水量等情况。

（8）既有桥梁情况：桥位上、下游的既有桥梁的结构形式和使用情况。

（9）其他情况：桥梁结构和施工过程是否占用农田、是否需拆除建筑物，以及有无保护文物等情况。

在我国，大型桥梁的正式设计程序分前期工作和正式设计两个阶段。前期工作阶段又分为：预可行性研究（简称"预可"）和工程可行性研究（简称"工可"）；正式设计一般按"三阶段设计"进行，即初步设计、技术设计和施工图设计，各阶段目的、内容、要求和深度均有不同。

公路桥梁规划设计阶段的各个环节的流程关系如图 2.1.1 所示。铁路桥梁的规划设计流程与公路桥基本一致，根据出资情况，铁路桥的"预可"、"工可"分别由地方省（市）计划部门、国家铁路投资部门、或者双方联合审批；如果是国家干线铁路，则由国家发展和改革委员会审批。

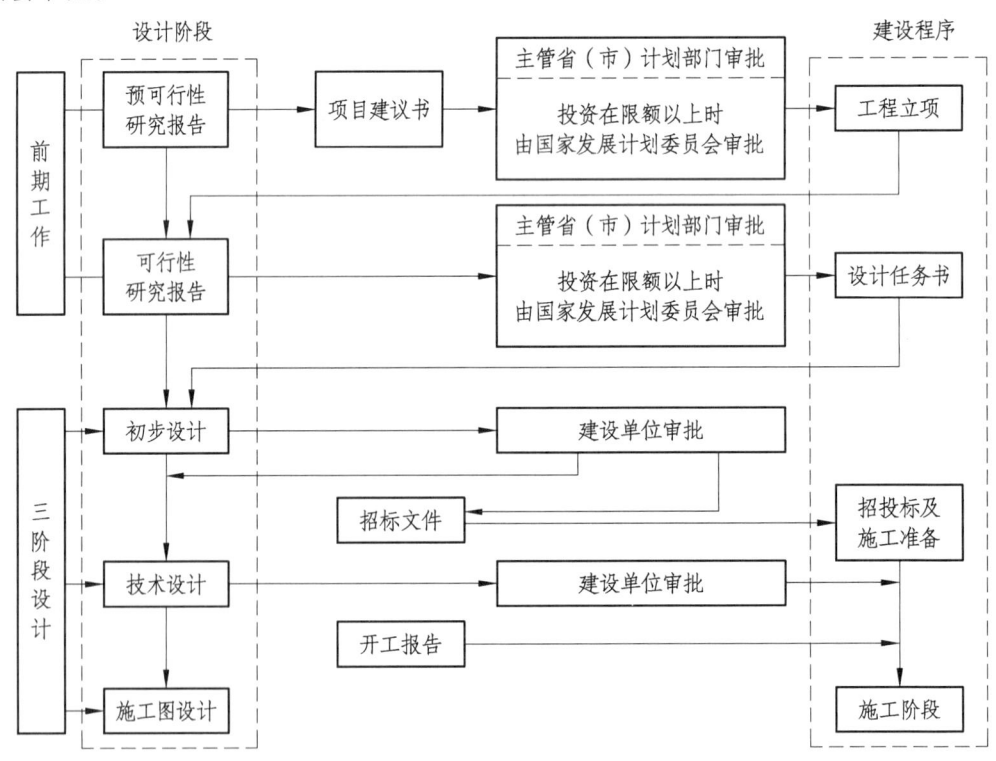

图 2.1.1 公路桥梁设计阶段与建设程序关系图

第 2 章　混凝土桥梁的规划与设计

2. 预可行性研究

此阶段简称为"预可"阶段，着重研究桥梁在建设上的必要性和经济上的合理性，解决要不要修建、为什么修建桥梁的问题，需要提交工程预可行性研究报告。

本阶段的研究应详细阐明桥梁的建设理由、必要性和重要性，初步研究技术上的可行性，并对工程造价、投资回报、社会效益、政治意义和国防意义等进行分析，论证经济上的合理性，并对资金来源有所设想。

对于区域性线路上的桥梁，应通过对选定桥址的车辆流量进行调查，并根据经济、交通发展规律预测桥梁修建后可能引入的车流，从而确定通过桥梁的可能车流量，论证桥梁建设的必要性。

在"预可"阶段应提出几个可能的桥梁方案，从而可以通过对多个桥位、桥型的综合比较，选定桥位和确定建设规模。"预可"阶段工作的主要目标是解决建设工程的上报立项问题，设计方将预可行性研究报告交业主后，由业主据此编制"项目建议书"报主管上级审批。

3. 工程可行性研究

在主管部门批准"预可"阶段提交的"项目建议书"后，可进入本阶段——工程可行性研究阶段，本阶段简称"工可"。"工可"阶段与"预可"阶段的内容和目的基本一致，只是研究的深度不同，研究重点是工程和投资的可行性。

在"工可"阶段，要研究和制定桥梁的技术标准，包括设计荷载、桥面宽度、允许车速、通航标准（通航净宽和净高）、桥梁立面和平面线形指标（包括纵坡、横坡、竖曲线与平曲线半径等）。此外，还应与河道、航运、城市规划等部门共同研究和协商来确定相关技术标准内容。

在"工可"阶段，应提出多个桥型方案，并按相关规定对造价进行估算，对资金来源和投资回报等问题应基本落实。这里的投资汇报可以是经济效益方面的回报、也可以是社会效益方面的汇报。

概括地说，"工可"就是要对"预可"阶段的设想进行初步落实，在"预可"阶段解决了"要不要修、为什么修"的基础上，进一步论证桥梁是否"可以修"。

4. 初步设计

可行性研究报告得到批准后，即可进行初步设计阶段。在本阶段要进一步开展地质勘察和水文调查工作，以获取更详细的地形图、工程地质资料和水文资料。如果发现在可行性研究阶段提出的建设方案存在不足，可以在本阶段进行调整，比如，如果原定的桥位方案不当，可在适当范围内调整新桥位。

初步设计的目的是确定设计方案，应拟定多个桥式方案，综合分析每个方案的优缺点，通过对每个方案的主要材料用量、总造价、劳动力数量、工期、施工难易程度、养护费用等各种技术经济指标以及美观性进行综合对比，选定一个最佳的推荐方案，报建设单位审批。在各个桥式方案中，应细化给出桥式布置图、桥梁结构的主要尺寸、估算工程数量和主要材料的用量、提出施工方案和编制工程概算。初步设计概算是控制建设项目投资和以后编制施工预算的依据。

5. 技术设计

技术设计阶段的工作是对初步设计的补充修改、深化和完善。特别是针对初步设计中有批准下达的科研项目，需要在本阶段实施解决，包括对选定桥式方案中重大、复杂的技术问题进行科学试验和专题研究。

本阶段要进一步完善批复的桥型方案的总体和细部各种技术问题，提出详尽的设计图纸，包括结构断面、配筋、细节处理、材料清单及工程量等，并修正工程概算。在本阶段，需要进行一定的补充勘探工作，称为"技勘"，对各个墩的基础进行必要数量的地质钻孔。

6. 施工图设计

施工图设计阶段是根据业主对初步设计（两阶段设计）或技术设计（三阶段设计）批复意见，包括批准核定的修建原则、技术方案、技术决定和总投资额等方面加以具体和深化。本阶段的内容主要包括对桥梁构件进行结构计算、配筋计算、验算并确保各构件强度、刚度、稳定和裂缝等各种技术指标满足规范要求，绘制施工详图。施工详图是施工单位按图施工的依据，同时也是施工单位编制详细的施工组织设计和工程预算的依据。

需要说明的是，工程实践中常常将设计阶段做一定的整合简化，国内常规的桥梁多采用二阶段设计，即初步设计和施工图设计；对于技术上复杂的特大桥、互通式立交或新型桥梁结构，需严格执行三阶段设计流程，不能简化技术设计环节；对于技术简单、方案明确的小桥，也可采用一阶段设计，即施工图设计。

7. 桥梁规划设计方案比选实例

桥梁设计方案的比选包括桥位方案的比选和桥型方案的比选。桥位方案比选会涉及投资、水文、地质、路网规划、桥梁对城市发展的影响以及环境干扰等多方面的问题，是一个复杂的、综合的论证过程。

特大桥、大桥的桥位选择应置于既有路网或路网规划中一起考虑，要有利于路网的布置、满足选线的需要。桥梁建在城市范围内时，要结合城市规划的要求，还应考虑桥梁对周围设施的影响程度，以及不能拆迁的设施对桥梁的影响程度，同时还应充分考虑桥梁的建设对桥位周围环境的影响等。

例如钱塘江第二大桥是一座公铁两用桥，在规划设计过程中，曾提出4个桥位方案，如图 2.1.2 所示。从上游向下游依次为：潭头桥址方案、珊瑚沙桥址方案、毗邻钱塘江大桥（既有桥）方案和四堡桥址方案，4个桥位方案的特点对比如下：

1）潭头桥址方案

本方案的优点是桥址位于城市边缘，桥梁建设和列车通行对城市的干扰小。本方案的缺点包括：两岸铁路接线长度在 4 个方案中属于最长，过境公路绕行路线最长；桥址位于富春江与浦阳江的汇合口，两江汇合后的河流走向对河岸的冲淘严重，使得桥址上游水文条件复杂。

2）珊瑚沙桥址方案

本方案的优点：桥址距富春江与浦阳江的汇合口较远，水文条件较好，河床比较稳定；两岸接线长度短于潭头桥址方案。本方案的缺点是该桥址江面最宽，桥梁的总长度和造价应为最大。

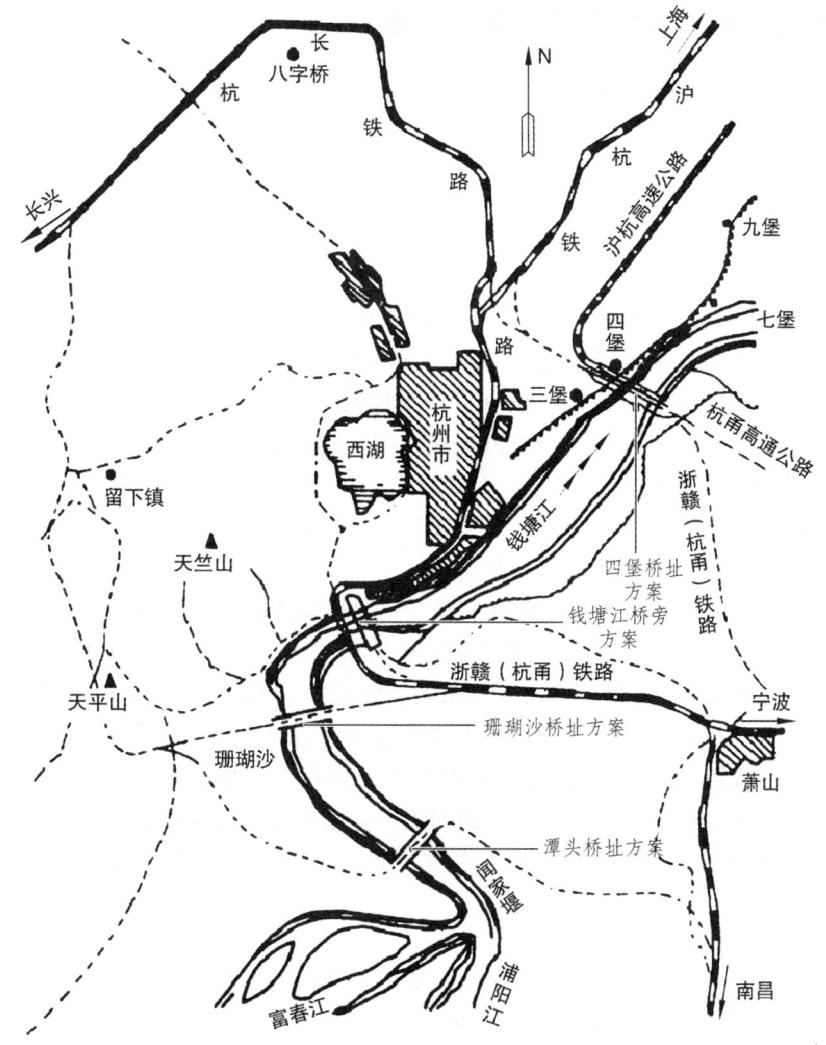

图 2.1.2 钱塘江第二大桥的桥位比选

3）毗邻既有钱塘江大桥方案

本方案的优点：两岸接线长度最短；桥址处江面最窄，桥梁的总长度和造价应为最小。本方案的缺点：桥址处的水深、流速大，水中墩的技术施工难度极高；桥址居于市区，环境污染和交通干扰等问题较为突出。

4）四堡桥址方案

本方案的优点：两岸铁路、公路的接线长度相对较小，仅仅比既有钱塘江大桥桥址方案长，接线工程的施工对城市的发展、环境污染及交通干扰等影响较小。本方案的缺点：桥位处于钱塘江涌潮段，对桥高和桥梁结构等有一定的要求，并对桥位上游河段的航运开发有潜在影响。

经过对各个桥址方案的综合比较，最后选择了潭头桥址方案，最终建成的桥梁为铁路、公路在同一平面上并行的两座桥，铁路和公路的线路中心距为 16.4 m。该桥及其设计与施工关键技术获得了中国建筑工程鲁班奖、铁道部科技进步一等奖和国家科技部一等奖。

2.2 混凝土桥立面、断面和平面布置

2.2.1 混凝土桥梁的立面布置

桥梁立面（纵断面）布置设计内容包括总跨径、桥梁的分孔、桥面标高、桥面竖曲线和桥头与引道的衔接以及基础的埋置深度。

1. 桥梁总跨径的确定

对于跨河的桥梁，桥梁建成后，桥孔对河流水体产生压缩，水流会产生不同程度的壅水、流速改变、回水等现象，从而对河流的正常行洪以及河床冲刷、淤积产生影响。

桥梁的总跨径，一方面应保证桥下有足够的排洪面积，使桥梁在整个使用年限内，设计洪水能顺利宣泄，使河床不致遭受过大的冲刷，避免因过分压缩河床引起河道和河岸的不利变迁，甚至导致桥前严重壅水而淹没农田、房屋、村镇和其他公共设施等；另一方面，根据河床地形、地质条件，结合土壤的性质和基础形式及埋深情况，可以在允许河床冲刷前提下，适当控制桥梁的总长度，从而降低总造价。

由此可见，桥梁的总跨径应根据水文资料、地形地质条件综合分析、确定。比如，在《公路工程技术标准》（JTG B01）就规定了设计洪水频率：高速公路和一级公路上的特大桥设计洪水频率均规定为1/300，其余桥梁为1/100；二级公路上的特大、大、中桥设计洪水频率规定为1/100，小桥为1/50等等。又比如，在考虑基础埋深或允许冲刷的影响时：允许较大冲刷的深埋基础，总跨径就可适当减小；允许较大冲刷的浅基础桥梁，总跨径就应该适当加大。比如在考虑流速的影响时：对于流速很大的河流，应适当加大总跨径，以减小对河床的压缩；对于流速缓、河床宽的河流，可充分利用水体的可压缩空间，以降低总跨径、节约造价。

2. 桥梁分孔

在确定桥梁的总跨径后，还需进一步进行分孔布置，即确定是一跨还是多跨过河（路线），如果是多跨布置，还要确定各跨的跨径分布。对于跨河桥梁，分孔的主要依据是通航要求、地形和地质条件、水文状况、技术经济条件和美观的要求。桥梁的分孔不仅影响其使用效果、水中墩的数量和位置、施工工艺等，而且直接影响桥梁的总造价。分跨的跨径和孔数不同时，上部结构和墩台的总造价是不同的。跨径越大，孔数越少，上部结构的造价就越大，而墩台的造价就越小。反之，则上部结构的造价降低，而墩台造价将提高，甚至墩台的造价可能超过上部结构的。另外，当遇到水深较深或河床地质不良等的河流，其基础的设计和施工均较复杂，造价就高，跨径宜选得大一些，如果有通航要求，则应设置通航孔；反之，对于宽浅河床，水深不大，而且河床地质较均匀的河流，桥墩和基础的造价就低，跨径就可以选得小一些。最经济的分孔方式就是使上部结构和下部结构的总造价趋于最低。

桥梁分孔的一些基本原则包括：

（1）对于通航河流，首先应满足通航要求，将通航孔布置在主航道位置，其余的桥孔跨径则选用经济跨径。对于变迁性河流，考虑航道可能发生变化，则需多设几个通航孔。

（2）对于平原区宽阔河流上的桥梁，通常在主河槽部分按需要布置较大的通航孔，而在两侧浅滩部分按经济跨径进行分孔。

（3）受到地质、环境等条件的制约，可能会遇到不宜设置中间墩、基础的情况，比如，

基础不宜设置在岩石破碎带、裂隙、溶洞范围，在桥梁跨越深谷、水深流急的江河、水库以及密集的既有建筑、既有公路和铁路路网时，应尽量减少中间墩的数量，此时应加大跨径，从而减少基础、桥墩的施工难度，这也是一种降低总造价的手段。

（4）对于采用连续体系的多孔桥梁，应从结构的受力特性考虑，确定合理分孔。比如，为了使钢筋混凝土变截面连续梁桥各跨的跨中控制弯矩接近，三跨连续梁桥的合理边、中跨径比约为(0.6～0.8)：1.0，五跨连续梁桥的合理边、次边、中跨径比约为(0.6～0.7)：(0.8～0.9)：1.0。

（5）跨径的选择还与施工能力、施工工期有关，有时选用较大的跨径虽然在技术和经济上是合理的，但由于缺乏足够的施工技术能力和机械设备，也不得不放弃而改用较小跨径。对于大桥、特大桥，基础施工往往是工期的控制环节，此时应减少基础数量而修建较大跨径的桥梁，从而缩短总工期，桥梁尽早投入运营可以创造更高的经济价值和社会效益。

桥梁分孔是个非常复杂的问题，各种各样的条件和要求往往互相发生矛盾，应根据桥位处的地形和环境，河床地质、水文等具体情况，并综合施工条件，通过技术经济等方面的综合分析比较，才能得出最适宜的分孔方案。例如，总跨径不大、河床或地质条件较好的桥梁，为了缩减设计周期、尽量采用标准跨径，可能会放弃按经济要求来确定分孔；从备战要求出发，等跨、中小跨径布置是最佳选择，以便抢修和互换。此外，桥梁分孔还应考虑美学的要求，尤其对于总跨径大、桥梁造型影响城市及环境景观时，应格外兼顾桥梁分孔对整体美观的要求。

3. 桥面标高

桥面标高需要适应两方面的要求：桥梁所在线路的纵断面设计要求和桥下净空要求，其中后者主要是考虑桥下行洪和通航需求（跨河桥），或者桥下安全行车需求（跨线桥）。桥下通航或通车所需的净空是指桥孔中垂直于流水方向或桥下线路方向的空间界限，桥梁的任何构件、附属物均不等侵入该空间。

确定桥面标高、桥下净空时，一般应遵循的原则和规定包括：

（1）对于非通航河流，梁底一般应高出设计洪水位（包括壅水和浪高）不小于 0.5 m，高出最高流冰水位 0.75 m；支座底面高出设计洪水位不小于 0.25 m，高出最高流冰水位 0.5 m。对于无铰拱桥，拱脚允许被设计洪水位淹没，但一般不超过拱圈矢高的 2/3，拱顶底面至设计洪水位的净高不小于 1.0 m，拱脚的起拱线应高出最高流冰水位不小于 0.25 m。对于有漂流物和流冰阻塞以及易淤积的河床，桥下净空应分别情况适当加高。如图 2.2.1、图 2.2.2 所示。

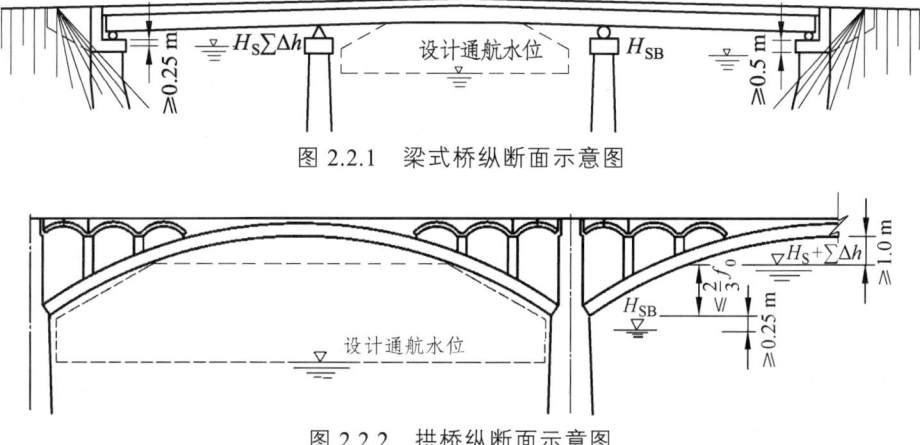

图 2.2.1 梁式桥纵断面示意图

图 2.2.2 拱桥纵断面示意图

按设计水位计算桥面最低高程时应按下式计算：

$$H_{\min} = H_s + \sum \Delta h + \Delta h_j + \Delta h_0 \qquad (2.2.1)$$

式中 $H_{\min}$——桥面最低高程；

H_s——设计水位；

$\sum \Delta h$——考虑雍水、浪高、波浪雍高、水拱、局部股流雍高、床面淤高、漂浮物高度等因素的总和；

Δh_j——桥向净空安全值，应符合各个行业规程的规定；

Δh_0——桥梁上部构造建筑高度，包括桥面铺装高度。

按设计最高流冰水位计算桥面最低高程时，应按下式计算：

$$H_{\min} = H_{sb} + \Delta h_j + \Delta h_0 \qquad (2.2.2)$$

式中 H_{sb}——设计最高流冰位，应考虑床面淤高。

（2）在通航和通行木筏的河流上，桥下净空（桥跨结构下缘和设计通航水位的高程差）应能满足通航净空的要求。我国的《内河通航标准》规定了天然和渠化河流水上过河建筑物通航净空尺度；《海轮航道通航标准》在规定适用于沿海及海湾区域内跨越通航海轮航道的桥梁的净空高度和净空宽度时，考虑必要的富裕或扩大量。以Ⅰ、Ⅱ级航道为例，《内河通航标准》对其净空尺度的规定见表2.2.1。

表2.2.1 天然和渠化河流水上过河建筑物通航净空尺度　　　　单位：m

航道等级	代表船舶、船队	净高	单向通航孔			双向通航孔		
			净宽	上底宽	侧高	净宽	上底宽	侧高
Ⅰ	（1）4排4列	24	200	150	7	400	350	7
	（2）3排3列	18	160	120	7	320	280	7
	（3）2排2列		110	82	8	220	192	8
Ⅱ	（1）3排3列	18	145	108	6	290	253	6
	（2）2排2列		105	78	8	210	183	8
	（3）2排1列	10	75	56	6	150	131	6

（3）对于跨越既有铁路、公路桥梁，桥下净空要满足桥下通车要求，具体的公路、铁路可参见《公路桥涵设计通用规范》、《公路工程技术标准》、《铁路桥涵设计规范》和《标准轨距铁路机车车辆限界和建筑限界》等各个行业规程的规定。

此外，在桥梁设计过程中可以将桥面标高设置与结构类型的选择结合考虑。比如，当允许建筑高度富裕时，或者对建筑高度没有限制时，可自由地从受力、成本等方面选用上、中、下承式的各种桥型；当建筑高度受限时，应优先考虑下承式桥型，或者采用超静定体系以降低桥梁建筑高度。

需要注意的是，在满足桥下净空需求的前提下，不宜将桥面标高设置过高。因为桥面高程提高会导致桥梁总长度的增加、桥梁纵坡加大、引道路堤土方量和延伸长度的增加，会直接导致造价的提高，或者会影响城市市容。当桥梁受到两岸地形或接引线高程限制时，可通过设置纵坡的方式保证桥下净空。

桥面高程确定后，需根据两岸地形和线路标高来设计桥梁的纵断面线形。对于公路的大中桥，可以考虑设置为双向纵坡的方式，以利于桥面排水、降低引道路堤高度和长度。桥面或引道处纵坡发生变更的区段应按规定设置竖曲线，确保行车舒适。桥梁纵坡和竖曲线设置应满足相关规范的规定。

2.2.2 混凝土桥梁的平面布置

桥梁的平面布置取决于桥梁所处的线路及其与跨越的河流或既有线路之间的相互关系，还会受到桥位处的地形地物制约。桥梁的线形及桥头引道要保持平顺，使车辆能平稳地通过。

桥梁的平面轴线形状反映了桥梁的线路走向。桥梁跨越的障碍物可能影响桥梁墩台等支撑构件的布置，桥梁同一墩（台）处的支撑的横向连线称为桥梁的支撑线。根据桥梁平面轴线和支承线的交角关系，可将桥梁的平面布置的分为几种形态，包括正交布置、斜交布置、曲线布置，见图 2.2.3。

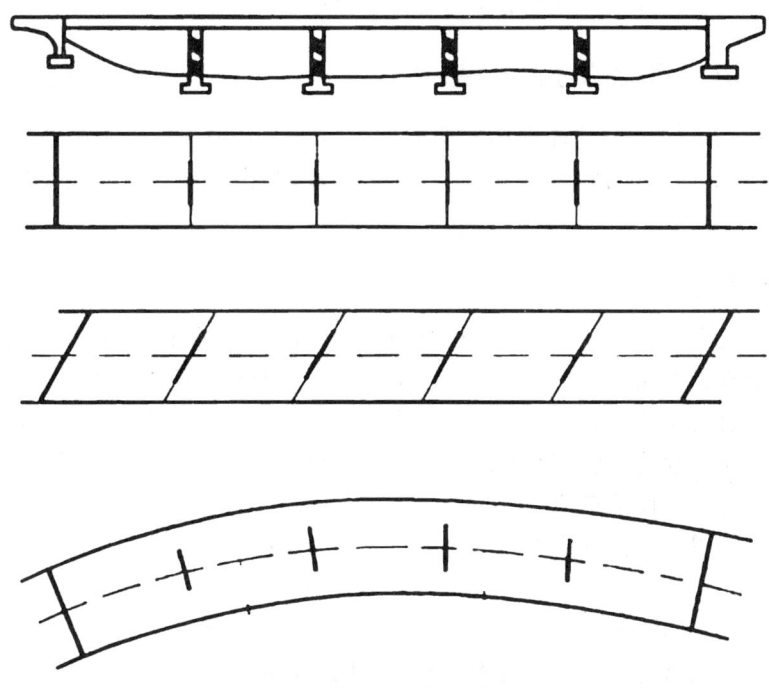

图 2.2.3 桥梁平面布置基本形态

高速公路和一级公路上的大中桥，以及各级公路上的小桥的线形及其与公路的衔接，应符合路线布设的规定。二、三、四级公路上的大、中桥线形一般为直线，如必须设成曲线时，其各项指标应符合路线布设规定。

1. 正交布置

当桥梁所在道路的线路轴线为直线，且轴线与桥梁的支撑线垂直时，桥梁的平面布置呈正交布置的形态。正交平面布置形态是桥梁平面布置中最常见、最简单的布置形态。

2. 斜交布置

当桥梁所在道路的线路轴线为直线，但轴线与桥梁的支撑线不垂直时，桥梁的平面布置反映出斜交布置的形态。

从桥梁的经济性和施工而言，首选桥梁与河流或桥下既有路线呈正交布置，但对于适应桥梁所在路线的线形，可以按斜交布置或曲线布置，但修建斜交桥，斜度通常不宜大于45°。在通航河流上斜交不能避免时，斜交角度角不宜大于5°，否则应该增加通航孔净宽。

3. 曲线平面布置

当桥梁自身的线路平面轴线为曲线时，桥梁的平面布置也将呈曲线布置形态。桥梁平面布置时采用的曲线一般为圆曲线或缓和曲线。反映曲线布置的重要指标是轴线的弯曲半径 R。曲线半径必须按照道路设计的指标限制要求制定，并且要注意在弯曲半径较小时进行相应的桥梁横断面上的加宽和超高布置考虑。

曲线平面布置的实现有两种：一种是在多跨简支结构中，采用"以直代曲"的方法，每跨的梁体自身按直梁设置，但各跨梁体布置成折线状来形成线路轴线的曲线布置；另一种是在弯曲半径较小的曲线桥中，可将梁体制造为曲线结构。

2.2.3 混凝土桥梁的断面布置

桥梁的断面布置要考虑功能和结构两方面的需求，其中功能需求是指桥面要满足车辆和行人的交通需求，结构方面的需求是指梁、墩、塔等构件的断面形式要能充分适应其受力特点。

1. 桥面布置

桥面宽度决定于行车道、人行道、检修通道和护栏、隔离设施的设计需要，在弯道上的桥梁应按路线要求予以加宽。有时候，城市中的大、中型桥梁还可以根据城市交通的发展，预留适量的车行道的宽度或数量，还可以根据城市交通规划预留轨道交通的通行空间。

我国的《公路工程技术标准》规定了公路净空界限，在规定行车道宽度、车道数量的时候，考虑了通行方向、设计车速的影响；《公路桥涵设计通用规范》还规定了公路净空界限，在规定界限内，不得有任何结构部件等侵入。

桥上人行道、非机动车道的设置应根据实际需要而定。人行道的宽度为 0.75 m 或 1 m，大于 1 m 时按 0.5 m 的级差增加。桥面的车行道、非机动车道和人行道之间应有安全隔离设施，或者通过抬高人行道的方式实现人、车之间的相对隔离。

典型的城市桥梁桥面横向布置见图 2.2.4。

此外，公路桥梁和城市桥梁应设置横向坡度，以利于桥面排水。

2. 混凝土桥梁的结构断面布置

桥梁的梁部结构的断面布置形式与结构体系、跨度大小、荷载等级、施工方法等因素有关。对于城市桥梁，梁部结构的断面还要兼顾美观要求。

一般而言，跨度小的梁桥（20 m 以下），其梁部断面布置主要考虑构造简单、施工方便，因此多选用实心的板式断面或者预制空心板断面。

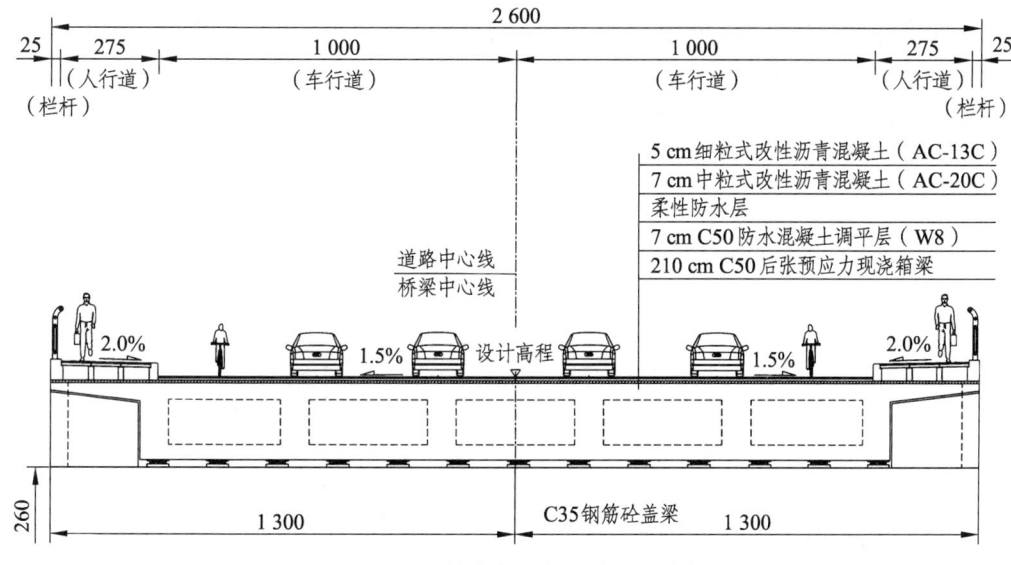

图 2.2.4　城市桥梁桥面布置示例

中等跨度的梁桥（20～40 m），采用肋式断面的较多，如 T 形、I 形、Π 形等，大跨度梁桥一般都采用箱形断面，从而提高材料的有效利用和减轻自重。在中等跨度以上的拱桥，采用钢筋混凝土拱肋时，一般采用多个拱箱横向并列的形式；采用钢管混凝土时，其断面有圆形、哑铃形，还可以将其做成钢管劲性骨架断面形式。

桥梁的施工方法很多，有预制拼装、支架现浇、缆索吊装、顶推法、悬臂施工等。不同的施工方法，构件的受力方式也不同，其断面形式也应不同。如预制拼装和支架现浇的桥梁，其跨度一般不大，因此多采用经济、施工方便的板式或箱形断面。采用悬臂施工的桥梁，为保证施工过程中的强度和稳定性，横断面基本采用箱形。采用顶推施工方法，每个梁部断面都要经受正负弯矩的作用，箱形断面也是它的首选方案。

下面分别介绍梁式桥、拱桥、斜拉桥的梁部结构断面布置常见形式。

1）梁式桥

梁式桥的主梁主要承担弯矩和剪力。对于只承担正弯矩的简支梁，主要通过梁断面受拉区的钢筋或预应力筋和受压区的混凝土提供抗弯承载力，因此受拉区的混凝土面积可以尽量减小，能满足构造或能对钢筋和预应力筋起保护作用即可，而受压区应保证有足够的混凝土承压面积。因此，简支梁跨度 10 m 左右的小桥可采用整体浇筑的钢筋混凝土实体板式断面，一般跨径在 30 m 以上的大多做成 T 梁或者小箱梁，而且在支座区段可通过增加腹板厚度的方式保证抗剪能力。

对于连续梁和悬臂梁，会同时存在正负弯矩。跨度不大的连续梁和悬臂梁，若采用 T 形断面，需要在支座区段通过增加预应力筋和加厚腹板等方式，以提高其抵抗负弯矩的能力。当跨径超过 50～60 m 时，宜采用预应力混凝土，断面可采用箱形，并对负弯矩区段的梁体底板适当加厚以提供足够的混凝土抗压面积，这样不仅保证了正负弯矩区的受力，在采用悬臂施工时，箱形断面可以为施工阶段提供更好的强度和稳定性。

梁式桥的常见梁部断面形式见图 2.2.5～图 2.2.8。其中，板式断面常用于跨度不超过 20 m 的小跨径简支梁桥，肋梁、预制 T 形、预制箱梁常用于 50 m 以内的中等跨径桥梁，整体箱形梁断面能适应更大跨径的连续梁、连续刚构桥。对于预制拼装、组合式施工桥梁,由于是在专门场地批量制造混凝土构件,因此可以加快施工进度,也有利于混凝土的施工质量控制;整体现浇断面的结构整体性好、刚度大、抗震抗冲击性好,在采用悬臂施工等工艺时能适应大跨径桥梁。

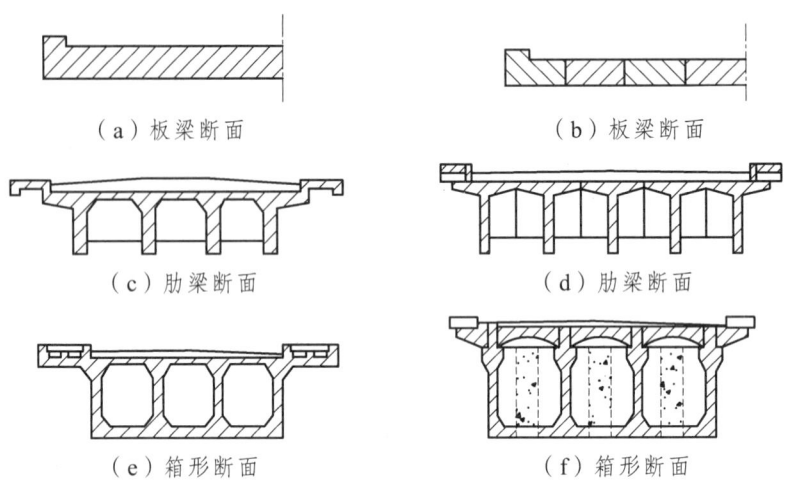

图 2.2.5 典型的混凝土梁桥横断面

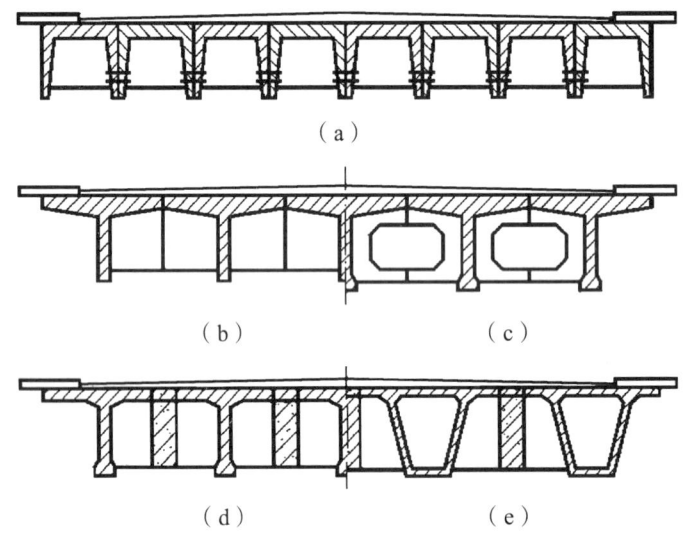

图 2.2.6 预制拼装式简支梁桥横断面

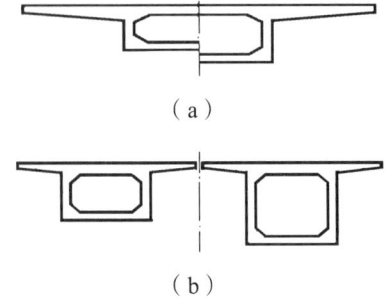

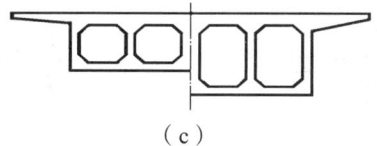

(c)

图 2.2.7 整体箱形梁断面形式

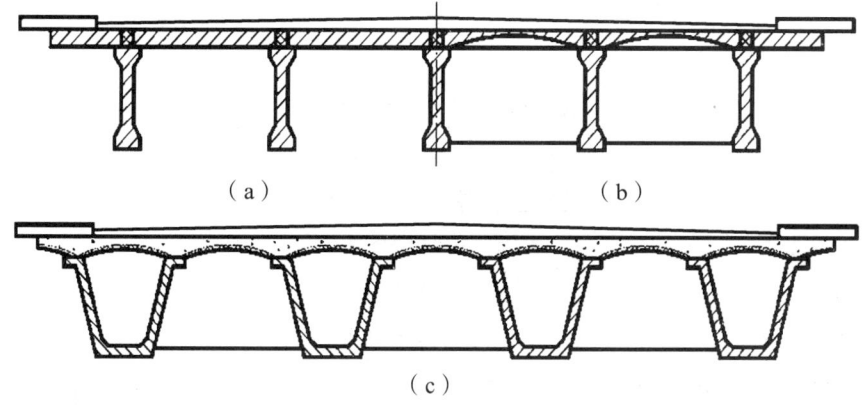

图 2.2.8 组合式梁桥横断面

2）拱桥

拱桥的主拱是以受压为主的压弯构件，其断面不仅要提供足够的承压面积，还要能够提供抗弯能力。而且，在悬臂拼装、悬臂浇筑等施工工艺中，主拱在施工阶段要承受较大弯矩。

根据行车道的相对位置，拱桥还可分为上承式、中承式和下承式。上承式拱桥的拱肋主要采用板式或肋式和箱式的钢筋混凝土断面。在中等跨度以上的上承式拱桥中，肋式和箱式断面主拱形式能更好地适应预制吊装、悬臂浇筑或者分阶段浇筑等施工工艺。中承式和下承式拱桥则多采用矩形、I 字形、箱形等肋式钢筋混凝土断面。近年来钢管混凝土在拱桥中的应用越来越普遍，由于钢管能兼具受力和混凝土浇筑模板的功能，使得钢管混凝土拱肋能适用于中、大跨径的各式拱桥。钢管混凝土拱肋的常见断面形式有圆形、哑铃形、三角形和桁架类型等，还可以做成钢管混凝土劲性骨架的断面形式。

在 20 世纪 60 年代出现的双曲拱，是将主拱圈以"化整为零"的方法进行预制，然后再拼装为整体构件，能有效地缩短施工工期、减少施工支架或降低对吊装能力的需求，还能节约材料。但这种主拱结构形式的整体性较弱、抗震性能差，已经被逐步淘汰。

拱桥的常见拱肋断面形式见图 2.2.9 ~ 图 2.2.11。

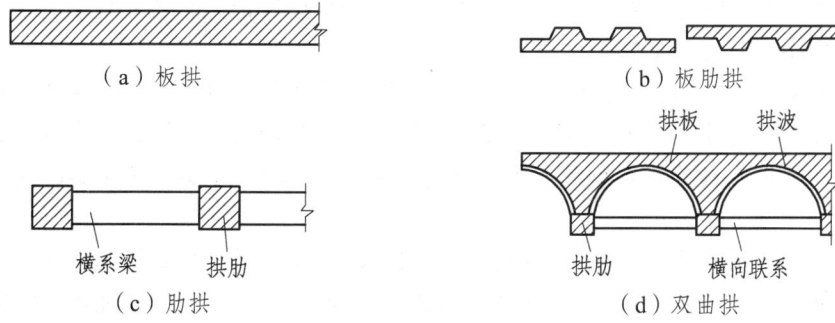

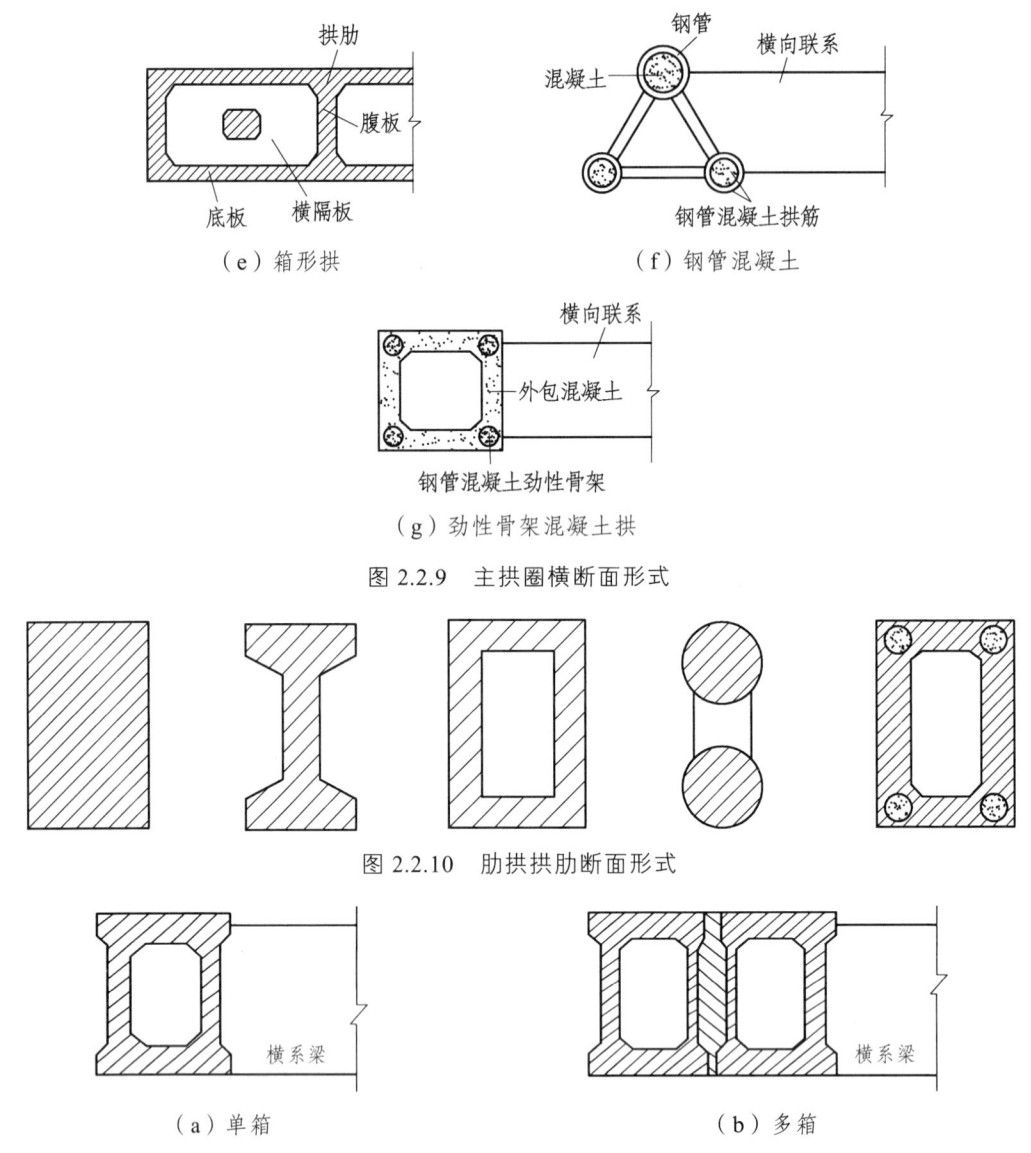

图 2.2.9 主拱圈横断面形式

图 2.2.10 肋拱拱肋断面形式

图 2.2.11 箱肋拱断面形式

3）斜拉桥

斜拉桥的主梁是一个复杂的受力构件，在承受强大轴向力的同时又是一个弹性支承的受弯连续梁构件。斜拉桥可以采用钢主梁、混凝土主梁或者钢-混结合梁，其中混凝土主梁具有刚度大、挠度小、阻尼效果好和抗振动性能较好等特点。

当采用混凝土主梁时，斜拉桥的主梁常见的断面形式总体可分为实体式和箱式两大类。实体梁式断面的构造简单，施工方便快捷，适用于中小跨径的斜拉桥；箱式主梁断面抗弯和抗扭刚度大，能适应各种斜索布置，能适应更大的跨径。混凝土斜拉桥主梁断面的具体类型包括：

实体梁或实体板式断面：两个分离实体主梁间由混凝土桥面板及横梁连接。当分离主梁高度逐步降低或梁高和桥面板之间的高度一致时，则成为矮梁式断面或纯板式断面。

分离式双箱断面：两个分离式箱形主梁之间通过桥面板和横隔板连接。
整体箱形断面：梁体断面为一整体箱形断面，具有良好的抗弯及抗扭刚度。
斜拉桥采用混凝土梁时的梁体常见断面形式见图 2.2.12～图 2.2.16。

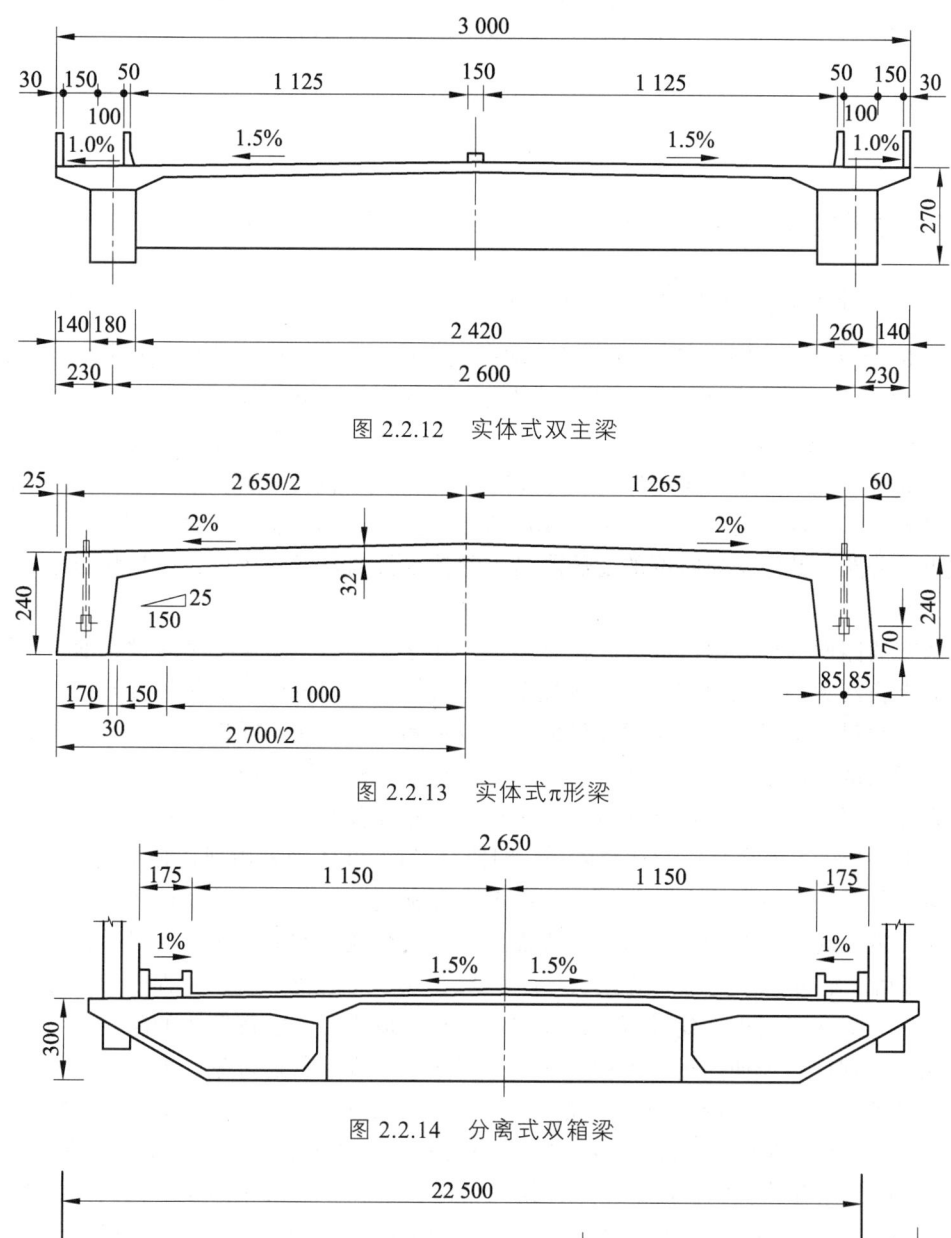

图 2.2.12　实体式双主梁

图 2.2.13　实体式π形梁

图 2.2.14　分离式双箱梁

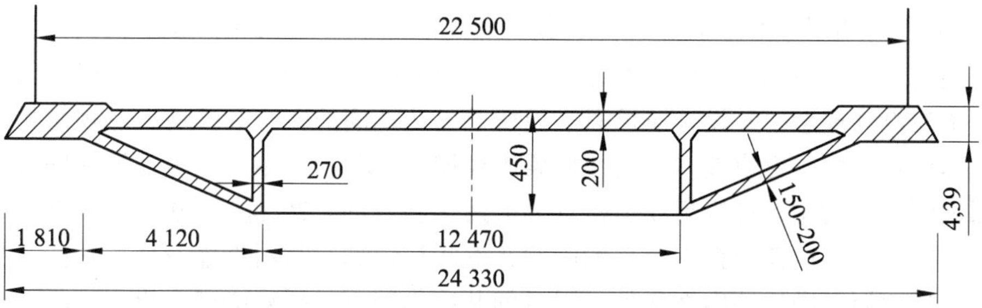

图 2.2.15　分离式双箱梁

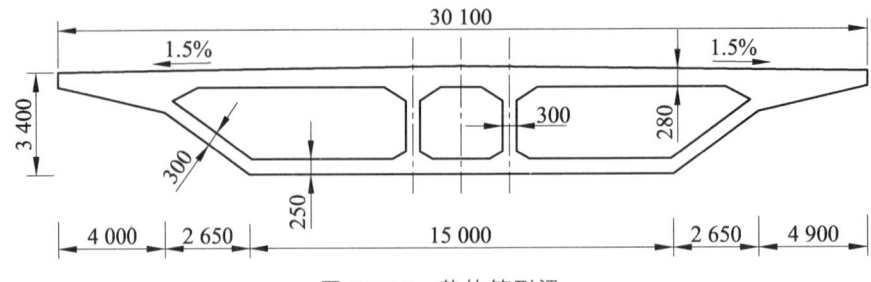

图 2.2.16　整体箱形梁

2.3　桥梁全寿命周期设计

2.3.1　桥梁全寿命周期的理念

自 1984 年 6 月开建第一条高速公路（沈—大高速）以来，我国已经建成了全球最大规模的高速公路网络，覆盖约 99%的城镇人口达 20 万以上的城市及地级行政中心，高速公路占公路总里程 3.1%的规模，承担了超过一半的货运量，截止到 2020 年已建成高速公路约 16 万千米。到 2020 年，我国铁路运营里程超过 12 万千米，其中高速铁路运营里程达 3.79 万千米，位居世界第一，快速客运网覆盖了全国 90%以上的人口，高铁覆盖 98%城区人口达 50 万以上的城市。公路、铁路交通路网的发展既是工程技术长期发展的成果，更是我国综合国力的体现。

作为交通路网的重要组成部分，桥梁建设正在蓬勃发展中。从半个多世纪前举全国之力建一座武汉长江大桥，到现在一年建成数千座特大桥，全国桥梁总数超过百万座，大跨径桥梁的规模、数量居世界之首。桥梁建设的工程技术和质量都在不断提高。

由于过去的技术水平、认知能力所限，目前有不少桥梁陆续出现了问题，有的甚至成为危桥。在 20 世纪 50、60 年代修建的混凝土桥梁，标准普遍偏低，且有不同程度的破损，这些低标准的桥梁，正处在超负荷运营阶段。即使是最近 20 年来采用现代技术建成的桥梁，也有相当数量的桥梁出现了耐久性问题，直接影响正常使用，甚至导致了桥毁人亡的事故。仅仅在"十三五"时期，我国在改造危桥方面投入的资金就达到 697 亿元人民币，在改造了危桥 3.4 万座后，危桥的存量比例尚有 3.4%。因此，在今后的桥梁新建过程中如何避免重复已出现的问题，寻求我国桥梁建设可持续发展的途径，成为当今亟待解决的问题。

其实，上述问题长期困扰着工程行业，在很多国家都是普遍现象，大部分桥梁达不到设计之初的预期寿命，由此造成的经济损失十分巨大。在英国，每年投入的桥梁维护修补费用是新建工程的 6 倍；在印度，大约 10%的公路桥梁需要更换；美国近些年的调查与分析发现，约有近 1/3 的桥梁存在不同程度耐久性缺陷，每年至少需要 80 亿～100 亿美元的直接成本来解决这些问题，而因此导致的交通延误和生产效率降低等间接损失更是 10 倍于直接成本。

在传统的设计理念中，设计阶段只重视桥梁建造期间的安全和强度，忽视结构构件的耐久性、可养护维修性或更换性，不关注桥梁服役期间的各种成本；只考虑潜在的短期效益，不考虑深远的长期效益，忽视后期运营管理的效率和成本。20 世纪 90 年代以来，人们开始重新审视桥梁建造和运营维护中存在的问题，逐步认识到在材料性能及使用功能退化、环境影响、交通量大幅度增加等内在和外界因素的共同作用下，桥梁必然会出现实际寿命短于预期、桥梁使用性能低、耐久性差等问题，同时也给桥梁的运营维护工作带来了难以承受的经济负担和社会影响。

2000年我国发布了《建设工程质量管理条例》（国务院第279号令），首次以政令形式规定了"设计文件应符合国家规定的设计深度要求，注明工程合理使用年限"，"建设工程实行质量保修制度——基础设施工程最低保修期限为设计文件规定的合理使用年限"，对基础设施建设提出了全寿命责任制的要求，意义重大而深远。

桥梁全寿命周期不仅仅指体现桥梁使用功能和结构设计的建设阶段，而是涵盖桥梁的规划设计的前期（"预可"和"工可"）、正式设计（初步、技术和施工图设计）、施工、运营维护（管理、养护、维修和改造）、直到桥梁拆除或回收再利用的整个桥梁生命周期。

全寿命设计是指在设计阶段就分析产品在整个寿命过程的各个阶段所面临的问题，尽可能将所有涉及因素在产品的设计阶段就得到全面规划和优化处理的一种设计理论，其目标是确保桥梁经济合理、全寿命周期成本最优。桥梁全寿命设计要求在展开传统设计工作的同时，将桥梁结构设计范围从实施期拓展到桥梁全寿命周期，增加了耐久性设计、养护设计、拆除和回收设计、风险评估、可持续性保养和全寿命周期成本分析。

从以上可以看出，桥梁的全寿命设计应该开始于方案设计阶段，在此阶段就需要全面考虑桥梁建设期的施工问题、通车后的维修养护问题、重建期的拆除再回收利用问题、甚至环境问题，综合评估桥梁建设期成本、运营服务功能等用户成本和拆除利用等社会成本，用较低的寿命周期成本来获得较长时间的桥梁健康服务功能。

2.3.2 桥梁全寿命周期设计的内容

1. 桥梁使用寿命的确定

我国的现行公路规范给出了"设计基准期为100年"的规定，需要注意的是设计基准期与预期使用寿命是截然不同的两个概念。设计基准期是为了确定可变作用、与时间有关的材料性能等给定的时间参数，它与结构的使用和服役时间没有必然关系，而使用寿命的关注重点是后者。桥梁的使用寿命是指桥梁建成后，在预定的使用与维护条件下，所有性能均能满足原定要求的实际年限。桥梁的使用寿命可以分为整体使用寿命和构件使用寿命。

桥梁整体使用寿命的确定是设计人员根据业主提出的要求，结合使用者和社会等方面的需求来规定桥梁的设计使用寿命。桥梁整体使用寿命的确定必须遵循的原则包括：① 在满足现行规范的基础上，结合具体工程和技术水平，确定使用寿命；② 整体寿命不应超出桥梁永久构件的寿命能力；③ 应综合考虑构件设计使用寿命和管养周期；④ 应与桥梁所在路网的预期寿命相适应。

而对于结构复杂的桥梁结构，各个部件的使用寿命存在差异，如果硬性保证所有部件的寿命与桥梁整体使用寿命一致，从技术难度上和经济上都会付出很多代价。对于不同类型的桥梁，可以根据各构件的重要性、可更换性以及在使用过程中的易损程度，将桥梁的构件分为永久构件、一般维护构件、少量维修部件和易损部件四种类别。桥梁构件使用寿命的确定应考虑的因素包括：① 构件的寿命与其寿命类型相适应；② 应充分考虑现有的技术水平；③ 在预测构件的维修、更换时，除了考虑相关施工的直接成本，还应充分考虑中断交通带来的间接损失和社会影响等因素。

国内已有一些研究人员根据我国的实际情况，在参考欧洲、美国及日本相关机构的成果的基础上，给出了公路桥梁主要构件设计使用寿命的建议值。

2. 考虑全寿命的桥梁性能设计

在桥梁全寿命周期的理念下，桥梁的性能设计，除了充分考虑传统设计内容（主要包括安全性能、使用性能），还应着重考虑耐久性和疲劳性能对桥梁整体或构件的使用寿命的影响。

耐久性是结构在外界环境及设计预期正常荷载的作用下，在给定使用寿命期内，保持预期的安全性、适用性的能力。按照桥梁全寿命设计的理念，材料特性、结构和构造设计、环境作用、施工和维护质量等都会对结构及构件的耐久性产生影响，也就会对全寿命周期的总成本（包括初期建造成本和后期运营维护成本）产生影响。在耐久性设计中，应该对上述问题进行专门考虑。

对于钢结构或钢-混组合结构的桥梁、构件，疲劳是影响结构全寿命性能的重要因素。对此类桥梁，按照全寿命设计的理念，应对可能出现的疲劳问题进行专项分析，在设计过程中就应给出施工、养护、维修、更换等方面的相关对策。

3. 环境生态的设计

桥梁在建造和使用的整个寿命周期内，必然会对桥址区域的环境生态产生影响，包括污染水域、影响和阻隔食物链、切断或阻碍生物通道、植被破坏、破坏地形地貌稳定性等。而一座桥梁的环境生态友好程度在其建成后就基本确定了，事后处理方式是很难从根本上提升或根治的。因此，本着可持续发展和建设环境友好社会的目标，在设计阶段就开展环境生态设计，尽量降低桥梁全寿命周期内的环境生态影响，包括提高建造过程中资源使用效率、降低建造和运行过程中对环境污染和生态影响、提高桥梁寿命终结后构件及材料的合理回收及再利用比例等方面。

环境生态设计应考虑的主要因素包括：① 环境设计，通过对桥梁建设、使用、养护和拆除各个环节的优化设计，降低由于桥梁建设、养护和拆除过程中的有毒有害和污染物排放、资源和能源消耗等；② 生态设计，通过设计合理的施工方案、排放收集系统、隔音降噪措施等办法，降低桥梁在建造和运行中可能产生的水域污染、生物通道或食物链阻碍、植被或地形地貌破坏等生态影响；③ 回收及再利用设计，在条件和技术可行的前提下优先采用可回收或可重复利用的材料进行设计；④ 环境、生态和回收再利用设计，应将各个环节的成本（包括把对环境和生态造成的损害按合理方法计作的成本）全面纳入桥梁全寿命成本分析中。

4. 运营维护设计

混凝土桥梁在自然环境、使用环境和材料自身特性的共同作用下，随着运营时间的增加，结构的性能会逐步退化，在原设计过程中预期的结构安全性、适用性就会逐步下降，影响结构的正常使用。

桥梁的运营维护就是针对桥梁结构随着使用年限增加出现的各类性能退化问题，基于保持性能（安全性、适用性、耐久性及可持续性）或减缓性能退化的目标，而提出的包括巡查、监测、养护、检测、评估、维修、更换和改造等措施的经常性活动。运营维护设计就是充分考虑结构性能退化规律、运营维护工作效力等因素,对各种可能的维护方案进行分析、对比,比较不同方案的费用—效益关系,从而选择最优方案。

基于全寿命理念,桥梁在设计阶段就需要进行运营维护设计,对桥梁未来可能出现的病害进行预测,并考虑各类病害的可检测性、可维修性或可更换性,在设计阶段就应制定合理的运营维护方案,并视需要在桥梁建造过程中就布置好与后期运营维护相关的硬件设施(包括抵达通道、监测/检测系统、维修更换平台等),并将相关费用一并纳入全寿命周期的成本分析。

5. 混凝土桥的全寿命周期设计特点

根据前述内容,桥梁全寿命周期设计应考虑桥梁使用寿命、桥梁性能设计、环境生态和运营维护设计等方面的因素。对于混凝土桥梁,需要格外考虑其耐久性设计、维护设计。

随着对混凝土桥梁在寿命周期内使用性能退化的特点的认识,耐久性设计在桥梁的全寿命设计中的地位越来越重要。对比各个国家的桥梁设计规范,一般在考虑环境特征的基础上进行耐久性设计,大多都是将耐久性设计作为定性要求,较少见到完全的定量设计方法。现有混凝土桥梁的耐久性设计方法的主要采用随机动态可靠度的概念,该方法将结构耐久性用与时间有关的失效函数表示:

$$Z(t) = R(t) - S(t) \qquad (2.3.1)$$

式中 Z——时效功能函数;
$\quad\quad t$——时间;
$\quad\quad R$——与时间有关的抗力函数;
$\quad\quad S$——荷载效应函数。

公式(2.3.1)与我国现行桥梁设计规范采用的极限状态法思路一致,但该方法的实现还有待于完善混凝土结构性能退化模型和耐久性评价体系两个方面的研究。

混凝土桥梁的使用性能退化分析可以分为材料和构件两个层面。混凝土材料引起桥梁的结构性能退化,主要包括混碳化、氯离子侵蚀、冻融、钢筋锈蚀等因素;混凝土构件引起桥梁的结构性能退化其实混凝土材料导致的影响在构件上的综合体现,也就是构件在荷载作用和环境的共同影响下结构抗力的时变性,包括由于截面面积损失、钢筋锈蚀、钢筋与混凝土黏结性能降低等因素而导致的构件受力性能变化。

在现阶段,材料层面的研究当前已获取一定成果,构件方层面的研究还较为缺乏。总的来说,混凝土桥梁的全寿命设计中的耐久性设计环节,尤其是耐久性的定量计算,还需要一个较长的发展过程。

桥梁在投入使用后的运营维护,关系到保持桥梁的正常运营、实现预期寿命以及桥梁全寿命周期的费用投入。因此,桥梁的维护设计也是一个重要的环节。按照我国的桥梁养护规范,以混凝土桥梁为例,运营维护设计的基本思路是根据维修难易程度、受力重要性将桥梁的构件分类,然后再根据桥梁构件在使用中的病害情况对桥梁进行评分、定级,并以此确定桥梁的维修、改造措施。这种方法直观明确,但是局限于桥梁实际发生的病害,不能提前预测混凝土桥梁的性能退化、并做出预防性的维护设计。目前,已经有比较多的使用可靠度临界状态进行混凝土桥梁构件维护设计的研究成果，但运用到混凝土桥梁整体维护设计，还需进行更为深入的研究。

2.3.3 全寿命周期成本分析

成本分析是桥梁全寿命设计的重要内容，是选择、优化设计方案的重要依据，其目标就是让桥梁在整个寿命周期内的总成本最小。在全寿命周期理念下进行成本分析，必须考虑资金的时间价值。

桥梁在整个寿命周期内将产生多种类型的成本：根据成本发生的时间，可以分为初期成本和未来成本；根据成本的承担者，可以分为建设者成本、管理者成本、使用者成本和环境成本。为了更直观地进行桥梁全寿命周期的总成本分析，可以从规划、设计、建设、运营、养护、维修、拆除到回收再利用内所产生的一切财务成本和环境成本，按照如图 2.3.1 所示的方式进行成本分类。

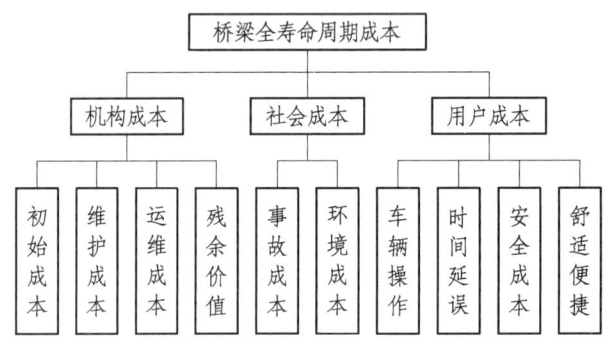

图 2.3.1 桥梁全寿命周期成本组成

1. 机构成本

桥梁的建造者、拥有者、管理者在桥梁寿命周期内产生的成本即为机构成本，它主要包括：① 桥梁的规划、设计等相关成本；② 桥梁的施工和建设成本；③ 桥梁的维护、管理成本；④ 桥梁维修、改造费用；⑤ 桥梁拆除、回收再利用的价值等。

在我国，桥梁的建造者和运维者往往不是同一个机构，双方对成本关注的侧重点也不同，这会给桥梁全寿命成本分析加大难度。本着全社会总成本最优的目标，在桥梁设计过程中，应综合考虑各项机构成本之和，消除各方的利益冲突，力争达到最优目标。目前，我国正在逐步推行的投资管理的一体化，正是解决上述机构成本冲突问题的有效手段。

2. 社会成本

桥梁的社会成本是桥梁在整个寿命周期内可能给社会带来不利影响所产生的成本，主要包括在建造、运营中产生的有害物排放、水资源污染、生态环境破坏等方面。按当前的技术水平，桥梁的社会成本还很难准确计算，但按照可持续发展的观点，桥梁的社会成本又是不可忽视的。

3. 用户成本

桥梁的用户既包括通行于桥梁的车辆，也包括依靠桥梁出行的人员。桥梁全寿命成本分析中的桥梁用户成本,是指由于各种原因(包括交通事故、计划中的桥梁运维施工等)导致桥梁的功能无法正常实现而让用户产生的额外成本。当桥梁的功能按设计目标正常实现时,本项成本为零。桥梁用户成本一般包括:① 车辆操作成本;② 时间延误成本;③ 安全和事故成本;④ 舒适和便捷成本。

本项成本的计算,既要考虑桥梁功能无法正常实现的持续时间、对应时段的交通量,还需要考虑交通路网的发达程度(发布相关信息给用户的时效性、绕行的可行性及效率、路网对突发事故的应变能力等等)。本项成本的产生原因存在偶然性,产生过程中的外界条件存在不确定性,在设计阶段要量化本项成本存在困难,目前仍需要进行更加合理的研究。

思考与练习题

2.1 简述桥梁建设程序。

2.2 桥梁的平面设计、纵断面设计和横断面设计主要包括哪些内容?

第 3 章 桥梁设计作用（荷载）

确定结构计算模式、选定作用和结构分析计算是桥梁计算工作中的三个主要部分。其中作用的种类、形式和大小确定是否恰当，不仅关系到桥梁使用的安全性和耐久性要求，也关系到桥梁建设投资的经济性要求。公路桥梁和城市桥梁采用极限状态法进行设计，而铁路桥梁和城市轨道桥梁采用容许应力法进行设计。

极限状态法是一种基于设计的极限状态进行分析、评估和控制的设计方法，结构的极限状态可以分为破坏状态和使用状态两种，破坏状态是指结构不具备承受荷载的能力，使用状态是指结构仍然能够承受荷载，但其性能和可靠性不足以满足使用要求。极限状态法设计的目的是使结构在预定工作状态下，能够满足设计要求，并保证在极限状态下不出现破坏状态或使用状态无法满足使用要求的情况。

容许应力法是一种基于材料强度、应力等参数的设计方法，设计时依据工作状态下的允许应力，通过应力分析来确定结构的合理尺寸和截面形状，以保证结构在使用过程中不超过允许应力，从而达到安全可靠的设计目的。

本章主要介绍作用的基本分类与组合，以及参照不同规范进行取值时的具体要求。

3.1 作用（荷载）的分类与取值

3.1.1 作用的概念

根据作用的性质，可以把引起结构响应的作用分为两类：一类是直接施加于结构上的外力，如结构重力、车辆、人群等，称为"荷载"；另一类不是以力的形式施加于结构，其产生的效果与结构本身的特性及结构所处环境等有关，如基础变位、混凝土收缩和徐变、温度变化等，习惯上也称其为"荷载"，但这种叫法并不确切，且容易引起误解。因此，目前倾向于将所有引起结构响应的因素统称为作用，而"荷载"则特指上述前一类作用。

3.1.2 作用的分类

我国《公路桥涵设计通用规范》（JTG D60—2015）（简称《公路桥规》）将公路桥梁和城市桥梁的作用按其随时间变化的性质，分为永久作用、可变作用、偶然作用和地震作用四类，如表 3.1.1 所示。

第3章 桥梁设计作用（荷载）

表3.1.1　公路桥梁作用分类

序号	分类	名称
1	永久作用	结构重力（包括结构附加重力）
2	永久作用	预加力
3	永久作用	土的重力
4	永久作用	土侧压力
5	永久作用	混凝土收缩、徐变作用
6	永久作用	水浮力
7	永久作用	基础变位作用
8	可变作用	汽车荷载
9	可变作用	汽车冲击力
10	可变作用	汽车离心力
11	可变作用	汽车引起的土侧压力
12	可变作用	汽车制动力
13	可变作用	人群荷载
14	可变作用	疲劳荷载
15	可变作用	风荷载
16	可变作用	流水压力
17	可变作用	冰压力
18	可变作用	波浪力
19	可变作用	温度（均匀温度和梯度温度）作用
20	可变作用	支座摩阻力
21	偶然作用	船舶的撞击作用
22	偶然作用	漂流物的撞击作用
23	偶然作用	汽车撞击作用
24	地震作用	地震作用

053

《铁路桥涵设计规范》(TB 10002—2017)(简称《铁路桥规》)根据作用的性质和发生几率将铁路桥梁的作用分为主力(对应于公路桥梁的永久作用和一部分可变作用)、附加力(对应于不包含在主力中的其他可变作用)和特殊荷载(对应于偶然作用和地震作用),如表 3.1.2 所示。

表 3.1.2 铁路桥梁荷载分类表

荷载分类		荷载名称	荷载分类	荷载名称
主力	恒载	结构构件及附属设备自重	附加力	制动力或牵引力
		预加力		支座摩擦阻力
		混凝土收缩和徐变的影响		风力
		土压力		流水压力
		静水压力及水浮力		冰压力
		基础变位的影响		温度变化的作用
	活载	列车竖向静活载		冻胀力
		公路(城市道路)活载		波浪力
		列车竖向动力作用	特殊荷载	列车脱轨荷载
		离心力		船只或排筏的撞击力
		横向摇摆力		汽车撞击力
		活载土压力		施工临时荷载
		人行道人行荷载		地震力
		气动力		长钢轨纵向作用力

3.1.3 作用代表值

除了解作用的分类外,还需要明确其大小。这个代表作用大小的数值就称为作用代表值。它采用数理统计的方法或根据工程经验加以确定。在进行桥梁结构或构件设计时,需针对不同设计目的采用规定的各种作用的代表值。

作用代表值包括作用标准值、频遇值和准永久值。作用标准值为各种作用的基本代表值,其值可根据作用在设计基准期内最大值概率分布的某一分位值(如95%)确定。作用频遇值是可变作用的一种代表值,其可根据在足够长的观测期内作用任意时点概率分布的 0.95 分位值确定。作用准永久值是可变作用的另一种代表值,其可根据在足够长的观测期内作用任意时点概率分布的 0.5(或略高于 0.5)分位值确定。每个代表值的含义是:实际作用超出其规定的代表值的概率不大于 1 与分位值的差值。例如,对作用频遇值,实际的作用超出频遇值的概率不大于 1 − 0.95 = 0.05。

我国公路桥涵设计时对不同的作用采用不同的代表值。对永久作用和偶然作用，采用标准值。对可变作用，根据不同的极限状态和组合方式采用标准值、频遇值或准永久值。铁路桥梁设计规范各类荷载的代表值相当于上述标准值，没有规定作用的频遇值和准永久值。

作用标准值取决于设计基准期。设计基准期指为确定可变作用及与时间有关的材料性能等取值而选用的时间参数，随机过程所选择的时间域即为基准期。桥梁结构的设计基准期为 100 年。设计使用年限指在正常设计、正常施工、正常使用和养护条件下，桥涵结构或结构构件不需进行大修或更换，即可按其预定目的使用的年限，体现了桥涵结构耐久性。

3.2 公路桥梁作用分类与组合

3.2.1 公路桥梁永久作用

永久作用是指在结构使用期间，其量值不随时间而变化，或其变化值与平均值比较可忽略不计的作用，包括结构重力、预加应力、土的重力、土侧压力、混凝土收缩及徐变作用、水的浮力和基础变位作用七种。

1. 混凝土收缩及徐变作用

对于混凝土桥而言，其基本材料混凝土作为黏滞弹性体有两种与时间有关的变形性质——收缩与徐变。混凝土的收缩、徐变影响力在外部超静定的混凝土结构及复合梁桥等结构中是必然产生的，而且是长期作用在结构上的。因此，混凝土的收缩和徐变作用列入永久作用荷载。《公路桥规》对混凝土收缩及徐变作用给出以下规定：

（1）外部超静定的混凝土结构、钢和混凝土的组合结构等应考虑混凝土收缩及徐变的作用。

（2）混凝土的收缩应变终极值可按现行《公路钢筋混凝土及预应力混凝土桥涵设计规范》（JTG 3362—2018）的规定计算。

（3）混凝土徐变的计算，可假定徐变与混凝土应力呈线性关系。

（4）计算混凝土圬工拱圈的收缩作用效应时，如考虑徐变影响，作用效应可乘以折减系数 0.45。

在《公路钢筋混凝土及预应力混凝土桥涵设计规范》（JTG 3362—2018）中给出了混凝土的收缩和徐变计算公式：

（1）混凝土的收缩应变可按下列公式计算：

$$\begin{aligned} \varepsilon_{cs}(t,t_s) &= \varepsilon_{cs0} \cdot \beta_s(t-t_s) \\ \varepsilon_{cs0} &= \varepsilon_s(f_{cm}) \cdot \beta_{RH} \end{aligned} \quad (3.2.1)$$

式中 t, t_s——计算考虑时刻和收缩开始时刻的混凝土龄期（d）；

β_s——收缩随时间发展的系数；

ε_{cs0}——名义收缩系数；

$\varepsilon_s(f_{cm})$——与混凝土种类和混凝土强度等级相关的系数；

β_{RH}——与环境年平均相对湿度有关的系数。

其中各种系数的具体计算方法可从《公路钢筋混凝土及预应力混凝土桥涵设计规范》（JTG 3362—2018）中查得。

（2）混凝土的徐变系数可按下列公式计算：

$$\phi(t,t_0) = \phi_0 \cdot \beta_c(t-t_0)$$
$$\phi_0 = \phi_{RH} \cdot \beta(f_{cm}) \cdot \beta(t_0)$$

（3.2.2）

式中　t,t_0——计算考虑时刻和加载时刻的混凝土龄期（d）；

　　　β_c——加载后徐变随时间发展的系数；

　　　ϕ_0——名义徐变系数；

　　　ϕ_{RH}——与环境年平均相对湿度和构件尺寸相关的系数；

　　　$\beta(f_{cm})$——与混凝土强度等级相关的系数；

　　　$\beta(t_0)$——与加载龄期有关的系数。

其中各种系数的具体计算方法可从《公路钢筋混凝土及预应力混凝土桥涵设计规范》（JTG 3362—2018）中查得。

2．其他永久作用

结构物自身重力及桥面铺装、附属设施等外加重力均属于结构重力，它们可按照结构物的实际体积或设计拟定的体积乘以材料的重度计算。桥梁结构的自重往往占全部设计荷载的大部分，因此采用轻质高强材料对减轻桥梁自重、增大跨越能力具有重要意义。

预加应力在结构正常使用极限状态设计和使用阶段构件应力计算时，应作为永久作用来计算其主、次效应，并计入相应阶段的预应力损失；在结构承载能力极限状态设计时，预加应力不作为荷载，而将预应力钢筋作为结构抗力的一部分。但在连续梁等超静定结构中，仍需考虑预加力引起的次效应。其他永久作用均可按《公路桥规》相关条文计算。

3.2.2　公路桥梁可变作用

可变作用是指在结构使用期间，其量值随时间变化，且其变化值与平均值相比不可忽略的作用。这些包括有汽车荷载，汽车荷载的冲击力、离心力、制动力及其引起的土侧压力，人群荷载，疲劳荷载，风荷载，流水压力，冰压力，波浪力，温度作用和支座摩阻力十三种。

1．汽车荷载

1）汽车荷载等级

汽车荷载是公路桥涵上最主要的一种可变荷载。设计中采用的汽车荷载分为公路—Ⅰ级和公路—Ⅱ级两个等级，各级公路桥涵设计的汽车荷载等级按表3.2.1取用。

表3.2.1　各级公路桥涵设计的汽车荷载等级

公路等级	高速公路	一级公路	二级公路	三级公路	四级公路
汽车荷载等级	公路—Ⅰ级	公路—Ⅰ级	公路—Ⅰ级	公路—Ⅱ级	公路—Ⅱ级

二级公路作为集散公路且交通量小、重型车辆少时，其桥涵的设计可采用公路—Ⅱ级汽车荷载。对交通组成中重载交通比重较大的公路桥涵，宜采用与该公路交通组成相适应的汽车荷载模式进行结构整体和局部验算。

2) 车道荷载

汽车荷载由车道荷载和车辆荷载组成。车道荷载用于桥梁结构的整体计算，车辆荷载用于桥梁结构的局部加载、涵洞、桥台和挡土墙土压力等的计算。在各计算项目中车道荷载与车辆荷载的作用效应不得叠加。车道荷载的计算图式如图 3.2.1 所示。

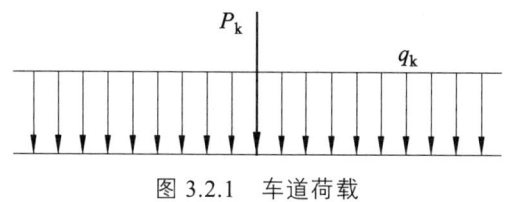

图 3.2.1　车道荷载

公路—Ⅰ级车道荷载的均布荷载标准值 q_k 取值为 10.5 kN/m；集中荷载标准值 P_k 按表 3.2.2 取值。当计算剪力效应时，集中荷载标准值 P_k 应乘以系数 1.2。

表 3.2.2　集中荷载 P_k 取值

计算跨径 L_0 /m	$L_0 \leqslant 5$	$5 < L_0 < 50$	$L_0 \geqslant 50$
P_k /kN	270	2（L_0 + 130）	360

注：计算跨径在设支座的桥涵中指相邻两支座中心的水平距离，不设支座的为上、下部结构相交面中心间的水平距离。

公路—Ⅱ级车道荷载的均布荷载标准值 q_k 和集中载荷标准值 P_k 按公路—Ⅰ级车道荷载的 0.75 倍采用。

车道荷载的均布荷载标准值应满布于使结构产生最不利效应的同号影响线上；集中荷载标准值只作用于相应影响线中一个影响线峰值处。

横桥向布置多车道汽车荷载时，应考虑汽车荷载的折减。在桥梁设计中，为方便设计，各个车道上的车辆活载均按最不利位置布置（如图 3.2.2 所示）。在多车道（或多线）桥梁上行驶的车辆活载使桥梁结构产生某种最大作用效应时，不同车道上的车辆活载同时处于最不利位置的可能性减小，显然车道数越多，同时出现最不利加载的几率越小。因此，应根据上述可能性的大小对总的多车道车辆活载进行折减。

车道荷载的横向车道布载系数应按设计车道数布置车辆荷载进行计算。设计车道数应符合表 3.2.3 的规定。多车道桥梁的汽车荷载应考虑折减；布置一条车道汽车荷载时，应考虑汽车荷载的提高。横向车道布载系数应符合表 3.2.4 的规定。需要注意的是折减后的多车道布载的荷载效应不得小于两条车道布载的荷载效应。

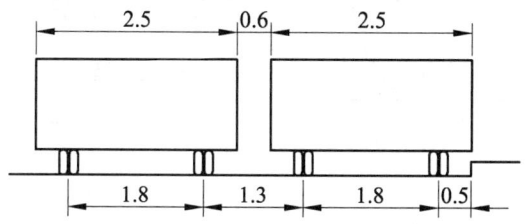

图 3.2.2　车辆荷载横向布置（单位：m）

表 3.2.3 桥涵设计车道数

桥面宽度 W/m		桥涵设计车道数
车辆单向行驶时	车辆双向行驶时	
W<7.0	—	1
7.0≤W<10.5	6.0≤W<14.0	2
10.5≤W<14.0	—	3
14.0≤W<17.5	14.0≤W<21.0	4
17.5≤W<21.0	—	5
21.0≤W<24.5	21.0≤W<28.0	6
24.5≤W<28.0	—	7
28.0≤W<31.5	28.0≤W<35.0	8

表 3.2.4 横向车道布载系数

横向布载车道数/条	1	2	3	4	5	6	7	8
横向车道布载系数	1.20	1.00	0.78	0.67	0.60	0.55	0.52	0.50

当桥梁计算跨径大于150 m时，应考虑计算荷载效应的纵向折减。当为多跨连续结构时，整个结构均应按最大的计算跨径考虑汽车荷载效应的纵向折减。纵向折减系数规定见表3.2.5。

表 3.2.5 纵向折减系数

计算跨径 L_0/m	纵向折减系数	计算跨径 L_0/m	纵向折减系数
150<L_0<400	0.97	800≤L_0<1 000	0.94
400≤L_0<600	0.96	L_0≥1 000	0.93
600≤L_0<800	0.95	—	—

3）车辆荷载

车辆荷载在每条设计车道上布置一辆单车，其立面、平面尺寸见图3.2.3，主要技术指标见表3.2.6。公路-Ⅰ级和公路-Ⅱ级汽车荷载采用相同的车辆荷载标准值。

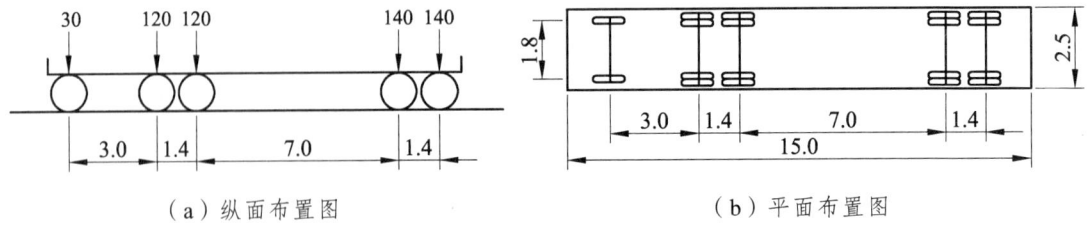

（a）纵面布置图　　　　　　　　　　（b）平面布置图

图 3.2.3 公路桥梁车辆荷载布置图（荷载单位：kN；尺寸单位：m）

表 3.2.6 车辆荷载的主要技术指标

项目	单位	技术指标	项目	单位	技术指标
车辆重力标准值	kN	550	轮距	m	1.8
前轴重力标准值	kN	30	前轮着地宽度及长度	m	0.3×0.2
中轴重力标准值	kN	2×120	中、后轮着地宽度及长度	m	0.6×0.2
后轴重力标准值	kN	2×140	车辆外形尺寸（长×宽）	m	15×2.5
轴距	m	3+1.4+7+1.4	—	—	—

2. 汽车荷载冲击力

汽车以较高速度驶过桥梁时，由于桥面不平整、发动机振动等原因，会引起桥梁结构的振动，从而造成内力增大，这种动力效应称为冲击作用。在计算中采用静力学的方法，即引入一个竖向动力效应的增大系数——冲击系数 μ，来计算汽车荷载的冲击作用，汽车荷载的冲击力即为汽车荷载标准值乘以冲击系数 μ。

冲击系数的计算采用以结构基频为指标的方法。结构的基频可综合反映出结构尺寸、类型、材料等动力特性内容，直接体现了冲击系数 μ 与桥梁结构之间的关系。无论建造材料和结构类型、尺寸、跨度是否有差别，只要结构的基频和荷载条件相同，冲击系数就基本相同。《公路桥规》中规定了冲击系数 μ 的取值与结构基频 f 的相关关系如下：

$$\begin{cases} \mu = 0.05 & (f < 1.5 \text{ Hz}) \\ \mu = 0.176\,7 \ln f - 0.015\,7 & (1.5 \text{ Hz} \leqslant f \leqslant 14 \text{ Hz}) \\ \mu = 0.45 & (f > 14 \text{ Hz}) \end{cases} \quad (3.2.3)$$

钢桥、钢筋混凝土及预应力混凝土桥、圬工拱桥等上部构造和钢支座、板式橡胶支座、盆式橡胶支座及钢筋混凝土柱式墩台，应计算汽车的冲击作用。填料厚度（包括路面厚度）大于或等于 0.5 m 的拱桥、涵洞以及重力式墩台不计冲击力。

当汽车荷载的局部加载及在 T 梁、箱梁悬臂板上时，冲击系数 $\mu = 0.3$。

3. 汽车荷载离心力

汽车荷载离心力是车辆在弯道行驶时所伴随产生的惯性力，它以水平力的形式作用于结构上，是曲线桥梁横向受力与抗扭设计计算所要考虑的主要因素。汽车荷载离心力标准值为车辆荷载（不计冲击力）标准值乘以离心力系数 C。离心力系数 C 按下式计算：

$$C = \frac{v^2}{127R} \quad (3.2.4)$$

式中 v——设计速度（km/h），应按桥梁所在路线设计速度采用；

R——曲线半径（m）。

计算多车道桥梁的汽车荷载离心力时，车辆荷载标准值应乘以表 3.2.4 规定的横向车道布载系数。离心力着力点在桥面以上 1.2 m 处，为计算简便，也可移至桥面上，不计由此引起的作用效应。

4. 汽车荷载引起的土侧压力

汽车荷载引起的土侧压力采用车辆荷载加载。汽车荷载作用在桥台台背或路堤挡土墙上，将引起台背填土或挡土墙后填土的破坏棱体对桥台或挡土墙的土侧压力，此类土侧压力可按下式换算成等代均布土层厚度 h（m）计算。

$$h = \frac{\sum G}{B l_0 \gamma} \tag{3.2.5}$$

式中　γ——土的重度（kN/m³）；

　　　$\sum G$——布置在 $B \times l_0$ 面积内的车轮的总重力（kN）；

　　　l_0——桥台或挡土墙后填土的破坏棱体长度（m）；

　　　B——桥台横向全宽或挡土墙的计算长度（m）。

5. 汽车荷载制动力

汽车荷载制动力是指车辆在减速或制动时，为克服车辆的惯性力而在路面与车辆之间发生的滑动摩擦力。汽车荷载制动力按同向行驶的汽车荷载（不计冲击力）计算，并按照表 3.2.5 的规定，以使桥梁墩台产生最不利纵向力的加载长度进行纵向折减。

一个设计车道上由汽车荷载产生的制动力标准值，为车道荷载标准值在加载长度上计算的总重力的 10%，但公路—Ⅰ级汽车荷载的制动力标准值不得小于 165 kN，公路—Ⅱ级汽车荷载的制动力标准值不得小于 90 kN。同向行驶双车道的汽车荷载制动力标准值应为一个设计车道制动力标准值的 2 倍，同向行驶三车道应为一个设计车道的 2.34 倍，同向行驶四车道应为一个设计车道的 2.68 倍。

制动力的作用点在设计车道桥面以上 1.2 m 处，在计算墩台时，可移至支座中心（铰或滚轴中心），或滑动支座、橡胶支座、摆动支座的底座面上；计算刚构桥、拱桥时，可移至桥面上，但不计因此而产生的竖向力和力矩。

6. 人群荷载

人群荷载标准值应根据表 3.2.7 采用，对跨径不等的连续结构，以最大计算跨径为准。

表 3.2.7　人群荷载标准值

计算跨径 L_0/m	$L_0 \leqslant 50$	$50 < L_0 < 150$	$L_0 \geqslant 150$
人群荷载/（kN/m²）	3.0	$3.25 - 0.005 L_0$	2.5

非机动车、行人密集的公路桥梁，人群荷载标准值取上述标准值的 1.15 倍。专用人行桥梁，人群荷载的标准值为 3.5 kN/m²。

人群荷载在横向应布置在人行道的净宽度内，在纵向施加于使结构产生最不利荷载效应的区段内。人行道板（局部构件）可以一块板为单元，按标准值 4.0 kN/m² 的均布荷载计算。计算人行道栏杆时，作用在栏杆立柱顶上的水平推力标准值取 0.75 kN/m，作用在栏杆扶手上的竖向力标准值取 1.0 kN/m。

7. 风荷载

当风以一定的速度向前运动遇到结构物障碍时，结构就会承受风压。对于大跨径桥梁，特别是斜拉桥和悬索桥，风荷载是极为重要的设计荷载，有时甚至起着决定性的作用，即对结构的强度、刚度和稳定性起控制作用。

桥梁的抗风设计应考虑风的静力作用与动力作用，并根据不同的抗风性能要求按承载能力极限状态和正常使用极限状态进行设计和检验。基本风压值与风速的关系为：

$$W_0 = \frac{\gamma}{2g} v^2 \qquad (3.2.6)$$

式中 W_0——基本风压值（kN/m^2）；
  v——设计风速（m/s）；
  γ——空气重度（kN/m^3）；
  g——重力加速度（m/s^2）。

其中，桥梁设计基准风速是指在 100 年重现期内主梁基准高度 Z 处的年最大风速（按 10 分钟平均风速取值），应按下式计算：

$$U_d = k_f k_t k_h U_{10} \qquad (3.2.7)$$

式中 U_d——桥梁或构件基准高度 Z 处的设计基准风速（m/s）；
  U_{10}——桥梁所在地区 B 类地表地面以上 10 m 高度处的风速值；
  k_f——抗风风险系数，根据桥梁所处的抗风风险区域确定；
  k_t——地形条件系数，对于平坦开阔地形取 1.0，对于峡谷谷口、山口取 1.2~1.5，对重要桥梁，可通过风洞试验等方式获得，且不应小于 1.0；
  k_h——地表类别转换及风速高度修正系数。

设计基准风速在不同地表类型的其他计算方法，以及不同系数的取值问题详见现行《公路桥梁抗风设计规范》（JTG/T 3360-01—2018）。

8. 温度作用

温度变化将在结构中产生变形和影响力，它的大小应根据当地的具体情况、结构物所使用的材料和施工条件等因素计算确定。温度作用包括均匀温度和梯度温度两种影响。

计算桥梁结构因均匀温度作用引起的外加变形或约束变形时，应从受到约束时的结构温度开始，考虑最高和最低有效温度的作用效应。当缺乏实际调查资料时，公路混凝土结构和钢结构的最高和最低有效温度标准值可按表 3.2.8 取用。

表 3.2.8 公路桥梁结构的有效温度标准值　　　　　　　单位：°C

气候分区	钢桥面板钢桥		混凝土桥面板钢桥		混凝土、石桥	
	最高	最低	最高	最低	最高	最低
严寒地区	46	−43	39	−32	34	−23
寒冷地区	46	−21	39	−15	34	−10
温热地区	46	−9（−3）	39	−6（−1）	34	−3（0）

注：全国气候分区详见《公路桥规》；表中括号内数值适用与昆明、南宁、广州、福州地区。

计算桥梁结构由于竖向温度梯度引起的效应时,可采用如图 3.2.4 所示的竖向温度梯度曲线,其中桥面板表面的最高温度 T_1 取值见表 3.2.9。对于混凝土结构,当梁高 H 小于 400 mm 时,图中 $A = H - 100$(mm);梁高 H 等于或大于 400 mm 时,$A = 300$ mm。对于带混凝土桥面板的钢结构,$A = 300$ mm,图中 t 为混凝土桥面板的厚度(mm)。

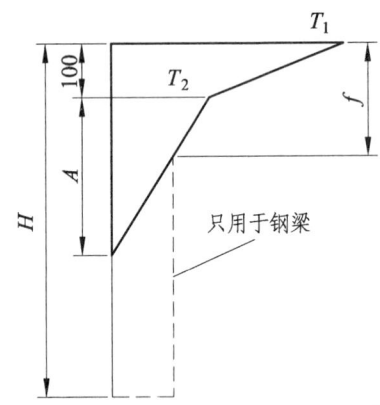

图 3.2.4 公路桥梁竖向梯度温度(尺寸单位:mm)

表 3.2.9 竖向日照正温差计算的温度基数

结构类型	$T_1/°C$	$T_2/°C$
水泥混凝土铺装	25	6.7
50 mm 沥青混凝土铺装层	20	6.7
100 mm 沥青混凝土铺装层	14	5.5

混凝土上部结构和带混凝土桥面板的钢结构的竖向日照反温差应为正温差乘以 -0.5。计算圬工拱桥考虑徐变影响引起的温差作用效应时,计算的温差效应应乘以折减系数 0.7。

9. 城市桥梁基本可变荷载

《城市桥梁设计规范》(CJJ 11—2011)规定,除可变作用中的设计汽车荷载与人群荷载外,城市桥梁设计的作用与作用效应组合均应按现行《公路桥规》的有关规定执行。

1)城市桥梁汽车荷载

《城市桥梁设计规范》(CJJ 11—2011)中将城市桥梁汽车荷载等级划分为城-A 级汽车荷载和城-B 级汽车荷载。城-A 级车辆荷载的纵、平面布置如图 3.2.5 所示,车辆总重为 700 kN,各轮轴重量分配见表 3.2.10。城-A 级车辆荷载的横桥向布置、城-B 级车辆荷载的立面、平面布置,以及车辆荷载标准值应采用现行《公路桥规》车辆荷载的规定值。

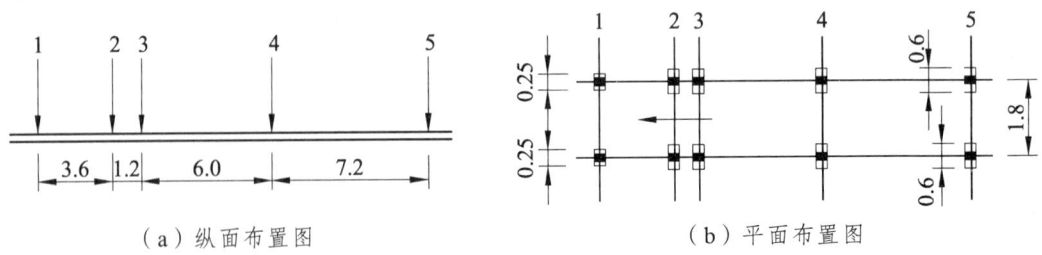

图 3.2.5 城-A 级标准车辆纵、平面布置(轴重单位:kN;尺寸单位:m)

表 3.2.10 城-A 级车辆荷载的主要技术指标

车轴编号	单位	1	2	3	4	5
轴重	kN	60	140	140	200	160
轮重	kN	30	70	70	100	80
纵向轴距	m	3.6	1.2		6	7.2
每组车轮的横向间距	m	1.8	1.8	1.8	1.8	1.8
车轮着地宽度及长度	m	0.25×0.25	0.6×0.25	0.6×0.25	0.6×0.25	0.6×0.25

城-A 级车道荷载和城-B 车道荷载分别采用的是《公路桥规》中公路-Ⅰ级和公路-Ⅱ级的车道荷载标准值。设计车道数 n 与行车道总宽度 W 的关系与公路桥梁标准相同，可按表 3.2.3 确定。

车道荷载横向分布系数，多车道的横向折减系数，大跨径桥梁的纵向折减系数，汽车荷载的冲击力、离心力、制动力及车辆荷载在桥台或挡土墙后填土的破坏棱体上引起的土侧压力等均应按现行《公路桥规》的规定计算。

2）城市桥梁人群荷载

人行道板（局部构件）的人群荷载应按 5 kN/m² 的均布荷载或 1.5 kN 的竖向集中力分别计算，并作用在一块构件上，取其中最不利者。

梁、桁架、拱及其他大跨结构的人群荷载 W 可按下列公式计算，且 W 值在任何情况下不得小于 2.4 kN/m²。

当加载长度 $L<20$ m 时：

$$W = 4.5 \times [(20 - \omega_{\mathrm{p}})/20] \tag{3.2.8}$$

当加载长度 $L \geqslant 20$ m 时：

$$W = [4.5 - 2 \times (L-20)/80][(20 - \omega_{\mathrm{p}})/20] \tag{3.2.9}$$

式中 W——单位面积的人群荷载（kPa）；

L——加载长度（m）；

ω_{p}——单边人行道宽度（m），在专用非机动车桥上为 1/2 桥宽，大于 4 m 时仍按 4 m 计。

检修道上设计人群荷载应按 2 kPa 或 1.2 kN 的竖向集中荷载，作用在短跨小构件上，可分别计算，取其不利者。计算与检修道相连构件，当计入车辆荷载或人群荷载时，可不计检修道上的人群荷载。专用人行桥的人群荷载应按现行《城市人行天桥与人行地道技术规范》（CJJ 69）的有关规定执行。计算桥上人行道栏杆作用时，竖向荷载应为 1.2 kN/m；水平向外荷载应为 2.5 kN/m。两者应分别考虑，不得同时作用。

3.2.3 公路桥梁偶然作用与地震作用

偶然作用是指在设计使用年限内不一定出现，但一旦出现，其持续时间很短而数值很大的作用，它主要包括船舶或漂流物撞击作用和汽车撞击作用。地震作用和偶然作用均会对结构安全产生非常大的影响，甚至造成桥梁毁坏和交通中断，因此，建造在地震区或有可能受到船舶或漂流物撞击的桥梁应进行谨慎的抗震和防撞设计。

1. 船舶或漂流物的撞击作用

船舶或漂流物撞击力，在有可能的条件下应采用实测资料或模拟撞击试验进行计算，并据此进行防撞设施的设计。现行《公路桥规》中根据航道等级、船舶吨位定出的撞击作用标准值，当缺乏实际调查资料时可参考采用。

在桥梁设计阶段，规划航道内可能遭受大型船舶撞击作用的桥墩，应根据桥墩的自身抗撞击能力、桥墩的位置和外形、水流流速、水位变化、通航船舶类型和碰撞速度等因素作桥墩防撞设施的设计。当设有与墩台分开的防撞击的防护结构时，桥墩可不计船舶的撞击作用。

有漂流物的水域中的桥梁墩台，设计时应考虑漂流物的撞击作用，其横桥向撞击力设计值可按式（3.2.10）计算，漂流物的撞击作用点假定在计算通航水位线上桥墩宽度的中点。

$$F=\frac{Wv}{gT} \qquad (3.2.10)$$

式中　W——漂流物重力（kN），应根据河流中漂流物情况，按实际调查确定；
　　　v——水流速度（m/s）；
　　　T——撞击时间（s），应根据实际资料估计，在无实际资料时，可用 1 s；
　　　g——重力加速度，$g = 9.81$ m/s²。

2. 汽车撞击作用

汽车撞击力设计值在车辆行驶方向应取 1 000 kN，在车辆行驶垂直方向应取 500 kN，两个方向的撞击力不同时考虑。撞击力应作用于行车道以上 1.2 m 处，直接分布于撞击涉及的构件上。

对设有防撞设施的结构构件，应对汽车撞击力设计值予以折减，且折减后的汽车撞击力设计值不应低于汽车撞击力设计值的 1/6。

3. 地震作用

地震作用是指地震时强烈的地面运动引起的结构惯性力，它不仅与地面运动的强烈程度有关，也与结构的自身动力特性（频率和振型）有关，还与桥梁所在处的地质情况有关。

根据公路桥梁的重要性和修复（抢修）的难易程度，桥梁抗震设防分为 A 类、B 类、C 类和 D 类四个抗震设防类别，分别对应不同的抗震设防标准和设防目标，如表 3.2.11 所示。公路桥梁抗震设计的地震作用，应采用桥梁所在地区的基本地震动峰值加速度和反应谱特征周期，按场地条件和抗震重要性系数调整确定。

表 3.2.11　桥梁抗震设防分类

桥梁抗震设防类别	适用范围
A 类	单跨跨径超过 150 m 的特大桥
B 类	单跨跨径不超过 150 m 的高速公路、一级公路上的桥梁，单跨跨径不超过 150 m 的二级公路上的特大桥、大桥
C 类	二级公路上的中桥、小桥，单跨跨径不超过 150 m 的三、四级公路上的特大桥、大桥
D 类	三、四级公路上的中桥、小桥

抗震设防要求以地震时地面最大水平加速度的统计值，即地震动峰值加速度确定，公路桥梁抗震设防烈度与现行《中国地震动参数区划图》(GB 18306)基本地震动峰值加速度的对应关系，应按表3.2.12的规定确定。

表3.2.12 抗震设防烈度和基本地震动峰值加速度 A 对照表

抗震设防烈度	Ⅵ	Ⅶ	Ⅷ	Ⅸ
A	0.05g	0.10（0.15）g	0.20（0.30）g	0.40g

根据桥梁抗震设防分类及抗震设防烈度，桥梁抗震设计应分类进行 E1 地震作用和 E2 地震作用下的抗震分析和抗震验算。

3.2.4 公路桥梁作用组合

作用组合是指在不同作用的同时影响下，为验证某一极限状态的结构可靠度而采用的一组作用设计值。公路桥涵结构设计应考虑结构上可能同时出现的作用，分别按承载能力极限状态和正常使用极限状态进行作用组合，取其最不利组合效应进行设计。

当可变作用的出现对结构或结构构件产生有利影响时，该作用不参与组合。对于实际工程中不可能同时出现的作用或同时参与组合概率很小的作用，不应将其同时组合。多个偶然作用不同时参与组合，地震作用不与偶然作用同时参与组合。施工阶段的作用组合，应按计算需要及结构所处条件而定，结构上的施工人员和施工机具设备均应作为可变荷载考虑。

同时，根据桥涵在施工和使用过程中面临的不同情况，公路桥涵结构考虑以下四种设计状况进行极限状态设计：

（1）持久状况，应进行承载能力极限状态和正常使用极限状态设计。
（2）短暂状况，应进行承载能力极限状态设计，可根据需要进行正常使用极限状态设计。
（3）偶然状况，应进行承载能力极限状态设计。
（4）地震状况，应进行承载能力极限状态设计。

1. 承载能力极限状态

公路桥涵结构按承载能力极限状态设计时，对持久设计状况和短暂设计状况应采用作用的基本组合，对偶然设计状况应采取作用的偶然组合，对地震设计状况应采用作用的地震组合，并应符合下列规定：

1）基本组合

基本组合是永久作用设计值与可变作用设计值的组合。作用基本组合的效应设计值按式（3.2.11）、式（3.2.12）计算。

$$S_{\mathrm{ud}} = \gamma_0 S(\sum_{i=1}^{m} \gamma_{G_i} G_{ik}, \gamma_{Q_1} \gamma_L Q_{1k}, \psi_c \sum_{j=2}^{n} \gamma_{L_j} \gamma_{Q_j} Q_{jk}) \qquad (3.2.11)$$

$$S_{ud} = \gamma_0 S(\sum_{i=1}^{m} G_{id}, Q_{1d}, \sum_{j=2}^{n} Q_{jd}) \tag{3.2.12}$$

式中 S_{ud}——承载能力极限状态下作用基本组合的效应设计值。

$S(\ )$——作用组合的效应函数。

γ_0——结构重要性系数,是针对不同安全等级的结构,为使其具有规定的可靠度而采用的分项系数。按照表 3.2.13 规定的结构设计安全等级采用。

γ_{G_i}——第 i 个永久作用的分项系数,按照表 3.2.14 的规定采用。

G_{ik}, G_{id}——第 i 个永久作用的标准值和设计值。

γ_{Q_1}——汽车荷载(含汽车冲击力、离心力)的分项系数。采用车道荷载计算时取 1.4, 采用车辆荷载计算时取 1.8。当某个可变作用在组合中的效应超过汽车荷载效应时,则该作用应取代汽车荷载,其分项系数取 1.4;对专为承受某种作用而设置的结构或装置,设计时该作用的分项系数取 1.4;计算人行道板和人行道栏杆的局部荷载,其分项系数也取 1.4。

Q_{1k}, Q_{1d}——汽车荷载(含汽车冲击力、离心力)的标准值和设计值。

γ_{Qj}——在作用组合中除汽车荷载(含汽车冲击力、离心力)、风荷载外的其他第 j 个可变作用的分项系数,取 1.4;风荷载的分项系数取 1.1。

Q_{jk}, Q_{jd}——在作用组合中除汽车荷载(含汽车冲击力、离心力)外的第 j 个可变作用的标准值和设计值。

ψ_c——在作用组合中除汽车荷载(含汽车冲击力、离心力)外的其他可变作用的组合值系数,取 0.75。

γ_{Lj}——第 j 个可变作用的结构设计使用年限荷载调整系数,一般取 1.0。

当作用与作用效应按线性关系考虑时,作用基本组合的效应设计值可按式(3.2.13)所示的代数相加计算。

$$S_{ud} = \gamma_0 (\sum_{i=1}^{m} G_{id} + Q_{1d} + \sum_{j=2}^{n} Q_{jd}) \tag{3.2.13}$$

设计弯桥时,当离心力与制动力同时参与组合时,制动力标准值或设计值按 70% 取用。

表 3.2.13　公路桥涵结构重要性系数

设计安全等级	结构重要性系数	适用桥涵结构
一级	1.1	(1)特大桥、大桥、中桥; (2)高速公路、一级公路、二级公路、国防公路及城市附近交通繁忙公路上的小桥
二级	1.0	(1)三、四级公路上的小桥; (2)高速公路、一级公路、二级公路、国防公路及城市附近交通繁忙公路上的涵洞
三级	0.9	三、四级公路上的涵洞

表 3.2.14 永久作用的分项系数

序号	作用类别		作用分项系数	
			对结构的承载能力不利时	对结构的承载能力有利时
1	混凝土和圬工结构重力（包括结构附加重力）		1.2	1.0
	钢结构重力（包括结构附加重力）		1.1 或 1.2	1.0
2	预加力		1.2	1.0
3	土的重力		1.2	1.0
4	混凝土的收缩及徐变作用		1.0	1.0
5	土侧压力		1.4	1.0
6	水的浮力		1.0	1.0
7	基础的变位作用	混凝土和圬工结构	0.5	0.5
		钢结构	1.0	1.0

注：本表序号 1 中，当钢桥采用钢桥面板时，永久作用分项系数取 1.1；当采用混凝土桥面板时，取 1.2。

2）偶然组合

偶然组合是永久作用标准值与可变作用某种代表值、一种偶然作用设计值的组合；与偶然作用同时出现的可变作用，可根据观测资料和工程经验取频遇值或准永久值。作用偶然组合的效应设计值可按式（3.2.14）计算。

$$S_{ad} = S(\sum_{i=1}^{m} G_{ik}, A_d, (\psi_{f1}或\psi_{q1})Q_{1k}, \sum_{i=1}^{n} \psi_{qj}Q_{jk}) \quad (3.2.14)$$

式中 S_{ad}——承载能力极限状态下作用偶然组合的效应设计值；

A_d——偶然作用的设计值；

ψ_{f1}——汽车荷载（含汽车冲击力、离心力）的频遇值系数，取 0.7；当某个可变作用在组合中的效应超过汽车荷载效应时，则该作用应取代汽车荷载；人群荷载取 1.0；风荷载取 0.75；温度梯度作用取 0.8，其他作用取 1.0；

ψ_{f1}, Q_{1k}——汽车荷载（或起控制作用的可变作用）的频遇值；

ψ_{q1}, ψ_{qj}——第 1 个和第 j 个可变作用的准永久值系数，汽车荷载（含汽车冲击力、离心力）取 0.4，人群荷载取 0.4，风荷载取 0.75，温度梯度作用取 0.8，其他作用取 1.0；

ψ_{q1}, Q_{1k}——第 1 个可变作用的准永久值；

$\psi_{qj}Q_{jk}$——第 j 个可变作用的准永久值。

地震组合作用的效应设计值应参考现行《公路桥梁抗震设计规范》（JTG/T 2231—01—2020）相关条文进行拟定。

2. 正常使用极限状态

公路桥涵结构按正常使用极限状态设计时,应根据不同的设计要求,采用作用的频遇组合或准永久组合,并应符合下列规定:

1)频遇组合

频遇组合是永久作用标准值与汽车荷载频遇值、其他可变作用准永久值的组合。作用频遇组合的效应设计值按式(3.2.15)计算。

$$S_{fd} = S(\sum_{i=1}^{m} G_{ik}, \psi_{f1}Q_{1k}, \sum_{j=2}^{n} \psi_{qj}Q_{jk}) \tag{3.2.15}$$

式中 S_{fd} ——作用频遇组合的效应设计值;

ψ_{f1} ——汽车荷载(不计汽车冲击力)频遇值系数,取 0.7。

2)准永久组合

准永久组合是永久作用标准值与可变作用准永久值相组合。作用准永久组合的效应设计值按式(3.2.16)计算。

$$S_{qd} = S(\sum_{i=1}^{m} G_{ik}, \sum_{j=1}^{n} \psi_{qj}Q_{jk}) \tag{3.2.16}$$

式中 S_{qd} ——作用准永久组合的效应设计值;

ψ_{qj} ——汽车荷载(不计汽车冲击力)准永久系数,取 0.4。

3.3 铁路桥梁荷载分类与组合

3.3.1 铁路桥梁主力

铁路桥梁荷载主力中的恒载相当于公路桥梁作用中的永久作用,不再赘述。活载则与可变作用有较大的区别,现分别介绍于下。

1. 列车荷载

列车荷载是铁路机车、车辆等移动装备对线路的作用,与铁路移动装备技术发展紧密相关,是各类铁路工程结构设计的重要依据。

我国铁路早期主要为客货共线铁路,相应地,设计时统一采用了符合客货铁路运输特点的列车荷载图式——"中—活载"。近年来,随着铁路的快速发展,铁路客货运输呈现出客运高速、货运重载等新的特征,不同线路通过的列车差异越来越大,若仍采用统一的列车荷载图式将是不科学,也是不经济的。因此,为规范计算方法,我国根据当前铁路移动装备配备情况,以及未来一定时期内机车、车辆等移动装备技术的发展需求制定了《铁路列车荷载图式》(TB/T 3466—2016)。图式代表了列车对线路的作用特征和作用大小,是一组由不同轴重和轴距、按一定规律排列、具有可变速度的移动作用力学模型,如表 3.3.1 所示。

同时承受多线列车荷载的桥梁,其列车竖向静活载应在多条线路共同作用的最不利位置处进行折减,计算折减系数应符合表 3.3.2 规定。

第3章　桥梁设计作用（荷载）

表 3.3.1　铁路列车荷载图式

线路类型	图式名称	荷载图式（普通荷载）	荷载图式（特种荷载）
高速铁路	ZK	64 (kN/m) 任意长度 0.8 m ｜ 200 200 200 200 (kN) 1.6 m / 1.6 m / 1.6 m ｜ 64 (kN/m) 0.8 m 任意长度	250 250 250 250 (kN) 1.6 m / 1.6 m / 1.6 m
城际铁路	ZC	48 (kN/m) 任意长度 0.8 m ｜ 150 150 150 150 (kN) 1.6 m / 1.6 m / 1.6 m ｜ 48 (kN/m) 0.8 m 任意长度	190 190 190 190 (kN) 1.6 m / 1.6 m / 1.6 m
客货共线铁路	ZKH	85 (kN/m) 任意长度 0.8 m ｜ 250 250 250 250 (kN) 1.6 m / 1.6 m / 1.6 m ｜ 85 (kN/m) 0.8 m 任意长度	250 250 250 250 (kN) 1.6 m / 1.6 m / 1.6 m
重载铁路	ZH	85z (kN/m) 任意长度 0.8 m ｜ 250z 250z 250z 250z (kN) 1.6 m / 1.6 m / 1.6 m ｜ 85z (kN/m) 0.8 m 任意长度	280z 280z 280z 280z (kN) 1.6 m / 1.6 m / 1.6 m

表 3.3.2　多线桥梁结构竖向静活载折减

荷载类型	线路数量 双线	线路数量 三线、四线	线路数量 四线以上
ZKH 或 ZH 活载	90%	80%	75%
ZK 或 ZC 活载	100%	① 按照两条线路承受列车活载，其余线路不承受列车活载；② 或所有线路承受 75% 列车活载。取两种情况最不利者	

2. 列车的动力作用

与公路汽车荷载类似，列车活载需要考虑动力作用、离心力、制动力以及横向摇摆力等。桥涵结构计算中的列车竖向活载动力作用，可按竖向静活载乘以动力系数（$1+\mu$）确定。实体墩台、基础计算可不考虑动力作用。

1）客货共线、重载铁路桥梁结构动力系数

客货共线、重载铁路桥梁结构动力系数应按式（3.3.1）、式（3.3.2）计算，且不小于 1.0。简支或连续的钢桥跨结构和钢墩台动力系数应按下式计算：

$$1+\mu = 1+\frac{28}{40+L} \tag{3.3.1}$$

钢与钢筋混凝土板的结合梁动力系数应按下式计算：

$$1+\mu = 1+\frac{22}{40+L} \tag{3.3.2}$$

钢筋混凝土、素混凝土、石砌的桥跨结构及涵洞、刚架桥，其顶上填土厚度 $h \geq 3\text{ m}$（从轨底算起）时不计列车竖向动力作用。当 $h<3\text{ m}$ 时，动力系数应按下式计算：

$$1+\mu = 1+\alpha\left(\frac{6}{30+L}\right) \tag{3.3.3}$$

式中：$\alpha = 0.32(3-h)^2$，$h<0.5\text{ m}$ 时 h 取 0.5 m。式（3.3.1）~式（3.3.3）中的 L 以 m 计，除承受局部活载杆件为影响线加载长度外，其余均为桥梁跨度。

空腹式钢筋混凝土拱桥的拱圈和拱肋动力系数应按下式计算：

$$1+\mu = 1+\frac{15}{100+\lambda}\left(1+\frac{0.4L}{f}\right) \tag{3.3.4}$$

式中　L——拱桥的跨度（m）；

　　　λ——计算桥跨结构的主要杆件时为计算跨度（m）；对于只承受局部活载的杆件，则按其计算图式为一个或数个节间的长度（m）；

　　　f——拱的矢高（m）。

支座的动力系数计算公式与相应的桥跨结构计算公式相同。

2）高速铁路、城际铁路桥梁结构动力系数

高速铁路、城际铁路桥梁结构动力系数应按下式计算，且不小于 1.0：

$$1+\mu = 1+\left(\frac{1.44}{\sqrt{L_\varphi - 0.2}} - 0.18\right) \tag{3.3.5}$$

式中　L_φ——加载长度（m）：加载长度小于 3.61 m 时，应取 3.61 m；简支梁应取梁的跨度；连续梁可按平均跨度乘以跨度调整系数确定（见表 3.3.3），且不应小于最大跨度。

表 3.3.3　连续梁跨度调整系数

跨　　数	2	3	4	≥5
跨度调整系数	1.2	1.3	1.4	1.5

3. 离心力

桥梁在曲线桥上时，应考虑列车竖向静活载产生的离心力。客货共线铁路离心力作用于轨顶以上 2.0 m 处；高速铁路、城际铁路离心力作用于轨顶以上 1.8 m 处；重载铁路离心力作用于轨顶以上 2.4 m 处。

离心力的大小为考虑折减的列车竖向静活载乘以离心力率 C（也称离心力系数，不大于 0.15）。计算式（3.3.6）的形式虽然与公路桥梁相同，但其参数取值不同，离心力的作用大小与作用位置也与公路桥梁有所不同。

$$C = \frac{v^2}{127R} \tag{3.3.6}$$

式中　v——铁路列车设计速度（km/h），当速度大于 250 km/h 时，v 按 250 km/h 计算；
　　　R——桥梁曲线段的曲线半径（m）。

4. 列车横向摇摆力

列车运行时产生作用于钢轨顶面的横向摇摆力，应以集中荷载形式，取线路最不利位置加载，横向摇摆力取值如下表所示。

表 3.3.4　横向摇摆力计算取值表

设计标准	重载铁路	客货共线铁路	高速铁路	城际铁路
摇摆力/kN	100z	100	80	60

注：重载铁路列车横向摇摆力折减系数 z 的取值与重载铁路荷载系数一致。

多线桥梁可仅计算任一线上的横向摇摆力。客货共线铁路、重载铁路空车时应考虑横向摇摆力。

5. 城市轨道交通桥梁活载

城市轨道交通是现代大城市交通的发展方向。发展轨道交通是解决大城市病的有效途径，也是建设绿色城市、智能城市的有效途径。轨道交通的车辆荷载类型多样，常见主要类型有轨道交通 A、B、C 型车，对应的列车活载图式如图 3.3.1 所示。桥梁设计时，应根据构件影响线长度的不同分别选用本线初、近、远期的最不利编组。

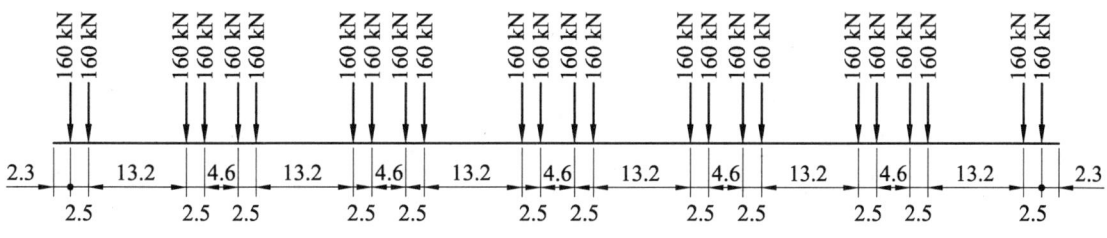

（a）地铁 A 型车活载图式

(b) 地铁 B 型车活载图式

(c) 地铁 C 型车活载图式

图 3.3.1 地铁列车活载图式（尺寸单位：m）

承受多条轨道交通线路的桥梁，考虑到其同时发生最不利情况的可能性较小，应对多线桥的竖向静活载进行折减。对于双线桥，与普通的铁路桥梁不同，由于轨道交通的行车密度高，两线同时发生最不利情况的可能性相对较大，因此不予折减。对于三线及三线以上的桥梁则采用 0.75 的折减系数。对于承受局部荷载的构件，由于同时发生最不利情况的可能性较大，不得对竖向静活载进行折减。

活载土压力、气动力等其他未阐述的主力请参照《铁路桥涵设计规范》（TB 10002—2017）进行计算。

3.3.2 铁路桥梁附加力

1. 列车制动力与牵引力

制动力或牵引力应按计算长度内列车竖向静活载的 10% 计算；当与离心力或列车竖向动力作用同时计算时，制动力或牵引力应按计算长度内列车竖向静活载的 7% 计算。

重载铁路制动力或牵引力作用在轨顶以上 2.4 m 处，其他标准铁路的制动力或牵引力均作用在轨顶以上 2 m 处。多线桥梁及特殊位置桥梁的制动力或牵引力应参照《铁路桥规》相关条文进行计算。

2. 风荷载

作用于铁路桥梁上的风荷载强度可按下式计算：

$$W = K_1 K_2 K_3 W_0 \tag{3.3.7}$$

$$W_0 = \frac{1}{1.6} v^2 \tag{3.3.8}$$

式中 W——风荷载强度（Pa）；

W_0——基本风压值（Pa），除上式外也可按《铁路桥规》附录"全国基本风压分布图"，并通过实地调查核实后采用；

K_1——桥墩风载体形系数；

K_2——风压高度变化系数，风压随离地面或常水位的高度而异，除特殊高墩个别计算外，为简化计算，全桥均取轨顶高度处的风压值；

K_3——地形、地理条件系数；

v——平坦空旷地区，离地面20 m高，频率1/100的10 min平均最大风速（m/s）。

3．温度变化作用

桥涵结构和构件应计算均匀温差和日照温差引起的变形和应力。

1）均匀温差作用

对于钢桥应考虑历年极端最高和最低气温；对于混凝土桥，则应视构造的式样、尺寸和当地外界气温等条件按照《铁路桥规》相关条文确定计算温度。均匀温差从构件合龙时的温度开始计算。涵洞和跨度在15 m以内，矢跨比不小于1/4的石拱桥，且最冷月平均气温不低于 −20 °C 时，气温变化的影响可不考虑。

2）日照温差作用

混凝土箱梁应分别考虑沿梁高方向的温差荷载和两个方向的组合温差荷载。两个方向温差曲线均采用指数函数的形式：

$$T_y = T_{01} e^{-\alpha y} \quad (3.3.9)$$

$$T_x = T_{02} e^{-\alpha x} \quad (3.3.10)$$

式中 T_y, T_x——计算点 y、x 处的温差（°C）；

T_{01}, T_{02}——箱梁梁高方向、梁宽方向温差；

y, x——计算点至箱梁外表面的距离（m）；

α——变化系数（m^{-1}），按表3.3.5取值。

表3.3.5 日照温差曲线参数表

方　　向	$\alpha / (m^{-1})$	$T_0/°C$
单向（沿梁高方向）	5	20
单向（沿梁宽方向）	7	16

针对特殊铁路桥梁的温差作用（如铺设无砟轨道的铁路桥梁等），应参考现行《铁路桥规》相关规定，开展专题研究进行设计拟定。

流水压力、冰压力等其他未阐述的附加力请参照《铁路桥涵设计规范》（TB 10002—2017）进行计算，其中波浪力请参照《港口与航道水文规范》（JTS 145—2015）。

3.3.3 铁路桥梁特殊荷载

1．长钢轨纵向作用力

对于桥上无缝线路结构，当轨温改变时，不仅将在无缝线路内部产生温度力，而且还会在桥梁与轨道之间产生长钢轨纵向作用力（包括伸缩力、挠曲力和断轨力），给桥梁和轨道设计带来影响。因此在桥梁结构设计时必须考虑梁轨共同作用，尽量减小桥梁的位移与变形，保证桥上无缝线路的稳定。

现行《铁路桥规》将伸缩力、挠曲力的作用类型由主力调整为特殊荷载，统一了长钢轨纵向作用力与其他作用的组合形式。无缝线路长钢轨纵向力的取值按现行《铁路无缝线路设计规范》（TB 10015—2012）相关规定计算。

2. 其他特殊荷载

列车脱轨荷载、船只或排筏的撞击力、汽车的撞击力等特殊荷载请参照《铁路桥涵设计规范》（TB 10002—2017）进行计算，其中地震力请参照《铁路工程抗震设计规范》（GB 50111—2006）。

3.3.4 铁路桥梁荷载组合

在设计阶段，铁路桥梁仅考虑主力与一个方向（横桥向或顺桥向）的附加力组合，且应根据各种结构的不同荷载组合，将材料基本容许应力和地基容许承载力乘以不同的提高系数。预应力混凝土结构中的强度及抗裂性计算应采用不同的安全系数。铁路桥梁荷载方式如表3.3.6 所示。

表 3.3.6　铁路桥梁荷载组合

主　力	恒载与活载的组合
主力 + 附加力	恒载、活载及附加力的组合
主力 + 特殊荷载	恒载、活载及特殊荷载的组合

对铁路公路（城市道路）两用桥，考虑到铁路和公路（城市道路）同时出现最不利情况的可能性极小，故两种荷载同时作用时，对主桁杆件的公路（城市道路）活载可按 75%折减，但对仅承受公路（城市道路）荷载的局部杆件，不应折减。

对于城市轨道交通与公路交通合建桥梁结构或结构构件，在同时承受两种交通活载作用时，应按最不利组合取值：（1）采用 100%轨道交通活载与 85%的公路活载；（2）采用 85%轨道交通活载与 100%的公路活载。对仅承受公路活载的构件，应取全部公路活载；对仅承受轨道交通活载的构件，应取全部轨道交通活载。

3.4　车辆荷载的演变史*

思考与练习题

3.1 公路汽车荷载需要进行横向和纵向折减,为什么?

3.2 公路-Ⅰ级车道荷载和城-A级车辆荷载的区别和联系有哪些?

3.3 铁路桥梁荷载组合方式有哪些?为什么附加力与特殊荷载在设计时没有同时组合?

第 4 章　混凝土桥面系

公路、铁路桥梁的桥面系是指直接与车辆、行人等接触的桥面构造及附属设施的总称。桥面构造直接承受车轮荷载、人群荷载的作用，并对桥梁承重结构（如钢筋混凝土梁、预应力混凝土梁）以及桥上的车辆、行人起到保护作用，同时与桥面附属设施共同满足桥梁正常使用时的其他功能和景观需求。

4.1　公路桥面系

4.1.1　桥面系的组成

混凝土公路桥的桥面系通常包括桥面铺装、防排水系统、人行道（或安全带）、路缘石、栏杆（或安全护栏）、伸缩装置和灯柱等。图 4.1.1 是一个典型的混凝土公路桥横断面，展示了除伸缩装置和灯柱以外的主要桥面构造。

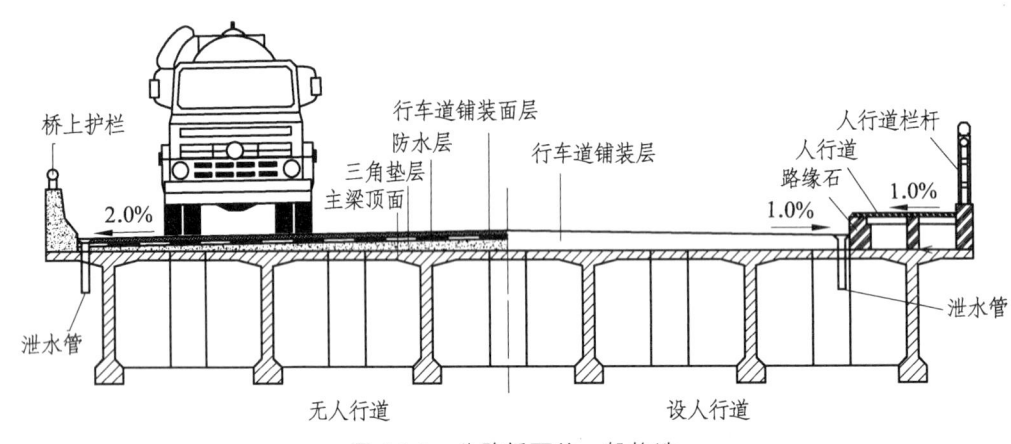

图 4.1.1　公路桥面的一般构造

在图 4.1.1 的桥面构造中，桥面铺装和防水层等构造的设置可以为桥梁主体结构的安全性和耐久性提供支持，而路缘石、栏杆、护栏等构造的设置则可以为桥上行车、行人的安全提供保障。

4.1.2　桥面铺装

桥面铺装（也称行车道铺装）设置在桥梁的行车道范围内，是直接与车轮相接触的桥面构造。桥面铺装的主要功能是避免桥面板（主梁顶板）受到车辆轮胎（或履带）的直接磨耗，防止主梁遭受雨水侵蚀，并对车辆轮重的集中荷载起到一定的扩散作用。因此，对桥面铺装材料及构造，要求具有一定的强度、不易开裂、耐磨、抗滑以及能与桥面板良好结合等特点。

桥面铺装有水泥混凝土、沥青混凝土、沥青表面处治和泥结碎石等多种类型。水泥混凝土和沥青混凝土桥面铺装各项性能良好，使用较为广泛。水泥混凝土铺装的造价低，耐磨性能好，适合重载交通，但养生期长，日后修补比较麻烦。沥青混凝土铺装重量较轻，维修养护方便，通车速度快，但易老化和变形。沥青表面处治和泥结碎石桥面铺装耐久性较差，仅在低等级的公路桥梁上使用。

在混凝土公路桥中，桥面板通常为钢筋混凝土或预应力混凝土结构。这种情况下，桥面铺装主要采用水泥混凝土铺装、沥青混凝土铺装或混合型混凝土铺装。图 4.1.2 为这几种常见铺装的构造示意图。

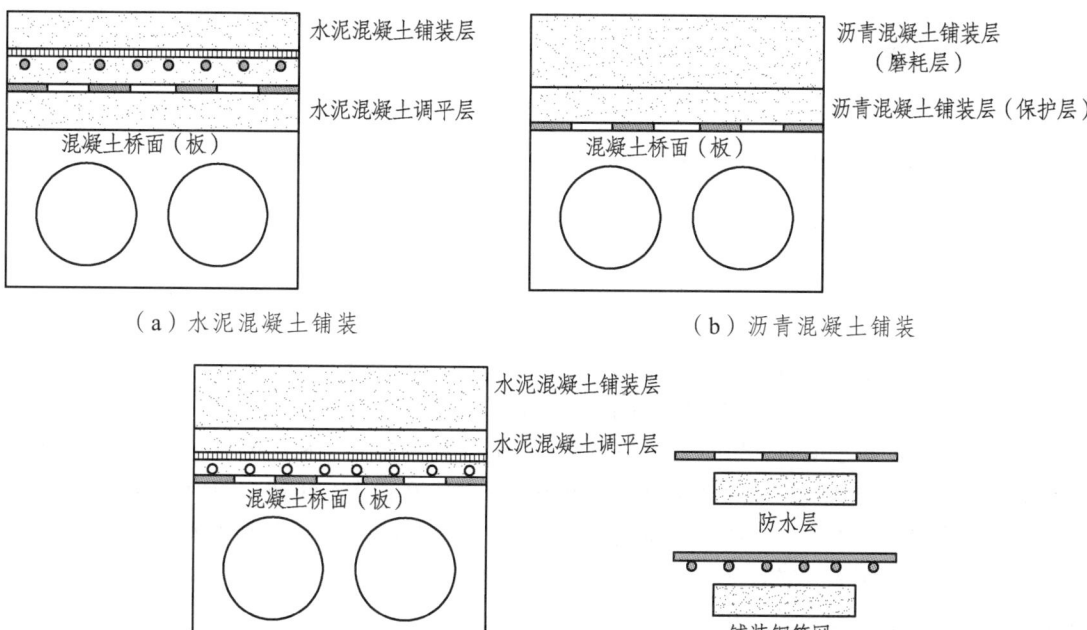

图 4.1.2 常用混凝土桥面铺装示意图

对水泥混凝土铺装，其厚度（不含调平层）不宜小于 80 mm，混凝土强度等级不宜小于 C40。为使铺装层具有足够的强度和良好的整体性，应配置直径不小于 8 mm、间距不宜超过 100 mm 的方形钢筋网。混凝土桥面板上应预埋竖向锚固钢筋，方便钢筋网的定位，保障铺装层混凝土与桥面板的良好结合。根据需要，还可在混凝土中加入钢纤维（或聚丙烯纤维），形成纤维混凝土铺装。纤维的加入可进一步提高铺装层的耐磨性和抗裂性。

在混凝土梁桥中，当采用混凝土桥面铺装时，如果铺装层的混凝土与经过处理的混凝土桥面能有效结合，铺装层在扣除磨耗层的厚度后可以参与到与梁体共同承受车辆荷载的整体受力计算中。

沥青混凝土铺装一般由防水（粘结）层、保护层及磨耗层组成，适宜于高等级公路桥梁、特大桥和大桥。多数的沥青混凝土铺装采用如图 4.1.2（b）中所示的双层式构造（也可设置成单层式或三层式）。上层（磨耗层）一般采用 30～40 mm 厚的细粒式或中粒式沥青混凝土，下层（保护层）一般采用 40～70 mm 厚的中粒式沥青混凝土。

混合型混凝土铺装是指面层采用沥青混凝土、底层采用水泥混凝土的组合型式，参见图 4.1.2（c）。在底层水泥混凝土中，可根据需要设置钢筋网。沥青混凝土面层以及水泥混凝土底层的厚度和材料，可参考相应的铺装层构造进行设计。

沥青混凝土维修养护方便，铺筑后几小时就能通车，但易老化和变形。因此，沥青材料应采用重交通沥青或改性沥青。改性沥青混凝土是近年来国内开展研究和铺筑的高性能沥青混凝土材料，它具有抗滑、密水、抗车辙、减少开裂等优点，值得推广应用。

混凝土桥面的铺装型式宜与桥梁所在的公路路面相协调，符合现行《公路沥青路面设计规范》和《公路水泥混凝土路面设计规范》的有关规定。在大桥和特大桥中，因结构体系的原因，桥面板常受到拉、压应力的交替作用，为防止桥面铺装参与受力而导致开裂，现行《公路桥涵设计通用规范》推荐在高速公路、一级公路上的特大桥、大桥宜采用沥青混凝土桥面铺装。

4.1.3 桥面防水排水系统

为了保障桥面行车通畅、安全，防止桥面结构受降水侵蚀，应设置完善的桥面防水和排水设施。

1. 桥面纵、横坡

桥面上设置纵坡，一方面是桥梁立面布置所需，另一方面则有利于排水，保证行车安全。在平原地区的通航河流上建桥时，为满足桥下通航要求，需要抬高通航孔的桥面高程；在两岸，则需要将桥面尽快降至地面，以减少桥头引道土方量，缩短桥长，从而节省工程费用。这样，就形成纵坡。桥面的纵坡，一般都做成双向纵坡，并通常在桥中心（或主跨内）设置竖曲线。

公路桥面横坡有两种：一是双向横坡（又称为人字形横坡），其可起到汇水和排水的作用，防止或减少雨水对铺装层的渗透；二是单向横坡，其可实现曲线段桥面上的横向超高设置。另外，人行道上也需要设置 1.0%～1.5% 的单向横坡。

公路桥面的横坡，一般为 1.5%～2.0%。对双向横坡，通常有 3 种设置方式：

（1）对于板桥（矩形板或空心板）或就地浇筑的肋板式梁桥，为节省铺装材料并减轻桥面恒载重力，可以将横坡直接设在墩台顶部，或通过调整支承垫石高度来形成横坡，而使桥梁上部结构形成双向倾斜，此时，铺装层在整个桥宽上做成等厚的，分别如图 4.1.3（a）、（c）所示。

（2）在装配式肋板式梁桥中，为使主梁构造简单、架设和拼装方便，通常将横坡直接设在行车道板上。先铺设一层厚度变化的混凝土三角形垫层，形成双向倾斜，再铺设等厚的铺装层，如图 4.1.3（b）所示。

（3）对宽度较大的桥梁，用三角垫层设置横坡将使混凝土用量或桥面二期恒载重力增加太多。为此，可将行车道板做成倾斜面而形成横坡，见图 4.1.3（d）。

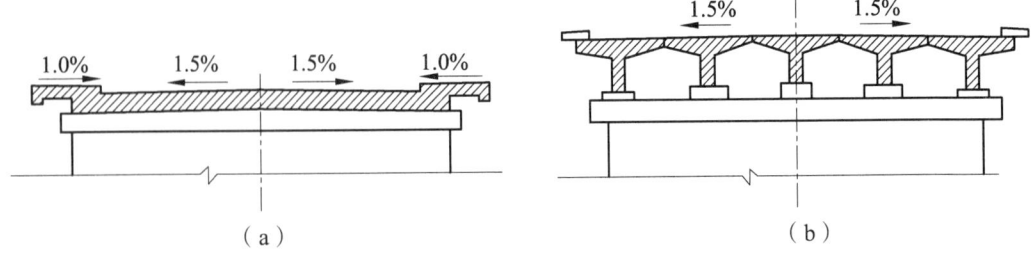

（a）　　　　　　　　　　　　（b）

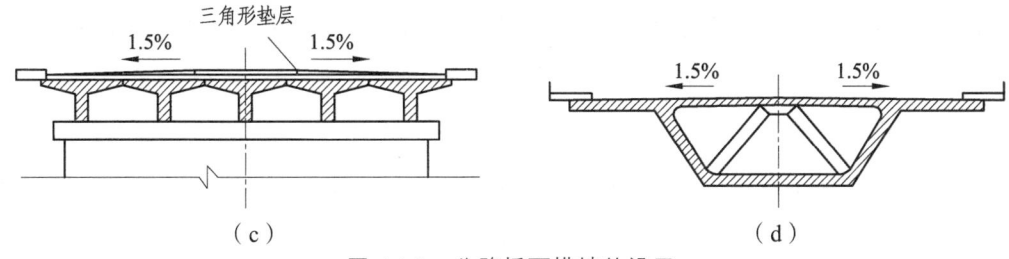

图 4.1.3 公路桥面横坡的设置

2. 桥面防水

对于混凝土桥面板,如果侵蚀物质(如雨水)进入混凝土内部,会导致钢筋锈蚀,进而降低混凝土桥面板的使用寿命;为提高结构的耐久性,通常需要在桥面板的顶面敷设专门的防水层或涂刷防水剂等。

我国早期桥梁设计中对混凝土桥面防水没有严格要求,只是建议根据桥址处的气温和雨量、桥梁结构、桥面铺装形式等具体情况来确定是否设置桥面防水层。随着对结构耐久性问题的日益重视,现行桥梁设计规范要求桥面铺装应设防水层。

常规的桥面防水层设置在桥梁行车道板的顶面,三角垫层(或调平层)之上,铺装面层之下,其作用是将透过桥面铺装层渗下的雨水汇集到排水设备(泄水管)排出。防水层要求不透水,有较高的强度、弹性和韧性,耐高温、低温,腐蚀和老化,与沥青混凝土和水泥混凝土的亲和性好,施工安全、简便、快速。

公路桥面常用的贴式防水层,其由两层防水卷材(如油毛毡)和三层黏结材(沥青胶砂)相间组合而成,一般厚 1~2 cm,参见图 4.1.4(a)。其他的防水措施有:在三角垫层上设防水涂层(柔性防水层),参见图 4.1.4(b);在铺装层上加铺一层沥青混凝土;直接用防水混凝土做铺装层。近年来开发的新型防水涂层(或卷材)较多,如聚合物沥青桥面防水涂料、PC 橡胶防水卷材等。

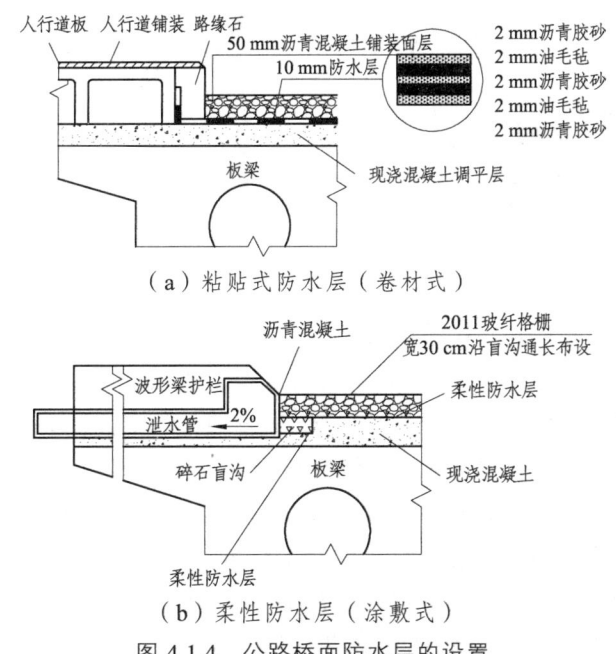

图 4.1.4 公路桥面防水层的设置

防水层在桥面伸缩缝处应连续铺设,不可切断;沿纵向应铺过桥台背,沿横向则应伸过缘石底面从人行道与缘石砌缝里向上叠起 10 cm。

3. 桥面排水设施

为防止雨水积滞于桥面并渗入梁体而影响桥的耐久性,除在桥面铺装内设置防水层外,还应使桥上的雨水被迅速引导排出桥外,为此需设计一个完整的排水系统。排水系统的设置应满足环保和安全的要求。

桥梁中使用的排水系统包括自然排水、泄水管排水和强制排水三种情况。

通常,当公路桥桥面纵坡大于 2%,而桥长小于 50 m 时,一般能保证通过桥头引道自然排水,桥上就可不设泄水管。此时,可在引道两侧设置流水槽,以免雨水冲刷引道路基。

当桥面纵坡大于 2%,桥长大于 50 m 时,除桥面纵横坡排水外,还需要设置泄水管排水。泄水管可沿行车道两侧左右对称排列,也可交错排列,一般每隔 12~15 m 长度设置 1 个;当桥面纵坡小于 2% 时,泄水管就需要设置更密一些,一般每隔 6~8 m 设置 1 个。通常,每平方米的桥面宜设置面积为 300 mm^2 左右泄水管。在高速公路和一级公路中,一般采用直径 150 mm 的泄水管,间距为 4~5 m。

在城市地道桥中,桥梁路面的纵向曲线处于竖曲线的凹点,雨水从地道桥的两头向桥梁中点汇集,如果雨水汇流较多,或自然排水受限制时,就需要设置专门的雨水泵站,将汇集的雨水强制排到城市雨水管道中。

泄水管分为铸铁泄水管、PVC(聚氯乙烯)泄水管等不同型式。图 4.1.5 所示为铸铁泄水管和 PVC 泄水管实物。

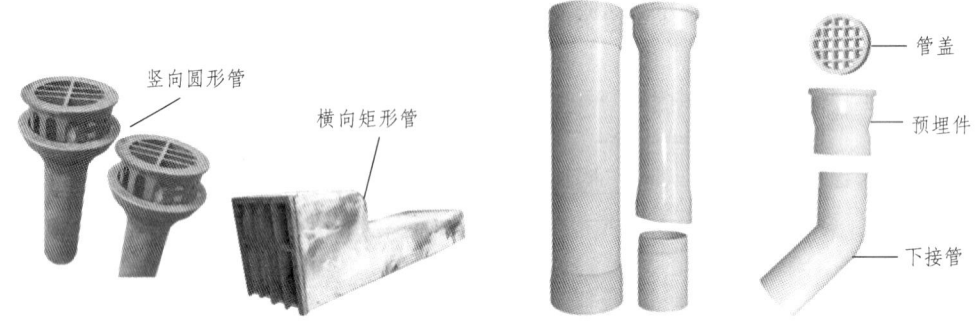

图 4.1.5 铸铁泄水管和 PVC 泄水管

铸铁泄水管分竖向圆形管和横向矩形管。圆形管(竖向布置)的内径一般为 10~15 cm,矩形管(横向布置)的净尺寸一般在 8 cm × 20 cm 左右。PVC 泄水管是以聚氯乙烯为主要原料,经挤出或注塑成型的塑料制品,主要由管盖、预埋件和下接管组成。PVC 管材的型号多样,种类齐全,具有防腐蚀、抗老化、耐候性好、便于运输安装等诸多特点。

泄水管的布置有以下几种形式:① 竖向布置,即通过泄水管直接排水到桥面以下。采用竖向排水时,泄水管应伸出结构物底面不小于 30 mm。② 横向布置,即通过泄水管直接排水到桥面以外,这种方式也要求泄水管管口需伸出构件最外侧 30 mm 以上,以便滴水。横向布置的泄水管容易产生淤堵,影响排水效果,只适宜于小型桥梁。③ 封闭式排水系统,即设置完整封闭的排水系统,将排水管道沿墩台接至地面排水系统。对于跨越城市道路、公路、铁路及通航河流的桥梁,为避免桥面排水对桥下交通环境的影响,尤须如此。

4.1.4 伸缩装置

桥跨结构在气温变化、活载作用、混凝土收缩和徐变等影响下将会发生伸缩变形。为满足结构按照设计的计算图式变形,同时桥面又能保证车辆平顺通过,就要在相邻两梁端之间,或梁端与桥台之间的桥面设置伸缩装置,这些位置的结构间的间隙称为伸缩缝。简而言之,伸缩缝指为适应材料胀缩变形对结构的影响、在桥跨结构的两端设置的间隙;伸缩装置指为使车辆平稳通过桥面并满足桥面变形的需要,在伸缩缝处设置的各种装置的总称。

伸缩装置的构造应满足下列要求:① 在平行、垂直于桥梁轴线的两个方向,均能自由伸缩;② 装置本身及其与结构的连接牢固可靠;③ 车辆驶过时应平顺、无突跳与噪声;④ 可防止雨水和垃圾泥土渗入阻塞;⑤ 安装、检查、养护、清污均简易方便。

需要强调的是,在设置伸缩装置处,栏杆、路缘石与桥面铺装都需要断开。

伸缩装置是桥梁的薄弱位置,因为微小的不平整就会使它承受较大的冲击作用,因此常常遭到损坏(主要表现为接缝处错台而导致桥面破坏和跳车,影响行车平稳性和舒适性)而需要养护、更换。造成伸缩装置普遍破损的原因,除了交通流量增大、重型车辆增多(冲击作用明显增大)外,设计、施工和养护方面的失误也不容忽视。因此,对于伸缩装置的设计和构造处理绝不能简单行事。

1. 伸缩量计算

伸缩装置多为定型产品,选用时需要计算出满足结构自由变形的伸缩量。

伸缩装置类型的选用,主要取决于桥梁的伸缩量 Δl,它包括以设置伸缩装置时为基准的气温上升引起的梁体伸长量 Δl_t^+ 和气温下降引起的缩短量 Δl_t^-,混凝土收缩引起的梁体缩短量 Δl_s^-,混凝土徐变引起的梁体缩短量 Δl_c^- 以及计入梁的制造与安装误差的余量 Δl_e。因此伸缩量为:

$$\Delta l = \Delta l_t^+ + \Delta l_t^- + \Delta l_s^- + \Delta l_c^- + \Delta l_e \qquad (4.1.1)$$

对于大跨度桥梁,还应计入因荷载作用及梁体温差等引起的梁端转角伸缩变形量。注意上式是取各项的绝对值之和,不是代数和。

2. 公路桥梁伸缩装置

公路桥梁的伸缩装置种类繁多,并得到不断改进。依据伸缩装置的伸缩方式及其构造特点,可以把它们分为五类,即对接式、钢制支承式、橡胶组合剪切式、模数支承式、无缝式伸缩装置(含桥面连续构造)。

1)对接式伸缩装置

对接式伸缩装置,根据其构造型式和受力特点的不同,可分为填塞对接型和嵌固对接型两种。填塞对接型伸缩装置是以沥青、木板、麻絮、橡胶等材料填塞缝隙,伸缩体在任何情况下都处于受压状态。该类伸缩装置一般用于伸缩量在 40 mm 以下的低等级公路桥梁上,但容易破损失效,目前已少用。

混凝土桥

嵌固对接型伸缩装置利用不同形状的钢构件将不同形状（如 W 形、M 形、箱形、鸟形等）的橡胶条（带）嵌牢固定，并以橡胶条（带）的拉压变形来适应梁体的变位。该类伸缩装置被广泛应用于伸缩量在 80 mm 及以下的桥梁中。图 4.1.6 所示为国产 GQF-C 型伸缩装置，它采用热轧整体成型的"C"字钢为主要构件，嵌固防水密封橡胶带为伸缩体，配以锚固系统所组成。

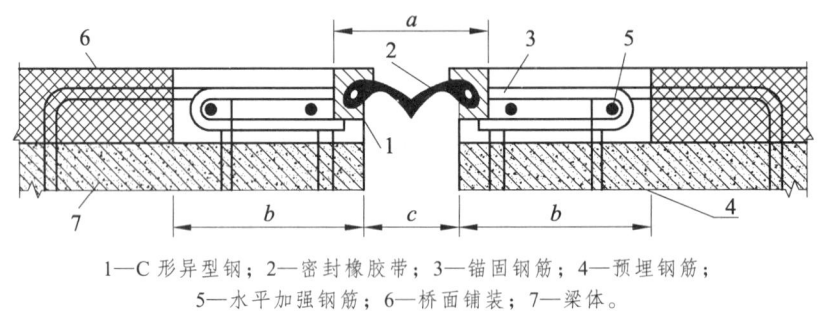

1—C 形异型钢；2—密封橡胶带；3—锚固钢筋；4—预埋钢筋；
5—水平加强钢筋；6—桥面铺装；7—梁体。

图 4.1.6 GQF-C 型伸缩装置构造

2）钢制支承式伸缩装置

钢制支承式伸缩装置是用钢材装配制成的、能直接承受车轮荷载的一种构造。以前这种伸缩装置多用于钢桥，现也用于混凝土桥梁。钢制支承式伸缩装置的形状、尺寸和种类较多。国内常见的有钢板叠合式伸缩装置和钢梳形板伸缩装置。

钢板叠合式伸缩装置是一种用于中小跨度桥梁的伸缩装置，伸缩量一般为 70 mm 以下。如图 4.1.7 所示，这种伸缩装置构造主要是通过在伸缩缝端结构处预埋角钢，在角钢上设置一块跨缝钢盖板，其一端与角钢焊接固定，另一端则直接搭在另一侧的角钢上，利用上下叠合的钢构件间的滑动适应伸缩变形，利用跨缝钢板来直接承担车轮荷载。因容易受到冲击、振动影响，这种伸缩装置的钢板焊缝容易破坏，钢板容易发生变形而损坏、脱落。

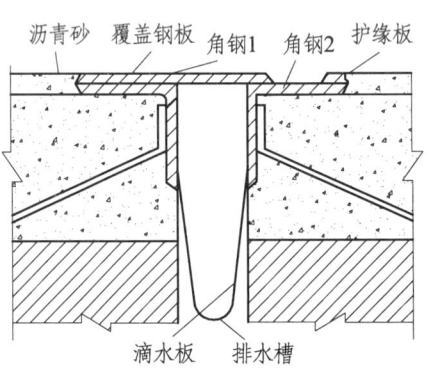

图 4.1.7 钢板叠合式伸缩装置构造

图 4.1.8 为 SF 型钢梳形板伸缩装置的构造示例，这种伸缩装置的伸缩体采用一对钢制梳齿板组合而成。交错的梳齿部分通常设置在结构伸缩缝的一侧，而跨越断缝的部分仍维持完整的钢板，以便承受车轮荷载；为便于滑动，面层的梳齿钢板下面与结构层顶面敷设不锈钢板；为便于防水，在梁体顶面设置橡胶防水层。该类伸缩装置由于其自身刚度大、抗冲击性

能好，建筑高度低，伸缩量大（最大 420 mm），可应用于公路、铁路的钢桥或混凝土桥梁。为便于更换，采用高强螺栓将梳齿钢板锚固于梁体，且在沿伸缩缝方向设置为多块单元板。

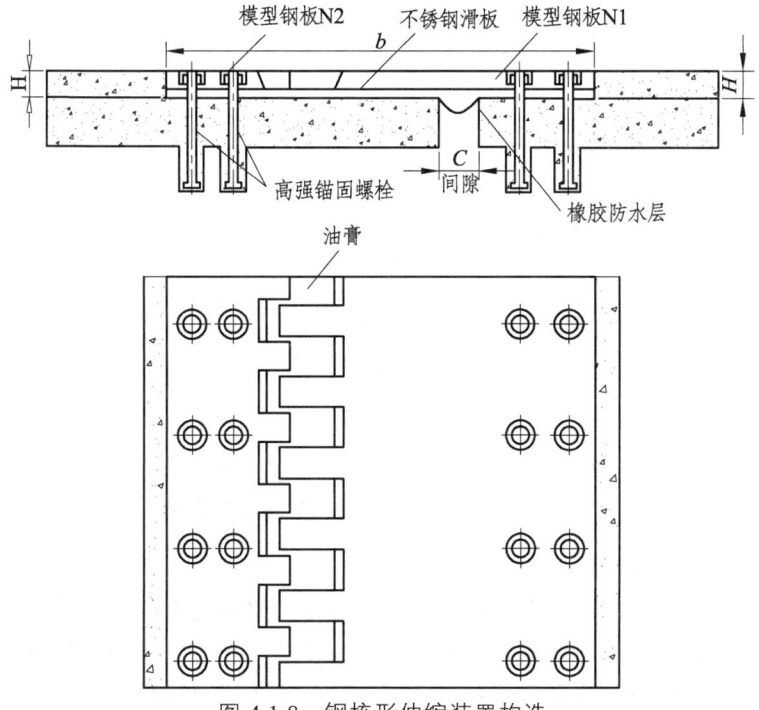

图 4.1.8　钢梳形伸缩装置构造

3）板式橡胶伸缩装置

板式橡胶伸缩装置是利用橡胶剪切模量低的原理设计制造而成。橡胶板上设有上下凹槽或"W"形褶皱槽，依靠凹槽间的橡胶体剪切与拉压变形来适应结构变位。

普通的板式橡胶伸缩装置中，需要在橡胶板内预理加强钢板以提高橡胶的承载能力，适用于伸缩量小于 60 mm 的桥梁，见图 4.1.9。如果在橡胶板下方设置一层梳齿式钢托板，就可以形成组合式橡胶伸缩装置。这种伸缩装置中，伸缩体由橡胶板和钢托板共同构成，而钢托板可以更好地承担竖向车轮荷载，因此其伸缩适应范围可以提高到不大于 150 mm 的桥梁，见图 4.1.10。

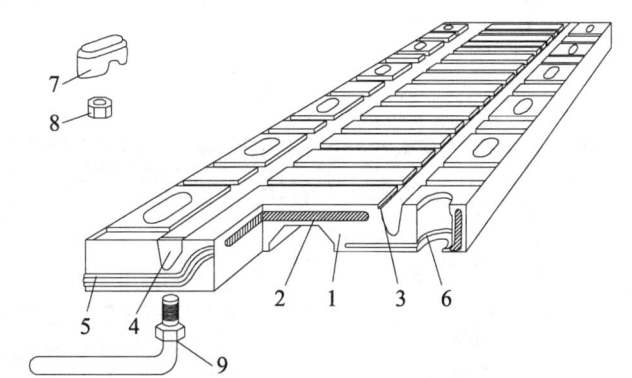

1—橡胶；2—加强钢板；3—伸缩用槽；4—止水块；5—嵌合部；
6—螺帽垫板；7—腰形盖帽；8—螺帽；9 螺栓。

图 4.1.9　普通板式橡胶伸缩装置一般构造

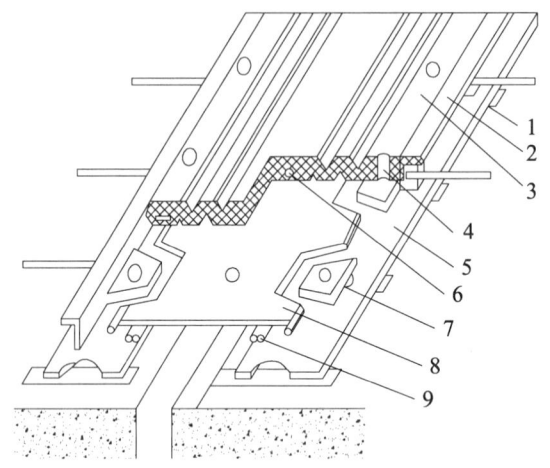

1—预埋铁；2—边角铁；3—橡胶伸缩装置；4—内六角螺栓；
5—底钢板；6—螺栓；7—固定齿板；8—托板；9—限位块。

图 4.1.10　组合式橡胶伸缩装置一般构造

4) 模数支承式伸缩装置

模数支承式伸缩装置是主要用于高等级、大跨度公路桥梁上的一种伸缩装置，其伸缩量大（可达 2 000 mm），功能比较完善，但结构较为复杂。它的主要部分是由异型钢与橡胶条（各种截面型式）组成的犹如手风琴式的伸缩体，配上横梁、位移控制系统以及弹簧支承系统。每个伸缩体的伸缩量为 60 ~ 100 mm。需要伸缩量更大时，可以用两个以上的伸缩体，中间用若干根横桥向布置的中梁隔开。中梁支承在其下的顺桥向横梁上。为了保证伸缩时各中梁始终处于正确位置并作同步水平位移，应将中梁底部连接在连杆式或弹簧式的控制系统上。模数式伸缩装置的最大特点是橡胶伸缩体与钢件可定型生产，并可根据伸缩量需求进行模数组合设计。当伸缩体做成 60 mm、80 mm、100 mm 三种型号时，视中梁根数不同，可以组合成宽度为 60 mm、80 mm、100 mm 倍数的各种伸缩装置。

图 4.1.11 为德国毛勒（Maurer）模数式伸缩装置鸟形构造，它采用 Z 形边梁和工字形中梁与鸟形橡胶带的组合构造。图 4.1.12 为南京长江第二大桥中使用的模数式伸缩装置实例图片。

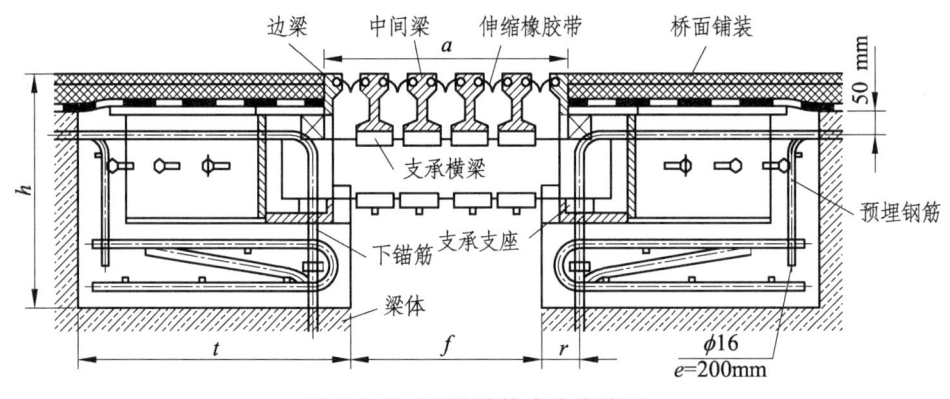

图 4.1.11　毛勒模数式伸缩装置

图 4.1.12 模数式伸缩装置实例

5)无缝式（暗缝式）伸缩装置

无缝型伸缩装置是在伸缩缝所在的桥面处填入专用弹塑性粘结材料，利用该材料的拉压变形来适应伸缩要求的一种构造措施。由于伸缩体与桥面铺装整体连续，外观上不存在伸缩装置的缝槽，故称之为无缝式或暗缝式伸缩装置。

该构造的基本工艺是：在梁端部的伸缩缝间隙中填入弹性材料并铺上防水材料，然后在桥面铺装层中铺筑一窄条的弹塑性粘结材料。该材料可以吸收温度和车辆荷载产生的结构位移，保证伸缩体不开裂损坏，适用于桥梁上部构造的小量伸缩变形和转动变形。主要特点是：行车平顺，不致产生冲击振动；在寒冷地区，易于机械化除雪养护；施工简便等。图 4.1.13 所示为 TST 弹塑体（高分子聚合物与沥青混合，并添加防老化剂等多种配剂）与碎石填充型伸缩装置的构造，适用于伸缩量 50 mm 以下的情况。

从桥面铺装连续的角度看，桥面连续构造也可视为无缝式伸缩装置的一种特殊形式。为提高行车舒适度，减少伸缩装置的数量和养护工作量，桥面连续构造在高等级公路的小跨径多孔简支梁（板）桥中广泛采用。对多孔（通常 3~5 孔）简支梁，在相邻梁体处梁缝上的桥面铺装层连续敷设；通过构造措施，使该处的铺装层能释放梁体间的相对转角。这样，对采用桥面连续构造的多孔简支梁，在竖向荷载作用下的受力状态可按简支体系考虑，而在纵向水平力作用下则按连续体系考虑。实际工程中桥面连续构造有多种型式，图 4.1.14 所示为其中一种。

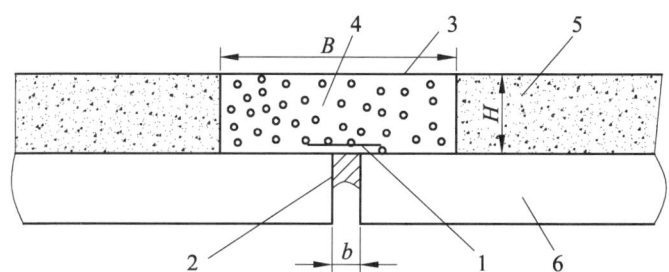

1—跨缝板；2—海绵体；3—TST 弹塑体；4—碎石；5—桥面铺装层；6—梁体。

图 4.1.13 TST 碎石填充伸缩装置构造

混 凝 土 桥

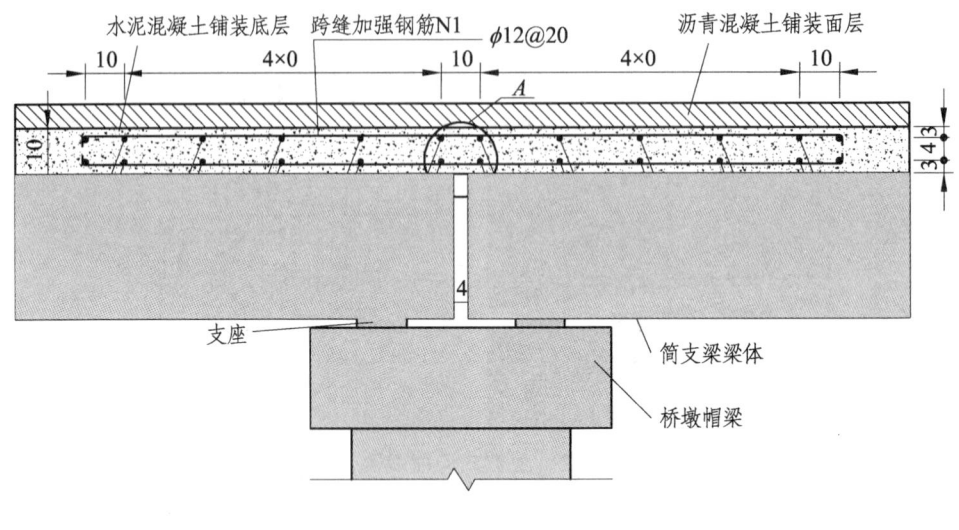

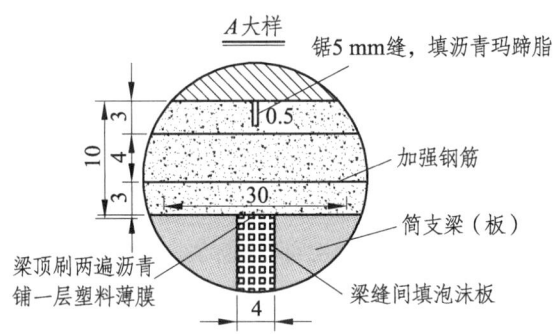

图 4.1.14　桥面连续构造（单位：mm）

4.1.5　人行道、栏杆、安全带与护栏

在桥面构造中，除了行车道板上的桥面铺装及其防排水构造、梁端的伸缩装置外，还有一些用于保障行车、行人安全的其他桥面构造，如安全带、人行道、人行道栏杆、车行道护栏、桥上照明系统等。对于城市桥梁，除了具有和公路桥梁相同的桥面构造外，还需要注重桥面构造（如栏杆、灯柱等）的造型与色彩，体现出结构与环境相协调、与文化相融合的美学需求。

1. 人行道

位于城镇和近郊的公路桥梁以及城市桥梁，均应设置人行道。人行道是桥面构造中用于行人通行的部分，其一般设置在桥面的两侧，宽度由人行交通流量决定。单侧人行道的最小宽度一般为 0.75 m 或 1.0 m，大于 1.0 m 时宽度按 0.5 m 的倍数递增。

为确保行人安全，人行道通常高于行车道 0.25~0.35 m。人行道与车行道衔接处通常设置与人行道等高的路缘石。城市桥梁中，经常会借用人行道板下的空间布设管线（电力、通讯、给水等）。

人行道的设置方式和构造措施多种多样，具体设计时需要结合桥梁用途、结构形式和人行需求加以考虑。按人行道的施工方法，主要可以分为以下几种形式：

（1）就地浇筑式：人行道构造与桥梁承重结构联为整体，通过在主体结构侧边现浇抬高的悬臂板，再敷设人行道铺装层形成人行道。参见图4.1.15（a）。

（2）预制装配式：将人行道做成预制块件安装，预制块件可以为整体人行道预制件，也可以为分块式的人行道块件。参见图4.1.16和图4.1.17。

（3）部分现浇部分装配式：将人行道的路缘石、栏杆基座垫石、人行道板下垫块在桥面上直接现浇，再安装预制人行道板，形成架空的人行道构造。这是目前桥梁中较多采用的人行道构造，类似于图4.1.15（c）所示。

按人行道在桥面上安装时与桥面主体结构的相对关系可以划分为以下几种形式：

（1）搁置式人行道：人行道结构搁置于主体结构之上，参见图4.1.16。

（2）悬臂式人行道：人行道结构的一部分悬出主体结构以外，参见图4.1.17。

（3）分离式人行道：在车行道梁外专门设置用于承受人行道荷载的人行道桥跨结构。车行道梁与人行道梁在横向可连接或完全分离，参见图4.1.15（b）。

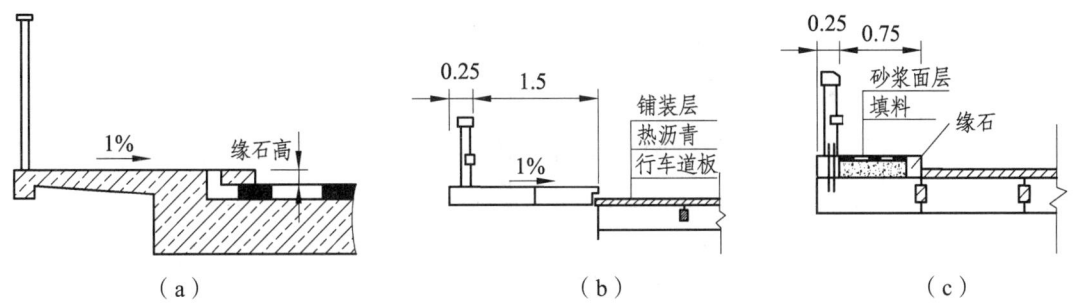

图4.1.15 人行道的布置方式（单位：m）

图4.1.16为一整体预制搁置式人行道的构造型式，截面呈肋板式。人行道与行车道板之间无需联结，人行道板下可放置过桥的管线。图4.1.17是一种分块预制悬臂式人行道的构造型式。人行道由人行道板、人行道梁、支撑梁及路缘石组成。人行道梁搁在行车道的主梁上，一端悬臂挑出，另一端则通过预埋在人行道梁上的钢板与主梁预留的锚固钢筋焊接加以固定。

人行道板顶面一般铺设20 mm厚的水泥或沥青砂浆作为面层，也可镶砌彩色面砖，并做成1%左右的内倾排水横坡。

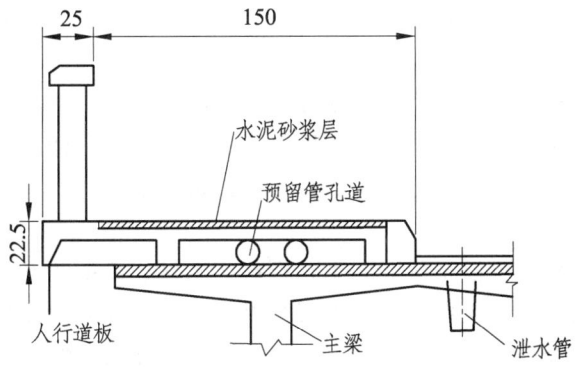

图4.1.16 预制搁置式人行道构造（单位：cm）

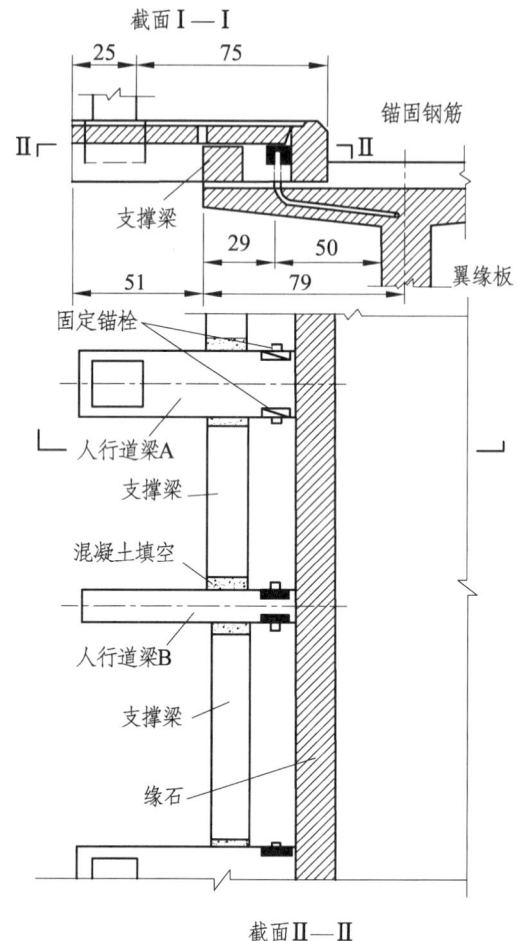

图 4.1.17 预制悬臂式人行道构造（单位：cm）

2. 栏 杆

栏杆是桥上保护行人安全的设施，要求坚固耐用；同时，栏杆又是适于表现桥梁美观的构造。传统上，栏杆的基本构成包括扶手、栏杆柱、横挡（或栏板），参见图 4.1.18。扶手是承担行人倚靠的水平构件，栏杆柱承受和传递行人作用的水平荷载。横挡是实现遮挡功能的主要构件。随着栏杆形式的多样化发展，上述构件的区分已不十分清晰，通常相互融合以共同实现安全与美观功能。

在外观形式上，栏杆可分为节间式与连续式，见图 4.1.18。节间式的构成如前所述，连续式无需栏杆柱，由连续的扶手、栏杆板及底座组成。节间式栏杆便于预制安装，能配合灯柱设计，但对跨度不等的桥，在划分上较为困难。连续式栏杆有规则的栏杆板，富有节奏感，较简洁明快。

建造栏杆的材料多样，可以采用混凝土、石材、木材、铸铁、不锈钢等材料，也可混合使用上述材料。栏杆的设计首先要考虑结构安全可靠，栏杆柱或栏杆底座要与桥面板结构牢固连接，同时也要考虑经济适用，美观大方，施工简单，互换方便。一般，栏杆高度不应小于 1.1 m，栏杆柱的间距大致在 2.5 m 左右。

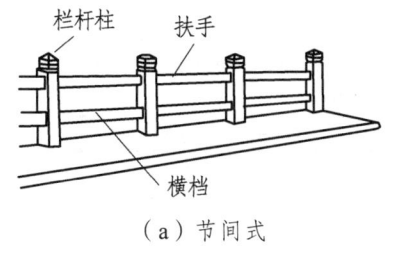 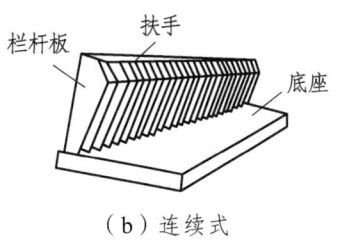

（a）节间式　　　　　　　　　（b）连续式

图 4.1.18　栏杆构造示意图

在桥面伸缩缝竖面内，人行道（包括路缘石、栏杆）必须断开，避免与结构共同受力而破坏。

3. 安全带

安全带是指在不设人行道的低等级公路桥梁中，为保障交通安全，在行车道边缘沿桥纵向设置的高出行车道的带状构造物。安全带与栏杆一并设置。一般，安全带宽度不小于 0.25 m，高度一般为 0.25～0.35 m。安全带可以做成混凝土预制块件拼装或与桥面铺装层一起现浇。预制的安全带有矩形截面和肋板式截面两种，见图 4.1.19，以矩形截面最为常用。现浇的安全带需每隔 2.5～3 m 做一断缝，以免参与主梁受力而被损坏。

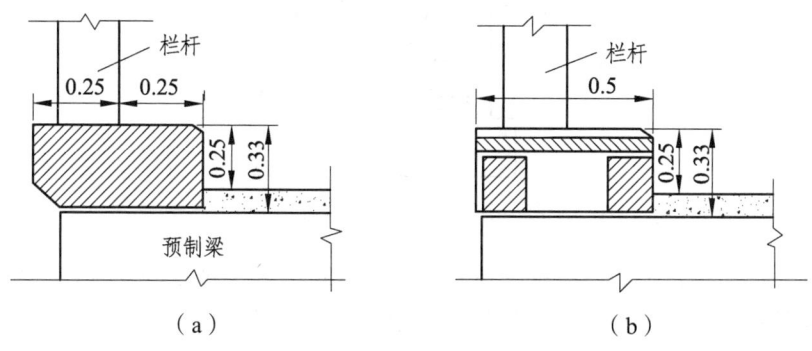

（a）　　　　　　　　　　　　　（b）

图 4.1.19　矩形和肋板式安全带（单位：m）

4. 安全护栏

在桥梁上设置各种型式的安全护栏，可以在一定程度上防止和减轻交通事故对车辆和人员的伤害。对高速公路和干线一级公路上的桥梁，须设置路侧护栏及中央分隔带护栏；对二级公路和跨越深沟峡谷、江河湖泊的三、四级公路上的桥梁，须设置路侧护栏；对其他路段的桥梁，可视情况决定是否需要设置护栏。

护栏型式多种多样。按构造特征，桥梁安全护栏可分为（金属或混凝土）梁柱式护栏、钢筋混凝土墙式护栏和组合式护栏；按护栏碰撞变形性能，可分为刚性护栏、半刚性护栏和柔性护栏，参见图 4.1.20～4.1.22。钢筋混凝土墙式护栏为刚性护栏，其通过失控车辆碰撞后爬高并转向来吸收碰撞能量。波形梁护栏为半刚性护栏，其具有一定的强度和刚度，利用立柱和波形钢板的变形来吸收能量。缆索护栏是一种具有较大缓冲能力的柔性护栏结构，其由数根施加初拉力的缆索固定于端柱上而形成。桥梁上多用刚性护栏和半刚性护栏。

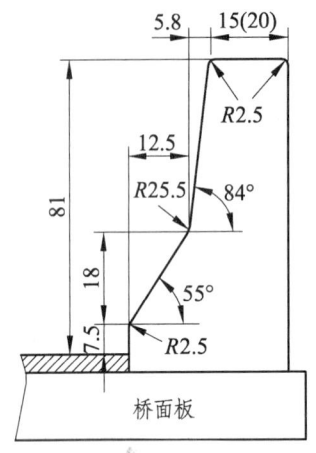 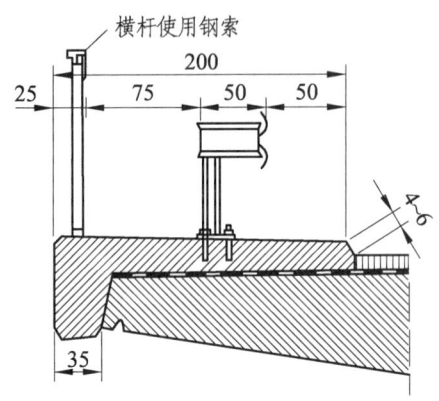

图 4.1.20 钢筋混凝土墙式护栏（单位：cm） 图 4.1.21 梁柱式钢制护栏（单位：cm）

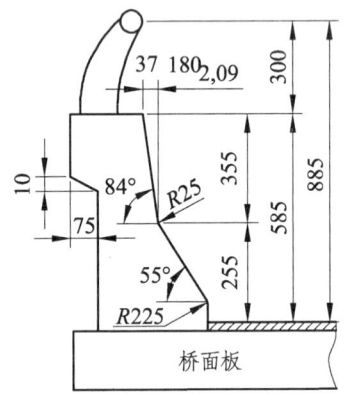

图 4.1.22 组合式护栏（单位：mm）

应根据护栏的防撞性能、受碰撞后的护栏变形程度、环境和景观要求、护栏的全寿命成本等综合考虑护栏型式。防撞性能是护栏选用中的关键指标。根据护栏的防撞性能差异，可划分为不同的等级。目前我国公路桥梁路侧护栏由低到高分为 B、A、SB、SA、SS 五级，中央分隔带护栏由低到高分为 Am、SBm、SAm 三级。设计速度越快，车辆越出桥外造成二次交通事故的可能性越大，要求桥梁护栏的防撞等级越高。具体设计要求，见《公路交通安全设施设计规范》《公路交通安全设施设计细则》等规范。

为避免与桥梁结构共同承受竖向荷载，钢筋混凝土墙式护栏需要按一定间距设置结构断缝。在跨越伸缩缝时，各类护栏均应设置能适应或释放伸缩变形的构造。

4.1.6 其他桥面设施

在城市内及城郊行人和车辆较多的桥梁上需要设置照明设备，一般采用灯柱在桥梁上实现照明。灯柱的设计需要考虑设置间距、照度要求、安全防护要求等，并与桥面安全可靠地锚固连接。灯柱及照明设备的设计要经济合理，其选型也要注意美观协调。灯柱可设置在路缘石上或人行道上，也可以利用栏杆立柱；对于有中央分隔带的桥面，灯柱可以布置在中央分隔带内。照明用灯一般高出桥面 5 m 左右。

在城市桥梁中，除采用灯柱照明外，还可根据需要，应用多样化的光源（如护栏、栏杆照明，结构表面照明等）形成桥梁景观照明系统。

4.2 普通铁路桥面系

4.2.1 桥面系的组成

混凝土铁路桥通常采用铺设道砟的桥面（称为道砟桥面），其桥面系包括钢轨、护轨、桥枕、道砟、挡砟墙、泄水管、人行道、栏杆和钢轨伸缩调节器等，如图 4.2.1 所示。道砟桥面多采用预制混凝土轨枕。

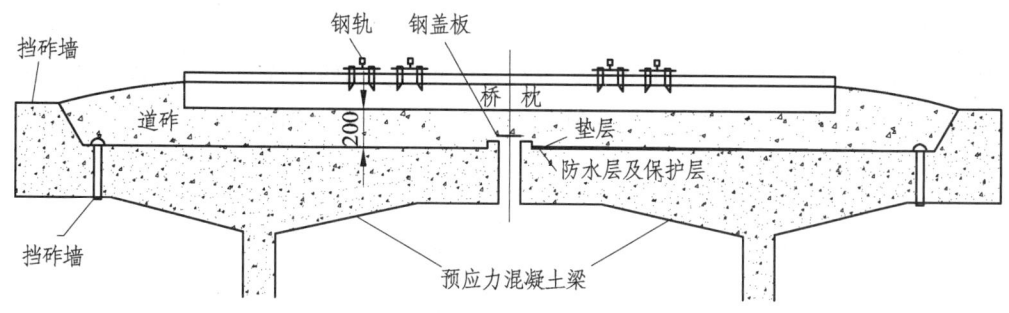

图 4.2.1 铁路道砟桥面的一般构造

4.2.2 轨道道床

轨道道床通常指的是铁轨下面、路基面上铺设的石砟（道砟）垫层，主要作用是支承轨枕，把来自轨枕上部的巨大荷载均匀地传递到下部结构上。为适应上述道床功能，道砟应具有以下性能：质地坚韧，有弹性，不易压碎和捣碎；排水性能好，吸水性差；不易风化，不易被风吹动或被水冲走。

在铁路桥梁上，道床的设置条件和工作条件与铁路路基存在一定的差异。铁路桥梁上的有砟轨道道床厚度远远小于土路基上的道床厚度，因为这时道床的主要功能是扩散荷载。确定道床厚度的控制因素是道床下部支承面的允许压应力，而混凝土桥面的允许压应力远远高于土路基面。

在铁路桥梁上，如按道砟材料内摩擦角进行道床边坡放坡后，会较大增加桥面设置宽度，因此需要在线路中心线两侧设置专用挡砟墙来挡住道砟。铁路桥梁顶面与挡砟墙内侧形成道砟槽，道砟槽内填充道砟形成道床，其上设置轨枕、轨道等铁路轨道结构，如图 4.2.1 所示。

铁路桥梁的道床的作用为：减弱列车对桥梁的冲击作用；缓和列车的振动；防止轨枕位移；将车轮集中荷载分布到梁顶面；调整轨底的标高。为了不使挡砟墙参与梁的共同受力，沿其纵向每隔 3~4 m，横向切断缝（包括挡砟墙上纵向钢筋断开），缝内填塞防水材料。

新建铁路道砟桥面的道砟槽挡砟墙内侧距铁路中心线不应小于 2.2 m，以满足大型养路机械的桥梁养护需求，改善桥面养护作业条件。轨下枕底道砟厚度在新建Ⅰ级铁路中不应小于 0.3 m，在新建Ⅱ级铁路中不应小于 0.25 m。

铁路桥梁上道床内道砟只能使用碎石道砟，道砟质量要求坚硬耐冻，不易风化，以保证道床的弹性和排水通畅。

4.2.3 防排水系统

在铁路桥梁中,列车车轮直接与钢轨接触,通过轨枕、道床将载荷传递到梁顶,在梁顶设置防水铺装层和保护层。铁路桥面排水防水系统包括道砟层下设横向排水坡、防水层及泄水管。其作用是使桥面水迅速排除,防止桥面水渗入到梁体内,影响结构耐久性与美观。

1. 防水层构造

铁路混凝土桥梁桥面防水层是桥梁桥面的重要组成部分,防水层的防水效果直接关系到结构的耐久性。既有桥梁由于桥面防水失效造成桥面板渗水、钢筋锈蚀的事例屡有发生,会影响行车安全和结构的使用寿命。铁路桥梁中专门制定了桥面防水层技术条件,以规范防水层构造的设计和施工。

铁路桥梁上,现多采用由氯化聚乙烯防水卷材和聚氨酯防水涂料共同构成的防水层。以铁路混凝土桥面 TQF-Ⅰ型防水层结构为例,它由 2 层氯化聚乙烯防水卷材和 2 层聚氨酯防水涂料层加保护层共同构成,见图 4.2.2。

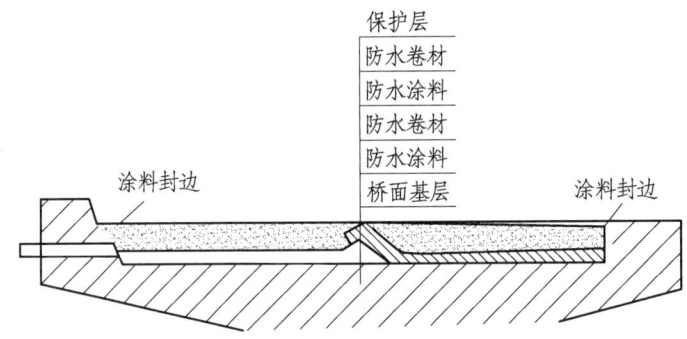

图 4.2.2 铁路混凝土桥面 TQF-Ⅰ型防水层结构

防水层施工前需先对桥面基层进行处理,包括面层调平处理、除渣、除污等。聚氨酯防水涂料采用均匀涂刷,涂刷厚度约 1.5 mm,用量约 2.1 kg/m²。

氯化聚乙烯防水卷材的厚度为 1.2 mm;卷材的规格为 850 mm、920 mm、1 000 mm;长度规格为 12.3 m/卷、16.3 m/卷。在桥面卷材铺设时,卷材应铺设到挡砟墙、内边墙、端边墙的内侧根部。超长尺寸桥面铺设时,卷材需按先纵向后横向进行搭接。

防水卷材粘贴完毕后,需对挡砟墙内侧根部至上拐角的斜面、内边墙和外边墙处卷材上口立面、防水卷材周边等处采用防水涂料涂刷封边。

保护层可采用 C40 抗碱玻璃纤维混凝土或其他纤维混凝土,其厚度不小于 40 mm。保护层需按设计排水方案敷设排水坡度。沿桥面纵向每隔 4 m 需设置 10 mm 的保护层断缝,断缝后需用聚氨酯防水涂料填实。

2. 排水系统

相对公路桥梁而言,铁路桥梁的桥面宽度通常较小,特别是单线铁路桥梁。这样在横坡设置时可以采用在道砟槽顶面设置 1.5%~2.0% 的排水横坡进行排水。对于桥面宽度较大的双线或多线铁路桥梁,也可以直接将桥面板做成倾斜面,形成排水横坡。

在公路桥梁中，桥面系统的主体是行车道部分，因此一般以桥面中心为顶点形成人字形的双向排水横坡，将车行道雨水汇向两侧路缘石，排水管布置在车行道两侧。在铁路桥梁中，列车仅是在轨道上运行，因此可以根据梁体构造和线路股数将排水管按桥面两侧、三列、中间等方式设计。对于这些情况需要分别按人字坡（挡砟槽两侧排水）、V字坡（挡砟槽中心排水）、六面坡（挡砟槽两侧排+挡砟槽中心排水）的方式进行排水横坡设置。

另外，由于铁路桥梁的纵坡一般较小，不利于汇水排水，故除设置排水横坡外应根据需要在泄水管间距间设置0.3%左右的汇水纵坡，形成双向汇水面。局部汇水坡一般在桥面防水层的保护层中设置。

铁路桥梁由于道床工作需求，对桥面排水及防水的要求更高。铁路桥梁目前泄水管一般使用PVC或UPVC管，管径多采用直径120~200 mm。泄水管纵向布置间距多按4 m设置。在泄水管穿越挡砟墙处、泄水管管口处还需按防水要求采用防水涂料进行封口处理。

为提高排水效率及方便维护，铁路桥梁泄水管多按竖向垂直设置。在跨线桥梁，高架桥梁中多采用封闭式排水系统，将汇水通过纵向排水管道引向桥梁墩台处，再沿顺墩（台）身处设置的竖向排水管流向地面。

4.2.4 伸缩装置

1. 梁缝的处理

在铁路桥梁中，为适应结构纵向变形释放需求，需要在桥梁上部结构上设置伸缩缝。对于道砟桥面，由于列车只是在桥面的轨道系统上运行，当桥梁纵向伸缩量较小时，不需要设置专门的桥梁伸缩装置，仅需要对结构伸缩缝进行挡砟处理。

在简支梁桥的梁和梁之间、梁和桥台之间的横向梁缝是实现梁体伸缩的自然间隙。对于这种桥面横向的梁缝可采用铺设钢或混凝土盖板进行道砟槽的过渡处理。梁缝盖板设置在结构顶面，为防止盖板产生移动，可在盖板下侧缝间设置一到两排限位钢筋。梁缝下可根据需要设置橡胶止水带构造。

对于由多片梁组成的装配式简支梁，梁顶处梁和梁间的纵向间隙（纵向梁缝），也可以参照横向梁缝的处理办法，通过设置盖板的方式进行处理。

图4.2.3为铁路桥梁中梁缝处理的示例图。

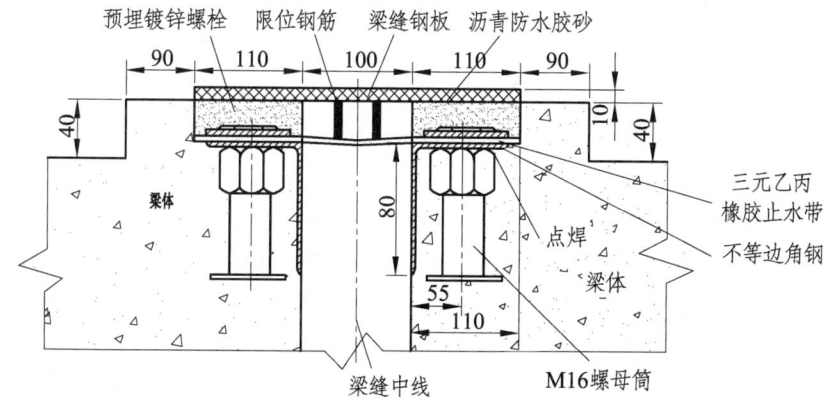

图4.2.3 简支梁桥梁缝处理示意（单位：mm）

2. 钢轨伸缩调节器

在荷载与温度变化影响下，铁路桥梁上的（无缝）钢轨会随同桥梁一起伸长或缩短。但由于钢轨与梁体沿线路纵向的约束条件不同，两者的温度变化和温度系数有所不同，就导致两者的伸缩长度有异；同时，由于钢轨与梁体之间的相对位移受到约束，进而产生相互作用力，这种附加纵向力对墩台和轨道的安全是不利的。因此，桥梁设计规范要求连续长度大于100 m 的桥梁，必须在梁端伸缩缝处或桥面其他合适位置设置钢轨伸缩调节器，其既用来减小相对位移和相互作用力，也可保证车轮在连续的而不是断开的轨道上滚动。

钢轨伸缩调节器的种类有限，构造也较简单。图 4.2.4 为单向钢轨伸缩调节器的示意图。若将图中的尖轨做成两端一样，就成为双向钢轨伸缩调节器。这种钢轨伸缩调节器只需将原来对接的两根钢轨分别向内、外侧稍加弯曲，并平行地伸过对方一段距离。内侧钢轨的内缘磨削成尖状，使两根钢轨的内缘处在同一直线上，以便车轮通过。尖轨与外侧钢轨用弹簧抵紧，使钢轨伸缩时尖轨始终贴紧在外侧钢轨上，轨尖处不致出现缝隙。

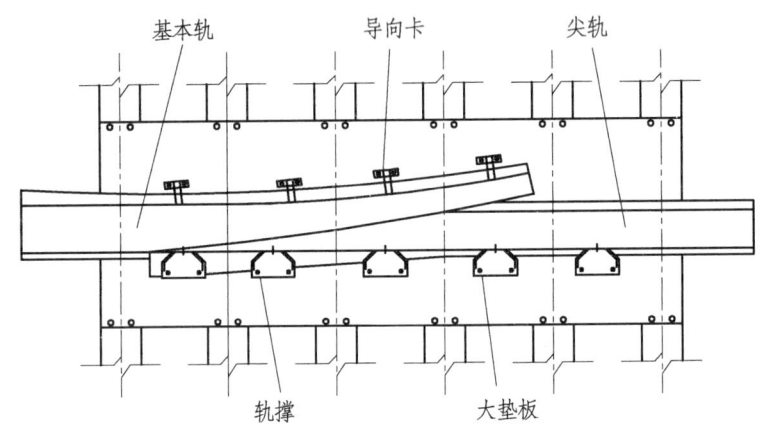

图 4.2.4 铁路桥梁单向钢轨伸缩调节器

4.2.5 人行道及栏杆

对常规铁路桥梁，人行道主要供养护维修人员通行及临时堆放材料（道砟、轨枕、钢轨等）。道砟桥面应设置双侧人行道。对装配式混凝土梁桥，人行道（包括栏杆）的标准构造如图 4.2.5 所示，角钢支架通过预埋在挡砟墙内的 U 形螺栓进行固定，预制钢筋混凝土步板铺设在支架上。人行道支架、栏杆、扶手多采用型钢制造，以方便安装。对于采用道砟桥面的箱梁桥，宜直接在整体桥面板上设置人行道。

除设置桥面人行道外，在不考虑大型养路机械的桥上，养路机械可由设置的避车台存放。避车台应在人行道外设置，避车台内侧距线路中心净距不小于 4.25 m。对于单线铁路避车台按间距 30 m 在桥面两侧交错设置。对于双线或多线铁路，避车台按间距 30 m 在桥面两侧对称设置。

人行道结构设计时主要依据以下设计荷载要求及检算规定：

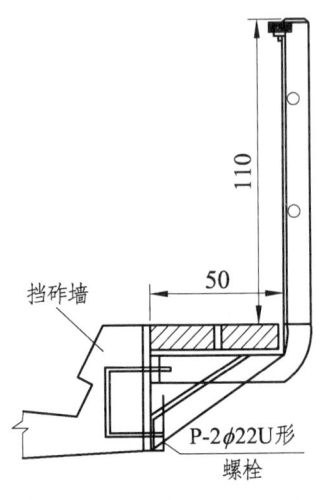

图 4.2.5 铁路桥梁人行道栏杆示意图（单位：cm）

（1）道砟桥面的人行道采用 4.0 kPa 的竖向静荷载，人工养护的道砟桥面还应考虑养护时人行道上的堆砟荷载。

（2）除均布荷载外，人行道板还应按竖向集中荷载 1.5 kN 检算；桥梁检查维修通道设置于桥面人行道时，还应按动力检查车的荷载检算。

（3）设计主梁时，通常情况下，人行道的竖向静荷载不与列车活载同时计算；对于允许城镇居民通行而加宽的人行道部分，其竖向人行道静荷载需与列车活载同时计算，相应的荷载集度可根据实际情况确定。

（4）检算栏杆立柱及扶手时，水平推力按 0.75 kN/m 计算；对于立柱，水平推力作用于立柱顶面处；立柱和扶手还应按 1.0 kN 集中荷载检算。

4.3 高速铁路桥面系

4.3.1 桥面系的组成

我国高速铁路桥梁多采用双线整体桥面，宽度达 13.4 m。桥面由轨道基础结构（道床）和桥面附属构造共同组成。高速铁路轨道道床分有砟和无砟两种，桥面也因此分为有砟桥面和无砟桥面，如图 4.3.1 和图 4.3.2 所示。桥面附属构造主要包括人行道（用于检修）及栏杆、防排水系统、轨枕或轨道板、挡砟墙或防撞墙、伸缩装置、电缆槽、接触网支柱等。特殊情况下，桥梁上还需设置声屏障或风屏障。城市轨道交通高架桥桥面系大部分构造与高速铁路桥相似，但更重视减振降噪系统的设计。

4.3.2 轨道道床

1. 有砟轨道道床

高速铁路桥梁上的有砟轨道道床如图 4.3.1 所示，与普通铁路桥梁上的有砟轨道道床（图 4.2.1）构造类似，只是前者无需设置护轨。高速铁路桥梁有砟轨道道床的主要功能是增加轨道弹性、承受列车的冲击、隔离振动、降低噪声、延缓道砟颗粒自身的破碎和粉化，扩散轨枕荷载不再是决定道床厚度的控制因素。

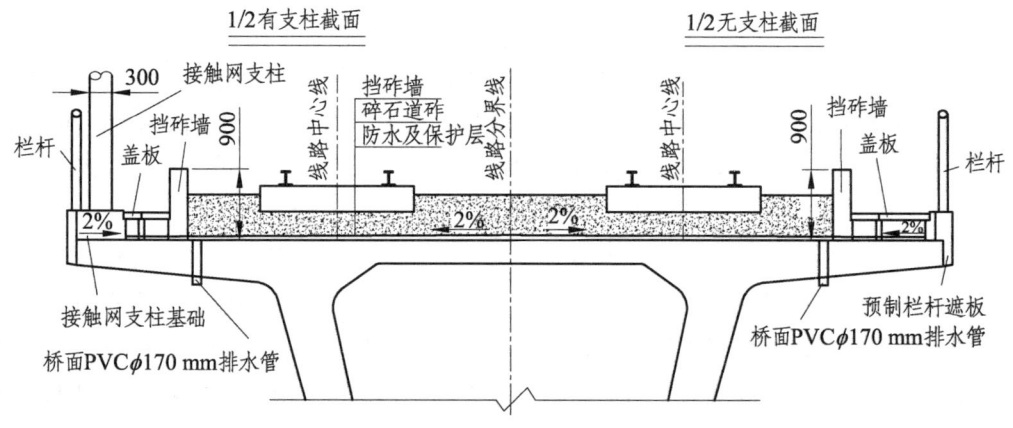

图 4.3.1 高速铁路桥梁有砟桥面构造示意图

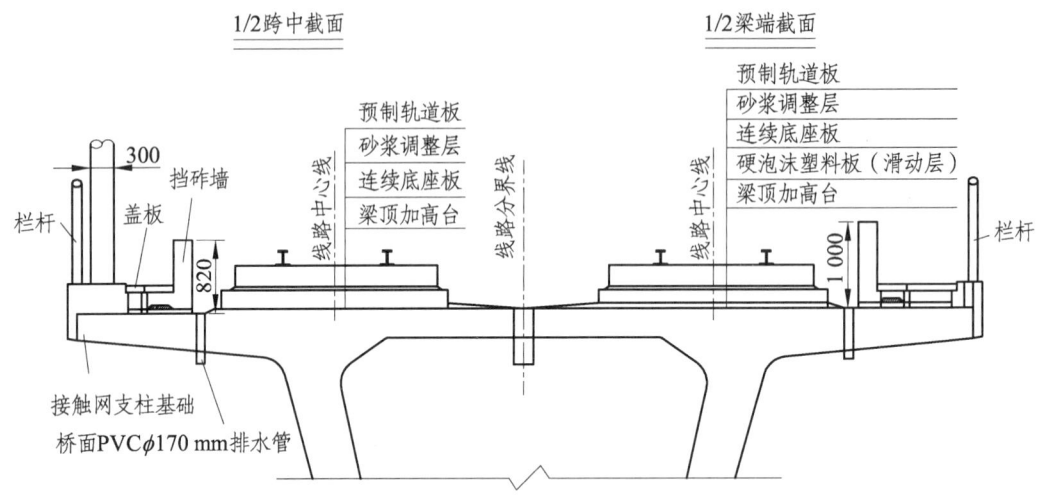

图 4.3.2　高速铁路桥梁无砟桥面构造示意图

关于道砟厚度，各国高铁有不同要求。德国高铁最小道床厚度要求为 40 cm，法国 TGV 线路最小厚度为 45 cm（道砟层厚 35 cm，小碎石底砟层厚 10 cm）；日本高铁新干线在道砟和桥面之间垫有 2.5 cm 厚的橡胶垫层，道床厚为 30.4 cm。

由于道床的厚度决定了轨道系统刚度和降低噪声的效果，影响高频荷载对轨道底部结构的作用，但增加道床厚度将加大桥梁静荷载（道床厚由 35 cm 增加到 45 cm，双线桥梁静载将增加 20 kN/m 左右）、增加桥梁建造费用。因此，我国高速铁路客运专线规定的最小道床厚度不小于 35 cm，同时道砟下要求铺设砟下垫层或采用弹性轨枕来降低噪声。

2. 无砟轨道道床

图 4.3.2 所示的无砟道床也叫整体道床，其基本构造是：将预制轨道板通过水泥沥青砂浆调整层，铺设在现场浇筑的钢筋混凝土底座上。我国高速铁路采用的整体道床，已发展出 CRTS（China Railway Track Slab）系列。

整体道床具有维护工作量少、结构简单、整体性强及表面整洁等诸多优点，在国内外铁路上均已大量使用。中国于 1957 年开始铺设整体道床。但由于整体道床是连续现浇的混凝土，一旦基底发生沉陷，修补极为困难。因此要求设计和施工的质量较高，同时也应将整体道床尽可能铺设于桥梁桥面或隧道内或石质路基等坚硬的基础之上。中国早期铺设的整体道床多采用素混凝土，为了增强整体道床的抗裂性能，近年来已更多地采用钢筋混凝土。

有砟轨道结构和无砟轨道结构在高速铁路应用中的优缺点如下：

（1）有砟轨道的最大优点是其弹性较好，如在一定的维修质量条件下具有较好的轮轨接触效应；减振、降噪效果较好；维修较方便；造价相对较低。但有砟轨道道砟容易磨损，增加了养护维修工作量，缩短了正常使用周期；道床的稳定性较差，在列车动载作用下，轨道的平顺性容易受到破坏；高速行车时车轮横向压力较大而道床的横向阻力较小，对无缝线路的稳定性要求极为不利，设计施工必须严格加强稳定措施。

第 4 章 混凝土桥面系

（2）无砟轨道的最大优点是整体性强，纵向、横向稳定性较好。虽然其造价比有砟轨道高，但因能大幅度减少后期维修工作量和维修成本，其全寿命的成本反而较低，综合经济效益较好。无砟轨道的道床厚度比有砟轨道道床厚度小，有利于降低跨线控制点结构设计高程，对减小桥梁上的二期恒载集度效果也非常显著（较有砟轨道的道床恒载少约 40%）。无砟轨道的主要缺点是刚度较大，轨道弹性较差，且振动和噪声较大。

在高速铁路上大量铺设无砟轨道结构已经成为发展趋势，如在日本明确要求 350 km/h 的高速铁路应采用无砟轨道。国内高速铁路设计规范中也提出在基础稳定的地基、桥梁及隧道等地段应推广使用先进的无砟轨道技术。根据国外高速铁路技术发展经验和国内高速铁路研究应用成果，稳定性、刚度均匀性、耐久性好以及维修工作量显著减少的无砟轨道结构是高速铁路轨道技术的发展方向。在高速铁路桥梁中应用无砟轨道技术，设置整体道床结构替代有砟轨道成为大势所趋。

无砟轨道在高速铁路应用中主要形成三大技术体系，即板式结构（日本高铁广泛应用）、轨枕埋入式结构（德国高铁广泛应用）和弹性支撑块式结构（其他西欧国家应用广泛）。

（1）板式无砟轨道：由弹性扣件、预制混凝土轨道板（简称轨道板）、乳化沥青水泥砂浆调整层（简称 CA 砂浆调整层）、混凝土凸形挡台（简称凸形挡台）及混凝土底座（简称底座）等部分组成。轨道板可以采用预应力混凝土结构或钢筋混凝土结构（桥梁上为减少轨道板开裂，影响耐久性，一般采用预应力混凝土结构），长度一般不超过 5 m，考虑施工条件，质量控制在 5 t 左右；CA 砂浆主要由水泥、混合料、水、砂、沥青乳剂、聚合物乳剂、膨胀剂、引气剂、消泡剂等材料拌制而成，主要起到传力及提供一定轨道弹性的作用。凸形挡台为轨道板铺设的定位基准，并承受轨道的纵、横向力。底座主要功能为扩散和均匀分布轮轨动载。典型无砟轨道结构形式如图 4.3.3 所示。

（2）轨枕埋入式无砟轨道：由弹性扣件、预制混凝土轨枕、混凝土道床板、隔离层及混凝土底座板等部分组成。

（3）弹性支撑块式无砟轨道：由弹性扣件、混凝土支撑块、块下弹性垫层、套靴、混凝土道板、隔离层即混凝土底座等组成。这种结构形式是在双块式轨枕（或两个独立支撑块）的下部及周围设置橡胶套靴，在支撑块底及套靴间铺设橡胶弹性垫层，并在套靴周围灌注混凝土成型，为减振型轨道，在地铁和隧道中应用更为广泛。

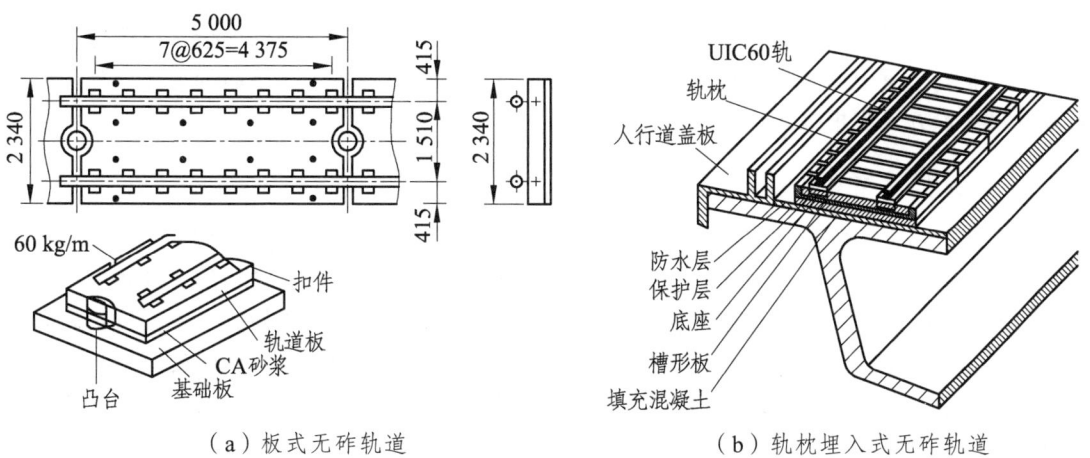

（a）板式无砟轨道　　　　　　　　（b）轨枕埋入式无砟轨道

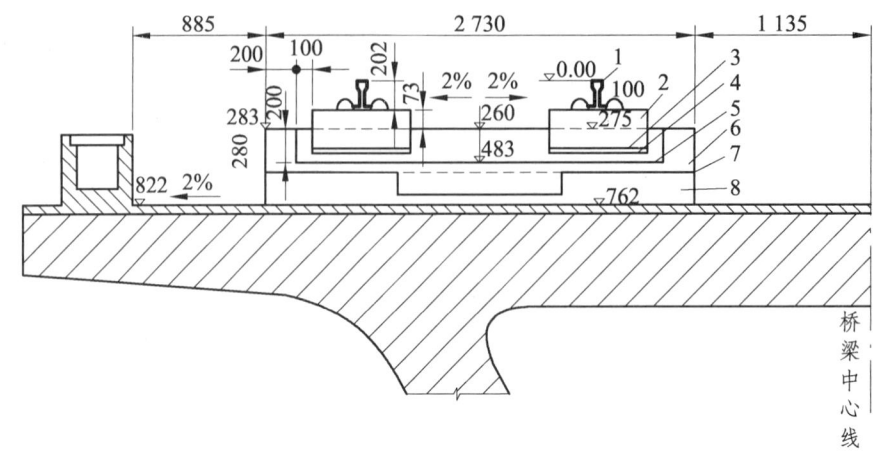

(c) 弹性支撑块式无砟轨道

1—60 kg/m 钢轨；2—钢筋混凝土支承块；3—块下胶垫；4—橡胶靴套；
5—填充混凝土；6—槽形板；7—隔离层；8—混凝土底座。

图 4.3.3　高速铁路桥梁典型无砟轨道结构形式

我国的高速铁路无砟轨道对上述板式、轨枕埋入式和弹性支撑块式结构均有应用，并在此基础上不断研究完善，形成具有自主知识产权的无砟轨道技术。目前国内应用较多的无砟轨道从施工方法上又可分为预制板式和现浇混凝土式两大类，具体参见表 4.3.1。

表 4.3.1　国内客运专线采用的无砟轨道结构形式

无砟轨道结构形式		应用实例
现浇混凝土式	双块式（CRTSⅠ型双块式）	武广客运专线
	双块式（振动压入，CRTSⅡ型双块式）	郑西客运专线
	轨枕埋入式	客运专线道岔区
预制混凝土板式	单元板式（CRTSⅠ型板式）	武广客运专线新广州站工程
	纵连板式（CRTSⅡ型板式）	京津城际轨道交通工程

高速铁路桥梁上采用各种无砟轨道时，轨道的混凝土底座应与桥面连接，以确保底座的稳定。在混凝土桥中通常采用梁面设置预埋钢筋的方式来实现底座与桥面的连接。预埋钢筋的数量及布置方式应根据具体结构计算确定。

3. 桥面挡砟墙和防护墙

在普通铁路中，当采用道砟桥面时，桥面设置的挡砟墙是为了约束道砟形成道床。同时，道砟桥面轨道系统中还需设置护轨以防桥上的列车脱轨倾覆。在高速铁路的有砟桥面中，挡砟墙除了实现挡砟功能外，也是确保行车安全的重要措施。高速铁路桥梁上不设置护轮轨，采用加高的挡砟墙或设置防撞墙（无砟桥面）的形式作为预防列车脱轨后的安全措施。挡砟墙（或防撞墙）高度应根据线路最小曲线半径时墙顶不低于外轨顶面计算确定，直线段和曲线段采用等高度设置。

4.3.3 防排水系统

高速铁路桥梁应具有良好的防、排水系统，使结构免受外界环境水的侵蚀，提高桥梁结构的耐久性。

1. 高速铁路桥面防水

桥梁结构的防水体系是提高桥涵结构耐久性的重要技术手段，防水效果的好坏直接关系到桥梁的使用寿命。为满足高速铁路桥涵结构耐久性的要求，必须有良好的防水体系才能使桥梁构件免遭环境介质的侵蚀。

防水工程设计，应以"系统合理、安全有效、质量可靠"为原则，同时应满足如下原则：
（1）具有不透水性，能够防止雨水等水体渗入，甚至浸润桥梁结构。
（2）保护层在车辆牵引、制动等的力学作用下不碎裂，从而破坏涂层的整体性。
（3）防水层与混凝土构件表面以及混凝土保护层之间黏结性要好，避免分层脱落。
（4）防水层的化学作用稳定性要好。
（5）防水层施工要快，有利于缩短工期和满足交叉施工的需要。
（6）整体防水体系便于施工和保证施工质量。

显然，传统的防水工程设计已难于满足高速铁路建设和高速列车行驶对桥梁桥面的要求。应依据国家铁路局颁布的高速铁路相关技术标准，同时还应运用防水领域的最新科研成果进行及时调整。

目前高速铁路客运专线中采用的主要防水结构分为：卷材加粘贴涂料型、直接用作防水层的涂料型和高聚物改性沥青型等三种方式。具体防水层结构参见图 4.3.4。

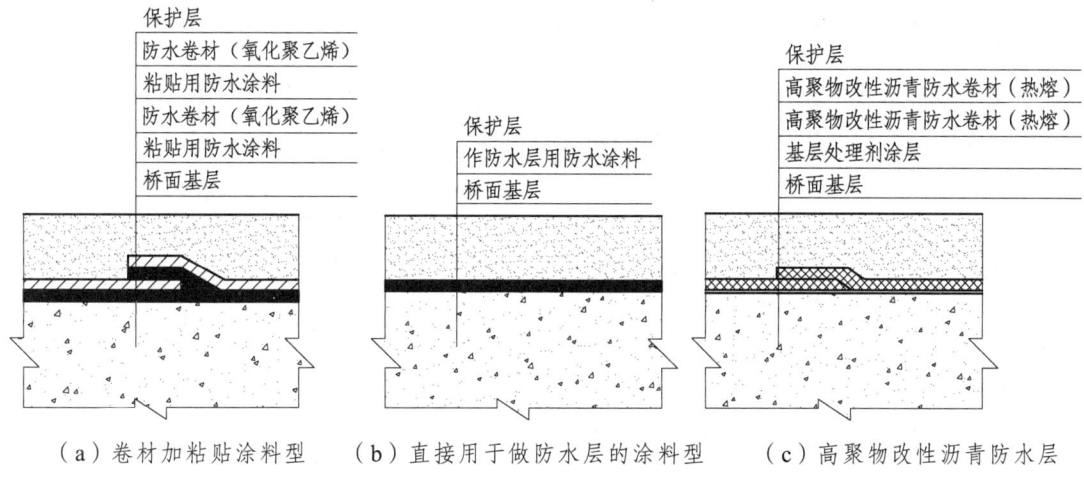

（a）卷材加粘贴涂料型　（b）直接用于做防水层的涂料型　（c）高聚物改性沥青防水层

图 4.3.4　高速铁路桥梁桥面防水结构类型

卷材加粘贴涂料型中主要使用氯化聚乙烯防水卷材和聚氨酯防水涂料，主要用于有砟桥面的道砟槽内防水。这种防水构造与普通铁路混凝土桥面的 TQF-Ⅰ型防水层结构类似，但氯化聚乙烯卷材除采用 1.2 mm 厚的 N 型卷材外，还可采用 1.8 mm 厚的 L 型卷材。N 型卷材顶面压花出方格网格表面，以增加卷材与混凝土的黏结强度。L 型卷材还应双面热融无纺纤维布。

直接用作防水层的涂料型采用聚氨酯防水涂料,用于无砟桥面防护墙外和有砟桥面道砟槽外的防水。

高聚物改性沥青型由基层处理剂和高聚物改性沥青卷材构成,可用于无砟桥面防护墙内和有砟桥面道砟槽内的防水。高聚物改性沥青卷材厚度有 3.5 mm 和 4.5 mm 两种,以适应不同的桥面平整度要求。

保护层的设置是为了确保防水层的有效使用。高速铁路混凝土桥面防水保护层的要求较普通铁路高,要求必须致密、耐磨、耐冲击。为适应这些需求,保护层材料采用纤维混凝土较为合适,可采用 C40 细石聚丙烯腈纤维或聚丙烯纤维网高性能混凝土。在有砟桥面道砟槽内的保护层厚度不小于 60 mm;在道砟槽外或无砟桥面中的保护层厚度不小于 40 mm。实际保护层厚度还应考虑流水坡设置需要。保护层混凝土沿桥面纵向仍需按 4 m 间距设置横向断缝,同时沿纵向中央设置一道纵向断缝,断缝宽 10 mm,并用防水涂料填充。

在京津城际铁路(时速 350 km/h 的无砟轨道线路)上还使用了新型喷涂弹性防护膜的桥面混凝土防水防护方案。喷涂型防护膜采用聚脲弹性防护膜,具有连续致密无接缝、抗渗能力强等特点,可有效阻止各种有害介质如雨水、碳酸气、氯离子等渗入混凝土,避免碳化、化学侵蚀、冻融等因素造成基层的破坏,从而有效延长高速铁路桥梁的使用寿命。

2. 高速铁路桥面排水

高速铁路桥梁排水措施必须保证桥面行车道的结构表面排水顺畅,一般考虑纵横向排水。横向多采用双侧排水方式,排水横坡不小于 2%。同时需布置排水孔、水箅子、排水槽及排水管等综合排水措施。排水容量需要与降水量相匹配,排水管道内径不小于 150 mm。在结构的缝隙处,应注意设置防止落砟和防止漏水的措施。

4.3.4 伸缩装置

高速铁路桥梁需设置轨道及结构的伸缩装置以适应桥梁的纵向移动,以防钢轨超应力。当桥梁结构的伸缩长度超过 100 mm 时需安装轨道伸缩接头装置(参见图 4.3.5)。

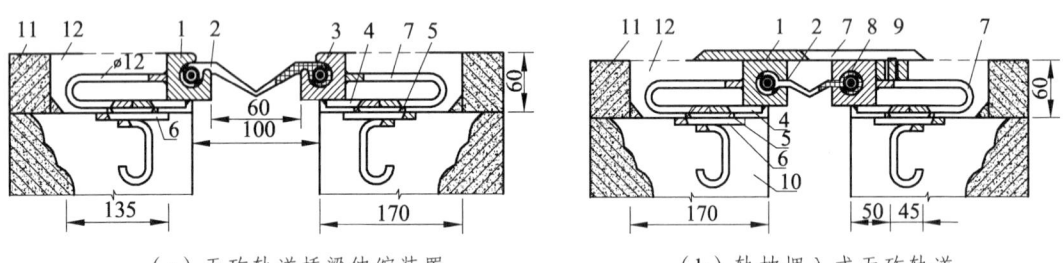

(a)无砟轨道桥梁伸缩装置　　　　(b)轨枕埋入式无砟轨道

1—异型钢;2—防水胶带;3—卡管;4—锚固板;5—锚固钢筋;6—连接筋;7—锚固钢筋;
8—卡管;9—定位销筒;10—梁体;11—保护层;12—预留槽。

图 4.3.5 高速铁路桥梁伸缩装置示意图

依据高速铁路的特点,伸缩装置设计应满足以下要求:

(1)伸缩缝计算应考虑混凝土徐变、收缩、温度变化力、牵引力、制动力等因素的影响。

(2)伸缩缝应能进行部分或整体的更换。

(3)伸缩缝处应有良好的防、排水措施。

以前的铁路桥梁无伸缩装置，仅在梁端设置挡砟盖板。秦沈客运专线桥梁曾选择公路伸缩装置用于铁路桥梁，型钢由于耐候性差，锈蚀较快；V 形防水橡胶条易积砟、清理困难、易损坏，使伸缩装置失去防水性能；公路伸缩装置结构用于铁路桥梁安装，预留安装槽口将影响运梁车通行，同时防水橡胶条嵌装和更换困难。对于高速铁路桥梁中伸缩装置的形式和构造应依据高速铁路的特点进行设置。

图 4.3.5 为 TSSF 客运专线桥梁耐候型钢伸缩装置示例图。该伸缩装置结合铁路桥梁的特点进行设计研制，突破了传统型钢伸缩装置结构，以解决传统型钢伸缩装置存在的耐候性差、易积砟、防水橡胶条易破损且难于更换而导致漏水的弊端，由于结构简单、性能可靠、安装方便，非常适用于高速铁路桥梁。在伸缩装置的材料，构造上 TSSF 伸缩装置具有以下特点：

（1）考虑耐久性要求，型钢材质选用耐候钢，在钢中加入合金元素，在耐候钢表面形成保护层，提高了钢材的耐候性能。

（2）型钢采用整体热轧机加工成形，机械性能好，型钢断面尺寸精确，特别是型腔的尺寸精度高，对防水橡胶条的夹持性能优良，防水性能可靠。

（3）型钢开口朝上，便于防水橡胶条的安装和更换。

（4）考虑防水橡胶条更换封闭交通很困难，橡胶耐臭氧老化性能试验的臭氧浓度由 50 pphm 提高到 200 pphm，pphm 为亿分率，即 0.000 001%，同时增大了防水橡胶条断面厚度，提高防水橡胶条的使用寿命。

（5）铁路桥梁伸缩装置不承受车轮的直接作用，不考虑承载要求，TSSF 伸缩装置构造高度仅为 38 mm，可安装在桥面保护层内，不需在梁体上设安装槽口，施工简单方便。防水橡胶条采用独特的箱形结构，在伸缩过程中防水橡胶条顶面始终与型钢顶面平齐，既满足伸缩性能，又能起到自动排砟作用。

与普通铁路桥梁一样，高速铁路桥梁需设置钢轨伸缩调节器（参见图 4.2.4），以适应桥梁结构的纵向位移。

4.3.5 电缆槽

根据通信、信号、电力专业需要，在防护墙（挡砟墙）外侧分别设置信号槽、通信槽、电力电缆槽（统称为电缆槽）。电缆槽由竖墙和盖板组成（见图 4.3.6）。电缆槽的内部净高一般不小于 30 cm。原则上通信电缆槽的净宽不大于 20 cm；信号电缆槽净宽不大于 30 cm，外部宽度不大于 70 cm；电力电缆槽净宽不小于 20 cm。具体布置时依据各相关专业要求进行设置。

防护墙、遮板及电缆槽竖墙可采用 C40 混凝土；电缆槽盖板可采用 RPC-H 混凝土（活性粉末混凝土）或 C40 混凝土。

4.3.6 人行道及栏杆

图 4.3.6 为一个典型的高速铁路桥梁人行道系统横向布置情况，它包括了防护墙（对有砟道床时它也起到挡砟墙作用）、人行道板、人行道遮板、人行道栏杆等。有时接触网支柱也布置在人行道上。

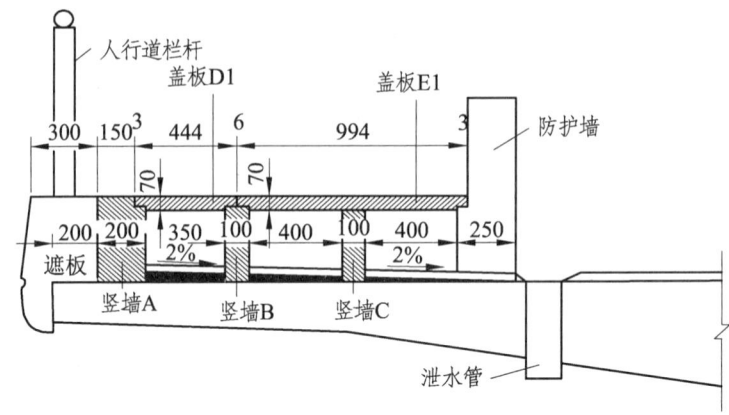

图 4.3.6 高速铁路桥梁人行道栏杆示意图（单位：mm）

普通铁路桥梁的人行道，主要是以通行、巡逻和维修人员通过为主，在人行道上考虑养护翻修道床时堆放道砟，其构造一般采用钢支架加步板的形式（参见本章第二节内容）。高速铁路桥梁中的人行道为检修作业通道，功能是工作人行道或养护通道。人行道设置在桥面两侧，宽度不小于 0.8 m。通道外侧必须设置栏杆或声屏障。栏杆的高度应为 1.0 m。为确保人行通道上的作业人员不受高速列车通行的风压危害，人行通道栏杆或声屏障内侧距线路中心线需要有一定的安全距离。在我国时速 200~250 km 客运专线桥梁中，要求这一安全距离不小于 4.1 m。

人行道板一般采用预制钢筋混凝土构件，支撑于桥面竖墙上，以形成线缆槽的安放空间。高速铁路人行道板、栏杆立柱等检算荷载与普通铁路桥梁相同。

人行道遮板设置在主梁翼缘悬臂板端部，用以保护主梁翼缘。遮板一般采用预制的钢筋混凝土构件，遮板受损后可以局部更换。位于主梁翼缘一端的竖向遮板既可作为滴水檐，隔绝雨水流向梁体，同时也保护了桥面的横向预应力锚具。国外也有采用与桥面一起现浇的遮板形式，设计中可以根据结构具体情况进行选择。

4.3.7 声屏障

当铁路桥梁位于城镇和居民集中地区时，还应在人行道栏杆位置处设置声屏障构造。声屏障应有足够的高度，其底部与桥面结构间不应留有缝隙，其纵向也应连续设置不留缝隙，以确保使用效果。声屏障构造在跨越梁缝处应设置适应梁体伸缩变形的构造措施。声屏障措施设计时应依据环境影响评价结果，预测保护目标的限值和范围，并与环保专业共同商定设置声屏障的高度、形式和范围。

目前国内外采用的铁路声屏障按照形式可分为直立型、倾斜型、倒 L 型、Y 型、T 型，甚至全封闭型等。按照声屏障的结构材料可分为金属结构、砖结构、混凝土结构、木结构、有机材料结构等。在结构上还经常采用声学结构来提高声屏障的降噪性能，如内侧吸声结构、顶端吸声结构以及干涉结构等。

整体式混凝土桥梁声屏障设计如图 4.3.7 所示，在轨面以上 2 050 mm，即高于路肩面 2 950 mm。

典型金属立柱插板式声屏障结构构件包括 H 型金属立柱和插板。插板包括预制预应力混凝土板和金属铝板两种不同的情况。典型 3.05 m 高金属立柱铝板声屏障见图 4.3.8，典型 3.05 m 高金属立柱混凝土插板声屏障见图 4.3.9。

第4章 混凝土桥面系

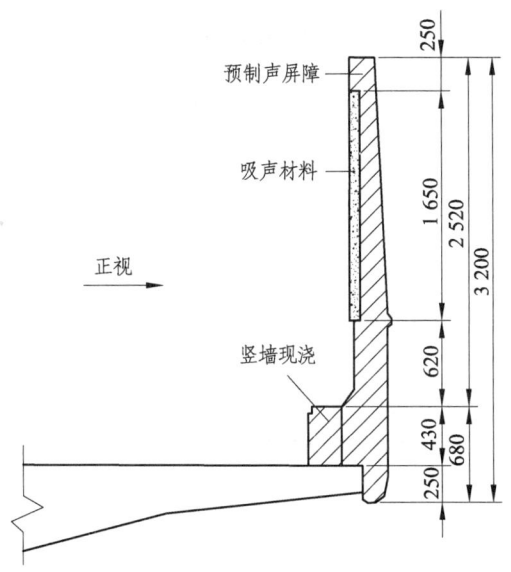

图 4.3.7 整体式混凝土桥梁声屏障示意图（单位：mm）

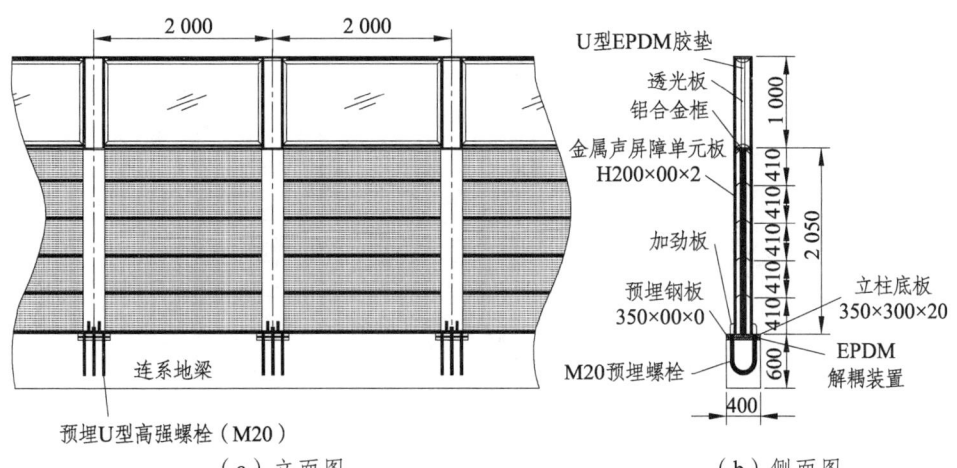

（a）立面图　　　　　　　　　　　　（b）侧面图

图 4.3.8 金属立柱铝板声屏障（单位：mm）

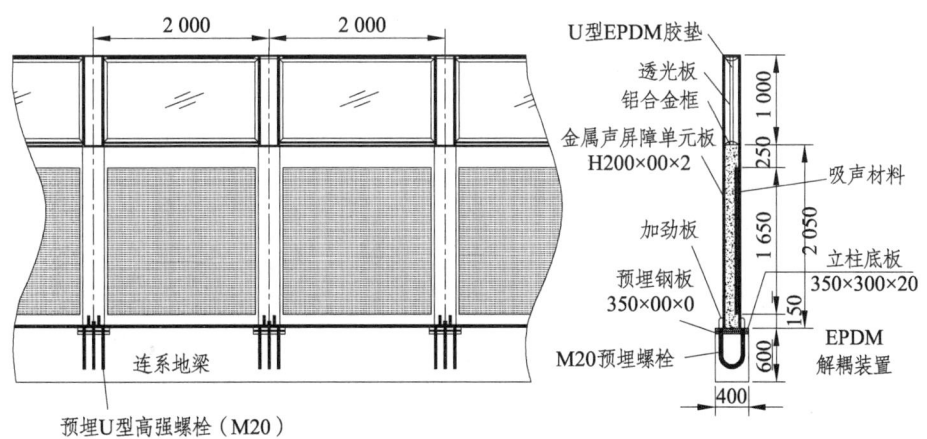

图 4.3.9 金属立柱混凝土插板声屏障（单位：mm）

103

思考与练习题

4.1 公路、铁路和高速铁路桥梁桥面系分别由哪些部分组成？

4.2 公路桥梁桥面铺装的主要作用是什么？有哪些类型？

4.3 简述伸缩装置的作用是什么？选择伸缩装置的依据是什么？公路、铁路桥梁的伸缩装置有何差异？

4.4 为什么人行道的路缘石、栏杆、混凝土护栏等每隔一定长度需要断开？

4.5 铁路桥梁中的无砟轨道桥面和有砟轨道桥面各有什么优缺点？为什么高速铁路桥梁多采用无砟轨道桥面结构？

4.6 桥面设置防水层的目的是什么？高速铁路桥面防水的主要类型有哪些？

4.7 铁路桥梁的排水横坡设置方式与公路桥梁的横坡设置方式存在一定的差异，造成这种差异的主要原因有哪些？

第 5 章 混凝土简支梁桥

简支梁桥是梁式桥中应用最早、使用最广泛的一种桥型,它受力简单,传力明确,梁中只有正弯矩。简支梁是静定结构,地基变形、体系温度变化、混凝土收缩徐变、张拉预应力等均不会导致梁体产生附加内力。在多孔简支梁桥中,相邻桥孔主梁各自单独受力,设计和施工方便,易于制成标准跨度的装配式结构,有利于在工厂内或工地上进行工业化施工,组织大规模预制生产,显著加快建桥速度,降低工程造价,因此在高速公路和铁路工程中,当主梁的跨越没有特别要求时,常采用多跨的简支梁结构。对于多跨长联简支梁桥,为确保路面连续和行车舒适性,国内通常将几跨简支梁组成一联,每一联的桥面连续,仅在各联间设置伸缩缝。

简支梁的设计主要受跨中正弯矩控制,当跨度增加时,跨中恒载和活载产生的弯矩随之增大,当恒载弯矩占据全部弯矩的比例过大时,结构承受活载的能力便会大幅降低,因此钢筋混凝土简支梁桥经济合理的跨度一般在 20 m 以下。为提升简支梁的跨越能力,减小主梁截面尺寸,从而减小恒载产生的弯矩,此时可采用预应力混凝土简支梁,目前世界上预应力混凝土简支梁最大跨度已达 76 m,我国常用的预应力混凝土简支梁标准跨度大多在 50 m 以下。一般地,钢筋混凝土和预应力混凝土简支梁桥可以统称为"混凝土简支梁桥"。

5.1 混凝土简支梁桥构造

5.1.1 主梁截面类型

在混凝土简支梁桥设计中,除特殊条件下采用异形梁(如高速铁路防风沙采用的槽型梁)外,常用的主梁截面类型主要有以下几类。

1. 板式截面

板式截面构造简单,常用跨径一般在 8 m 以下,截面高度较小。整体式板桥的截面形式一般为矩形或肋板式实心截面[图 5.1.1(a)],由于该类板桥的桥面宽度往往大于跨径,在荷载作用下桥面板呈双向受力状态。当跨径增大时,可以采用装配式空心板桥[图 5.1.1(b)],截面的挖空可以减轻自重,充分发挥材料性能,目前,施加预应力后空心板桥的常用跨径为 16~20 m。为确保各板块共同承受车辆荷载,必须设置横向连接构造。

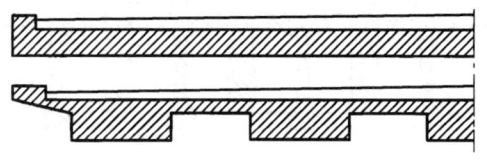

(a)整体式板梁横截面

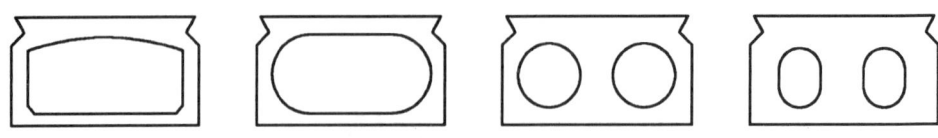

（b）装配式板梁横截面

图 5.1.1　板式截面形式

2. 肋式截面

主梁在横截面内形成明显肋形结构，肋又可称为主梁的腹板。在肋式截面中，顶板宽度远大于腹板宽度，梁肋与顶部的钢筋混凝土桥面板共同作为承重结构[图 5.1.2]，对于仅承受正弯矩作用的简支梁而言，可以充分发挥混凝土桥面板的抗压能力，同时又可有效利用梁肋下部钢筋的抗拉作用，使结构构造与受力均达到理想状态。相比于板式截面，梁肋高度较高，混凝土抗压和钢筋抗拉形成的力臂较大，从而让肋式截面具有更强的抗弯能力。目前肋式简支梁桥的常用跨径为 20～40 m，在中小跨度桥梁中应用最为广泛。

整体式肋式截面[图 5.1.2（a）、（b）]在城市立交桥中应用较广泛，具有整体性好、刚度大、易于做成复杂形状等优点。该类桥多数在支架模板上现场浇筑，个别也有整体预制、整孔架设的情况。

装配式肋梁桥具有建桥速度快、工期短、模板支架少等优点而应用广泛。装配式肋式截面形式主要有Π形和T形两种。

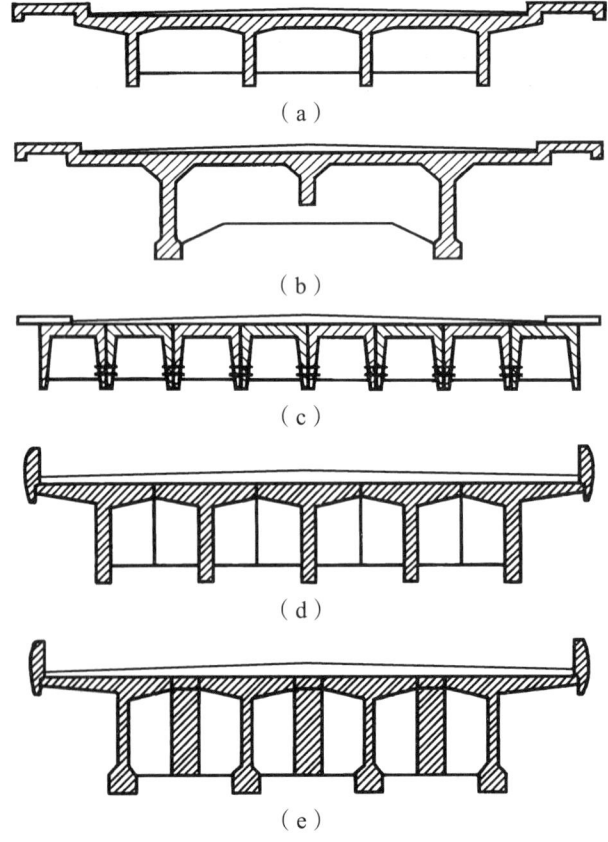

（a）

（b）

（c）

（d）

（e）

图 5.1.2　肋式横截面形式

Ⅱ形截面[图 5.1.2（c）]的特点是横向抗弯刚度大，块件堆放、装卸方便，但跨度较大时，混凝土和钢的用量较大，横向联系较差，现在已很少采用。

T 形截面是我国最常采用的横截面[图 5.1.2（d）、（e）]，其优点是制造简单、整体性好、连接方便。T 梁的主梁间距一般在 2.0 m 左右，在每片 T 梁安装就位后，通常需要布设横隔梁，以此增强全桥的整体性。在车辆荷载作用下，通过横隔梁接缝处传递剪力和弯矩而使各 T 形梁共同受力。

3. 箱形截面

横截面为一个或多个封闭箱室的主梁通常称作箱梁。箱梁的腹板相当于梁肋，但比肋式截面多了底板，具有更大的抗弯能力和抗扭刚度，但同时会增加梁体自重而不利于抗弯。为确保抗裂性，常对箱梁施加预应力。

图 5.1.3（a）为装配式预应力混凝土小箱梁，跨径比空心板梁大，一般为 25～35 m。相比 T 梁桥，小箱梁的梁高较小，运输、安装方便，外形也较美观，在公路或城市道路上较常采用。但此类桥梁制造略微复杂，且要特别关注小箱梁间横向接缝的连接强度，否则会因受力不均而导致桥面沿纵向开裂。

图 5.1.3（b）、（c）为整体式箱梁，根据情况可分为单箱单室和单箱多室。整体式箱梁没有横向接缝，跨度可进一步增大，常用铁路整体式箱梁跨度为 40 m。公路箱梁桥的截面形式丰富，适用不同等级公路桥梁，但多采用现浇施工，施工速度较慢，工期较长；而铁路箱梁的截面形式和跨度较统一，采用标准化预制，便于现场施工和管理。

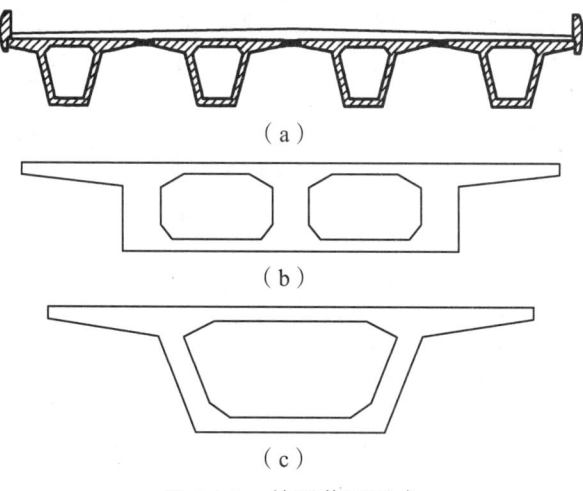

图 5.1.3　箱形截面形式

5.1.2　主梁构造

装配式 T 形梁桥是常用的结构形式，其优点是制造简单、整体性好、连接方便。

表 5.1.1 为常用简支梁桥主梁尺寸的经验数据。其变化范围较大，跨径较大时应取较小的比值；反之，则应取较大的比值。

主梁梁肋厚度在满足抗剪要求的前提下可适当减薄，但梁肋太薄，混凝土不易振捣密实。梁肋端部 2.0～5.0 m 范围内可逐渐加宽，以满足抗剪和支座安装要求。对于预应力主梁梁肋，一般做成马蹄形，端部宽度尚应满足预应力锚具布置的要求。

表 5.1.1　装配式 T 梁的主梁尺寸

桥梁形式	适用跨径/m	主梁间距/m	主梁高度	主梁肋宽度/m
钢筋混凝土简支梁	8<l<20	1.5~2.5	$h=\left(\dfrac{1}{11}\sim\dfrac{1}{18}\right)l$	b = 0.16~0.20
预应力混凝土简支梁	20<l<50	1.8~2.5	$h=\left(\dfrac{1}{14}\sim\dfrac{1}{25}\right)l$	b = 0.18~0.20

通常在设有端横隔梁和中横隔梁的装配式 T 形梁桥中，均通过横隔梁后浇带（相邻桥面板和横隔板之间阴影部分，如图 5.1.4 所示）将所有 T 梁连接成整体。接头后浇带要有足够的强度，以保证结构的整体性，并确保在运营过程中不致因活载反复、冲击作用而发生相邻梁体的相对变形。

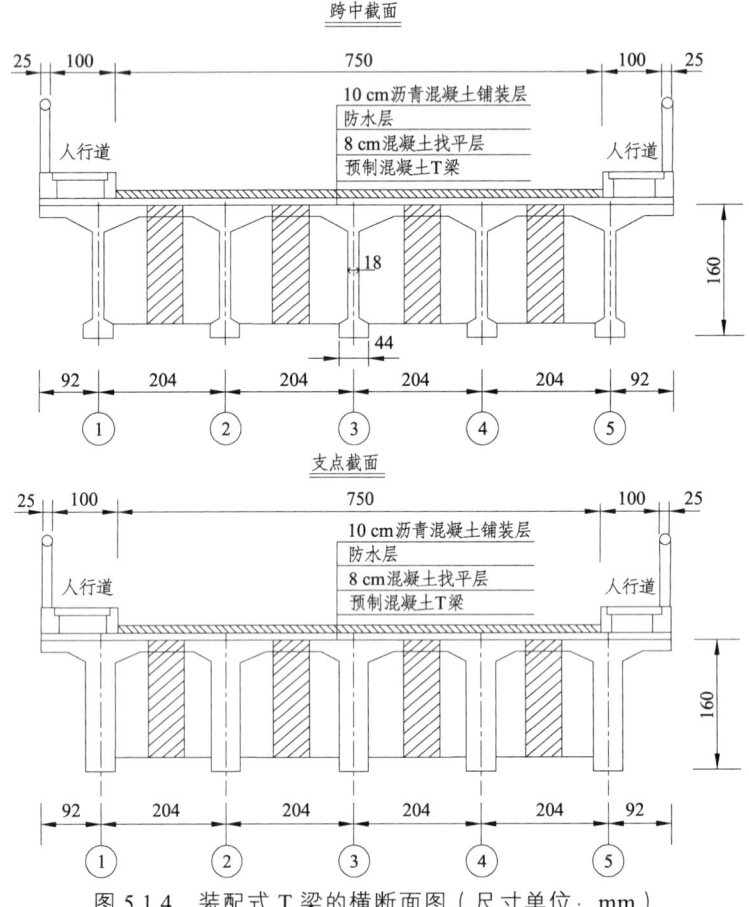

图 5.1.4　装配式 T 梁的横断面图（尺寸单位：mm）

主梁和横隔梁的布置以及主要尺寸如图 5.1.4 所示，20 m 的装配式 T 梁的钢筋构造实例如图 5.1.5 所示。

对于装配式钢筋混凝土简支梁桥，当跨径超过 20 m 左右时，不但钢材用量大，梁体开裂现象也比较严重，影响结构的耐久性。因此，当跨径大于 20 m，特别是跨径 30 m 以上时，一般采用预应力混凝土结构。

图 5.1.6 所示为 30 m 跨装配式预应力混凝土简支 T 形梁的通用设计图。为了减少伸缩缝数量并保证行车平顺，对于多跨简支梁桥通常均做成先简支后连续的结构形式。

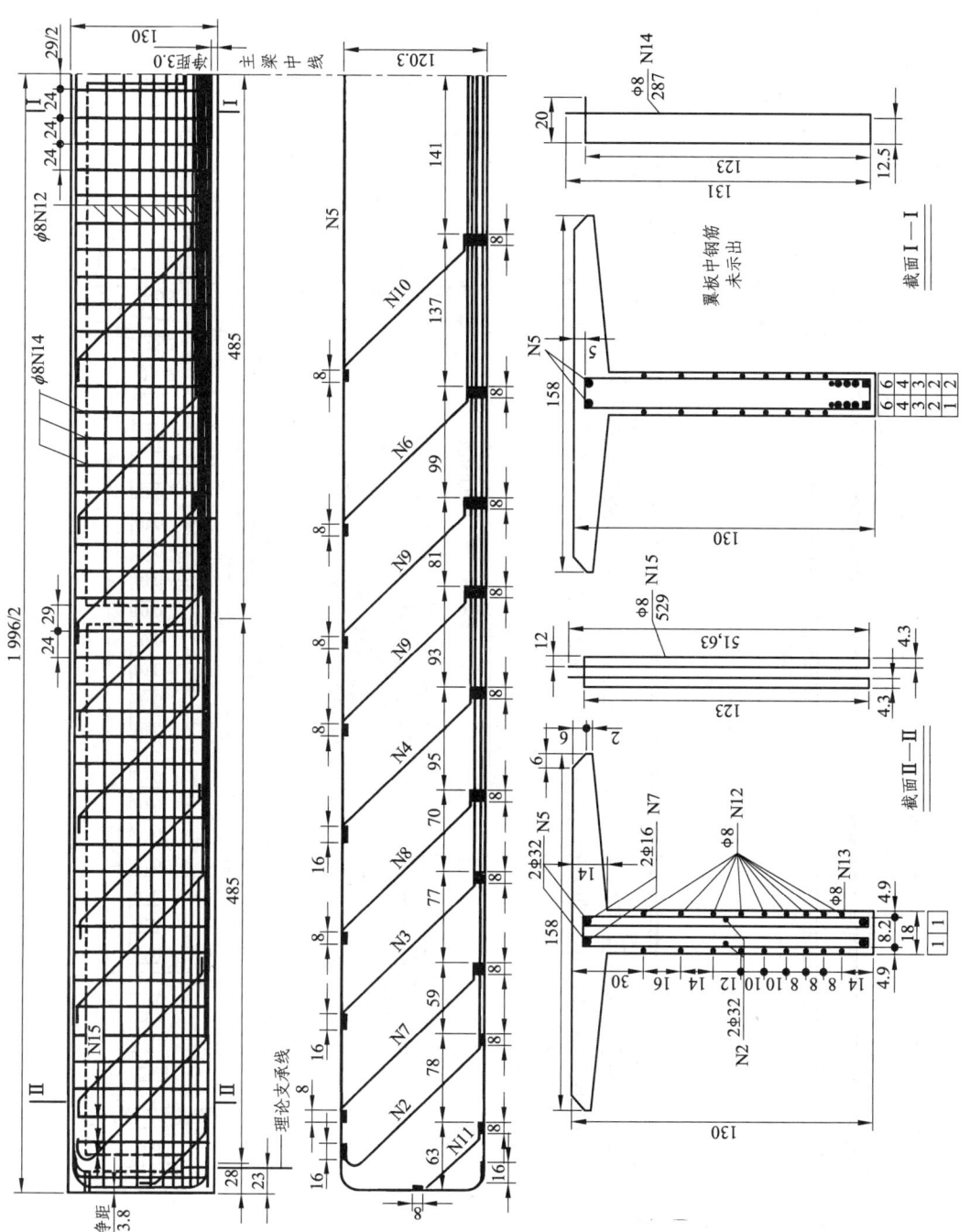

图 5.1.5 20 m 装配式钢筋混凝土 T 梁（单位：cm）

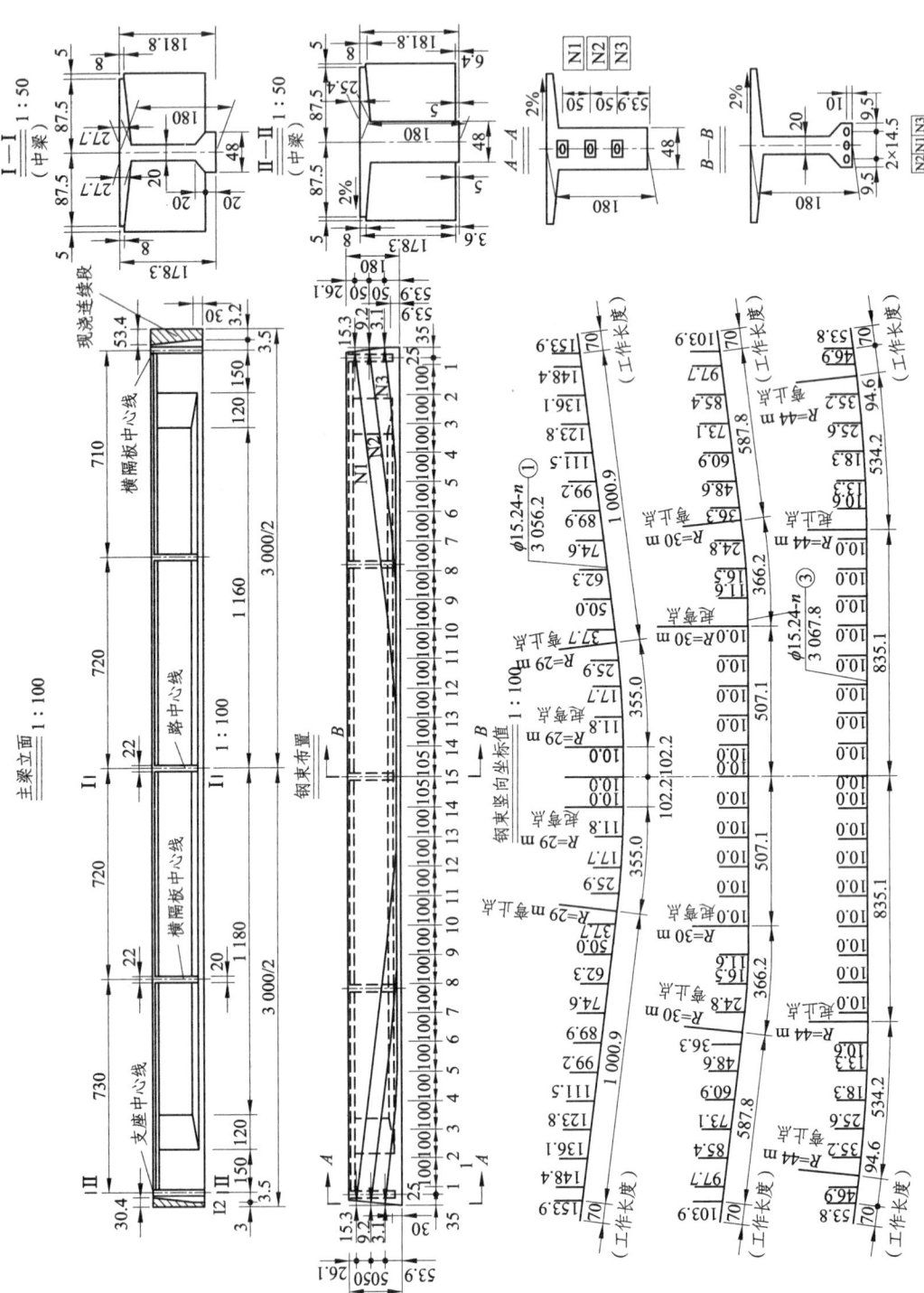

图 5.1.6 30 m 装配式预应力混凝土 T 梁（单位：cm）

5.2 混凝土简支梁桥的施工方法

5.2.1 混凝土简支梁桥现浇施工

1. 支架施工

1）常用的支架形式

为了完成钢筋混凝土简支梁桥的现浇施工，首先应根据跨径、覆盖土层条件、地下水等因素，合理地选择支架形式。

支架按构造分为立柱式支架、梁式支架和梁—柱式支架；按材料可分为木支架、钢支架、钢木混合结构和万能杆件拼装的支架等。图 5.2.1 给出了按构造分类的几种支架构造图。其中：(a)、(b) 为立柱式支架，可用于旱桥、不通航河道以及桥墩不高的小桥施工；(c)、(d) 为梁式支架，钢板梁适用于跨度小于 20 m，钢桁梁适用于大于 20 m 的情况；(e)、(f) 为梁—柱式支架，适用于桥墩较高、跨度较大且支架下需要排洪的情况。

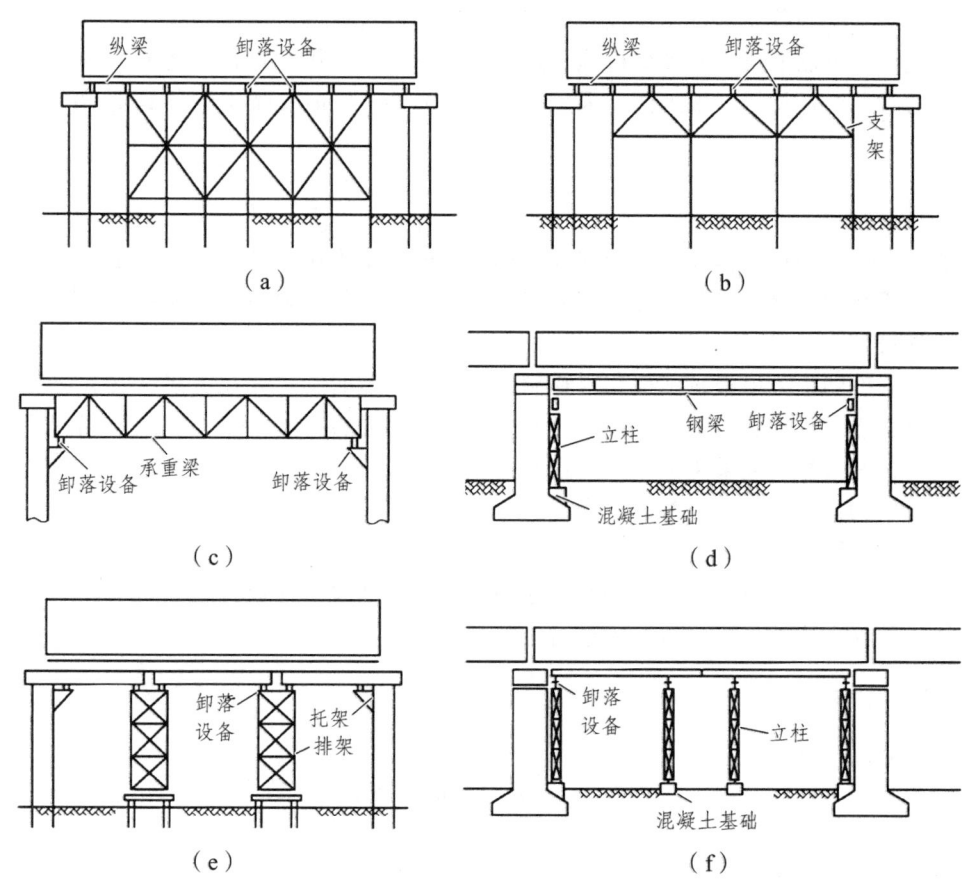

图 5.2.1 常用支架的主要构造

2）支架的基础

为了防止现浇梁体产生过大变形，支架应具有足够的强度、刚度以及足够数量的纵、横、斜向连接杆件，支架的基础必须坚实可靠，以保证其累积沉降不超过施工规范的容许值。对于跨度不大且采用满布木支架排架[图 5.2.1]的情况，可以将支架基脚设置在枕木上，枕木下的垫层须夯实；对于梁—柱式支架，因荷载较集中，故基脚宜支承在临时桩基础上[图 5.2.1（e）、（f）]，也可直接支承在永久结构的墩身或基础上[图 5.2.1（c）、（d）]。

3）支架的预拱度

为了确保支架拆除后上部结构的线形满足设计要求，须在施工阶段的梁体预先设定一定的预拱度。在确定预拱度时应考虑以下的因素：

（1）支架拆除后，考虑上部结构自重及活载一半所产生的挠度 f_1。

（2）施工期间支架结构在恒载及施工荷载（施工人员、机具设备等）作用下的弹性压缩 f_2 和非弹性变形 f_3。

（3）支架地基在荷载作用下的非弹性沉陷 f_4。

（4）混凝土收缩及温度变化引起的挠度 f_5 等。

第（2）、（3）项引起的变形可通过对支架预压同等荷载得到。根据梁体挠度和支架变形计算得到的预拱度之和就是简支梁预拱度的最大值，预拱度最大值发生在跨中，在两端支点处预拱度为零，其他各点预拱度可按跨中与支点间连成直线或二次抛物线计算。

就地浇筑的钢筋混凝土简支梁桥施工除支架法外，还有用于整孔现浇施工的移动模架造桥机（国内常称为造桥机）施工法，采用可移动的支架，同时支架上配备简支梁的外模板。

2．模　板

1）模板的支立

钢筋混凝土空心板结构较少采用现场整体浇筑的施工方法，其原因之一在于板的厚度较小，从空心板孔中拆除内模很不便。钢筋混凝土实心板结构的模板比较简单，故这里着重介绍肋板梁的模板。

跨度不大的肋板梁模板，一般用木材制作。模板安装时，首先在支架纵梁上安装横木，在横木上钉底板，然后在其上安装肋梁的侧模板和桥面板的底模板[图 5.2.2（a）]。当肋梁的高度较大时，其模板一般采用框架式，这时可用木板或镶板将肋梁侧模及底膜钉在框架上，框架式模板底构造如图 5.2.2（b）所示。

2）模板的拆卸

梁桥模板的拆卸应对称、均匀和有顺序地进行。卸架设备应放在适当的位置，当为满布式支架时应放在立柱处，当为梁式支架时应放在支架梁支点处[图 5.2.1]。

3．钢筋骨架

1）钢筋骨架的组成

钢筋骨架是由纵向钢筋（主筋）、架立筋、箍筋、弯起钢筋（斜筋）、分布钢筋以及附加钢件构成。

2）钢筋骨架的成型

钢筋骨架需通过钢筋调直→切断→除锈→弯曲→焊接或者绑扎等工序以后才能成型。除绑扎工序外，其他每个工序都可用相应的机械设备来完成。对于现浇结构，焊接或者绑扎的工序多放在现场支架上来完成，其余均可在工地附近的钢筋加工车间完成。

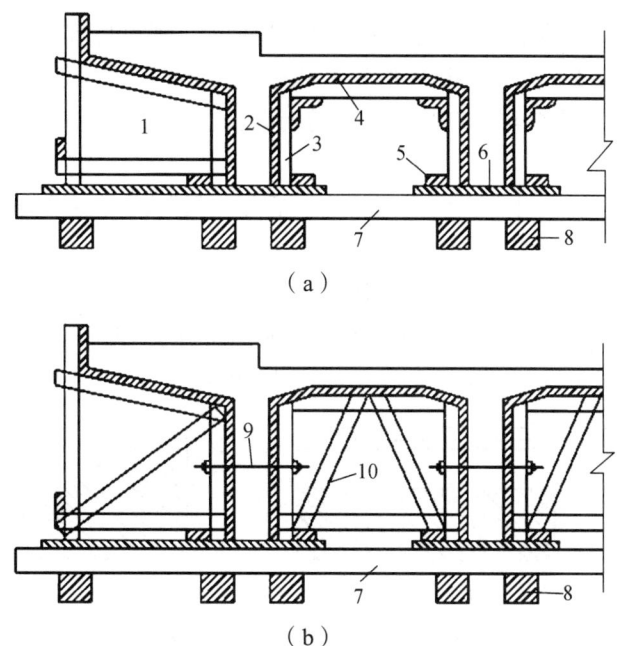

1—小柱架；2—侧面模板；3—肋木；4—底板；5—压板；6—压杆；7—填板。

图 5.2.2　肋梁板模板

4．混凝土浇筑及振捣

该施工过程包括混凝土搅拌、运输、浇筑、振捣密实等四个工序。混凝土一般采用搅拌机拌制。振捣一般采用插入式振捣器、附着式振捣器、平板式振捣器或振动台等设备，需根据梁体类型及浇筑部位，选用合适的设备，其目的是确保模板内混凝土振捣密实，而不出现较大的空洞、蜂窝和麻面。在此着重介绍混凝土运输及浇筑两个工序的技术要求。

1）混凝土的运输

（1）混凝土的运输应满足混凝土凝结速度的要求，务使混凝土在运到浇筑地点时仍保持材料均匀性和规定的坍落度。汽车运输和搅拌车运输的时间不宜超过表 5.2.1 中的规定。

表 5.2.1　混凝土拌和物运输时间限制

气温/°C	一般汽车运输/min	搅拌车运输/min
20～30	30	60
10～19	45	75
5～9	60	90

注：表中所给时间系指从加水搅拌至入模浇筑的时间。

（2）采用泵送混凝土应符合下列规定：

① 混凝土的供应必须保证输送混凝土泵能连续工作。

② 输送管线宜直，转弯宜缓，接头应严密，如管道向下倾斜，应防止混入空气，产生阻塞。

③ 泵送前应先用水泥浆润滑输送管道内壁。混凝土出现离析现象时,应立即用压力水或其他方法冲洗管内混凝土,泵送间歇时间不宜超过 15 min。

④ 在泵送过程中,受料斗内应具有足够的混凝土,以防止吸入空气产生阻塞。

2) 混凝土浇筑

跨度不大的简支梁桥,可在钢筋全部扎好以后,将梁与桥面板沿跨长水平分层浇筑,或者用斜层法从梁的两端对称地向跨中浇筑,在跨中合拢。

较大跨度的梁桥,可用水平分层法或用斜层法先浇筑纵横梁,然后沿桥的全宽浇筑桥面板混凝土。此时桥面板与纵横梁之间应设置工作键,如图 5.2.3(a)中的虚线所示。采用斜层浇筑时,混凝土倾斜角与其稠度有关,一般可为 20°~25°,如图 5.2.3(b)所示。

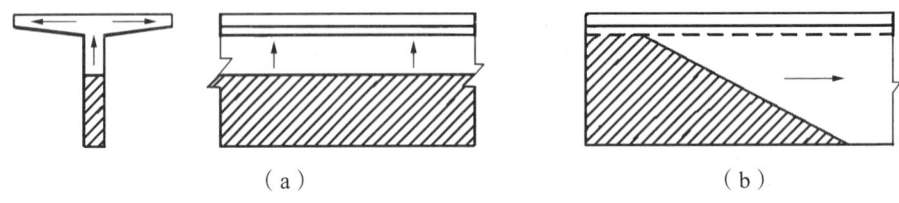

(a)　　　　　　　　　　　　　　(b)

图 5.2.3　混凝土的浇筑方法

当桥面较宽且混凝土方量较大时,可分成若干条纵向单元分别浇筑,每个单元的纵横梁也应沿其全长采用水平分层法或斜层法浇筑。当分成纵向单元浇筑时,应在纵梁之间的横梁处按照单元的划分设置施工缝,待各纵向单元浇筑完成后,再填接缝混凝土。最后桥面板一次浇筑完成,不设施工缝。

当采用水平分层法浇筑和插入式振捣器振捣时,其分层厚度不宜超过 0.3 m,并且必须在前一层混凝土开始凝结之前,将后一层混凝土浇筑完毕。当气温在 30 ℃ 以上时,前后两层浇筑时间相隔不宜超过 1 h,当气温在 30 ℃ 以下时,不宜相隔 1.5 h,或根据试验资料来确定间隔时间。当无法满足上述规定的间隔时间时,须预先确定预留施工缝的位置。一般将它选择在受剪力和弯矩较小且便于施工的部位,并应按下列要求进行处理:

(1) 在浇筑接缝混凝土之前,先凿除老混凝土表层的水泥浆和薄弱层。

(2) 混凝土表面凿毛后,用水冲洗干净,在浇筑后一层混凝土之前,宜在垂直施工缝上刷一层水泥浆,对于水平缝宜铺一层厚为 10~20 mm 的 1∶2 的水泥砂浆。

(3) 对于斜面施工缝应凿成台阶状再进行浇筑。

(4) 接缝位置处在重要部位或者结构物处在地震区时,则在浇筑之前应增设锚固钢筋,以防开裂。

5. 养护及拆除模板

混凝土浇筑完毕并收面后尽快用草袋、麻袋或稻草等物予以覆盖和洒水养护。洒水持续时间随水泥品种的不同和是否掺用塑化剂而定,对于用硅酸盐水泥拌制的混凝土构件不少于 7 昼夜,对于用矿渣水泥、火山灰水泥或在施工中掺用塑化剂的,不少于 14 昼夜。

混凝土构件经过养护后,达到 25%~50%设计强度即可拆除侧模,达到了设计吊装强度并不低于设计强度等级的 70%时,即可起吊主梁。

5.2.2 混凝土简支梁桥预制施工

1. 预制钢筋混凝土简支梁的制作工艺

预制钢筋混凝土简支梁结构在工程上的应用比较广泛，它多属于标准设计的构件，便于成批生产、保证质量、降低成本。制作的场地可以是在桥梁工地附近，也可以是专门的构件加工厂。不论采用哪种方式预制好的成品构件，都得通过构件运输（场内或场外）和构件安装两个重要施工过程。

常用的构件模板材料有木模和钢模两种，前者多用于就地浇筑或者非等跨结构的场合，后者多用于预制装配式标准构件。

常用于空心板的木制模板构造如图 5.2.4 所示。除了构成截面形状的外模（侧模和底模）和内模外，还要设置竖肋衬档和螺栓等，沿构件的纵向每隔一定间距来固定外模，而固定内模则用骨架、活动撑板、拉杆和铁铰链等。脱模时，只要抽动拉杆将撑板从顶部拉脱，并借助铁铰链，便可拆除内模板。现在工程中常用充气橡胶管来代替木制内模，这样更容易拆除，不过充气时的气压大小要根据橡胶管管径、新浇混凝土的压力以及气温等因素计算确定；在浇灌混凝土之前，为防止充气内模上浮和偏位，要事先用定位钢筋或压块固定橡胶管的位置，并根据试验来确定橡胶管的泄气和抽出时间。

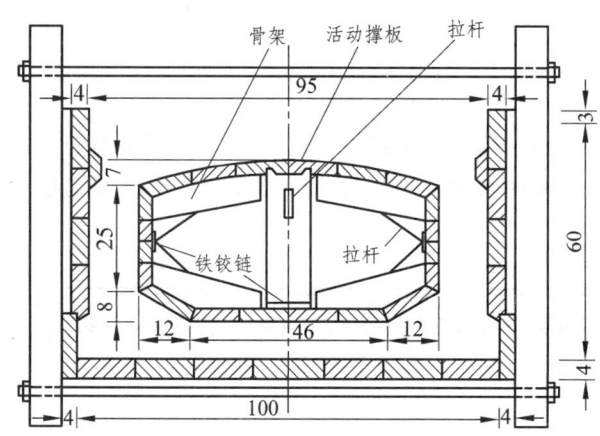

图 5.2.4　空心板梁芯模构造（尺寸单位：cm）

T形梁的装拆式钢模板构造如图 5.2.5 所示，除了用于截面成型的钢壳板以外，还要用角钢做成水平肋、竖向肋、斜撑、直撑、固定侧模用的顶部和底部拉杆等部件来固定模板位置。在浇筑混凝土之前，模板内表面均需涂以隔离剂，如石灰乳浆、肥皂水或废机油等，以防止壳板与混凝土粘连。

2. 先张法预应力混凝土简支板的制作工艺

先张法预制板梁的制作工艺是在浇筑混凝土之前先进行预应力筋的张拉，并将其临时固定在张拉台座上，按照基本施工工艺流程，待混凝土达到规定强度（但不得低于设计强度的70%）时，分批剪断预应力筋，通过力筋回缩及其与混凝土之间的黏结作用，对构件施加预应力。下面介绍先张法预应力混凝土简支板梁的制造工艺。

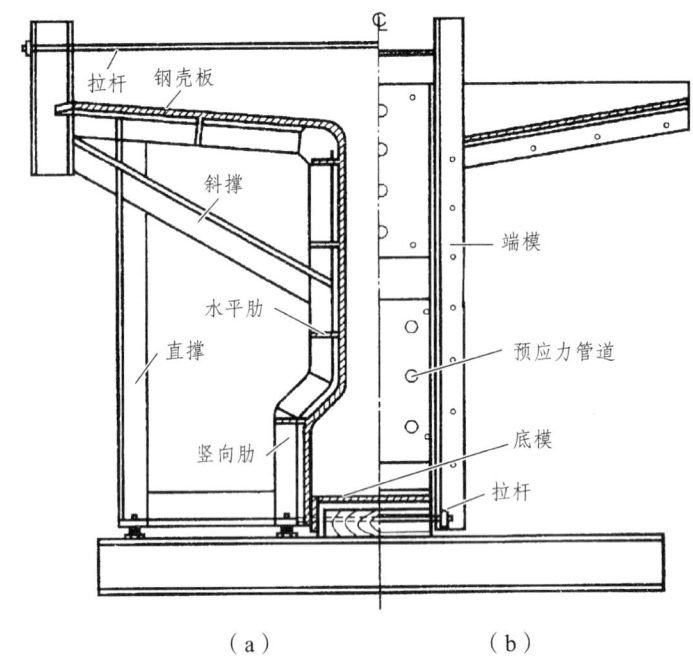

(a) (b)

图 5.3.5 钢模板的组成

1）台座

（1）墩式台座

墩式台座是通过自重和土压力来平衡张拉力所产生的倾覆力矩，并通过土体的反力和摩擦力来抵抗水平变形。台座由台面、承力架、横梁和定位钢板等组成，如图 5.2.6 所示。

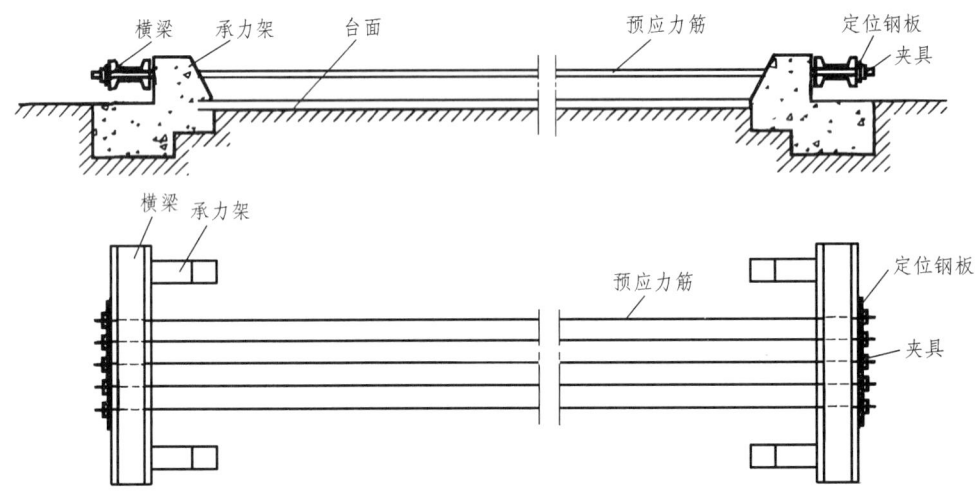

图 5.2.6 重力式台座构造示意图

台面有整体式混凝土台面和装配式台面两种，它是预制梁体的底模。承力架承受全部的张拉力，横梁是将预应力筋张拉力传给承力架的构件，须进行专门的设计计算。定位钢板用于固定预应力筋的位置，其厚度应确保承力架具有足够的刚度。定位板上的圆孔位置则按构件中预应力筋的设计位置确定。

（2）槽式台座

当现场地质条件较差，台座又不很长时，可用台面、传立柱、横梁、横系梁等构件组成槽式台座，如图 5.2.7 所示。传力柱和横系梁一般为钢筋混凝土构件，其他部分与墩式台座相同。

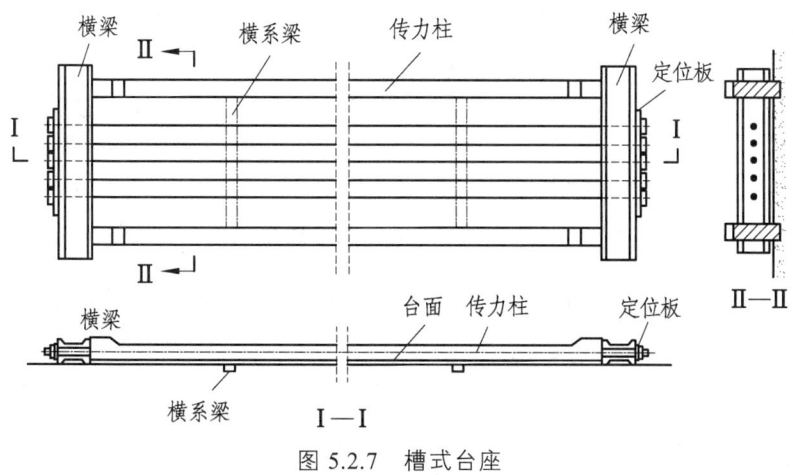

图 5.2.7　槽式台座

2）预应力筋的放松

当混凝土达到了预期强度以后，需从台座上放松预应力筋，并逐渐将预加力传递给混凝土构件。放松的方法有多种，下面仅介绍常用的两种方法。

（1）千斤顶放松：首先要在台座上重新安装千斤顶，先将力筋稍张拉至能够逐步扭松端部固定螺帽的程度，然后逐渐放松千斤顶，让钢筋慢慢回缩完毕为止[图 5.2.8]。

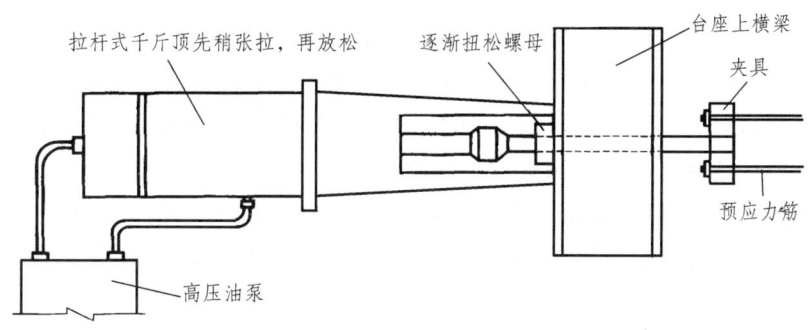

图 5.2.8　千斤顶放松示意图

（2）砂筒放松：张拉预应力筋之前，在承力架和横梁之间各放一个灌满干燥细砂的砂筒[图 5.2.9]。张拉时筒内砂子被压实。当需要放松预应力筋时，可将出砂口打开，使砂子慢慢流出，活塞徐徐顶入，直至张拉力全部放松为止。本法易于控制放松速度，故应用较广。

3）张拉程序

先张法预应力筋的张拉应符合设计要求，若设计无规定时，其张拉程序可按表 5.2.2 中的规定进行。

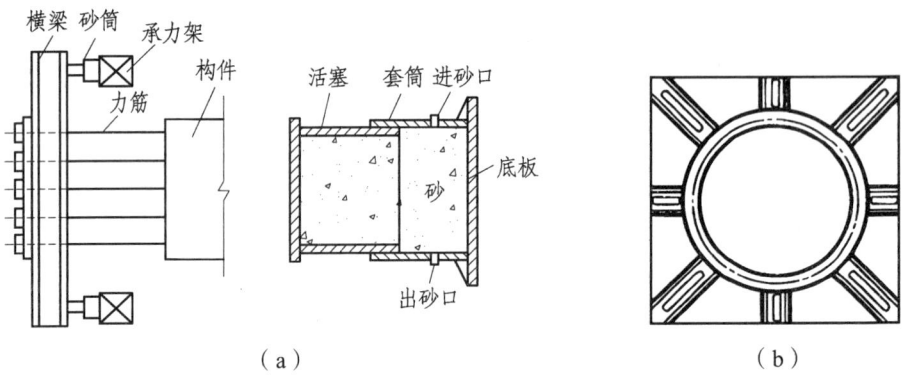

图 5.2.9 砂筒放松示意图

为了避免台座承受过大的偏心力,应先张拉靠近台座截面重心处的预应力筋。

表 5.2.2 先张法预应力筋张拉程序

预应力筋种类	张拉程序
钢筋	0→初应力→1.05σ_k(持荷 2 min)→0.9σ_k→σ_k(锚固)
钢丝、钢绞线	对于夹片式具有自锚性能的锚具: 普通松弛力筋:0→初应力→1.03σ_k(锚固) 低松弛力筋:0→初应力→σ_k(持荷 2 min 锚固)

注:表中 σ_k 为张拉时的锚下控制应力。

3. 后张法预应力混凝土简支梁的制作工艺

钢筋混凝土简支梁的预制较为简单,这就是按照基本施工工艺流程,在专用场地上来完成构件的制作,然后堆放在场地的一侧,等待运到桥孔处进行安装。后张法预应力混凝土简支梁的预制过程也基本相同,不同之处在于:① 在绑扎钢筋成型过程中,要按照设计位置布设制孔器,即在混凝土梁中预留孔道,以便后期穿入预应力筋;② 混凝土养护完成和模板拆除后,按照设计规定的混凝土龄期强度,将制备好的预应力筋穿入孔道中,完成张拉过程。由于预应力是混凝土梁制作完成后施加的,故把这类构件称作后张法预应力混凝土预制构件。

1)预应力筋孔道的成型

梁体内预留预应力筋孔道所用的制孔器主要有 3 种:铁皮管、金属波纹管和橡胶管。前两种制孔器固定在钢筋骨架中,本身便是孔道。橡胶管制孔器也固定在钢筋骨架中,待混凝土抗压强度达到 4~8 MPa 时,将橡胶制孔器拔出以形成孔道。为了增加橡胶管的刚度和控制位置的准确,需在橡胶管内设置圆钢筋(又称芯棒),以便在先抽出芯棒之后,橡胶管易于从梁体内拔出。对于曲线束筋的孔道,则用两段胶管在跨中对接,对接接头处套一段长为 0.3~0.5 m 的铁皮管,如图 5.2.10 所示。抽拔时,该段铁皮管留在梁内,橡胶管则从梁的两端抽拔出来。

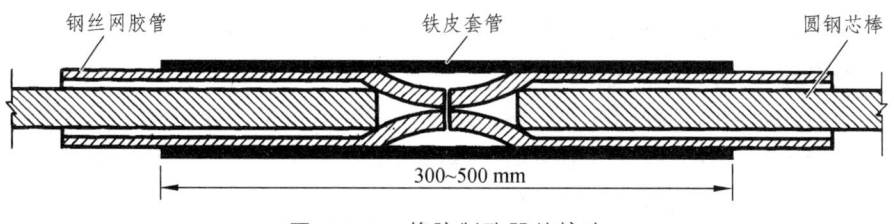

图 5.3.10 橡胶制孔器的接头

2）预应力筋的张拉

张拉过程包括孔道检查与清洗→穿预应力筋→张拉力筋→孔道压浆→封锚固端混凝土等几道工序。孔道压浆的目的是保护预应力筋不受锈蚀，并使力筋与梁体的混凝土黏结成整体，共同受力，从而也减轻锚具的受力。用混凝土封固端部锚头除了防止锈蚀外，还可以防止锚塞或者夹片松动造成滑丝。锥锚式千斤顶、拉杆式千斤顶和穿心式千斤顶是张拉预应力筋所使用的几种设备。

3）张拉程序

不同预应力筋构件所采用的张拉程序见表5.2.3。

表 5.2.3　后张法预应力筋

预应力筋		张拉程序
钢筋、钢筋束		0→初应力→$1.05\sigma_k$（持荷 2 min）→σ_k（锚固）
钢绞线束	对于夹片式等具有自锚性能的锚具	普通松弛力筋： 0→初应力→$1.03\sigma_k$（锚固） 低松弛力筋： 0→初应力→σ_k（持荷 2 min 锚固）
	其他锚具	0→初应力→$1.05\sigma_k$（持荷 2 min）→σ_k（锚固）
钢丝束	对于夹片式等具有自锚性能的锚具	普通松弛力筋： 0→初应力→$1.03\sigma_k$（锚固） 低松弛力筋： 0→初应力→σ_k（持荷 2 min 锚固）
	其他锚具	0→初应力→$1.05\sigma_k$（持荷 2 min）→0→σ_k（锚固）
精轧螺纹钢筋	直线配筋时	0→初应力→σ_k（持荷 2 min 锚固）
	曲线配筋时	0→σ_k（持荷 2 min）→0（上述程序可反复几次）→初应力→σ_k（持荷 2 min 锚固）

注：表中 σ_k 为张拉时的锚下控制应力。

4. 装配式简支梁构件的运输和安装

为确保预制简支梁或板的顺利安装，还需要完成梁体的水平运输和垂直向安装。

1）预制构件的运输

从预制场至桥头的运输，称为场内运输，通常需要铺设钢轨便道，先通过龙门吊机或木扒杆将预制梁装上平车后，再用绞车运抵桥头。当采用水上浮吊架梁时，还需要在河岸适当位置修建临时栈桥（码头），再将钢轨便道延伸到这里，以便将预制构件运上驳船，再开往桥孔下面进行架设。

从桥头至施工现场的运输称场外运输，通常用大型平板车、驳船或火车等运输工具。在运输过程中，梁体的放置要符合受力方向，梁体两侧应采用斜撑和木楔加以临时固定，防止梁体发生倾倒、滑动或跳动造成梁体的损坏。

当运输道路坑凹不平、颠簸比较厉害时，可采用图 5.2.11 所示的措施，防止梁体产生负弯矩而断裂。梁体放置在平板拖车的垫木上之后，在梁体的中部设一立柱，用钢丝绳穿过两端吊环，中间搁在立柱上，并以花篮螺丝将钢绳拉紧，防止在运输途中梁体产生负弯矩。

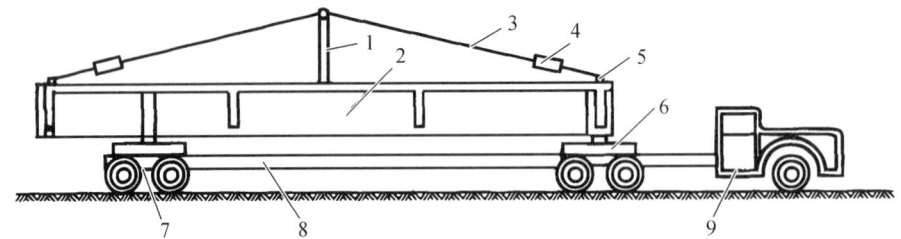

1—立柱；2—构件；3—钢丝绳；4—花篮螺丝；5—吊环；6，7—转盘装置；8—连接杆（可伸缩）；9—主车。

图 5.2.11　防止构件发生负弯矩的措施

2）预制梁的安装

预制简支梁的安装设备和方法较多，这里仅简要介绍几种常见的架梁方法。

（1）自行式吊车架梁

当桥梁跨度不大、质量较轻时，可以采用自行式吊车（汽车吊车或履带吊车）架梁，岸上引桥或者桥墩不高时，可根据吊装质量，用一台或两台（抬吊）吊车直接在桥下吊装[图 5.2.12（a）]；如果桥下是河道或桥墩较高时则将吊车直接开到桥上，利用吊机伸臂边架梁、边前进[图 5.2.12（b）]。对于已经架设的桥孔主梁，当横向尚未连成整体时，必须核算主梁是否能够承受吊车、被吊构件、机具以及施工人员的自重。

（2）浮吊船架梁

浮吊船实际是吊车与驳船的联合体，可在通航河道上的桥孔下面架桥，而装有成批预制构件的装梁船，则停靠在浮吊船的一旁，方便浮吊船吊梁，如图 5.2.13 所示。吊装前应先下锚定位，航道需临时封锁。浮吊船宜逆流而上，先远后近地安装。

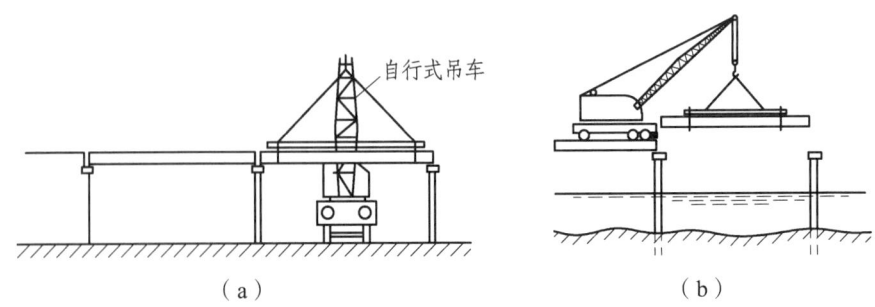

图 5.2.12　小跨度梁的架设

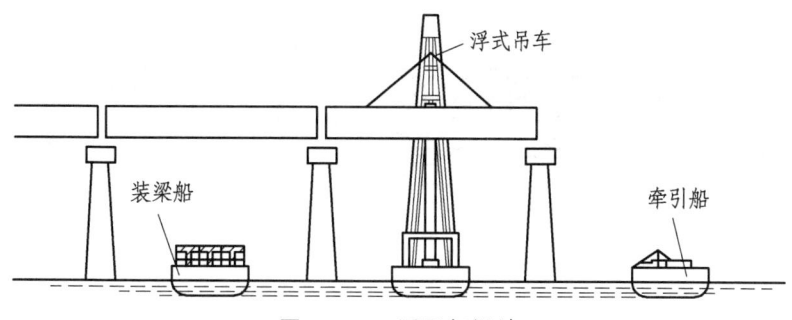

图 5.2.13 浮吊架设法

（3）跨墩龙门式吊车架梁

当桥墩不太高，架桥孔数较多，且沿桥墩两侧铺设轨道难度不大时，可采用跨墩龙门式吊车，如图 5.2.14 所示。同时，在龙门式吊车的内侧铺设运梁轨道，或者设便道用拖车运梁。

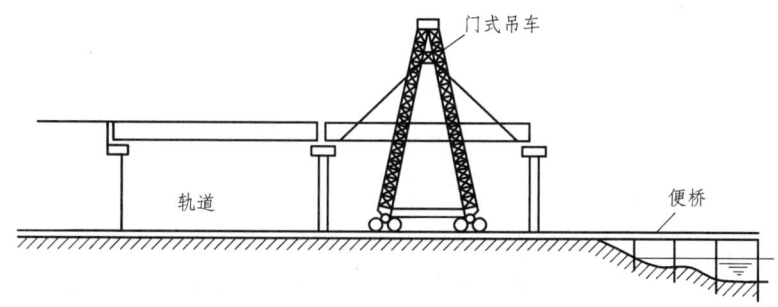

图 5.2.14 跨墩龙门吊机架梁法

（4）宽穿巷式架桥机架梁

宽穿巷式架桥机架梁如图 5.2.15 所示。其中，安装梁可用贝雷钢架或万能杆件拼装而成。由于这种架桥机的自重很大，所以当它沿桥面纵向移动时，一定要保持慢速，并须注意前支点下的挠度，以确保安全。

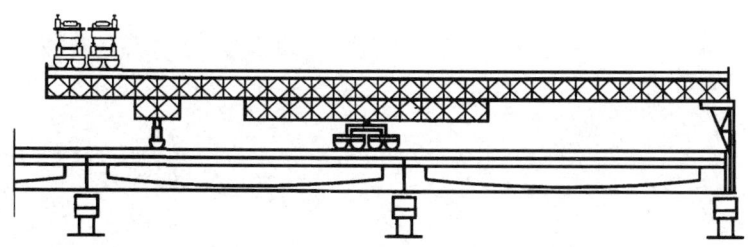

（a）一孔架完后，前后横梁移至尾部作平衡重

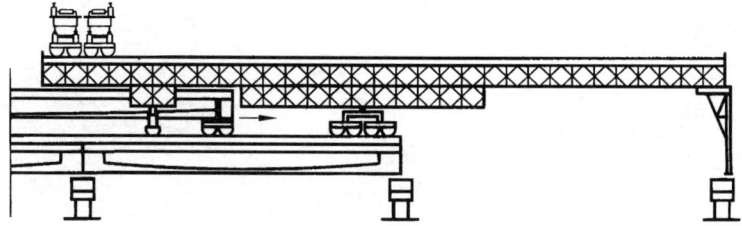

（b）穿巷吊机向前移动一孔位置，并使前支腿支承在墩顶上

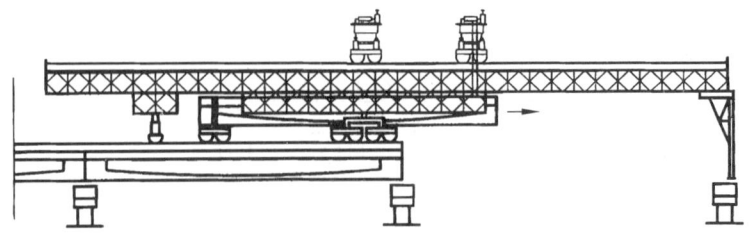

（c）吊机前横梁吊起T形梁，梁的后端仍放在运梁平车上，继续前移

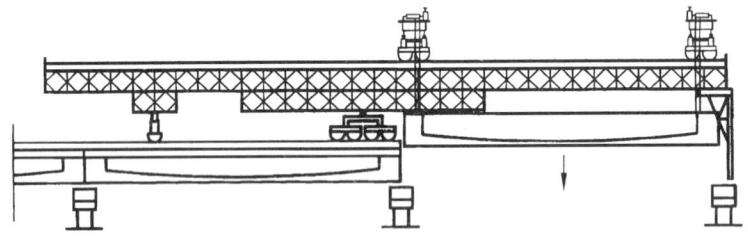

（d）吊机后横梁也吊起T形梁，缓慢前移，对准纵向梁位后，先固定前后横梁，再用横梁上的吊梁小车横移落梁就位

图 5.3.15　宽穿巷吊机架梁步骤

（5）运架一体式架桥机架梁

由运架梁机和导梁两大部分组成。运架梁机的两组轮胎可以纵横向移动，解决了在预制场内将箱梁从存梁场（或直接从制梁台座）吊出横行的问题。图 5.2.16 所示是运架一体式架桥机架梁，其架梁操作步骤是：

① 运架梁机运梁至导梁。
② 固定导梁，运架梁机携梁沿导梁前行就位。
③ 稳固运架梁机，导梁前行至下一墩位。
④ 安装桥梁支座，落梁就位。
⑤ 进行下一跨主梁架设。

图 5.2.16　运架一体式架桥机安装预制梁

5.3 混凝土简支梁桥计算

公路简支梁桥设计的总体过程，首先要重视总体方案、桥型及桥跨布置的合理性，结构尺寸拟定后，需对主要构件进行详细计算，并判断所拟定的尺寸是否满足要求。混凝土简支梁桥的桥面板是直接承受车辆轮压的混凝土板，它与主梁的梁肋和横隔板连接在一起，既保证了梁的整体作用，又可将荷载传递给主梁。本章将以常用的钢筋混凝土T梁桥为例，着重阐述桥面板、主梁和横隔梁的设计计算方法。

5.3.1 桥面板计算

1. 桥面板的力学模型

对于整体现浇的T梁桥，位于腹板与横隔梁之间的桥面板是一块四边支承的矩形板，如图 5.3.1（a）所示。其受力情况、支承条件与它的平面尺寸有关，当其长边 l_a 与短边 l_b 之比大于或等于2时，所受荷载的绝大部分沿短跨方向传递，此时可将其视为仅由短跨承受荷载的单向受力板（简称单向板）。设计时，在短跨方向配受力筋，而在长跨方向只要适当配置一些分布钢筋即可。对于长短边比小于2的双向板，将沿短跨和长跨两方向传递荷载，设计时需按两个方向的内力分别配置受力钢筋，这种板工程上用量较少。

对于常见的 $\dfrac{l_a}{l_b} \geq 2$ 的装配式T形梁桥，当边梁外侧翼缘板或两主梁翼板之间仅用钢板简单连接[图 5.3.1（b）]时，可简化为一端嵌固另一端自由端的悬臂板来分析；对于采用铰接接缝的相邻翼缘板[图 5.3.1（c）]，则桥面板应按一端嵌固一端铰接的铰接悬臂板进行计算。

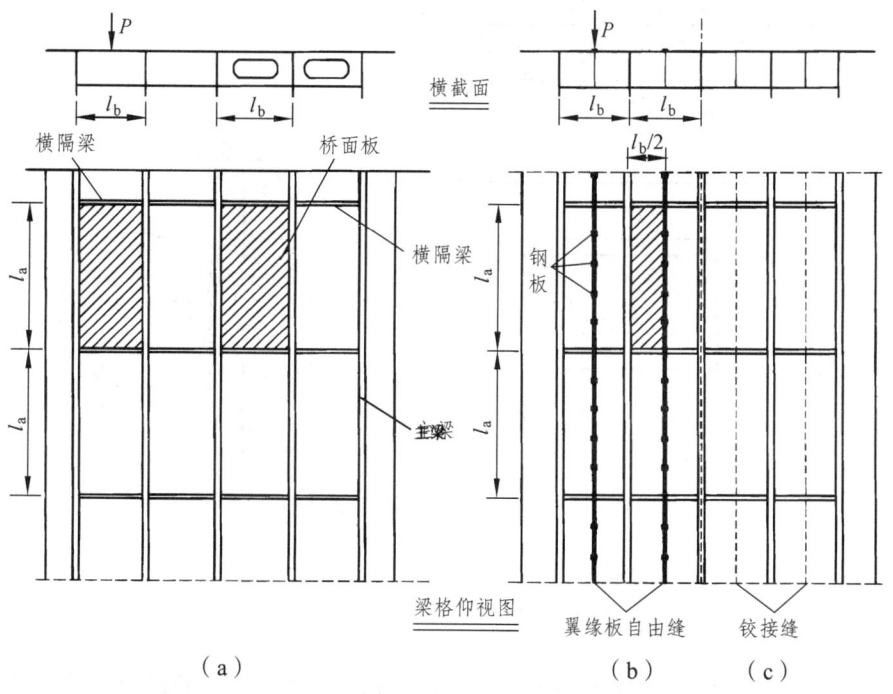

图 5.3.1 梁格构造和桥面板支承方式

综上所述，工程中桥面板受力方式可分为单向板、悬臂板和铰接悬臂板三种。下面将分别阐述它们的计算方法。

2. 车轮荷载在板上的分布

作用在桥面上的车轮压力，通过桥面铺装层扩散分布到钢筋混凝土板面上。由于板的计算跨度相对于轮压的分布宽度不是很大，故在计算中可将轮压作为分布荷载来处理，以免造成较大的计算误差。

充气车轮与桥面的接触实际上接近于椭圆，为了计算方便，通常可近似将车轮与桥面的接触面看作 $a_2 \times b_2$ 的矩形面积，此处 a_2 是车轮沿行车方向的着地长度，b_2 为车轮的宽度，如图 5.3.2 所示。作用在混凝土或沥青面层上的车轮荷载，可以偏安全地假定在铺装层内按 45° 扩散。

因此，最后作用在钢筋混凝土承重板顶面的矩形荷载压力面的边长为：

沿行车方向　　$a_1 = a_2 + 2H$ （5.3.1）

沿横桥向　　　$b_1 = b_2 + 2H$ （5.3.2）

式中　H——铺装层的厚度。

车辆荷载的 a_2 和 b_2 值可在《桥规》中查得。

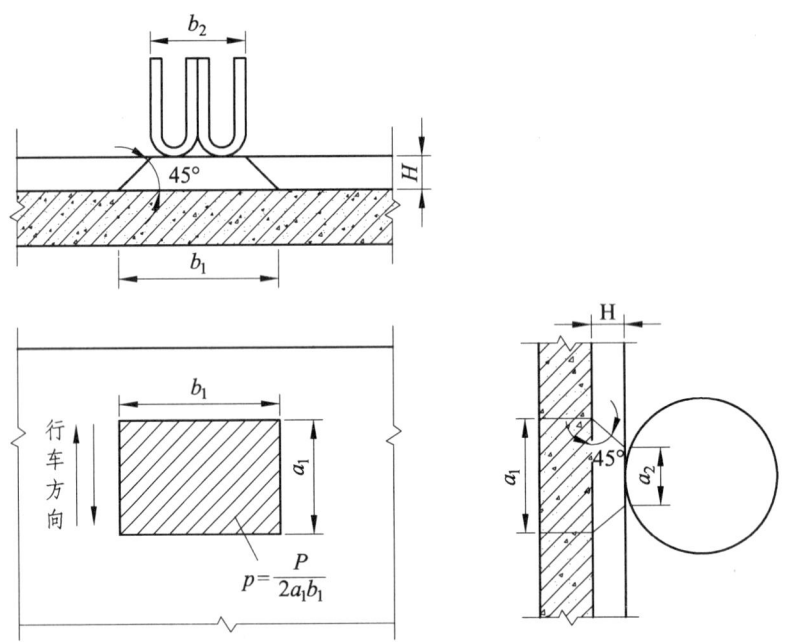

图 5.3.2　车辆荷载在板面上的分布

3. 铁路列车荷载在板上的分布

4. 桥面板的有效工作宽度

当荷载以 $a_1 \times b_1$ 的分布面积作用在桥面板上时，该板除了沿计算跨度 x 方向产生挠曲变形外，沿垂直于计算跨度的 y 方向也会发生挠曲变形，如图 5.3.3 所示。这说明在荷载作用下不仅使直接承压宽度为 a_1 的板条受力，其邻近的板也参与工作，共同承受车轮荷载所产生的弯矩。

为了计算方便，以板宽 a 范围内均匀承受车轮荷载为例，其上产生的总弯矩[图 5.3.3（b）]，即：

$$a \times m_{x\max} = \int m_y dy = M \tag{5.3.3}$$

则得弯矩图形的换算宽度为：

$$a = \frac{M}{m_{x\max}} \tag{5.3.4}$$

式中　M——桥面板跨中由车轮荷载产生的总弯矩，可直接由结构力学方法求得；
　　　$m_{x\max}$——板宽范围内荷载中心处最大单宽弯矩值。

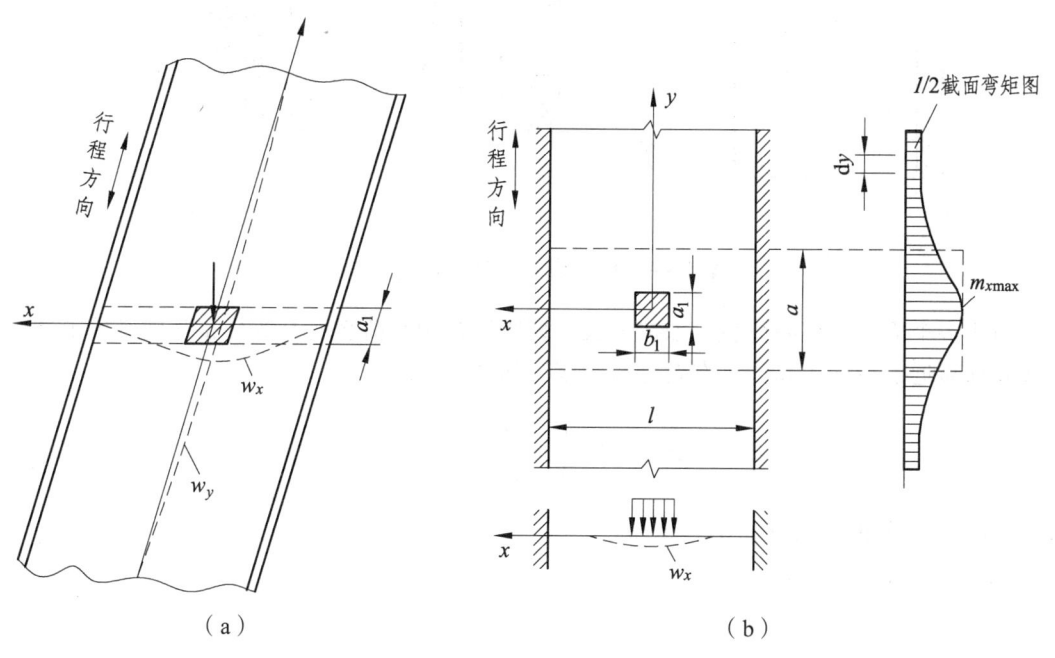

图 5.3.3　行车道板的受力状态

上式中定义的 a 为板的有效工作宽度或荷载有效分布宽度。这样，当有一个车轮作用于桥面板上时，1 m 宽板条上的荷载计算强度为：

$$p = \frac{P}{2ab_1} \tag{5.3.5}$$

式中　P——汽车的轴重。

在计算桥面板内力时，就必须首先确定板的有效工作宽度 a（或称荷载有效分布宽度）。桥面板的有效工作宽度与板的支承条件、荷载性质以及荷载位置有关。桥规基于大量的理论研究，对单向板、悬臂板的有效工作宽度作了如下规定：

1）单向板的荷载有效宽度

（1）荷载在跨度中间

对于单独一个车轮，如图 5.3.3（a）：

$$a = a_1 + \frac{l}{3} = a_2 + 2H + \frac{l}{3} \geqslant \frac{2l}{3}$$

式中，l 为两腹板之间板的计算跨度。按桥梁规范规定，计算弯矩时，$l = l_0 + t$，但不大于 $l = l_0 + b$；计算剪力时，$l = l_0$，其中 l_0 为板的净跨度，t 为板的厚度，b 为腹板宽度。

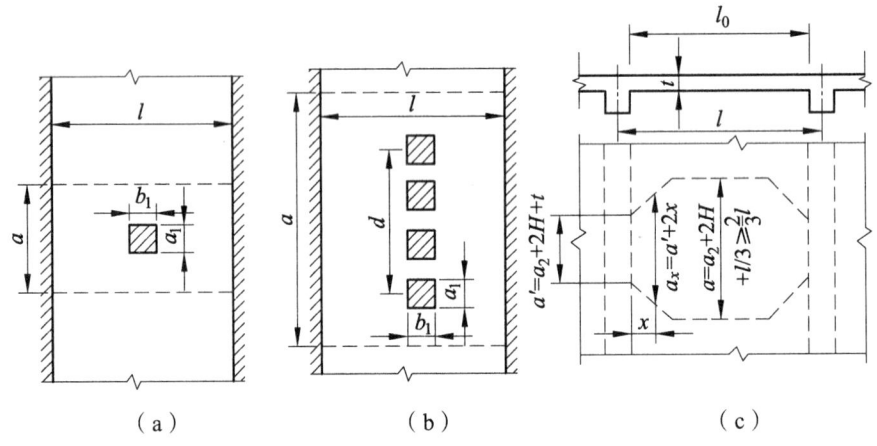

图 5.3.4　单向板的荷载有效分布宽度

对于多个靠近的相同荷载，如按上式计算所得各相邻荷载的有效分布宽度发生重叠时，应按相邻靠近的荷载一起计算有效分布宽度，如图 5.3.4（b）：

$$a = a_1 + d + \frac{l}{3} = a_2 + 2H + \frac{l}{3} \geqslant \frac{2l}{3} + d$$

式中　d——最外两个荷载的中心距离。

（2）车轮在板的支承处

$$a' = a_1 + t = a_2 + 2H + t$$

式中　t——板的厚度。

（3）车轮在板的支承附近

车轮在板的支承附近，距支点的距离为 x 时

$$a_x = a' + 2x$$

需要说明的是，按上述公式计算得到的所有分布宽度均不得大于板的全宽度。

2）悬臂板的荷载有效分布宽度（图 5.3.5）

$$a = a_1 + 2b' = a_2 + 2H + 2b'$$

式中　b'——承重板上荷载压力面外侧边缘至悬臂板根部的距离。

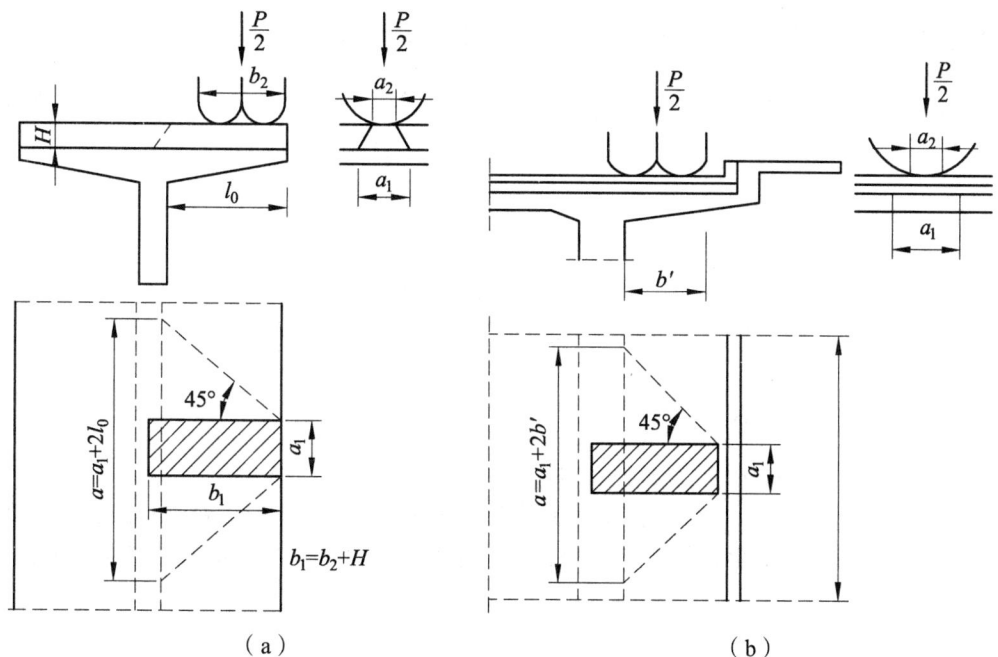

图 5.3.5 悬臂板的有效工作宽度

对于分布荷载靠近板边的最不利情况，b' 等于悬臂板的净跨度 l_0，于是：

$$a = a_1 + 2l_0$$

5. 桥面板的内力计算

1）多跨连续单向板的内力

从构造上看，桥面板与主梁腹板是整体连接在一体的，因此当板上有荷载作用时会使主梁发生相应的变形，而这种变形又影响到板的内力。主梁抗扭刚度的大小对多跨连续板的弯矩分布影响显著。

由于桥面板的受力情况比较复杂，影响因素比较多，通常采用近似方法计算。先算出一个跨度相同简支板的最大跨中弯矩 M_0，然后再根据实验及理论分析的结果进行修正。修正系数可据板厚 t 与腹板高度 h 的比值来选用。

当 $\dfrac{t}{h} \geqslant \dfrac{1}{4}$ 时（即主梁抗扭能力小者）：

跨中弯矩 $M_\text{中} = +0.7 M_0$ （5.3.6）

支点弯矩 $M_\text{支} = -0.7 M_0$ （5.3.7）

当 $\dfrac{t}{h} < \dfrac{1}{4}$ 时（即主梁抗扭能力大着）：

跨中弯矩 $M_\text{中} = +0.5 M_0$ （5.3.8）

支点弯矩 $M_\text{支} = -0.7 M_0$ （5.3.9）

式中　M_0——把板当作简支板时，由使用荷载引起的 1 m 板宽的跨中最大设计弯矩，它是 M_{oq} 和 M_{og} 两部分的内力组合。

M_{oq} 为 1 m 宽简支板条的跨中汽车荷载弯矩[图 5.3.6（a）]：

$$M_{oq} = (1+\mu)\frac{P}{8a}\left(l - \frac{b_1}{2}\right) \quad (5.3.10)$$

式中　P——车辆荷载的轴重；

　　　a——板的有效工作宽度；

　　　l——板的计算跨度；

　　　$(1+\mu)$——冲击系数，在桥面板内力计算中通常取 1.3。

M_{og} 为 1 m 板宽的结构自重在跨中引起的弯矩，可由下式计算：

$$M_{og} = \frac{1}{8}gl^2 \quad (5.3.11)$$

式中　g——1 m 板宽每延米的结构自重集度。

计算单向板的支点剪力时，按同跨度的简支板计算，此时荷载应尽量靠近腹板边缘布置，如图 5.3.6（b）所示。如果板的跨度较大，可能还有第二个车轮进入时，应按最不利布载方式计算内力最大值。

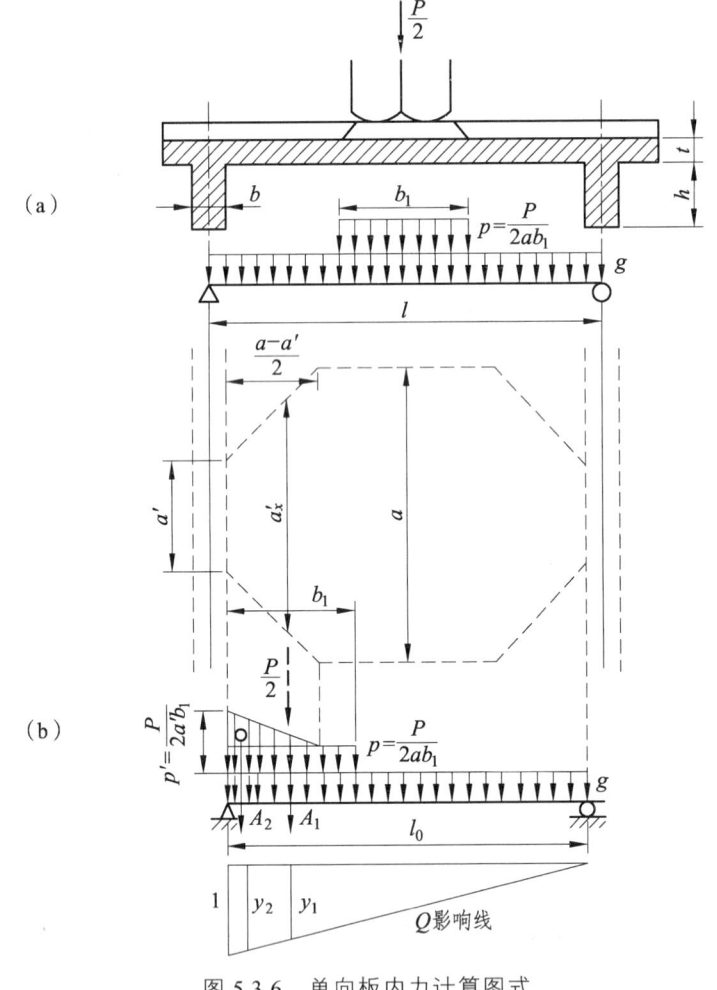

图 5.3.6　单向板内力计算图式

2）铰接悬臂板的内力

通过铰接方式连接的 T 形梁翼缘板，其最大弯矩在悬臂根部。计算汽车荷载弯矩时，最不利荷载的位置是把车轮荷载居中布置在铰接处，此时铰内的剪力为零，两悬臂板各承受半个车轮的荷载，即 $\frac{P}{4}$，如图 5.3.7（a）所示。因此每米宽悬臂板根部的汽车荷载弯矩为：

$$M_{\min,p} = -(1+\mu)\frac{P}{4a}\left(l_0 - \frac{b_1}{4}\right) \quad (b_1 \geqslant l_0 \text{ 时}) \quad (5.3.12a)$$

或

$$M_{\min,p} = -(1+\mu)\frac{P}{2a}\left(l_0 - \frac{b_1}{2}\right) \quad (b_1 < l_0 \text{ 时}) \quad (5.3.12b)$$

每米板宽的结构自重弯矩为：

$$M_{\min,g} = -\frac{1}{2}gl_0^2 \quad (5.3.13)$$

注意，此处为铰接双悬臂的净跨度。

悬臂根部 1 m 板宽的最大弯矩 $M_{\min,p}$ 是和 $M_{\min,g}$ 两部分的组合。计算悬臂根部的剪力时，可以将车轮荷载靠近腹板边缘布置，偏安全地按一般悬臂板的图示计算。

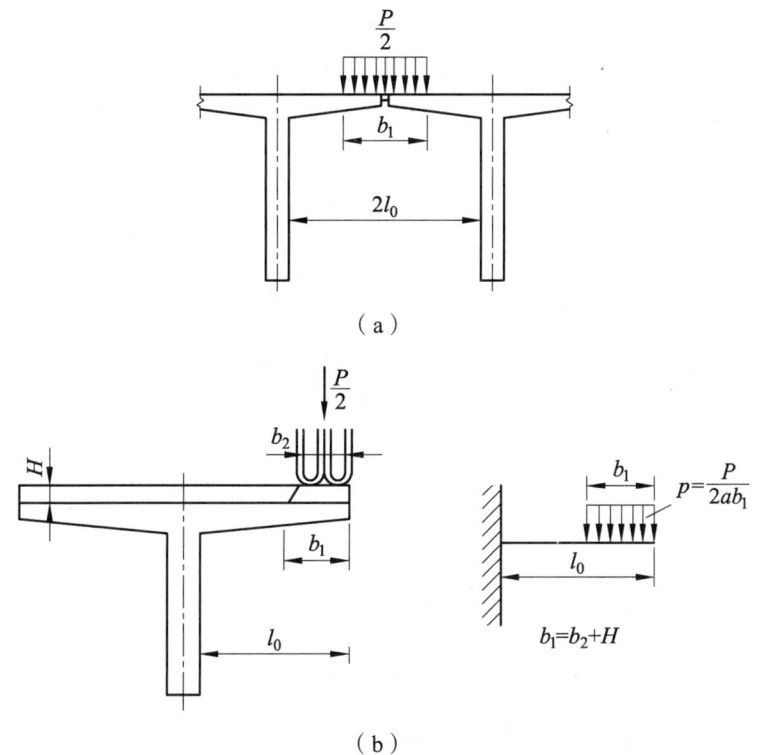

图 5.3.7 铰接悬臂板和悬臂板计算图式

3）悬臂板的内力

在计算悬臂板根部最大弯矩时,应将车轮荷载布置在板的边缘,此时 $b_1 = b_2 + H$,如 5.3.7（b）所示。

汽车荷载弯矩：

$$M_{\min,p} = -(1+\mu)\frac{1}{2}pl_0^2 = -(1+\mu)\frac{P}{4ab_1}l_0^2 \quad (b_1 \geqslant l_0 \text{ 时}) \quad (5.3.14a)$$

或

$$M_{\min,p} = -(1+\mu)pb_1\left(l_0 - \frac{b_1}{2}\right) = -(1+\mu)\frac{P}{2a}\left(l_0 - \frac{b_1}{2}\right) \quad (5.3.14b)$$

结构自重弯矩为：

$$M_{\min,g} = -\frac{1}{2}gl_0^2 \quad (5.3.15)$$

剪力计算从略。

6. 内力组合及配筋计算

计算出各种作用下截面的最大内力后,按桥规有关规定进行效应组合,然后再按照结构设计理论进行桥面板的配筋设计。

【例 5-1】 一座由 5 片 T 梁组成的装配式钢筋混凝土简支 T 梁桥的主梁和横隔梁断面如图 5.3.8 所示,计算跨度 $l=19.5$ m,结构重要性系数为 1.0,主梁翼板钢板铰接。桥面铺装为 2 cm 的沥青表面处治（重度为 23 kN/m³）和平均 9 cm 厚混凝土垫层（重度为 24 kN/m³）,T 梁翼板的重力密度为 25 kN/m³。桥上汽车荷载为公-I 级。试求 T 梁翼板所构成铰接悬臂板的设计内力。

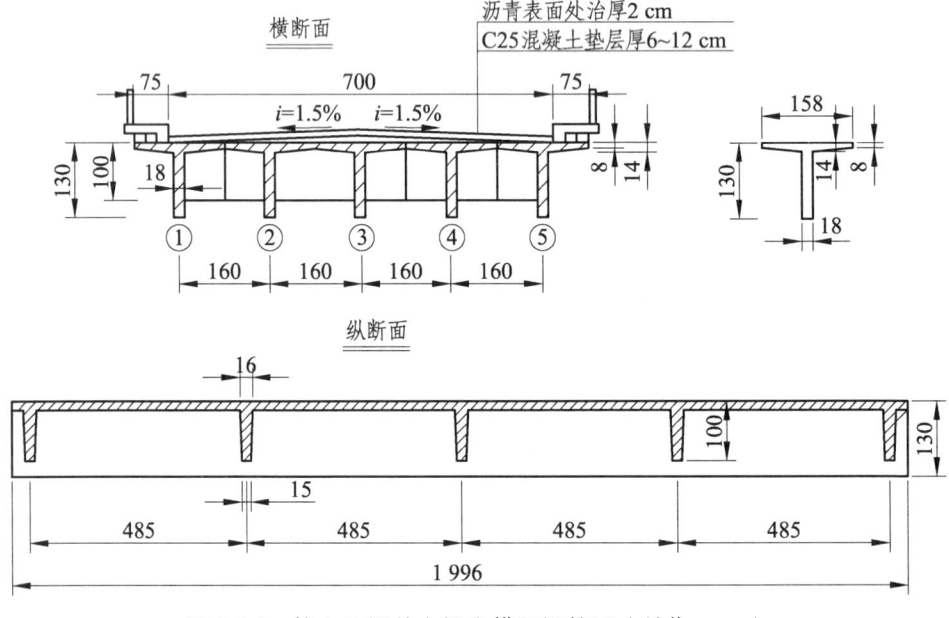

图 5.3.8 简支 T 梁的主梁和横隔梁简图（单位：cm）

130

【解】（1）计算结构自重及其内力（按纵向 1 m 宽的板条计算）。

① 每延米板上的结构自重 g：

沥青表面处治　　　　　$g_1 = 0.02 \times 1.0 \times 23 = 0.46$（kN/m）

C25 混凝土垫层　　　　$g_1 = 0.09 \times 1.0 \times 24 = 2.16$（kN/m）

T 梁翼板自重　　　　　$g_1 = \dfrac{0.08 + 0.14}{2} \times 1.0 \times 25 = 2.75$（kN/m）

每延米板宽结构自重合计　$g = \sum g_i = 5.37$（kN/m）

② 每米宽板条的恒载内力：

$$M_{\min,g} = -\dfrac{1}{2} g l_0^2 = -\dfrac{1}{2} \times 5.37 \times 0.71^2 = -1.35 \text{ (kN·m)}$$

$$Q_{Ag} = g l_0 = 5.37 \times 0.71 = 3.81 \text{ (kN)}$$

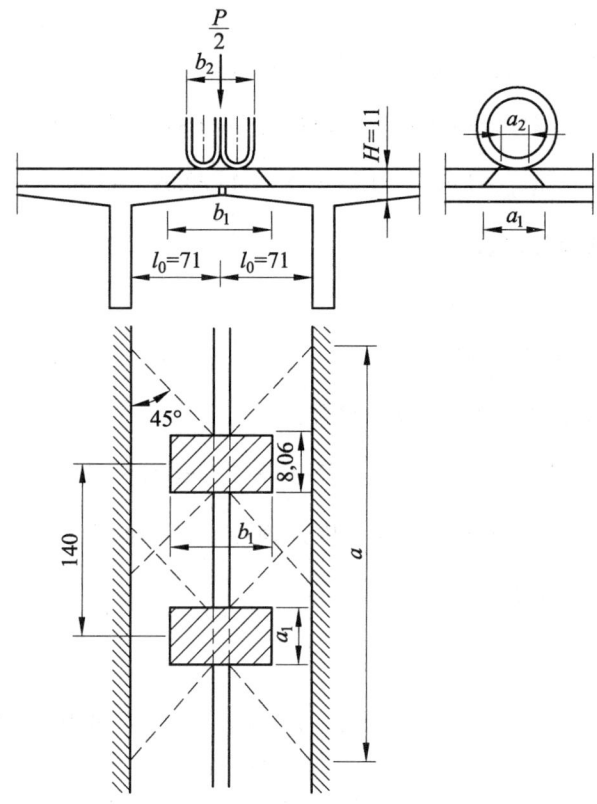

图 5.3.9　汽车车辆荷载的计算图式

（2）计算汽车车辆荷载产生的内力。

将汽车后轮荷载作用于铰缝轴线上为最不利位置[图 5.3.9]，此时两边的悬臂板各承受一半的车轮荷载。后轴作用力为 $P = 140 \text{ kN}$，轮压分布宽度如图 5.3.9 所示。车辆荷载后轮着地长度为 $a_2 = 0.20 \text{ m}$，宽度为 $b_2 = 0.60 \text{ m}$，则：

$$a_1 = a_2 + 2H = 0.20 + 2 \times 0.11 = 0.42 \text{（m）}$$

$$b_1 = b_2 + 2H = 0.60 + 2 \times 0.11 = 0.82 \text{（m）}$$

荷载对于悬臂根部的有效分布宽度：

$$a = a_1 + d + 2l_0 = 0.42 + 1.4 + 2 \times 0.71 = 3.24 \text{（m）}$$

由于这时汽车荷载局部加载在 T 梁的翼板上，故取冲击系数 $1 + \mu = 1.3$。

作用于每米宽板条上的弯矩为：

$$M_{\min,p} = -(1+\mu)\frac{P}{4a}\left(l_0 - \frac{b_1}{4}\right) = -1.3 \times \frac{140 \times 2}{4 \times 3.24}\left(0.71 - \frac{0.82}{4}\right) = -14.18 \text{（kN·m）}$$

作用于每米宽板条上的剪力为：

$$Q_{AP} = (1+\mu)\frac{P}{4a} = 1.3 \times \frac{140 \times 2}{4 \times 3.24} = 28.09 \text{（kN）}$$

（3）内力组合。

按承载能力极限状态内力基本组合，根据《桥规》：

$$M_{ud} = 1.2M_{Ag} + 1.4M_{Ac} = 1.2 \times (-1.35) + 1.4 \times (-14.18) = -21.47 \text{（kN·m）}$$

$$Q_{ud} = 1.2Q_{Ag} + 1.4Q_{Ap} = 1.2 \times 3.18 + 1.4 \times 28.09 = 43.90 \text{（kN）}$$

所以，行车道板的设计内力为：

$$M_{ud} = -21.47 \text{（kN·m）}$$

$$Q_{ud} = 43.90 \text{（kN）}$$

按正常使用极限状态内力组合的频遇组合：

$$M_{ud} = M_{Ag} + 0.7M_{Ac} = (-1.35) + 1.4 \times (-14.18) = -8.99 \text{（kN·m）}$$

$$Q_{ud} = Q_{Ag} + 0.7Q_{Ap} = 3.18 + 0.7 \times 28.09 \div 1.3 = 18.94 \text{（kN）}$$

5.3.2 主梁内力计算

1. 结构自重效应计算

在计算结构自重内力时，为了简化起见，往往将沿桥跨方向的横隔梁、横桥向不等厚度的铺装层、两侧人行道和栏杆等的重量均匀地分摊给各主梁。因此，对于等截面梁桥的主梁，其结构自重为均布荷载。为了精确起见，也可根据施工安装的情况，将人行道、栏杆、灯柱和管道等重量按荷载横向分布的规律进行分配。组合式梁桥则须根据施工情况具体分析。确定了结构自重（每延米荷载）之后，可按工程力学公式计算主梁截面的内力。

2. 汽车、人群荷载内力计算

公路钢筋混凝土、预应力混凝土梁式桥，一般由多片主梁组成并通过一定的横向连接连成一个整体，如图 5.3.10（a），当一片主梁受到荷载作用后，除了这片主梁承担一部分荷载外，另一部分荷载会通过主梁间的横向连接传递到其他各片主梁上去。反之，当荷载作用在任何一片主梁时，某根主梁也必然分担一部分荷载，位置不同外荷载的作用，对该梁产生的影响也不同。把这些影响值描绘成一条曲线，便得到该片梁的荷载影响线，因为上述影响线是沿横桥向的，称为荷载横向分布影响线。有了各片主梁的荷载横向分布影响线，就可以根据荷载在横桥向的最不利位置，求得各片主梁分配到的横向荷载最大值。

实际上，由多片主梁和横隔梁组成的梁桥，属于空间整体结构，当荷载作用在桥梁上，必然会在 x 和 y 方向同时产生作用，各片梁共同参与工作。鉴于结构受力和变形的空间性，结构的内力计算属于空间理论问题，需要利用结构内力影响面求解。为了便于计算，可以把空间问题合理简化为平面问题来求解。即将空间内力影响面分离成两个单值函数的乘积，即 $\eta_1(x) \cdot \eta_2(y)$，对于某一根主梁某一截面的内力值就可以表示为：

$$S = P \cdot \eta(x,y) = P \cdot \eta_1(x) \cdot \eta_2(y) \tag{5.3.16}$$

式中　$\eta(x,y)$——空间计算时某梁的内力影响面；

　　　$\eta_1(x)$——单梁在梁轴方向某一截面的内力影响线；

　　　$\eta_2(y)$——某梁的荷载横向分布影响线。

$P \cdot \eta_2(y)$ 就是当 P 作用于点 $a(x,y)$ 时，沿横向分配给某梁的荷载，如图 5.3.10（b）所示，按平面问题求解某梁上任一截面的内力值。

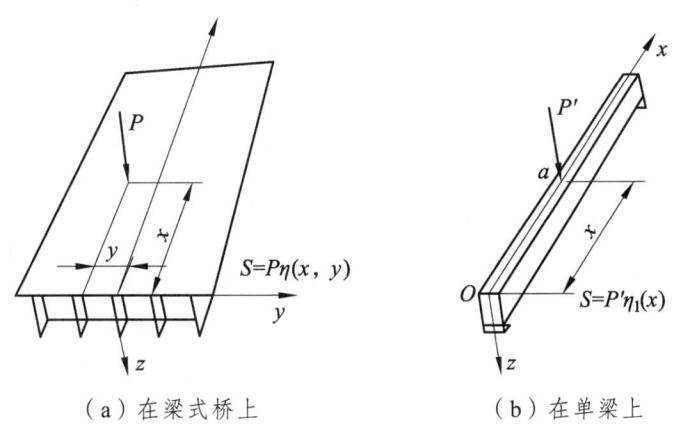

（a）在梁式桥上　　　　　（b）在单梁上

图 5.3.10　荷载作用下的内力计算

如前所述，有了各片梁的荷载横向分布影响线，就可根据活载种类（汽车、人群活载）横向最不利布置，求得各片主梁分配到的横向荷载最大值 P'。若以 η_i 表示某片主梁横桥向第 i 汽车轮压下的影响线坐标，则：

$$P' = \sum P_i \eta_i = m_c P \tag{5.3.17}$$

式中　P——汽车活载的轴重；

　　　P_i——汽车活载在横桥向第 i 轮的轮重，显然，$P_i = P/2$；

　　　m_c——荷载横向分布系数，它表示某根主梁所承担的最大荷载是一列汽车各轴重的比值（通常小于 1）。

荷载横向分布系数 m_c 求出后，便可利用结构力学方法按单梁求出某截面的最大内力。

桥上荷载横向分布的规律与梁体的横向连接刚度有关，横向连接刚度愈大，荷载横向分布作用愈显著，各主梁的负担也愈趋均匀。因此，为使荷载横向分布的计算能更好地适应各种类型的结构特性，就需要按不同的横向结构简化计算模型，拟定出相应的计算方法。目前计算荷载横向分布常用的方法有：杠杆原理法、偏心压力法（刚性横梁法）、铰接板（梁）法、刚接板（梁）法和比拟正交异性板法。

1）杠杆原理法

杠杆原理法的基本假定是忽略主梁之间横向结构的连接作用，即假设桥面板在主梁腹板处断开，而当作沿横向支承在主梁上的多跨简支梁或悬臂梁来考虑，如图 5.3.11 所示。

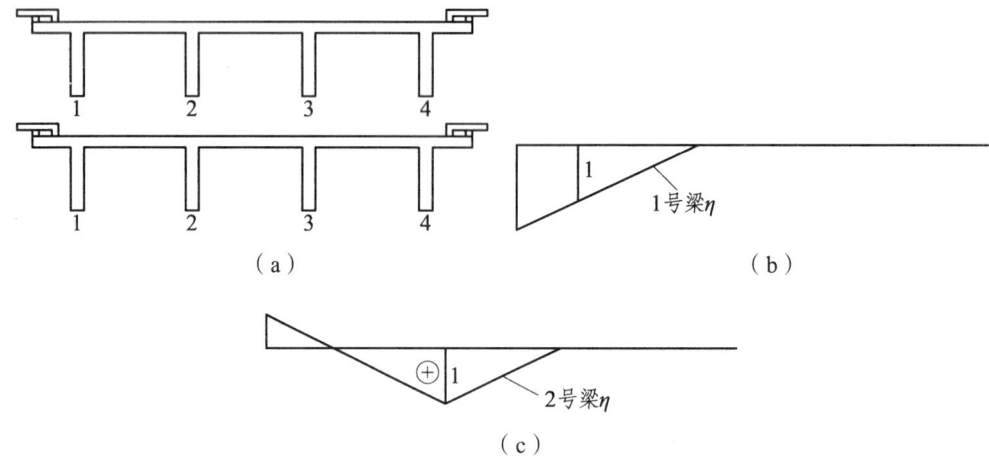

图 5.3.11 按杠杆原理法计算荷载横向分布系数

图 5.3.11 所示为一座由四片 T 梁组成的装配式梁式桥。当桥上有汽车荷载作用时，按照这样的假定，作用在左边悬臂板 1—2 上的轮重只传递给 1 号和 2 号梁，作用在中部简支板 2—3 上的荷载只传给 2 号和 3 号梁，也就是说，板上的轮重按简支梁反力的方式分配给左右两片主梁，而每片梁反力的大小只要利用简支板的静力平衡条件即可求出，这就是通常所谓作用力平衡的"杠杆原理"。如果主梁所支承的相邻两块板上都有荷载，则该梁所受的荷载是两个支承反力之和。

有了各根主梁的荷载横向分布影响线，就可根据各种活载的最不利荷载位置求得相应的横向分布系数。对于汽车、人群荷载的横向分布系数，可按下式计算：

$$汽车\ m_{oq} = \frac{1}{2}\sum \eta_i \tag{5.3.18}$$

$$人群\ m_{or} = \eta_r \tag{5.3.19}$$

式中　η_i，η_r——对应于汽车和人群荷载集度的荷载横向分布影响线竖标。

杠杆原理法适用于计算荷载位于主梁支点时的荷载横向分布系数。此时，主梁的支承度远大于主梁间横向联系的刚度，受力特征与杠杆原理法接近。另外该法也可用于双根主梁桥的荷载横向分布计算。

【例 5-2】 图 5.3.12（a）所示为一座桥面净空为 7 m + 2 × 0.75 m 人行道的钢筋混凝土 T 梁桥。试求荷载位于支点时 1 号梁和 2 号梁相应于公路—Ⅰ级汽车荷载和人群荷载的横向分布系数。

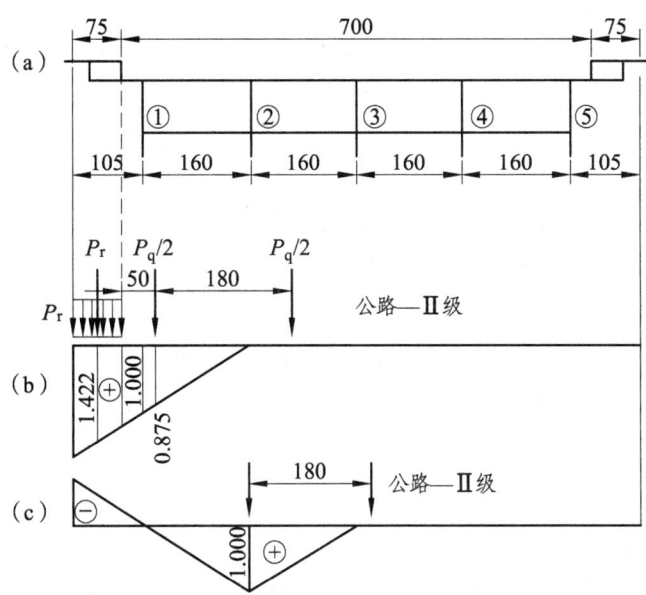

（a）桥梁横截面；（b）1 号梁荷载横向分布影响线；（c）2 号梁荷载横向分布影响线。

图 5.3.12　杠杆原理法计算横向分布系数（单位：cm）

【解】 当荷载位于支点时，应按杠杆原理法计算荷载横向分布系数。首先绘制 1 号梁和 2 号梁的荷载横向分布影响线，如图 5.3.12（b）和图 5.3.12（c）所示。在横向分布影响线上确定荷载横向最不利的位置，并由此求得相应于荷载位置的影响线竖标值后，可得 1 号梁的荷载横向分布系数（公路Ⅰ级）为：

$$m_{oq} = \frac{1}{2} \sum \eta_i = \frac{0.875}{2} = 0.438$$

人群荷载：

$$m_{or} = \eta_r = 1.422$$

同理，可得 2 号梁的荷载横向分布系数 $m_{oq} = 0.5$，$m_{or} = 0$。这里在人行道上没有布载，是因为人行道荷载引起的负反力，在考虑荷载组合时反而会减小 2 号梁的受力。

2）偏心压力法

根据试验与理论分析，对于具有中横隔梁且桥的宽跨比 $\frac{B}{l}$ 小于或接近 0.5 时（一般称为窄桥），当荷载作用在桥上时，中间横梁的弹性挠曲变形与主梁的挠曲变形相比微不足道。也就是说，中间横梁像一片刚度无穷大的刚性梁一样保持直线形状，如图 5.3.13（a）。这种把横梁当作支承在各片主梁上的连续刚体，计算荷载横向分布系数的方法称为"偏心受压法"，亦称"刚性横梁法"。

图 5.3.13（b）所示为一座由五片主梁组成的梁桥的跨中截面。各片主梁的抗弯刚度为 EI_i，各片主梁距截面扭转中心点 O 的距离为 a_i，集中荷载 P 作用在离截面扭转中心 O 距离为 e 处。下面分析荷载 P 在各片主梁上的横向分布情况。

（1）偏心荷载 P 对主梁的荷载分布

由于假定横梁是刚性体的，所以可以按刚体力学关于力的平移原理将荷载 P 移到 O 点，用一个作用在中心线上的竖向力 P 和一个作用于刚性横梁上的偏心力矩 $M = Pe$ 叠加来代替，如图 5.3.13（c）所示。偏心荷载 P 的作用应为 P 和 M 作用的叠加。

① 中心荷载 P 的作用

由于假定横梁是刚性的，且荷载 P 通过截面扭转中心线，因此横梁只做平行下挠，如图 5.3.13（d）所示，各片主梁的挠度相等，即：

$$w'_1 = w'_2 = \cdots = w'_n \tag{5.3.20}$$

根据材料力学中简支梁跨中荷载与挠度的关系，再由静力平衡条件，可以求得中心荷载 P 在各片主梁间的荷载分布为：

$$R'_i = \frac{I_i}{\sum I_i} P \tag{5.3.21}$$

② 偏心力矩 $M = Pe$ 的作用

在偏心力矩 $M = Pe$ 作用下，横梁绕扭转中心 O 有一个微小的转动角 φ，如图 5.3.13（e）所示，因此各片主梁产生的竖向挠度可表示为：

$$w'_i = a_i \tan\varphi \tag{5.3.22}$$

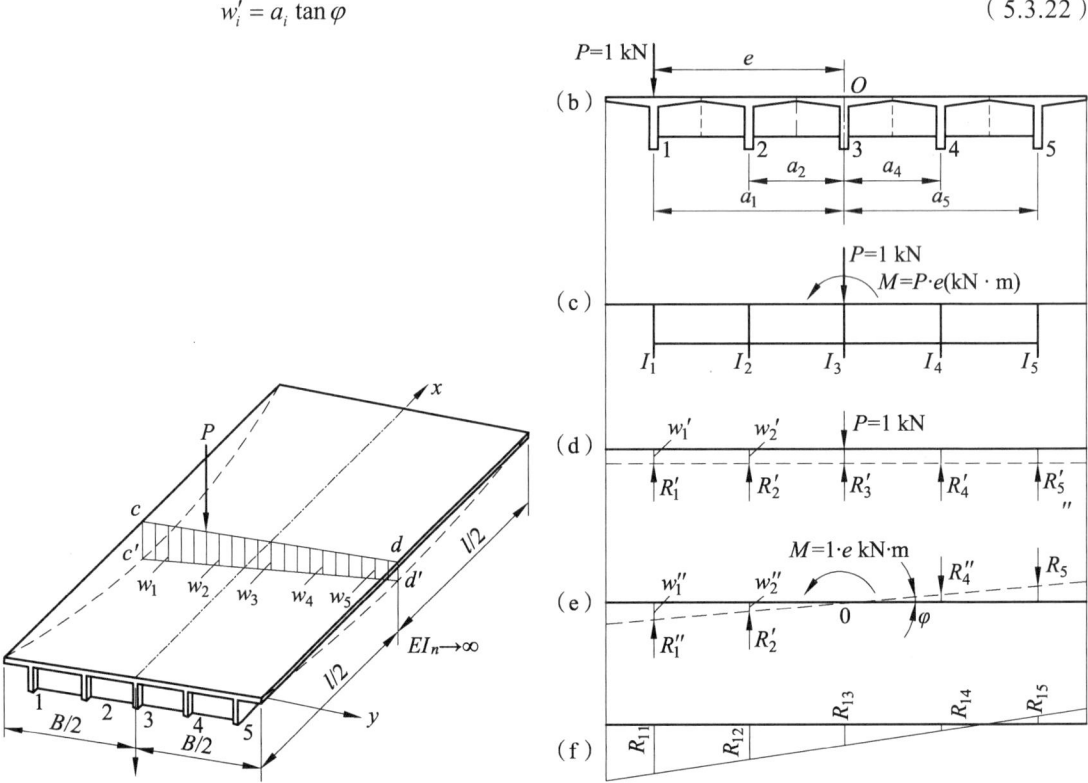

图 5.3.13　偏心压力法计算图式

根据简支梁跨中荷载与挠度的关系,再由力矩平衡条件,可以求得偏心矩 M 作用下各片主梁所分配的荷载为:

$$R_i^m = \frac{ea_iI_i}{\sum a_i^2 I_i} P \tag{5.3.23}$$

式中,e 为荷载作用位置,如果荷载不是作用在中心线的左侧,如图 5.3.13(b)所示,而是作用在右侧,则 e 取负值。

③ 偏心荷载 P 对主梁的总作用

在偏心荷载作用下,每片主梁分配到的荷载,等于上述①和②两种情况叠加。令 $P=1$ 即可得到在偏心单位集中力作用下各主梁分配到的荷载为:

$$R_i = \frac{I_i}{\sum I_i} + \frac{ea_iI_i}{\sum a_i^2 I_i} \tag{5.3.24}$$

当荷载 $P=1$ 作用在 1 号边梁轴线上(此时 $e=a_1$),2 号梁分得的荷载(此时 $a_i=a_2$ 为:

$$R_{21} = \frac{I_2}{\sum I_i} + \frac{a_1 a_2 I_2}{\sum a_i^2 I_i}$$

式中,R_{21} 的第一个脚标表示由于该荷载引起反力的梁号,第二个脚标则表示荷载 $P=1$ 的作用位置。

设单位荷载 $P=1$ 作用在 k 号梁轴上($e=a_k$),任意 i 号梁所分配荷载的一般公式为:

$$R_{ik} = \frac{I_i}{\sum I_i} + \frac{a_1 a_2 I_i}{\sum a_i^2 I_i} \tag{5.3.25a}$$

$$R_{ik} = R_{ki} \frac{I_i}{I_k} \tag{5.3.25b}$$

式中,如果荷载作用点与所求主梁在中心线的一侧,e 取正值;如荷载作用点与所求主梁在中心线两侧,则 e 取负值。当荷载 $P=1$ 作用在 1 号梁轴线上时,1 号梁和 5 号梁所分担的荷载为:

$$R_{11} = \frac{I_1}{\sum I_i} + \frac{a_1 a_2 I_1}{\sum a_i^2 I_i} \tag{5.3.26a}$$

$$R_{51} = \frac{I_5}{\sum I_i} + \frac{a_1 a_2 I_5}{\sum a_i^2 I_i} \tag{5.3.26b}$$

求得了各梁所受的荷载,就可以绘制 $P=1$ 作用在 1 号梁上时对各根梁的荷载分布图,如图 5.3.13(f)所示。由于各梁挠度呈直线规律变化,某一主梁的横向分布影响线必然也成线性分布,故实际上只要计算两根边梁的荷载值 R_{11} 和 R_{51} 就足够了。

(2)利用荷载横向影响线求主梁的荷载横向分布系数

以上论述了沿桥的横向只有一个集中荷载作用的情况。然而实际沿横向作用的车轮荷载不止一个,此时通常利用横向分布影响线来计算横向一排(几个)荷载对某根主梁的总影响。

公式（5.3.25）中的 R_{ik} 就是 i 号梁的荷载横向影响线在 k 梁位处的竖标值，通常写成 η_{ik}。如以 1 号梁为例，它的横向影响线的两个控制标值就是：

$$\eta_{11} = R_{11} = \frac{I_1}{\sum I_i} + \frac{a_1^2 I_1}{\sum a_i^2}$$

$$\eta_{15} = R_{15} = \frac{I_1}{\sum I_i} - \frac{a_1 a_5 I_1}{\sum a_i^2 I_i}$$

若各主梁的截面均相同，上式可简化成：

$$\eta_{11} = \frac{1}{n} + \frac{a_1^2}{\sum a_i^2} \qquad (5.3.27a)$$

$$\eta_{15} = \frac{1}{n} - \frac{a_1 a_5}{\sum a_i^2} \qquad (5.3.27b)$$

有了荷载横向影响线，就可以根据荷载沿横向的最不利位置来计算相应的横向分布系数。在汽车荷载作用下主梁 i 的荷载横向分布系数：

$$m_q = \frac{1}{2}\sum \eta_i = \frac{1}{2}(\eta_{i1} + \eta_{i2} + \cdots + \eta_{in})$$

【例 5-3】 一座计算跨度 $l = 19.50$ m 的钢筋混凝土 T 形简支梁，其横截面如图 5.3.14（a）所示，设有 3 片中横隔梁。试求荷载位于跨中时 1 号边梁的荷载横向分布系数 m_{cq}（公路-Ⅰ级汽车荷载）和 m_{cr}（人群荷载）。

【解】 因为此桥设有刚度强大的中横隔梁，且承重结构的跨宽比为：

$$\frac{l}{B} = \frac{19.50}{5 \times 1.60} = 2.4 > 2$$

故当荷载位于跨中时可按偏心压力法来计算横向分布系数 m_{cq} 和 m_{cr}。

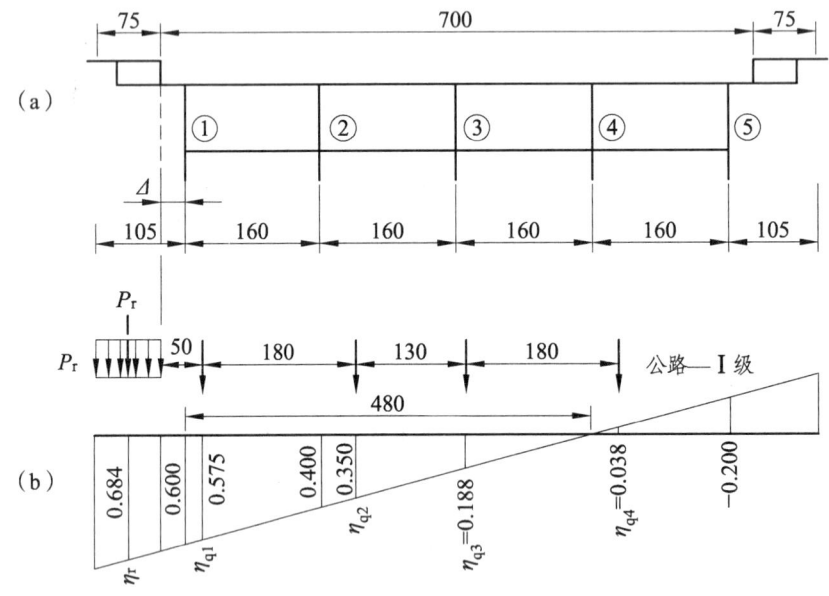

图 5.3.14 偏心压力法计算横向分布系数图示（单位：cm）

(1)求荷载横向分布影响线竖标。

本桥各根主梁的横截面均相等,梁数 $n = 5$,梁间距为 1.60 m,则:

$$\sum_{i=1}^{5} a_i^2 = a_1^2 + a_2^2 + a_3^2 + a_4^2 + a_5^2$$
$$= (2\times1.60)^2 + 1.60^2 + 0 + (-1.60)^2 + (-2\times1.60)^2 = 25.60 \ (\text{m}^2)$$

由式(5.3.27)得,1号梁在两个边主梁处的横向影响线的竖标值为:

$$\eta_{11} = \frac{1}{n} + \frac{a_1^2}{\sum_{i=1}^{n} a_i^2} = \frac{1}{5} + \frac{(2\times1.60)^2}{25.60} = 0.20 + 0.40 = 0.60$$

$$\eta_{15} = \frac{1}{n} + \frac{a_1 a_s}{\sum_{i=1}^{n} a_i^2} = 0.20 - 0.40 = -0.20$$

(2)绘出荷载横向分布影响线,并按最不利位置布载。

如图 5.3.14(b)所示,人行道缘石至 1 号梁轴线的距离 Δ 为:

$$\Delta = 1.05 - 0.75 = 0.3 \ (\text{m})$$

荷载横向分布影响线的零点至 1 号梁轴线的距离为 x,可按比例关系:
$\dfrac{x}{0.60} = \dfrac{4\times1.60-x}{0.2}$ 解得 $x = 4.80$ m。并据此计算出对应各荷载点的影响线竖标 η_{qi} 和 η_r。

(3)计算荷载横向分布系数 m_{cq} 和 m_{cr}。

1号梁的活载横向分布系数分别计算如下:

汽车荷载:

$$m_{cq} = \frac{1}{2}\sum \eta_q = \frac{1}{2}(\eta_{q1} + \eta_{q2} + \eta_{q3} + \eta_{q4})$$
$$= \frac{1}{2} \times \frac{0.60}{4.80}(4.60 + 2.80 + 1.50 - 0.30) = 0.538$$

人群荷载:

$$m_{cr} = \eta_r = \frac{\eta_{11}}{x} x_r = \frac{0.60}{4.80} \times \left(4.80 + 0.30 + \frac{0.75}{2}\right)$$

求得 1 号梁的各种载荷分布系数后,就可以得到各类荷载分布至该梁的最大荷载值。

3)修正的偏心压力法

前面已经推出按偏心压力法计算荷载横向影响线坐标(以 1 号梁为例)的公式为:

$$\eta_{1i} = \frac{I_1}{\sum I_i} \pm \frac{a_1 a_2 I_1}{\sum a_i^2 I_1}$$

式中,等号右边第一项是由中心荷载 $P = 1$ 引起的,此时各主梁只发生均匀下挠而无转动,显然它与主梁的抗扭无关;等号右边第二项源于偏心力矩 $M = P \cdot e$ 的作用,此时,由于截面的转动，各主梁不仅发生竖向挠度，还同时发生扭转，而在上式中却没有计入抗扭作用。可见，要计入主梁抗扭影响，需修正等式右边第二项。

通过分析外力矩 $M = P \cdot e$ 作用下的变形和受力情况，如图 5.3.15，得到考虑主梁抗扭刚度后任意第 i 号梁的横向影响线竖坐标为：

$$\eta_{ij} = \frac{I_i}{\sum I_i} \pm \beta \frac{ea_i I_i}{\sum a_i^2 I_i} \tag{5.3.28}$$

式中：

$$\beta = \frac{1}{1 + \dfrac{Gl^2 \sum I_{Ti}}{12E \sum a_i^2 I_i}}$$

β 称为抗扭修正系数，它仅与结构尺寸和材料特性相关，与梁体编号无关。上式与偏心压力法不同点在于等式右边第二项乘了小于 1 的抗扭修正系数 β，所以称为"修正偏心压力法"。

实际计算时，式中混凝土的剪切模量 G 可取 $0.425E$，I_{Ti} 为第 i 号主梁的抗扭惯矩，根据截面形状采用相应的计算公式。

用偏心压力法（修正的偏心压力法）计算荷载横向分布系数，概念明确，是工程设计中较为常用的方法。对于宽跨比 $\dfrac{B}{l} \leqslant 0.5$ 且有中横隔梁的梁桥，计算跨中荷载时，偏心压力法不失为一个比较精确而简单的方法。

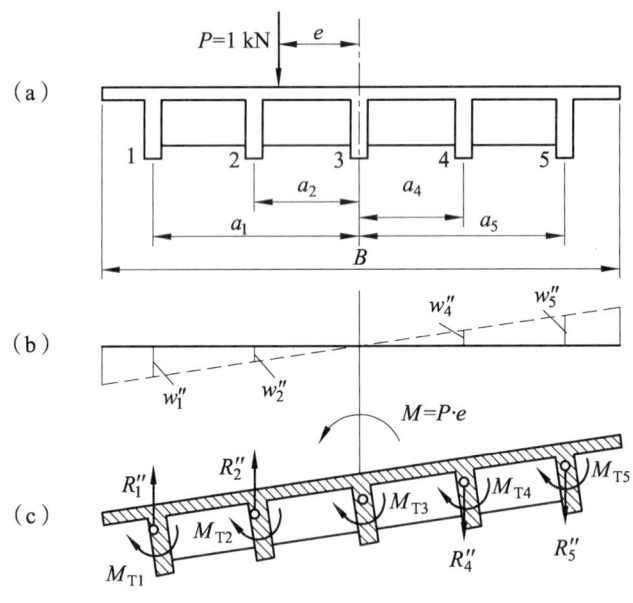

图 5.3.15 修正刚性横梁法计算图式

4）铰接板（梁）法

装配式钢筋混凝土、预应力混凝土铰接板（梁）桥广泛应用于中小跨度公路梁桥。装配式铰接板（梁）桥的各板块（梁）之间，通过沿桥跨方向的混凝土铰缝连接在一起。

（1）计算假定与荷载转换

图 5.3.16（a）所示为一混凝土企口缝连接（铰接）的装配式板桥承受荷载 P 的变形图式。把桥跨结构在纵向沿主梁连接处（铰缝）切开，切口处的赘余力有竖向剪力 $g(x)$、横向弯矩 $m(x)$、纵向剪力 $t(x)$ 和法向力 $n(x)$，见图 5.3.16（b）。通过精确分析，发现 $m(x)$、$t(x)$ 和 $n(x)$ 的影响很小，可以忽略不计。为了简化计算，假定在竖向荷载作用下铰缝只传递剪力 $g(x)$，如图 5.3.16（c）所示。

板与板之间的铰接缝沿纵向是一条连续的构造，当 1 号板跨中受集中力 $P=1$ 作用时，各铰接缝沿全长产生均匀分布的垂直剪切力，并通过它们将荷载分布于整个桥面结构。研究荷载横向分布时，可以将集中力 P 用正弦连续分布荷载 $p(x) = p_0 \sin\dfrac{\pi x}{l}$ 来替代。这样不仅能使荷载、挠度和内力三者的变化规律协调统一，而且实际工程计算可行。

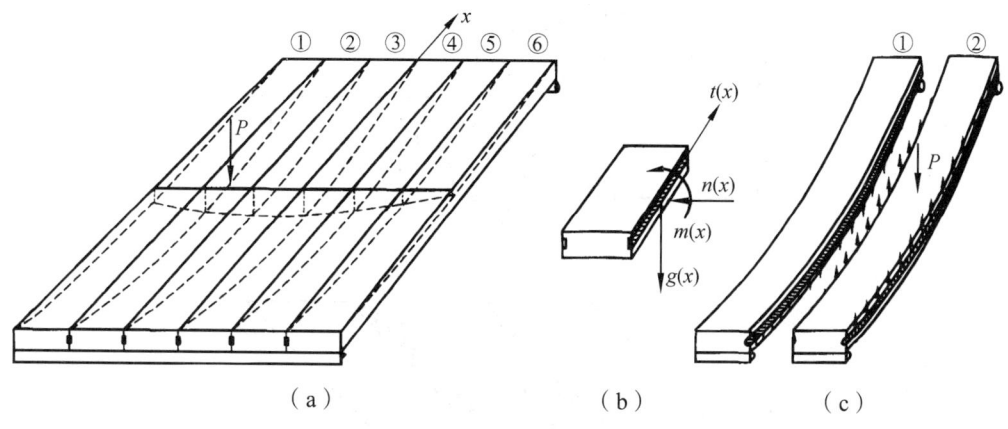

图 5.3.16　铰接板桥受力示意图

（2）铰接板（梁）桥的荷载横向分布计算

为了介绍铰接板（梁）桥荷载横向分布理论的一般情况，我们从铰接 T 形梁出发，建立铰接力 $g_i(x)$ 的正则方程，并求解。

图 5.3.17 表示四根同样截面的 T 形梁，通过铰并排连接在一起，梁的编号为 1、2、3、4。设在 1 号梁轴上作用有单位正弦荷载 $p(x) = 1\sin\dfrac{\pi x}{l}$，在铰上产生的未知铰接力 $g_i(x)$ 也同样按半波正弦曲线分布，按超静定结构体系[图 5.3.17（b）]求解未知铰接力的峰值 g_i 时，其正则方程为：

$$\delta_{11}g_1 + \delta_{12}g_2 + \delta_{13}g_3 + \delta_{1p} = 0 \tag{5.3.29a}$$

$$\delta_{21}g_1 + \delta_{22}g_2 + \delta_{23}g_3 + \delta_{2p} = 0 \tag{5.3.29b}$$

$$\delta_{31}g_1 + \delta_{32}g_2 + \delta_{33}g_3 + \delta_{3p} = 0 \tag{5.3.29c}$$

式中，g_i、δ_{ik} 和 δ_{ip} 是沿桥跨方向为正弦曲线 $\sin\dfrac{\pi x}{l}$ 的铰接力及梁的变形在跨中的峰值。

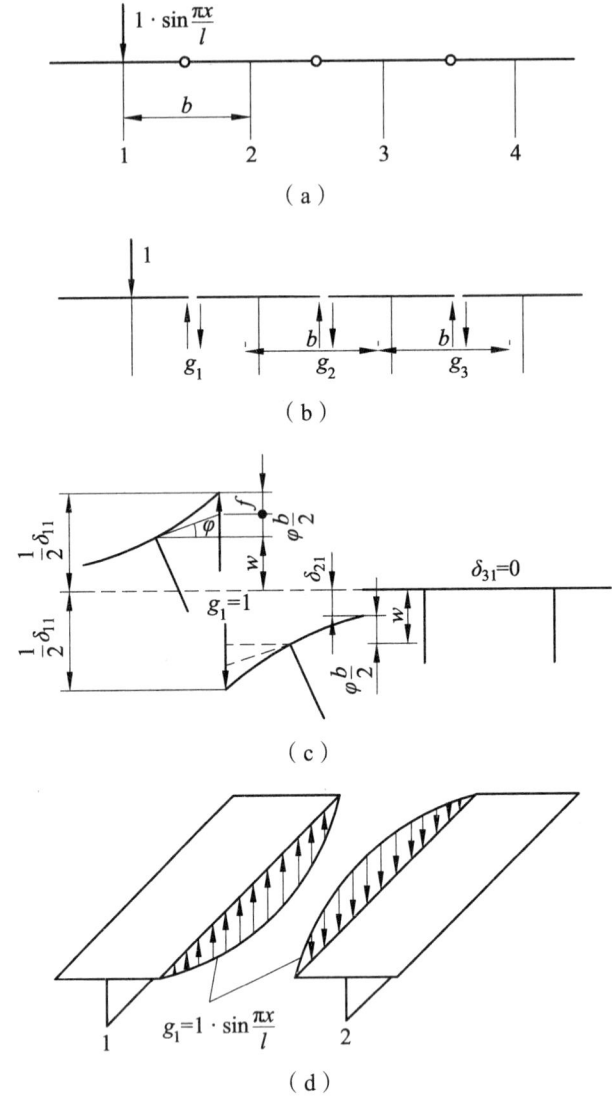

图 5.3.17 铰接 T 梁桥计算图式

图 5.3.17（c）表示当 $g_1=1$，而其他铰接力为零时的变位情况。在铰接力 $g_1=1$ 作用下，1 号梁在设铰处的竖向位移由三部分组成，它们是：

① 梁的竖向挠度 ω。

② 由扭转角 φ 引起的竖向位移 $\varphi\dfrac{b}{2}$。

③ 悬臂板的弹性挠度 f，如图 5.3.17 所示。

$$f=\frac{d_1^3}{3EI_1}=\frac{4d_1^3}{Eh_1^3} \tag{5.3.30}$$

式中　I_1——单位板宽的抗弯惯矩；
　　　d_1——相邻两主梁腹板净距的 1/2；

h_1——相当于 I_1 的常厚度板的厚度，如板厚从腹板至悬臂端按直线变化时，可取靠腹板 $\frac{1}{3}d_1$ 处的厚度。

在 $g_1=1$（其他铰接力为零）作用下，2 号梁产生与 1 号梁相反而同值的竖直挠度[图 5.3.17（c）]。因此，1、2 号梁在设铰处的相对位移，由图图 5.3.17（c）可知为：

$$\delta_{11} = 2\left(\omega + \varphi\frac{b}{2} + f\right)$$

因每根主梁的截面相同，所以：

$$\delta_{11} = \delta_{22} = \delta_{33}$$

$$\delta_{23} = \delta_{21} = \omega + \left(-\varphi\frac{b}{2}\right) = \omega - \varphi\frac{b}{2}$$

按弹性变形互等定理有：$\delta_{12} = \delta_{21} = \delta_{23} = \delta_{32}$，$\delta_{13} = \delta_{31} = 0$。在基本体系中，单位铰接力 $g_1=1$ 对于③号切口的相对位移没有影响。

此外，作用于 1 号梁轴的外荷载 $\sin\frac{\pi x}{l}$ 产生的位移为：

$$\delta_{1p} = -\omega$$

$$\delta_{2p} = \delta_{3p} = 0$$

令扭转位移与主梁挠度之比为 γ，则：

$$\gamma = \frac{\varphi\frac{b}{2}}{\omega} = \frac{\pi^2 EI}{4GI_t}\left(\frac{b}{l}\right)^2 = 5.8\frac{I}{I_t}\left(\frac{b}{l}\right)^2 \tag{5.3.31}$$

再令悬臂板挠度与主梁挠度之比为 β，则：

$$\beta = \frac{f}{w} = \frac{\pi^4 I d_1^3}{3I^4 I_1} = 390\frac{Id_1^3}{I^4 h_1^3} \tag{5.3.32}$$

将前述的变形系数 δ_{ii} 和 δ_{ik} 代入式（5.3.29），并利用式（5.3.31）和式（5.3.32）简化，可以得到含有参数 γ 和 β 的方程组：

$$2(1+\gamma+\beta)g_1 - (1-\gamma)g_2 = 1 \tag{5.3.33a}$$

$$-(1-\gamma)g_1 + 2(1+\gamma+\beta)g_2 - (1-\gamma)g_3 = 0 \tag{5.3.33b}$$

$$-(1-\gamma)g_2 + 2(1+\gamma+\beta)g_3 = 0 \tag{5.3.33c}$$

解方程（5.3.33）可求得 g_1、g_2、g_3，显然各梁所分配到的荷载为：

$$\eta_{11} = 1 - g_1 \tag{5.3.34a}$$

$$\eta_{21} = g_1 - g_2 \tag{5.3.34b}$$

$$\eta_{31} = g_2 - g_3 \tag{5.3.34c}$$

$$\eta_{41} = g_3 \tag{5.3.34d}$$

式中，η_{i1} 中的第二个脚标表示荷载作用的梁号，i 表示被分配到荷载的梁号。因为挠度与荷载互成正比，且根据弹性挠度互等定理，$\eta_{i1}=\eta_{1i}$，式（5.3.34）所示的 η_{i1} 实际上就是 1 号梁的荷载横向分布影响线竖向坐标值。

其他各梁的荷载横向分布影响线求法与 1 号梁类似。但值得一提的是，参数 γ 一般比值 β 要大（在铰接板中 $\beta\approx 0$，在不影响计算精确度的条件下，可以令参数 $\beta=0$），《公路桥梁荷载横向分布计算》一书中有关铰接板（梁）的荷载横向分布影响线表中的坐标值 η_{ik} 是在忽略 β 的情况下得出的。如果 $\dfrac{\beta}{1+\gamma}>5\%$ 时，需考虑 β 的影响，此时，对表中之值进行如下修正。设 $\bar{\eta}_{ii(\beta)}$ 和 $\bar{\eta}_{ik(\beta)}$ 为修正后的坐标值，则

$$\bar{\eta}_{ii(\beta)}=\eta_{ii}+\frac{\beta}{1+\gamma}(1-\eta_{ii}) \tag{5.3.35}$$

$$\bar{\eta}_{ik(\beta)}=\eta_{ik}-\frac{\beta}{1+\gamma}\eta_{ik} \tag{5.3.36}$$

铰接板（梁）法适用于无中横隔梁 T 形梁桥或企口缝连接的板桥，当荷载作用于跨中时计算荷载横向分布系数。

5) 刚接板（梁）法

刚接板（梁）法的基本假定为：相邻主梁间为刚接，也就是说在连接处除了传递剪力外，还要传递弯矩。它适用于有中横隔梁且翼缘板为刚性连接的 T 梁桥以及整体式板桥，当荷载作用于跨中时计算荷载横向分布系数。其计算原理和实用计算方法参见相关资料。

6) 比拟正交异性板法（G-M 法）

比拟正交异性板法（简称 G-M 法）是根据板理论求解荷载横向分布系数的方法。G-M 法的基本原理是将上部结构[图 5.3.18（a）所示]的主梁间距 b 范围内的桥面板和主腹板组成的截面抗弯惯矩 I_x 和抗扭惯矩 I_{Tx} 均匀分摊于 b 宽度，将横隔梁间距 a 范围内的桥面板和横隔腹板组成的截面抗弯惯矩 I_y 和抗扭惯矩 I_{Ty} 均匀分摊于 a 宽度，这样就把实际的纵横梁格系比拟成了一块假想的矩形平板，如图 5.3.18（b）所示。图中沿 x 方向的板厚表示成虚线，这说明所比拟的板在 x 和 y 两个方向的换算厚度是不同的。此时，比拟板在纵向和横向每米宽度的截面抗弯惯矩和抗扭惯矩相应为：

$$J_x=\frac{I_x}{b} \text{ 和 } J_{Tx}=\frac{I_{Tx}}{b}$$

$$J_y=\frac{I_y}{b} \text{ 和 } J_{Ty}=\frac{I_{Ty}}{b}$$

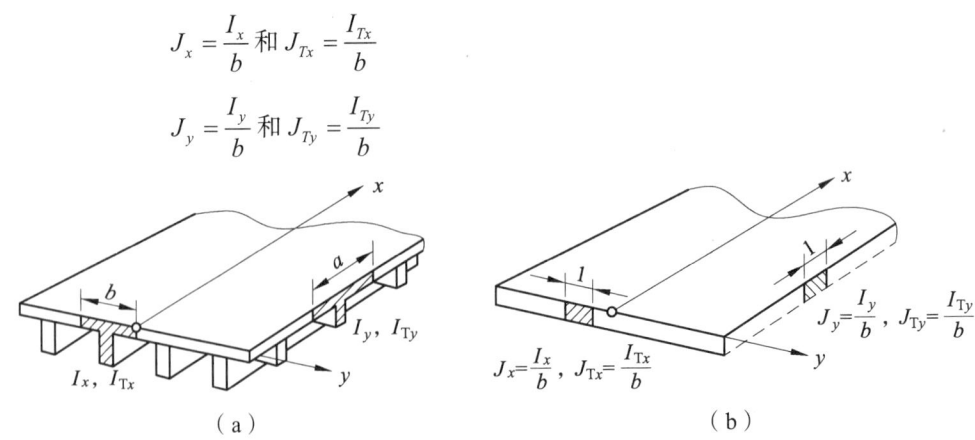

图 5.3.18 实际结构换算成比拟板的图示

对于肋梁式钢筋混凝土或预应力混凝土结构，为了简化分析，可近似忽略混凝土泊松比的影响。这样便得到一块在 x 和 y 两个正交方向单宽截面抗弯刚度为 EI_x、EI_y 和单宽抗扭刚度为 EI_{Tx}、EI_{Ty} 的比拟正交异性板（图 5.3.18）。比拟正交（构造）异性板的挠曲微分方程来求解原理和实用计算方法可参见相关资料。

7）荷载横向分布系数沿桥跨的变化

在以上所介绍计算荷载横向分布的所有方法中，通常用"杠杆原理法"来计算荷载位于支点处的横向分布系数 m_0，其他方法均适用于计算荷载位于跨中的横向分布系数 m_c。荷载位于桥跨其他位置时横向分布系数 m 可以用图 5.3.19 所示的近似处理方法来确定。

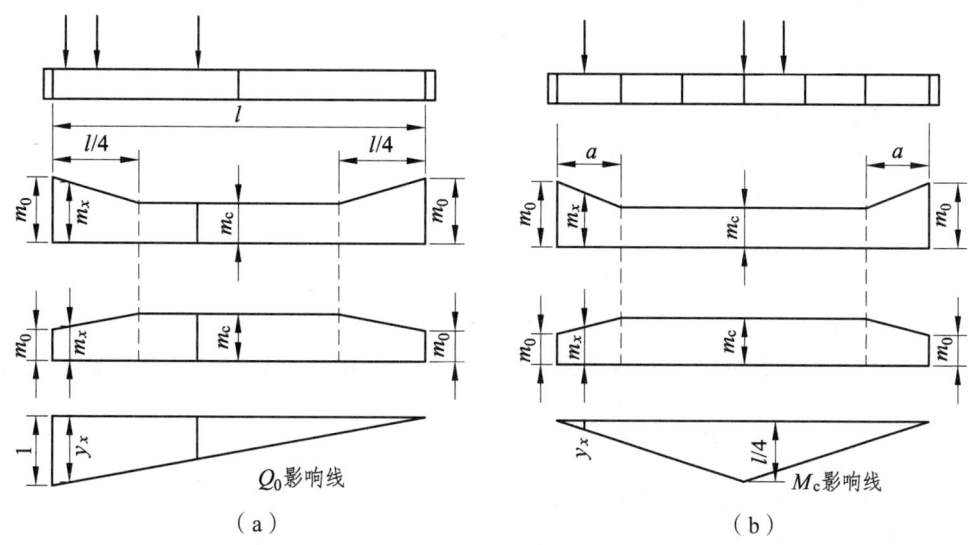

图 5.3.19　m 沿跨长变化

对于无中间横隔梁或仅有一根中横隔梁的情况，跨中部分采用不变的 m_c，从离支点 $\frac{1}{4}$ 处起至支点的区段内 m_x 呈直线型过渡。对于有多根内横隔梁的情况，m_c 从第一根内横隔梁起向 m_0 直线型过渡。这样，主梁上的汽车荷载因其纵向位置不同，相应有不同的横向分布系数。

实际设计中，当求简支梁跨中最大弯矩时，鉴于主要荷载位于跨中区段，靠近支座处的荷载对弯矩的影响很小，为简化起见，通常均可按不变化的 m_c 来计算。对于其他截面的弯矩计算，一般也可取用不变的 m_c。

计算主梁梁端截面的最大剪力时，鉴于主要荷载位于所考虑一端的 m 变化区段内，而且相对应的内力影响线坐标均接近最大值，因此要考虑该段内横向分布系数变化的影响，而位于远端附近的荷载可近似取用不变的 m_c 来简化计算。跨内其他截面的主梁剪力，可视具体情况考虑 m 沿桥跨变化的影响。

3. 汽车、人群作用效应计算

前面已讨论了荷载横向分布系数的计算。当荷载横向分布系数确定后，就可以具体确定作用在一根主梁上的荷载数值，然后用一般工程力学方法计算在汽车、人群荷载作用下截面产生的内力。截面内力计算的一般公式可表达如下：

$$S = (1+\mu) \cdot \xi \cdot \sum m_i \cdot P_i \cdot y_i \quad (5.3.37)$$

对于汽车荷载，将集中荷载直接布置在内力影响线数值最大的位置，其计算公式为：

$$S_{汽} = (1+\mu) \cdot \xi \cdot (m_c \cdot q_k \cdot \omega + m_i \cdot P_k \cdot y_i) \quad (5.3.38)$$

对于人群荷载，计算公式为：

$$S_人 = m_c q_r \omega \quad (5.3.39)$$

式中 S——所求截面的弯矩或剪力；

$1+\mu$——汽车荷载冲击系数，按相关规定取值；

ξ——车道横向折减系数，按相关规定取用；

m_i——沿桥跨纵向与荷载位置对应的横向分布系数；

P_k——车道荷载中的集中荷载标准值；

y_i——沿桥跨纵向与荷载位置对应的内力影响线坐标值；

m_c——跨中荷载横向分布系数；

q_r——纵向每延米人群荷载标准值；

ω——弯矩、剪力影响线的面积。

注意，当利用公式（5.3.37）和公式（5.3.38）计算支点截面的剪力或靠近支点截面的剪力时，须计入由于荷载横向分布系数在梁端区段内发生变化而引起的内力增（或减）值，即：

$$\Delta S = (1+\mu)\xi \cdot \frac{a}{2}(m_0 - m_c) q \bar{y} \quad (5.3.40)$$

式中 a——荷载横向分布系数过渡段长度；

q——每延米均布荷载标准值（计算汽车荷载时为 q_k，人群荷载为 q_r）；

$\bar{y}$——m 变化区荷载重心处对应的内力影响线坐标。

其余符号意义同前。

4. 内力组合及配筋

计算出各种荷载作用下截面的最大内力后，按桥规有关规定进行内力组合，然后再按照结构设计理论及桥规的有关规定进行主梁的配筋。

【例 5-4】 以例 5-1 所示的五梁式装配式钢筋混凝土简支梁桥为例，桥梁上作用的汽车荷载为公路-I 级，人群荷载 $q_r = 3.0$ kN/m²，按承载力极限状态设计时，计算边主梁跨中以及支点截面的设计内力。（已知每侧的栏杆及人行道构件重量为 5 kN/m）

【解】（1）计算恒载自重内力。

① 计算结构自重 g。

主梁：$g_1 = \left[0.18 \times 1.30 + \left(\dfrac{0.08 + 0.14}{2} \right)(1.60 - 0.18) \right] \times 25 = 9.76$（kN/m）

边主梁的横隔梁：

$g_2 = \left\{ \left[1.00 - \left(\dfrac{0.08 + 0.14}{2} \right) \right] \times \left(\dfrac{1.60 - 0.18}{2} \right) \right\} \times \dfrac{0.15 + 0.16}{2} \times \dfrac{5 \times 25}{19.5} = 0.63$（kN/m）

桥面铺装：

$$g_3 = \frac{\left[0.02 \times 7.00 \times 23 + \frac{1}{2}(0.06 + 0.12) \times 7.00 \times 24\right]}{5} = 3.67 \text{（kN/m）}$$

栏杆和人行道：$g_4 = \dfrac{5 \times 2}{5} = 2.00$（kN/m）

作用于边主梁的全部恒载：

$$g = \sum g_i = 9.76 + 0.63 + 3.67 + 2.00 = 16.06 \text{（kN/m）}$$

② 计算结构自重内力。

边主梁自重产生的内力列于表 5.3.1。

表 5.3.1　边主梁自重产生的内力

内力		弯矩/(kN·m)	剪力/kN
截面	$x=0$	0	$\dfrac{16.06}{2} \times 19.5 = 156.6$
	$x=\dfrac{1}{2}$	$\dfrac{1}{8} \times 16.06 \times 18.5^2 = 763.4$	0

（2）计算活载内力。

① 计算荷载横向分布系数。

根据之前例子计算的结果，将边主梁在汽车荷载、人群荷载作用下的横向分布系数汇总于表 5.3.2。

表 5.3.2　荷载横向分布系数

梁号	荷载位置	公路-Ⅰ级	人群荷载	备注
边主梁	跨中	0.538	0.684	按偏心压力法计算，见例 5-3
	支点	0.438	1.422	按杠杆法计算，见例 5-2

② 计算冲击系数。

对于简支梁桥采用《桥规 JTG D60》给出的估算公式计算：

$$f = \frac{\pi}{2l^2}\sqrt{\frac{EI_c}{m_c}}, \text{ 其中 } m_c = \frac{G}{g}$$

$$\mu = 0.175\,7\ln f - 0.015\,7$$

式中：

$$G = A \times \gamma = 0.390\,2 \times 25 = 9.76 \text{（kN/m）}$$

$$\frac{G}{g} = \frac{9.76}{9.81} = 0.995 \times 10^3 \text{（Ns}^2/\text{m}^2\text{）}$$

$I_c = 0.066\ 146\ \text{m}^4$，$E$ 取 $3 \times 10^{10}\ \text{N/m}^2$

$$f = \frac{3.14}{2 \times 19.5^2} \times \sqrt{\frac{3 \times 10^{10} \times 0.066\ 146}{0.995 \times 10^3}} = 5.831\ (\text{Hz})$$

$$\mu = 0.176\ 7\ln f - 0.015\ 7 = 0.296$$

$$1 + \mu = 1.296$$

③ 计算均布荷载和内力影响线面积（表 5.3.3）。

表 5.3.3　均布荷载和内力影响线面积计算表

类型		公路-I 级均布荷载/（kN/m）	人群/（kN/m）	影响线面积	影响线端点竖标 y
截面	$M_{\frac{1}{2}}$	10.5	$3.0 \times 0.75 = 2.25$	$\Omega = \frac{1}{8}l^2 = \frac{1}{8} \times 19.5^2 = 47.53\ (\text{m}^2)$	$y = \frac{l}{4} = 4.875$
	$Q_{\frac{1}{2}}$	10.5	2.25	$\Omega = \frac{1}{2} \times \frac{1}{2} \times 19.5 \times 0.5 = 2.438\ (\text{m}^2)$	0.5
	Q_0	10.5	2.25	$\Omega = \frac{1}{2} \times 19.5 \times 1 = 9.75\ \text{m}$	1

④ 计算公路-I 级集中荷载 $P_k P_k$。

计算弯矩效应时：$P_k = 2 \times (19.5 + 130) = 299\ (\text{kN})$

计算剪力效应时：$P_k = 1.2 \times 299 = 358.8\ (\text{kN})$

⑤ 计算跨中弯矩 $M_{\frac{1}{2}}$、跨中剪力 $Q_{\frac{1}{2}}$。

计算跨中截面内力时均采用跨中荷载横向分布系数，并按公式（5.3.37）和公式（5.3.38）计算。因双车道不折减，故 $\xi = 1$。将计算结果汇总于表 5.3.4。

表 5.3.4　跨中截面内力

截面	荷载类型	q_k 或 q_r（kN）	P_k（kN）	$(1+\mu)$	m_c	Ω 或 y	S（kN·m 或 kN）	
							S_i	S
$M_{\frac{1}{2}} M_{\frac{1}{2}}$	公路-I 级	10.5	299	1.296	0.538	47.53	348.0	1 364.3
						$y = \frac{l}{4} = 4.875$	1 016.3	
	人群	2.25	—	—	0.684	47.35	72.9	
$Q_{\frac{1}{2}} Q_{\frac{1}{2}}$	公路-I 级	10.5	358.8	1.296	0.538	2.438	17.85	142.94
						0.5	125.09	
	人群	2.25	—	—	0.684	2.438	3.75	

⑥ 计算支点截面汽车荷载最大剪力。

绘制荷载横向分布系数沿桥纵向的变化图形和支点剪力影响线如图 5.3.20（a）、（b）、（c）所示。

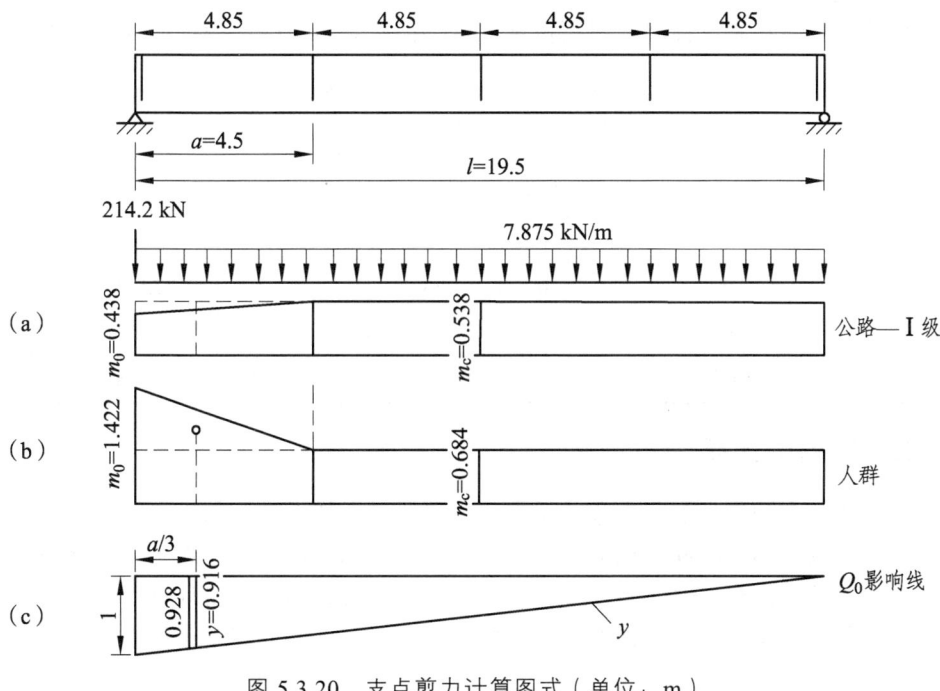

图 5.3.20 支点剪力计算图式(单位: m)

横向分布系数变化区段的长度 $a=4.9\,\mathrm{m}$。m 变化区荷载重心的内力影响线坐标为:

$$\bar{y}=\frac{1\times\left(19.5-\frac{1}{3}\times4.9\right)}{19.5}=0.916\,(\mathrm{m})$$

利用式(5.3.37)和式(5.3.38)计算,则得:

$$\begin{aligned}Q_{0均}&=(1+\mu)\cdot\xi q_k\left[m_c\Omega+\frac{a}{2}(m_0-m_c)\bar{y}\right]\\&=1.296\times1\times10.5\times\left[0.538\times9.75+\frac{4.9}{2}\times(0.438-0.538)\times0.916\right]\\&=68.33\,(\mathrm{kN})\end{aligned}$$

$$Q_{0集}=(1+\mu)\xi m_i P_k y_i=1.296\times1\times0.438\times358.8\times1.0=203.67\,(\mathrm{kN})$$

则在公路-I级荷载作用下,1号梁支点的最大剪力为:

$$Q_0=Q_{0均}+Q_{0集}=68.33+203.67=272.00\,(\mathrm{kN})$$

⑦ 计算支点截面人群荷载最大剪力。

人群荷载引起的支点剪力按公式(5.3.39)和式(5.3.40)计算:

$$\begin{aligned}Q_{0r}&=m_c\cdot q_r\cdot\Omega+\frac{a}{2}(m_0-m_c)q_r\cdot\bar{y}\\&=0.684\times2.25\times9.75+\frac{1}{2}\times4.9\times(1.422-0.684)\times2.25\times0.916\\&=15.00+3.73=18.73\,(\mathrm{kN})\end{aligned}$$

（3）计算截面的设计内力。

当按承载力极限状态设计时，根据桥规规定，荷载基本组合的设计值列于表5.3.5。

表5.3.5　荷载基本组合的设计值

序号	荷载类别	弯矩 M/（kN·m）			剪力 Q/kN	
		支点	四分点	跨中	支点	跨中
（1）	结构自重	0	572.5	763.4	156.6	0
（2）	汽车荷载	0	1 023.23	1 364.3	272.00	142.94
（3）	人群荷载	0	54.9	72.9	18.73	3.8
（4）	1.2×(1)+1.4×(2)+0.75×1.4×(3)	0	2 177.17	2 902.65	588.387	204.106

5.3.3　横隔梁计算

在钢筋混凝土和预应力混凝土梁式桥中，横隔梁对于加强结构的横向联系，保证结构的整体性起着很大的作用。因此，横隔梁的正确受力分析和设计计算已成为整个梁桥设计计算中不可缺少的一部分内容。对于具有多根内横隔梁的梁桥，通常只要计算受力最大的跨中横梁的内力，其他横隔梁可偏安全地参照跨中横隔梁设计。下面介绍基于偏心压力法原理来计算横隔梁内力的实用方法。

1. 作用在横隔梁上的计算荷载

对于跨中一根横隔梁来说，除了直接作用在其上的轮重外，前后轮重对它也有影响。计算时可假设相邻横隔梁之间的荷载按杠杆原理法分担，如图5.3.21所示。因此，纵向一列汽车车道荷载轮重分配给该横梁的计算荷载为：

$$P_{0q} = \frac{1}{2}(q_k \Omega + P_k y_1) = q_k l_a + \frac{1}{2} P_k y_1 \qquad (5.3.41)$$

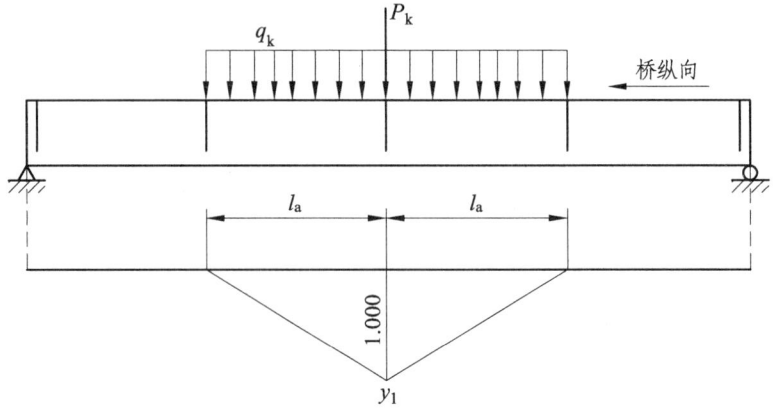

图5.3.21　横隔梁上计算荷载的计算图式

同理，人群荷载分配给该横梁的计算荷载为：

$$P_{0r} = q_r \Omega = q_r l_a \text{（影响线上布满荷载）} \qquad (5.3.42)$$

式中　Ω——按杠杆原理计算的纵向荷载影响线面积；
　　　l_a——横梁的间距；
　　　y_1——P_k 布置在中横梁上时，所对应的按杠杆原理计算的纵向荷载影响线竖坐标值为1。
其余符号意义同前。

2. 横隔梁的内力影响线

由于桥上活载的横桥向作用位置可变，根据横梁内力影响线的方法计算相对简单。

按此方法计算横梁内力的力学模型是将桥梁的中横梁近似地视作竖向支承在多根弹性主梁上的多跨支承连续梁，如图 5.3.22 所示。当桥梁在跨中有单位荷载 $P=1$ 作用时，各主梁所受的荷载分别为 $R_1, R_2, R_3, \cdots, R_n$，这些荷载就是横梁的弹性支承反力。因此，由力的平衡条件就可得到横梁任意截面 r 的内力计算公式。

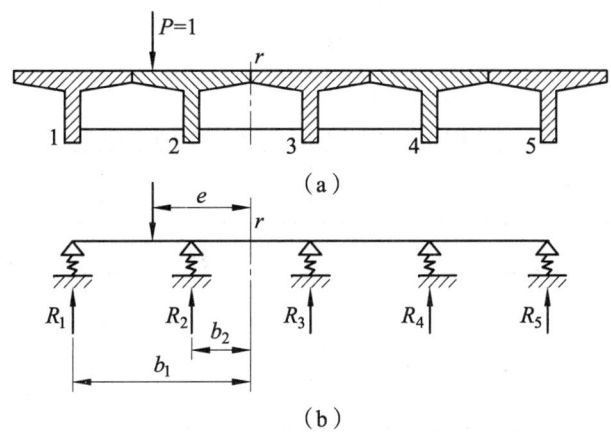

图 5.3.22　横隔梁计算简图

荷载 $P=1$ 位于截面 r 的左侧时：

$$M_r = R_1 b_1 + R_2 b_2 - 1e = \sum\nolimits^{左} R_i b_i - e \quad (5.3.43a)$$

$$Q_r = R_1 + R_2 - 1 = \sum\nolimits^{左} R_i \quad (5.3.43b)$$

荷载 $P=1$ 位于截面 r 的右侧时：

$$M_r = R_1 b_1 + R_2 b_2 = \sum\nolimits^{左} R_i b_i \quad (5.3.44a)$$

$$Q_r = R_1 + R_2 = \sum\nolimits^{左} R_i \quad (5.3.44b)$$

式中　M_r，Q_r——横隔梁任意截面 r 的弯矩和剪力；
　　　e——荷载 $P=1$ 至所求截面的距离；
　　　b_i——支承反力 R_i 至所求界面的距离；
　　　$\sum\nolimits^{左} R_i$——表示所求截面以左的全部支承反力的总和。

以上公式中对于确定的计算截面 r 来讲，b_i 是已知的，而 R_i 则随荷载 $P=1$ 的位置而变化，因此，可以直接利用已经求得的 R_i 横向分布影响线，绘制横隔梁上某个截面的内力影响线。

3. 横隔梁内力的计算

用上述的计算荷载在横隔梁某截面的内力影响线上按最不利位置加载，就可求得横隔梁在该截面上的最大（或最小）内力值。

$$S = (1+\mu)\xi p_{0q} \sum \eta \qquad (5.3.45)$$

式中　η——横梁内力影响线竖坐标值；
　　　μ，ξ——通常可近似地取用主梁的 μ 和 ξ 值。

【例 5-5】 计算例 5-1 中所示装配式钢筋混凝土简支梁桥跨中横梁在 2 号梁和 3 号主梁之间 r—r 截面上的弯矩 M_r 和靠近 1 号主梁处截面的剪力 $Q_1^{布}$，荷载等级为公路-Ⅱ级。

[解]　（1）确定作用在中横隔梁上的计算荷载。

对于跨中横隔梁的最不利荷载布置如图 5.3.23 所示。

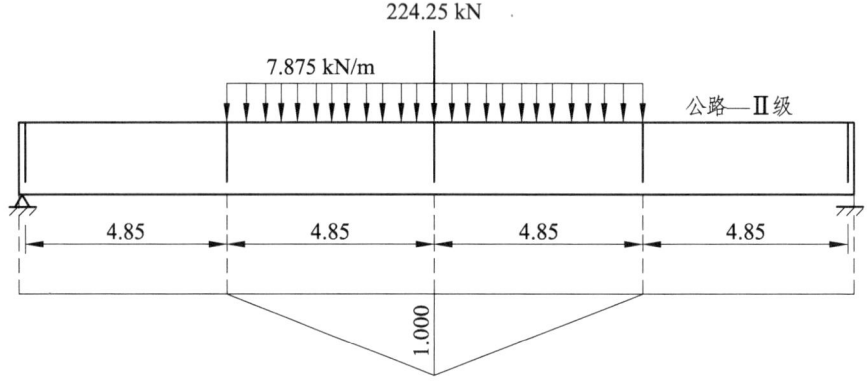

图 5.3.23　跨中横隔梁的受载图示（尺寸单位：m）

纵向一列车轮对于中横梁的计算荷载为：

计算弯矩时，$P_{0q} = 1/2(q_{k\Omega} + P_{ky}) = 1/2 \times (7.875 \times 1/2 \times 4.85 \times 2 \times 1.0 + 224.25 \times 1.0) = 131.22$ (kN)

计算剪力时，$P_{0q} = 1/2(q_{k\Omega} + P_{ky}) = 1/2 \times (7.875 \times 1/2 \times 4.85 \times 2 \times 1.0 + 1.2 \times 224.25 \times 1.0) = 153.6$ (kN)

（2）绘制中横隔梁上的内力影响线。

按例 5-4 的偏心压力法可算得 1、2 号梁的荷载横向分布影响线竖坐标值如图 5.3.24（a）所示，则 M_r 的影响线竖标可计算如下：

$P = 1$ 作用在 1 号梁轴上时（$\eta_{11} = 0.60$，$\eta_{15} = -0.20$）

$$\begin{aligned}\eta_{r1}^M &= \eta_{11} \times 1.5d + \eta_{21} \times 0.5d - 1 \times 1.5d \\ &= 0.6 \times 1.5 \times 1.6 + 0.4 \times 0.5 \times 1.6 - 1.5 \times 1.6 = -0.64\end{aligned}$$

$P = 1$ 作用在 1 号梁轴上时

$$\eta_{r5}^M = \eta_{15} \times 1.5d + \eta_{25} \times 0.5d = (-20) \times 1.5 \times 1.6 + 0 \times 0.5 \times 1.6 = -0.48$$

$P = 1$ 作用在 2 号梁轴上时（$\eta_{11} = 0.60$，$\eta_{15} = -0.20$）

$$\begin{aligned}\eta_{r2}^M &= \eta_{12} \times 1.5d + \eta_{22} \times 0.5d - 1 \times 0.5d \\ &= 0.40 \times 1.5 \times 1.6 + 0.30 \times 0.5 \times 1.6 - 0.5 \times 1.6 = 0.40\end{aligned}$$

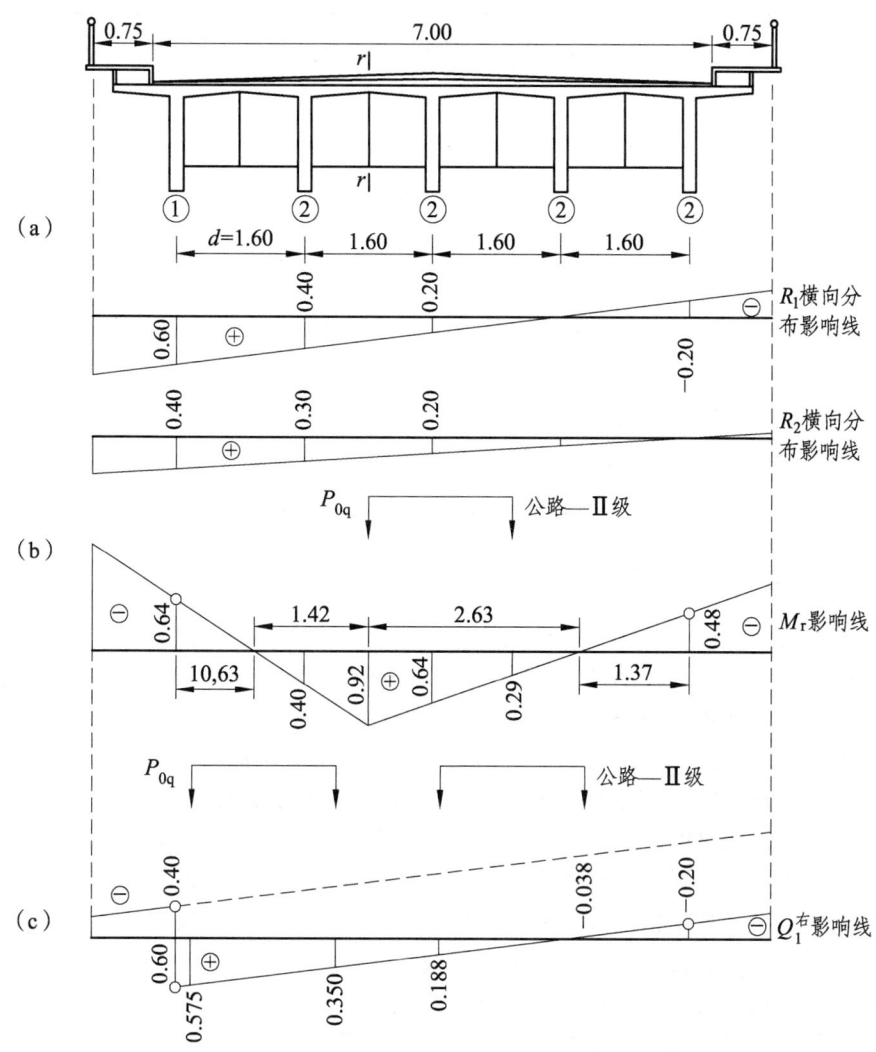

图 5.3.24 中横隔梁内力计算（尺寸单位：m）

由已学影响线的知识可知，M_r 影响线必在 r—r 截面处有变化，根据 η_{r5}^M 和 η_{r3}^M 连线延伸至 r—r 截面，即为 η_{rr}^M 值（0.92），由此即可绘出 M_r 影响线如图 5.3.24（b）所示。

（3）绘制剪力影响线。

对于 1 号主梁处截面的 $Q_1^{右}$ 影响线可计算如下：

$P = 1$ 作用在计算截面以右时 $Q_1^{右} = R_1$ 即 $\eta_{1i}^{右} = \eta_{1i}$

$P = 1$ 作用在计算截面以左时 $Q_1^{右} = R_1 - 1$ 即 $\eta_{1i}^{右} = \eta_{1i} - 1$

（4）计算截面内力。

将求得的计算荷载 P_{oq} 在相应的影响线上按最不利荷载位置加载，对于汽车荷载并计入冲击影响力（$1 + \mu$），则得到表 5.3.6 所示结果。

表 5.3.6　汽车荷载产生的弯矩及剪力

公路 -Ⅱ级	弯矩 $M_{2\text{-}3}$	$M_r = (1+\mu)\xi p_{0q}\sum\eta = 1.296\times1\times131.22\times(0.92+0.29) = 205.77\ (\text{kN}\cdot\text{m})$
	剪力 $Q_1^{右}$	$Q_1^{右} = (1+\mu)\xi p_{0q}\sum\eta = 1.296\times1\times153.6\times(0.575+0.350+0.188-0.038) = 214.00\ (\text{kN}\cdot\text{m})$

（5）计算内力组合。（鉴于横隔梁的结构自重内力甚小，计算中略去不计）

① 承载能力极限状态内力组合

基本组合弯矩：$M_{\max,r} = 0 + 1.4\times205.77 = 288.1\ (\text{kN}\cdot\text{m})$

基本组合剪力：$Q_{\max,1}^{右} = 0 + 1.4\times214.00 = 299.6\ (\text{kN})$

② 正常使用极限状态内力组合

频遇组合弯矩：$M_{\max,r} = 0 + 0.7\times205.77\div1.296 = 111.1\ (\text{kN}\cdot\text{m})$

频遇组合剪力：$Q_{\max,1}^{右} = 0 + 0.7\times214.00\div1.296 = 115.6\ (\text{kN})$

5.3.4　挠度、预拱度的计算

一座桥梁如果发生过大的变形，首先使人们感觉不安全，它不但会导致行车困难，而且容易使桥面铺装层和结构的辅助设备遭致损坏，严重时甚至危及桥梁结构的安全。因此，必须计算梁的变形（通常指竖向挠度），以确保结构具有足够的刚度。

桥梁产生挠度的原因在于永久和可变作用。永久作用（包括结构自重、桥面铺装和附属设备的重力、预应力、混凝土徐变和收缩作用）是长久存在的，其产生挠度与持续时间相关，可分为短期挠度和长期挠度。可变荷载（汽车、人群、风、温度等荷载）下的挠度则是临时出现的，在最不利作用位置处达到最大，随着可变荷载效应的变化而变化。

永久作用挠度不表征结构的刚度特性，但可以通过施工时预设反向挠度（又称预拱度）来加以抵消，使竣工后的桥梁达到理想的设计线形。

桥梁的预拱度通常按结构自重和 1/2 可变荷载频遇值计算的长期挠度值二者之和采用，这就意味着在使用阶段常遇荷载情况下桥面基本上接近设计高程。对于一般小跨度的钢筋混凝土梁桥，当由荷载频遇组合并考虑长期效应影响产生的长期挠度不超过计算跨径的 1/1 600 时，可以不设预拱度。对于位于竖曲线上的桥梁，应视竖曲线的凸起（或凹下）情况，适当增（或减）预拱度值，使竣工后的桥梁线形尽量接近设计竖曲线。

可变荷载挠度虽然是临时出现的，但是随着可变荷载的移动，挠度大小逐渐变化，在最不利荷载位置挠度达到最大值，一旦汽车驶离桥梁，挠度就会消失。因此在桥梁设计中需要验算可变荷载挠度来表征结构的刚度特性。

《桥规》规定：对于钢筋混凝土及预应力混凝土梁式桥，用可变荷载频遇值计算上部结构的跨中最大竖向挠度，不应超过 $\dfrac{l}{600}$，l 为计算跨度；对于悬臂体系，悬臂端点的挠度不应超过 $\dfrac{l'}{300}$，l' 为悬臂长度。

值得注意的是，全预应力混凝土构件的结构自重往往引起向上的竖向挠度，也称上挠度，如图 5.3.25 所示。这种挠度甚至会因混凝土徐变的作用而不断增加，其上挠值随张拉龄期的不同而变化,这种现象在跨度较大的装配式预应力 T 梁中表现得尤为显著。因此,在设计和施工时必须慎重对待,严格控制各片梁的初张拉龄期,结合荷载产生的向下挠度和合理控制预加应力来避免产生过大的上拱度。

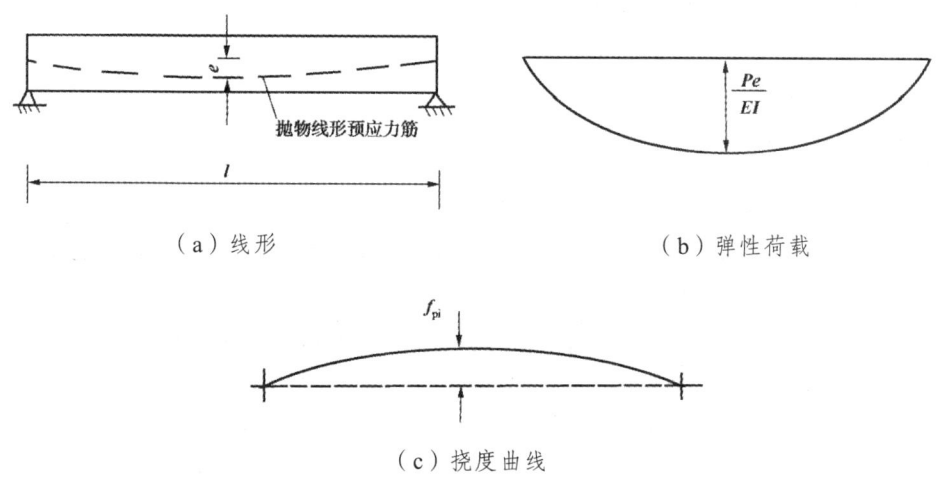

图 5.3.25 预应力产生的挠度

钢筋混凝土和预应力混凝土简支梁长期挠度值 f_c 可按下式计算:

$$f_c = \eta_\theta f \tag{5.3.46}$$

式中 f_c——长期挠度值;

η_θ——挠度长期增长系数:当采用 C40 以下混凝土时,取为 1.60;当采用 C40~C80 混凝土时,取为 1.45~1.35;中间强度等级可按直线内插取用;计算预应力混凝土简支梁预加力反拱值时,取为 2.0;

f——按荷载频遇组合计算的短期挠度值。

对于钢筋混凝土简支梁,荷载频遇组合作用下的跨中截面挠度 f 可按下式近似计算:

$$f = \frac{5}{48} \frac{M_s l^2}{B} \tag{5.3.47}$$

$$B = \frac{B_0}{\left(\dfrac{M_{cr}}{M_a}\right)^2 + \left[1 - \left(\dfrac{M_{cr}}{M_a}\right)^2\right]\dfrac{B_0}{B_{cr}}} \tag{5.3.48}$$

$$M_{cr} = \gamma f_{tk} W_0 \tag{5.3.49}$$

$$\gamma = \frac{2S_0}{W_0} \tag{5.3.50}$$

式中 M_s——由荷载频遇组合计算的弯矩值;

l——计算跨度;

B——开裂构件等效截面的抗弯刚度;

B_0——全截面的抗弯刚度,$B = 0.95 E_c I_0$;

B_{cr}——开裂截面的抗弯刚度,$B_{cr} = E_c I_{cr}$;

γ——构件受拉区混凝土塑性影响系数；
I_0——全截面换算截面惯性矩；
I_{cr}——开裂截面换算截面惯性矩；
f_{tk}——混凝土轴心抗拉强度标准值；
S_0——全截面换算截面重心轴以上（或以下）部分面积对重心轴的面积矩；
W_0——换算截面抗裂边缘的弹性抵抗矩。

当计算预应力混凝土受弯构件的短期弹性挠度时，对于不开裂的全预应力和 A 类部分预应力构件，截面刚度采用 B_0，即 $B = 0.95E_c I_0$；对于开裂的 B 类预应力构件，M_{cr} 作用时，截面刚度采用 B_0；$(M_s - M_{cr})$ 作用时，截面刚度采用 B_{cr}，即 $E_c I_{cr}$，且 $M_{cr} = (\sigma_{pc} + \gamma f_{tk})W_0$。$\sigma_{pc}$ 表示扣除全部预应力损失的预应力钢筋和普通钢筋合力在构件抗裂边缘产生的混凝土预压应力，其他符号含义同前。

【例 5-6】 验算例 5-1 所示 C30 混凝土装配式钢筋混凝土简支梁的主梁变形，已知该主梁开裂构件等效截面的抗弯刚度 $B = 1.750 \times 10^9 \text{ N} \cdot \text{m}^2$。

【解】 根据例 5-4 可知跨中产生的最大弯矩 M_{GK} 为 763.4 kN·m，汽车产生的最大弯矩（不计冲击力）为 1 052.7 kN·m，人群产生的最大弯矩为 72.9 kN·m。

（1）验算主梁的变形。

按《桥规》规定，验算主梁的变形时，不计入结构自重产生的长期挠度，汽车不计入冲击力。

则可变荷载频遇值产生的跨中长期挠度：

$$f = 1.6 \times \frac{5(M_s - M_{GK})L^2}{48 \times B} = 1.6 \times \frac{5 \times (0.7 \times 1\,052.7 + 0.4 \times 72.9) \times 10^3 \times 19.5^2}{48 \times 1.750 \times 10^9}$$

$$= 0.027\,7 \text{ (m)} = 2.27 \text{ (cm)} < \frac{L}{600} = \frac{1\,950}{600} = 3.25 \text{ (cm)}$$

（2）判断是否设置预拱度。

按《桥规》要求，当由荷载频遇组合并考虑长期效应影响产生的长期挠度超过计算跨径的 1/1 600 时，应设置预拱度。

$$f = 1.6 \times \frac{5 M_s L^2}{48 \times B} = 1.6 \times \frac{5 \times (763.4 + 0.7 \times 1\,052.7 + 0.4 \times 72.9) \times 10^3 \times 19.5^2}{48 \times 1.750 \times 10^9}$$

$$= 0.055\,4 \text{ (m)} = 5.54 \text{ (cm)} < \frac{L}{1\,600} = \frac{1\,950}{1\,600} = 1.22 \text{ (cm)}$$

（3）计算预拱度最大值。

按《桥规》要求，预拱度值等于结构自重和 1/2 可变荷载频遇值所产生的长期挠度。

$$f = 1.6 \times \frac{5\left(M_{GK} + \frac{1}{2}M_{可变频遇}\right)l^2}{48 \times B}$$

$$= 1.6 \times \frac{5 \times [763.4 + (0.7 \times 1\,052.7 + 0.4 \times 72.9))/2] \times 10^3 \times 19.5^2}{48 \times 1.750 \times 10^9}$$

$$= 0.041\,5 \text{ (m)} = 4.15 \text{ (cm)}$$

根据挠度计算结果，桥梁结构考虑预拱度之后的线形应做成平顺曲线。

思考与练习题

5.1 钢筋混凝土与预应力混凝土简支梁桥的截面形式有哪些？各有什么特点？

5.2 预应力混凝土简支梁和钢筋混凝土简支梁相比有哪些优点？

5.3 装配式梁桥中，梁肋和桥面板的内力分别应如何计算？

5.4 先张法施工的预应力混凝土简支梁和后张法施工的预应力混凝土简支梁的施工工艺有什么区别？

5.5 简支梁桥的基本特点是什么？

5.6 简支梁桥设计的关键内容是什么？

5.7 简支梁桥立面设计的要点是什么？各自的取值范围是什么？

5.8 简述预应力混凝土简支梁桥的设计计算内容。

5.9 装配式简支梁桥主梁分块方式是什么？预应力连接措施有哪些？

5.10 轮压在行车道的受压面积怎么计算？行车道板的分类有哪些？

5.11 桥面板荷载有效分布宽度的含义是什么？如何计算？

5.12 什么是荷载的横向分布系数？有哪些计算方法？其共同特点是什么？各自的适用场合如何？

5.13 简述公路梁桥桥面板和横隔梁的计算方法。

5.14 一座简支梁桥的计算跨径 $l = 19$ m，其横截面如习题图 5.3.26 所示。试求荷载位于跨中时 1#、2#梁的荷载横向分布系数 m_{cq}。（用偏压法）

5.15 以习题 5.14 图所示的五片装配式 T 梁为例，计算边主梁在公路-Ⅰ级荷载作用下跨中最大弯矩、最大剪力以及支点截面的最大剪力。（计算跨径 $l = 19$ m，一片 T 梁：$A = 0.778$ m^2，$I = 0.194$ m^4，重度 $\gamma = 25$ kN/m^3）

5.16 计算第 5.14 题中所示 T 梁桥 2#横梁在 2#和 3#主梁之间 r—r 截面上的弯矩 M_r 和靠近 1#主梁处截面剪力 $Q_l^{布}$，荷载等级为公路Ⅰ级，在梁的两端支座、跨中和四分点处共布置了 5 道横隔梁，横隔梁间距相等，主梁的计算跨径为 $l = 19$ m。

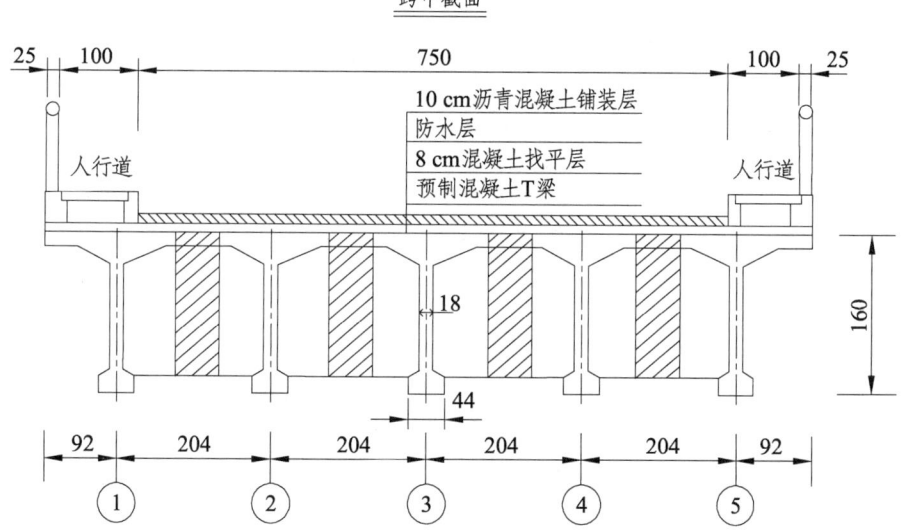

混凝土桥

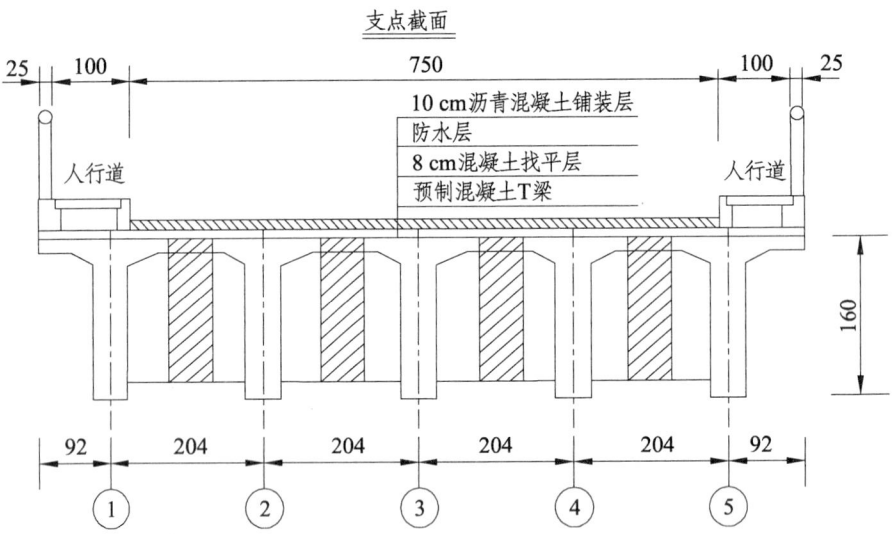

图 5.3.26 上部构造标准横断面图（尺寸单位：cm）

第 6 章　混凝土连续体系梁桥及刚架桥

连续梁桥是指两跨或两跨以上主梁连续的梁桥，属于超静定体系。其在恒载及活载作用下，由于支点负弯矩的卸载作用，跨中最大正弯矩减小，因此在较大跨径时比简支梁桥更为经济。由于连续梁桥的梁体及桥面接缝少，行车平顺，因此对高速行车更为有利。但连续梁桥为超静定结构，支座变位将引起结构内力的变化，对地基与基础要求相对较高。在连续梁桥的基础上，将主梁与桥墩刚性连接，则称之为连续刚构桥；部分梁体与斜置的桥墩刚性连接则为斜腿刚构桥。连续梁桥、连续刚构桥以及两者组合桥梁统称为连续体系。若将简支梁桥在梁端与桥墩刚性连接则称为刚架桥。本章主要介绍混凝土连续体系梁桥及刚架桥，包括它们的构造特点、施工工艺、设计方法和结构内力计算等。

6.1　概　述

随着高强混凝土以及预应力的发展，特别是各类交通线路复杂的实际需求，混凝土连续体系梁桥及刚架桥桥式布置灵活，具体的结构形式包括：连续梁桥、连续刚构桥、斜腿刚构桥、刚架桥、连续梁-刚构组合桥等。

6.1.1　结构类型

1. 连续梁桥

相对于简支梁桥，连续梁桥的内力状态相对均匀合理，因而梁高可以减小，由此可以增大桥下净空，节省材料，且刚度大，整体性好，承载能力强，安全度大，桥面伸缩缝少；并且因为跨中截面的弯矩减小，使得桥跨可以增大。连续梁结构通过支座，将自重及活载传递至桥墩与桥台。连续梁桥根据跨径的大小可设计为等高截面及变高截面梁，其立面如图 6.1.1 所示。

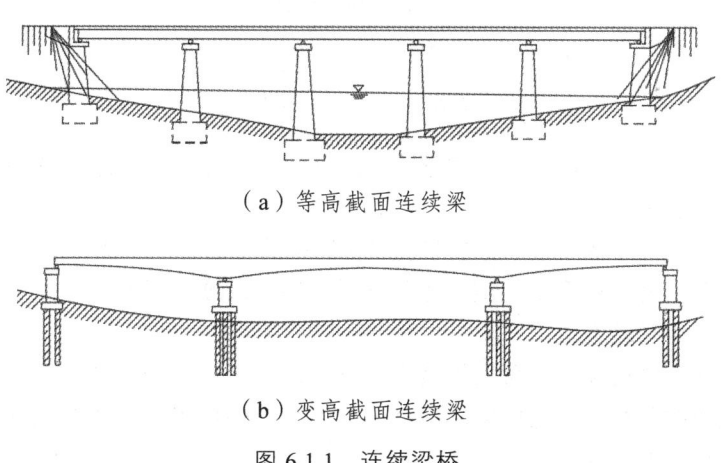

（a）等高截面连续梁

（b）变高截面连续梁

图 6.1.1　连续梁桥

2. 连续刚构桥

在连续梁桥的基础上,将主梁与一个或多个桥墩刚性固结则形成刚构桥。对于双跨连续梁中间墩与梁体固结的,因像大写字母T,而称为T形刚构桥。对于三跨及以上的中间主跨的梁体与桥墩刚性连接的称为连续刚构桥,其结构特点是梁体连续、梁墩固结,既保持了连续梁无伸缩缝、行车平顺的优点,又保持了T形刚构墩顶不设支座、施工中可不需转换体系的优点,方便施工,且减少了运营期间支座的维护工作量。

连续刚构桥是超静定次数比连续梁桥更多的多次超静定结构,在设计中一般应减小墩柱顶端的水平抗推刚度(提高墩的高度或降低纵向抗推截面刚度),使得温度变化等作用下梁体伸缩变形情况下墩、梁结构不产生较大的附加内力。部分连续刚构桥采用V形、Y形桥墩,其优势在于减小主梁跨度而降低墩顶附近的负弯矩。连续刚构桥的立面如图6.1.2所示。

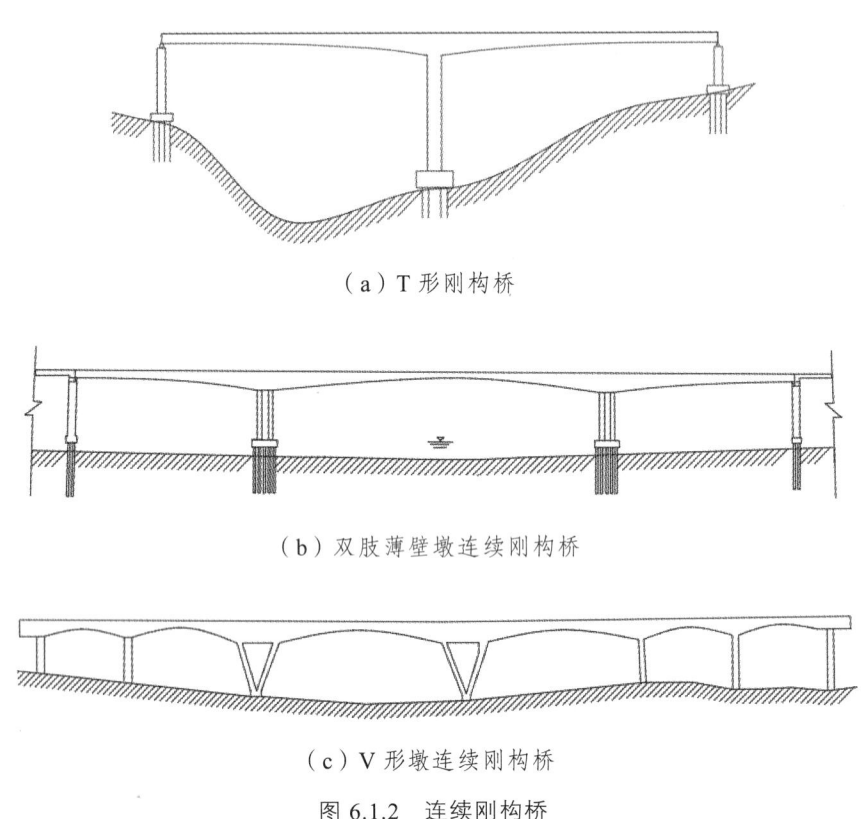

(a)T形刚构桥

(b)双肢薄壁墩连续刚构桥

(c)V形墩连续刚构桥

图6.1.2 连续刚构桥

V形墩的优缺点:V形墩缩短了主梁计算跨径,梁的受力更合理,减小了跨中和支点部位的弯矩峰值,降低了梁高,节省了上部工程材料数量;V形墩与主梁固结支点大幅增大支点附近主梁的刚度及其整体刚度,能够有效改善桥梁的受力;V形墩加大了下部结构的刚度,增大了桥梁的纵向刚度。V形墩的施工比竖直墩复杂,温度、混凝土收缩徐变、墩台沉降等因素引起的次内力相对较大。

连续刚构桥在某些情况下,可以将桥墩设计为向跨中倾斜的"斜腿",如图6.1.3所示,能够有效降低主跨的跨径,降低墩梁固结处的负弯矩。但斜置的桥墩对地基产生水平推力,加大了对地基承载力的要求。

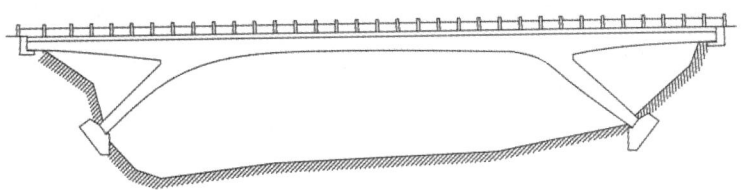

图 6.1.3 斜腿刚构桥

3. 刚架桥

刚架桥是桥跨结构（梁或板）在两端和桥墩整体固结形成的门式框架结构，即其上部结构和下部结构连成整体的框架结构，如图 6.1.4 所示。根据基础连结条件不同，分为有铰与无铰两种。刚架桥的桥下净空比拱桥大，在同样净空要求下可修建较小的跨径，一般用于跨度不大的城市或公路的跨下穿线路。现在多采用预应力混凝土和悬臂施工的刚架桥，增大了其跨径。刚架桥也可根据车道方向等划分而做成双跨或多跨结构。

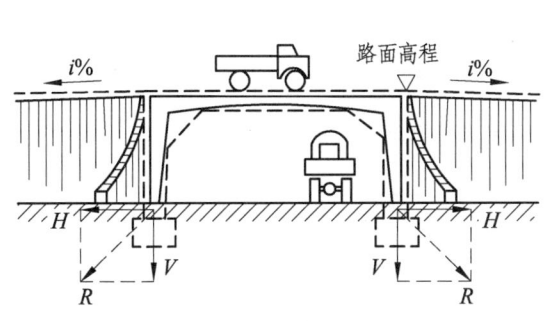

（a）刚架桥立面

（b）刚架桥照片

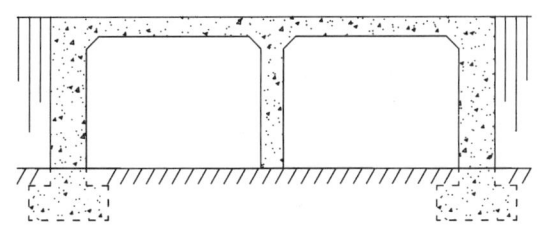

（c）双跨刚架桥立面

（d）双跨刚架桥照片

图 6.1.4 刚架桥

4. 连续梁-刚构组合桥

在一些特定的桥址环境下，以及多跨结构施工需要等情况，也有将连续梁与连续刚构进行结构组合，如图 6.1.5 所示。相应结构与受力基本类似于连续梁或连续刚构桥。这种桥型的主要特点如下：

（1）通常在中跨位置设置刚构墩（墩梁固结），两侧采用连续梁结构，使上部结构的连续长度增加，桥梁主墩使用柔性刚构墩，部分主墩及其他桥墩采用连续梁墩，打破了矮墩对刚构墩的制约，适用于大跨、多跨、高矮墩结构。

（2）因部分主墩使用墩梁固结，减少了支座的使用数量，从而减少了运营期间养护、更换支座的费用；同时减少了施工工序；此外因省去支座使得下部结构的受力传力也更均匀。

（3）刚构墩的使用可以使跨中正弯矩明显减小，从而使跨中截面尺寸减小，提高了顺桥向抗弯刚度及横向抗扭刚度。

（4）抗震性能较好，适用于山区、深沟、陡峭等复杂地形。

（5）在受力上，当跨径增大、跨数增多时超静定次数随之增多，结构受到外界温度变化及混凝土收缩徐变的影响产生的超静定内力也越多；支座与伸缩缝受大纵坡的影响较小。

（6）当边墩墩高较小且相对刚度较大时，可在边墩墩顶设置支座，以满足上部结构位移的要求。

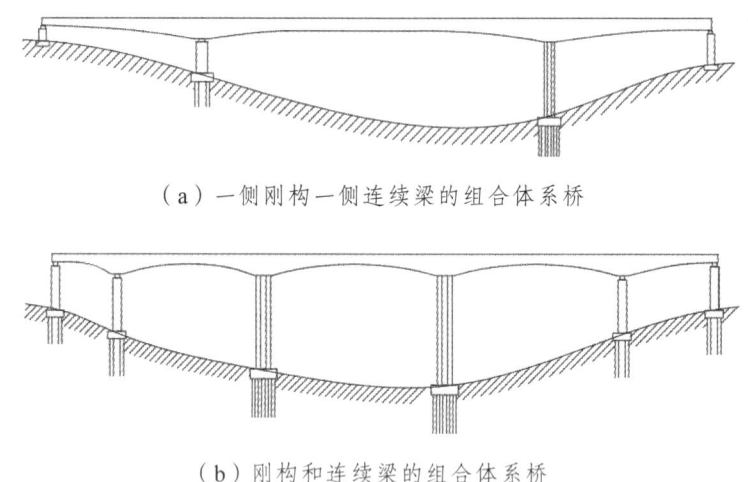

(a) 一侧刚构一侧连续梁的组合体系桥

(b) 刚构和连续梁的组合体系桥

图 6.1.5　连续梁-刚构组合桥

6.1.2　受力特点

相比简支梁桥，连续体系梁桥作为超静定结构，其受力相对复杂，此外，连续体系梁桥的恒载内力还与施工方法相关。若施工中存在体系转换，即桥梁结构在最终形成之前，曾经历过以不同的结构体系（如简支、悬臂、连续等结构）承受当时作用在其上的恒载（结构重力、混凝土收缩徐变影响等），成桥时的恒载内力结果为按各阶段的体系计算得到的恒载内力和变形的叠加的结果，其与一次成桥施工工艺（整体支架现浇并在混凝土达到强度后拆除支架一次性成桥）计算的成桥恒载内力是不同的。预应力混凝土连续梁桥在施工中常常出现体系转换，因此各施工阶段的内力和变形必须在结构设计时就预先予以考虑。在此，为简要分析连续体系梁桥的受力特点概况，所讨论的恒载内力特点以一次成桥为主。

1. 连续梁桥

一次成桥的连续梁无体系转换，可直接按照结构力学的知识计算，在恒载作用下，由于支点负弯矩的卸载作用，跨中正弯矩显著减小，其弯矩分布如下图 6.1.6 所示。

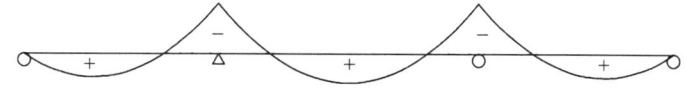

图 6.1.6　三跨连续梁恒载作用下弯矩图

连续梁在汽车活载作用下，对各截面的影响线进行加载，可得到最不利弯矩及剪力的包络图。将连续梁的最大、最小活载内力与恒载内力按荷载组合规定进行叠加，就可以得到结构的内力包络图。三跨连续梁的弯矩、剪力包络图如图 6.1.7 所示，图中 max 和 min 分别表示移动荷载产生的最大最小作用效应，可见主梁连续产生支点负弯矩对跨中正弯矩仍有卸载作用，其弯矩分布比较合理。

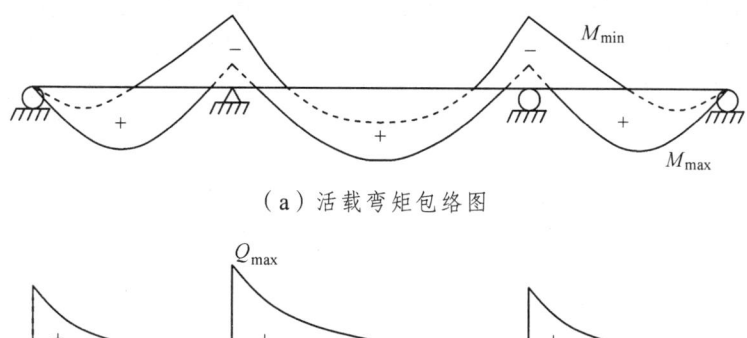

（a）活载弯矩包络图

（b）活载剪力包络图

图 6.1.7　连续梁的内力包络图

2. 刚构桥

（1）连续刚构桥：梁体连续，墩、梁、基础三者固结为一个整体共同受力。假定一次成桥，在恒载作用下，连续刚构桥与连续梁桥的跨中弯矩分布基本一致，但在墩顶截面的恒载负弯矩小于相同跨径连续梁桥，如图 6.1.8 所示。由于墩梁固结共同参与工作，连续刚构桥由活载引起的跨中正弯矩较连续梁要小，因而可以降低跨中区域的梁高，并使恒载内力进一步降低。因此，连续刚构桥的主跨径可以比连续梁桥更大一些，图 6.1.9 为汽车活载作用下连续刚构桥主梁的内力包络图。

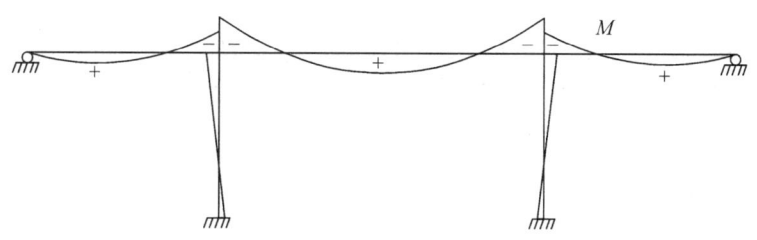

图 6.1.8　连续刚构桥恒载弯矩图

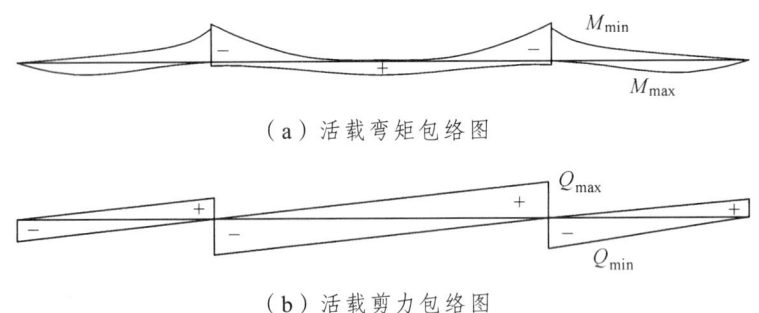

（a）活载弯矩包络图

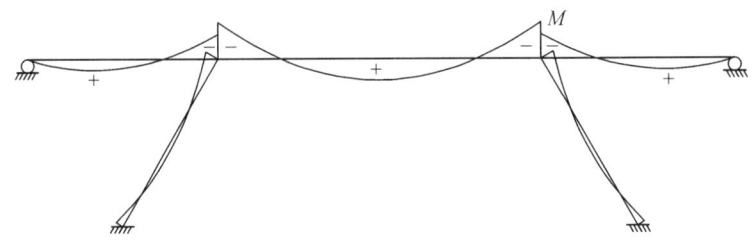

（b）活载剪力包络图

图 6.1.9　连续刚构桥主梁活载内力包络图

（2）斜腿刚构桥：假定一次成桥工况下，三跨斜腿刚构桥的弯矩分布如图 6.1.10 所示。斜腿刚构桥属多次超静定结构，具有斜向支撑构件（斜腿墩）和水平向梁式构件（中跨主梁），两种构件受弯并按照刚度的大小分配弯矩，具有刚构梁的特性；两种构件偏心受压，又具备一定拱桥的受力特性。对比连续刚构桥，斜腿刚构桥能缩短主梁的跨度，斜腿墩轴力水平分力为中跨主梁提供预压应力，从而削弱其内力峰值，使桥梁变得轻巧和纤细。

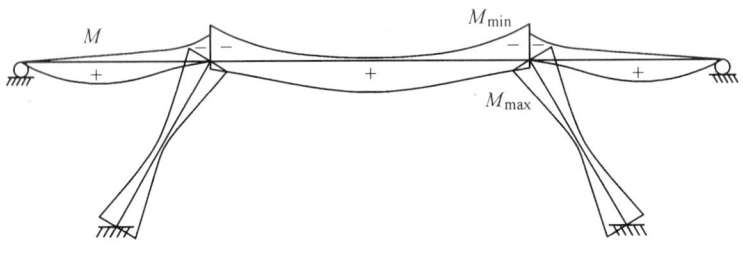

图 6.1.10　斜腿刚构桥恒载弯矩图

在汽车活载下，斜腿刚构桥的弯矩、剪力及轴力包络图如 6.1.11 所示，可见由于斜腿提供主梁的轴向水平力，相应水平力进一步降低主梁的弯矩。

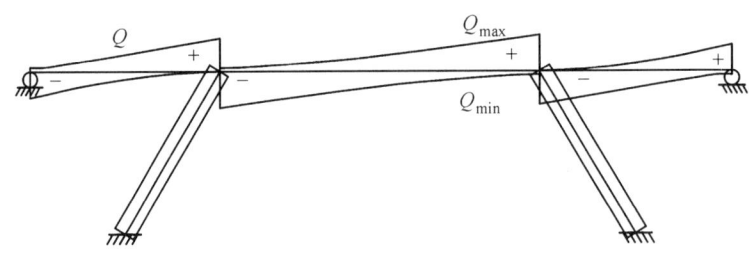

（a）弯矩包络图

（b）剪力包络图

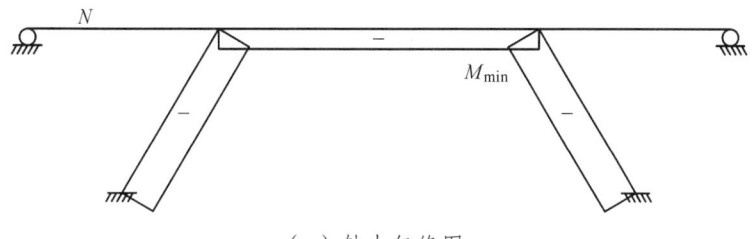

（c）轴力包络图

图 6.1.11　斜腿刚构桥活载内力包络图

3. 刚架桥

刚架桥是超静定结构体系，以墩底固结的结构为例，在恒载作用下，因梁墩刚性节点分担一定的弯矩，主梁的弯矩相对较小；框架底部除了产生竖向反力外，还产生弯矩和一定的水平反力。在活载作用下，梁体及刚架墩的受力与连续刚构接近，如图 6.1.12 所示。

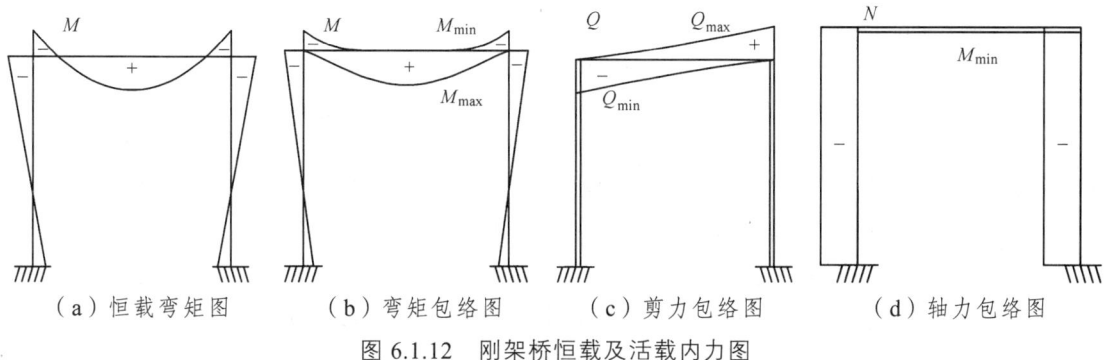

（a）恒载弯矩图　　（b）弯矩包络图　　（c）剪力包络图　　（d）轴力包络图

图 6.1.12　刚架桥恒载及活载内力图

6.2　混凝土连续体系梁桥及刚架桥的构造

本节主要介绍连续体系梁桥及刚架桥的构造，主要包括：连续梁桥、连续刚构桥和刚架桥的结构构造。

6.2.1　连续梁桥结构构造

1. 连续梁桥立面构造

1）等高截面连续梁桥

等高截面连续梁桥常用于跨度 80 m 以下的情况，其优点在于梁体施工方便。等高截面连续梁桥可选用等跨和不等跨两种布置方式。等跨布置的跨径大小主要取决于经济分孔和施工的设备条件。当标准跨径较大时，有时为减小边跨正弯矩将边跨跨径取小于中跨的结构布置，一般边跨 l_1 与中跨跨径 l 之比（边中跨比）为 0.6～0.8，如图 6.2.1 所示。

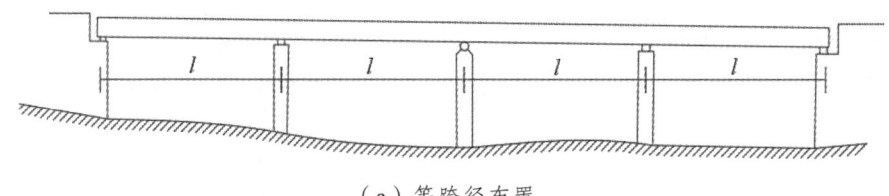

（a）等跨径布置

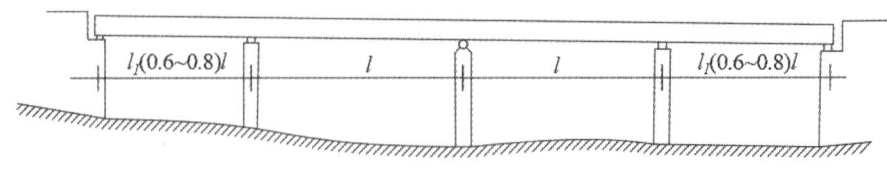

(b)不等跨布置

图 6.2.1 等截面连续梁桥的立面布置

等高截面连续梁的梁高 H 与中跨跨径 l 之比（高跨比）一般为 1/15~1/25；在顶推施工的等截面连续梁桥中梁高 H 与顶推跨径 l 之比一般为 1/12~1/17。当标准跨径不能满足通航或桥下交通要求而需要适当加大个别桥跨的跨径时，常常不需改变高度，而是采用增加钢筋束和调整截面尺寸的方式予以解决，使桥梁外观仍保持等截面布置。这样做既使桥梁的立面协调一致，又能减少构件及模板的规格与种类。

2）变高截面连续梁

变高截面连续梁桥常用于跨度大于 80 m 的情况，变化的梁高截面更符合梁体受力要求。变高截面形式的大跨径预应力混凝土连续梁桥，立面一般采用不等跨布置。当多于三跨布置的连续梁桥，除边跨外，其中间各跨一般采用等跨布置，以方便悬臂施工。对于多于两跨的连续梁桥，其边跨跨径一般为中跨的 0.6~0.8 倍，即边中跨比介于 0.6~0.8，如图 6.2.2（a）所示。当采用箱形截面的三跨连续梁时，边孔跨径甚至可减少至中孔的 0.5~0.7 倍。有时为了满足城市桥梁或跨线桥的交通要求而需增大中跨跨径时，可将边路跨径设计成仅为中跨的 0.5 倍以下，在此情况下，梁端支点在最不利工况下将出现较大的负反力，故须在该位置设置能抵抗拉力的支座或压重以消除负反力，如图 6.2.2（b）所示。

沿纵桥向的梁高变化中，为抵御中间墩处更大的负弯矩，相应梁高最大，往中跨跨中及边墩方向随着弯矩的减小而梁高逐渐变低。对于中小跨径，可采用折线（斜直线+平直线）的梁高变化布置。对于大跨径桥梁，通常采用曲线+直线的梁高变化布置；梁高曲线一般采用抛物线形，对于 80~120 m 的跨径，可采用 2 次抛物线，对于跨径更大的可逐渐采用 1.8、1.6 次抛物线。

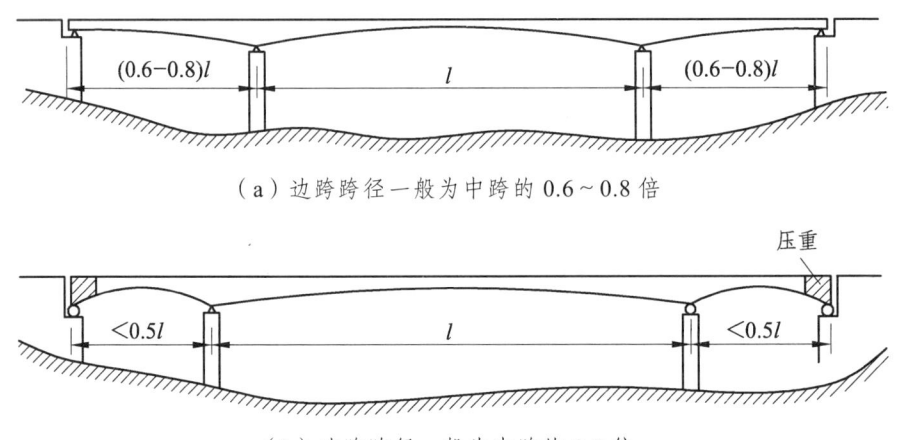

(a)边跨跨径一般为中跨的 0.6~0.8 倍

(b)边跨跨径一般为中跨的 0.5 倍

图 6.2.2 变截面连续梁桥的立面布置

大跨度连续梁桥连续超过 5 跨时的内力情况虽然与 5 跨时相差不大,但连续过长会增大温度变化导致的受力不利影响,造成梁端伸缩量很大,需设置大位移量的伸缩缝,因此连续孔数一般不超过 5 跨,但也有特殊情况或跨度相对较小时为减少伸缩缝而采用多于 5 跨的情形。当需要在宽阔的河流或旱谷上修建多跨连续梁时,通常可按 3~7 孔为一联分联布置,联与联的衔接处,通过两排支座支承在同一个桥墩上。

2. 连续梁桥横截面构造

预应力混凝土连续梁桥的截面形式很多,一般应根据桥梁的总体布置、跨径、宽度、梁高、支承形式和施工方法等方面综合确定。合理地选择主梁的截面形式对减轻桥梁自重、节约材料、简化施工和改善截面受力性能是十分重要的。

预应力连续梁桥横截面形式主要有板式、肋板式和箱形截面。其中,板式、肋板式截面构造简单施工方便,主要用于小跨度连续梁桥;箱形截面具有良好的抗弯和抗扭性能,是中、大跨度预应力混凝土连续体系梁桥的主要截面形式。

1) 板式和肋板式截面

板式截面分实体截面和空心截面,如图 6.2.3 所示。矩形实体截面使用相对较少,鱼腹式的曲线形实体截面应用相对较多。实体截面多用于 20 m 以下的中小跨径,且多配以有支架现浇施工,此时支点板厚为跨径的 1/16~1/20 倍,变截面板跨中板厚为支点板厚的 1/1.2~1/1.5 倍。

空心截面常用于跨径 15~30 m 的连续梁桥,板厚一般为 0.8~1.5 m,亦用有支架现浇为主。肋板式截面常用于预制架设施工,并在梁段安装后经体系转换为连续梁桥。常用跨径为 25~50 m,梁高取 1.3~2.6 m。

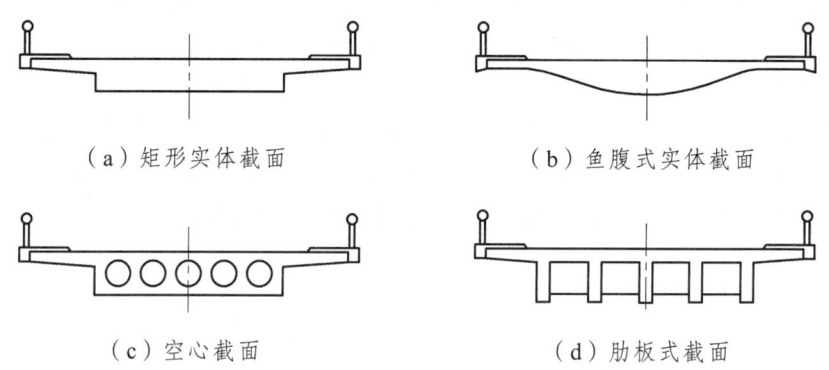

(a) 矩形实体截面　　　　(b) 鱼腹式实体截面

(c) 空心截面　　　　(d) 肋板式截面

图 6.2.3　板式、肋梁式截面形式

2) 箱形截面

当连续体系梁桥的跨径超过 40~60 m 或更大时,主梁多采用箱形截面,其构造布置灵活,适用于有支架现浇施工、逐孔施工、悬臂施工等多种施工方式,常用的箱形截面有单箱单室、单箱双室和分离式双箱单室等几种,并以单箱单室应用最为广泛,也有设计者将箱梁设计为斜腹板的,如图 6.2.4 所示。箱形截面主梁由顶板、底板、腹板、横隔板、梗腋等构件组成:

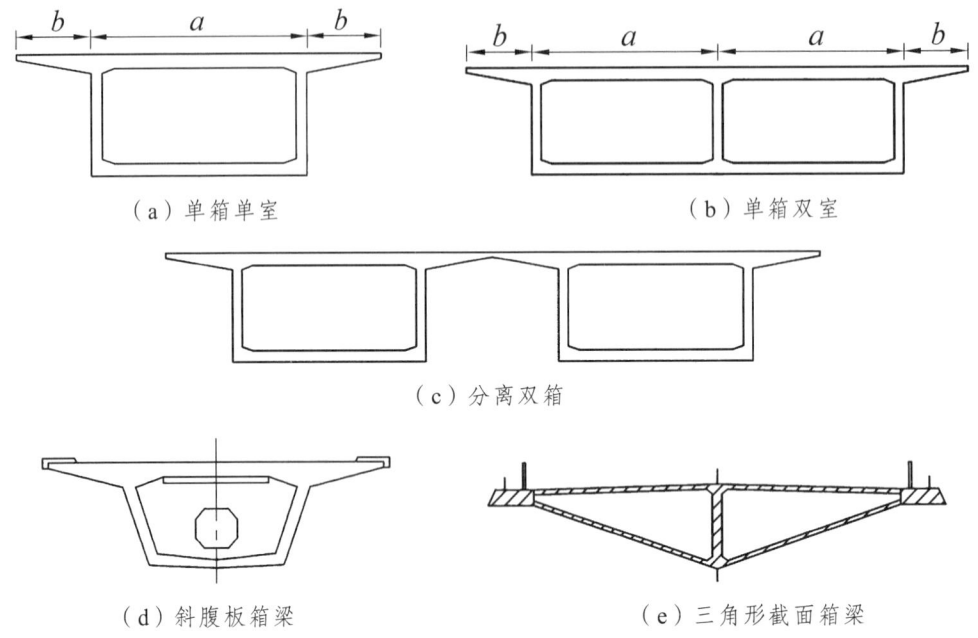

图 6.2.4 箱形截面形式

（1）顶板

箱梁顶板主要承受梁体整体受弯作用，并承受桥面车辆荷载作用。其宽度取值与截面形式相关，单箱单室截面的顶板宽度一般小于 20 m；单箱双室的顶板宽度约为 25 m；单室双箱的顶板宽度可达 40 m 左右。

确定箱梁截面顶板厚度一般需考虑两个因素，即满足桥梁整体纵向受弯及桥面板横向弯矩的要求（恒载、活载、温度变化等）；并满足布置纵、横向预应力钢筋束的要求。

箱梁顶板通常取 25～45 cm 等厚度，但在墩顶处通常需要加厚以便于内力的传力。顶板两侧悬臂板的长度取值中，考虑到恒载及人群等荷载下悬臂板根部弯矩随悬臂长度几乎成平方关系增加，故悬臂长度一般不大于 5 m，当长度超过 3 m 后，宜布置横向预应力束筋。悬臂端部厚度不小于 20 cm，如设置防撞墙或需锚固横向预应力束筋，则端部厚度不小于 30 cm。

（2）底板

箱梁底板主要承受梁体整体受弯作用，纵向负弯矩区受压底板的厚度对改善全桥受力状态、减小徐变下挠十分重要，因而大跨度连续体系梁桥中，应确保承受负弯矩的内支点区域的箱梁底板有足够的厚度。箱梁底板厚度随箱梁负弯矩的增大而逐渐加厚至墩顶，以适应箱梁下缘受压的要求。箱梁底部的厚度变化通常以与梁高类似的折线或抛物线形变化。

底板厚度与主跨之比宜为 1/140～1/170，跨中区域底板厚度则可按构造要求设计，一般为 0.20～0.40 m，对于大跨径桥梁其底部厚度取值会更大。

（3）腹板

箱梁腹板的主要功能是承受结构的竖向剪应力、弯曲剪应力和扭转剪应力所引起的主拉应力。墩顶区域剪力大，因而腹板较厚；跨中区域的腹板较薄，但腹板的最小厚度应考虑钢束管道布置、钢筋布置和混凝土浇筑的要求；腹板厚度变化通常采用折线变化。此外，等高度箱梁可采用直腹板或斜腹板，变高度箱梁宜采用直腹板。

（4）主梁横隔板

为增加箱梁的整体工作性能，一般需沿梁长设置一定数量的横隔板（或称横隔梁，diaphragm），如图6.2.5。横隔板的数目和位置依主梁的构造和跨度大小确定，主要设置于墩顶位置处，局部加强梁体并向支座传递集中力。早期的连续梁桥在边跨跨中以及中跨1/4跨、跨中和3/4跨等处设置横隔板。对于分离双箱及多箱截面，为加强桥面板与各箱间的联系，常在箱间设置多道甚至密布横隔板。对采用双薄壁式桥墩的连续-刚构，其横隔板布置应与双薄壁式桥墩一一对应，局部加强梁体并向各薄壁墩传递集中力。为便于箱内施工和运营期的检查维护工作，需要在横隔板上开孔便于人员进出。

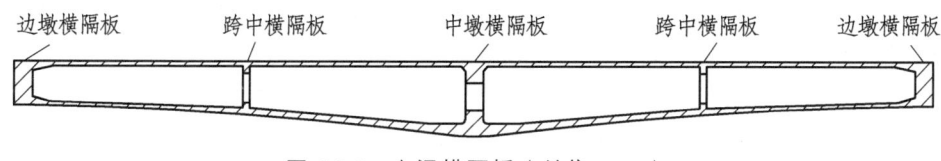

图6.2.5 主梁横隔板（单位：cm）

（5）梗腋

顶、底板与腹板接头处设置梗腋，降低局部应力集中，并可提高截面的抗扭刚度和抗弯刚度，减小扭转剪应力和畸变应力。顶板与腹板梗腋通常布置如图6.2.6（a）所示，底板与腹板梗腋多采用1:1的倒角，如图6.2.6（b）所示。

在箱梁顶板与腹板的梗腋采用更为平缓的倒角，一方面为降低应力集中，通常还在于增大顶板局部面积，便于布置顶板纵向、横向预应力钢束，如图6.2.7所示。

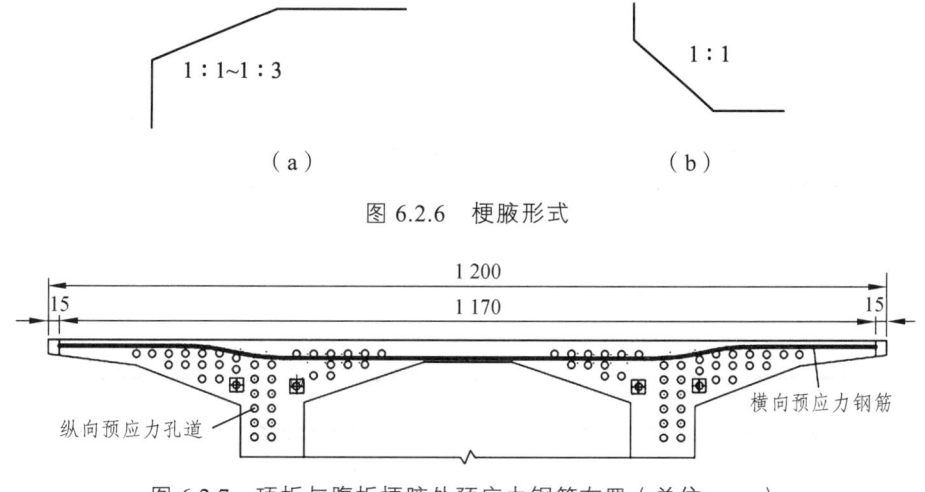

图6.2.6 梗腋形式

图6.2.7 顶板与腹板梗腋处预应力钢筋布置（单位：cm）

3. 连续梁桥配筋设计

连续梁主梁的受力主要有三个方面，即梁体纵向受弯、受剪以及桥面板活载下的横向受弯。通常所说的三向预应力就是为了抵抗上述三个方面的受力。纵向预应力抵抗纵向受弯和部分受剪，竖向预应力抵抗受剪，横向预应力则抵抗桥面在车辆活载下的横向受弯。预应力数量和布筋位置都需要根据结构在使用阶段的受力状态予以确定，同时，也要满足施工各阶段的受力需要。施工方法不同，施工阶段的受力状态差别很大，因此，结构配筋必须结合施工方法考虑。

1）纵向预应力筋

沿桥跨方向的纵向预应力筋又称为主筋，是用以保证桥梁在恒、活载作用下纵向跨越能力的主要受力钢筋，可布置在顶板、底板和腹板中。

预应力混凝土连续梁桥中纵向预应力筋的布置方式有多种多样，与所采用的施工方法以及预应力筋的种类等有密切的关系。

图 6.2.8（a）表示整根曲线形预应力筋锚固于梁端的布置方式，一般用于整联现浇的情形。在此情况下，若预应力筋既长且弯曲次数又多，就显著加大了预应力筋的摩阻损失，因而联长或力筋不宜过长。

图 6.2.8（b）为采用先简支后连续施工方法的预应力筋布置方式。待墩上接缝混凝土达到规定强度后，用设置在接缝顶部的局部预应力钢筋来建立梁体结构的连续性。

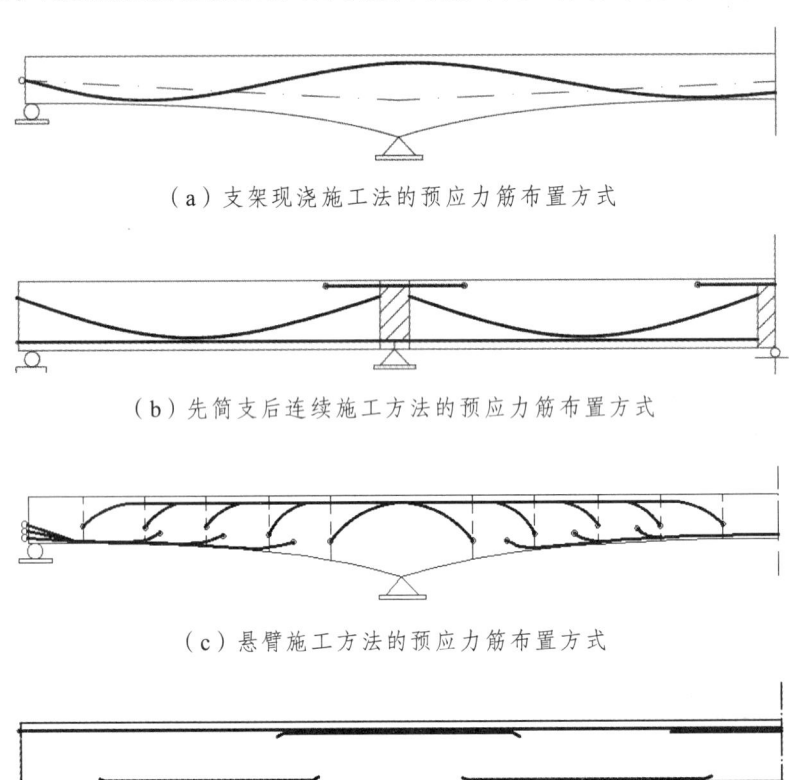

（a）支架现浇施工法的预应力筋布置方式

（b）先简支后连续施工方法的预应力筋布置方式

（c）悬臂施工方法的预应力筋布置方式

（d）顶推法施工法的直线形预应力筋布置方式

图 6.2.8 混凝土连续梁纵向预应力筋布置方式

图 6.2.8（c）表示为采用悬臂施工方法的预应力筋布置方式。梁中除了负弯矩区和正弯矩区各需布置顶部和底部预应力筋外，在有正、负弯矩交替的区段内，顶、底板中均需设置

预应力筋。纵向预应力筋可分为顶板束（含合龙束）、腹板束和底板束，顶板束布置于顶板中并锚固于各节段梁端；腹板束布置于两侧腹板内，并在梁段下弯至梁底以上 1/3 梁高附近；顶板束与腹板束在悬臂施工阶段张拉；合龙束布置于顶板跨过合龙段并锚固于顶板下的齿块或梁端，在相应的合龙段完成后张拉；底板束布置于底板内，并锚固于设置在底板束上的齿块或梁端，通常在相应跨合龙后张拉。

图 6.2.89（d）表示采用顶推法施工的直线形预应力筋布置方式。上、下的钢筋通束使截面接近轴心受压，以抵抗顶推过程中各截面承受的正负弯矩的交替变化。待顶推完成后，再在跨中的底部和支点的顶部增加局部预应力筋，用来满足运营荷载下相应的内力要求。有时按设计还在跨中的顶部和支点附近的底部设置局部的施工临时预应力筋待顶推完成后即予卸除。

预应力筋的布置要考虑张拉操作的方便。当需要在梁内、梁顶或梁底锚固预应力筋时，应根据预应力筋锚固区局部的受力特点加强普通钢筋及防裂钢筋布置，以防开裂损坏。

2）横向预应力筋

桥梁横向预应力筋主要是用以保证桥面板横向抗弯能力并加强梁体横向整体性的主要受力钢筋，一般布置在顶板中，如图 6.2.9 所示。由于目前大跨径梁式桥主梁大多采用箱形截面，顶板厚度一般在 25~35 cm，在保证大量纵向预应力筋穿过的前提下，所剩的空间位置有限，也因为单位宽度桥面板在横桥向弯矩远小于纵桥向的弯矩，此时横向预应力筋主要采用扁锚体系，以减少布筋所需空间。

3）竖向预应力筋

竖向预应力筋布置在腹板中，主要作用是提高梁体截面的抗剪能力，如图 6.2.9 所示。竖向预应力筋在梁体腹板内沿纵向的布置间距可根据竖向剪力的分布而进行调整，靠支点截面位置较密，靠跨中位置较疏。因为箱梁的高度有限（2~15 m），竖向预应力筋相对较短，故常采用高强精轧螺纹钢以减少常规钢绞线力筋张拉锚固时的回缩损失。

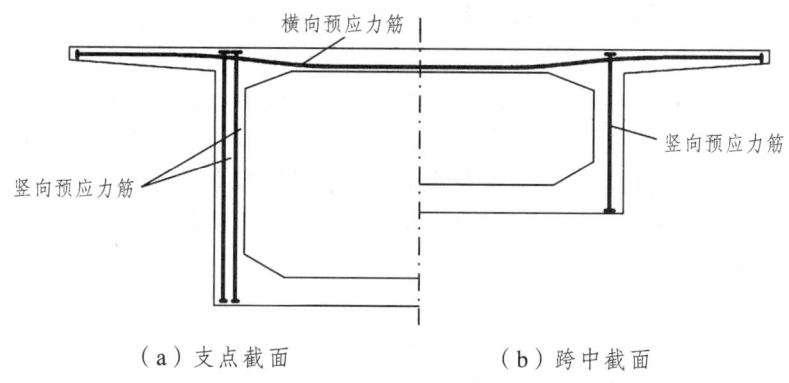

（a）支点截面　　　　　　（b）跨中截面

图 6.2.9　箱梁横向及竖向预应力筋布置方式

4．其他构造

1）预应力筋锚固齿块

齿块是箱梁内锚固预应力筋的构造，通常设置在箱梁内部，主要目的在于不影响结构外观，不妨碍主体箱梁结构的施工，便于张拉。齿块端部在强大的集中预加力作用下，其在锚下局部的一定范围内，存在着很高的劈裂应力，因此在齿块的设计中还应考虑抵抗水平载荷

（剪切）的能力和局部混凝土抵抗压缩的能力。在齿块中通常加强普通钢筋的布置，并布置防裂钢筋网片等强化防裂性能，如图6.2.10所示。

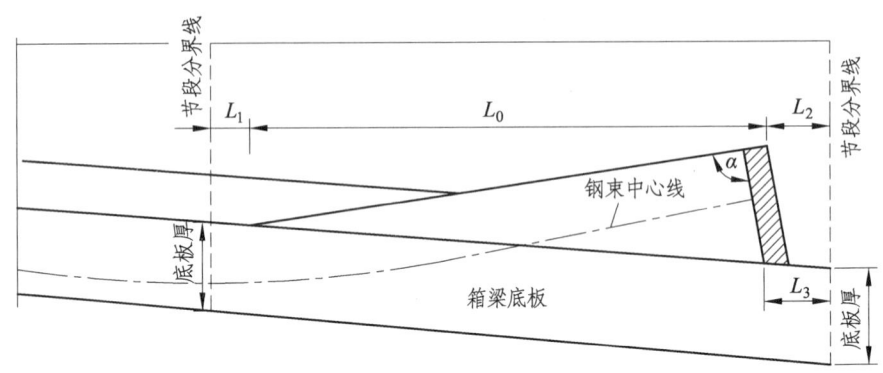

图6.2.10 预应力筋锚固齿块（单位：cm）

2）梁桥的纵向接缝

采用悬臂拼装法施工的连续梁桥，要通过纵向接缝使构件联成整体。块件的接缝分成三种方式：干接缝、湿接缝和胶接缝。

（1）湿接缝

湿接缝是在相邻块件间现浇接头混凝土，接头宽度必须能容许进行管道接头，钢筋焊接和混凝土充分振捣等作业，一般为腹板厚度的两倍，可取0.50~0.95 m。接头混凝土一般采取早强水泥，集料尺寸的选择应能保证捣固密实。湿接缝由于工序复杂，现浇混凝土需要养生而使工期延长，因此通常只在悬臂的个别地点（例如墩柱顶现浇的0号块件与预制的1号悬臂块件之间）设置，以保证接缝的密合，并用以调整拼装误差。

（2）干接缝

干接缝是相邻块件拼装时，将接头断面不作其他处理，两个节段主要靠预应力筋联成整体。以预应力筋的正压应力抵抗弯曲应力，以接触面间的摩阻力抵抗剪切力。干接缝由于接触面不平整，容易产生应力集中，且因接缝不密合，易受水气侵袭。如果接缝间再用一套防水卷材等隔开，效果将会有所改善。在干接头悬臂拼装法施工中，为了增强梁段之间的抗剪力，保证块件在拼装时定位准确，通常在箱梁顶板上及腹板上设置定位企口，在底板上有时还设置定位角钢。顶板上的企口一般仅起导向和定位作用，而腹板上的企口还可起到抗剪作用，如图6.2.11所示。

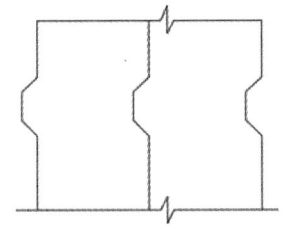 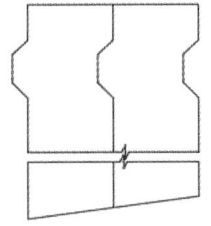

（a）顶板上的定位企口（平面）　　（b）腹板上的定位企口（立面）

图6.2.11 顶板和腹板上的定位企口（单位：cm）

（3）胶接缝

胶接缝是在接缝端面涂一薄层环氧树脂等胶结材料，将相邻块件粘结成整体，通过胶层来传递内力，它既具有湿接缝的优点又不影响工期，因此国内较多采用。但胶接缝的施工对挠度影响较大，所以应尽量减薄其厚度，并给胶结缝施加均匀压力。

6.2.2 连续刚构桥结构构造

1. 主梁构造

连续刚构桥的主梁的立面布置中，除部分中小跨径采用等高截面等跨度、等高截面不等跨布置外，大都采用不等跨变截面的结构布置形式（图 6.2.12），以适应主梁内力的变化。主梁底部的线形基本上与变截面连续梁桥相类似，可以是曲线加直线形、曲线形折线形等，具体应根据主梁内力的分布情况，按等载强比原则选定。

国内外已建成的连续刚构桥，边跨和中跨的跨径比值（边中跨比）为 0.50~0.69，大部分比值为 0.55~0.58。这说明变截面连续刚构桥的边中跨比稍小于变截面连续梁桥的边中跨比范围 0.60~0.80。其原因在于墩梁固结，边跨的长短对中跨恒载弯矩调整的影响很小，而边中跨比在 0.54~0.56 时，不仅可以使中墩内基本没有恒载偏心弯矩，而且由于边跨合龙段长度小，可以在边跨悬臂端用导梁支承于边墩上，进行边跨合龙，从而取消落地支架，施工也十分方便和经济。

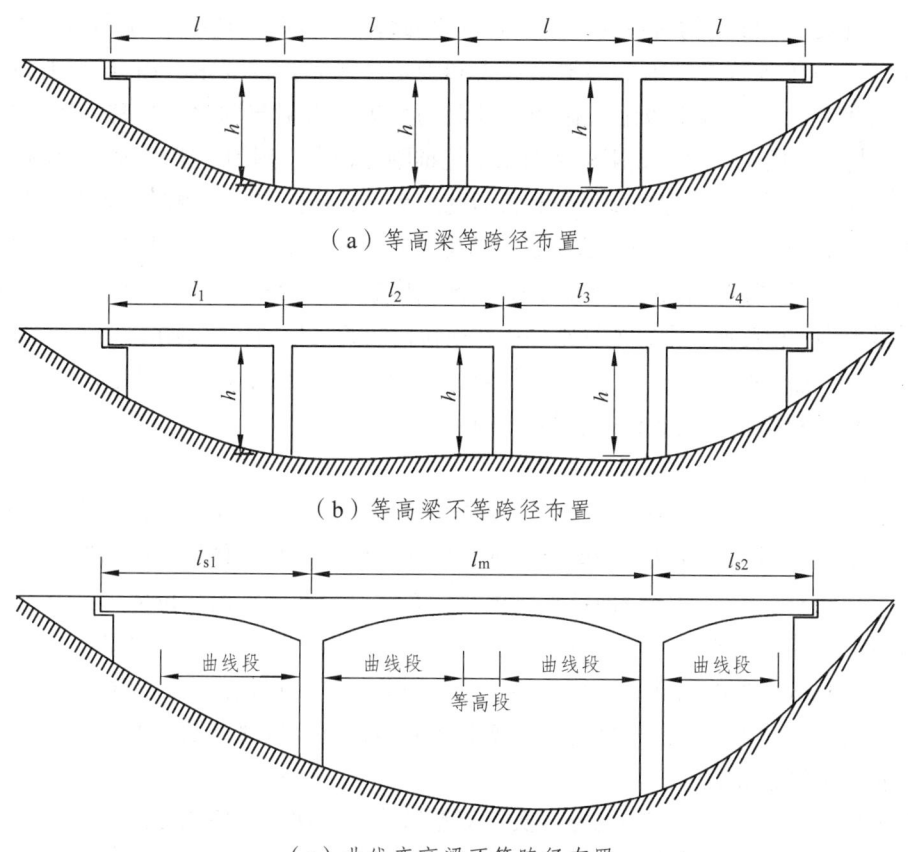

（a）等高梁等跨径布置

（b）等高梁不等跨径布置

（c）曲线变高梁不等跨径布置

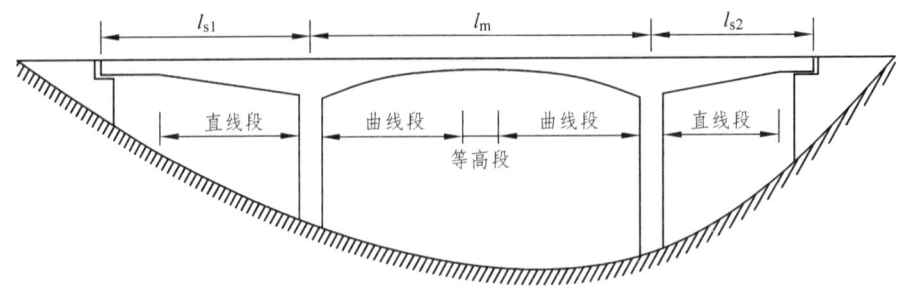

（d）曲线形加折线形变高梁不等跨径布置

图 6.2.12　连续刚构桥的立面布置

2. 主梁截面高度

连续刚构桥主梁常用的截面形式与连续梁桥基本相同。箱形截面是大跨连续刚构桥最为常用的截面形式，箱梁根部截面的高跨比一般为 1/20～1/16，其中大部分为 1/18 左右，也有少数桥梁达到或低于 1/20。由于连续刚构桥墩梁固结的效应使得活载作用下中跨跨中最不利弯矩小于相同跨径的连续梁，因此，连续刚构的跨中截面梁高取值可略小于连续梁的跨中梁高，通常为支点截面梁高的 1/3.5～1/2.5。

3. 刚构墩构造

预应力混凝土连续刚构桥主要适用于高桥墩的情况。大跨度连续刚构桥的刚构墩不仅应满足施工、运营等各阶段支承上部结构重力和稳定性等方面的要求，而且刚构墩的柔度应适应由于温度变化、混凝土收缩、徐变以及制动力等因素引起的水平位移，以尽量减小这些因素对结构产生的次内力。如刚构墩的水平抗推刚度较大，则因主梁的预应力张拉、收缩、徐变、温度变化等因素所引起的变形受到桥墩的约束后，将会在主梁内产生较大的次拉力，并对刚构墩也产生较大的水平推力，从而会在结构混凝土上产生裂缝，降低结构的使用功能。

由此可见，连续刚构桥刚构墩的水平抗推刚度宜在满足桥梁施工、成桥后承载要求的前提下尽量地小。相反地，大跨连续刚构桥在横桥向的约束很弱，桥梁在横向不平衡荷载或风载作用下，易产生扭曲、变位，为了增大其横向稳定性，刚构墩在横向的刚度应设计得大一些。

连续刚构桥刚构墩的立面形式主要有 3 种。

1）双肢薄壁墩

用两个相互平行的竖直薄壁与主梁固结作为桥墩[图 6.2.13（a）]，也是连续刚构桥中应用最为广泛的一种形式。双肢薄壁墩可增加桥墩纵桥向竖向荷载作用下的刚度，同时其横桥向抗推刚度也相对较大，而纵桥向抗推刚度小，在桥梁纵向允许的变位大，这不仅可以减小主梁附加内力，而且由于主梁的负弯矩峰值出现在两肢墩的墩顶，且较单壁墩小一些，故可减小主梁在墩顶截面处的尺寸，增加桥梁美感。因此，在大跨径预应力混凝土连续刚构桥中是理想的墩身形式。但分离的双肢薄壁墩不利于防撞，且双肢薄壁墩占据的宽度较大，防撞设施需保护的范围也较大。

每肢薄壁墩又有空心和实心之分。实心双壁墩施工方便，抗撞能力强，空心双壁墩可以显著节约混凝土用量。设计中应根据具体条件通过分析后选用。

2）单肢墩

在深谷和深水河流的高桥墩上经常采用竖直单肢墩[图 6.2.13（b）]。它在外观上呈一字形，其截面形式一般为箱形截面的空心桥墩，也可以采用实心薄壁墩，具体尺寸需根据对柔性的要求确定。

一般来说，单肢墩特别是箱形截面单肢墩的抗扭性能好，稳定性强，能增大通航孔的有效跨径。单肢墩的柔性不如双肢薄壁墩大，但随着墩身高度的不断增加，其柔性逐渐增加，允许的纵向变位增大。因此，对于墩身很高的大跨径连续刚构或中等跨径的连续刚构来说，箱形单薄壁墩也是理想的墩身形式。

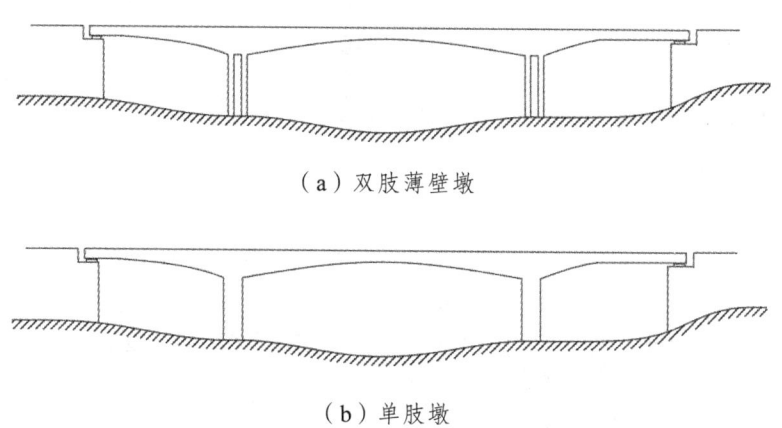

（a）双肢薄壁墩

（b）单肢墩

图 6.2.13　连续刚构桥桥墩构造

3）V 形墩（或 Y 形柱式墩）

在刚构桥中为了减小内支点处的负弯矩峰值，可将墩柱做成 V 形墩形式[图 6.2.14（a）]，V 形墩可使主梁的负弯矩峰值降低一倍以上。

Y 形柱式墩是上部为 V 形托架，下部为单柱式，两者在立面上构成 Y 字形[图 6.2.14（b）]。下部的单柱具有一定的柔性，可满足纵向变形的要求。

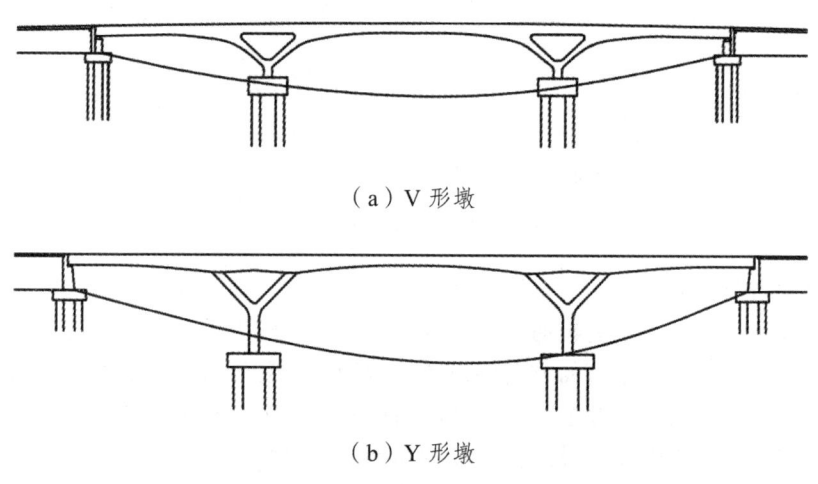

（a）V 形墩

（b）Y 形墩

图 6.2.14　V 形和 Y 形刚构墩

4）墩梁固结构造

刚构桥的墩柱与主梁相交固结的节点，根据截面型式的不同，可以做成图 6.2.15 所示的形式。墩柱整体或壁板通常延伸至梁内并作为梁体的横隔板。墩梁节点处受力相对复杂，为避免局部应力集中及长期开裂，除尺寸局部加大外，还需要做好倒角处理使得传力更为匀顺。

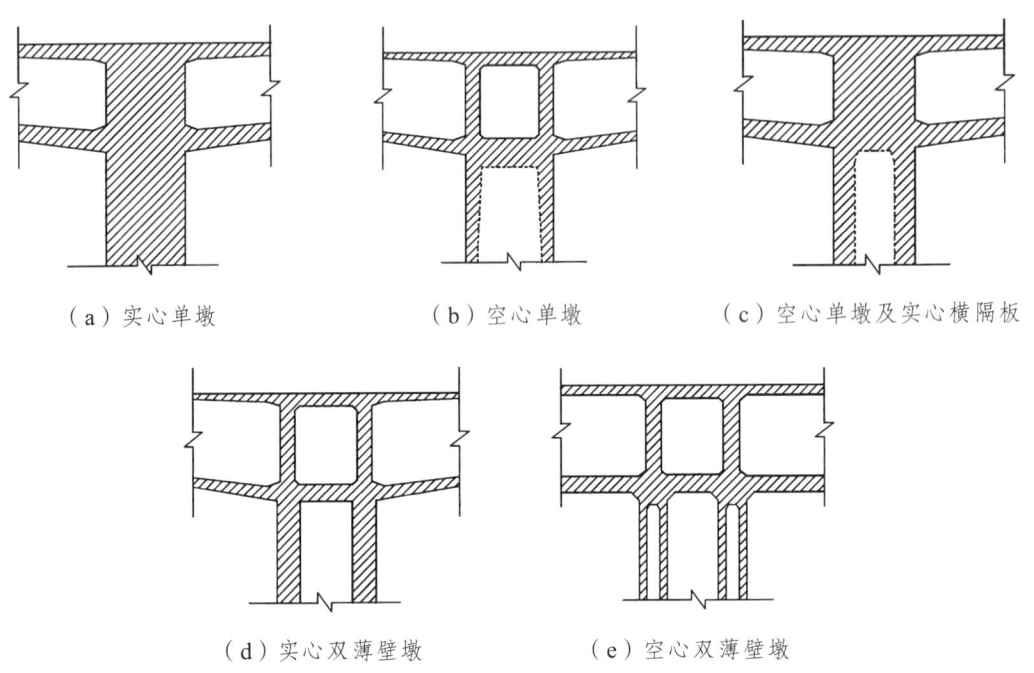

（a）实心单墩　　　　　（b）空心单墩　　　　　（c）空心单墩及实心横隔板

（d）实心双薄壁墩　　　　　（e）空心双薄壁墩

图 6.2.15　刚构桥墩梁固结节点构造形式

斜腿刚构桥的斜支柱与主梁相交的节点，根据截面型式的不同，可以做成图 6.2.16 所示的两种型式。

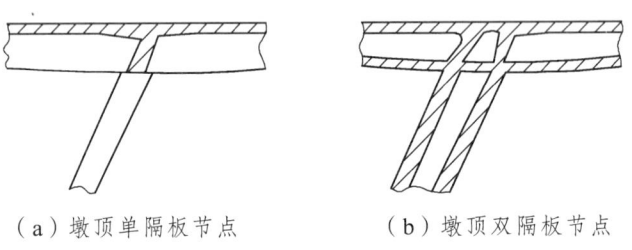

（a）墩顶单隔板节点　　　　　（b）墩顶双隔板节点

图 6.2.16　斜柱与主梁相交的节点形式

关于墩梁固结节点的配筋，当采用普通钢筋混凝土时，一定要有足够的连续钢筋绕过节点外缘，避免外缘混凝土由于受拉而产生裂缝。对于受力较大的节点，在对角力的方向要设置受压钢筋，在与对角力相垂直的方向要设置防劈钢筋。对于预应力混凝土刚构桥，与隅节点相邻截面的预应力钢筋宜贯穿节点，并在隅角内交叉后锚固在梁顶和端头上。预应力钢筋锚头下面的局部应力区段内尚应设置箍筋或钢筋网，用以承受局部拉应力。对于加设梗腋的节点，要设置与梗腋外缘相平行的钢筋。

6.2.3 刚架桥结构构造

1. 一般构造特点

刚架桥的主梁截面形状与梁桥基本相同，常用肋板式、箱梁等各种截面形式如图 6.2.17 所示。主梁在纵桥向的变化可做成等高截面和变高截面。有时，还可把主梁做成几种不同的截面形式，以适应内力的变化和方便施工。例如，主梁跨中段做成肋式，支承段做成箱形。对小跨度宜采用等高度主梁，以利施工。变高度主梁的底缘形状可以是：曲线形、折线型、曲线加直线等，这主要应根据主梁内力的分布情况，按等强度原则选定。在下缘转折处，为保证底板的刚度，一般均宜设置横隔板或横肋。

刚架桥的桥墩主要有薄壁墙式墩和立柱式墩，如图 6.2.18 所示。立柱式墩中又可分为多柱和单柱。多柱式墩的墩顶通常都用横梁相连，形成横向框架，以承受侧向作用力。当立柱墩较高时，尚应在其中部用横撑将各柱连接起来。当桥梁很高时，为了增加其横向刚度，还可做成横向倾斜立柱墩，如图 6.2.19 所示。立柱墩的横截面可以做成实体矩形、I 字形或箱形等。对于单柱式墩，其截面应与主梁截面相配合，腹板要尽可能与主梁腹板布置一致，以利传力。

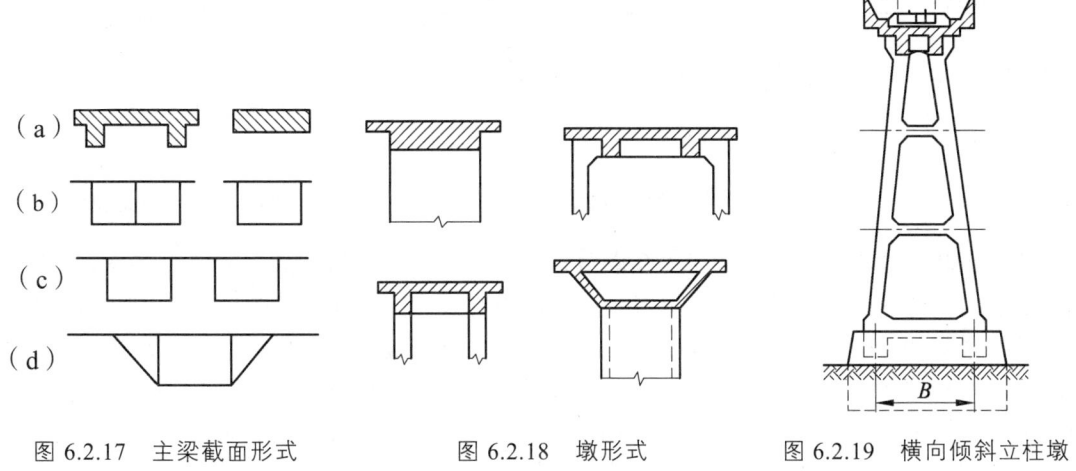

图 6.2.17 主梁截面形式　　图 6.2.18 墩形式　　图 6.2.19 横向倾斜立柱墩

2. 刚架桥的节点构造

刚架桥的节点系指立柱与主梁相连接的地方，又称角隅节点。该节点必须具有强大的刚度，以保证主梁和立柱的刚性连接。角隅节点和主梁（或立柱）相连接的截面受有很大的负弯矩，因此在节点内缘，混凝土受有很高的压应力，节点外缘的较大拉力由钢筋承担而混凝土易出现开裂，如图 6.2.20 所示。

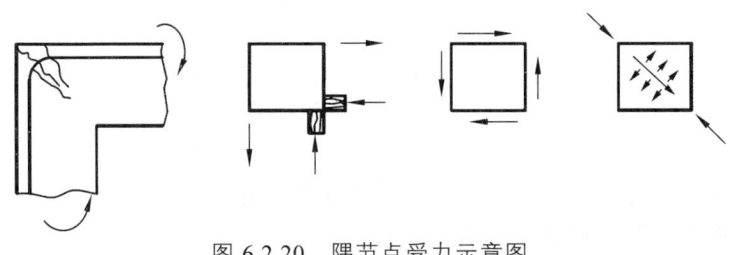

图 6.2.20 隅节点受力示意图

对于板式刚架，可在节点内缘加梗腋（图 6.2.21），以改善其受力情况，而且可以减少配筋，以利施工。角隅节点的外缘钢筋必须连续绕过隅角之后加以锚固。

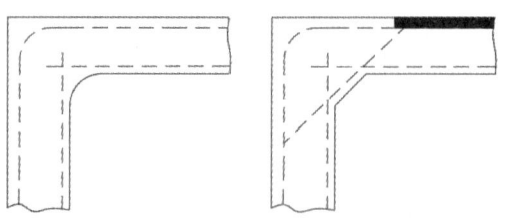

图 6.2.21　板式刚架隅节点处梗腋图

对于主梁为肋式的刚架，其角隅节点可以用图 6.2.22 所示的方法加设梗腋：（a）式仅在桥面板加设梗腋，（b）式则在梁肋加设梗腋，（c）式则两者都设梗腋。必要时还可以在主梁底缘加设底板，使隅节点附近的主梁成为箱形截面（图 6.2.23）。对于立柱也可照此办理。这样就可大大增加受压区的混凝土面积，改善受力情况。

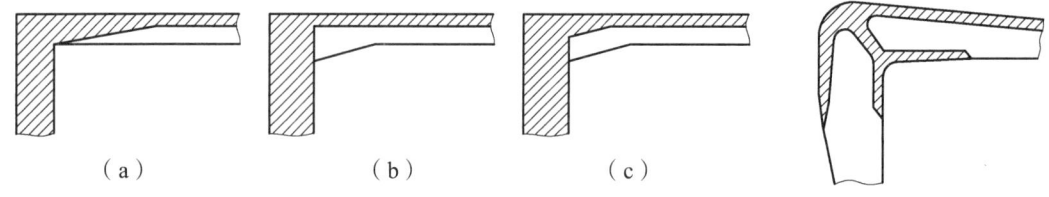

（a）　　　　　　（b）　　　　　　（c）

图 6.2.22　加梗腋的肋式主梁　　　　图 6.2.23　主梁加设底板

当主梁和立柱都是箱形截面时，角隅节点可做成图 6.2.24 所示的三种型式：（a）式仅在箱形截面内设置斜隔板；斜隔板抵抗对角压力最为有效，传力直接，施工简单，但（a）式中主筋的布置不如（b）式和（c）式方便。（b）式设有竖隔板和平隔板，其传力间接，受力情况较差，但构造和施工较简单。（c）式兼有竖隔板、平隔板和斜隔板，节点刚强，布置主筋也较方便，但施工很麻烦。采用（a）式时，斜隔板应有足够的厚度。有时，为了使角隅节点有强大的刚性，并简化施工，也可将它做成实体的。

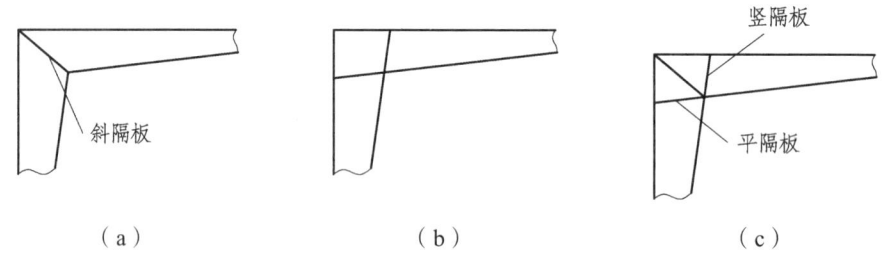

（a）　　　　　　（b）　　　　　　（c）

图 6.2.24　箱形截面刚架隅节点形式

3. 铰的构造

常规的刚架桥桥墩与基础直接连接，也有部分刚架桥为降低墩底的弯矩而引入铰支座，刚架桥的铰支座按所用的材料分有：铅板铰、混凝土铰和钢铰。

铅板铰就是在支柱底面与基础顶面之间垫的铅板,中设销钉,销钉的上半截伸入柱内,下半截伸入基础内(图 6.2.25),利用铅材容易产生变形的特点形成铰的转动作用。铅板的承压强度不高,一般仅容许承受 100~150 N/mm^2 的压应力。其造价较混凝土铰为高,养护也较费事。

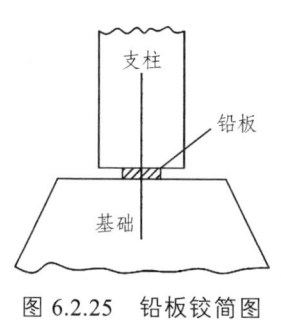

图 6.2.25　铅板铰简图　　　图 6.2.26　混凝土铰简图

早期的设计中,曾在桥梁结构中使用混凝土铰(图 6.2.26)。混凝土铰就是在需要设置铰的位置将混凝土截面骤然减小(称为颈缩),使截面刚度大大减小,因而该处的抗弯能力很低,可产生结构所需要的转动,这样就形成了铰的作用。由于截面的骤然颈缩,压力流受到挤缩了而产生横向压力。该横向压力对铰颈混凝土起一套箍作用,使混凝土处于多轴受压状态,从而大大提高了铰颈混凝土的抗压强度,故此铰颈截面的尺寸可以很小而却能承受高的压力。小的铰颈截面尺寸显然对铰的转动有利。混凝土铰是一个简单便宜的允许产生转角的构造形式。它不怕锈蚀,长期不需要养护,节约金属材料。它的缺点是转动性能或多或少地受到约束,转角较大时会在铰颈截面产生裂缝。

钢铰支座一般为铸钢制成,其构造与梁桥固定支座和拱桥支座相同。但其在长期运营中容易受到侵蚀而发生锈蚀等进而影响转动功能。

随着刚架桥的不断发展,考虑长期运营维护的困难,在墩底设铰的结构设计越来越少,可通过调整结构设计降低不设铰支座墩底的弯矩,或者提升墩底结构尺寸抵抗荷载弯矩。

6.3　混凝土连续体系梁桥施工

连续体系梁桥的设计与施工方法有着紧密的联系,本节主要介绍混凝土连续体系梁桥常用的施工方法,包括:支架施工法、悬臂浇筑法、悬臂拼装法、顶推施工法和转体施工法。

6.3.1　支架施工法

支架施工法包括支架整体浇筑法和移动模架就地浇筑法。

1. 支架整体浇筑法

连续梁的支架整体就地浇筑施工与简支梁的支架现浇法施工基本类似。值得注意的是连续梁桥在中墩处的截面是连续的,而且承担较大的负弯矩,需要混凝土截面连续通过。因此,在采用支架浇筑时必须充分重视以下两个方面的影响。

(1)不均匀沉降的影响。桥墩的刚度比临时支架的刚度大得多,加之支架一般垫基在未经精心处理的土基上,因此,难以预见的不均匀沉陷往往导致主梁在支点截面处开裂。

（2）混凝土收缩的影响。由于每次浇筑的梁段较长，混凝土的收缩又受到桥墩、支座摩阻力和先浇部分混凝土的阻碍，容易引起主梁受拉开裂。

鉴于上述原因，一般采用留工作缝或者分段浇筑的方法。如图 6.3.1（a）所示的连续梁，仅在几个支点处设置工作缝，宽 0.8~1.0 m，待沉降和收缩完成以后，再对接缝截面进行凿毛和清洗，然后浇灌接缝混凝土。当梁的跨径较大时，临时支架也会因受力不均，产生挠曲线，例如，图 6.3.1（b）中悬臂梁中跨的临时桥下过道处，将有明显的折曲，故在这些部位也预留工作缝。

有时为了避免设置工作缝的麻烦而采用如图 6.3.4（c）所示的分段浇筑方法。施工中应等 1、2、3 段混凝土达到足够强度后才能浇筑 4、5 段。

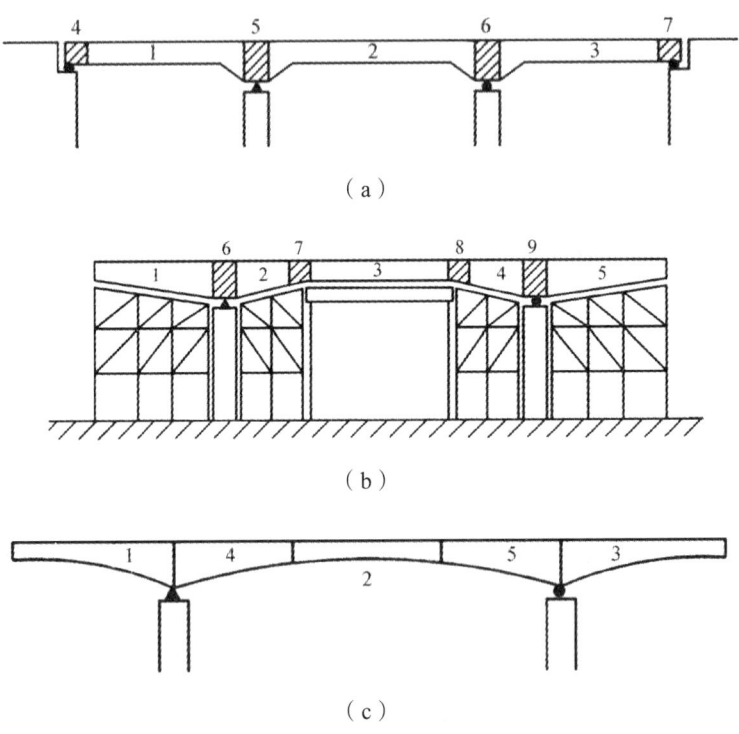

图 6.3.1　浇筑次序和工作缝设置（图中序号表示浇筑顺序）

2. 移动模架逐孔现浇施工

移动模架施工法是使用移动式的脚手架和装配式的模板，在桥墩上逐孔浇筑施工。它像一座设在桥墩上的活动预制场，随着施工进程不断移动和连续现浇施工。图 6.3.2 是上承式移动模架构造图的一种。它由承重梁、导梁、台车、桥墩托架和模架等构件组成。在箱形梁两侧各设置一根承重梁，用来支承模架和承受施工重力。承重梁的长度要大于桥梁跨径，浇筑混凝土时承重梁支承在桥墩托架上。导梁主要用于运送承重梁和活动模架，因此，需要有大于两倍桥梁跨径的长度。当一孔梁的施工完成后便进行脱模卸架，由前方台车和后方台车在导梁和已完成的桥梁上面，将承重梁和活动模架运送至下一桥孔。承重梁就位后，再将导梁向前移动。

第6章 混凝土连续体系梁桥及刚架桥

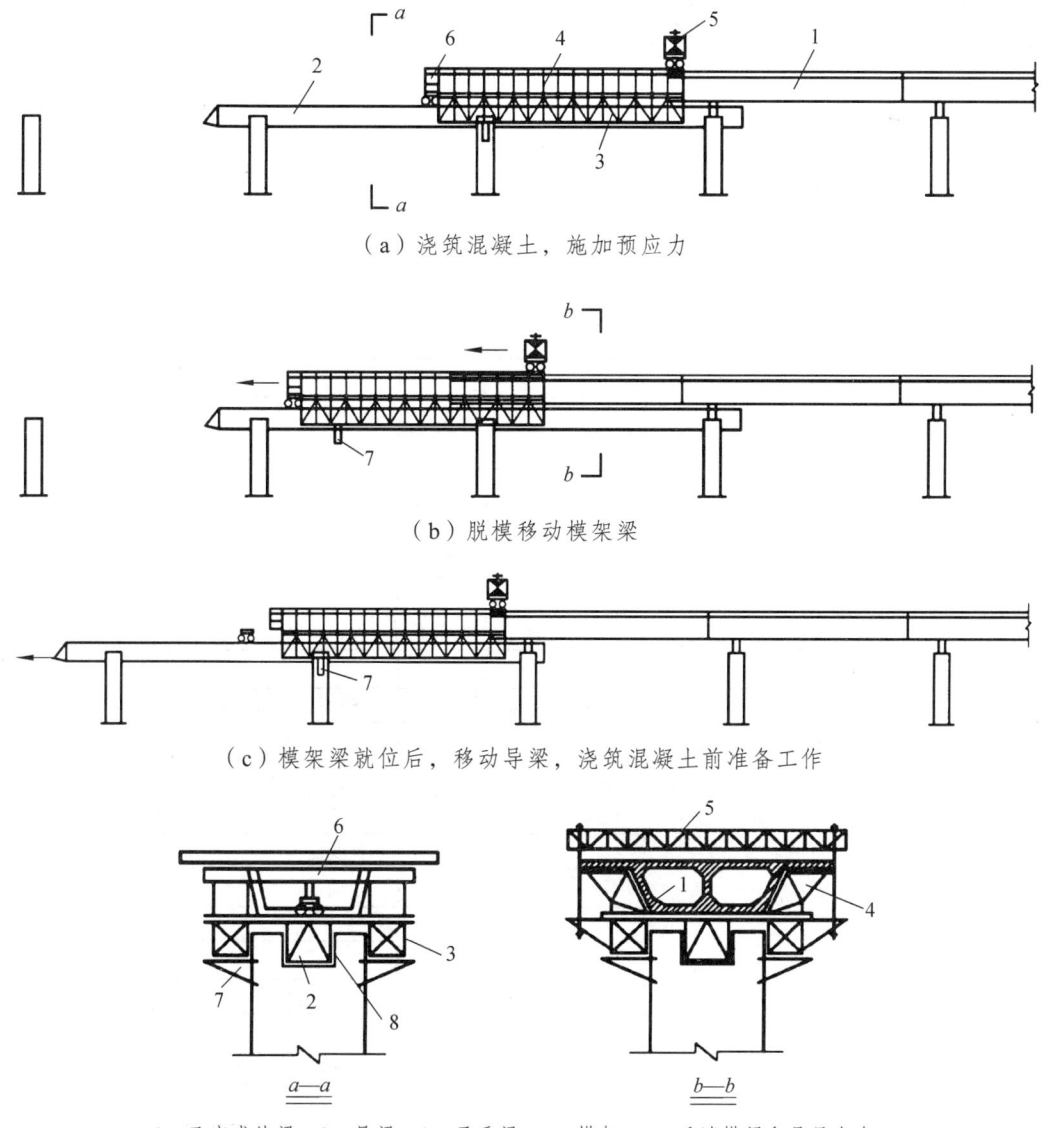

（a）浇筑混凝土，施加预应力

（b）脱模移动模架梁

（c）模架梁就位后，移动导梁，浇筑混凝土前准备工作

1—已完成的梁；2—导梁；3—承重梁；4—模架；5—后端横梁和悬吊台车；
6—前端横梁和支承台车；7—桥墩支承托架；8—墩台留槽。

图 6.3.2 移动式模架逐孔施工法

当采用移动模架施工时，连续梁分段时的接头部位应放在弯矩最小的部位，若无详细计算资料时，可以取离桥墩 1/5 处。

6.3.2 悬臂浇筑法

悬臂浇筑法是国内外大跨度预应力混凝土悬臂梁、连续梁及刚构桥中最常用的施工方法之一。它不仅在施工期间不影响桥下通航或行车，同时密切配合设计和施工的要求，充分利用了预应力混凝土承受负弯矩能力强的特点，将跨中正弯矩转移为支点负弯矩，提高了桥梁的跨越能力。

悬臂浇筑法施工总的顺序包括：墩台施工，墩顶0号块施工，悬臂节段的挂篮施工；各桥跨间的合龙施工；二期恒载及桥面系施工。具体的施工流程如图6.3.3所示。

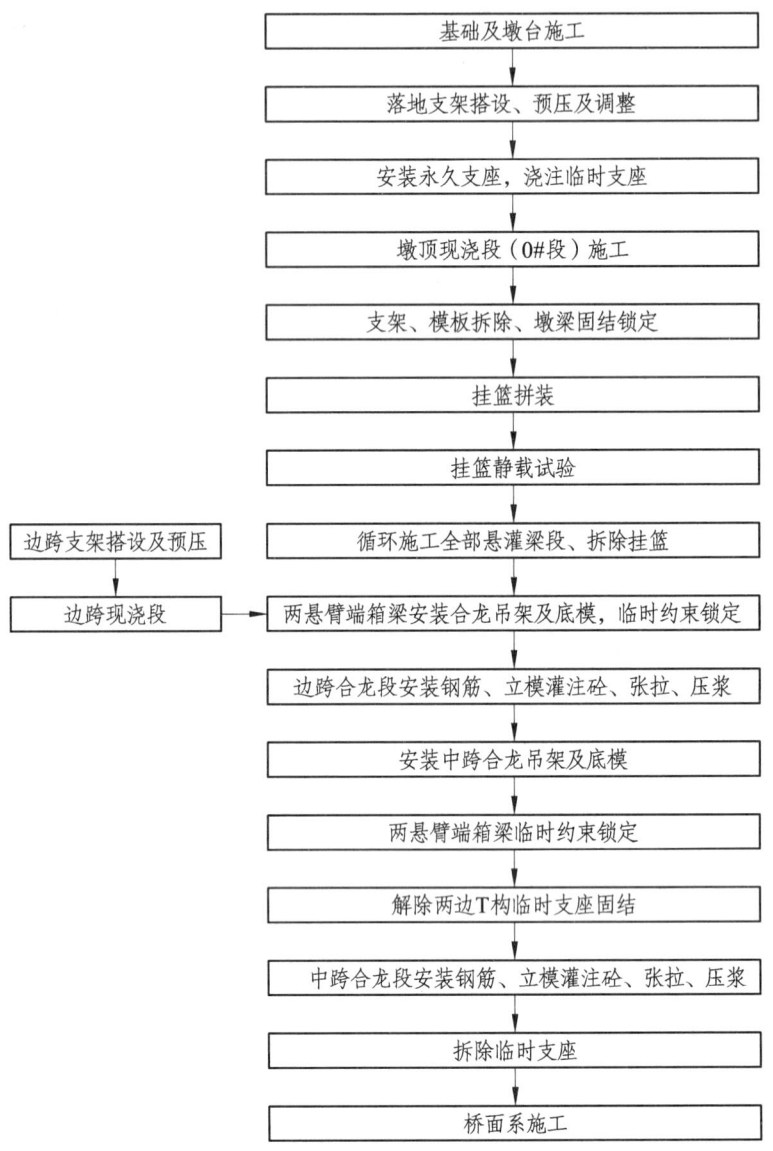

图6.3.3 悬臂施工法流程

1. 墩台施工

1）墩台基础施工

不同的基础地质条件需要采用不同的基础构造型式。如果基础地质状况为浅埋岩石地基，则可采用明挖扩大基础；如果基础地质状况为非岩石地基或基岩埋置较深，一般采用群桩承台基础。对于群桩基础，先施工桩基础，再施工承台及墩柱。不同的基础地基类型，会导致不同的基础变形沉降。对于连续梁和连续刚构桥而言，不均匀的基础沉降变形又会引起桥跨结构附加次内力,称为基础不均匀沉降次内力。一般大桥设计时,为避免基础发生大的不均匀沉降变形,通常采用同类型基础形式。

2)桥墩施工

一般地,对于高度在 20 m 以下的桥墩,搭设支架施工;对于较高的桥墩多采用爬模或翻模施工;在连续刚构设计计算时,桥墩的施工过程对全桥最终内力分配有一定影响(反映在混凝土徐变次内力上。但由于施工期间,桥墩以受压为主,而桥墩的压缩变形的徐变对桥跨主梁的挠曲变形影响微小,因此实际上对全桥最终内力分配影响并不明显),而连续梁则无影响。

2. 墩顶 0 号块施工

在悬臂法施工中,0 号块(墩顶梁段)一般均在墩顶托架上立模现场浇筑,除刚构桥外,如连续梁、悬臂梁桥均需在施工过程中设置临时梁墩锚固或支承措施,使 0 号块梁段能承受两侧悬臂施工时产生的不平衡力矩。0 号块为满足后续两侧挂篮锚固的需要,因此 0 号块应满足一定的长度需要,主要取决于挂篮锚固的尺寸,根据不同跨度介于 8~18 m。

1)施工托架

施工托架有三角形、门式等形式,托架可采用万能杆件、贝雷梁、型钢等构件拼装,也可采用钢筋混凝土构件做临时支承。根据墩身高度、承台形式和地形情况,施工托架可分别支承在墩身、承台或经过加固的地面上。托架的总长度视拼装挂篮的需要而决定,其横桥向宽度要考虑箱梁外侧模板的要求,托架顶面应与箱梁底面纵向线形一致。扇形施工托架与门式施工托架形式参见图 6.3.4。

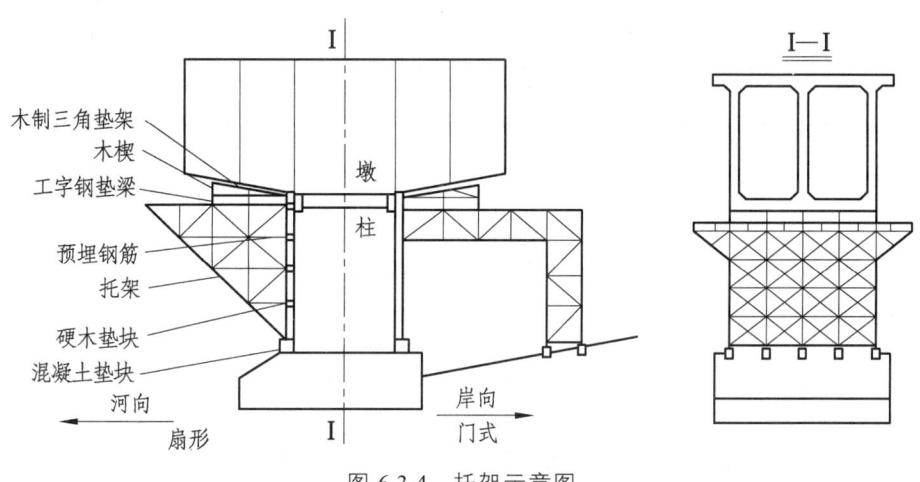

图 6.3.4 托架示意图

为保证在托架上浇筑混凝土的施工质量,应有效防止和减少由于托架变形所产生的不良影响。因此,在设计托架时,除考虑强度要求外,还须尽可能增大托架主桁的刚度和整体性,采用大型型钢、板梁、贝雷梁或节点较少的组合体系进行拼装,并采用预压、抛高(预留沉降度)及调整措施以减少托架变形对混凝土质量的影响。

2)0 号节段的临时固接及支承措施

对于 T 形刚构及连续刚构桥,因墩身与梁本身采用刚性连接,悬臂施工法时通常不需要梁墩临时固接。对于连续梁桥，为保证悬臂施工过程中结构的稳定可靠，必须采取 0 号块梁段与桥墩间临时固接或支承措施。临时固接、支承措施有如下几点。

（1）将 0 号块梁段与桥墩用普通钢筋或预应力筋临时固接，待需要解除固接时切断，如图 6.3.5 所示。

（2）在桥墩一侧或两侧加临时支承或支墩。

（3）将 0 号块梁段临时支承在扇形或门式托架的两侧。

（4）临时支承可用硫磺水泥砂浆块、砂筒或混凝土块等卸落设备，以使体系转换时，较方便地撤除临时支承。

在临时梁墩固接或支承的构造设计中，一般应考虑最大悬臂状态时悬臂结构一侧有一梁段施工超前而产生的不平衡力矩，验算临时构件的强度、刚度和稳定性及相应的桥墩强度指标，稳定性系数不小于 1.5。

当采用硫磺水泥砂浆块作临时支承的卸落设备时，在用高温熔化撤除支承时，必须在支承块之间设置隔热措施，以免损坏支座部件。

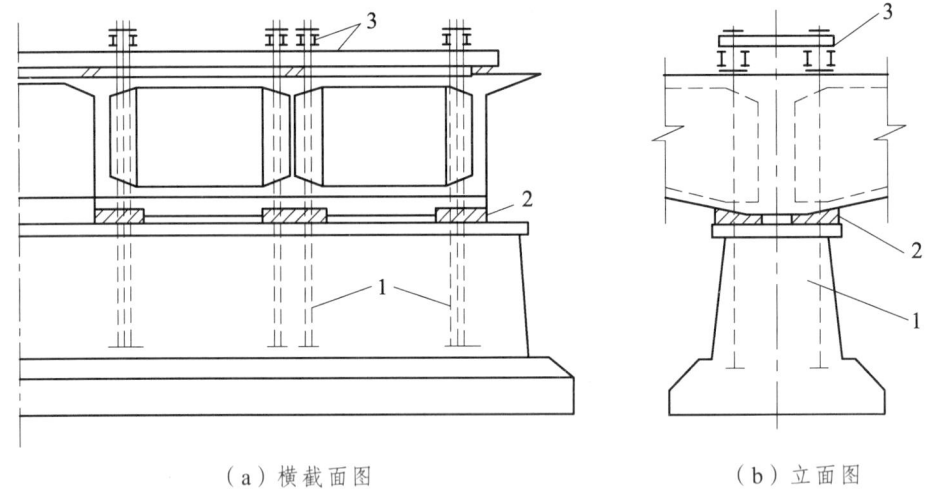

（a）横截面图　　　　（b）立面图

1—预埋临时锚固用预应力筋；2—支座；3—工字钢。

图 6.3.5　零号块件与桥墩的临时固结构造图

3. 节段的悬臂浇筑施工

悬臂浇筑的施工机具可用常用的悬臂挂篮，也可用落地式纵移托架。落地式纵移托架有桁架式及塔式等类型，采用此种托架时，所需的起重设备简单，一次浇筑的梁段较长，但由于托架须在陆地上或栈桥上设立和移动，因此，只适用于陆地或浅河滩上架设的桥梁。

如采用挂篮进行悬臂浇筑施工，则当挂篮就位后，即可在上面进行梁段悬臂浇筑施工的各项作业。采用挂篮施工的主梁节段划分中，通过调整不同梁段的长度尽量使得梁段重量相近，避免差异过大而使得挂篮结构难以适应不同梁段重量下的受力与变形，梁段划分的长度通常介于 2.0~5.0 m。在同一桥梁中，为避免模板的频繁调整，悬臂施工节段长度划分的种类也不宜超过 4 种。图 6.3.6 为某大桥箱梁节段划分图（仅示半桥），0 号块长 6.0 m，悬臂施工梁段为（2×3 + 7×3.5 + 7×4）m，共划分为 3 种不同长度；边跨直线段 8.75 m，边跨合龙段 1.5 m，边中跨合龙段均为 2.0 m。

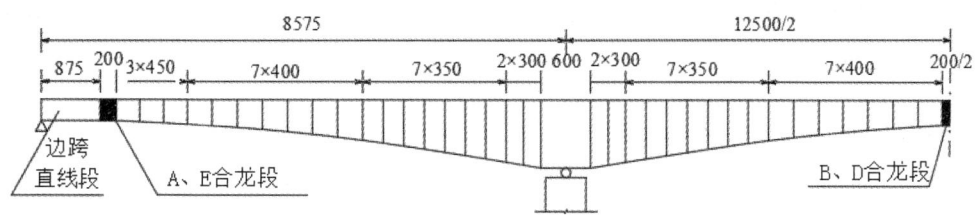

图 6.3.6 箱梁节段划分实例（尺寸单位：cm）

悬臂浇筑梁段混凝土时需注意以下几点：

（1）挂篮就位后，安装并校正模板吊架，并根据实际情况进行抛高，以使施工完成后的桥梁符合设计高程。抛高值包括施工期结构挠度、因挂篮重力和临时支承释放时支座产生的压缩变形等。

（2）模板安装应核准中心位置及高程，模板与前一段混凝土面应平整密贴。如上一节段施工后出现中线或高程误差需要调整时，应在模板安装时予以调整。

（3）安装预应力预留管道时，应与前一段预留管道接头严密对准，并用胶布包贴，防止灰浆渗入管道。管道四周应布置足够的定位钢筋，确保预留管道位置正确、线形和顺。

（4）浇筑混凝土时，应尽量对称平衡浇筑。浇筑时应加强振捣，并注意对预应力预留管道的保护。

（5）为提高混凝土早期强度，以加快施工速度，在设计混凝土配合比时，一般应加入早强剂或减水剂。为防止混凝土出现过大的收缩、徐变，应在配合比设计时按规范要求控制水泥用量。

（6）梁段拆模后，应对梁端的混凝土表面进行凿毛处理，以加强接头混凝土的连接。

（7）箱梁梁段混凝土浇筑，可采用一次浇筑法。当箱梁断面较大时，考虑梁段混凝土数量较多，每个节段可分二次浇筑，先浇筑底板到肋板倒角以上，待底板混凝土达一定强度后，再安装肋模，浇筑肋板上段和顶板。其接缝按施工缝要求进行处理。

（8）箱梁梁段分次浇筑混凝土时，为了不使后浇混凝土的重力引起挂篮变形，导致先浇混凝土开裂，要有消除后浇混凝土引起挂篮变形的措施。一般可采取下列方法：

① 水箱法：浇筑混凝土前先在水箱中注入相当于混凝土重量的水，在混凝土浇筑过程中逐渐放水，使挂篮负荷和挠度基本不变。

② 浇筑混凝土时根据混凝土重量变化，随时调整挂篮吊带高度。

③ 将底模梁支承在千斤顶上，浇筑混凝土时，随混凝土重量的变化，随时调整底模梁下的千斤顶，抵消挠度变形。

4．挂篮简介

大跨度预应力混凝土连续梁及刚构桥广泛采用挂篮进行悬臂浇筑施工。所谓挂篮施工，是指桥梁悬臂浇筑时，采用挂篮提供的模板支架平台，分段悬臂作业。它不需要架设支架，也不需要使用大型吊机。挂篮施工较其他方法，具有结构轻、拼制简单方便、无压重等优点。挂篮的重量通常约为悬臂浇筑梁段重量的 1/3。

1）挂篮构造

挂篮是一个能沿梁顶滑动或滚动的承重构架，锚固悬挂在已施工梁段上，在挂篮上可进行下一梁段的模板、钢筋、预应力管道的安设，混凝土灌注和预应力张拉，压浆等作业。完成一个节段的循环后，挂篮即可前移并固定，进行下一节段的悬浇，如此循环直至悬臂浇注完成。

2）挂篮施工的主要工作内容

用挂篮悬臂施工的主要工作内容包括：在墩顶浇筑起步梁段（0#块），在 0#块梁段上拼装悬灌挂篮并依次分段悬浇梁段，如图 6.3.7 所示；最后施工边跨及中跨合龙。

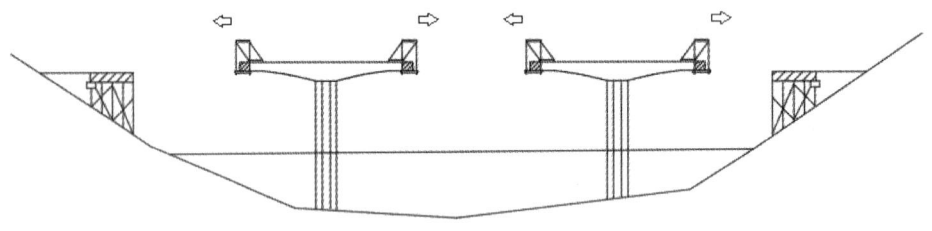

图 6.3.7 挂篮施工简图

3）挂篮分类

一般桁架式挂篮可分为菱形挂篮（图 6.3.8）、三角挂篮（图 6.3.9）、弓弦式挂篮、平弦无平衡重式挂篮等。

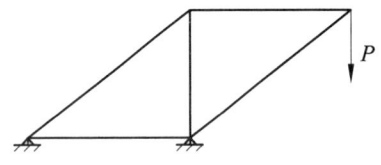 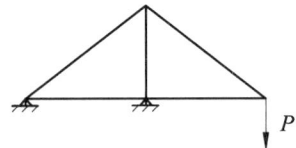

图 6.3.8 菱形挂篮示意图　　　　　　图 6.3.9 三角挂篮示意图

4）挂篮的构造

以三角挂篮为例，介绍挂篮的主要组成结构，其他类型的挂篮除主桁架结构不同外其余系统基本类似。三角挂篮由① 主桁架系统、② 走行系统、③ 锚固系统、④ 吊挂系统、⑤ 工作平台系统、⑥ 模板系统六大部分组成。

（1）主桁架系统：主要由三角形主桁架及前上横梁组成，其杆件均为型钢焊接而成。

（2）走行系统：主要由导链、走行轨道、内模及外模走行梁、前滑座、后钩座等组成。

（3）锚固系统：分为主桁架的锚固和平台系统的锚固两部分，主桁架用 $\phi 32$ 精扎螺纹钢筋锚固在箱梁上。平台系统前端通过精轧螺纹吊杆和吊带锚固在前上横梁上。

（4）吊挂系统：主要由精轧螺纹吊杆、吊带、小型分配梁、调节千斤顶等组成。用以支撑平台系统，将其荷载传递给主承重系统，并通过操作千斤顶调节吊杆螺帽，以调节平台标高。

（5）工作平台系统：主要由前下横梁、后下横梁、底模花架等组成。

（6）模板系统：由内模、侧模、底模组成。

5. 悬臂施工挠度控制

悬臂施工过程挠度控制是桥梁施工中的一个难点，它涉及梁体自重、预应力、混凝土徐变、施工荷载等诸多因素，控制不好，两端悬臂施工至合龙时，梁底高程误差会大大超出允许范围（公路桥梁挠度允许误差为 20 mm，轴线允许偏位为 10 mm），不仅对结构受力不利，而且因梁底曲线产生转折点而影响美观，形成永久性缺陷。偏差过大的甚至影响结构的使用。为了使悬臂浇筑状态尽可能达到预定的目标，必须在施工过程中逐段进行跟踪控制和调整。

采用计算机程序实现信息反馈控制是提高控制速度和精度的有效方法。信息反馈控制，即将设计确定的施工步骤施加于有限元计算模型上，经过计算获得桥梁设计的理想施工状态，而实际结构经过同样的施工步骤后可以测量出结构的位移或内力状态，如果它们之间存在差别，那么通过控制量反馈计算；即可得到实际结构上需要施加的预应力钢束的张拉力或高程调整量，直到实际结构状态达到设计的理想状态，再进行下一个工序的施工。

具体到实际的桥梁悬臂浇筑施工中误差调整的实时跟踪和分析。即：

（1）将施工中实际结构状态信息（如量测的高程、钢束张拉力、温度变化、截面应力）以及设计参数的实测值（如混凝土及钢材的重度和弹性模量、构件几何尺寸、施工荷载、混凝土的徐变系数等）输入基于桥梁结构计算专业软件中的桥梁有限元模型并进行计算分析。

（2）通过对各种量测信息的综合处理，得到结构的误差。

（3）对计算成果进行判断，决定是否要采取有效措施来纠正已偏离目标的结构状态。纠正措施主要是采用调整拟浇筑梁段的高程，即立模标高。其他如改变预应力束的张拉次序、改变张拉力等，在不改变结构承力的条件下也是可考虑的办法。

通过上述每个节段反复循环的跟踪控制调整办法，使结构与预定目标始终控制在很小误差范围内，最后合龙时，可达到理想目标。

6. 合龙段施工

用悬臂施工法建造的连续梁、连续刚构桥，需在跨中将悬臂端刚性连接、整体合龙。

合龙施工顺序取决于设计方所拟订的施工方案，通常采用的合龙顺序有：边跨至中跨的顺序合龙、中跨至边跨的顺序合龙、先形成双悬臂刚构再顺序合龙、全桥一次性合龙等。

在合龙段施工过程中，受到昼夜温差、现浇混凝土的早期收缩和水化热、已完成梁段混凝土的收缩徐变、结构体系的转换及施工荷载等因素的影响，因此，须采取必要措施以保证合龙段的质量。主要有：

（1）合龙段长度选择。合龙段长度在满足施工操作要求的前提下，应尽量缩短，一般采用 1.5~2.0 m。

（2）合龙温度选择。一般宜在低温合龙，遇夏季应在晚上合龙，并用草袋等覆盖，以加强接头混凝土养护，使混凝土早期结硬过程中处于升温受压状态。

（3）合龙段混凝土选择。混凝土中宜加入减水剂、早强剂，以便及早达到设计要求强度，及时张拉预应力束筋，防止合龙段混凝土出现裂缝。

（4）合龙段采用临时锁定措施。采用劲性型钢或预制的混凝土柱安装在合龙段上下部作支撑，然后张拉部分预应力钢束，待合龙段混凝土达到要求强度后，张拉其余预应力束筋，最后再拆除临时锁定装置。图 6.3.10 为连续梁桥的合龙段临时锁定措施。

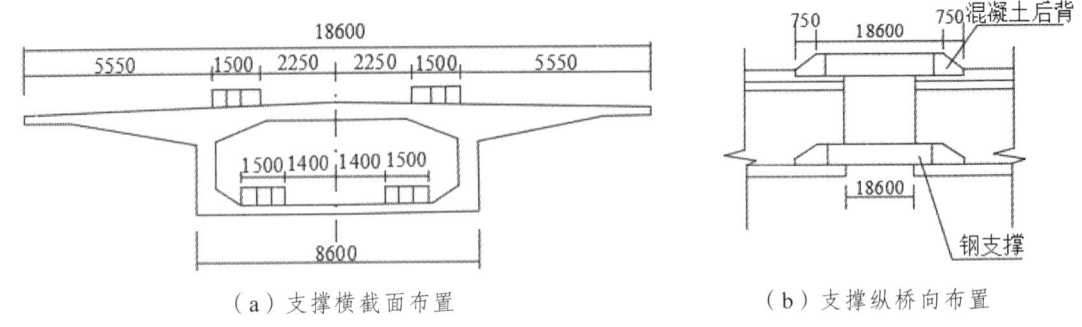

图 6.3.10 中跨合龙段临时支撑布置图（尺寸单位：mm）

为方便施工，也可将劲性骨架作预应力束筋的预留管道置于合龙混凝土内。将劲性钢管安装在截面顶板和底板管道位置，钢管长度可用螺纹套管调节，两端支承在梁段混凝土端面上，并在部分管道内张拉预应力筋，待合龙段混凝土达到要求强度后，再张拉其余预应力束筋。也可在合龙段配置加强钢筋或劲性管架。

（5）合龙顶推措施。对于连续刚构桥，合龙后的混凝土收缩徐变、中跨预应力合龙束及底板束张拉、合龙温度差等会引起中跨梁段缩短，进而导致结构不利受力。为降低此类不利受力的影响，通常采用中跨合龙口顶推的措施。顶推力的计算，主要考虑抵消恒载（含预应力）作用下混凝土收缩徐变导致梁体的缩短量，并考虑合龙温差导致梁体缩短量的不利影响。当然，顶推力的计算中应注意不应过大而使得桥墩处于不利受力状态。顶推合龙施工通常与临时锁定协同实施。

（6）为保证合龙段施工时混凝土始终处于稳定状态，在浇筑之前，各悬臂端应附加与混凝土质量相等的配重（或称压重），配重需依桥轴线对称施加，按浇筑重量分级卸载。如采用多跨次合龙的施工方案，也应先在边跨合龙，同时需经大量计算，进行工艺设计和设备系统的优化组合。

7. 结构体系转换

在桥梁施工过程中，当某一施工程序完成后，桥梁结构的受力体系发生了变化，如简支体系变换为悬臂体系或连续体系等，这种变换过程简称为结构体系转换。在桥梁悬臂施工过程中，当悬臂的 T 构边跨合龙、中跨合龙时分别发生了结构体系转换。

对采用悬臂法施工的悬臂梁桥和连续梁桥，为保证施工阶段的稳定，结构体系转换应严格按设计要求进行并应注意以下几点。

（1）结构由双悬臂状态转换成单悬臂受力状态时，梁体某些部位的弯矩方向发生转换。所以在拆除梁墩锚固前，应按设计要求，张拉部分或全部布置在梁体下缘的正弯矩预应力筋，对活动支座还需保证解除临时固接后的结构稳定，如控制和采取措施限制单悬臂梁发生过大纵向水平位移。

（2）梁墩临时锚固的放松，应均衡对称进行，确保逐渐均匀地释放。在放松前应测量各梁段高程，在放松过程中，注意各梁段的高程变化，如有异常情况，应立即停止作业，找出原因，以确保施工安全。

（3）对转换为超静定结构，需考虑钢束张拉、支座变形、温度变化等因素引起结构的次内力。若按设计要求，需进行内力调整时，应以高程、反力等多因素控制，相互校核。如结果出入较大时，应分析原因。

（4）在结构体系转换中，临时固接解除后，将梁落于正式支座上，并按高程调整支座高度及反力。支座反力的调整，应以高程控制为主，反力作为校核。

8. 桥面系施工

公路桥面系的施工主要包括防水层、桥面铺装层、护栏、桥头搭板、伸缩缝等的安装施工。桥面施工前应对梁顶进行冲洗或在干燥状态下先吹去浮土等，然后再冲洗，将桥面杂物、浮土、浮渣等清除干净。在桥面施工过程中，应严格控制桥面标高。桥头搭板及伸缩缝等构件的安装应保证标高与搭接的平顺性以确保成桥后行车的舒适性。

对于铁路桥梁，桥面系的施工包括伸缩缝、防撞墙、竖墙、综合接地、遮板及盖板、防水排水系统、钢轨、护轨、轨枕、钢轨伸缩调节器，道砟及挡砟墙（或无砟轨道板）、泄水管、人行道、栏杆和声屏障等结构构件的施工与安装等。

6.3.3 悬臂拼装法

在悬臂拼装法中，墩顶梁段（0号块）的施工、悬臂施工挠度控制、合龙段施工、结构体系转换与悬臂浇筑法类似，这里不再赘述。

1. 悬臂拼装节段的预制、运输和安装

无论是采用悬拼或悬浇施工，梁体节段的划分是依据施工设备的负荷能力和设备安装所需的长度，同时考虑尽量使模板简单通用而确定。

1）预制方法

梁体块件制作通常采用长线或短线立式预制方法制作。

（1）长线预制

长线预制是在预制厂或施工现场按桥梁底缘曲线制成的固定底模上分段进行块件预制。底模长度可取桥跨的一半或从桥墩对称取桥跨的长度。梁底缘的底座可以通过堆筑土胎、石砌圬工或搭设排架形成。为加快施工进度，保证节段之间密贴，可采用间隔浇筑法[图6.3.11（a）]，即待某段箱梁浇筑完成后，将其端面作为下一节段的端模，在上面涂刷隔离剂，以致相邻块件在操作时既不黏结又保证其间接触密贴。也可采用分区连续浇筑法，[图6.3.11（b）]示出了整跨长线分区连续浇筑的施工顺序和模板的构造。当节段混凝土强度达到设计强度70%以上后，可吊出预制场地。

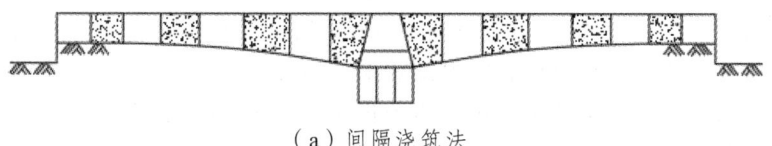

（a）间隔浇筑法

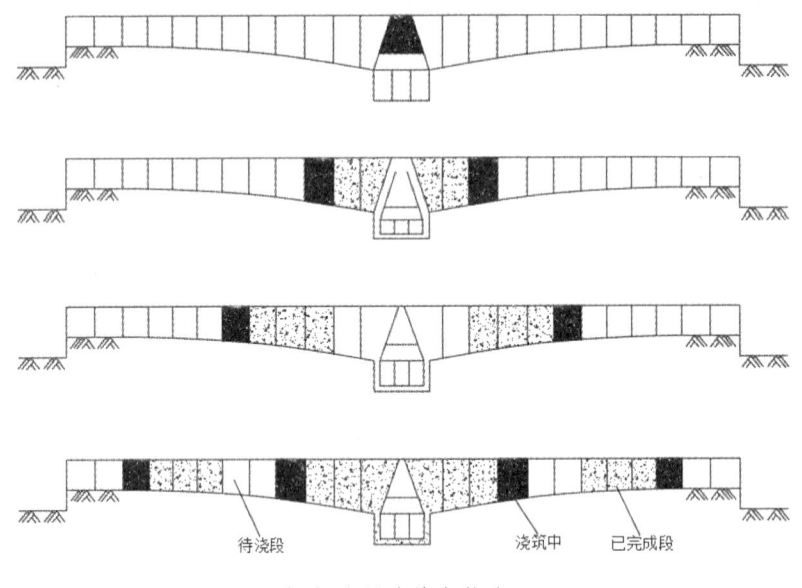

（b）分区连续浇筑法

图 6.3.11　梁段长线浇筑法

（2）短线预制

短线预制箱梁块件的施工，是由可调整外部及内部模板的台车与端模架来完成，见图 6.3.12。第一节段混凝土浇筑完成后，在其相对位置上安装下一段模板，并利用第一节段的端面作为第二节段的端模完成混凝土的浇筑工作。

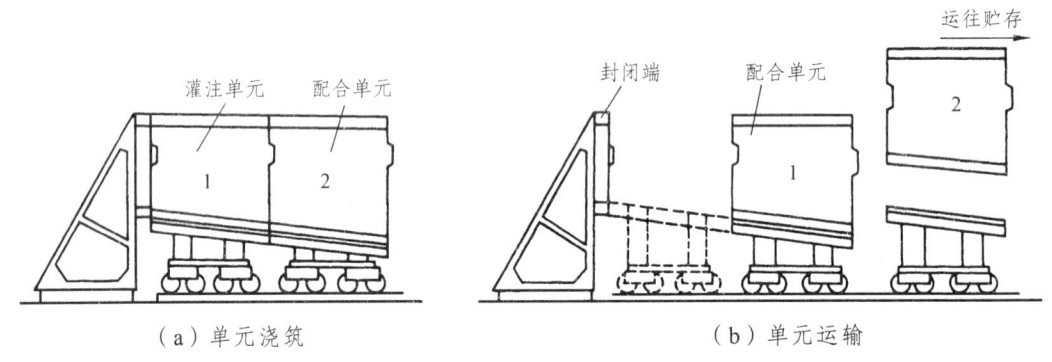

图 6.3.12　短线预制的施工方法

短线预制适合工厂节段预制，设备可周转使用，每条生产线平均五天可生产四块，但节段的尺寸和相对位置的调整要复杂些，对模具的要求很高。

为保证悬臂拼装顺利进行，在预制节段起吊运输前需进行块件整修。即湿接缝两侧的块件端面混凝土必须凿毛；胶接缝块件端面，先清洗掉隔离剂，将突出端面的混凝土凿平，使端面平整、清洁，以免影响环氧树脂的黏结效果；检查各锚头垫板是否与预应力孔道垂直，不垂直者则在锚垫上加焊楔形垫板纠正；检查相邻梁段孔道接头是否正位，对错位严重者要分别凿打予以调整；压水检查预应力束孔道是否串孔，凡有串孔现象的要进行修补。

为使预制梁块在拼装时能准确而迅速地安装就位，在预制节段的端面（箱梁的顶板、腹板）设有企口缝（定位器），腹板企口缝用于调整高程，顶板企口缝可控制节段的水平位置。有的定位器不仅能起到固定位置的作用，而且提高结构的抗剪能力。

块件预制时，除注意预埋定位器装置外，尚需注意按正确位置预埋孔道形成器和吊点装置（吊环或竖向预应力粗钢筋）等。

在采用平衡悬臂施工的梁式桥构造体系中，除实腹板式的箱梁和桁架梁，在欧洲还有部分空腹板式的箱梁结构梁式桥的工程应用。

2）块件运输

箱梁块件自预制底座上出坑后，一般先存放于存梁场，块件拼装时由存梁场运至桥位处，预制块件的运输方式一般可分为场内运输、块件装船和浮运三个阶段。

（1）场内运输

根据预制场制梁底座与河流的相互关系，预制场的布置有三种，如平行式、垂直式和沿河式（图6.3.13）。

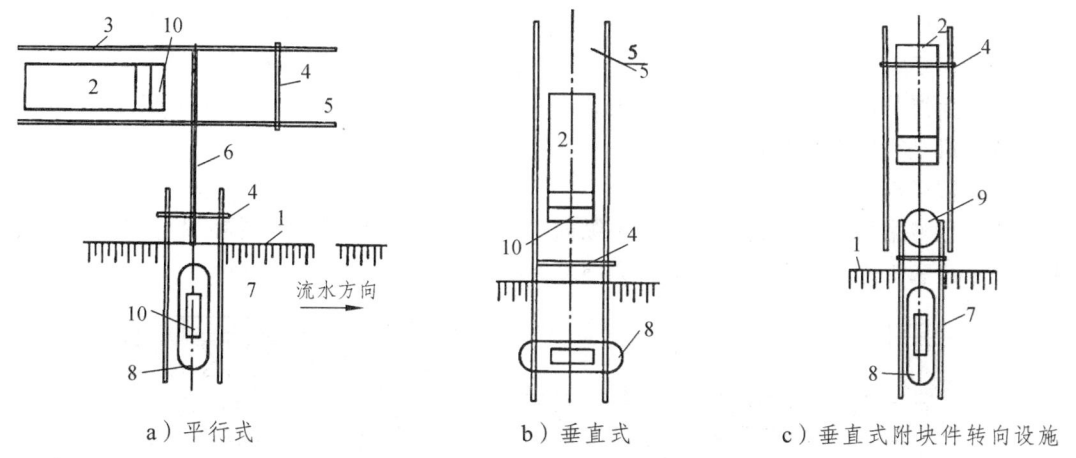

a）平行式　　b）垂直式　　c）垂直式附块件转向设施

1—河岸线；2—预制台座；3—轻便轨道；4—龙门吊机；5—存梁场；6—运梁轨道；
7—栈桥；8—运梁驳船；9—块件转向转盘；10—预制块件。

图6.3.13　预制场的布置图

当预制底座平行于河岸时，场内运输应另备运梁平车进行。栈桥上也必须另设起重吊机，供吊运块件上船。

当预制底座垂直于河岸时，存梁场往往设于底座轴线的延长线上，此时，块件的出坑和运输一般由预制场上的龙门吊机担任，块件上船也可用预制场的龙门吊机。

当存梁场或预制底座布置在岸边，又有大型悬臂浮吊时，可用浮吊直接从存梁场或预制底座将块件吊放到运梁驳船上浮运。

当预制场与栈桥距离较远时，应首先考虑采用平车运输。起运前要将块件安放平稳，底面坡度不同的块件要使用不同厚度的楔形木来调整，块件用带有花篮螺栓的缆索保险。

当采用无转向架的运梁平车时，运输轨道不能设平曲线，纵坡一般应为平坡，当地形条件限制时，最大纵坡也不得大于1%。下坡运行时，平车后部要用钢丝绳牵引保险，不得溜放。块件的起吊应该配有起重扁担。每块箱梁四个吊点，使用两个横扁担用两个吊钩起吊。如用一个主钩以人字千斤顶起吊时，还必须配一根纵向扁担以平衡水平分力。

（2）块件装船

块件装船在专用码头上进行。码头的主要设施是施工栈桥和块件装船吊机。栈桥的长度应保证在最低施工水位时驳船能进港起运，栈桥的高度要考虑在最高施工水位时栈桥主梁不应被水淹，栈桥宽度要考虑到运梁驳船两侧与栈桥之间需有不少于 0.5 m 的安全距离。栈桥起重机的起重能力和主要尺寸（净高和跨度）应与预制场上的吊机相同。

（3）浮运

浮运船只应根据块件重量和高度来选择，可采用铁驳船、坚固的木趸船、水泥驳船或用浮箱装配。

为了保证浮运安全，应设法降低浮运重心。开口舱面的船应尽量将块件置于船舱底板；必须置放在甲板面上时，要在舱内压重。

块件的支垫应按底面坡度用碎石子堆成，或满铺支垫或加设三角形垫木，以保证块件安放平稳。另外还需以缆索将块件系紧固定。

3）节段的悬臂拼装

预制块件的悬臂拼装可根据现场布置和设备条件采用不同的方法来实现。当靠岸边的桥跨不高且可在陆地或便桥上施工时，可采用自行式吊车、门式吊车来拼装。对于河中桥孔，也可采用水上浮吊进行安装。如果桥墩很高，或水流湍急而不便在陆上、水上施工时，就可利用各种吊机进行高空悬拼施工。

（1）悬臂吊机拼装法

移动式悬臂吊机外形似挂篮，主要由纵向主桁架、横向起重桁架、锚固装置平衡重、起重系、行走系和工作吊篮等部分组成，如图 6.3.14 所示。

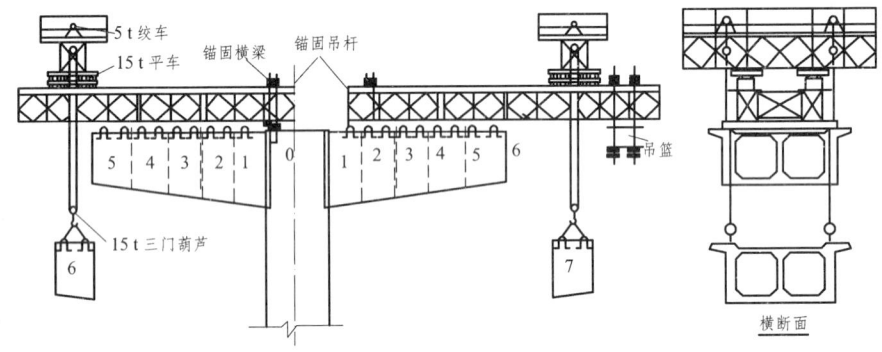

图 6.3.14　吊机构造图

纵向主桁作为吊机的主要承重结构；横向起重桁架则供安装起重卷扬机和起吊箱梁块件之用；锚固装置和平衡重保证了主桁架在起吊块件时抗倾覆稳定性；起重系的作用是将由驳船浮运到桥位处的块件提升到拼装高度以备拼装，一般可由 50 kN 电动卷扬机、吊梁扁担及滑车组等组成；悬架于纵向主桁前端的工作吊篮作为预应力钢丝穿束、张拉、压注灰浆等操作平台。为适应不同位置主梁节段的吊装施工，可设立不同受力形式的吊机。当吊装墩柱两侧附近块件时，采用双悬臂形式吊机；当块件拼装至一定长度后，可将双悬臂吊机改装成两个独立的单悬臂吊机（图 6.3.14）；或不拆开墩顶桁架而在吊机两端不断接长进行悬拼，以减少吊机前移的施工工序，但此吊机仅适合桥的跨径不太大、孔数也不多的情况。

第6章 混凝土连续体系梁桥及刚架桥

根据箱梁块件的重量和悬臂拼装长度,悬臂吊机可采用贝雷桁架、万能杆件或型钢拼制而成。

当河中水位较低,运输箱梁块件的驳船船底高程低于承台顶面高程,驳船无法靠近墩身时,双悬臂吊机的设计往往要受安装1号块件时的受力状态所控制。为了不增大主桁架断面以节约用钢量,对这种情况下的双悬臂吊机必须采取特别措施,例如斜撑法和对拉法。

斜撑法即以临时斜撑增加纵向主桁的支点以改善主桁的受力状况。斜撑的下端支于墩身牛腿上,上端与主桁加强下弦杆铰接。当块件从驳船上吊起并内移至安全距离以后,将块件临时搁置于承台上的临时支架上,再以千斤顶顶起吊机,除去斜撑,继续起吊块件,内移就位。用此法起吊块件安全可靠,但增加了起吊工序和材料用量。

对拉法即将横向起重桁架放置于起吊安全距离内,将块件直接由船上斜向起吊,两横向起重桁架用钢丝绳互相拉住以平衡因斜向起吊而产生的水平分力,防止横向起重桁架向悬臂端滚移。对拉法不需附加任何构件,起吊程序简单,但必须确保块件与承台不致相撞。这个方法一般使用在起吊钢丝绳的斜向角度很小的情况下。

(2)连续桁架(闸式吊机)拼装法

移动桁式吊在悬臂拼装施工中使用较多,依桁梁的长度分两类。第一类桁梁长度大于最大跨径,桁梁支承在已拼装完成的梁段上和待悬臂拼装的墩顶上,由吊车在桁梁上移运节段进行悬臂拼装;第二类桁梁的长度大于两倍桥梁跨径,桁梁的支点均支承在桥墩上,而不增加梁段的施工荷载,同时前方墩0号块的施工可与悬臂拼装同时进行;图6.3.15所示为采用桁式吊进行悬拼施工。采用移动桁式吊悬拼施工,其节段重量一般可取1 000~1 300 kN。

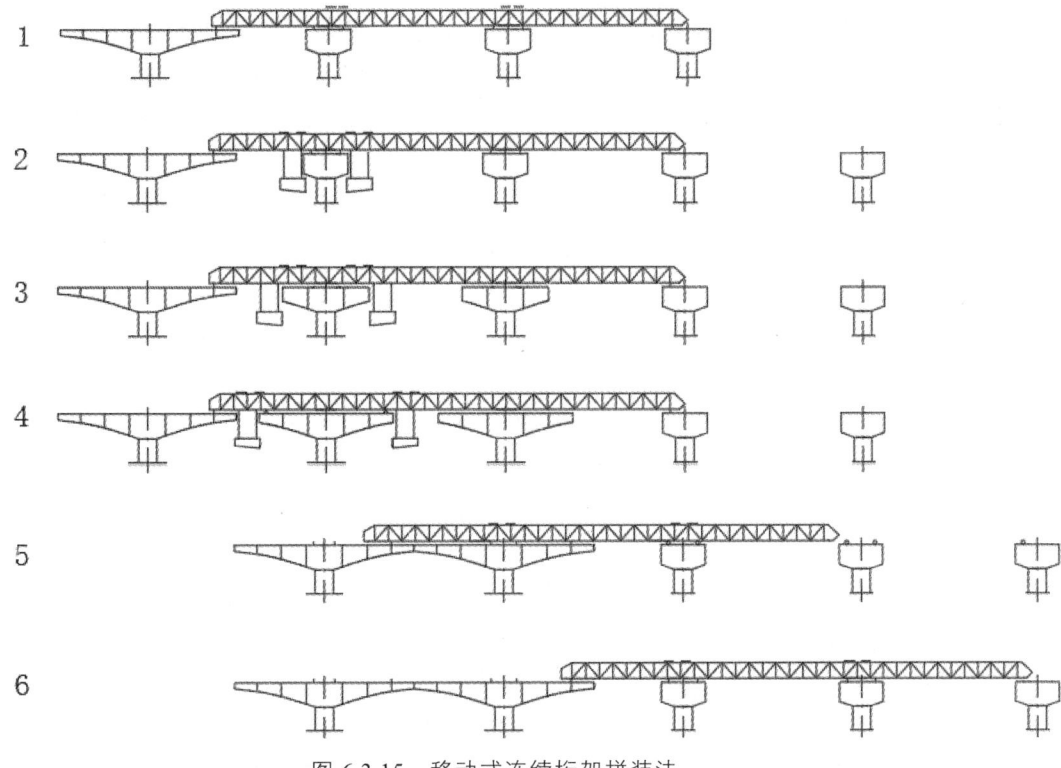

图6.3.15 移动式连续桁架拼装法

4）其他起重机拼装法

能用于悬臂拼装的施工设备有伸臂吊机、缆索吊机、龙门吊机、人字扒杆、汽车吊、履带吊、浮吊等。根据吊机的类型和桥孔处具体条件的不同，吊机可以支承在墩柱上、已拼好的梁段上或处在栈桥上、桥孔下。

不管是利用现有起重设备或专门制作的悬臂吊机，均需满足如下要求：

（1）起重能力能满足起吊最大块件的需要。

（2）吊机便于做纵向移动，移动后又能固定于一个拼装位置。

（3）吊机处在一个位置上进行拼装时，能方便地起吊块件做竖向提升和纵、横向移动，以便调整块件拼装位置。

（4）吊机的结构尽量简单，便于装拆。

2. 接缝处理及拼装程序

梁段拼装过程中的接缝有湿接缝、干接缝和胶接缝等几种。不同的施工阶段和不同的部位，将采用不同的接缝形式。

1）1号块和调整块用湿接缝拼装

悬拼施工时，防止梁体上翘和下挠的关键在于1号块的准确定位，它是基准块件。一般1号块件与墩顶0号块以湿接缝相接。定位后的1号块可用下面的临时托架支承，也可由吊机悬吊支承。为便于进行接缝处管道接头操作、接头钢筋的焊接和混凝土振捣作业，湿接缝宽度一般为 0.1~0.2 m。

0~1号块件间湿接缝的施工程序如下：

将桥墩两侧的1号块件提升到设计高程并初步定位，测量调整1号块件的轴线，使之纵、横轴线与0号块件相对应，并保证两块件的间距符合设计要求；调整并制作接缝间预应力管道接头；固定1号块件后，进行接缝的普通钢筋制作和模板安装、混凝土浇筑养护等工序；最后穿预应力钢束，张拉锚固。

跨度大的T形刚构桥，由于悬臂很长，往往在悬臂中部设置一道现浇箱梁横隔板，同时设置一道湿接缝。这道湿接缝除了能增加箱梁的结构刚度外，也可以调整拼装位置。

在拼装过程中，如拼装上翘的误差很大，难以用其他办法补救时，也可以增设一道湿接缝来调整。但应注意增设的湿接缝宽度必须用凿打块件端面的办法来提供。

2）环氧树脂胶接缝拼装

除上述块件之间采用湿接缝外，也有块件之间采用干接缝或胶接缝。

环氧树脂胶接缝可使块件连接密贴，可提高结构抗剪能力、整体刚度和不透水性。

环氧树脂胶由环氧树脂、固化剂、增塑剂、稀释剂、填料等组成。其中环氧树脂一般选用环氧树脂 E-44（6101），它具有工艺性能好、施工方便、可加入大量填料等优点；增塑剂能降低树脂的黏度，固化后增加胶体的塑性；稀释剂的主要作用是降低环氧树脂的黏度，增加流动性，便于施工时调配；单纯环氧树脂固化后胶体的弹性模量很低，而温度膨胀系数很大，填料的加入将降低成本及改善环氧树脂胶的性能。

一般对接缝混凝土面先涂环氧树脂底层胶（环氧树脂底层胶由环氧树脂、固化剂和稀释剂按试验决定比例调配），然后再涂加人填料的环氧树脂胶。环氧树脂胶随用随配并调制。

3）穿束及张拉

（1）穿束

采用悬臂施工的桥梁，其纵向预应力钢筋布置有两个特点：

① 较多集中于顶板与腹板交接部位。

② 钢束布置基本对称于桥墩，并有明槽布设和暗管布设两种。

明槽钢束通常为等间距排列，锚固在顶板加厚的部分（这种板俗称"锯齿板"）。加厚部分预制时留有管道（图 6.3.16）。穿束时先将钢束在明槽内摆放平顺，然后再分别将钢束穿入两端管道之内。钢束在管道两头伸出长度要满足张拉设备所要求的工作长度。暗管穿束比明槽难度大。经验表明，60 m 以下的钢丝束穿束一般均可采用人工推送，较长钢丝束穿入端可点焊成箭头状缠裹黑胶布；60 m 以上的长束穿束时，可先从孔道中插入一根钢丝与钢束引丝连接，然后一端以卷扬机牵引，一端以人工送入。

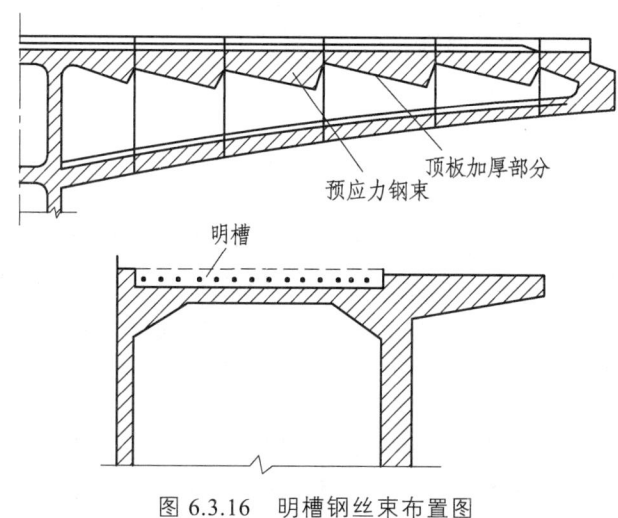

图 6.3.16 明槽钢丝束布置图

（2）张拉

钢束张拉次序的确定与箱梁横断面形式、同时工作的千斤顶数量、是否设置临时张拉系统等因素关系很大。在一般情况下，纵向预应力钢束的张拉次序按以下原则确定：

① 对称于箱梁中轴线，钢束两端同时成对张拉。

② 先张拉肋束，后张拉板束。

③ 肋束的张拉次序是先张拉边肋，后张拉中肋(若横断面为三根肋,仅有两对千斤顶时)。

④ 同一肋上的钢丝束先张拉下边的钢丝束，后张拉上边的钢丝束。

⑤ 板束的次序是先张拉顶板中部的板束，后张拉边部的板束。

每一预应力钢束的张拉应采取张拉力与伸长量双控制,最大张拉应力不得超过设计规定，张拉程序可参见有关后张法预应力张拉工艺。

3. 悬臂拼装施工控制

与悬臂浇筑法施工类似，同样可以通过有限元模型跟踪计算分析，对桥梁线形与受力进行控制。悬臂拼装施工中，影响挠度的因素主要是预应力、自重和在接缝上引起的弹性和非弹性变形，还有块件拼装的安装误差。

影响安装误差的因素很多，最关键的是1号块件定位和胶接缝施工。1号块件定位不准，则以后拼装的各个块件均将偏离预计的位置，其偏离值与该块件距梁根部的距离成正比。胶接缝施工时胶涂层太厚、接缝加压不均匀，势必也引起梁的意外上翘。此外，悬臂拼装法施工的合龙精度要求及施工工艺要求均显著高于悬臂浇筑法。

为控制和纠正过大上翘，可采取如下措施：

（1）1号块件定位时按计算的悬臂挠度及须设的预拱度确定正确的定位位置，并仔细准确地进行定位。

（2）其他块件胶接缝的涂层尽量减薄，并使其在临时的均匀压力下固化。

（3）悬拼过程中发现实际悬拼挠度过大时，须认真分析原因，及时采取措施。可采取的措施按上翘程度不同大体上有：通过多次涂胶将胶接缝做成上厚下薄的胶接层，以调整上翘度；在接缝上缘的胶层内加垫钢板，增加接缝厚度；凿打端面，将块件端面凿去一层混凝土，凿去的厚度沿截面的上、下方向按需要变化，然后涂胶拼接；增加一个湿接缝，即改胶接缝（或干接缝）为湿接缝，将块件调整到要求的位置。

4. 与悬臂浇筑法的对比

悬臂拼装和悬臂浇筑两种施工方法各有其特点如下。

1）在施工进度方面

利用挂篮进行悬臂浇筑时，混凝土中加入早强剂，每个节段施工周期通常为 7~15 d。悬臂拼装施工时，梁体预制节段可以在下部结构施工时同时进行，节段拼装时只需要进行吊装定位、环氧胶粘贴和穿束张拉等工序，一个节段拼装时间仅 1~1.5 d。所以从施工进度方面比较，悬臂拼装速度比悬臂浇筑要快得多，悬臂拼装适合于快速施工。

2）在结构整体性方面

由于采用悬臂浇筑法施工时，梁体钢筋采用焊接，并对已建梁体表面混凝土进行了凿毛等类似工作缝的处理，结构整体性较好。采用悬臂拼装法施工，虽因块件在预制场预制，块件本身质量较易保证，但组拼时块件间的接缝由预应力束的穿束连接和张拉，使结构整体性相对差一些。

3）在施工变形控制方面

悬臂浇筑法施工时，可采用计算机程序对梁体逐段进行高程的控制和调整。悬臂拼装法施工时，因梁段已完成预制，能调整的余地相对较小，再加上施工中有许多不确定的荷载等因素，造成施工变形控制难度较大。

4）在施工适应性方面

悬臂浇筑施工时，遇冬期寒冷时段施工时，混凝土蒸汽养护难度较大，所以受到地域季节条件的影响，但不受桥下地形、水文或建筑物影响。

悬臂拼装施工时，由于节段块件在预制场预制，养生条件较好，对低温状况下环氧树脂胶接缝的处理有较成熟的经验，如采用干接缝则不受低温影响。但悬臂拼装时，一般从桥下运输节段，再由悬拼吊机吊起就位，所以对桥下地形及水文等情况有一定要求。

5）在起重能力要求方面

悬臂浇筑法施工时，悬浇起重能力要求不高，仅起吊钢筋骨架及混凝土。但主梁节段长度的加大将增加混凝土自重及挂篮结构的重量，而且要增加平衡重及挂篮后锚设施。一般悬臂浇筑的节段长度为 2~6 m。

悬臂拼装法施工时,需起吊节段块件,则要求悬拼吊机起吊能力较大。一般节段长度为 2~5 m,悬拼吊机一般可采用贝雷桁架或万能杆件拼装。

从上面几点分析,可以看出悬臂浇筑法具有结构整体性好,不受桥下地形条件限制,优越性较明显,一般大跨径预应力混凝土桥梁均可采用悬臂浇筑法施工。悬臂拼装法施工速度更快。

6.3.4 顶推施工法

1. 顶推施工方法简介

顶推法施工是在沿桥纵轴方向设立预制场,采用无支架的方法推移就位。此法可用在水深桥高以及高架道路等情况下进行施工,避免大量施工脚手架,不中断现有交通及可在较小的场地上施工,安全可靠。同时可以使用简单的设备建造长、大桥梁。

它的主要施工工序是在台后开辟预制场地,分节段预制梁身并用纵向预应力筋将各节段连成整体,然后通过顶推装置,并借助不锈钢板与聚四氟乙烯模压板组成的滑动装置,将梁逐段向对岸推进,待全部顶推就位后落梁,更换正式支座,完成桥梁施工。

以由梁段制作过程对应顶推作业启动的时刻而言,伴随着主梁每个节段的制作完成过程,随即进行预应力张拉及顶推作业的施工方式常称为节段顶推;而以桥梁一联整体结构为对象进行的顶推称为全联顶推。

顶推法施工,不仅用于连续梁桥(包括钢桥),同时也可用于其他如刚架桥、桁架桥等桥型,如结合梁桥中的预制桥面板可在钢梁架设后,采用纵向顶推就位。为方便顶推施工,梁体一般做成等高截面。

2. 顶推法的分类

顶推施工法的分类方式很多,一般按顶推力的施加位置和顶推装置的类型进行划分,即顶推装置集中设置在桥台上或某一桥墩上时称为单点顶推;在多个墩(台)顶上设置顶推装置的称为多点顶推。按典型的顶推装置类型则有水平—竖向千斤顶法或拉杆千斤顶法之分。将上述两种方式进行多重组合又可形成多种顶推方式。

其他的分类方法主要是注重于构件的制作、顶推时的支承装置和为减小顶推时的主梁内力而采取的辅助措施。如逐段浇筑或拼装,逐段顶推;设置导梁、临时墩或塔架拉索加劲体系的顶推施工,以及双向顶推等。

3. 顶推设备和顶推力的确定

根据拟定的顶推实施方案(如单点顶推或多点顶推,节段顶推或全联顶推),确定施工中所需的机具、设备(规格型号和数量)及对顶推时的支承滑道进行设计。

顶推力可按下式计算:

$$P = W(\mu \pm i)K_1 \tag{6-3-1}$$

式中 W——顶推总重力(kN);

μ——滑动摩擦系数,在正常温度下 $\mu = 0.05$,当在低温情况下,μ 可能达到 0.1;

i——顶推坡度,当向下坡顶推时用负号;

K_1——安全系数,通常可取用 1.2。

千斤顶的顶推能力：

$$P_\mathrm{f} = \frac{P}{n} K_2 \qquad (6\text{-}3\text{-}2)$$

式中　n——千斤顶台数；

K_2——千斤顶的安全系数，一般取 1.2~1.25。

当需要一对竖向千斤顶顶升主梁时，每个竖向千斤顶的起顶力可由下式计算：

$$P_\mathrm{v} = \frac{VK}{2} \qquad (6\text{-}3\text{-}3)$$

式中　V——顶推时的最大反力（kN）；

K——安全系数，取用 1.4。

在计算顶推力时，如果顶推梁段在桥台后连有台座、台车等需同时顶推向前时，也应计入这一部分影响。

4. 顶推施工设备

在梁体顶推施工过程中所需的设备有两类，一是主梁的顶推和支承设备，二是减小顶推过程中主梁内力而增设的临时设施。

1）主梁的顶推和支承设备

（1）水平—竖向千斤顶顶推装置

此类装置由水平和竖直千斤顶组成。

它每一顶推行程的施工程序为顶梁、推移、落下竖直千斤顶和收回水平千斤顶的活塞杆，如图 6.3.17 所示。顶推时，升起竖直顶活塞，使临时支承卸载，开动水平千斤顶去顶推竖直顶，由于竖直顶下面设有滑道，顶的上端装有一块橡胶板，在前进过程中可带动梁体向前移动。当水平千斤顶达到最大行程时，降下竖直顶活塞，使梁体落在临时支承上，收回水平顶活塞，带动竖直千斤顶后移，回到原来位置，如此反复不断地将梁顶推到设计位置。该方法也称为"步履式"顶推。

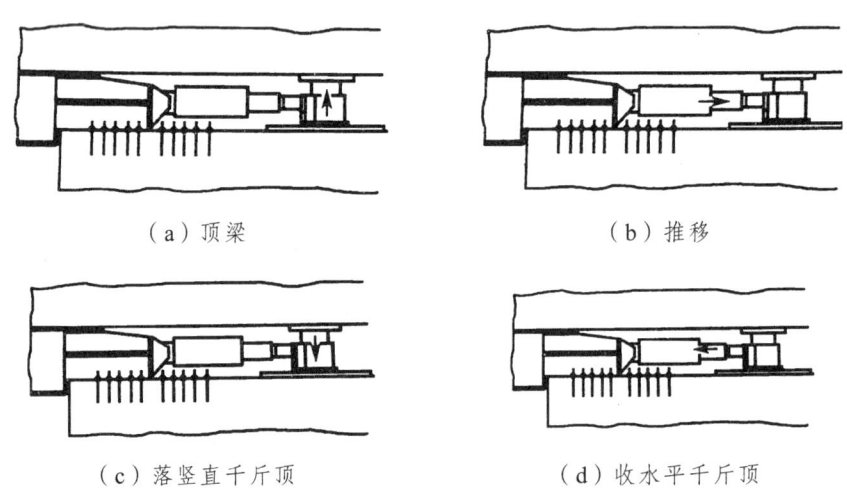

（a）顶梁　　　　　　　　　　　　（b）推移

（c）落竖直千斤顶　　　　　　　　（d）收水平千斤顶

图 6.3.17　水平千斤顶与竖直千斤顶联用的装置图

（2）拉杆千斤顶顶推装置

图 6.3.18 为此类装置的一种布置形式。水平千斤顶设置在桥墩前侧支架上或墩顶支架上，主梁与千斤顶之间通过拉杆相连，拉杆一端由楔形夹具固定，另一端则锚固在设置于梁侧的锚固设备上或是设置在主梁后端的平衡梁上，通过千斤顶的牵引作用，带动梁体通过固定于墩顶的滑板或滑道向前运动。千斤顶回程时，固定在油缸上的刚性拉杆便从楔形夹具上松开，在锚头中滑动，随后重复下一循环。

顶推装置的另一种布置形式是在桥墩前侧的主梁底部设置支架并固定千斤顶，在梁体顶、底板预留孔内插入强劲的钢锚柱，锚柱下端通过钢横梁连接，牵引梁体前进的拉杆两端分别固定于千斤顶和钢横梁上。

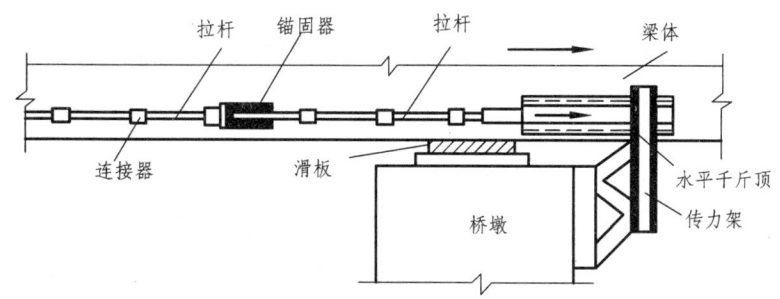

（a）水平千斤顶设置在桥墩前侧支架

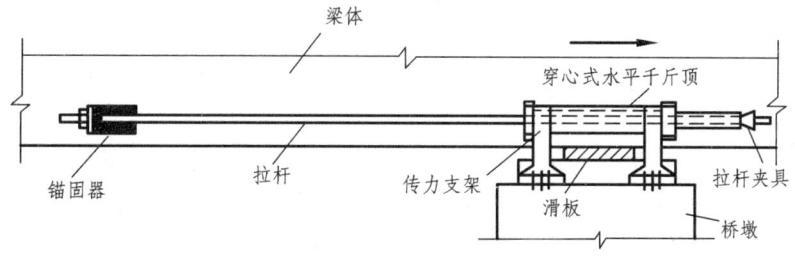

（b）水平千斤顶设置在桥墩顶支架

图 6.3.18 拉杆式顶推装置图

（3）楔进式顶推装置

楔进式顶推装置，主要由支撑油缸、支撑架、楔进推进块等构成。支撑油缸主要承受竖向支反力和调节支点高程的作用；支撑架是油缸固定架，也是顶推循环中落梁时的承重架；楔形块靠油缸提供动力，两块楔形滑块相对运动实现梁体上升、顶进、下降的循环过程。

2）顶推施工中的临时设施

为了减少顶推施工中主梁的内力，扩大顶推施工的使用范围，同时从安全施工、方便施工出发，在施工过程中常使用特定临时设施，如设临时墩或桥墩撑架减小顶推跨径、主梁前端设置导梁或主梁上设索塔以减小主梁的悬臂弯矩和梁端挠度等。

（1）导梁

导梁（图 6.3.19）设置在主梁的前端，为等截面或变截面的钢桁梁或钢板梁，主梁前端装有预埋件与钢导梁栓接。导梁在外形上其底缘与箱梁底应在同一平面上，前端底缘呈向上圆弧形，以便于顶推时顺利通过桥墩。

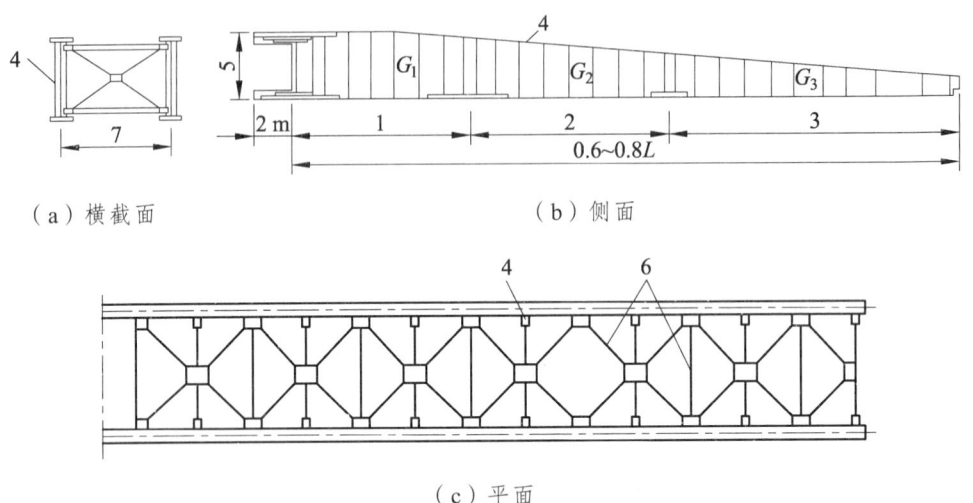

图 6.3.19 钢导梁示意图

在顶推法施工中,导梁的作用是减小主梁的悬臂长度,从而大大地降低主梁悬臂负弯矩峰值;另一方面,引导主梁上墩,便于主梁纠偏,确保施工精度。由于在顶推过程中,导梁同混凝土主梁一样,周期性地呈现悬臂、简支和悬臂状态,受力处于动态中。在纯悬臂状态,导梁各截面将出现负弯矩,在与箱梁的连接处出现最大负弯矩;当导梁上墩后,在墩顶滑行时,导梁上将出现正弯矩且随导梁上墩位置而变化,其值由导梁与主梁刚度比来分配,同时承受剪力和扭矩。故而,导梁的长度、抗弯刚度和重量对主梁在顶推过程中的受力有较大的影响。

导梁长度一般取用顶推跨径的 0.6~0.7,较长的导梁可以减小主梁悬臂负弯矩,但过长的导梁也会导致导梁与箱梁接头处负弯矩和支点反力的相应增加;导梁过短(小于 0.4 倍跨径),则要增大主梁的施工负弯矩值;合理的导梁长度应使主梁最大悬臂负弯矩与运营状态时的支点负弯矩基本相近。导梁的抗弯刚度和重量的取值应使主梁在顶推过程中产生的应力变化最小。导梁的刚度过小,主梁内就会引起多余应力;刚度过大,则支点处主梁负弯矩将急增。

钢导梁与混凝土主梁的连接断面是顶推过程中最不利断面,在过去的实际工程中曾发生连接锚固区域混凝土开裂现象,故需引起重视,采取可靠的连接构造措施。

(2)临时墩

临时墩由于仅在施工中使用,在符合要求的前提下,应造价低,便于拆装。目前用得较多的是用滑升模板浇筑的混凝土薄壁空心墩、混凝土预制板或预制板拼砌的空心墩、混凝土板和轻便钢架组成的框架临时墩。临时墩的基础依地质和水深诸多因素决定,可采用打桩基础等。为了减小临时墩承受的水平力和增加临时墩的稳定性,在顶推前将临时墩与永久墩用钢丝绳拉紧;也可采用在每墩的上、下游各设一钢束进行张拉,效果较好,施工也很方便。通常在临时墩上不设顶推装置而仅设置滑移装置。

(3)索塔加劲系统

索塔加劲系统由钢制塔架、连接构件、竖向千斤顶和钢索组成,设置在主梁的前端(图

6.3.20)。拉索的加劲范围为两倍顶推跨径左右；塔架通过钢铰连接并支承在主梁的混凝土固定块上；设置在塔架下端的竖向千斤顶则用于调节索力，适应顶推过程中不断变化的主梁内力。

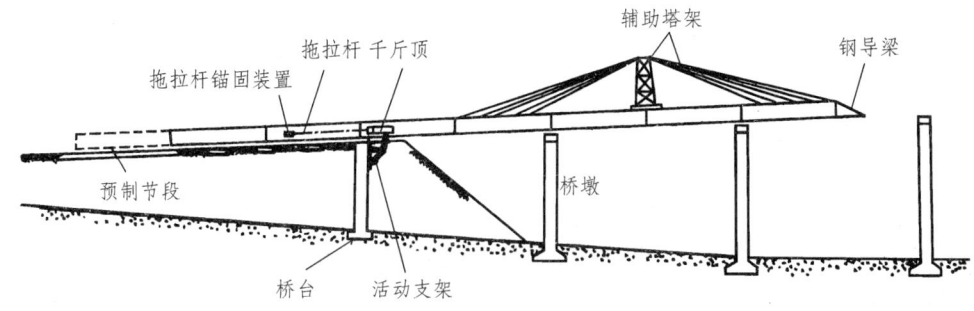

图 6.3.20　用拉索加劲的顶推法施工

需注意的是，采用该方式加劲主梁，应格外注意塔位处的主梁截面不利受力，必要时应对该处的主梁进行加固，以承受塔架的集中竖向力。同时也需关注施工工序的安排对结构性能的影响。

5. 顶推法施工工艺

顶推法施工主要包括预制场准备主梁的预制和拼装、安装顶推装置和滑移装置、顶推梁体、落梁就位、施加预应力等。其工艺流程见图 6.3.21。

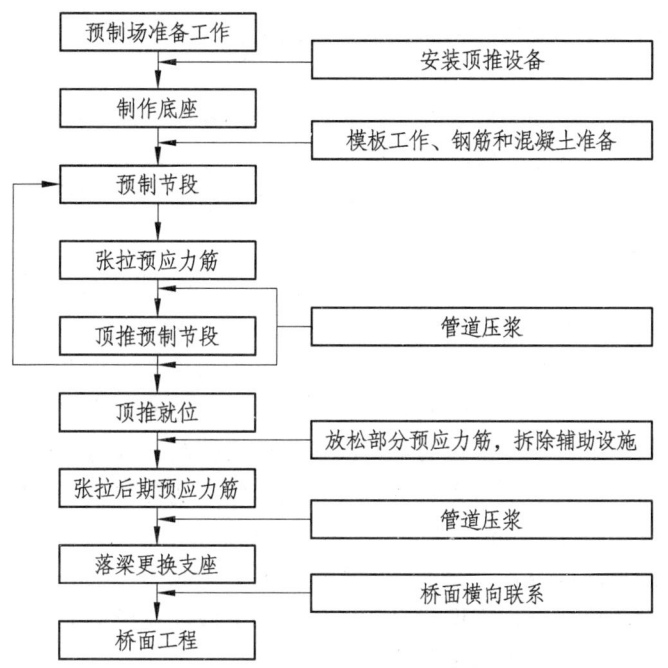

图 6.3.21　顶推法施工流程图

为使主梁顶推顺利进行，施工中应注意以下几个问题。

1）主梁的节段长度划分

主梁的节段长度划分主要考虑段间的连接处不要设在连续梁受力最大的支点与跨中截面。同时要考虑制作加工容易，尽量减少分段，缩短工期。因此一般常取节段长 10~30 m。

2）主梁节段类型

顶推施工的主梁节段类型有两种，一种是在梁轴线的预制场上连续现浇制作逐段顶推；另一种是在工厂制成预制块件，运送到桥位连接后进行顶推，这种制梁方法带来的问题是节段长度和重量取决于运输条件，并且增加了施工中的接头工作。因此，梁体节段制作多以现浇为主，并对桥梁施工质量和施工速度起着决定作用。

3）预制场地准备

预制场的设置应考虑到顶推过程中抗倾覆和抗滑移稳定的安全度、主梁的预制台座、材料堆放场以及辅助施工所需的场地要求等。

在顶推初期，当导梁或箱梁尚未进入前方桥墩，主梁呈最大悬臂状态时，如预制场上无足够长的主梁节段，则会发生倾覆失稳；再则，在水平力作用下梁体发生滑移失稳也是值得重视的一方面，特别是地震区的桥梁和具有较大纵坡的桥梁。故一般顶推施工的预制场地包括预制台座和从预制台座到标准顶推跨之间的过渡段。

主梁预制台座的长度取决于主梁预制方案是节段的全截面一次浇筑完成再顶推，还是分次浇筑分次顶推。如主梁预制方案为前者，预制台座长仅需与节段长相当；如为后者，在一个预制台座上完成箱梁底板的浇筑，张拉部分预应力筋后顶推至第二个预制台座浇筑箱梁的腹板和顶板，或者是底板和腹板第一次预制，顶板部分第二次预制，则预制台座长需有两个节段长。

另外，钢导梁的拼装，模板、钢筋、钢束的加工，混凝土搅拌站以及砂、石、水泥的堆放等都需用地。

所以，顶推施工的预制场一般设在桥台后，长度需要有预制节段长的三倍以上。

对于预制台座而言，台座的沉降过大或是台座处滑道高程不准确，均会引起梁体顶推困难或使梁体产生二次力而开裂的不良后果。须采取技术措施予以预防。

4）节段的预制工作

对采用现场预制主梁节段，由于预制工作固定在一个位置上进行周期性生产，所以完全可以仿照工厂预制桥梁的条件设临时厂房吊车，使施工不受气候影响，减轻劳动强度，提高工效。

箱梁模板由底模、侧模和内模组成。一般来说，采用顶推法施工多选用等截面梁，模板可以多次周转使用。因此宜使用钢模板，以保证预制梁尺寸的准确性。

底模板安置在预制平台上，平台的平整度必须严格控制，因为顶推时的微小高差就会引起梁内力的变化，而且梁底不平整将直接影响顶推工作。通常预制平台要有一个整体的框架基础，要求总下沉量不超过 2 mm，其上是型钢及钢板制作的底模和在腹板位置的底模滑道，在底模和基础之间设置卸落设备，要求底模的重量要大于底模与梁底混凝土的黏结力，当千斤顶及木楔的卸落设备放下时，底模能自动脱模，将节段落在滑道上。

节段预制的模板构造与是否为全断面浇筑有关。

桥梁采用顶推施工时，其工期主要取决于梁体预制周期。根据统计资料得知，梁段预制工作量占上部结构总工作量的 55%~65%，加快预制工作的速度对缩短工期具有十分重要的意义。

为缩短预制周期,在预制时可考虑采取如下措施:
(1)组织专业化施工队。
(2)采用镦头锚、套管连接器,前期钢束采用直束,加快张拉速度。
(3)在混凝土中加入减水剂,提高混凝土的早期强度,增加施工和易性,是加快施工速度的有效措施。
(4)采用大型模板,提高机械化和装配化的程度。

5)预应力钢束的张拉

顶推施工的预应力混凝土连续梁桥有三种预应力钢束,一种是兼顾营运与施工要求所需的钢束;第二是为施工阶段要求配置的钢束;第三是在施工完成之后,为满足营运阶段需要而增加的钢束。

这三类预应力钢束的构造布置特点:对于兼顾营运与施工要求的力筋,通常采用镦头锚,并用连接器接长,为了不致使接头集中在同一截面,钢束的长度取用两个主梁节段的长度,交错排列,使一半数量的钢束通过某一接头位置,而另一半钢束在该截面接头;对于施工需要而临时配置的力筋,一般选用短索,在施工完成后拆除;为便于施工,此两类顶推施工中所需钢束常采用直索,布置在截面的上下缘,对梁施加一个近似于中心受压的预应力;为满足营运阶段需要而增设的钢束有直索和弯索,锚在箱梁内的齿板上。

三种钢束应严格按照设计规定进行布置、张拉接长和拆除,不得随意增加或漏拆,更不得漏张拉。钢束张拉时应注意:张拉顺序宜采用先临时束后永久束、先长束后短束、先直束后弯束;为防止因水平扭矩而产生附加内力,顶底板钢束应上下交替、左右对称地进行;对主梁顶推就位后需拆除的临时钢束,张拉后不应灌浆,锚具外露多余钢材不必切除;对梁段间需连接的永久束,应在节段间留出适当供连接器连接的空间。为了预防未经压浆的预应力束在顶推施工中的锚具松动,可对锚具配备防松措施,从而保证施工安全和质量。

6)梁体的裂缝控制

在顶推法施工的连续梁中,曾有于滑道处的箱梁底板与腹板相交区域、箱梁底板的后期纵向预应力钢束空管道或未灌浆管道处发生纵向裂缝的现象。产生开裂的原因,如滑道支承处梁体局部承压且应力集中、预加应力集中且又有竖向箍筋的存在、未穿束未压浆的预应力管道对截面的削弱严重等。故需考虑对这些部分增设构造钢筋。

在箱梁非全断面浇筑施工中,梁段中已浇筑、固接、冷却了的U形槽部分将限制箱梁顶板混凝土在养护过程中的纵向收缩,故需采取措施控制因水化热效应,而产生箱梁顶板混凝土开裂。

为了防止开裂,对梁底平整度、混凝土浇筑质量、滑道高程控制、滑道平面尺寸、滑板等需严格要求。

7)施工中的稳定问题

顶推过程中的稳定问题包括倾覆稳定和滑动稳定。

(1)主梁顶推时的倾覆稳定

施工时可能发生倾覆失稳的最不利状态发生在顶推初期,导梁或箱梁尚未进入前方桥墩,呈最大悬臂状态时。要求在最不利状态下的倾覆安全系数不小于1.3。当不能保证有足够的安全系数时,应考虑采取加大稳定段长度或在跨间增设临时墩的措施。

（2）主梁顶推时的滑动稳定

在顶推初期，由于顶推滑动装置的摩擦因数很小，抗滑能力很弱，当梁受到一个不大的水平力时，很可能发生滑动失稳，特别是地震区的桥梁和具有较大纵坡的桥梁，更要注意计算各阶段的滑动稳定，安全系数应不小于1.2。

另外，对坡桥实施下坡方式顶推架设时需注意防梁滑走。

8）施工挠度控制

随着顶推施工进行，桥梁结构的受力体系不断变化，主梁挠度也发生相应的变化，主梁挠度的大小将直接影响到施工是否能正常进行，所以要随时根据设计提供的挠度数值校核施工精度，并调整施工时梁的高程。当计算结果与施工观测结果出现较大不符时，必须要查明原因，确定对策，以保证施工顺利进行。

9）顶推装置的拆除时机

全梁顶推就位后，是否即可拆除顶推设备需考虑结构的受力状态，以免因匆忙拆除顶推装置产生严重的不良后果，具体视下列情况而行：

（1）当桥处于平坡上且各墩水平位移（即水平力）接近于零时，可在梁就位后即拆除。

（2）当桥处于坡道上且各墩的水平位移（即水平力）接近于零时，需计算拆除顶推设备后墩梁间的摩擦力抵抗梁体在自重作用下沿坡道下滑的能力。若计算结果表明摩擦力足以抵抗且有一定的安全储备，则可在梁就位后拆除，否则不能拆除。

（3）当桥处于坡道上且各墩的水平位移（即水平力）较大时，须在部分或全部支座固定后方可拆除，否则，过早拆除，在梁自重沿坡道的下滑力和桥墩反力的共同作用下，梁体失去了支撑，很有可能向下坡方向滑动，使梁体偏离成桥状态下的正确位置。

10）落梁

在全梁顶推到位后，需进行落梁工作，将主梁安置在永久支座上。

落梁以支座反力控制为主，适当考虑梁底高程。

落梁前的准备工作有：解除梁体外的一切约束，清理永久支座并在支座垫石顶面、滑道旁边就位，在支座垫石上放样画线；在墩上清理千斤顶安放工作面，并准确安装千斤顶；复测墩顶、支座垫石顶面高程。

落梁过程中必须观测墩顶处主梁的应力变化，出现异常时及时停止，明确原因后再继续施工。

6. 拖拉施工法

拖拉法也是以千斤顶为动力，借助钢导梁导向，在带有摩擦副（可选用聚四氟乙烯板和不锈钢板）的滑道上，纵向或横向拉进梁体至设计要求的位置。在拖拉施工过程中，拖拉控制系统采用"主控单元—总线通信—现场控制单元"的多台计算机结构全程监控施工精度，保证梁体拖拉的质量。拖拉法是近年来发展迅速的大型桥梁施工工艺。

拖拉施工方法适用于：当桥梁跨越深谷，不可间断运输线（铁路、公路、河道）；难以拆迁的建筑物（地下设施、古迹等）；对施工噪声干扰及公害有严格限制的地区，其他有特殊要求而支架法、悬臂拼装法等施工方法不可能满足其要求时。

6.3.5 转体施工法

1. 转体施工法简介

当连续梁跨越运营线路时，为保障既有线上车辆运营的安全，连续梁通常采用转体施工法。桥梁转体施工方法是指桥梁的主体结构不在所预设轴线上进行拼装或者浇筑，通过使用预制好的，摩擦系数比较小的球铰、钢构滑道以及上下转盘，把拼装好的或者浇筑完成的结构转动到设计轴线一致的方向上。相比较于传统施工方法，转体施工可以规避不利地形，利用现场自然地形条件等进行现场构件的预制和浇筑，该施工方法保证了在施工期间，被跨越的线路交通不中断，航道不断航，使得对既有交通的影响几乎为零，该方法既保证了最大社会经济效益，而且具有施工质量保证良好、施工安全性高、施工过程简单方便、施工速度较快等优点，对社会经济效益以及施工技术效益有明显提高作用。伴随着我国经济交通事业的发展，桥梁施工技术越来越成熟，施工技术不断进步完善，我国转体施工技术应用的时机也在不断增多，图 9.3.22 为转体施工法施工的 T 形刚构桥。

图 6.3.22 转体施工法施工的 T 形刚构桥

2. 转体施工法的分类

转体的方法可分为水平转体施工法、竖向转体施工法和平转和竖转相结合转体法。其中连续体系梁桥大多采用水平转体施工法，在此重点介绍水平转体施工法。

水平转体施工是指利用桥梁结构自身的对称性，把桥梁上部结构分为两个半跨或者上部一整跨，利用现场的条件对桥梁上部结构进行现场预制或者拼装，通过在桥梁的中心对称轴上设置转动球铰（如图 6.3.23 所示）形成转动控制系统进而达到水平转体的过程，桥梁结构转体施工结束后需要对合龙段进行施工以及转体转盘的封固，最后进行全桥施工。

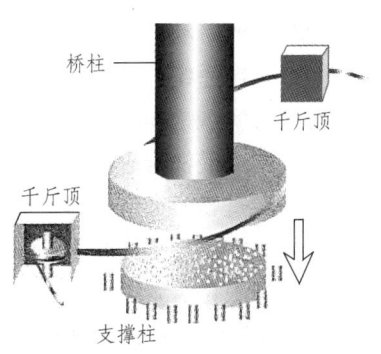

图 6.3.23 球铰示意图

水平转体施工方法根据具体的有无平衡配重的实际工况又可以分为无平衡配重的水平转体施工方法和进行平衡配重后的有配重的水平转体施工方法。不采用平衡配重的转体桥可以充分利用自身结构上的对称特点，使自身处于平衡状态，不需要外部进行配重，减少了配重试验步骤和配重的过程，结构的自重分布比较均匀，结构体更加轻便，转体后合龙施工的工作量就相对较小，适用于地形比较平坦开阔，施工比较方便的桥位施工。有平衡配重的桥梁转体施工，是指通过配置桥梁结构以外的重量来调整桥梁施工的偏心问题，使桥梁的转体重心基本落在转体球铰轴心线上。

3. 平面转动体系组成

大桥转体施工的平面转动体系主要由转动牵引系统和支撑系统、稳定平衡系统、防过转系统、微调整系统、转体测量系统组成。

（1）转动支承系统：转体施工过程中转动支撑结构的核心构件为滑道、撑脚和球铰。球铰是主要支承构件，撑脚是保险腿，行走于滑道上。上、下球铰结构之间的平稳转动是保证转体施工顺利完成的关键。转体施工完成后，将上、下转盘结构封固为一个整体结构，作为永久性梁体承台。转体结构组成如图 6.3.24 所示。

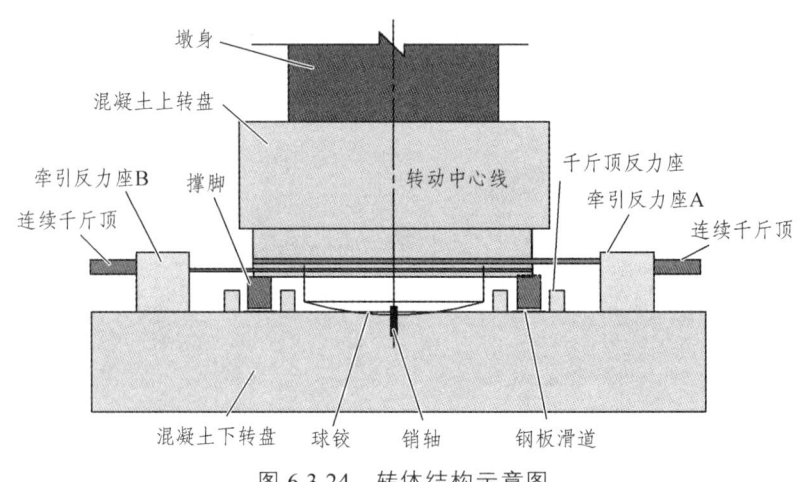

图 6.3.24　转体结构示意图

（2）转动牵引系统：目前国内针对大吨位的转体结构，一般采用连续液压千斤顶作为转体牵引系统。千斤顶通常对称布置两组，固定于张拉台座。千斤顶张拉锚固并缠绕于上转盘的钢绞线进而带动上转盘转动。

（3）平衡系统：平衡系统是转体施工能否顺利进行的关键。自平衡系统的结构体系，结构自身即可实现平衡，并且混凝土的强度可以满足转体施工过程中结构的受力要求，故采用转体施工更为经济合理。

（4）防过转及微调系统：最后的转体施工是通过连续液压千斤顶牵拉产生对称力矩实现的，不能反方向施加力矩，所以不能过转。因此根据实际转角在上、下转盘施工时分别预埋工字钢作为限位装置，防止超转。转体施工中，即将转体就位时，停止转动，并采用千斤顶多次"点动"的方式记录并计算每次"点动"下转动角度，并根据剩余转动角度预估"点动"次数，进而实现精确转动就位。

（5）测量系统：主要包括两部分，一是施工时对球铰与滑道安装时精度的把握，二是转体时精确控制桥梁转动到位。转体施工全过程中需要重点关注桥梁双侧的平衡控制、重心控制和应力与线形控制。

4. 转体装置

目前国内使用的转体装置有两种,一是以聚四氟乙烯滑板构成的环道平面承重转体;二是以球面转轴支承辅以滚轮或保险支撑的轴心承重转体。前者运用于大跨或特大跨桥梁及转动体系重心较高的桥梁中,后者则较多运用于中小跨径桥梁。

1)聚四氟乙烯滑板环道平面承重转体装置

此种平面承重转体装置由设在底盘和上转盘间的轴心和环形滑道组成,具体构造见图6.3.25。其中图 6.3.25(a)为环形滑道构造,图 6.3.25(b)为轴心构造,其间由扇形板连接。

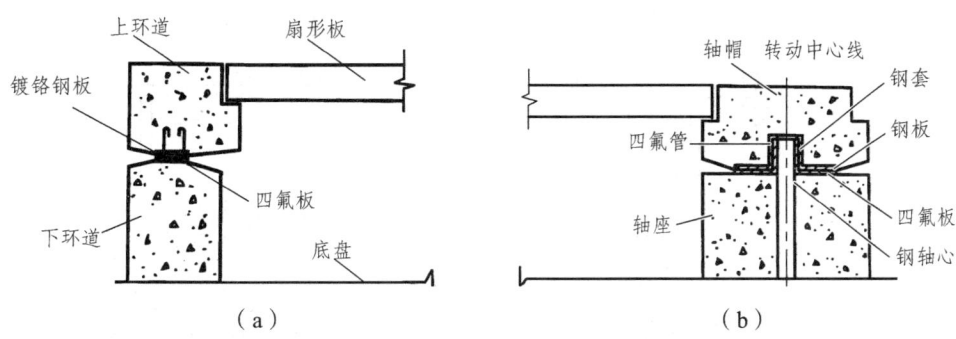

图 6.3.25 聚四氟乙烯滑板环道的构造图

(1)环形滑道

这是一个以轴心为圆心、直径 7~8 m 的圆环形混凝土滑道,宽 0.5 m,上、下滑道高度约 0.5 m。下环道混凝土表面要既平整又粗糙,以利铺放 80 mm 宽的环形四氟板。上环道底面嵌设宽 100 mm 的镀铬钢板。

上转盘用扇形预制板把轴帽和上环道连成一体,并浇上转盘混凝土形成。

这种装置平稳可靠,承受转体重量大,转动体系的重心与下转盘轴心可以允许有一定数量的偏心值。

(2)转盘轴心

由混凝土轴座、钢轴心和轴帽等组成。轴座是一个直径 1 m 左右的 C25 钢筋混凝土矮墩,它不但对固定钢轴心起着定位作用,而且支承上转盘部分重量。合金钢轴心直径 0.1 m,长 0.8 m,下端 0.6 m 固定在混凝土轴座内,上端露出 0.2 m 车光镀铬,外套 10 mm 厚的聚四氟乙烯管,然后在轴座顶面铺四氟板,在四氟板上放置直径为 0.5 m 的不锈钢板,再套上外钢套。钢套顶端封固,下缘与钢板焊牢,浇筑混凝土轴帽,凝固脱模后轴帽即可绕钢轴心旋转自如。

2)球面铰辅以轨道板和钢滚轮(或保险支撑)

这是一种以铰为轴心承重的转动装置(图 6.3.26)。它的特点是整个转动体系的重心必须落在轴心铰上,球面铰既起定位作用,又承受全部转体重力,钢滚轮或保险支撑只起稳定保险作用。

球面铰可以分为半球形钢筋混凝土铰、球缺形钢筋混凝土铰、球缺形钢铰。前两种由于直径较大,故能承受较大的转体重力。

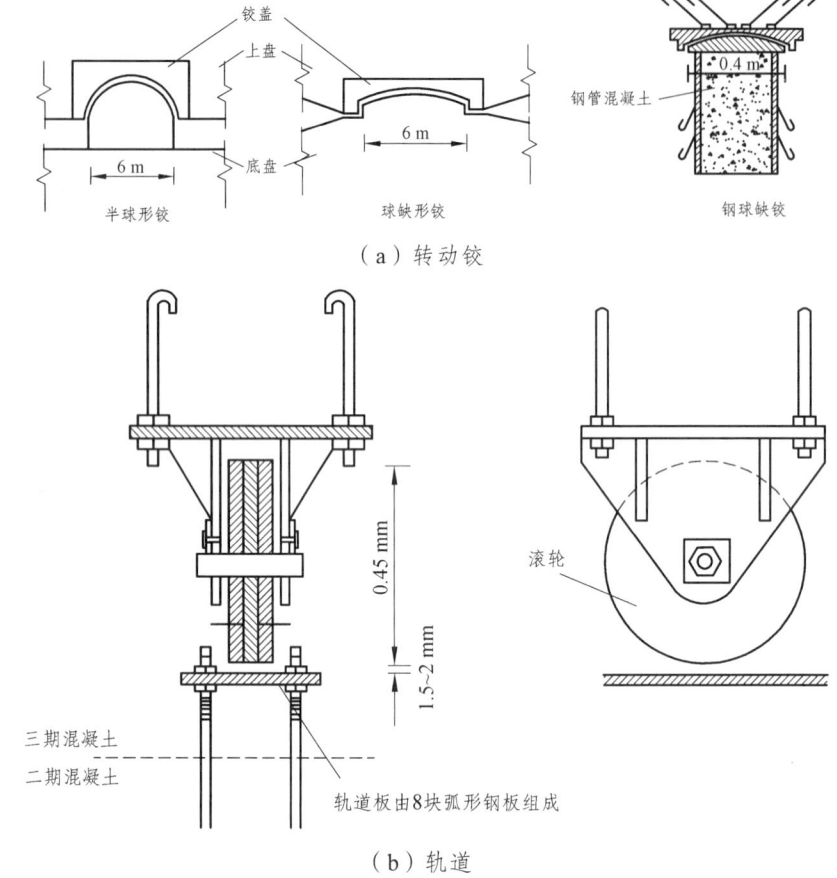

(a) 转动铰

(b) 轨道

图 6.3.26 球面铰、轨道板及滚轮的构造图

图 6.3.27 为贵州水柏铁路北盘江大桥的球铰构造，球铰由上下两块钢质球面板组成，上面板为凸面，与上部的牵转盘连接；下面板为凹面，嵌固于下盘顶面。上、下面板均为 40 mm 厚的钢板压制而成的球面，面板背部设置有肋条，防止在加工、运输过程中变形，且加强与周围混凝土的连接。

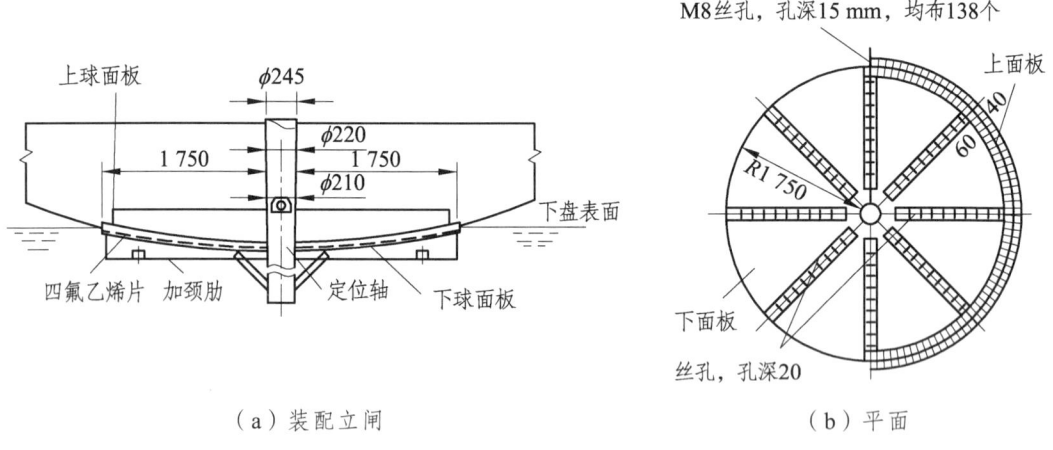

(a) 装配立面　　　　　　　　　(b) 平面

图 6.3.27 球铰构造（尺寸单位：mm）

3)转体驱动系统

转体施工常用的转体驱动系统有钢索牵引转动或千斤顶顶推转动。

钢索牵引转动驱动系统可由卷扬机、倒链、滑轮组、普通千斤顶等机具组成（图6.3.28），即通过闭合的牵引主索由滑轮组牵引,在上转盘产生一对牵引力偶克服阻力偶而使桥体转动。此种驱动系统的布设占地较大，常受到场地的限制，并有转体时牵引力的大小无法准确测量控制、作用力不易保持平衡、加载难以同步进行等缺点。而自动连续千斤顶顶推系统（图6.3.29）作为转动驱动设备的显著特点是转体能实现连续同步、匀速、平稳、一次性到位；结构紧凑，占地面积小，施工方便。

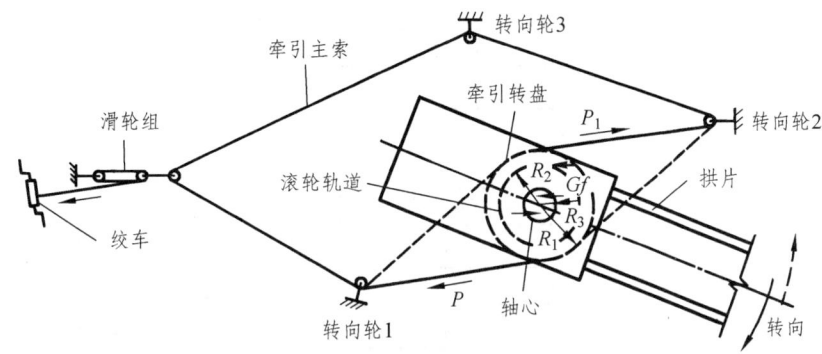

图6.3.28 牵引系统布置示意图

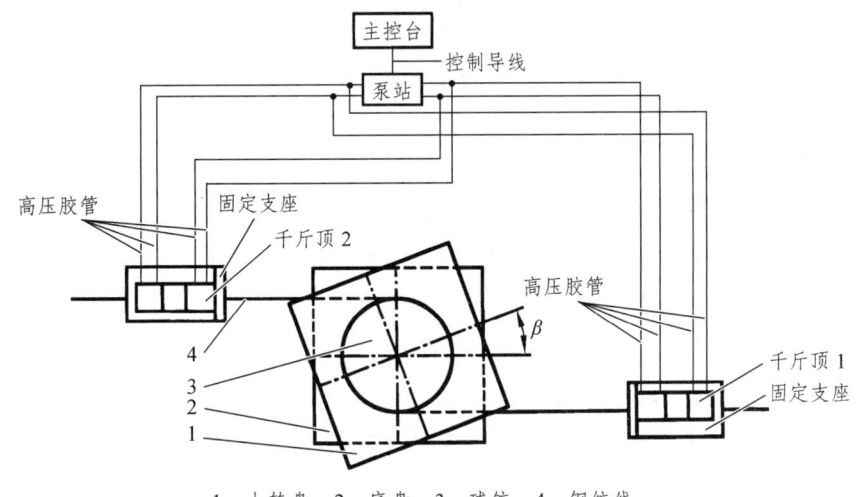

1—上转盘；2—底盘；3—球铰；4—钢绞线。

图6.3.29 转体动力装置布置图（自动连续）

5. 转体施工法施工工艺

转体结构施工步骤主要包括：① 安装定位下球铰骨架；② 安装及定位下球铰；③ 浇筑转体下盘混凝土；④ 吊装定位转动芯轴；⑤ 安装下球铰聚四氟乙烯滑片；⑥ 吊装上球铰；⑦ 上转盘一次混凝土浇筑；⑧ 放置临时撑脚；⑨ 安装牵引索及牵引反力座。

转体施工法的流程如图6.3.30所示。

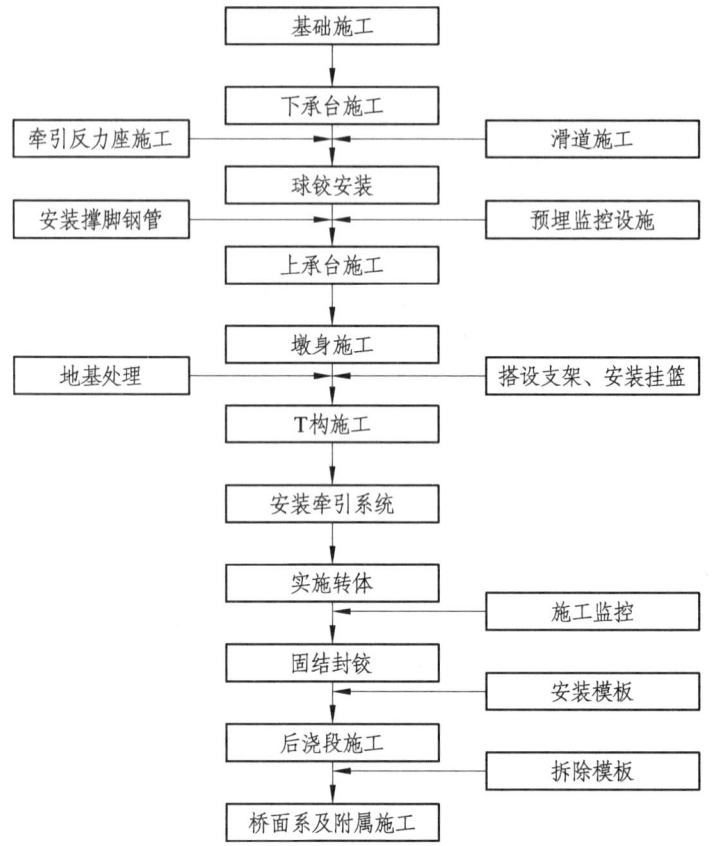

图 6.3.30 转体施工操作工艺流程

6.3.6 先简支后连续法

先简支后连续是架设时 T 梁或是箱梁都是逐跨以简支梁的形式放置在桥墩支座上,然后再把简支体系主梁连接成整体连续梁,简单地说就是先把桥墩两两之间的梁架起来,然后再把这些桥梁连续起来构成整体的一种施工工艺。先简支后连续梁结构如图 6.3.31 所示。

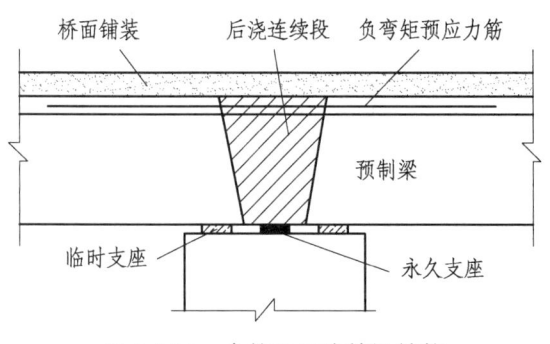

图 6.3.31 先简支后连续梁结构

1. 结构构造及特点

先简支后结构连续梁桥是指先通过简支方式进行架设,然后将各梁在墩顶处实施结构连续的桥梁。这种结构在体系转换前处于简支状态属于静定结构，体系转换后形成连续体系，结构变为超静定。

先简支后结构连续梁桥结构特点包括：
（1）结构由预制梁段与现浇梁段组成。
（2）体系转换：结构由双排支座变为单排支座的过程。

2. 先简支后结构连续梁桥成形方式

（1）主梁的普通钢筋在墩顶连接。
（2）主梁纵向预应力钢束在墩顶连接。
（3）墩顶两侧主梁在一定范围内布设预应力短束实现连续。

第1种方法虽然简单易行，但常在墩顶负弯矩区内发生横向裂缝，影响桥梁的正常使用。第2种方法的效果最好，但施工很困难，故一般不采用，第3种方法不仅施工可行，并且具有方法2的优点，同时又克服了采用普通钢筋连接的开裂问题。所以一般先简支后结构连续梁桥多采用墩顶短束与普通钢筋连接的构造处理来实现简支转连续。

3. 负弯矩区钢束布置及受力分析

1）负弯矩钢束的布置

先简支后结构连续梁桥配有两种预应力索：① 预制梁腹板的配索，与一般简支梁形式一致，在预制梁阶段张拉预应力筋；② 墩顶连续段的配索，在浇筑梁端湿接头混凝土后，当混凝土达到设计强度时再张拉预应力筋。

2）负弯矩钢束受力分析

墩顶负弯矩钢束预应力的作用是在体系转换后使墩顶负弯矩区段产生一定的应力储备，以抵抗二期恒载和活载产生的拉应力，避免支座处顶板开裂。先简支后结构连续梁桥墩顶负弯矩钢束往往仅布置在连续结构内支点较窄的区域内，负弯矩钢束在内支点区域按二次抛物线布置，内支点区域的负弯矩钢束也使正弯矩区的预压效应加大，这对结构受力是有利的。

4. 施工工序分析

对先简支后结构连续体系梁桥，不同的施工工序，连续段预应力筋对结构产生的预应力效应也不同。下面就两道关键工序进行分析：① 结构性现浇层与梁端湿接头浇筑顺序；② 梁端湿接头浇筑与连续段预应力筋张拉顺序。

1）结构性现浇层与梁端湿接头浇筑顺序分析

先简支后结构连续梁桥靠梁端湿接头和墩顶连续段预应力筋来实现体系转换。墩顶连续段预应力筋一方面为结构性现浇层提供预压应力，另一方面为桥梁提供支点正弯矩，以抵抗桥梁运营时的支点负弯矩。结构性现浇层与梁端湿接头的施工顺序、施工时间间隔，对桥梁受力状态产生比较大的影响。因此，选择合理的施工顺序，可令桥梁成桥时达到更好的受力状态：

第一种浇筑方式：先浇筑一部分结构性现浇层，再浇筑梁端湿接头和剩余结构性现浇层、张拉墩顶连续预应力筋。

第二种浇筑方式:先浇筑湿接头和一部分结构性现浇层,并张拉墩顶连续段预应力筋;再浇筑剩余结构性现浇层。

在相同的配筋情况下,采用第一种浇注方式,可令支点截面得到更大的初始正弯矩。第一种方式与第二种方式相比,支点截面初始正弯矩增大了约15%;支点截面最终弯矩大致相等。

2)端部湿接头浇筑和连续段预应力筋张拉顺序分析

对于端部湿接头浇筑和连续段预应力筋张拉顺序,对照图6.3.32,这里主要讨论以下几个工序:

(1)简支梁架设完毕后,端部湿接头一起浇筑,由一端部开始依次向另一端部逐渐张拉连续段预应力筋。

(2)简支梁架设完毕后,端部湿接头一次性浇筑,采用隔跨张拉连续段预应力筋,即先张拉1号、3号端部,而后张拉2号、4号端部。

(3)简支梁架设完毕后,端部湿接头一起浇筑完毕后,对称张拉连续段预应力筋,即先张拉1号、4号端部,再张拉2号、3号端部。

(4)浇注一个端部湿接头后,待到砼强度达到规定的强度以后张拉,而后浇注第二个端部湿接头,张拉第二个端部湿接头的连续预应力筋,依此类推。

(5)隔端浇筑、隔端张拉,即先浇筑1号和3号端部湿接头,张拉连续段预应力筋;而后浇筑2号和4号端部湿接头,张拉连续段预应力筋。

(6)对称浇筑,对称张拉,即先浇筑1号、4号端部湿接头,当混凝土达到设计强度以后,张拉连续段预应力筋;而后浇筑2号、3号端部湿接头,当混凝土达到设计强度以后张拉连续段预应力筋。

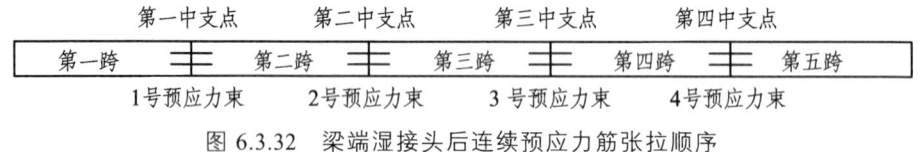

图6.3.32 梁端湿接头后连续预应力筋张拉顺序

不同的后连续端部浇筑和连续预应力张拉顺序对后连续的整体效果有着一定的影响。其中,中支点受其影响最明显,支点负弯矩变化范围在6%~11%之间,支点应力变化范围在6%~13%之间。采用上述6种施工顺序,无论跨中、支点弯矩还是其应力,最小值几乎都出现在工序5中。因此,上述6种施工顺序中最佳施工工序为"隔端浇筑、隔端张拉"。

此外,相关工程实践表明,对先简支后结构连续梁桥,先浇筑湿接头再浇筑结构性现浇层对结构受力更不利;而先浇筑结构性现浇层再浇筑湿接头对结构更有利。因此,建议先浇筑结构性现浇层再浇筑湿接头。对先简支后结构连续梁桥,梁端湿接头浇筑顺序、连续段预应力筋不同的张拉顺序对跨中正弯矩、支点负弯矩,跨中应力以及支点应力都产生一定影响,这种影响在一定范围内可以不考虑,但是当超过一定值就应当引起重视。采用上述6种施工顺序,无论跨中、支点弯矩还是跨中、支点应力的最小值几乎都出现在工序5中。因此,建议施工顺序优先选择工序5。如前所述,梁端湿接头不同的浇筑顺序和连续段预应力张拉顺序对后连续的整体效果有一定的影响。梁端连续端部及连续段预应力筋的最佳施工方法为"隔跨浇筑、隔跨张拉"。

6.4 连续体系梁桥结构设计计算

结构设计计算是确保连续体系梁桥结构满足安全承载与使用性能的关键，本节主要介绍连续体系梁桥结构计算的内容与方法，包括主梁内力、次内力计算、内力组合，并介绍应用有限元方法进行计算的过程。

对于连续梁桥等超静定结构，其自重所产生的内力应根据它所采用的施工方法来确定其计算图式，并根据施工阶段的计算图式单独地计算，然后进行内力或应力叠加。对于成桥后活载，则按照整桥结构的图式进行计算。

针对连续体系梁桥的结构设计计算，以连续梁桥支架法、悬臂施工、顶推施工为例，介绍结构恒载内力计算。其中，支架施工一次落梁法的连续梁桥可按成桥结构进行分析之外，其余施工方法的连续梁桥，都存在结构体系转换和内力（或应力）叠加或变化的问题，这也是连续梁梁桥恒载内力计算的一个重要特点。连续刚构等其他连续体系梁桥的恒载内力计算基本类似。

6.4.1 连续梁桥恒载内力计算

1. 连续梁桥支架施工法恒载内力计算

当连续梁桥采用支架施工法时，桥梁一次成桥，结构不发生体系转换，主梁自重作用于桥上时，结构已是最终体系，因而主梁自重内力 S_{G1}，如主梁为等截面，其自重集度 g 为沿跨长均布，可按均布荷载乘主梁内力影响线总面积计算，见图6.4.1；如主梁为变截面，自重集度 $g(x)$ 沿跨长变化，则可按下式计算：

$$S_{G1} = \int_L g(x) \cdot y(x) dx \qquad (6\text{-}4\text{-}1)$$

式中 S_{G1}——主梁自重内力（弯矩或剪力）；

$g(x)$——主梁自重集度；

$y(x)$——相应的主梁内力影响线坐标。

根据结构力学所学知识，三跨连续梁一次成桥时恒载作用下的弯矩图如下图6.4.1所示。

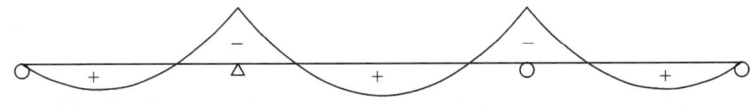

图 6.4.1 连续梁恒载作用下弯矩图

2. 连续梁桥悬臂施工恒载内力计算

连续梁桥大多并不是一次成桥的，而其恒载内力与施工阶段相关，在此，以悬臂施工法介绍如何结合施工程序来确定计算图式和进行内力分析以及内力叠加等问题。

为了便于理解，现取一座三孔连续梁例子进行阐明，如图6.4.2所示。该桥上部结构采用挂篮对称平衡悬臂浇筑法施工，从大的方面可归纳为五个主要阶段，现按图分述如下。

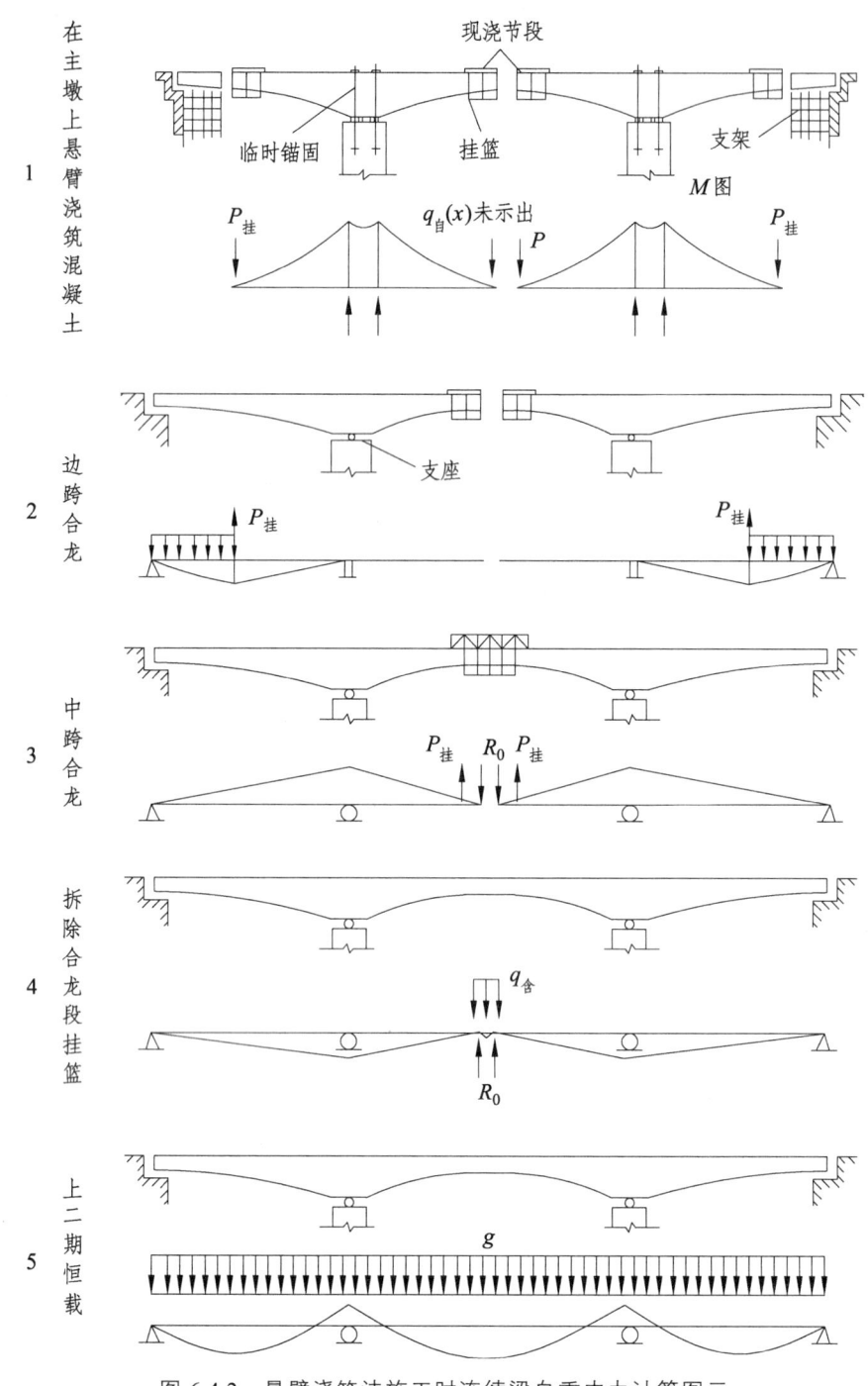

图 6.4.2 悬臂浇筑法施工时连续梁自重内力计算图示

1)阶段 1,在主墩上悬臂浇筑各节段混凝土

首先在主墩上浇筑墩顶上面的梁体节段(称为 0 号块件),并将梁体与墩身临时锚固,然后采用施工挂篮向桥墩两侧分节段地进行对称平衡悬臂施工。此时桥墩上支座暂不受力,结构的工作性能同 T 形刚构。对于边跨不对称的部分梁段则采用有支架施工。

此时结构体系是静定的，外荷载为梁体自重 $q_自(x)$ 和挂篮重力 $P_挂$，其弯矩图与一般悬臂梁无异。

2）阶段2，边跨合龙

当边跨梁体合龙并张拉合龙束及边跨底部钢束以后，先拆除中墩临时锚固，然后便可拆除支架和边跨的挂篮。

此时由于结构体系发生了变化，边跨接近于单悬臂梁，原来由支架承担的边段梁体质量转移到边跨梁体上。由于边跨挂篮的拆除，相当于结构承受一个向上的集中力 $P_挂$。

3）阶段3，中跨合龙

当中跨合龙段上的混凝土尚未达到设计强度时，该段混凝土的自重 q 及挂篮重力 $2P_挂$ 将以2个集中力 R_0 的形式分别作用于两侧悬臂梁端部。由于此阶段的挂篮均向前移了，故原来向下的 P 现以方向向上的卸载力 $P_挂$ 作用在梁段的原来的位置上。

4）阶段4，拆除合龙段的挂篮

此时全桥已经形成整体结构（超静定结构），拆除合龙段挂篮后，原先由挂篮承担的合龙段自重转而作用于整体结构上。

5）阶段5，上二期恒载

在桥面均布二期恒载的作用下，可得到三跨连续梁桥的相应弯矩图。

以上是对每个阶段受力体系的剖析，若需知道某个阶段的累计内力时，则将该阶段的内力与在它以前几个阶段的内力进行叠加便得。成桥后的总恒载内力，将是这五个阶段内力叠加的结果。在实际桥梁的计算中，通常采用计算软件程序模拟每一个节段施工的工况，并将每一个工况细分为"挂篮移动"、"混凝土浇筑"、"预应力张拉"三个工况，最后的计算分析结果是将各工况结果累计而得。

3. 连续梁顶推施工恒载内力计算

1）受力特点

用逐段顶推施工法完成的连续梁桥（简称顶推连续梁），一般将结构设计成等跨度和等高度截面的形式。当全桥顶推就位后，其恒载内力的计算与有支架施工法的连续梁完全相同。顶推连续梁的主要受力特点反映在顶推施工的过程中，随着主梁节段逐段地向对岸推进，将使全桥每个截面的内力不断地从负弯矩→正弯矩→负弯矩…呈反复交替的变化，图6.4.3（b）是这种结构在施工过程中的弯矩包络图。

为了改善这种施工方法带来的不利受力影响，一般采用以下措施：

（1）在顶推梁的最前端设置自重较轻且具有一定刚度的临时钢导梁（又称鼻梁），导梁长度约为主梁跨径 L 的65%，以降低主梁截面的悬臂负弯矩。

（2）当主梁跨径较大（一般≥60 m）时，可在每个桥孔的中央设置临时墩，或者在永久墩沿桥纵向的两侧增设三角形临时钢斜托，以减小顶推跨径。

（3）对于在成桥以后不需要布置正或负弯矩的钢束区，则根据顶推过程中的受力需要，配置适量的临时预应力钢束。

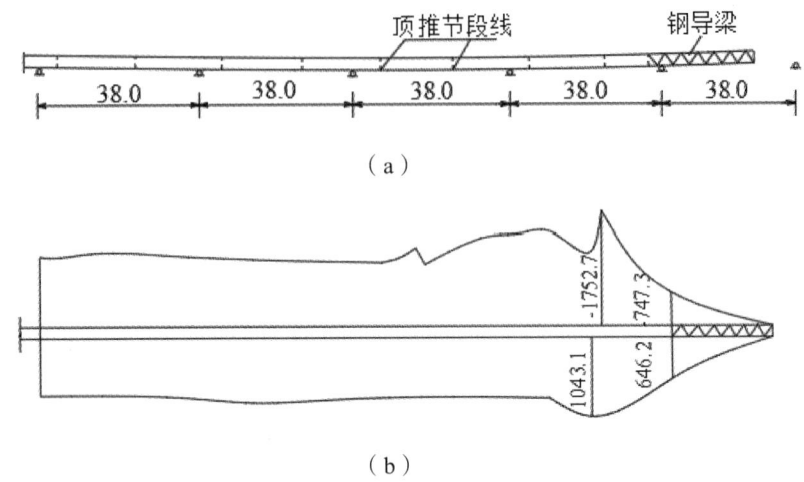

图 6.4.3 某桥顶推连续梁的布置与恒载弯矩包络图（尺寸单位：m；弯矩单位：kN·m）

2）施工中恒载内力计算

（1）计算假定

顶推连续梁通常是在岸边专门搭设的台座上逐段地预制逐段向对岸推进的，它的形成是先由悬臂梁到简支梁再到连续梁，先由双跨连续梁再到多跨连续梁直至达到设计要求的跨数。为了简化计算，一般作了以下的假定：

① 放在台座上的部分梁段不参与计算，也就是说，在计算图式中，靠近台座的桥台处可以取成为一个完全铰，如图 6.4.4 所示。

② 每个顶推阶段均按该阶段全桥所处的实际跨径布置和荷载图式进行整体内力分析，而不是对同一截面的内力按若干不同阶段的计算内力进行叠加，也就是说，截面内力是流动变化的，而不是叠加的，这一点与悬臂浇筑法施工中截面内力不同阶段累加的情况不同。

（2）最大正弯矩截面的计算

顶推连续梁的内力呈动态变化的，其内力值与主梁和导梁两者的自重比、跨长比和刚度比等因素有关，很难用某个公式来确定图 6.4.4 中最大正弯矩截面的所在位置，因此，只能借助有限元计算程序和通过试算来确定。但在初步设计中，可以近似地按图 6.4.5 的三跨连续梁计算图式估算。

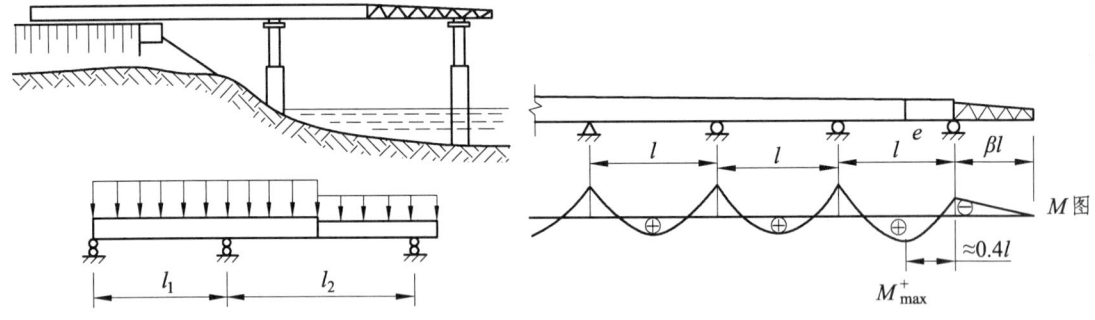

图 6.4.4 顶推连续梁计算图式　　图 6.4.5 顶推连续梁最大正弯矩截面的计算图式

其次，也可以参照以下近似公式计算。

$$M_{max}^+ = \frac{q_自 l^2}{12}(0.933 - 2.96\gamma\beta^2) \quad (6-4-2)$$

式中　$q_自$——主梁单位长自重；
　　　γ——导梁与主梁的单位长自重比；
　　　β——导梁长与跨长 l 的比例系数。

（3）最大负弯矩截面计算

这要根据以下两种图式的计算结果对比后确定。

① 导梁接近前方支点（图 6.4.6）

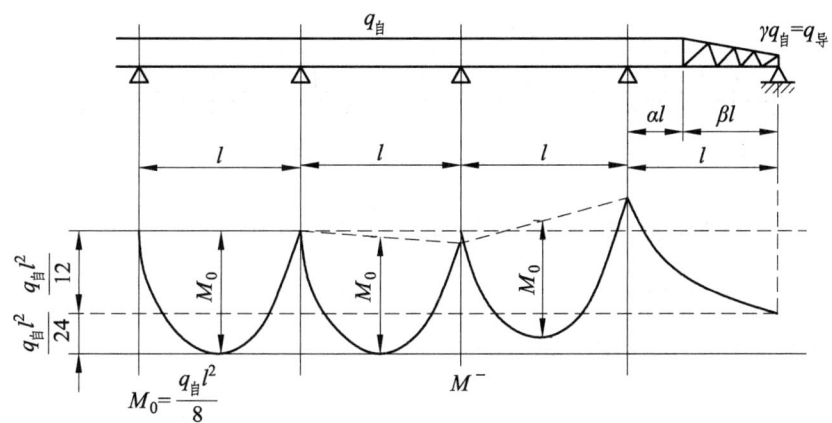

图 6.4.6　导梁接近前方支点时的自重内力图

此时的悬臂跨长最长，其计算公式为

$$M_{min}^- \approx -\frac{q_自 l^2}{2}[\alpha^2 + \gamma(1-\alpha^2)] \quad (6-4-3)$$

式中　α——主梁悬臂伸出部分的长度与跨径 l 之比，参见图 6.4.6，其余符号同上。

② 前支点支承在导梁约一半长度处（图 6.4.7）

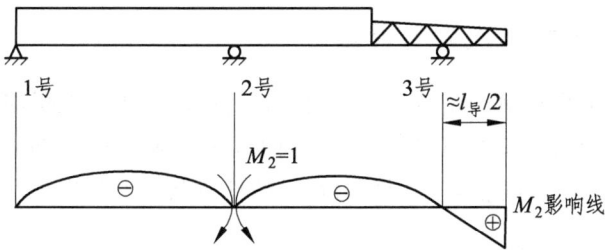

图 6.4.7　导梁支承在前支点上的计算图式

一般以取带悬臂的两跨连续梁图式计算最为不利，这也是根据支点截面的负弯矩影响线面积之和的因素来判断的。该图式为一次超静定结构，虽然其中一跨梁存在刚度的变化，但计算并不困难。真正的最大负弯矩截面还需在靠近其两侧作试算和比较。

（4）一般梁截面的内力计算

对于导梁完全处在悬臂状态的情况，多跨连续梁可以分解为如图 6.4.8（b）、（c）所示的两种情况，然后应用弯矩系数表分别计算后再进行叠加求得。

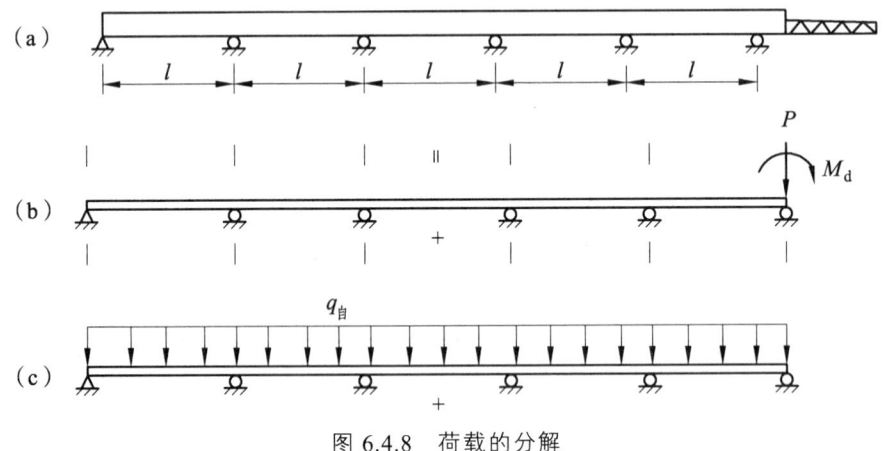

图 6.4.8 荷载的分解

各支点截面在端弯矩 M_d 作用下的弯矩 M_{id} 可按下式计算

$$M_{id} = \eta_1 M_d \tag{6-4-4}$$

各支点截面在主梁自重作用下的弯矩

$$M_{iq} = \eta_2 q_自 l^2 \tag{6-4-5}$$

各支点截面的总恒载弯矩 M_i 为

$$M_i = M_{id} + M_{iq} \tag{6-4-6}$$

上式 η_1 和 η_2 分别是等截面等跨径连续梁在端弯矩和自重作用下支点弯矩系数。当求出各支点的 M_i 之后，便不难按简支梁计算各截面的弯矩值。

在连续体系梁桥的顶推施工计算中，可通过计算软件模拟顶推过程中主梁处于任意位置处时桥梁结构的精确结果，并选取出最不利的工况控制结构设计。

6.4.2 预应力内力及次内力计算

对于预应力混凝土简支梁，在预加力作用下将自由地产生向上挠曲的变形，在支座上不产生次反力，也就不会引起梁内的次力矩，即预加力仅影响梁的内部应力。因而混凝土的压力线必然与预应力束筋重心线重合。预加力在梁的任意截面上产生的弯矩为：

$$M_N = N_y \cdot e \tag{6-4-7}$$

式中 N_y——梁内有效预加力值（假定预应力损失沿束筋为常值）；

e——偏心距。

M_N 的图形即为束筋重心线和梁的重心轴之间包围的面积图，也称为总预矩图。

对于预应力混凝土连续梁，在预加力的作用下因有多余约束的存在，不能自由向上挠曲，在多余约束处必然会产生次反力,从而在梁内产生次内力矩。梁内为了平衡这部分力矩,混凝土压力线必然偏离束筋重心线,从而组成内抗力矩,其偏离值应为:

$$e' = \frac{M'}{N_y} \tag{6-4-8}$$

由于次力矩是由次反力产生的,因而任意两个相邻支座之间的次力矩变化是线性的。假设在两相邻支座之间预加力 N_y 为常数,则偏离值 e' 与 M' 成正比,也必然是线性变化。

连续梁内,预加力对梁产生的总预矩为:

$$M_N = M_0 + M' \tag{6-4-9}$$

式中: $M_0 = N_y \cdot e$ 为预加力的偏心作用在梁内产生的力矩,称为初预矩;

M' 为预加力引起的次力矩。

求解预加力次力矩,可用力法或等效荷载法。

1. 预加力次力矩的力法求解

(1) 连续配筋

① 直线配筋,如图 6.4.9 所示。预应力束筋有效预加力为 N_y,偏心距为 e,取简支梁为基本结构,取中间支点截面弯矩 X_1 为赘余力。在预加力作用下,支座 B 处的变形协调方程为:

$$\delta_{11} x_1 + \Delta_N = 0 \tag{6-4-10}$$

由图 6.4.9(c)、(d),即可求得 $\delta_{11} = \frac{2l}{3EI}$,$\Delta_N = -\frac{N_y e l}{EI}$,代入上式,即得 $x_1 = -\frac{\Delta_N}{\delta_{11}} = \frac{3}{2} N_y \cdot e$。

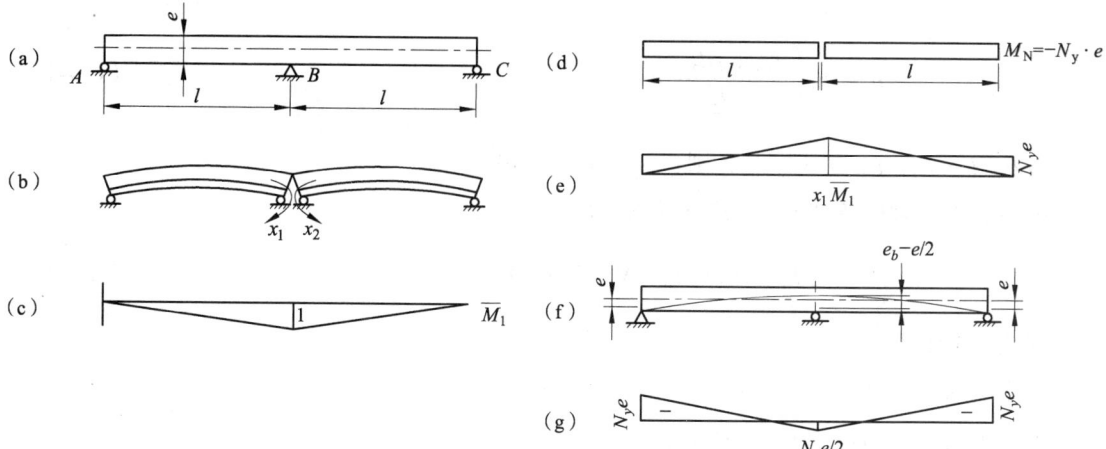

图 6.4.9 采用直线配筋的两跨连续梁的次力矩及总预矩

预加力次力矩 $M_1' = x_1 \overline{M_1}$;

梁内各截面的总预矩为 $M_N = M_0 + M_1' = -N_y \cdot e + \frac{3}{2} N_y \cdot e \cdot \overline{M_1} = N_y \left(-e + \frac{3}{2} e \cdot \overline{M_1} \right)$;

支点 B 处 $\overline{M_1}=1$，得：$M_N^B = N_y \cdot e/2$；

支点 A 和 C 处 $\overline{M_1}=0$，得 $M_N^A = M_N^C = -N_y \cdot e$；

中间为线性变化，最后得总预矩图如图 6.4.9（g）。

将 M_N 除以预加力 N_y 即得：

$$y = \left(-e + \frac{3}{2}e\overline{M_1}\right) \quad (6\text{-}4\text{-}11)$$

式中　y——混凝土压力线和梁轴线之间的偏离值；

对于支点 B，$\overline{M_1}=1$，得 $y_B = \frac{1}{2}e$；对于支点 A 和 C，$\overline{M_1}=0$，得 $y_A = y_C = -e$。

图 6.4.9（f）中虚线表示压力线的位置。显然压力线和预应力束筋重力线不重合。

从式（6-4-11）可见，偏离值 e 为初始偏离值 e 和次力矩引起的偏离值 $e' = \frac{3}{2}e\overline{M_1}$ 的代数和；压力线的位置仅和束筋的初始偏心距 e 有关，即如果 e 不变，则压力线形状不变。

② 曲线配筋，图 6.4.10 所示为采用曲线配筋（抛物线形）的两跨连续梁。预应力束筋两端都通过截面重心，在中支点处预应力束筋的偏心距为 e，在两跨中间，束筋的矢高分别为 f_1 和 f_2。取两跨简支梁作为基本结构，取支点 B 的弯矩 x_1 为赘余力，可写出支点 B 处在预加力作用下的变形协调方程：

$$x_1 = -\frac{\Delta_{1N}}{\delta_{11}} \quad (6\text{-}4\text{-}12)$$

式中，$\delta_{11} = (l_1 + l_2)/3EI$，$\Delta_{1N} = -\frac{N_y}{3EI}[f_1 l_1 + f_2 l_2 - e(l_1 + l_2)]$

解得：

$$n_1 = N_y\left(\frac{f_1 l_1 + f_2 l_2}{l_1 + l_2} - e\right) \quad (6\text{-}4\text{-}13)$$

当 $l_1 = l_2 = l$；$f_1 = f_2 = f$ 时，则：$x_1 = N_y(f-e)$

由预加力在梁内各截面产生的总预矩为：

$$M_N = M_0 + M_1' = M_0 + N_y(f-e)\cdot\overline{M_1} \quad (6\text{-}4\text{-}14)$$

如图 6.4.10 所示：

在支点 B 处，$M_N^B = N_y \cdot e + N_y(f-e) = N_y \cdot f$；

在支点 A 和 C 处，$M_N^A = M_N^C = 0$；

压力线位置 $y = \dfrac{M_N}{N_y}$，如图 6.4.11（e）中虚线所示。

在支点 B 处，$y_B = e + (f-e) = f$；

在支点 A 与 C 处，$y_A = y_C = 0$。

与直线配筋的情况相同,其压力线与梁轴线之向的偏离值也应包括初始偏心距 e 和次力矩引起的偏离 e' 两部分;此时,压力线形状仅和钢束在跨中的垂度 f 有关。

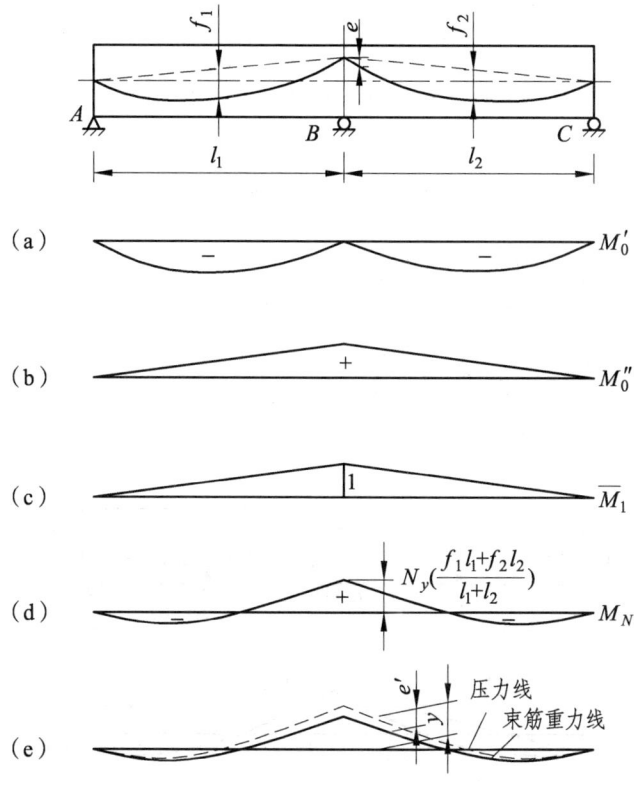

图 6.4.10　采用曲线配筋的两跨连续梁的次力矩及总预矩

图 6.4.11 所示为束筋在梁端的偏心距不为零时的两跨连续梁的曲线配筋形式。束筋仍按抛物线形布置,束筋在梁端 A 和 C 的偏心距分别为 e_a 和 e_c,在中间支点 B 处的偏心距为 e;在每跨跨中的垂度分别为 f_1 和 f_2。

仍然取两跨简支梁为基本结构,取支点 B 处的弯矩 x_1 为赘余力。

初预矩图比较复杂,可以把它分解为几个规则的图形,再分别和单位弯矩图 $\overline{M_1}$ 图乘,求解出 Δ_N:

$$\Delta_N = -\frac{N_y}{3EI}\left[l_1 f_1 + l_2 f_2 + \frac{1}{2}(l_1 e_a + l_2 e_c) - e(l_1 + l_2)\right]$$

$$\delta_{11} = (l_1 + l_2)/3EI$$

得: $x_1 = -\dfrac{\Delta_N}{\delta_{11}} = N_y\left(\dfrac{(l_1 f_1 + l_2 f_2) + \dfrac{1}{2}(l_1 e_a + l_2 e_c)}{(l_1 + l_2)} - e\right)$

若 $l_1 = l_2 = l$, $f_1 = f_2 = f$, $e_A = e_B = e_1$

则，$x_1 = N_y \left(f + \dfrac{e_1}{2} - e \right)$

梁内任意截面的总预矩为：

$$M_N = M_0 + x_1 \overline{M_1} = M_0 + N_y \left(f + \dfrac{e_1}{2} - e \right) \cdot \overline{M_1} \quad (6\text{-}4\text{-}15)$$

支点 B 上的总预矩：$M_N^B = M_0 + N_y \left(f + \dfrac{e_1}{2} - e \right) \cdot \overline{M_1} = N_y \cdot \left(f + \dfrac{e_1}{2} \right)$

压力线位置：$y = \dfrac{M_N}{N_y} = \dfrac{M_0}{N_y} + \left(f + \dfrac{e_1}{2} - e \right) \overline{M_1}$

在支点 B 处：$y_B = e + f + \dfrac{e_1}{2} - e = f + \dfrac{e_1}{2}$

在支点 A 和支点 C 处：$y_A = y_B = e_1$

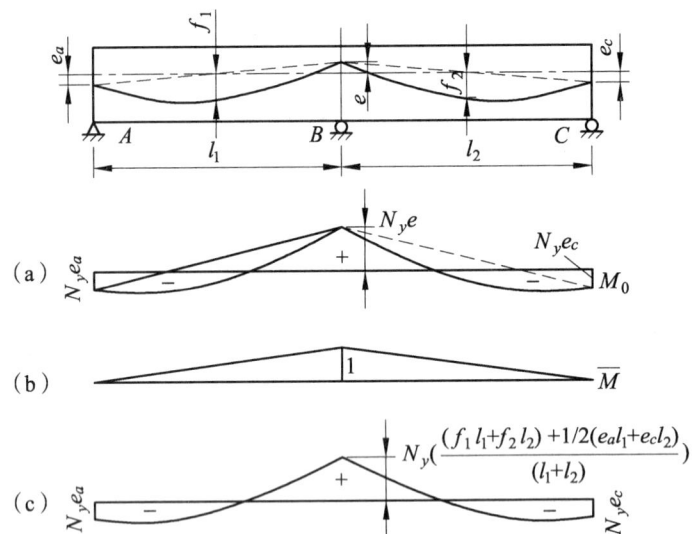

图 6.4.11 两端有偏心的曲线配筋形式在两跨连续梁内引起的次力矩及总预矩

可见，在有端部偏心的曲线配筋中，压力线的位置不仅与束筋在梁跨中的垂度 f 有关，而且和束筋的端部偏心矩 e_1 有关。

（2）局部配筋

① 局部直线配筋，如图 6.4.12 所示。图（a）、（b）为预加力初预矩图与单位弯矩图。

由此可得：$\delta_{11} = \dfrac{2l}{3EI}$

$$\varDelta_N = \dfrac{2}{EI} \left(N_y e \times \dfrac{l}{4} \times \dfrac{7}{8} \right) = \dfrac{7 N_y e l}{16 EI}$$

解得赘余力 $X_1 = -\varDelta_N / \delta_{11} = -\dfrac{21}{32} N_y e$

支点 B 上的总预矩为 $M_N^B = N_y e - \dfrac{21}{32} N_y e = \dfrac{11}{32} N_y e$

梁内各截面总预矩图如图 6.4.12 所示。

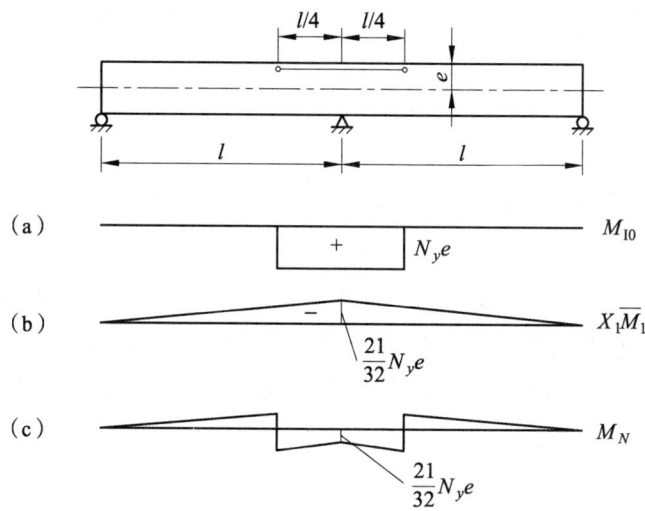

图 6.4.12　局部直线配筋的预加力次力矩及总预矩

② 局部曲线配筋，图 6.4.13 表示两跨连续梁上局部曲线配筋（抛物线型）；图（b）、（c）为预加力初预矩图与单位弯矩图 $\overline{M}_1$。

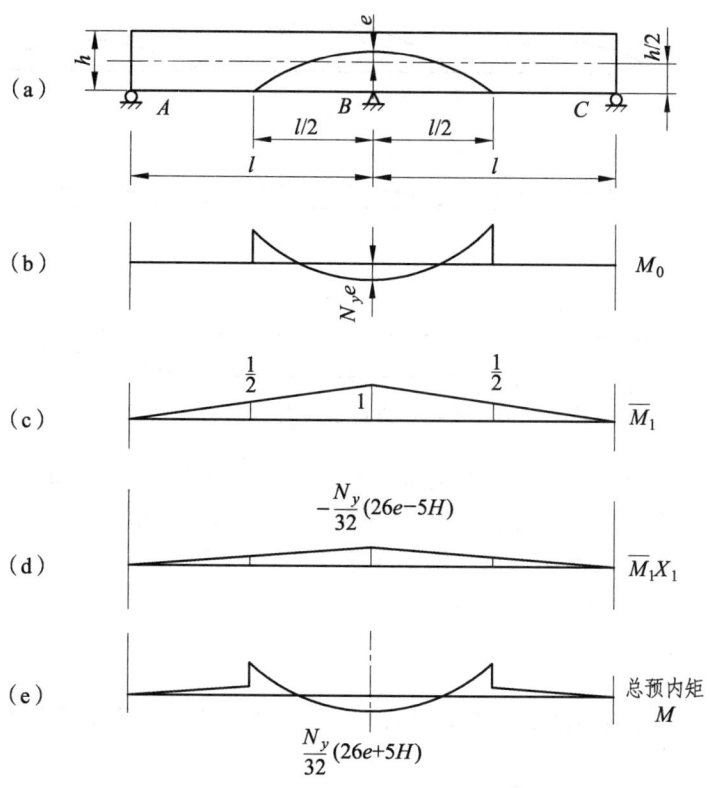

图 6.4.13　局部曲线配筋的预加力次力矩及总预矩

由此可得： $\delta_{11} = \dfrac{2l}{3EI}$

$$\Delta_N = \dfrac{2}{EI}\left[\dfrac{13}{48}N_y\left(e+\dfrac{h}{2}\right)l - \dfrac{3}{16}N_y hl\right] = \dfrac{N_y l}{48EI}(26e-5h)$$

赘余力 $x_1 = -\dfrac{\Delta_N}{\delta_{11}} = -N_y/32(26e-5h)$

支点 B 上的总预矩为： $M_N^B = N_y \cdot e - \dfrac{N_y}{32}(26e-5h) = \dfrac{N_y}{32}(6e+5h)$。

（3）变截面连续梁预加力次力矩的计算

对于变截面连续梁，也可用力法求解次力矩；但是，变截面梁的重心轴和预应力束筋重心线形成的初预矩图形状比较复杂，在实际计算时，可将它分解成多个简单图形，分别计算次力矩，然后叠加来解决。图 6.4.14 所示是三跨变截面连续梁。曲线形束筋 A-B-C-D 和变截面梁重心轴 a-b-c-d 包围的初预矩图可分成三部分计算：

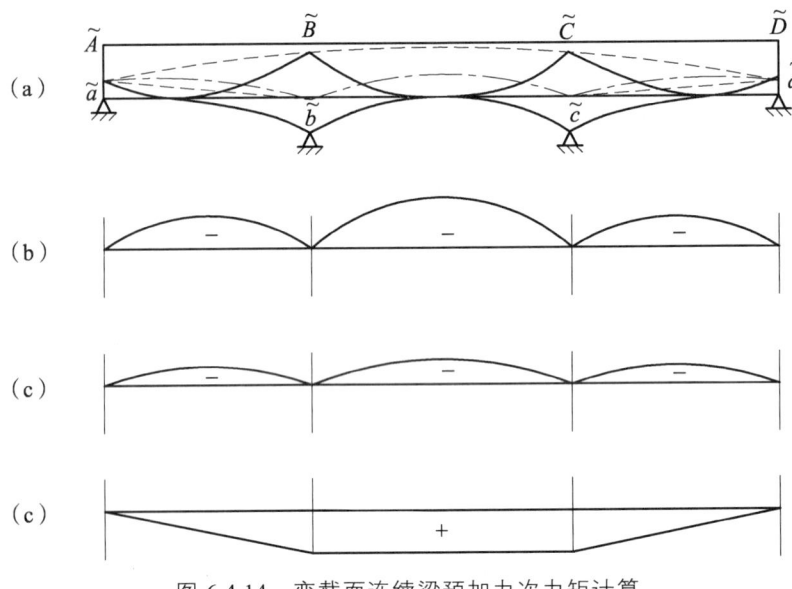

图 6.4.14 变截面连续梁预加力次力矩计算

① A-B-C-D 对曲线形束筋的弦线的换算初预矩 M_1；如图 6.4.14（b）。
② a-b-c-a 对梁的重心轴的弦线的换算初预矩 M_2；如图 6.4.14（c）。
③ 曲线形束筋的弦线对梁的重心轴弦线的换算初预矩 M_3；如图 6.4.14（d）。

总的初预矩为上述三项之和，即：

$$M_0 = M_1 + M_2 + M_3 \tag{6-4-16}$$

然而，根据各部分的初预矩，求解相应的次力矩 $M_1' + M_2' + M_3'$ 梁内总预矩为：

$$M_N = \sum_1^3 M_i + \sum_1^3 M_i' \tag{6-4-17}$$

（4）多跨连续梁的预加力次力矩的计算

多跨连续梁各内支点截面弯矩，取为赘余力 x_i；根据预加力作用产生各支点截面的变形与由赘余力引起的相应变形之代数和为零，可建立力法的矩阵方程为：

$$FX + D = 0 \quad (6\text{-}4\text{-}18)$$

式中：F 为连续梁的常变位矩阵，即

$$F = \begin{pmatrix} \delta_{11} & \cdots & \delta_{1n} \\ \vdots & & \vdots \\ \delta_{n1} & \cdots & \delta_{nn} \end{pmatrix} \quad (6\text{-}4\text{-}19)$$

常变位系数当 $i = j$，$\delta_{11} = \dfrac{2l}{3EI}$；当 $i \neq j$，$\delta_{ij} = \dfrac{l}{6EI}$；当 $|j-i| \geq 2$ 时，$\delta_{ij} = 0$；

D 为载变位列矩阵。i, j 为内支点截面编号，从 $1 \sim n$；n 为跨径数 N 减 1。

从矩阵方程，可解得各内支座上的赘余力为 X_i，则梁内各截面的总预矩可由下式求得：

$$M_N = M_0 + \sum M_i = M_0 + \sum_{i=1}^{n} \overline{X_i}\,\overline{M_i} \quad (6\text{-}4\text{-}20)$$

要强调的是预加力二次矩，即预加力引起的结构次内力在梁内的分布是线性的，这也是所有其他因素引起的结构次内力的共同特征。

2. 预应力弯矩的等效荷载法求解

预应力混凝土结构，是一种预加力和混凝土压力相互作用并取得平衡的自锚体系。为此可把预应力束筋和混凝土视为相互独立的脱离体，把预加力对混凝土的作用用等效荷载的形式代替。只要求得不同配筋情况下的等效荷载，就可用力矩分配法或影响线加载法等方法求超静定梁由预加力产生的内力。应注意的是，用等效荷载法求得梁的内力中已经包括了预加力引起的次内力，因此求得的内力就是总预矩。

实际上，可以用初预矩图直接求等效荷载。即从初预矩图可推得剪力图，进而推得等效荷载图，如图 6.4.15 所示。

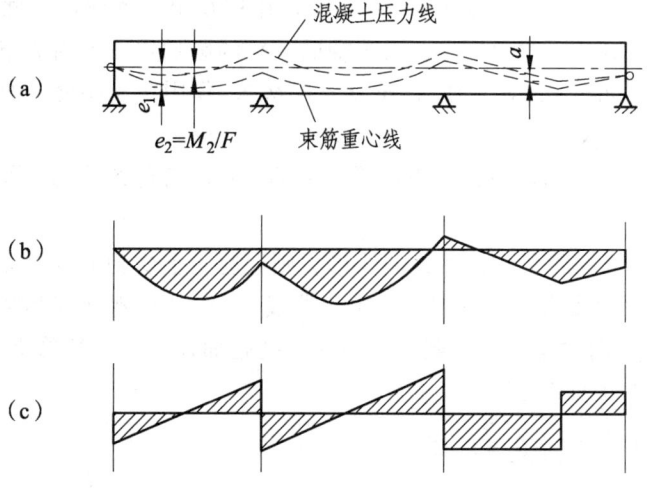

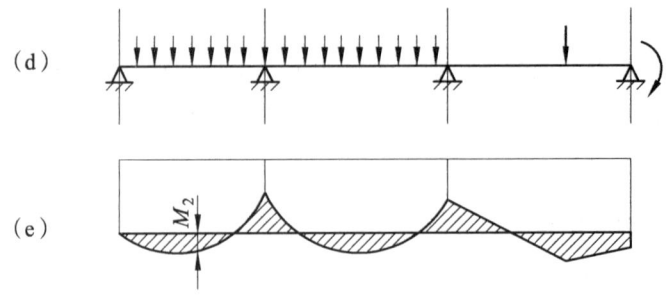

图 6.4.15 连续梁的等效荷载与总预矩

（a）梁的立面布置图；（b）初预矩图；（c）剪力图；（d）等效荷载图；（e）总预矩

求等效荷载常有这样几种情况，见图 6.4.16。

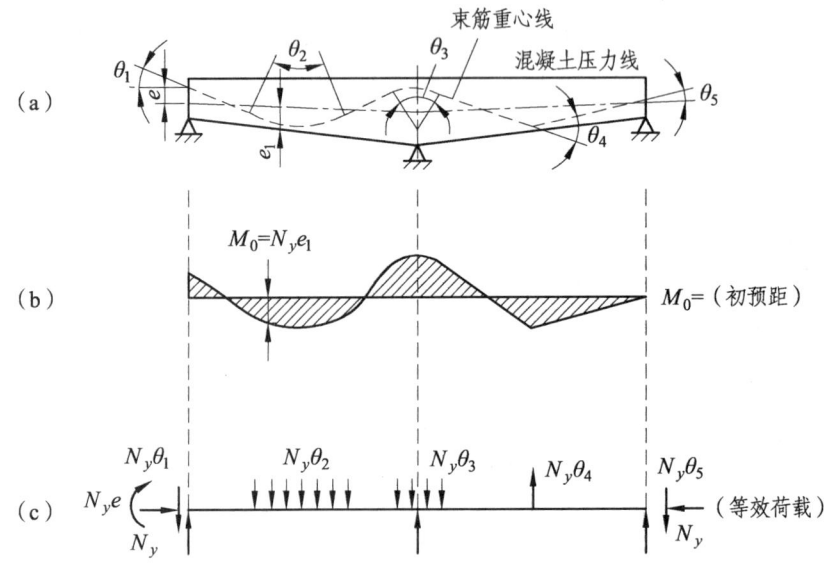

图 6.4.16 预应力束筋引起的等效荷载和弯矩

（1）在力筋的端部。力筋作用在混凝土上的力 N_y，可以分解为三个分量：

① 轴向力：$N_y\cos\theta_1 = N_y$（其中 $\cos\theta_1 \approx 1$），作用在锚头的端部。此力通常在计算连续梁弯矩时没有影响，但是，在刚架内，由于轴向缩短的影响将产生内力矩。

② 竖向力：$N_y\sin\theta_1 = N_y\theta_1$（或 $N_y\sin\theta_5 = N_y\theta_5$），作用在支座处，而且被直接紧靠支座的竖向反力平衡，它在连续梁内也不产生力矩。

③ 力矩：$N_y\cos\theta_1 \cdot e = N_y \cdot e$，作用在梁的端部，它沿着连续梁的全长会产生内力矩，计算中必须考虑。

（2）初预矩图沿梁的跨长成折线或曲线形，则混凝土上受到的等效竖向荷载分别为：

① 当初预矩图为抛物线和圆弧线时（由于曲线平坦，假定抛物线和圆弧曲线产生的竖向荷载有同样效应），竖向力呈均布荷载，沿曲线长度施加在梁上，其总值 W 可由曲线两端斜率的变化求得，在 θ_2 处的总竖向力为：

$$W = N_y\sin\theta_2 = N_y\theta_2 \tag{6-4-21}$$

均布荷载集度 $w=\dfrac{W}{l}$（l 为曲线长度）。

② 当初预矩图成折线形时，力可考虑集中在一点，例如在 θ_4 处：

$$N_y \sin\theta_4 = N_y \theta_4 \qquad (6\text{-}4\text{-}22)$$

（3）初预矩图在中间支座上成折线或曲线形时，其等效荷载分别是：

① 如果初预矩图在支座上成曲线形，竖向力为均布荷载如 $N_y\theta_3$。

② 如果初预矩图在支座上成折线形，则必定有集中荷载作用在这里。这个集中荷载直接被支座反力抵消，在梁内不产生力矩，不予考虑。

（4）示例

【例 6.4.1】 两等跨等截面连续梁，索曲线的布置图式如图 6.4.17 所示，各段索曲线的偏心距 $e(x)$ 方程列出见表 6.4.1，端部预加力 $N_y=1150$ kN，试求中支点 B 截面的总弯矩 $M_{总}$ 和次力矩 $M_{次}$。

表 6.4.1　例 6.4.1 半结构索曲线方程

分段号	坐标原点	索曲线方程 $e_i(x)$
a~d 段	a 点	$e_1(x)=0.0079x^2-0.0933x$
d~b 段	d 点	$e_2(x)=0.18+0.12x-0.03x^2$

【解】 由于结构及预加力均对称于中支点 B 截面，故可取一半结构进行分析，并视 B 截面为固定端。计算步骤如下：

（1）绘制预加力的初预矩图，即 $M_0(x)=N_y e_i(x)$，如图 6.4.17（b）所示。

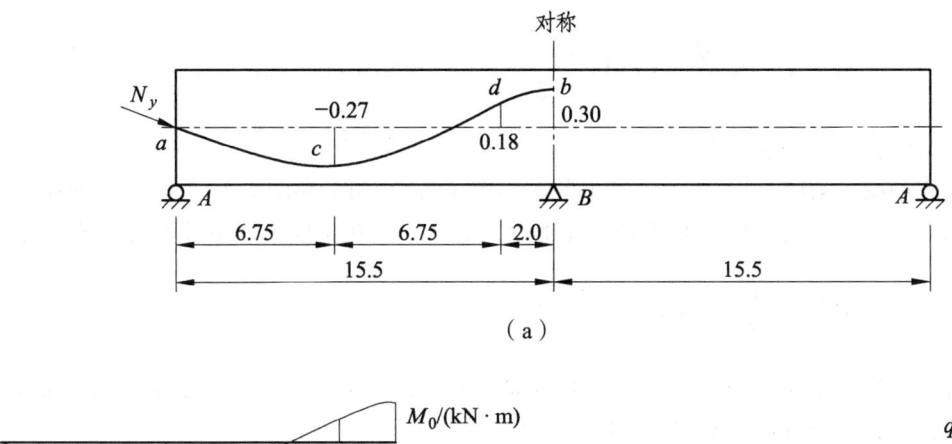

(a)

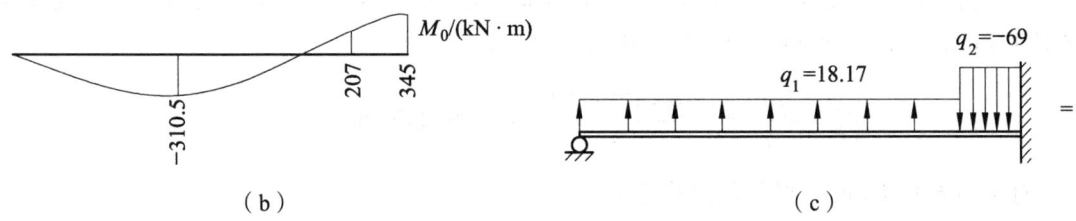

(b)　　　　　　　　　　　(c)

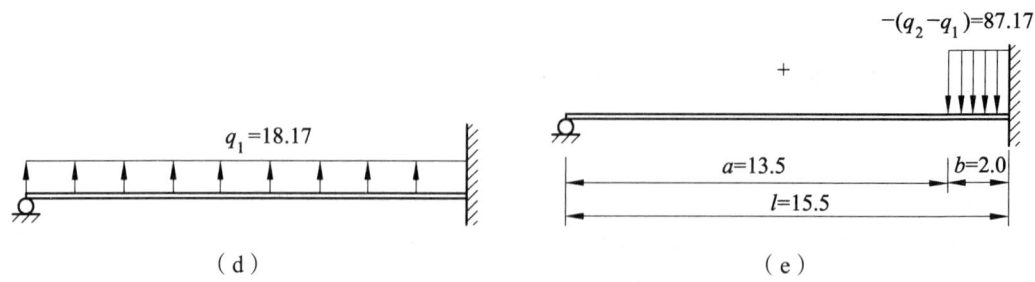

图 6.4.17 例 6.4.1 的计算图示

（2）计算预加力的等效荷载。

a~d 段的端转角

$$e_1'(x) = 2 \times 0.007\ 9x - 0.093\ 3$$
$$e_1'(0) = \theta_a = -0.093\ 3\ (\text{rad})$$
$$e_1'(13.5) = \theta_d = 0.12\ (\text{rad})$$

a~d 段的等效荷载

$$q_1 = N_y \cdot \frac{\theta_d - \theta_a}{l_1} = 1150 \times \frac{0.093\ 3 + 0.12}{13.5} = 18.17\ (\text{kN}\cdot\text{m})\ (\text{向上})$$

d~b 段的端转角

$$e_2'(x) = 0.12 - 0.06x$$
$$e_2'(0) = \theta_d = 0.12(\text{rad})$$
$$e_2'(2) = \theta_b = 0(\text{rad})$$

d~b 段的等效荷载

$$q_2 = N_y \cdot \frac{\theta_b - \theta_d}{l_2} = 1\ 150 \times \frac{0 - 0.12}{2} = -69\ (\text{kN}\cdot\text{m})\ (\text{向下})$$

（3）B 支点总预矩 M 点计算。

计算图式如图 6.4.17（c）所示，它可分解为图 6.4.17（d）和图 6.4.17（e）两种简单工况。由结构力学知识，对于图 6.4.17（d）和图 6.4.17（e），B 支点的弯矩计算公式分别为

$$M_B^{d)} = -\frac{ql^2}{8}\ ,\quad M_B^{e)} = -\frac{ql^2}{8}\left(2 - \frac{b}{l}\right)^2$$

结构力学中规定 q 是以向下为正，q 是以向下为正，向上为负，故对于本例应以 q = −18.17 kN/m 代入，得图 6.4.17（d）中 B 支点的弯矩为

$$M_B' = -\frac{ql^2}{8} = -\frac{(-18.17) \times 15.5^2}{8} = 545.67\ (\text{kN}\cdot\text{m})$$

对于图 6.4.17（e），根部截面的弯矩为

$$M_B'' = -\frac{ql^2}{8}\left(2-\frac{b}{l}\right)^2 = -\frac{87.17 \times 2^2}{8}\left(2-\frac{2}{15.5}\right)^2 = -152.57 \text{ (kN·m)}$$

B 支点的总弯矩为

$$M_\text{总} = M_B' + M_B'' = 545.67 - 152.57 = 393.1 \text{ (kN·m)}$$

（4）B 支点次力矩 $M_\text{次}$。

$$M_\text{次} = M_\text{总} - M_0 = 393.1 - 345 = 48.1 \text{ (kN·m)}$$

3. 线性转换与吻合束

1) 线性转换

从前面预加力二次矩的讨论中已经说明了以下两个问题：

（1）在超静定梁中，预加力产生的次力矩是线性的。由此而引起的混凝土压力线和束筋重心线的偏离也是线性的。

（2）在超静定梁中，混凝土压力线只与束筋的梁端偏心距和束筋在跨内的形状有关，与束筋在中间支点上的偏心距无关。

由此可见，只要保持束筋在超静定梁中的两端位置不变，保持束筋在跨内的形状不变，而只改变束筋在中间支点上的偏心距，则梁内的混凝土压力线不变，亦即总预矩不变。这就是在超静定梁中预应力束筋的线性转换原则。

这也可以从以下示例中进一步得到证明：

如仍以图 6.4.10 所示两跨连续梁曲线配筋为例，将束筋重心线在支点 B 上向下移动 $e/2$，即把偏心距减小到 $e/2$、令：$e_1 = e_2 = e$，$f_1 = f_2 = f$。

则：

$$\Delta_{1N} = \frac{2N_y}{EI}\left(-\frac{2}{3} \times l \times f \times \frac{1}{2} + \frac{1}{2} \times l \times \frac{2}{3} \times \frac{e}{2}\right) = -\frac{2lN_y}{3EI}\left(f - \frac{e}{2}\right)$$

$$\delta_{11} = \frac{2l}{3EI}$$

$$x_1 = -\frac{\Delta_{1N}}{\delta_{11}} = \left(f - \frac{e}{2}\right)N_y$$

支点 B 上的总预矩为：

$$M_N^H = M_0 + M_1' = \frac{N_y e}{2} + \left(f - \frac{e}{2}\right)N_y = N_y \cdot f \qquad (6\text{-}4\text{-}23)$$

与式 $M_N^B = N_y \cdot e + N_y(f-e) = N_y \cdot f$ 相比，显见两者总预矩相同。从计算过程中可以看到，当预应力束筋线性转换后，在支点 B 所增加（或减少）的初预矩值，也正是所求的预加力次力矩的减小（或增加）的值，而且两者图形都是线性分布，因此正好抵消。

线性转换的概念，对预应力混凝土超静定结构设计中预应力束筋的布置有很大优点，它允许在不改变结构内混凝土压力线位置的条件下调整力筋合力线的位置，以适应结构构造上的要求。

2) 吻合束

如果我们将预应力束筋的重心线线性转换至压力线的位置上（即把由于次力矩引起的压力线和束筋重心线之间的偏离调整掉），根据上述讨论，此时预加力的总预矩不变，而次力矩为零。我们称次力矩为零的束筋位置为吻合束位置。由此推论在静定梁中的每一根预应力束筋位置都是吻合束位置。

仍以上述曲线配筋的两跨连续梁为例，如果将支点 B 处的束筋重心线移至偏心距为 f 处，则 $\Delta_{1N} = -\dfrac{2N_y fl}{3EI} + \dfrac{2N_y fl}{3EI} = 0$，即预加力在支点 B 处不引起位移，因为次力矩为零。

根据以上定义，可以推论：在多跨连续梁中吻合束的条件方程应为：

$$\Delta_{1N} = \int \dfrac{M \cdot \overline{M}_i dx}{EI} = 0 \quad (i = 1 \sim n) \tag{6-4-24}$$

上式中 M_0 为预加力在梁内产生的初预矩，$\overline{M}_i$ 为多跨连续梁支点 i 的赘余力（即该支点预加力次力矩）为单位力时在基本结构上的弯矩。

如将上式中的 M_0 以 M_p 置换，则式（6-4-24）变为：

$$\Delta_{iN} = \int \dfrac{M \cdot \overline{M}_i dx}{EI} = 0 \quad (i = 1 \sim n) \tag{6-4-25}$$

式中：M_p 为多跨连续梁在外荷载中（泛指任意外荷载形式）作用下所求得的连续梁的弯矩。

式（6-4-25）即为多跨连续梁（亦适用于任何超静定结构）检验荷载作用下所求得弯矩图是否正确的条件方程。它的物理意义是：在任意外荷载作用下，连续梁在赘余力 x_i 的方向上不应该产生相对位移。

因而，比较式（6-4-24）和（6-4-25）按任意荷载作用下的弯矩图形的线型变化作为预应力束筋在梁内的束型布置位置，即为吻合束线型。这就为我们设计连续梁内的预应力束筋的布置提供了极为方便的依据。虽然，在桥梁设计中，我们应按最大内力包络图去配束，而不是按某一固定荷载形式下连续梁弯矩图去配束，但这一重要结论依然为我们提供了配束的正确方向。

按实际荷载作用下的弯矩图线形作为束曲线的线形，便是吻合束的线形，此时外荷载被预加力正好平衡。

另外应该指出的是吻合束仅使分析和计算方便，但在设计中没有必要一定要采用吻合索。一个好的束筋重心线位置，应取决于能够产生一条为我们所希望的压力线，以满足实际使用的要求。

3) 次力矩的调整

从以上分析可知，在超静定梁中，预加力的次力矩是由多余约束的次反力产生的，但当束筋布置在吻合束位置时不产生次反力，即此时束筋和混凝土间的相互作用是处于自身平衡状态。双跨连续梁在均布荷载下的吻合束布置如图 6.4.18 所示。

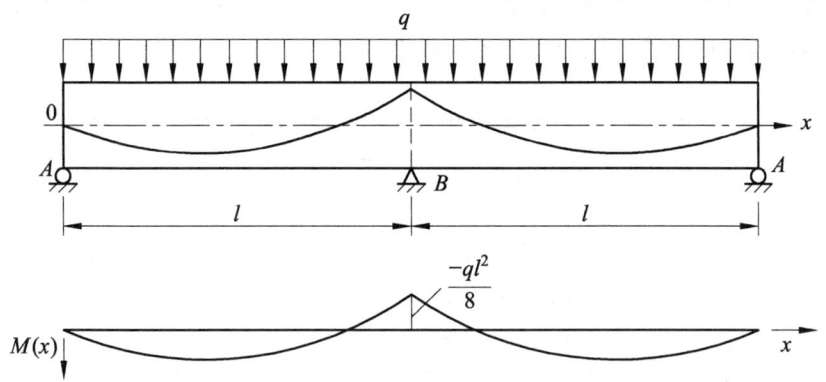

图 6.4.18 均布荷载下的束曲线线形

图 6.4.19 所示三跨连续梁，预加力相应的等效荷载如 a）所示，可求得连续梁在等效荷载作用下的支座反力 R_i，如果各支点的反力 R_i 恰与作用在支座上的等效荷载效应值相等，方向相反，即意味着次力矩等于零，如果两者数值有差别，这个差值就是次反力，由次反力产生的力矩就是次力矩。

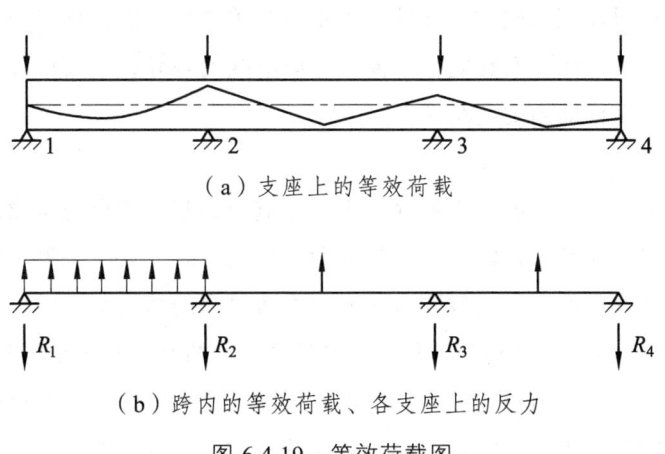

（a）支座上的等效荷载

（b）跨内的等效荷载、各支座上的反力

图 6.4.19 等效荷载图

因此，可利用连续梁的反力影响线，通过调整次反力的数值来达到调整梁内次力矩的目的。在图 6.4.20 中，为了调整向上的支点反力 R_B，最有效的措施是在支点 B 的附近加大束筋的曲率半径，以产生向上的等效荷载，以达到预期的目的。

$$x_B = \int \omega \cdot y_B \cdot dx \tag{6-4-26}$$

式中　ω——支座 B 处调整前的等效荷载和调整后等效荷载的差值，在此应是二个均布荷载集度的差值；

y_B——反力影响线坐标。

但在调整力筋的具体位置时，应考虑到力筋的位置主要是由截面强度、使用应力及构造等条件控制的，因此在发生最大正弯矩的跨中截面和发生最大负弯矩的支点截面上，力筋位置最好不要有大的变动。一般调整力筋轴线的最大移动值宜设在跨度 1/4 附近,此时力筋位置的改变对结构的强度条件和应力条件影响最小。

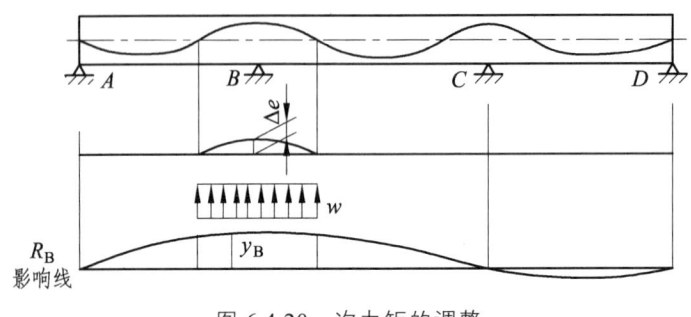

图 6.4.20　次力矩的调整

6.4.3　活载内力计算

1. 连续体系梁桥的内力影响线

关于连续体系梁桥内力(弯矩、剪力、轴力、支反力)影响线的计算原理和方法已在"结构力学"课程中进行过详细的阐述,在此不再重复相关内容,而仅列出两种不同类型连续体系梁桥的内力影响线示意图,对比它们与简支梁影响线的差异,以便设计者合理地布置桥梁纵向车辆荷载,绘出全梁的内力包络图。

1)连续梁桥

连续梁桥属超静定结构,各关键截面的内力影响线的基本特点是呈曲线分布的形式,其计算公式要复杂得多,尤其是当跨径不等且截面呈变高度时,人工手算十分困难,此时可以应用有限元程序软件求数值解。为判断有限元程序所给出的结果有无明显差错,应用"结构力学"中的机动法,可以很快地得到各种内力影响线分布规律,不论是等截面还是变截面的,在跨径相同的情况下,其内力影响线的分布形式大体上是相似的,据此可以考虑如何进行纵向布载并计算加载结果。图 6.4.21 是一座四跨连续梁的几个截面的内力影响线示意图。参考此图不难勾绘出更多跨连续梁的内力影响线示意图。

2)连续刚构桥

连续刚构桥内力影响线要比连续梁桥更复杂,这是因为它的墩与梁是固结着的,共同参与受力,应用机动法很难准确地得到它的影响线示意图,故只能借助计算机程序来完成。图 6.4.22 是座连续刚构桥在三个截面上的弯矩影响线图。其中有的影响线在同一跨内出现反号,这在相同跨径的连续梁桥中就不会出现。

有了内力影响线后,便可按最不利的纵向荷载位置分别将车辆荷载布置在同号的内力影响线区段内,并求出各控制截面的最大或最小活载内力值,然后根据桥规《公路桥涵设计通用规范》(JTG D60—2015)规定将恒载内力活载内力以及其他附加次内力进行荷载组合,便得到全梁的内力包络图。关于附加次内力的计算,本章将在后面分别予以介绍。

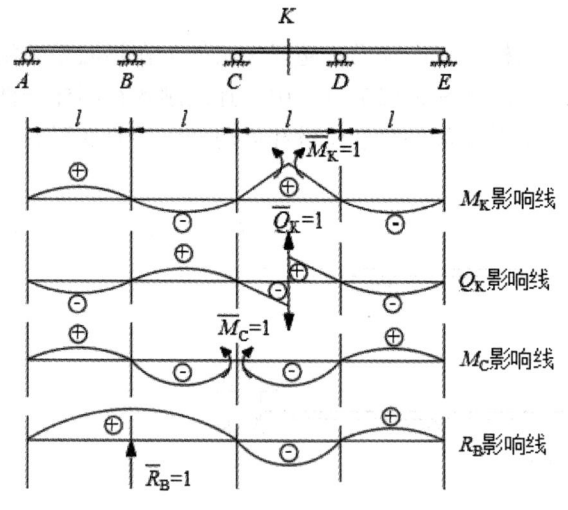

图 6.4.21　连续梁内力影响线示意图 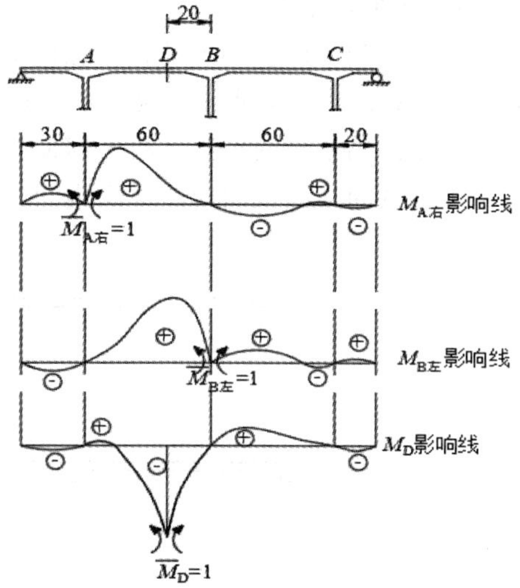　　图 6.4.22　某连续刚构桥弯矩影响线图

2. 活载内力计算

连续体系梁桥活载内力的计算，主要采用影响线加载的方法，对于公路荷载，其计算公式为

$$S = (1+\mu)\cdot\xi\cdot(q_k\Omega + P_k y_i) \tag{6-4-27}$$

式中，S 为荷载效应，μ 为冲击系数，ξ 为多车道折减系数，q_k、P_k 分别为汽车活载的均布力及集中力，Ω 为弯矩或剪力影响线面积，y_i 为影响线竖标。

对于连续体系梁桥，活载作用下梁体受力在横桥向同样存在一定的不均匀性，与公路装配式简支梁桥的横向分布系数概念有相近之处。然而，连续体系梁桥与简支梁桥除了存在着受力体系的差别外，还存在着结构构造上的差别。简支梁桥一般设计成等高度的开口截面（T形、I 字形等）形式，而连续体系梁桥除了小跨径的以外，一般设计成变高度的、抗扭刚度较大的箱形截面形式。因此，连续箱梁桥的荷载横向分布问题更复杂。国内外学者从各种途径探索了许多近似分析方法，其中易为人们掌握且偏于安全的方法是等代简支梁法。

其基本原理主要是将多室箱梁假想地从各室顶底板中点切开，使之变为由 n 片 T 形梁（或 I 字形梁）组成的桥跨结构，然后应用修正刚性横梁法公式计算其荷载横向分布系数 m。近年来，在实际工程中，考虑整体箱梁的良好抗扭性能，并在众多桥梁的偏载荷载实践中发现，在设计中荷载效应考虑 1.15 的偏载系数能够解决荷载横向分布不均的问题。

6.4.4　温度次内力计算

1. 温度作用

连续体系梁桥结构因受到自然环境温度的影响（升温或降温）将产生伸缩或弯曲变形，当这个变形受到多余约束时，便会在结构内产生附加内力，工程上称此附加内力为温度次内力。现举两种呈线性变化形式的温度梯度来说明。

1）年平均温差

图 6.4.23（a）、（b）是表示悬臂梁（静定结构）和连续梁（超静定结构）在年温差（温升）时，只产生纵向水平位移，而不产生次内力；但图 6.4.23（c）中的连续刚构在同样条件下由于受固结桥墩的约束，故不但使主梁产生水平位移，而且使墩和梁均产生弯曲变形和支点反力，从而导致截面内产生次内力。

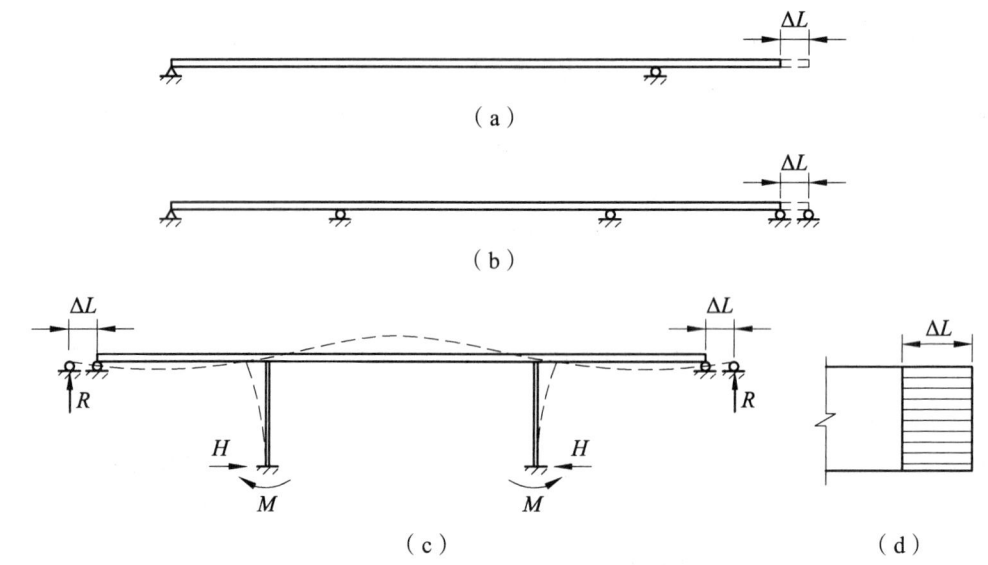

图 6.4.23 年温差对不同结构的影响

2）呈线性变化的温度梯度

温度梯度是指当桥梁结构受到日照温度影响后，温度沿梁截面高度变化的形式。各国桥梁规范对梁式结构沿梁高方向的温度梯度大体上有如图 6.4.24（b）~（f）示的几种，这些都属于日照温差（或局部温差）的表现形式。此外，图 6.4.24（g）反映的是气温随季度发生周期性变化时，在构件截面上假定为平均变化的年温差表现形式。这个形式在各国都是一致的，而只有取值上的差异。

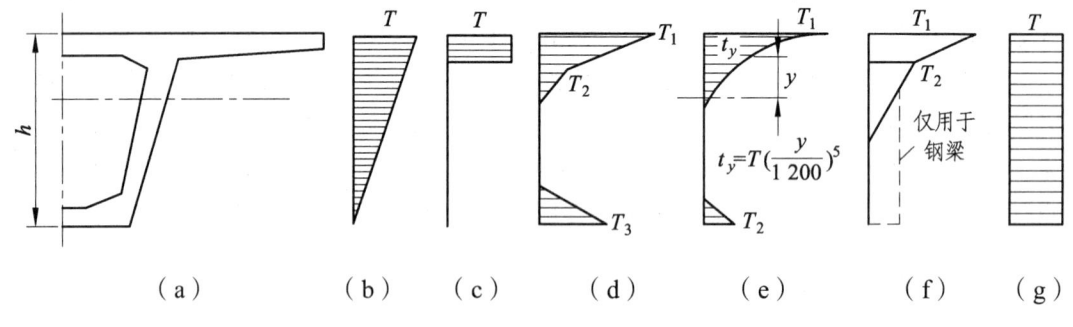

图 6.4.24 各种温度梯度的形式

图 6.4.25（a）表示静定的简支梁在线性温度梯度的影响下，结构只产生弯曲变形；图 6.4.25（b）表示在同样温度影响下，由于存在中支座的多余约束，限制梁体变形，使中支座产生向下的垂直拉力，从而导致梁体内产生次内力。

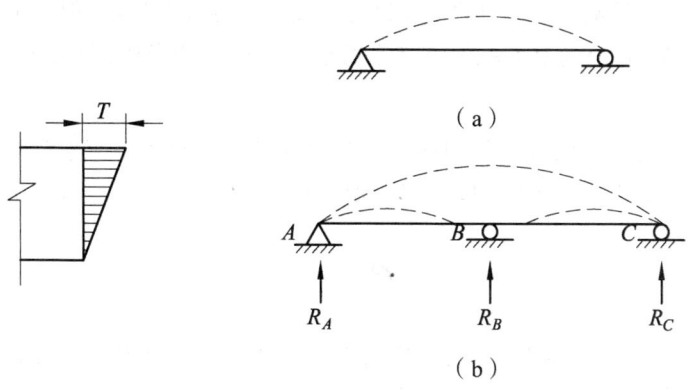

图 6.4.25 线性温度梯度对结构的影响

3）温度自应力

结构在非线性温度梯度影响下产生挠曲变形时，因梁要服从平截面假定，致使截面内各纤维层的变形不协调而互相约束，从而在整个截面内产生一组自相平衡的应力，我们称此应力为温度自应力。下面将用图 6.4.26 中受非线性温度梯度影响的简支 T 梁作为例子来说明。

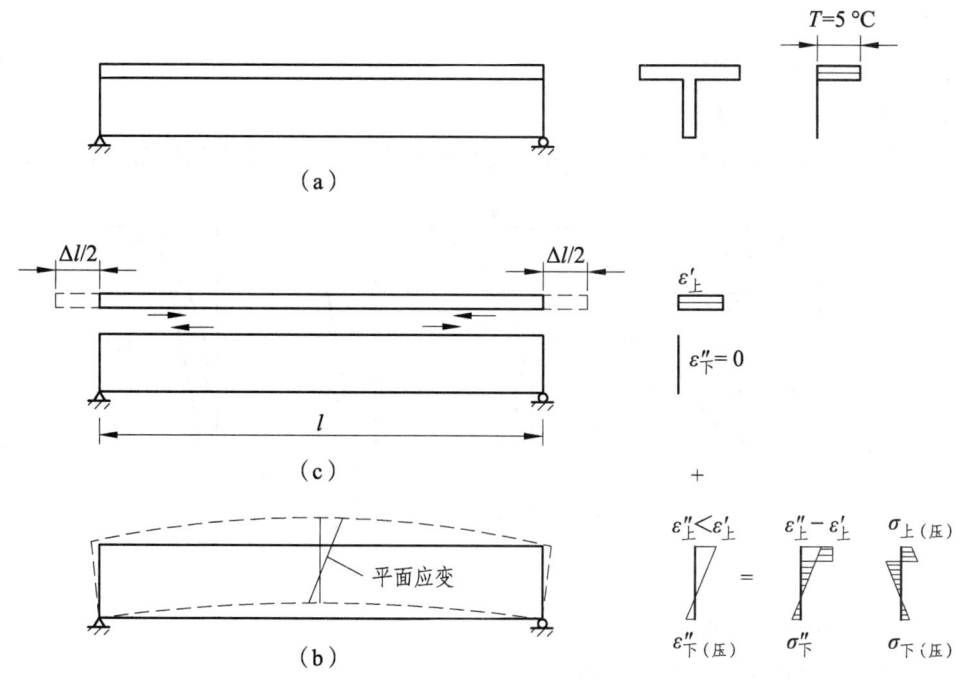

图 6.4.26 非线性温度梯度对结构影响

此 T 形梁仅在翼板内受 +5 °C 的温度影响，从整个结构来说，将同样会产生向上挠的变形，如图 6.4.26（c）。但截面内会出现正应力（自应力），这是因为当翼板与腹板完全脱开时，翼板两端将会各产生 $\Delta l/2$ 的伸长量，如图 6.4.26（b），应变值 $\varepsilon'_{上} = \Delta l/l$。然而，翼板与腹板实际是一个整体，将使这个伸长趋势因结合面的剪切力而受到制约，最后使梁顶面纤维层的应变值只能达到 $\varepsilon''_{上}(<\varepsilon'_{上})$，而使腹板原来的无应力状态因平面变形而转化为有应力状态，结

235

合面处翼板侧受压、腹板侧受拉，如图 6.4.26（c）所示。虽然如此，但整个截面内的应力合力（水平力）仍为 0，即 $\sum \sigma_i \Delta A_i = 0$，$\Delta A_i$ 是截面自上而下的微段面积，σ_i 为所对应截面的正应力。

由此不难理解，此简支梁若再受到外部多余约束时，将同样会产生温度次内力。这样，对于受非线性温度梯度的超静定结构，其总的温度应力将是自应力 $\sigma_{自}$ 与由温度次内力产生的次应力 $\sigma_{次}$ 之和，即

$$\sigma_{总} = \sigma_{自} + \sigma_{次}$$

由于受线性温度梯度影响的超静定结构内力计算在结构力学教材中已有详述，故本节着重讨论受非线性温度影响的超静定结构次内力计算问题。

2. 基本结构上的温度自应力计算

为了使求解的问题一般化，下面将用一个沿梁高连续分布的任意曲线 $T(y)$ 来代表截面上的温度梯度，如图 6.4.27 所示。现取梁中的一个单元进行分析，并且假定全截面是匀质的，忽略钢筋的影响，则当纵向纤维之间互不约束，各自作自由伸缩时，则沿梁各点的自由变形为：

$$\varepsilon_T(y) = \alpha T(y) \qquad (6\text{-}4\text{-}29)$$

式中　α——材料的线膨胀系数。

前面已述，实际梁截面的变形是服从平截面假定的，它的应变变化如图 6.4.27 所示。

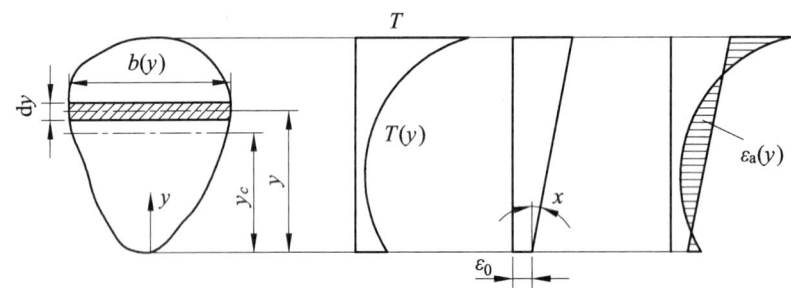

图 6.4.27　实际梁截面应变变化

$$\varepsilon_a(y) = \varepsilon_0 + \psi y \qquad (6\text{-}4\text{-}30)$$

式中　ε_0——$y = 0$ 处的应变值；

　　　ψ——单元梁段挠曲变形后的曲率。

式（6-4-29）与式（6-4-30）的应变之差，即上图中阴影部分的应变，是由纵向纤维之间的约束产生的，即温度自应变 $\varepsilon_\sigma(y)$，它可表示为

$$\varepsilon_\sigma(y) = \varepsilon_T(y) - \varepsilon_a(y) = \alpha T(y) - (\varepsilon_0 + \psi y)$$

由此可得任意纤维层的自应力为

$$\varepsilon_{自}(y) = E\varepsilon_\sigma(y) = E[\alpha T(y) - (\varepsilon_0 + \psi y)] \qquad (6\text{-}4\text{-}31)$$

上式中的 E 为材料的弹性模量，由于自应力是自平衡状态的应力，可以利用截面上应力合力的总和为零及对截面中和轴的力矩之和为零两个条件求得 ε_0 和 ψ 两个未知量。

由 $\sum N = 0$，便有

$$N = E\int_h \varepsilon_\sigma(y) \cdot b(y) \mathrm{d}y$$
$$= E\left[\alpha \int_h T(y) b(y) \mathrm{d}y - \varepsilon_0 A - A \cdot y_c \cdot \psi\right] = 0$$

由 $\sum M = 0$，便有

$$M = E\int_h \varepsilon_\sigma(y) \cdot b(y)(y - y_c) \mathrm{d}y$$
$$= E\int_h [\alpha T(y) - (\varepsilon_0 + \psi y)] \cdot b(y)(y - y_c) \mathrm{d}y$$
$$= E\left[\alpha \int_h T(y) b(y)(y - y_c) \mathrm{d}y - \psi I\right] = 0$$

其中

$$A = \int_h b(y) \mathrm{d}y$$
$$I = \int_h b(y) y(y - y_c) \mathrm{d}y$$
$$y_c = \frac{1}{A} \int_h y b(y) \mathrm{d}y$$

联立求解得

$$\begin{aligned}\psi &= \frac{\alpha}{I} \int_h T(y) b(y)(y - y_c) \mathrm{d}y \\ \varepsilon_0 &= \frac{\alpha}{A} \int_h T(y) b(y) \mathrm{d}y - \psi \cdot y_c\end{aligned} \tag{6-4-32}$$

对于各种非线性温度梯度，均可用上式的一般表达式分段进行积分，以求出 ε_0 和 ψ 值，最后代入到式（6-4-31）中，就可求得各纤维层的温度自应力。

3. 连续梁温度次内力计算

以下介绍用力法求解连续梁温度内力的基本方法。

1）等截面连续梁的温度次内力

以两跨连续梁为例，取两跨简支梁为基本结构，在中支点切口处的赘余力矩为 M_{1T}，如图 6.4.28 所示，于是可以列出力法方程为

$$\delta_{11} M_{1T} + \Delta_T = 0 \tag{6-4-33}$$

式中　δ_{11}——$\overline{M}_{1T} = 1$ 时在赘余力矩方向上引起的相对转角。
　　　Δ_T——因温度变化在赘余力矩方向上引起的相对转角。

（a）

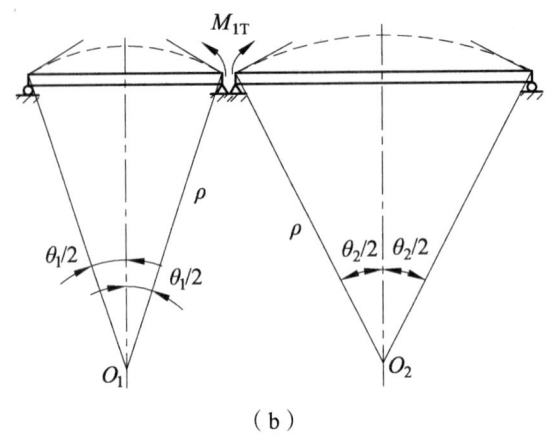

(b)

图 6.4.28 连续梁在非线性温度梯度作用下的挠曲变形

Δ_T 的计算步骤如下：

（1）按式（6-4-32）分别计算 AB 跨和 BC 跨简支梁的挠曲线曲率 ψ_1 和 ψ_2，由于该两跨的截面尺寸完全相同，故当不计钢筋影响时，$\psi_1 = \psi_2 = \psi$。

（2）按"材料力学"公式分别计算该两跨在各自两个端点切线之间的夹角，即

$$\theta_1 = \int_A^B \frac{M}{EI} dx = \psi \int_A^B dx = \psi l_1$$
$$\theta_2 = \int_B^C \frac{M}{EI} dx = \psi \int_B^C dx = \psi l_2$$
（6-4-34）

（$\psi = \dfrac{1}{\rho} = \dfrac{M}{EI}$，$\rho$ 为曲率半径）

（3）由于连续梁是采用等截面的，故基本结构中每跨梁两端的转角对称且相等，各等于 $\theta/2$，于是

$$\Delta_\text{T} = -\left(\frac{\theta_1 + \theta_2}{2}\right) = -\frac{\psi}{2}(l_1 + l_2)$$
（6-4-35）

$\Delta_{1\text{T}}$ 取负值是因相对转角方向与所设赘余力矩 $M_{1\text{T}}$ 的方向相反。

2）变截面连续梁的温度次内力计算

求两跨变截面连续梁温度次内力的力法方程同式（6-4-31）。现在的问题是如何计算其中的常变位 δ_{11} 和载变位 $\Delta_{1\text{T}}$。求解的方法有平面杆系有限元法、图解解析法和纽玛克法等。本节仅介绍应用图解解析法的计算步骤。

（1）δ_{11} 的计算步骤：

① 绘 $\overline{M} = 1$ 的分布图 $\overline{M}(x)$，如图 6.4.29（b）所示。

② 绘曲率分布图，如图 6.4.29（c）。

③ 以曲率分布图作为虚荷载，用总和法计算 B 支点的虚反力 R_{B1} 和 R_{B2}，此虚反力便是它们在中支点处的端转角。

④ 按下式计算 δ_{11}，即

$$\delta_{11} = R_{B1} + R_{B2}$$

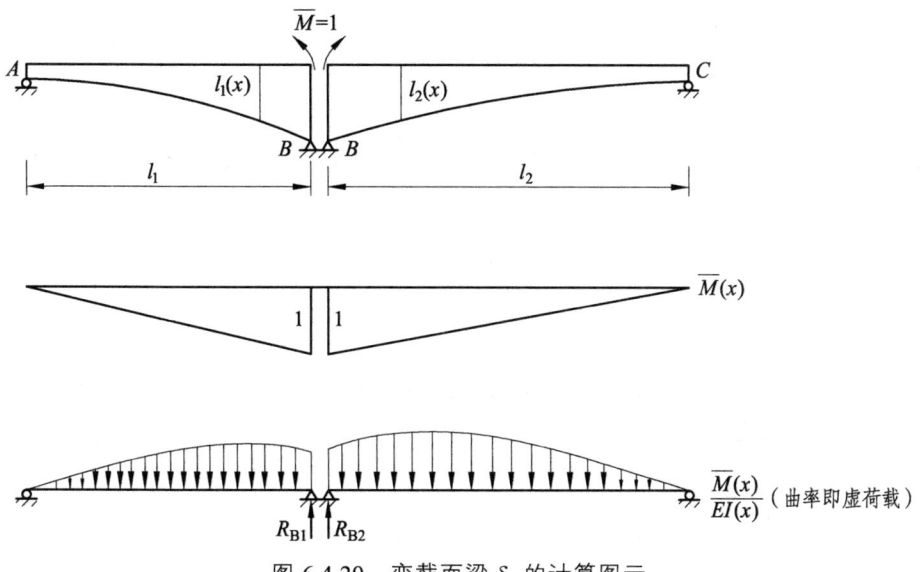

图 6.4.29 变截面梁 δ_{11} 的计算图示

（2）Δ_{1T} 的计算步骤：

求解的步骤与求 δ_{11} 的基本相似，只需应用式分别求全梁若干段截面的 $\psi(x)$ 值来取代图中的 $\dfrac{\overline{M}(x)}{EI(x)}$，所得到 B 支点的反力之和便是 Δ_{1T}。

6.4.5 收缩徐变次内力计算

1. 徐变次内力概念

1）名词定义

（1）徐变变形

在长期持续荷载作用下，混凝土棱柱体继瞬时变形 Δ_e（弹性变形）以后，随时间 t 增长而持续产生的那一部分变形量 Δ_c，称之为徐变变形，如图 6.4.30 所示。

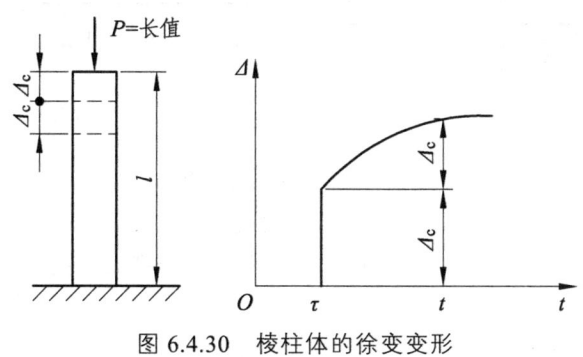

图 6.4.30 棱柱体的徐变变形

（2）徐变应变

单位长度的徐变变形量称为徐变应变 ε_c，它可表示为徐变变形量 Δ_c 与棱柱体长度 l 之比值，即

$$\varepsilon_{c} = \frac{\Delta_{c}}{l} \qquad (6\text{-}4\text{-}36)$$

（3）瞬时应变

瞬时应变又称弹性应变 ε_e，它是指初始加载的瞬间所产生的变形量 Δ_e 与棱柱体长度 l 之比，即

$$\varepsilon_{e} = \frac{\Delta_{e}}{l} \qquad (6\text{-}4\text{-}37)$$

（4）徐变系数

徐变系数是自加载龄期 τ_0 后至某个 t 时刻，棱柱体内的徐变应变值与瞬时应变（弹性应变）值之比，可表示为

$$\varphi(t,\tau_0) = \frac{\varepsilon_c}{\varepsilon_e} \qquad (6\text{-}4\text{-}38)$$

或

$$\varepsilon_{c} = \varepsilon_{e} \cdot \varphi(t,\tau_0) \qquad (6\text{-}4\text{-}39)$$

上式表明对于任意时刻 t，徐变应变与混凝土应力 σ 呈线性关系，称为线性徐变理论。

2）徐变次内力

当超静定混凝土结构的徐变变形受到多余约束的制约时，结构截面内将产生附加内力，工程上将此内力称为徐变次内力。现举一个最简单的例子来说明。

设图 6.4.31（a）中的两条对称于中线的悬臂梁，在完成瞬时变形后，悬臂端点均处于水平位置，此时，悬臂根部的弯矩均为 $M = \dfrac{-ql^2}{2}$。随着时间的增长，该两个悬臂梁的端部，将发生随时间 t 而变化的下挠量 Δ_t 和转角 θ_t [图 6.4.31（a）]，尽管如此，直到徐变变形终止，该梁的内力沿跨长方向是不发生改变的。

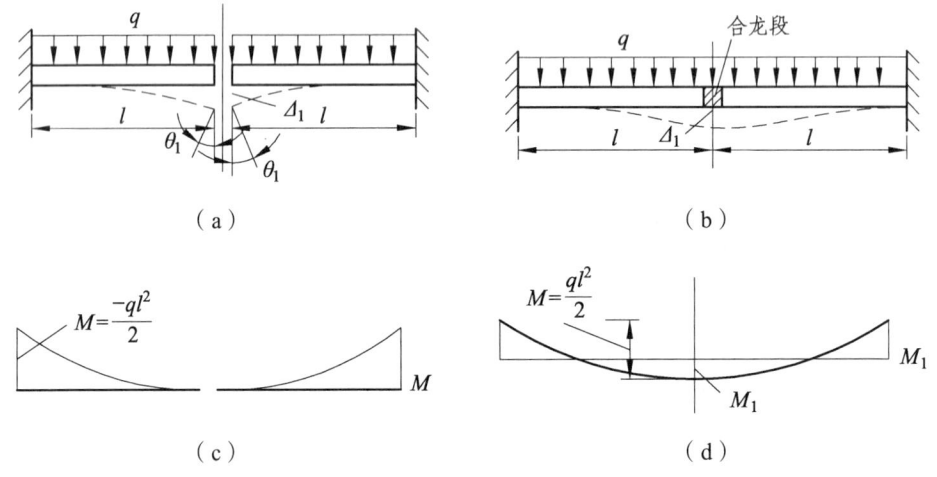

图 6.4.31　徐变变形与徐变次内力

现再考察图 6.4.31（c）的情况，当两悬臂端完成瞬时变形后，立即将合龙段的钢筋焊接并浇筑接缝混凝土，以后虽然在接缝处仍产生随时间变化的下挠量 Δ_t，但转角 θ_t 始终为零，

这意味着两侧悬臂梁相互约束着角位移,从而使结合截面上的弯矩从 $0 \to M_t$,而根部截面的弯矩逐渐卸载,这就是所谓的内力重分布(或应力重分布),直到徐变变形终止。结合截面上的 M_t 就是徐变次内力,但它与根部截面弯矩的绝对值之和仍为

由此可见,静定结构只产生徐变变形,而不产生次内力,超静定结构由于徐变变形受到了约束,将产生随时间 t 变化的徐变次内力。

2. 徐变系数表达式

1)三种理论

为了计算结构徐变变形和徐变次内力,就需要知道徐变系数变化规律的表达式。根据一些学者的长期观察和研究,一致认为徐变系数与加载龄期和加载持续时间两个主要因素有关。所谓加载龄期是指结构混凝土自养护之日起至加载之日的时间间距,用 τ_i 表示,$i = 0, 1, 2\cdots$,单位以天计;所谓持续荷载时间是指自加载之日 τ 起至所欲观察之日 t 的时间间距,即 $t-\tau$。但是,在采用具体的表达式时,却提出了以下三种不同的徐变理论。

(1)老化理论

该理论认为:不同加载龄期 T 的混凝土徐变曲线在任意时刻 $r(t>t)$,其徐变增长率相同,如图 6.4.32(a)所示。其中任意加载龄期 T 的混凝土在 t 时刻的徐变系数计算公式为

$$\varphi(t,\tau) = \varphi(t,\tau_0) - \varphi(\tau,\tau_0) \tag{6-4-40}$$

式中 $\varphi(t,\tau_0)$——加载龄期为 τ_0 的混凝土至 $t(t>\tau_0)$ 时刻的徐变系数;
    $\varphi(\tau,\tau_0)$——加载龄期为 τ_0 的混凝土至 $\tau(\tau>\tau_0)$ 时的徐变系数。

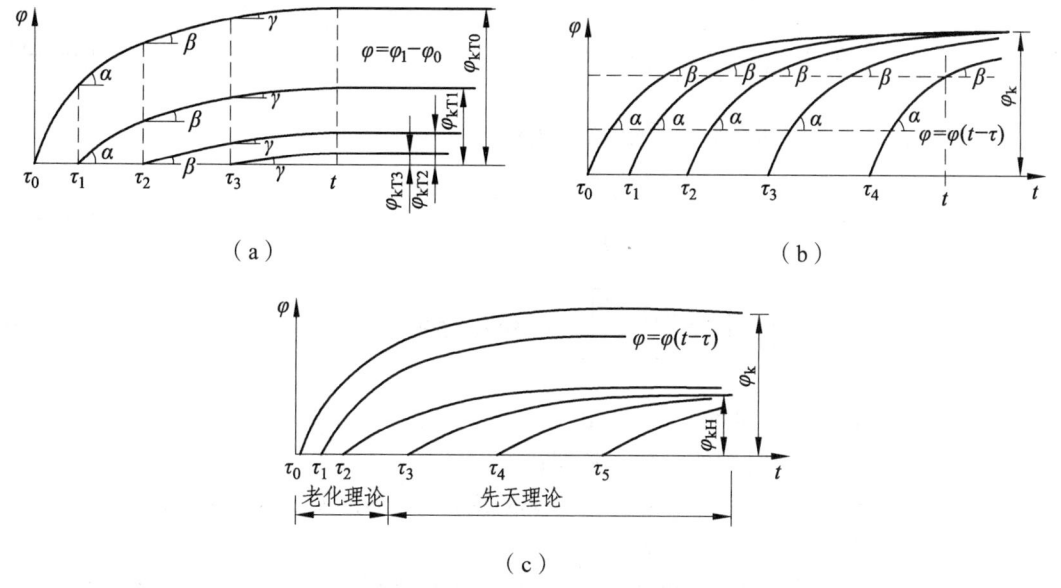

图 6.4.32 三种徐变理论曲线

(2)先天理论

该理论认为:不同龄期的混凝土徐变增长规律都是一样的,如图 6.4.32(b)所示。其中任意加载龄期的混凝土在 t 时刻的徐变系数计算公式为

$$\varphi(t,\tau) = \varphi(t-\tau,\tau_0) \tag{6-4-41}$$

式中 $\varphi(t,\tau) = \varphi(t-\tau,\tau_0)$ 以 τ_0 为原点的徐变基本曲线上,加载持续时间为 $t-\tau$ 的徐变系数。

(3) 混合理论

兼有上述两种理论特点的理论称混合理论,试验研究表明,老化理论比较符合早期加载情况,先天理论比较符合后期加载情况,如图6.4.32(c)所示。

2) 我国公路桥规关于徐变系数的表达式

基于上述理论研究,同时参考了国外的相关规定,我国公路桥规制定了关于混凝土徐变系数的计算公式,供设计时应用,即

(1) 一般表达式

$$\phi(t,t_0) = \phi_0 \cdot \beta_c(t-t_0) \tag{6-4-42}$$

(2) 名义徐变系数 ϕ_0

$$\phi_0 = \phi_{RH} \cdot \beta(f_{cm}) \cdot \beta(t_0) \tag{6-4-43}$$

其中

$$\phi_{RH} = 1 + \frac{1 - RH/RH_0}{0.46(h/h_0)^{1/3}} \tag{6-4-44}$$

$$f_{cm} = 0.8 f_{cu,k} + 8 \tag{6-4-45}$$

$$\beta(f_{cm}) = \frac{5.3}{(f_{cm}/f_{cm0})^{0.5}} \tag{6-4-46}$$

$$\beta(t_0) = \frac{1}{0.1 + (t_0/t_1)^{0.2}} \tag{6-4-47}$$

(3) 加载后徐变随时间发展的系数 $\beta_c(t-t_0)$

$$\beta_c(t-t_0) = \left[\frac{(t-t_0)/t_1}{\beta_H + (t-t_0)/t_1}\right]^{0.3} \tag{6-4-48}$$

其中

$$\beta_H = 150\left[1 + \left(1.2\frac{RH}{RH_0}\right)^{18}\right]\frac{h}{h_0} + 250 \leqslant 1\,500 \tag{6-4-49}$$

上述式中 t_0——加载时的混凝土龄期(d);

t——计算考虑时刻的混凝土龄期;

$\phi(t,t_0)$——加载龄期为 t_0,计算考虑龄期为 t 时的混凝土徐变系数;

RH——环境年平均相对湿度(%);

h——构件理论厚度(mm),$h = 2A/u$,A 为构件截面面积,u 为构件与大气接触的周边长度;

f_{cm}——强度等级 C20~C50 混凝土在 28 d 龄期时的平均圆柱体抗压强度(MPa);

$f_{cu,k}$——龄期为 28 d,具有 95%保证率的混凝土立方体抗压强度标准值(MPa)。

其余 $RH_0 = 100\%$;$h_0 = 100$ mm;$t_1 = 1$ d;$f_{cm0} = 10$ MPa。

3. 结构混凝土的徐变变形计算

1）基本假定

当计算由混凝土徐变引起的结构徐变变形时，一般采用下列基本假定：

（1）不考虑结构内配筋的影响。

（2）混凝土的弹性模量假定为常值。

（3）采用线性徐变理论。

2）静定结构在恒定荷载条件下的徐变变形计算

现以如图 6.4.33 所示的等截面悬臂梁作为例子加以阐明。

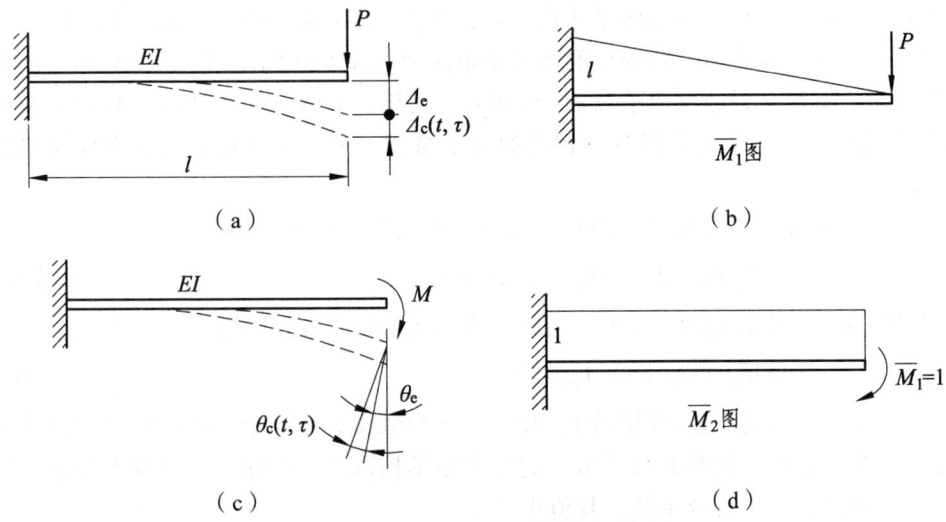

图 6.4.33 不变荷载作用下的徐变变形

设 Δ_e 和 θ_e 分别为悬臂梁端部作用有恒定垂直力 P 和恒定弯矩 M 时的弹性（瞬时）挠度和端转角，$\Delta_c(t,\tau)$ 和 $\theta_c(t,\tau)$ 分别为相应的加载龄期为 τ 且持续到 t 时刻的徐变挠度和徐变端转角（图 6.4.33）。于是便有下列关系式，即

$$\left. \begin{array}{l} \Delta_c(t,\tau) = \Delta_e \varphi(t,\tau) = P\overline{\Delta}_e \cdot \varphi(t,\tau) \\ \theta_c(t,\tau) = \theta_e \varphi(t,\tau) = M\overline{\theta}_e \cdot \varphi(t,\tau) \end{array} \right\} \qquad (6\text{-}4\text{-}50)$$

式中 $\overline{\Delta}_e$——单位力 $P=1$ 时，在其作用方向上的位移；

$\overline{\theta}_e$——单位力矩 $M=1$ 时，在作用方向上的转角。

按照结构力学中的虚功原理，$\overline{\Delta}_e$ 和 $\overline{\theta}_e$ 可以表示为

$$\left. \begin{array}{l} \overline{\Delta}_e = \delta_{11} = \int_0^l \dfrac{\overline{M}_1^2}{EI} dx \\ \overline{\theta}_e = \delta_{22} = \int_0^l \dfrac{\overline{M}_2^2}{EI} dx \end{array} \right\} \qquad (6\text{-}4\text{-}51)$$

式中，$\overline{M}_1$、$\overline{M}_2$ 分别为在 $P=1$ 和 $M=1$ 作用下悬臂梁的弯矩分布图[图 6.4.33（c）、（d）]。

将式（6-4-51）代入式（6-4-50），便有

$$\left.\begin{array}{l}\Delta_{\mathrm{c}}(t,\tau)=P\cdot\int_0^l\dfrac{\overline{M}_1^2}{EI}\mathrm{d}x\cdot\varphi(t,\tau)\\[2mm]\theta_{\mathrm{c}}(t,\tau)=M\cdot\int_0^l\dfrac{\overline{M}_2^2}{EI}\mathrm{d}x\cdot\varphi(t,\tau)\end{array}\right\}\qquad(6\text{-}4\text{-}52)$$

3）静定结构在随时间 t 变化的荷载作用下之徐变变形计算

本节前面介绍了随时间 t 变化的徐变次内力概念。现在以如图 6.4.34 所示先简支后连续的两等跨连续梁作为例子来阐明静定结构在随时间 t 变化的荷载作用下之徐变变形。从中支点截开，取两跨简支梁（静定结构）作为基本结构，如图 6.4.34（b）所示。由于该结构是采用先分两跨吊装施工而后合龙的体系转换方法，故在此切口处的初始恒载弯矩 $M_0=0$，基本结构上只有垂直恒载 q 和随时间变化的徐变赘余次力矩 $M(t)$ 的作用。为了分析上的简单起见，暂假定左、右简支梁的徐变系数 $\varphi(t,\tau)$ 相同。这样，如图 6.4.34 所示，$M(t)$ 便可以应用两种方法求解：一个是建立微分方程式的狄辛格法；另一个是建立代数方程式的特劳斯德·巴曾法。

应用狄辛格法时，在时间增量 $\mathrm{d}t$ 内，切口两侧变形增量的协调方程为

$$M(t)\delta_{22}\mathrm{d}\varphi+\mathrm{d}M(t)\delta_{22}+\Delta_{2P}\mathrm{d}\varphi=0 \qquad(6\text{-}4\text{-}53)$$

应用巴曾法时，在任意时刻 t 时，切口两侧的变形协调方程则为

$$M(t)\delta_{22}(1+\rho\cdot\varphi)+\Delta_{2P}\varphi=0 \qquad(6\text{-}4\text{-}54)$$

式中　δ_{22}，Δ_{2P}——在切口处分别由单位力矩 $M=1$ 和恒载 q 引起截面两侧的相对弹性角位移；

　　　ρ——老化系数，又称时效系数，它是考虑结构次内力的徐变因混凝土的老化而逐渐衰减的一个折减系数，其值小于 1；

　　　$\mathrm{d}\varphi$——时间增量 $\mathrm{d}t$ 内的徐变系数增量。

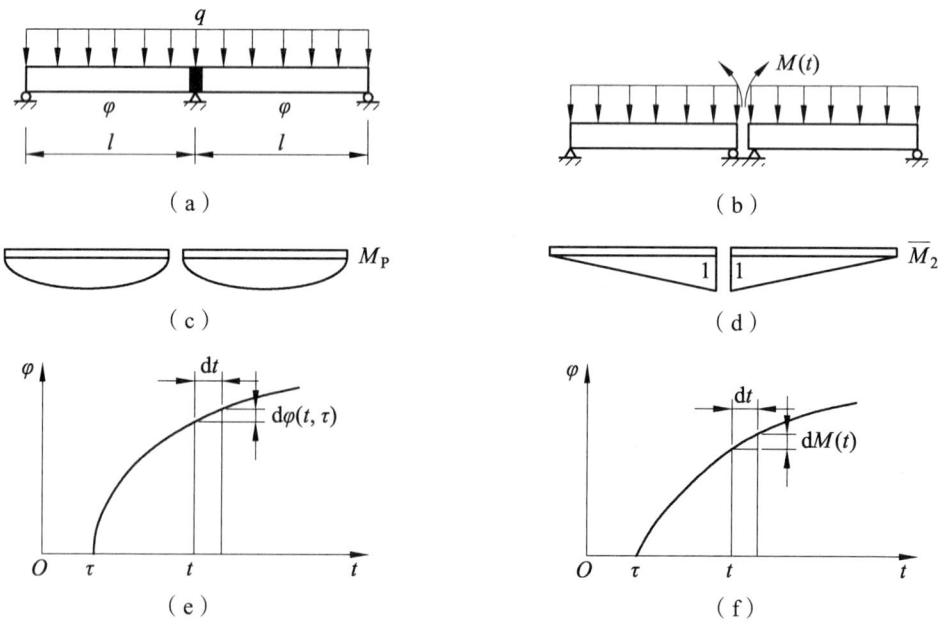

图 6.4.34　变化荷载下的徐变变形

从以上二式不难看出，式（6-4-53）在理论上是比较精确的，但当结构为高次超静定时，且各梁段的徐变系数 $\varphi(t,\tau)$ 又不相同时，必须建立庞大的微分方程组，求解十分困难。式（6-4-54）中的第二项是代表在 t 时刻由恒载 q 在切口处产生的相对徐变角位移，而第一项是代表同一时刻由徐变次内力 $M(t)$ 在切口处产生的总的相对角位移，它可表示为

$$\theta_c(t,\tau) = M(t)\delta_{22}(1+\rho\cdot\varphi) \tag{6-4-55}$$

它是将 $M(t)$ 假想地视为不随时间 t 变化的赘余力，通过老化系数 $\rho(t,\tau)$ 修正徐变系数 $\varphi(t,\tau)$ 以后，求得该次内力产生的总变形。但是在该式中却有两个未知量，即 $M(t)$ 和 $\rho(t,\tau)$，故不能求解。为此，我国的金成棣教授采取联立混合求解的方法，具体的思路是应用式（6-4-53）求解 $M(t)$，再将它代入式（6-4-54），便得到关于 $\rho(t,\tau)$ 的一般表达式，解得这个未知量后，再求解线性代数方程组就不成问题了。

下面简单介绍关于式（6-4-53）的求解。首先用 δ_{22} 除全式，且令 $M_e = \Delta_{2P}/\delta_{22} = $ 常数，则得

$$dM(t) + [M(t) + M_e]d\varphi = 0 \tag{6-4-56}$$

注意到 $dM_e = 0$，则上式可以写成

$$\frac{d[M(t)+M_e]}{M(t)+M_e} = -d\varphi \tag{6-4-57}$$

此微分方程的解为

$$\ln[M(t)+M_e] = -\varphi + C(\text{常数}) \tag{6-4-58}$$

利用图 6.4.36（e）、（f）中的边界条件，当 $t=\tau$ 时，$M(t)=0$，$\varphi(t,\tau)=0$，便解得常数 C 为

$$C = \ln(M_e) \tag{6-4-59}$$

再将式（6-4-59）代入式（6-4-58）后，得到

$$M(t) = -(1-e^{-\varphi})M_e \tag{6-4-60}$$

式（6-4-54）也可以改写成如下的形式

$$M(t) = -\left(\frac{\varphi}{1+\rho\cdot\varphi}\right)M_e \tag{6-4-61}$$

联立解式（6-4-60）、式（6-4-61），便得到老化系数 $\rho(t,\tau)$ 的一般表达式为

$$\rho(t,\tau) = \frac{1}{1-e^{-\varphi}} - \frac{1}{\varphi} \tag{6-4-62}$$

最后，参照式（6-4-51），则完全可以应用式（6-4-55）计算出在随时间 t 变化的 $M(t)$ 荷载下切口处的徐变变形 δ，即

$$\delta_{2t} = \theta_c(t,\tau) = M(t)\cdot\left(2\int_0^l \frac{\overline{M}_2^2}{EI}dx\right)[1+\rho(t,\tau)\cdot\varphi(t,\tau)] \tag{6-4-63}$$

4）换算弹性模量概念

式（6-4-54）还可写成如下形式

$$M(t)\int_0^l \frac{\overline{M}_2^2}{EI}\mathrm{d}x(1+\rho\varphi)+\int_0^l \frac{\overline{M}_2 M_\mathrm{P}}{EI}\mathrm{d}x\cdot\varphi=0 \qquad (6\text{-}4\text{-}64)$$

为了便于应用结构力学中的力法来求解超静定结构的徐变次内力问题，引人两个广义换算弹性模量：

（1）应用在不变荷载下徐变变形计算的换算弹性模量 E_φ

$$E_\varphi = \frac{E}{\varphi(t,\tau)} \qquad (6\text{-}4\text{-}65)$$

（2）应用在随 t 变化荷载下徐变变形计算的换算弹性模量 $E_{\rho\varphi}$

$$E_{\rho\varphi} = \frac{E}{1+\rho(t,\tau)\varphi(t,\tau)} \qquad (6\text{-}4\text{-}66)$$

则式（6-4-54）成为

$$M(t)\cdot\int_0^l \frac{\overline{M}_2^2}{E_{\rho\varphi}I}\mathrm{d}x+\int_0^l \frac{\overline{M}_2 M_\mathrm{P}}{E_\varphi I}\mathrm{d}x=0 \qquad (6\text{-}4\text{-}67)$$

或

$$M(t)\cdot\delta_{22t}+\Delta_{2pt}=0 \qquad (6\text{-}4\text{-}68)$$

式中：

$$\left.\begin{array}{l}\delta_{22t}=\int_0^l \dfrac{\overline{M}_2^2}{E_{\rho\varphi}I}\mathrm{d}x \\[2mm] \Delta_{2pt}=\int_0^l \dfrac{\overline{M}_2 M_\mathrm{P}}{E_\varphi I}\mathrm{d}x\end{array}\right\} \qquad (6\text{-}4\text{-}69)$$

以上各式中，E 为混凝土的弹性模量，其余符号意义同前。

4. 超静定梁的徐变次内力计算

1）计算方法

目前，计算超静定梁的徐变次内力的方法有以下几种：

（1）狄辛格方法。

（2）扩展狄辛格方法。

（3）换算弹性模量法。

（4）以上述理论为基础的有限元法等。

本节重点介绍换算弹性模量法计算徐变次内力的原理和步骤，其余方法可参阅有关专著。

2）换算弹性模量法

（1）原理

上面已经介绍了关于按换算弹性模量计算静定结构的徐变变形问题。对于超静定结构所选取的基本结构，其被截开的截面或者被移去的多余支点（简称赘余约束）处，除了加上荷载产生的赘余力 X_i 外，还要施加随时间 t 变化的徐变赘余力 X_{it} 然后根据变形协调条件，所有外荷载及赘余力（X_i 和 X_{it}）在赘余约束处产生的徐变变形之和应为零，即

$$\sum \Delta_i = 0 \tag{6-4-70}$$

便可求得徐变次内力，只是在计算外荷载以及赘余约束处的初始内力 X_i 所引起的徐变变形时，其换算弹性模量应取 E_φ [按式（6-4-65）计算]，在计算由待定的、随时间 t 变化的徐变赘余力 X_{it} 所引起的徐变变形时，其换算弹性模量应取 $E_{\rho\varphi}$ [按式（6-4-66）计算]，其余计算同一般力法原理。

（2）计算步骤

对于同样一座连续梁，可以按照一次现浇成桥，也可以采用先简支后连续或者悬臂浇筑法等多种施工方式成桥。施工方法不同，各节段的加载龄期就不相同，计算模式也不同，因而其徐变次内力也就不相同。不论采用哪种成桥方式，其一般计算步骤可以大致归纳如下：

① 选取基本结构的计算图式。

② 按不同施工阶段计算恒载内力图 M_P。

③ 在赘余联系处分别施加各单位赘余力 $\overline{X}_i$，得到各 $\overline{M}_i$ 图。

④ 根据已知条件分别计算各梁段的老化系数 $\rho(t,\tau)$ [按式（6-4-63）计算]、E_φ [按式（6-4-65）计算]和 $E_{\rho\varphi}$ [按式（6-4-66）计算]。

⑤ 按换算弹性模量和图乘法分别计算所有恒定外力及徐变赘余力在赘余约束处产生的变位，即

常变位
$$\left. \begin{array}{l} \delta_{iit} = \sum \int_{l_i} \dfrac{\overline{M}_i^2}{E_{\rho\varphi} I} \mathrm{d}x \\[6pt] \delta_{ijt} = \sum \int_{l_i} \dfrac{\overline{M}_i \overline{M}_j}{E_{\rho\varphi} I} \mathrm{d}x \end{array} \right\} \tag{6-4-71}$$

载变位
$$\Delta_{iPt} = \sum \int_{l_i} \dfrac{M_\mathrm{P} \overline{M}_i}{E_\varphi I} \mathrm{d}x \tag{6-4-72}$$

⑥ 由变形协调条件，解力法方程组求各徐变次内力 X_{it}。

$$\left. \begin{array}{l} \delta_{11t} X_{1t} + \delta_{12t} X_{2t} + \cdots + \Delta_{1Pt} = 0 \\ \delta_{21t} X_{1t} + \delta_{22t} X_{2t} + \cdots + \Delta_{2Pt} = 0 \\ \quad\vdots \end{array} \right\} \tag{6-4-73}$$

⑦ 按解得的徐变次内力 X_{it}。分别计算各梁段的内力及变位。

⑧ 将各施工阶段的恒载内力和变形与第 7 步骤的计算结果叠加，便得整个结构总的受力和变形状态。

（3）计算示例

【例 6-4-2】 两等跨等截面连续梁每跨跨长 $l = 40$ m，采用先预制吊装后合龙固结的施工方法，左半跨的徐变系数 $\varphi_1(\infty,\tau) = 1$，右半跨的徐变系数 $\varphi_2(\infty,\tau) = 2$，作用于桥上的均布恒载 $q = 12.5$ kN/m（预制梁自重），E、I 分别为该结构的弹性模量和截面抗弯惯性矩，如图 6.4.35 所示，试求 $t = \infty$ 时中支点截面的徐变次力矩。

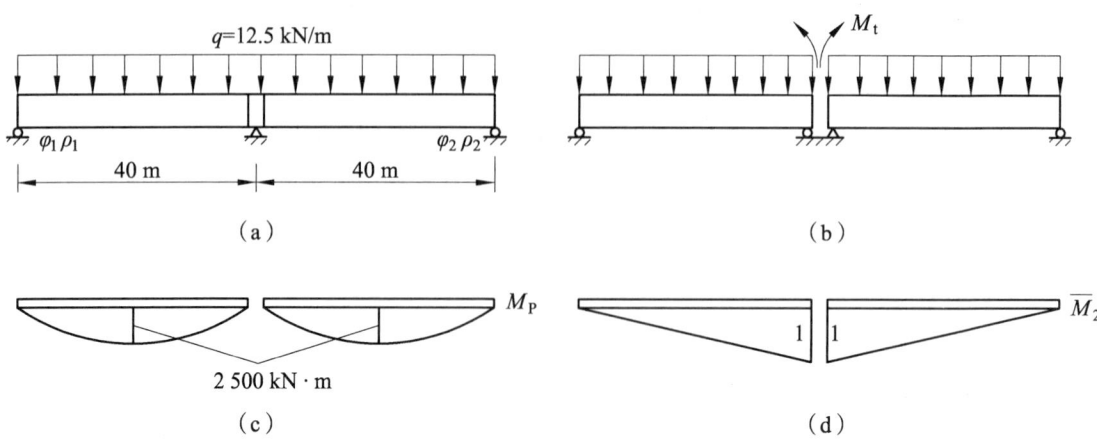

图 6.4.35 例 6-4-2 的计算图示

【解】 计算步骤如下：

（1）选取从跨中断开的两跨简支梁作为基本结构，由于合龙时，该截面的弯矩为零，即 $X_2 = 0$。

（2）在赘余联系处仅施加一个赘余力，即待定的徐变次内力 M_t [图 6.4.35（b）]。

（3）计算老化系数及换算弹性模量。

$$\rho_1(\infty,\tau) = \frac{1}{1-e^{-\varphi_1}} - \frac{1}{\varphi_1} = \frac{1}{1-e^{-1}} - \frac{1}{1} = 0.582$$

$$\rho_2(\infty,\tau) = \frac{1}{1-e^{-\varphi_2}} - \frac{1}{\varphi_2} = \frac{1}{1-e^{-2}} - \frac{1}{2} = 0.657$$

$$E_{\varphi 1} = \frac{E}{\varphi_1(\infty,\tau)} = E$$

$$E_{\varphi 2} = \frac{E}{\varphi_2(\infty,\tau)} = 0.5E$$

$$E_{\rho\varphi 1} = \frac{E}{1+\rho_1(\infty,\tau)\varphi_1(\infty,\tau)} = \frac{E}{1+0.582\times 1} = 0.632E$$

$$E_{\rho\varphi 2} = \frac{E}{1+\rho_2(\infty,\tau)\varphi_2(\infty,\tau)} = \frac{E}{1+0.657\times 2} = 0.432E$$

（4）常变位和载变位计算（图乘法）

$$\delta_{22t} = \frac{1}{E_{\rho\varphi 1}I}\left[\frac{1}{2}\times 1\times 40\times\frac{2}{3}\right] + \frac{1}{E_{\rho\varphi 2}I}\left[\frac{1}{2}\times 1\times 40\times\frac{2}{3}\right] = 51.96\frac{1}{EI}$$

$$\Delta_{2Pt} = \frac{1}{E_{\varphi 1}I}\left[\frac{2}{3}\times 40\times 2\,500\times\frac{1}{2}\right] + \frac{1}{E_{\varphi 2}I}\left[\frac{2}{3}\times 40\times 2\,500\times\frac{1}{2}\right] = 129\,903.11\frac{1}{EI}$$

（5）解力法方程

$$51.96M_t + 129\,903.11 = 0$$

$$M_t = -2\,500.06\;(\mathrm{kN\cdot m})$$

弯矩 M_t，即为徐变完成后中支点的最终弯矩。此算例表明对于先简支后连续的非预应力结构，徐变将引起支点负弯矩增大，而跨中正弯矩减小。

【例 6-4-3】 两等跨等截面连续梁，跨长为 $2\times 30\,\mathrm{m}$，按图 6.4.36（a）和图 6.4.36（c）的图式分两阶段施工，中支点两侧采用对称悬浇法，两端采用在支架上进行合龙，设中间梁段的徐变系数 $\varphi_1(\infty,\tau)=1$，两端梁段的徐变系数 $\varphi_2(\infty,\tau)=2$，自重均布荷载 $q=10\,\mathrm{kN/m}$，E、I 分别为该结构的弹性模量和截面抗弯惯性矩，试求 $t=\infty$ 时在中支点截面的总弯矩。

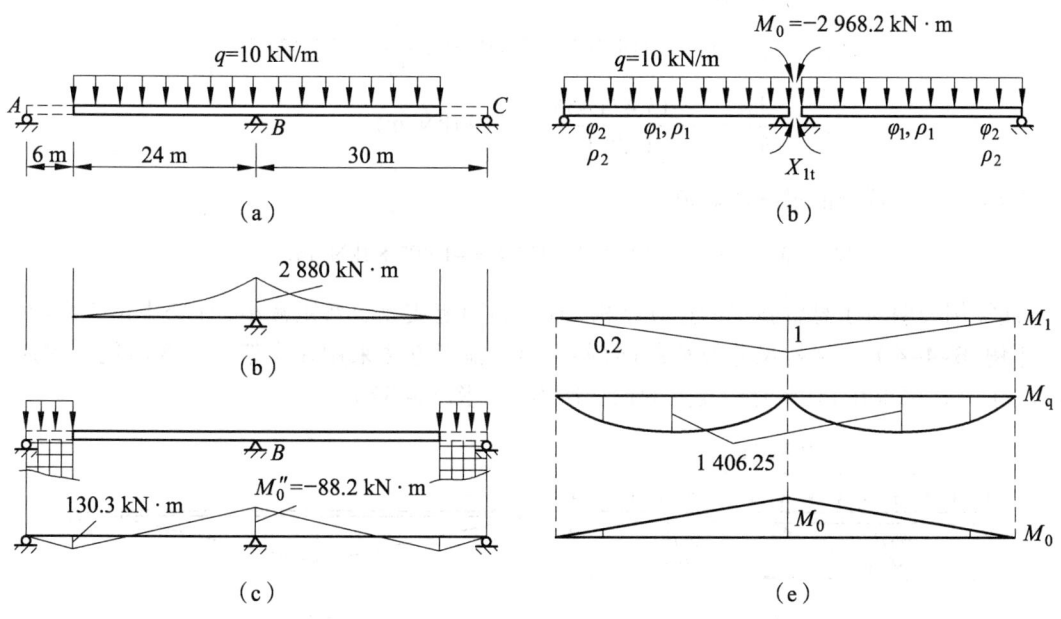

图 6.4.36 例 6-4-3 的计算图示

【解】 计算步骤如下：

（1）取如图 6.4.36（c）所示的两跨简支梁作为基本结构，应用结构力学的方法计算出两个施工阶段在中支点截面产生的初始弯矩 $M_0 = -2\,880 - 88.2 = -2\,968.2\;(\mathrm{kN\cdot m})$。

（2）由于徐变系数与例 6-4-2 相同，故换算弹性模量也相同，即：

$$E_{\varphi 1} = E,\; E_{\varphi 2} = 0.5E$$
$$E_{\rho\varphi 1} = 0.632E,\; E_{\rho\varphi 2} = 0.432E$$

（3）常变位与载变位计算。

由于结构及荷载均为对称的，故常变位和载变位可取其中一跨进行计算，计算中部分利用图乘法，部分采用分段积分法，即

$$\delta_{11t} = \frac{1}{E_{\rho\varphi1}I} \cdot \frac{24}{6} \times [2 \times (0.2^2 + 1^2) + 2 \times 1 \times 0.2] + \frac{1}{E_{\rho\varphi2}I}\left(\frac{6 \times 0.2}{2} \times \frac{2}{3} \times 0.2\right)$$

$$= \frac{9.92}{E_{\rho\varphi1}I} + \frac{0.08}{E_{\rho\varphi2}I} \approx 15.881\frac{1}{EI}$$

$$\Delta_{1qt} = \frac{1}{E_{\varphi1}I}\int_6^{30}(187.5x - 6.25x^2)\frac{x}{30}dx + \frac{1}{E_{\varphi2}I}\int_0^6(187.5x - 6.25x^2)\frac{x}{30}dx$$

$$= \frac{1}{E_{\varphi1}I}\left(\frac{25}{12}x^3 - \frac{5}{96}x^4\right)\bigg|_6^{30} + \frac{1}{E_{\varphi2}I}\left(\frac{25}{12}x^3 - \frac{5}{96}x^4\right)\bigg|_0^6$$

$$= \frac{13\,680}{E_{\varphi1}I} + \frac{382.5}{E_{\varphi2}I} = 14\,445\frac{1}{EI}$$

$$\Delta_{1M_{0t}} = -\left(\frac{9.92}{E_{\varphi1}I} + \frac{0.08}{E_{\varphi2}I}\right) \times 2\,968.2 = -29\,919.456\frac{1}{EI}$$

$$\Delta_{1Pt} = \Delta_{1qt} + \Delta_{1M_{0t}} = (14\,445 - 29\,919.456)\frac{1}{EI} = -15\,474.456\frac{1}{EI}$$

$$X_{1t} = -\frac{\Delta_{1Pt}}{\delta_{11t}} = -\frac{-15\,474.456}{15.881} = 974.4 \text{ (kN·m)}$$

（4）中支点截面的最终弯矩值。

$$M_B = M_0 + X_{1t} = -2\,968.2 + 974.4 = -1\,993.8 \text{ (kN·m)}$$

此算例表明对于悬臂施工的连续结构，徐变将引起支点负弯矩减小，而跨中正弯矩增大。

【例 6-4-4】 结构尺寸及荷载同例 6-4-3，施工方法采用在支架上一次浇筑法完成，$\varphi_1(\infty,\tau) = 1$，试求在 $t = \infty$ 时中支点的徐变次力矩（图 6.4.37）

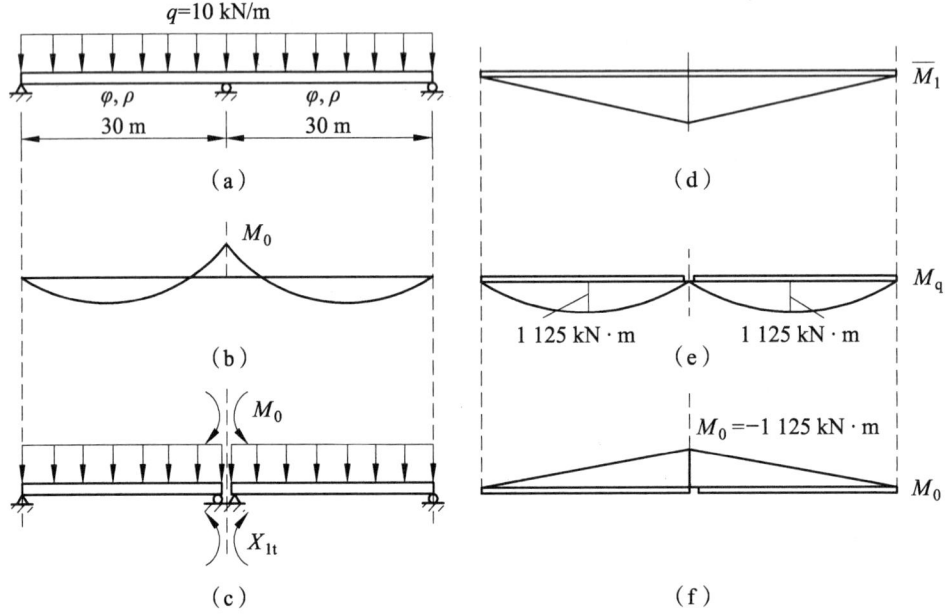

图 6.4.37 例 6-4-4 的计算图示

【解】 计算步骤如下：

(1) 仍取两跨简支梁的基本结构，其换算弹性模量同上例，即：

$$E_{\rho\varphi} = 0.432E, \quad E_{\varphi} = 0.5E$$

(2) 支点截面的初弯矩 M_0。

$$M_0 = -\frac{ql^2}{8} = -1125 \text{ (kN·m)}$$

(3) 常变位及载变位计算。

$$\delta_{11t} = \frac{1}{E_{\rho\varphi}I}\left(\frac{30 \times 1}{2} \times \frac{2}{3} \times 1\right) \times 2 = 46.296 \frac{1}{EI}$$

$$\Delta_{1qt} = \frac{1}{E_{\varphi}I}\left(\frac{2}{3} \times 1\,125 \times 30 \times \frac{1}{2}\right) \times 2 = 45\,000 \frac{1}{EI}$$

$$\Delta_{1M_0t} = \frac{-1}{E_{\varphi}I}\left(\frac{2}{3} \times 1\,125 \times 30 \times \frac{1}{2}\right) \times 2 = -45\,000 \frac{1}{EI}$$

$$\Delta_{1Pt} = \Delta_{1qt} + \Delta_{1M_0t} = 0$$

$$X_{1t} = 0$$

得 $\quad X_{1t} = 0$

本例表明，一次浇筑的超静定结构，其徐变次内力为零，但产生徐变变形，它可按图 6.4.36（c）的图式，叠加两种不变荷载 q 和 M_0 工况下的徐变变形而得到。

5. 混凝土收缩次内力计算

混凝土结构杆件的收缩并不是因外力才产生，而是由结构材料本身的特性引起的。混凝土收缩应变也是随时间变化的，它的增长速度受空气温度及湿度等条件的影响。它的收缩方向是三维的，但在结构分析中主要考虑它沿杆件方向的变形量。对于连续梁桥结构，一般只计算结构的收缩位移量，但对于墩—梁固结的连续刚构体系桥梁，则必须考虑因收缩引起的结构次内力。

下面将分别介绍收缩应变的表达式和混凝土收缩次应力的近似计算方法。

1) 混凝土收缩应变表达式

我国公路桥规给出的混凝土收缩应变表达式如下。

(1) 一般表达式

$$\varepsilon_{cs}(t, t_s) = \varepsilon_{cs0} \cdot \beta_s(t - t_s) \quad (6\text{-}4\text{-}74)$$

(2) 名义收缩系数

$$\varepsilon_{cs0} = \varepsilon_s \cdot (f_{cm}) \cdot \beta_{RH} \quad (6\text{-}4\text{-}75)$$

其中
$$\varepsilon_s \cdot (f_{cm}) = [160 + 10\beta_{sc}(9 - f_{cm}/f_{cm0})] \times 10^{-6} \quad (6\text{-}4\text{-}76)$$

$$\beta_{RH} = 1.55[1 - (RH/RH_0)^3] \quad (6\text{-}4\text{-}77)$$

（3）收缩随时间发展的系数 β_s

$$\beta_s(t - t_0) = \left[\frac{(t - t_s)/t_1}{350(h/h_0)^2 + (t - t_s)/t_1}\right]^{0.5} \quad (6\text{-}4\text{-}78)$$

上述式中　t——计算考虑时刻的混凝土龄期（d）；

　　　　　t_0——收缩开始时的混凝土龄期，可假定为 3～5 d；

　　　　　$\varepsilon_{cs}(t, t_s)$——收缩开始时的龄期为 t_s，计算考虑的龄期为 t 时的收缩应变；

　　　　　β_{sc}——依据水泥种类而定的系数，对于一般硅酸盐类水泥或快硬水泥，$\beta_{sc} = 0.5$；

　　　　　其余符号的定义与式（6-4-49）中的相同。

2）等效温降值计算法

当按式（6-4-74）求出结构中某段长度内的收缩应变量以后，便可按照下式将它换算为这，段长度内的相对温降量，为了与龄期 t 的符号相区别，在这里用 ΔT_S 表示之，即

$$\Delta T_S = \frac{\varepsilon_{cs}(t, t_s)}{\alpha} \quad (6\text{-}4\text{-}79)$$

式中的 α 为材料的温度胀缩系数。

6.4.6　基础沉降内力及次内力计算

关于超静定连续梁结构因沉降产生的次内力计算问题，在"结构力学"课程中已有详细的叙述。对于图 6.4.38（a）的三跨连续梁，当中墩基础分别产生不等的地基沉陷 $\Delta_{1\Delta}$ 和 $\Delta_{2\Delta}$ 时，可取图 6.4.38（b）的基本结构，它的力法方程为

$$\left.\begin{array}{l}\delta_{11}X_1 + \delta_{12}X_2 + \Delta_{1\Delta} = 0 \\ \delta_{21}X_1 + \delta_{22}X_2 + \Delta_{2\Delta} = 0\end{array}\right\} \quad (6\text{-}4\text{-}80)$$

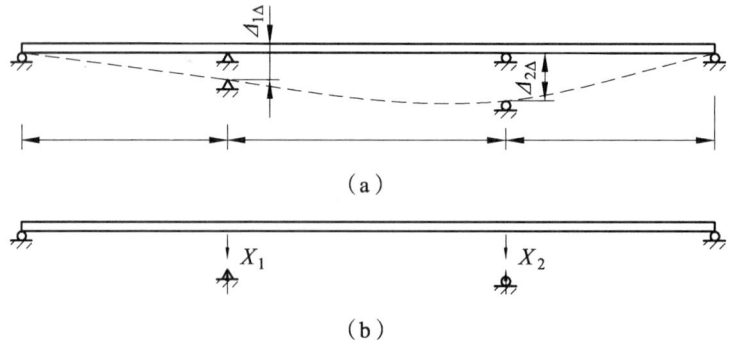

图 6.4.38　连续梁因基础沉陷的计算图式

求解此线性方程组并无多大困难，关键问题在于如何确定基础沉降量 $\Delta_{1\Delta}$ 和 $\Delta_{2\Delta}$。从设计原则上讲，连续梁桥的桥墩基础应奠基在坚硬的岩石上。但当它必须修建在非岩石的地基土上时，就必须计入基础沉降引起的结构次内力。有关地基沉降量的具体计算方法，详见《地

基与基础》相关教材和《公路桥涵地基与基础设计规范》（JTG 3363—2019）。但地基设计规范中有下列的规定：

（1）相邻墩台间不均匀沉降差值（不包括施工中的沉降），不应该使桥面形成大于 0.2% 的附加纵坡（折角）。

（2）外超静定结构桥梁墩台间不均匀沉降差值，还应满足结构的受力要求。

6.4.7 内力组合、主梁预应力配筋设计及结构验算

1. 内力组合

在连续梁体系桥的恒载、预应力、活载等各项内力与次内力计算完成之后，即可根据桥梁的设计规范进行内力组合。

对于公路桥梁，可按照现行《公路桥涵设计通用规范》（JTG D60）的规定，根据不同的极限状态采用不同的荷载组合方式：按承载能力极限状态设计时，对持久设计状况和短暂设计状况应采用作用的基本组合，对偶然设计状况应采用作用的偶然组合，对地震设计状况应采用作用的地震组合；按正常使用极限状态设计时，应根据不同的设计要求，采用作用的频遇组合或准永久组合。

对于铁路桥梁，是以容许应力法为基础进行"主力"及"主力+附加力"组合，将各截面的恒载、活载最不利内力进行直接相加。

2. 主梁预应力配筋设计

1）连续梁桥预应力配筋

预应力混凝土连续梁桥中预应力筋的布置形式，与所采用的施工方法以及预应力筋的种类等有密切的关系。对于就地现浇连续梁的预应力束筋布置形式，在短跨的等截面连续梁中，可以选用连续曲线束布置；而在较长的连续梁中，为了减小连续束预应力筋的摩阻损失，在梁顶上或梁底部设置锚固端，在梁的构造上要设置凹槽，可放置锚具并便于安装千斤顶张拉，凹槽在张拉后用混凝土填封。当采用这种预应力束筋时，为防止在中间锚固处因集中较大的锚固力（偏心距较大）而导致结构另一缘的拉裂，通常需要布置较多的非预应力钢筋。在跨径不大的变截面连续梁中，可在支点截面上布置帽束，在较大跨径的变截面连续梁中，应利用梁的形心轴线变化而使束筋曲率不大的布置形式，从而获得较大的偏心距，预应力束筋的有效偏心距是从束筋重心处至梁截面形心轴的距离。

图 6.4.39（a）所示为采用顶推法施工的直线形预应力筋布置。上、下通长束使截面接近轴心受压，以抵抗顶推过程中各截面交替承受的正负弯矩。待顶推完成后，再在跨中的底部和支点的顶部增加局部预应力筋，用来满足运营荷载下相应的受力要求。有时按设计还在跨中的顶部和支点附近的底部设置局部的施工临时束，待顶推完成后即予卸除。

图 6.4.39（b）所示为采用先简支后连续施工方法的预应力筋布置。待墩上接缝混凝土达到强度后，用设置在接缝顶部的局部预应力筋来建立结构的连续性。

图 6.4.39（c）和图 6.4.39（d）所示为曲线形的预应力筋布置。梁中除了正弯矩区和负弯短区各需布置底部和顶部预应力筋外，在有正、负弯矩的区段内，顶、底板中均需设置预应力筋。预应力筋可以根据受力需要在跨径内截断后锚固在梁体高度内如图 6.4.39（c）所示，也可弯出梁体而锚固在梁顶和梁底[如图 6.4.38（d）所示]。

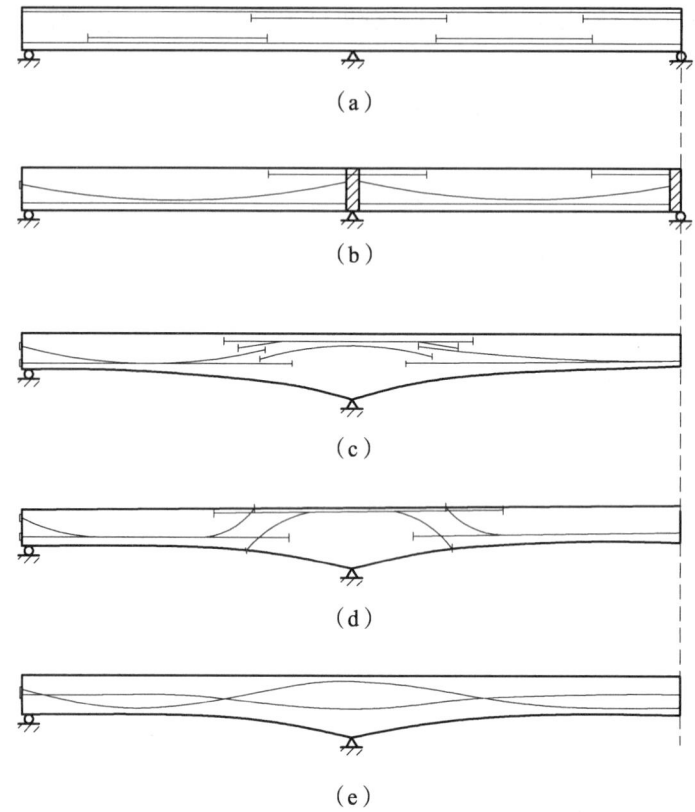

图 6.4.39 预应力混凝土连续梁配筋方式

图 6.4.39(e)表示整根曲线形通长束锚固于梁端的布置方式,在此情况下,由于预应力筋既长而且弯曲次数又多,这就显著加大了预应力筋的摩擦损失,预应力筋的布置要考虑到张拉操作的方便。当需要在梁内、梁顶或梁底锚固预应力筋时,应根据预应力筋锚固区的受力特点给予局部加强,以防开裂损坏。

2)刚构式桥预应力配筋

带挂梁的 T 形刚构式桥的悬臂部分只承受负弯矩,因此将预应力筋布置在梁肋顶部和桥面板内,以获得最大的作用力臂,如图 6.4.40 所示。预应力筋分直线束和曲线束两类,直线束的一部分在接缝端面上锚固,另一部分直通至悬臂端部锚固在牛腿端面上。肋内的曲线束则随着施工的推进逐渐下弯而倾斜锚固在各安装块件(或现浇段)的端面上。为了使位于梁肋外承托内的力筋也能下弯锚固,通常还要使它们在平面内也作适当弯曲,如图 6.4.40 的平面图所示。下弯的力筋能增加梁体的抗剪能力。在大跨径桥梁中还可在肋内设置专门的竖向预应力钢筋来增强梁肋的抗剪作用。

对于带剪力铰的 T 形刚构,悬臂部分也可能出现正负异号的弯矩,在此情况下梁的底部也应布置适当的纵向预应力筋。

箱梁截面中的非预应力钢筋,大多属于构造钢筋,通常预制成钢筋网来安装,并注意在截面变化处(如承托处等)和削弱处(如检查孔处等)进行局部加强。

预应力混凝土连续刚构式桥的钢筋布置与连续梁桥类似,这里不再赘述。

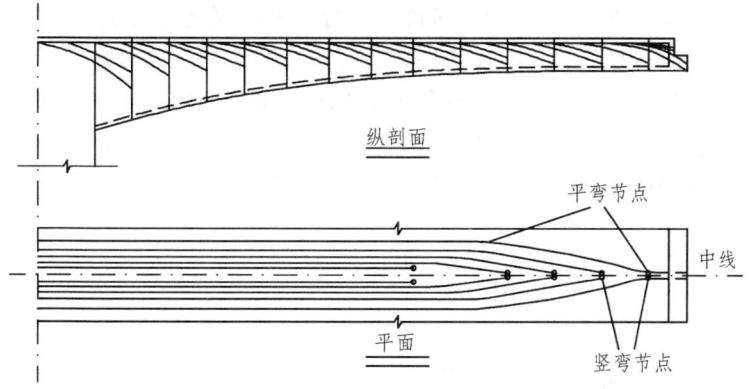

图 6.4.40　T 形刚构悬臂预应力筋布置图

对于预应力混凝土梁桥预应力筋布置的经济性来说，如果在施工阶段所需布置的预应力束筋与结构使用状态下所需的预应力束筋，在布置形式与受力要求的束数取得了一致，这将是最经济的设计。而顶推法施工的连续梁，它因施工阶段的受力包络图与连续梁的设计内力包络图很不一致，因而导致在连续梁顶推施工中要布置施工临时束，然后在最后形成连续梁后予以拆除；这将使施工中张拉顺序复杂化，并多用一些预应力束筋，这是不经济的。然而在施工的其他方面，如机具简单，固定台座生产预制梁段逐步顶推等优点又节省了劳力与费用。所以，顶推法施工对布束条件上是不利于节约材料的，只有在某些特定条件下采用才可能达到综合经济效益。而预应力混凝土 T 形刚构的悬臂施工法，使结构在施工时的布束原则与形式和结构使用状态下的要求完全取得一致，因而预应力束筋用材最小，根据统计资料分析，T 形刚构的预应力束筋用料比连续梁要节省 10%～15%。因为连续梁的结构次内力，以及体系转换往往需要布置正弯矩束。

3）使用阶段配筋估算

（1）由预加力引起的截面上、下翼缘混凝土应力，分别记为 $\sigma_{hy上}$ 和 $\sigma_{hy下}$。有

$$\sigma_{hy上}W_{上} = N_{y上}(e_{h上} + k_{h下}) - N_{y下}(e_{h下} - k_{h下}) \qquad (6\text{-}4\text{-}81)$$

$$\sigma_{hy下}W_{下} = -N_{y上}(e_{h上} - k_{h上}) + N_{y下}(e_{h下} + k_{h上}) \qquad (6\text{-}4\text{-}82)$$

式中　$W_{下} = A_h k_{h上}$，$W_{上} = A_h k_{h下}$；

A_h——截面面积；

$W_{上}$，$W_{下}$——截面上、下翼缘抗弯模量；

$k_{h上}$，$k_{h下}$——截面上、下核心半径；

$N_{y上}$，$N_{y下}$——截面上、下翼缘预加力合力；

$e_{h上}$，$e_{h下}$——上、下翼缘预加力合力偏心距。

（2）在最大弯矩 M_{max} 作用下，截面上、下翼缘混凝土应力满足

$$\sigma_{hy上} + \frac{M_{max}}{W_{上}} \leqslant R \quad \text{或} \quad \sigma_{hy上}W_{上} \leqslant RW_{上} - M_{max} \qquad (6\text{-}4\text{-}83)$$

$$\sigma_{hy下} - \frac{M_{max}}{W_{下}} \geqslant 0 \quad \text{或} \quad \sigma_{hy下}W_{下} \geqslant M_{max} \qquad (6\text{-}4\text{-}84)$$

式中，R 为混凝土允许压应力。对于公路桥，结合《公路钢筋混凝土及预应力混凝土桥涵设计规范》（JTG 3362—2018）之 7.1 条"持久状况预应力混凝土构件应力计算"，在估算预应力配筋时可采用[R]/3，其中，[R]为混凝土强度等级，如 C50 混凝土 R = 50/3 = 16.7 MPa，也可直接取 R = 0.50f_{ck} = 32.4/2 = 16.2 MPa；铁路桥取 0.35[R]，R = 0.35 × 50 = 17.5 MPa）。

（3）在最小弯矩 M_{min} 作用下，截面上、下翼缘混凝土应力满足

$$\sigma_{hy上} + \frac{M_{min}}{W_{上}} \geqslant 0 \quad \text{或} \quad \sigma_{hy上}W_{上} \geqslant -M_{min} \tag{6-4-85}$$

$$\sigma_{hy下} - \frac{M_{min}}{W_{下}} \leqslant R \quad \text{或} \quad \sigma_{hy下}W_{下} \leqslant RW_{下} + M_{min} \tag{6-4-86}$$

（4）由（6-4-83）式×$(e_{h上} - k_{h上})$ +（6-5-88）式×$(e_{h上} + k_{h下})$，并考虑到（6-4-81）、（6-4-82）式：

$$\begin{aligned}&-N_{y下}(e_{h下} - k_{h下})(e_{h上} - k_{h上}) + N_{y下}(e_{h上} + k_{h上})(e_{h上} + k_{h下}) \\ &\leqslant (RW_{上} - M_{max})(e_{h上} - k_{h上}) + (RW_{下} + M_{min})(e_{h上} + k_{h下})\end{aligned} \tag{6-4-87}$$

即下翼缘最大配筋为：

$$N_{y下} \leqslant \frac{(RW_{上} - M_{max})(e_{h上} - k_{h上}) + (RW_{下} + M_{min})(e_{h上} + k_{h下})}{(e_{h上} + e_{h下})(k_{h上} + k_{h下})} \tag{6-4-88}$$

同样由（6-4-83）式×$(e_{h下} + k_{h上})$ +（6-5-86）式×$(e_{h下} - k_{h下})$，并考虑到（6-4-81）、（6-4-82）式，得到上翼缘最大配筋为：

$$N_{y上} \leqslant \frac{(RW_{上} - M_{max})(e_{h下} + k_{h上}) + (RW_{下} + M_{min})(e_{h下} - k_{h下})}{(e_{h上} + e_{h下})(k_{h上} + k_{h下})} \tag{6-4-89}$$

（5）由（6-4-84）式×$(e_{h上} + k_{h下})$ +（6-5-85）式×$(e_{h上} - k_{h上})$，并考虑到（6-4-81）、（6-4-82）式，得到下翼缘最小配筋为：

$$N_{y下} \geqslant \frac{M_{max}(e_{h上} + k_{h下}) - M_{min}(e_{h上} - k_{h上})}{(e_{h上} + e_{h下})(k_{h上} + k_{h下})} \tag{6-4-90}$$

同样由（6-4-84）式×$(e_{h下} - k_{h下})$ +（6-5-85）式×$(e_{h下} + k_{h上})$，并考虑到（6-4-83）、（6-4-84）式，得到上翼缘最小配筋为：

$$N_{y上} \geqslant \frac{M_{max}(e_{h下} - k_{h下}) - M_{min}(e_{h下} + k_{h上})}{(e_{h上} + e_{h下})(k_{h上} + k_{h下})} \tag{6-4-91}$$

3. 结构验算

1）公路规范相关内容

（1）抗弯刚度。

根据公路规范分析超静定结构的作用效应时，构件的抗弯刚度应按下列规定取用：允许开裂构件 $0.8EI$；不允许开裂构件 EI 其中；I 为毛截面惯性矩。

（2）T形、I形截面梁受压翼缘的有效宽度 b'_f。

① 内梁取下列三者中的最小值：

对于连续梁，各中间跨正弯矩区段，取该计算跨径的 0.2 倍；边跨正弯矩区段，取该跨计算跨径的 0.27 倍；各中间支点负弯矩区段，取该支点相邻两计算跨径之和的 0.07 倍。

相邻两梁的平均间距。

$(b+2b_h+12h'_f)$，此处，b 为梁腹板宽度，b_h 为承托长度，h'_f 为受压区翼缘悬出板的厚度。当 $h_h/b_h<1/3$ 时，上式 b_h 应以 $3h_h$ 代替，此处 h_h 为承托根部厚度。

② 外梁取相邻内梁翼缘有效宽度的一半，加上腹板宽度的 1/2，再加上外侧悬臂板平均厚度的 6 倍或外侧悬臂板实际宽度两者中的较小者。

（3）箱形截面梁在腹板两侧上、下翼缘的有效宽度 b_{mi}（图 6.4.41）计算。

① 连续梁各跨中部梁段

$$b_{mi} = \rho_f b_i \qquad (6\text{-}4\text{-}92)$$

$$\rho_f = -6.44(b_i/l_i)^4 + 10.10(b_i/l_i)^3 - 3.56(b_i/l_i)^2 - 1.44(b_i/l_i) + 1.08 \qquad (6\text{-}4\text{-}93)$$

② 连续梁边支点及中间支点

$$b_{mi} = \rho_s b_i \qquad (6\text{-}4\text{-}94)$$

$$\rho_s = 21.86(b_i/l_i)^4 - 38.01(b_i/l_i)^3 + 24.57(b_i/l_i)^2 - 7.67(b_i/l_i) + 1.27 \qquad (6\text{-}4\text{-}95)$$

式中　b_{mi}——腹板两侧上、下翼缘的有效宽度，$i=1$，2，3；

　　　b_i——腹板两侧上、下翼缘的实际宽度，$i=1$，2，3；

　　　ρ_f——有关连续梁各跨中部梁段翼缘有效宽度的计算系数；

　　　ρ_s——有关连续梁边支点和中间支点翼缘有效宽度的计算系数；

　　　l_i——理论跨径，按表 6.4.2 定。

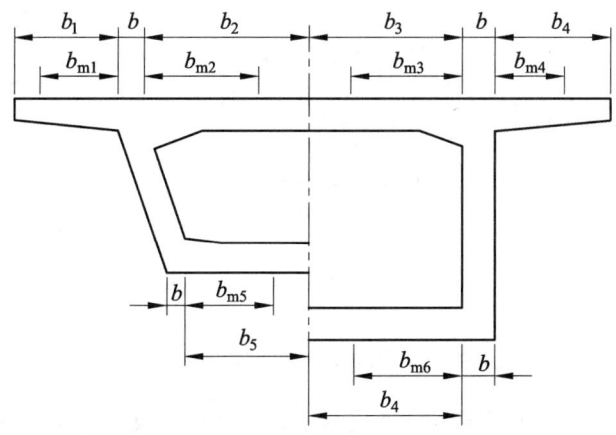

图 6.4.43　箱形截面梁翼缘有效宽度

表 6.4.2　ρ_s、ρ_f 的应用位置和理论跨径 l_i

结构体系			理论跨径
连续梁	边跨		边支点或跨中部分梁端 $l_i = 0.8l$
	中间跨		跨中部分梁端 $l_i = 0.6l$，中间支点 l_i 取两相邻跨径之和

（4）计算连续梁中间支承处的负弯矩时，可考虑支座宽度对弯矩折减的影响；折减后的弯矩按下列公式计算（图 6.4.42）；但折减后的弯矩不得小于未经折减弯矩的 0.9 倍。

$$M_e = M - M' \tag{6-4-96}$$

$$M' = \frac{1}{8}qa^2 \tag{6-4-97}$$

式中　M_e——折减后的支点负弯矩；

　　　M——按理论公式或方法计算的支点负弯矩；

　　　M'——折减弯矩；

　　　q——梁的支点反力 R 在支座两侧向上按 45°分布于梁截面重心轴 G-G 的荷载强度，$q = R/a$；

　　　a——梁支点反力在支座两侧向上按 45°扩散交于重心轴 G-G 的长度（圆形支座可换算为边长等于 0.8 倍直径的方形支座）。

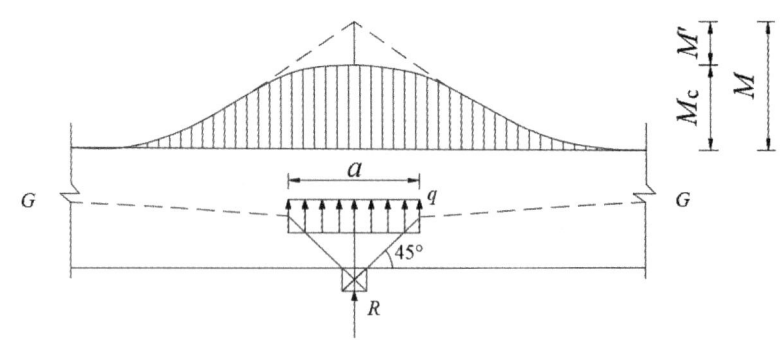

图 6.4.42　中间支撑处折减弯矩计算图

（5）变高度或支点设有承托的等高度连续梁，计算作用效应时应考虑截面惯性矩的变化；支点截面惯性矩与跨径中点截面惯性矩之比小于或等于 2 时，可不考虑其影响。

（6）当连续梁中间支承处设有横隔梁时，支承处梁的计算截面可采用横隔梁侧面的连续梁截面。

（7）计算连续梁或其他超静定结构的作用效应时，应根据情况考虑温度、混凝土收缩和徐变、基础不均匀沉降等作用影响。对于预应力混凝土连续梁等超静定结构，尚应考虑预加力引起的次效应。

（8）持久状况承载能力极限状态计算。

公路桥涵的持久状况设计应按承载能力极限状态的要求，对构件进行承载力及稳定计算，必要时尚应对结构进行倾覆和滑移的验算。

当采用内力的形式表达时，桥涵构件的承载能力极限状态计算应采用下列表达式：

$$\gamma_0 S \leqslant R \qquad (6\text{-}4\text{-}98)$$

$$R = R(f_d, a_d) \qquad (6\text{-}4\text{-}99)$$

式中 γ_0——桥涵结构重要性系数，按桥涵结构设计安全等级，一级、二级、三级分别取用 1.1、1.0、0.9，桥涵结构设计安全等级应符合《公路桥涵设计通用规范》(JTG D60—2015)的规定；

S——作用组合（其中汽车荷载应计入冲击作用）的效应设计值，按《公路桥涵设计通用规范》(JTG D60—2015)的规定，对持久设计状况应按作用基本组合计算；

R——构件承载力设计值；

$R(\cdot)$——构件承载力函数；

f_d——材料强度设计值；

a_d——几何参数设计值，当无可靠数据时，可采用几何参数标准值 a_k，即设计文件规定值。

持久状况承载能力极限状态计算主要包括使用阶段正截面抗弯验算、使用阶段斜截面抗剪验算和使用阶段抗扭验算。

（9）持久状况正常使用极限状态计算。

公路桥涵的持久状况设计应按正常使用极限状态的要求，采用作用频遇组合、作用准永久组合，或作用频遇组合并考虑作用长期效应的影响，对构件的抗裂、裂缝宽度和挠度进行验算，并使各项计算值不超过规范规定的各相应限值。在上述各种组合中，汽车荷载不计冲击作用。

预应力混凝土构件可根据桥梁使用和所处环境的要求，进行下列构件设计：

① 全预应力混凝土构件。此类构件在作用频遇组合下控制的正截面受拉边缘不允许出现拉应力。

② 部分预应力混凝土构件。此类构件在作用频遇组合下控制的正截面受拉边缘可出现拉应力：当拉应力不超过规定限值时，为 A 类预应力混凝土构件；当拉应力超过规定限值时，为 B 类预应力混凝土构件。

持久状况正常使用极限状态计算主要包括使用阶段正截面抗裂验算和使用阶段裂缝宽度验算。

（10）持久状况和短暂状况构件的应力计算。

预应力混凝土受弯构件在进行持久状况设计时，应计算其使用阶段正截面的混凝土法向压应力、受拉区钢筋拉应力和斜截面的混凝土主压应力，并不得超过规范规定的限值。计算时作用取其标准值，汽车荷载应考虑冲击作用。

2）铁路规范相关内容

（1）箱梁有效宽度计算。

连续箱梁各跨的翼缘有效宽度，对于梁端可按边跨径的 0.9 倍的简支梁进行计算，各中间跨的翼缘有效宽度折减系数可按表 6.4.3 选用。

表 6.4.3 连续箱梁有效宽度折减系数

$\lambda_i = b_i/L$	有效宽度折减系数 λ		
	跨中	四分之一跨	支点
0	1	1	1
0.02	0.99	0.94	0.77
0.05	0.96	0.85	0.58
0.1	0.86	0.68	0.41
0.2	0.58	0.42	0.24
0.3	0.38	0.30	0.15
0.4	0.24	0.21	0.12
0.5	0.20	0.16	0.11

（2）计算相关规定：

① 计算连续梁内力及反力时，应考虑温差、基础不均匀沉降、混凝土收缩及徐变等因素的影响。对于预应力混凝土连续梁，应力计算还应考虑预加力产生的二次力，在检算破坏阶段的截面强度时，可不考虑预加力产生的二次力的影响。

② 对于分阶段施工的连续梁应按各阶段实际受力体系和相应荷载计算梁的内力，并考虑体系转换过程中由于混凝土徐变而产生的弯矩重分布。弯矩重分布可按规范规定计算。

③ 箱形梁应考虑由于荷载偏心所产生的扭矩和荷载分配等因素。对单线单室箱梁，当荷载偏心距较小（偏心率小于 0.1）时，可不考虑由于偏心引起的荷载分配问题。

④ 箱形梁横截面可按被支承在主梁腹板中心线下缘的箱形框架计算，计算所需钢筋的 1/2 可兼作主梁抗剪或抗扭箍筋。

⑤ 箱形梁应考虑截面温差所引起的纵向和横向温差应力。温差荷载包括日照温差荷载和降温温差荷载，应分别进行计算。温差荷载和温差应力可按《铁路桥涵混凝土结构设计规范》（TB 10092—2017）附录 B 的规定计算。

⑥ 计算温差应力时，对于日照温差宜采用混凝土的受压弹性模量。对于降温温差宜采用 0.8 倍的受压弹性模量。

⑦ 计算主力和温差应力组合时，可不再与其他附加力组合，材料容许应力可提高 20%。

（3）连续梁中间支承处的负弯矩（当支座设置在腹板范围内时）计算可考虑支承宽度和梁高对负弯矩的折减影响（图 6.4.44），并按公式（6-4-96）、（6-4-97）计算。

（4）按容许应力法设计的钢筋混凝土结构，应符合下列规定：

① 计算强度时，不应考虑混凝土承受拉力（除主拉应力检算外），拉力应完全由钢筋承受。

② 计算结构变形时，截面刚度应按 $0.8E_cI$ 计算。E_c 为混凝土的受压弹性模量。I 为截面贯性矩，对于超静定结构，I 的计算包括全部混凝土截面，不计钢筋。

（5）铁路桥梁验算内容包括预应力度验算、正截面抗弯验算、斜截面抗剪验算，运营阶段应满足正截面抗裂验算、斜截面抗裂验算、混凝土压应力验算、预应力钢筋应力验算、预应力钢筋应力幅验算、混凝土剪应力验算、裂缝宽度验算（允许开裂的构件），传力锚固阶段应满足预应力钢筋应力验算和混凝土法向应力验算。

3. 稳定验算

在公路和城市道路工程中，桥梁是较为重要的组成部分之一，桥梁主要由下部墩柱基础和上部梁体构成。为确保桥梁结构的安全性和稳定性，应当在桥梁工程建设中，对抗倾覆设计予以重点考虑，并对抗倾覆稳定性系数进行合理取值。

桥梁横向倾覆失效的机理：

（1）内在因素的影响

桥梁设计重视竖向平面内抗弯和抗剪性能设计，经常忽视桥梁横向稳定性问题。使得桥梁设计出现构造不合理。受桥梁本身构造不合理的内在因素影响，若桥梁长期受到极端荷载的作用，则会使桥梁发生横向转动，如图 6.4.43 所示。桥梁抗倾覆设计重点为桥梁是否为独柱墩型设计，以及端支座的位置设计。对于独柱墩桥梁而言，桥梁横向支撑位置设计不当，主要表现为桥梁桥面宽度过大造成横向倾覆失效。如：曲线桥梁受弯扭耦合效应的作用，内侧支座容易出现脱空，导致桥梁横向倾覆；直线桥梁最外侧支座连线即为桥梁横向倾覆轴，当最外侧支座位置设计不合理时，则会影响桥梁抗倾覆的稳定性。

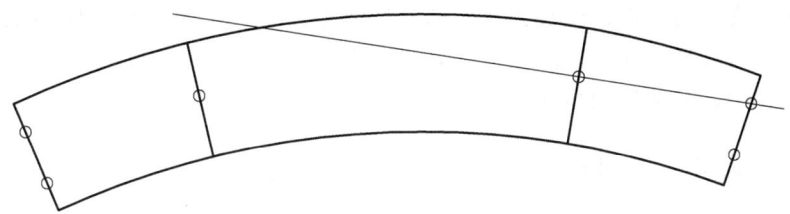

图 6.4.43　桥梁结构横向倾覆示意图

（2）外在因素的影响

引发桥梁横向倾覆的主要外在因素是车辆通行产生的荷载作用，若车辆长时间且大量集中在外侧车道通行，则会增加桥梁倾覆风险。据调查结果显示，多辆超载重载车辆同时行驶于外侧车道上是引发桥梁横向倾覆倒塌的重要因素，比如哈尔滨阳明滩大桥和无锡高架桥倾覆坍塌，造成多人伤亡，给人民的生命安全带来极大的危害。倾覆过程存在两个明确特征状态：在特征状态 1，箱梁的单向受压支座开始脱离受压；在特征状态 2，箱梁的抗扭支承全部失效。参考国内外相关规范，采用这两个特征状态作为抗倾覆验算工况：

① 针对特征状态 1，作用基本组合下，箱梁桥的单向受压支座处于受压状态。

② 箱梁桥同一桥墩的一对双支座构成一个抗扭支承，起到对扭矩和扭转变形的双重约

束；当双支座中一个支座竖向力变为零、失效后，另一个有效支座仅起到对扭矩的约束，失去对扭转变形的约束；当箱梁的抗扭支承全部失效时，箱梁处于受力平衡或扭转变形失效的极限状态，即达到特征状态 2，对特征状态 2，参考挡土墙、刚性基础的横向倾覆验算，采用"稳定作用效应≥稳定性系数×失稳作用效应"的表达式。桥梁倾覆系数是抵抗弯矩与倾覆弯矩之比，其中抵抗弯矩是梁体恒载作用下对倾覆轴的稳定力矩，倾覆弯矩是在活荷载作用下引起倾覆的弯矩和。在抗倾覆设计中，按规范规定，在结构体系不发生改变的前提下，同时满足支座不脱空和桥梁倾覆系数不小于 2.5。

根据《公路钢筋混凝土及预应力混凝土桥涵设计规范》（JTG 3362—2018），持久状况下，梁桥不应发生结构体系改变，并应同时满足下列规定：

① 在作用基本组合下，单向受压支座始终保持受压状态。

② 按作用标准值进行组合时（按上述规范第 7.1.1 条取用），整体式截面简支梁和连续梁的作用效应应符合式（6-4-100）的要求：

$$\frac{\sum S_{bk,i}}{\sum S_{sk,i}} \geqslant k_{qf} \qquad (6-4-100)$$

式中　k_{qf}——横桥向抗倾覆稳定性系数，取 $k_{qf} = 2.5$；

　　　$S_{bk,i}$——使上部结构稳定的效应设计值；

　　　$S_{sk,i}$——使上部结构失稳的效应设计值。

6.5 连续体系梁桥有限元建模与分析

在连续梁等超静定结构的计算分析中，特别是变高截面梁结构，采用结构力学的方法进行恒载、活载受力分析相对困难。随着有限元技术的不断发展，桥梁结构采用有限元建模计算已经较为成熟，并有多种桥梁结构计算专业软件。采用有限元建模能够更快速、准确计算桥梁各个截面的受力与变形，能够方便模拟各种施工工况的分析，还将不同的规范集成于计算软件内，方便地选择不同的规范进行验算与分析。在此，以一连续刚构桥为例介绍有限元建模与分析的过程，其他桥型与此类似。

6.5.1 连续体系梁建模与分析流程

在连续体系梁桥的建模分析中，与传统的结构力学方法类似，首先将实际桥梁抽象为梁、杆结构模型，并简化构件间连接及边界支承条件。之后，与结构力学方法不同的是，将抽象的结构模型按照有限元计算的方法进行单元离散化，并建立单元间连接关系及边界条件，完成有限元模型的建立。之后，可以进行施工至成桥全过程各阶段的模拟，并选取合适的规范将设计荷载施加于有限元模型，进而可以进行桥梁结构分析计算，并按照规范进行各项验算。最后，将建模过程、模型计算分析及验算的结果整理成计算分析报告。

1. 桥梁结构抽象

桥梁工程中因结构跨度较其他两个尺度（截面宽度和高度）大很多，在有限元计算分析中大多简化为杆系结构，即采用梁单元或桁架单元模拟。对于要求较高的精细化有限元分析，也可以将桥梁用板壳单元甚至实体单元来精细化模拟。在常规的计算分析中，采用空间杆系

第 6 章 混凝土连续体系梁桥及刚架桥

有限元模拟已具有良好的精度,并满足设计要求。以如图 6.5.1 所示连续梁桥为例,将其按杆系单元进行抽象,将各单元截面两端的形心连线,形成如图 6.5.2 所示的结构抽象图。

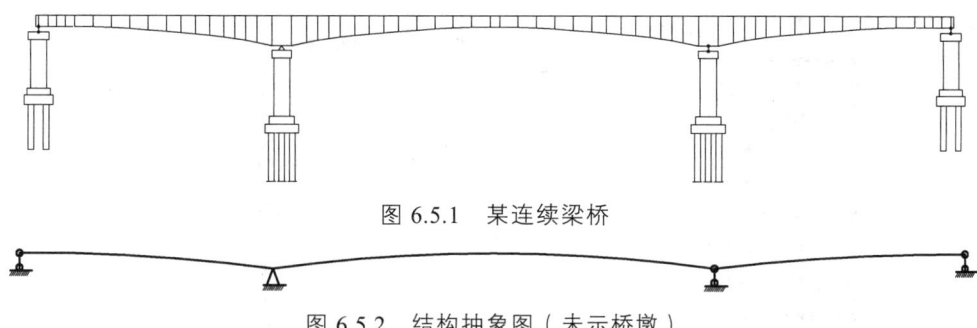

图 6.5.1 某连续梁桥

图 6.5.2 结构抽象图(未示桥墩)

2. 桥梁结构的离散化

桥梁结构的离散化就是将要分析的结构分割成有限个单元体,并在单元体的两端设置节点,使相邻单元通过节点连接而形成连续的结构构件模型。一般来说,单元或节点划分越多,划分越细,有限元的计算结果越准确,但当单元细分到了一定程度,单元的增加并不能对结果的精确度有明显的提升,反而还会增加模型的计算量,减缓计算机计算分析的速度。有限元模型通常在关键控制截面处、截面变化位置、不同材料结合处、构件交接点或转折点、支座支撑位置(包括永久和临时支撑)处设置节点,同时节点的划分应考虑施工阶段的模拟,如每个悬臂节段或合龙段应划分成一个单元,对于长度较大的单元可再适当进行细分,保证计算精度。最后对于曲线梁等结构,应尽量划细,以保证以直代曲的折线模型尽可能接近实际曲线。

图 6.5.1 所示连续梁桥的具体离散可见图 6.5.3。其中桩、承台和基础模拟可参考图 6.5.4,其中桩基与土体的连接模拟中,将土体模拟为一端固定一点连接桩基的弹簧;对于桩的模拟,也可以简化,不采用弹簧模拟地基土,而是直接将桩的长度取为桩径的 5 倍,桩底固结模拟,如图 6.5.5 所示。固定铰支座的模拟方式可参考图 6.5.5,边墩链杆支座的模拟见图 6.5.6,图中均采用弹簧单元模拟支座,并通过设置弹簧的纵、横、竖三向刚度来模拟活动、固定铰支座。当然也可以不采用弹簧单元,利用自由度耦合的方法来模拟活动(耦合竖向自由度)、固定(耦合竖向及纵向自由度)铰支座。

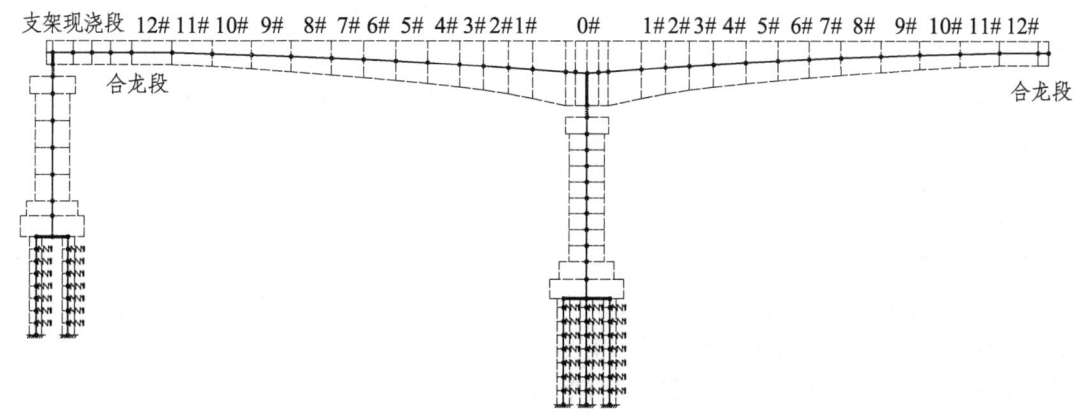

图 6.5.3 连续梁桥的单元离散(半桥)

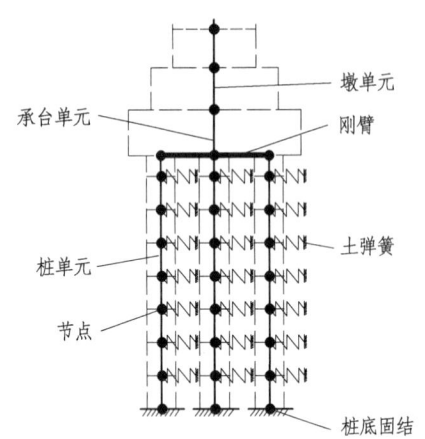
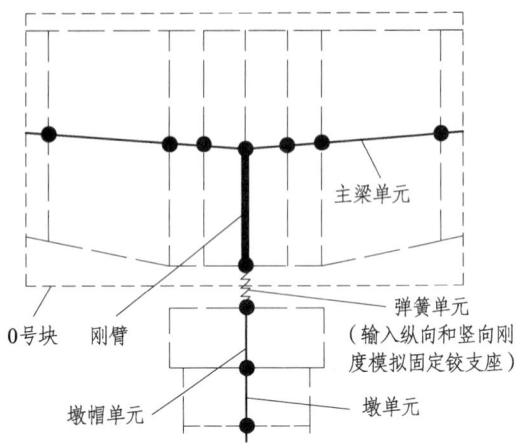

图 6.5.4 桩、承台基础模拟　　　　　图 6.5.5 连续梁固定铰支座模拟

连续刚构桥与连续梁桥的区别主要在于主梁和主墩是否固结，连续刚构桥墩梁固结可采用刚臂、主从约束（自由度耦合）等方法模拟，其中刚臂模拟的墩梁固结如图6.5.7所示。

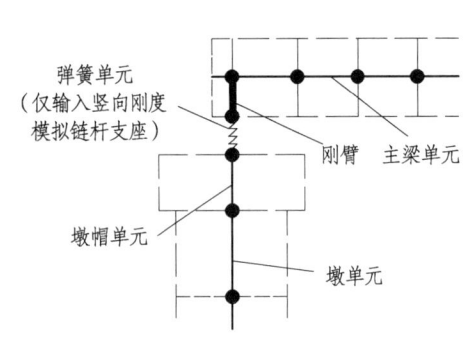
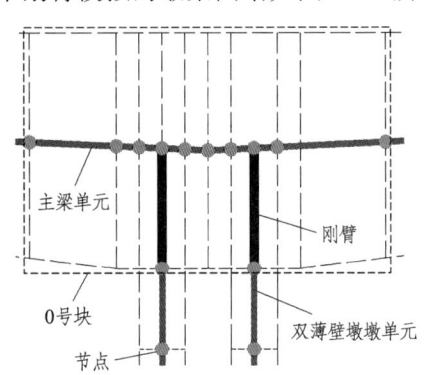

图 6.5.6 边墩链杆支座模拟　　　　　图 6.5.7 双薄壁墩与梁连接模拟

3. 单元连接与边界条件

桥梁有限元模型是以各构件单元截面形心或中性面（节点）连线表示的抽象结构模型，包含结构单元、单元间连接关系及边界条件。

连续体系梁桥同一构件如主梁、桥墩单元之间的连接通常采用共用一个节点传递单元间弯矩、轴力与剪力。对于不同构件单元之间的连接，如墩梁连接、带挂孔梁的T构桥中挂孔梁与T构末端的连接等，通常采用两者节点自由度耦合、增加刚臂单元连接来模拟，也可采用共用节点但释放部分转动、平动自由的方法来模拟。在实际建模过程中会遇到实际相交的构件在简化后不能相交于一个点的情况，如连续刚构桥0号块和桥墩的连接，这里可以采用刚臂将桥墩和0号块进行连接。对于墩、梁间的支座，有些软件提供了采用弹簧单元模拟措施，通过调节弹簧单元的三向刚度来模拟活动、固定支座。

边界条件即是对位移受约束的节点上根据实际情况设置约束条件，即约束简化。边界条件可以分为在施工过程中的边界条件和成桥阶段的边界条件。部分边界条件在施工过程中一直都未变化，如墩或基础与地基的连接；有些却又是随着施工过程的进行而随之发生变化，如支架的安装与拆除（支架的模拟可以采用单向受压支撑进行模拟）。连续体系梁桥常用边界条件模拟方式可以参考上图中的6.5.4～6.5.7。

4. 施工阶段模拟

影响桥梁成桥状态的主要因素是其施工过程中结构体系转换、架设方法的变更、施工临时荷载的作用。对于连续体系梁桥而言，中间及最终状态的应力和变形与施工顺序和施工过程细节直接相关。施工过程中，需要临时支承、平衡重、预设位移及索拉力等，来防止分段结构构件中局部应力过大，并保证成桥的设计线形。为精确获取施工各阶段的桥梁结构受力与变形，可对施工过程进行模拟。施工过程主要就是新构件的浇筑或拼装、各种荷载条件和边界条件的改变。程序软件中通过组的方式，将不同的单元和节点（构件）分配到不同的结构组中，节点的边界条件分配到边界组中，施工中的各类荷载也分配到不同的荷载组中。软件通过钝化或激活这些组来实现施工过程中构件或结构体系的改变、荷载和边界条件的变化，进而实现施工过程的模拟。如通过荷载组的钝化和激活实现挂篮的安装和移动，又如通过修改不同阶段的边界条件来模拟结构体系的转换。

下面展示有限元模拟连续梁桥采用对称悬臂施工时主要施工阶段的示意图，施工采取先边跨合龙，后中跨合龙，边跨合龙段和梁端之间的梁段采用支架现浇。在边跨合龙完成后，待混凝土达到一定强度后，即张拉边跨的底板钢束等，拆除边跨挂篮及现浇段临时支架，之后拆除中墩临时固结。之后，中跨合龙，待合龙段强度达标后即张拉跨中的合龙束、底板束。在中跨挂篮拆除后，即可进行桥面铺装（即二期恒载）的施工，在有限元模拟中，通常只将桥面铺装视为一个均布荷载，将其施加在主梁上，在计算中不考虑其提供的抗力或刚度。

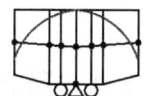
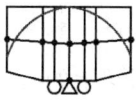

图 6.5.8　0 号块浇筑和预应力张拉

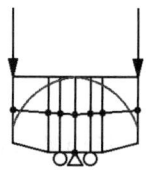
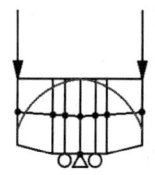

图 6.5.9　安装挂篮

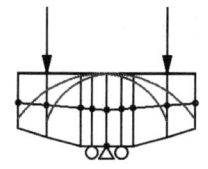
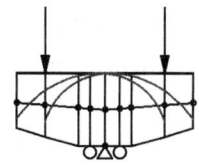

图 6.5.10　浇筑 1 号块和张拉预应力钢束直至大悬臂

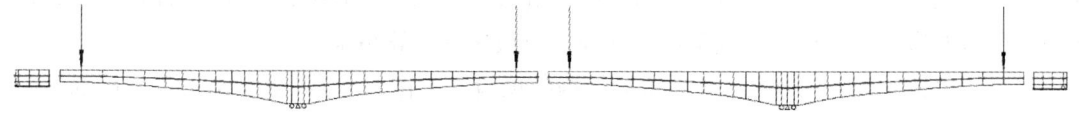

图 6.5.11　最大悬臂状态（同时完成边跨支架现浇段）

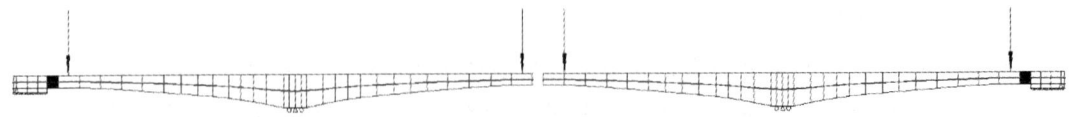

图 6.5.12 利用边跨挂篮完成边跨合龙、并张拉边跨顶板合龙束与底板束

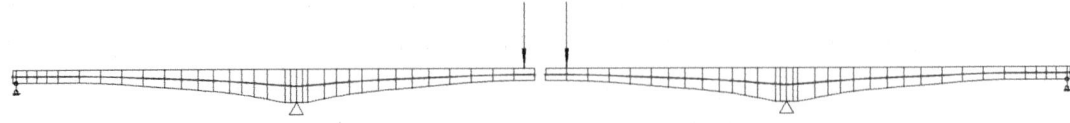

图 6.5.13 拆除边跨挂篮及现浇支架，拆除中墩临时固结（完成体系转换）

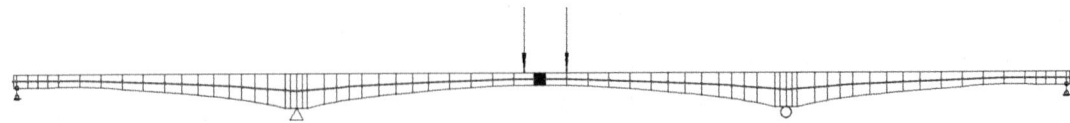

图 6.5.14 利用跨中一侧挂篮完成中跨合龙并张拉中跨合龙束与底板束、拆挂篮

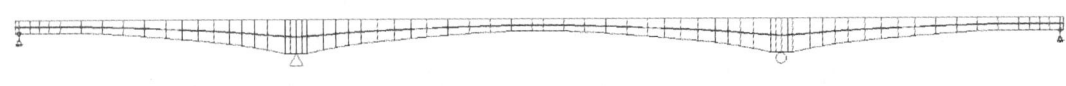

图 6.5.15 二期恒载

5. 荷载和荷载组合

作用在桥梁上的有永久荷载、可变荷载和偶然荷载三种。在桥梁施工过程中，往往还有临时荷载，如挂篮、吊架、压重和连续刚构跨中合龙前的预顶力等。

1）永久荷载

包括结构自重、桥面铺装（二期）、混凝土收缩徐变等。

2）可变荷载

汽车荷载、人群荷载、温度、离心力、制动力、风荷载等

结构自重，程序自动根据单元的材料密度和单元的体积计算得到。桥面铺装在计算中常采用均布力进行模拟。车辆荷载、人群荷载、风荷载、土压力、水浮力、地震力和基础沉降等，通常以均布力、集中力、梯度荷载、地震力和支承位移的方式施加。这些荷载往往分别划分为一个个单独的荷载工况，然后再逐一分析。还需要按照规范或者自己的需求将这些荷载工况按照一定的系数组合起来，这就是荷载组合。

6. 计算与验算结果分析

程序计算完成后，可以得到施工至成桥各阶段单元在各种荷载作用下的内力、支座反力、应力、位移挠度结果。程序还可以输出恒载与各类活载以及荷载组合工况下的内力、反力、应力、位移的影响线，还可查询钢束各项预应力损失等计算结果。

程序可以按照设定的规范，开展桥梁结构各项验算工作，验证各类型结构如钢筋混凝土、预应力钢筋混凝土结构是否满足设计要求。

6.5.2 建模过程

以一预应力混凝土连续刚构桥为例,结构段桥梁专用软件,介绍建模过程如下:

1. 工程概况

某一预应力混凝土连续刚构桥,其跨径布置为(117+195+117)m,大桥立面图如图 6.5.16 所示。主梁和主墩分别采用 C60、C50 的混凝土。

(1)上部构造:主梁断面采用单箱单室直腹板断面,主梁断面如图 6.5.17 所示,箱梁顶板宽 12.0 m,底板宽 6.0 m,悬臂长度 2.75 m。箱梁根部梁高(梁高均以裸箱梁横向中心箱梁顶面到箱梁底面的距离计)为 12.5 m,跨中及边跨合龙段及边跨现浇段梁高为 4.2 m,其余梁底下缘按 1.6 次抛物线变化。0 号块底板厚度为 150 cm,各梁段底板厚从悬臂根部至悬浇最大悬臂由 125~35 cm 按 1.6 次抛物线变化,跨中及边跨合龙段底板厚为 35 cm,边跨现浇段底板厚由 35~60 cm 线性变化。箱梁顶板厚度 0 号块的墩顶范围内为 150 cm,两侧悬臂端顶板厚度由 100 cm 变化到 60 cm,1 号块梁段至 3 号块梁段顶板厚度由 60 cm 变化到 30 cm,其余梁段顶板厚均为 30 cm,箱梁顶面设 2% 横坡。箱梁腹板厚度 0 号块为 150 cm,2~1 号梁段腹板厚度为 75 cm,13~19 号梁段腹板厚度为 65 cm,21~27 号梁段腹板厚度为 50 cm,1 号梁段腹板厚度由 91.7~75 cm 按线性变化,12 号梁段腹板厚度由 75~65 cm 按线性变化,20 号梁段腹板厚度由 65~50 cm 按线性变化,现浇段腹板厚度为 50~80 cm。在每个 0 号梁段对应墩壁设有 2 道横隔板,板厚 180 cm,横隔板上均设有过人洞。

(2)下部构造与基础构造:主墩采用钢筋混凝土空心墩,基础采用钻孔灌注群桩基础。墩柱底断面为 11×10.55 m,四周设 $R = 30$ cm 倒角。承台厚度为 5.5 m,平面尺寸为 17 m×17 m。基桩采用 9 根 D2.8 m 钻孔灌注桩,主墩桩基按嵌岩桩设计。

(3)预应力体系设计:上部结构预应力系统包括纵向预应力、横向预应力和竖向预应力。建模时仅考虑纵向预应力筋,纵向预应力张拉控制应力为 1 339 MPa。

(4)设计参数:结构自重:按容重取用 26 kN/m³。桥面系自重,包括人行道、护栏、铺装等,按顺桥向均布作用计,按 70 kN/m 取值。主墩及交接墩均考虑 1 cm 不均匀沉降。

(5)设计荷载:设计荷载等级为公路-Ⅰ级;可变作用(活载)中汽车荷载按 2 车道取值,汽车冲击力的冲击系数按规范取值为 0.05;汽车制动力按规范取值竖向活载 10%;汽车离心力按规范的有关规定取值;人群荷载,2.5 kN/m²。其他可变作用中,温度作用中的均匀升降温按 20 °C 考虑;箱梁梯度温差按《公路桥涵设计通用规范》(JTG D60—2015)有关规定取值:竖向日照正温差 $T_1 = 14$ °C,$T_2 = 5.5$ °C,$A = 300$ mm;竖向日照反温差 $T_1 = -7$ °C,$T_2 = -2.75$ °C,$A = 300$ mm。

(6)施工荷载,挂篮自重产生的竖向临时荷载,按使用同种挂篮的梁段最大自重的 0.45 倍取值,即 1 000 kN(不包括施工机具和施工人员),按集中荷载加载于梁端前沿 50 cm 处。合龙吊架产生的竖向临时荷载、合龙时所需的配重。中跨合龙前两侧水平顶推力荷载 1 000 kN。

(7)施工方法及施工顺序:0 号梁段采用托架现浇,1~26 号梁段采用挂篮悬臂浇筑,边跨现浇段采用支架浇筑;边、中跨合龙梁段采用吊架浇筑合龙,先合龙中跨,再合龙两个边跨。

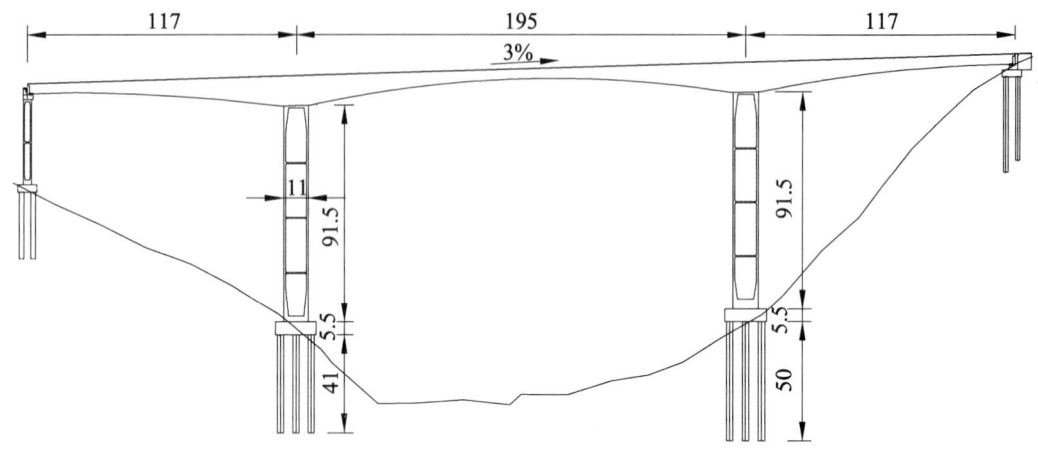

图 6.5.16 连续刚构桥立面图

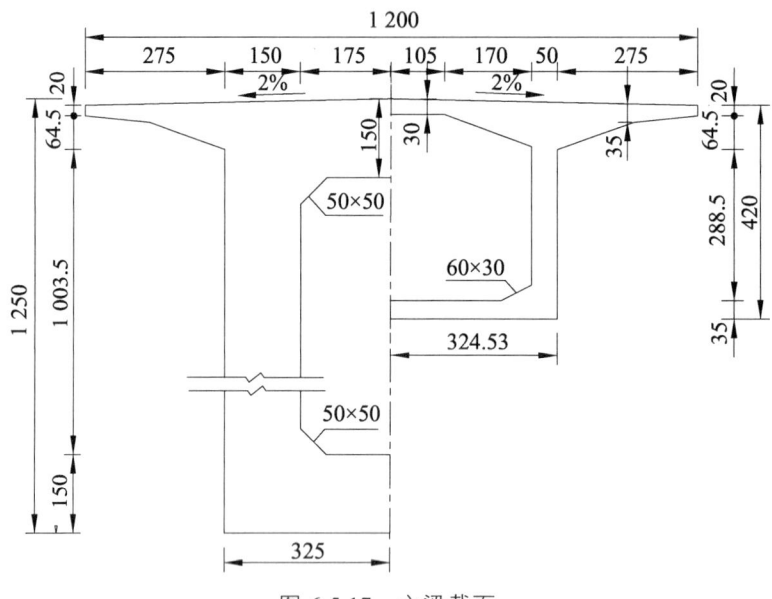

图 6.5.17 主梁截面

2. 建模过程

基于桥梁专用软件的建模过程主要包括以下步骤：

（1）结构离散，定义节点和单元，确定节点号及其坐标，单元的左右节点号等。

（2）定义桥梁结构所用到的材料（弹模、泊松比、热膨胀系数等），并定义各单元的截面特性。

（3）定义并构建结构组，将同一工况结构归结为一组，为模拟施工做准备。

（4）边界条件模拟及定义边界组，为施工阶段及成桥阶段的边界条件施工做准备。

（5）荷载模拟及定义荷载组，将施工阶段及成桥阶段作用于桥梁结构的荷载归类，便于模拟。

（6）定义预应力钢束，包括钢束的几何位置、材料、张拉力等参数。

（7）定义施工阶段，细化各个施工阶段结构单元、边界条件、荷载等各类参数。

（8）结构分析控制，规定计算分析的内容、规范选择等。

（9）运行分析，后处理，进行结构计算与验算，提取与分析计算、验算结果。

具体如下。

（1）建立结构模型。

模型单元的划分主要依据施工过程的节段划分、主梁截面变化（如在腹板厚度、顶底板厚度变化处）和支座处。

根据单元划分结果输入节点坐标建立节点，连接节点形成单元。

（2）定义材料和截面。

在软件中分别选择 C60 和 C50 作为主梁和主墩的混凝土材料，定义所采用预应力钢绞线的材料属性。

导入（或输入）桩、承台、墩和主梁单元两端截面（截面特性），并分配给各单元的两端，部分软件可设置两控制截面间梁高、腹板厚度等按抛物线等规律变化的功能。部分软件为建模方便，在输入节点坐标时，提供截面顶部（如桥面）、中部（截面形心）等坐标选项，软件可以根据截面几何特性自动找到实际形心位置进行计算分析。

建立的有限元模型共计 225 个节点，198 个单元。其中主梁节点按照梁顶坐标输入后的杆系有限元模型如图 6.5.18 所示，单元两端截面正确输入后，可得到如图 6.5.19 所示的三维形状。

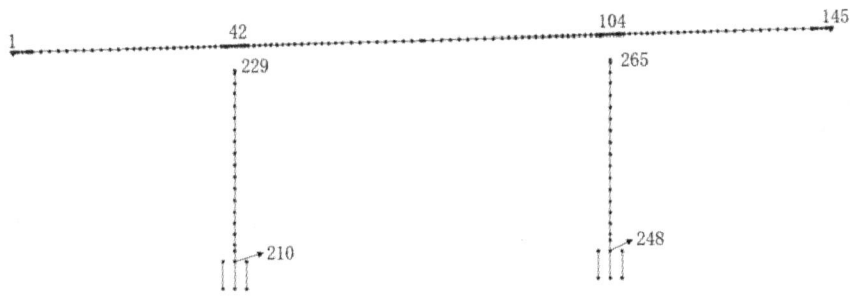

图 6.5.18　以主梁顶面为基准的模型杆系图（正立面）

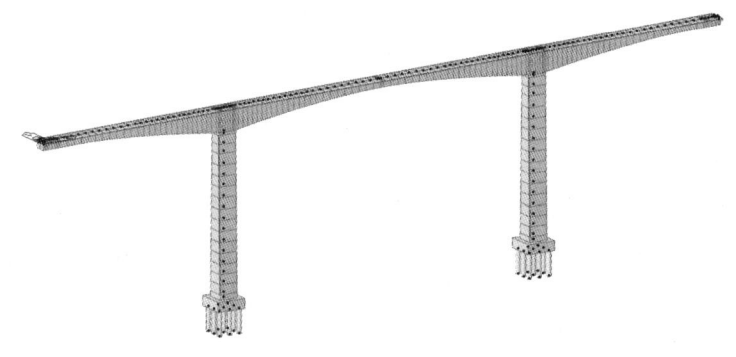

图 6.5.19　模型三维图

（3）定义并构建结构组。

根据悬臂施工法的施工过程定义结构组，如桥墩、0#块、1#号节段等。并将相应的单元和节点分配给这些组。

（4）边界条件模拟及定义边界组。

连续刚构桥桥台处的 2 支座可分别简化为一个弹簧单元，采用仅输入竖向刚度的弹性连接模拟；弹簧单元下端为桥台，采用节点固结的方式模拟；2 个弹簧单元的上端分别通过刚性连接（主从节点）的方式与主梁节点连接，如图 6.5.20 所示。主墩底部与基础的边界模拟采用刚臂将桩与承台进行连接，桩（桩长取 5 倍桩径）与地基之间的边界模拟采用桩底固结模拟，如图 6.5.21 所示。主梁与刚构墩之间采用刚臂连接模拟，如图 6.5.22。边跨现浇梁段下的临时支架用节点弹性支撑（仅竖向受压不受拉）模拟，如图 6.5.23。

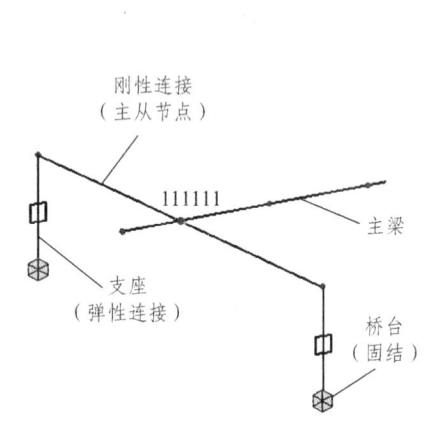

图 6.5.20　桥台处支座边界的模拟

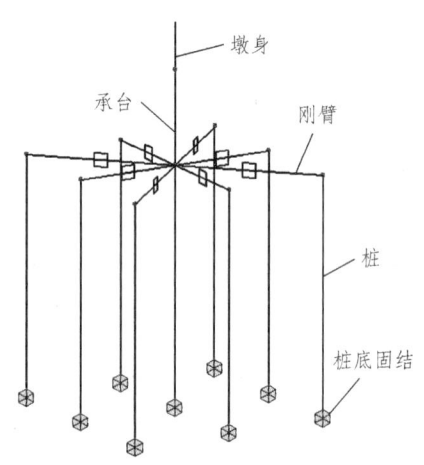

图 6.5.21　主墩底部与基础的连接

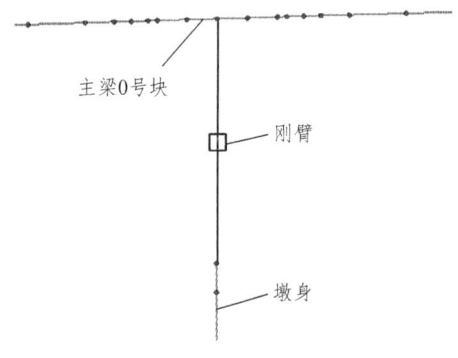

图 6.5.22　主梁与桥墩的连接

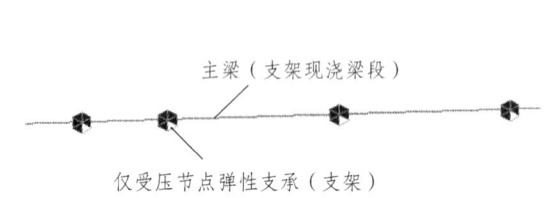

图 6.5.23　支架的模拟

（5）荷载模拟及定义荷载组。

① 定义荷载及荷载组。

在有限元模型中输入荷载，首先要定义荷载工况（相当于给荷载命名）。如定义自重、挂篮荷载、预应力荷载、顶推和压重、二期恒载等荷载。整体升温、整体降温、梯度升温、梯度降温类型分别选择温度荷载和温度梯度。

定义自重、各施工阶段的挂篮荷载组、各钢束形状的预应力荷载组，给模型单元添加自重，并分配"自重"荷载组，并在大桥第一个施工阶段予以激活。通过梁单元荷载或节点荷载等在结构对应位置定义添加挂篮荷载、压重、齿块重和桥面系二期恒载、水平顶推力。并分别选择相应荷载组，方便施工阶段模拟荷载施加（或删除）顺序。

② 预应力荷载组。

施工阶段预应力筋的张拉顺序通过在不同施工阶段激活不同的预应力荷载组模拟。

③ 定义移动荷载。

汽车等移动荷载的定义中,首先定义描述移动荷载位置的车道,根据考虑车辆移动的路径及设计车道数,把车道布置于结构模型上。其次,定义可能作用于桥梁上的不同车道荷载,本例中为公路桥梁规范规定的公路Ⅱ级"车道荷载"。第三,定义移动荷载分析工况,将前面定义好的车道与车道荷载联系起来,并设置车道折减等系数。

④ 定义基础沉降。

将"基础沉降"作为一种荷载,添加至模型中。本例中,定义"支座沉降组"(按桥梁当地地基状况,考虑边支座和主墩 1 cm 的沉降效应)。

⑤ 定义温度荷载。

整体升温/降温使用系统温度荷载定义,整体升温(降温)初始温度输入 0 ℃,最终温度输入 20 ℃(-20 ℃),并选择相应荷载工况名称(如"整体升温")。

日照温差引起的梯度温度荷载,在梁截面温度中定义规范中如图 6.5.24 所示($T_1 = -7$ ℃,$T_2 = -2.75$ ℃,$A = 300$ mm)的梯度温度荷载,同时择相应荷载工况名称。

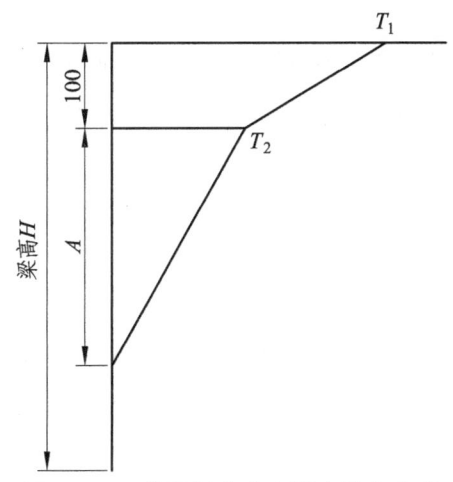

图 6.5.24 按照规范定义温度梯度荷载

(6)定义预应力钢束。

首先定义钢束特性,如分别定义顶板束、腹板束和底板束的钢束面积、波纹管的直径和钢筋的松弛系数等。然后通过输入钢束形状的导线点坐标和曲线半径等信息完成各钢束形状的建立和确立其在主梁中的位置。指定各钢束形状的张拉控制应力为 1 339 MPa,张拉方式为两端张拉,并命名成"预应力"荷载工况,选择对应的荷载组,以模拟施工过程中钢束张拉的顺序。

(7)施工阶段定义及建立。

定义施工阶段序列,并设置相应阶段持续时间,在不同阶段添加或删除结构组(单元、节点)、荷载组(荷载)和边界组(边界)来模拟施工阶段。

本例中每一梁段施工步骤分为 3 个施工阶段:挂篮前移就位 3 天(包括了梁段立模和绑扎钢筋的时间);混凝土浇筑 10 天(龄期按 7 天考虑);预应力张拉 1 天。每一梁段施工周期按 14 天考虑。

（8）结构分析控制设置。

设置移动荷载加载方式，本例中为按影响线加载，选择单元需要计算的移动荷载响应，如反力、位移、应力等。

（9）运行分析，后处理。

运行有限元模型，按规范或需要进行手动或自动荷载组合，查看计算结果。

6.5.3 计算分析与验算

桥梁在各施工状态下和成桥状态下的计算是桥梁设计的重要环节，是保证桥梁在施工过程中和运营的安全。通过计算分析可以得到桥梁在各阶段及不同荷载组合下的内力、支座反力、应力、位移等计算结果。

1. 施工阶段内力、应力及位移结果查看与分析

施工阶段对结构内力、应力、位移以及支座反力等结果进行查看，一方面可以结果图、表的形式展示计算分析结果，用于分析桥梁结构在施工阶段受力安全性、以及结构刚度是否满足要求等。其次，可以检核模拟计算的准确性，可以从结构内力（弯矩、剪力、轴力）、应力、支座反力、结构位移的量值、分布规律、对称性等检查计算结果是否存在错误、错误所在的结构位移及施工阶段等。

本桥例中，以最大悬臂状态展示部分内力、应力及位移结果图，如图 6.5.25 所示。

（a）施工至最大悬臂时内力图（单位：MPa）

（b）施工至最大悬臂时上缘应力图（单位：MPa）

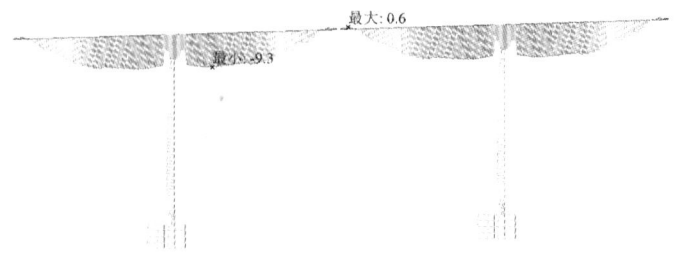

（c）施工至最大悬臂时下缘应力图（单位：MPa）

图 6.5.25 最大悬臂时内力及应力结果图（有预应力）（单位：MPa）

2. 活载单项内力、应力及位移结果查看与分析

在计算中，同样要对各项活载下的内力、应力、位移及支座反力等结果进行查看，检核计算结果的正确性并分析各项荷载下受力、变形情况。

图 6.5.26 展示了汽车荷载作用下的弯矩包络图，图 6.5.27 展示了混凝土连续刚构在日照温差作用下的次内力弯矩。

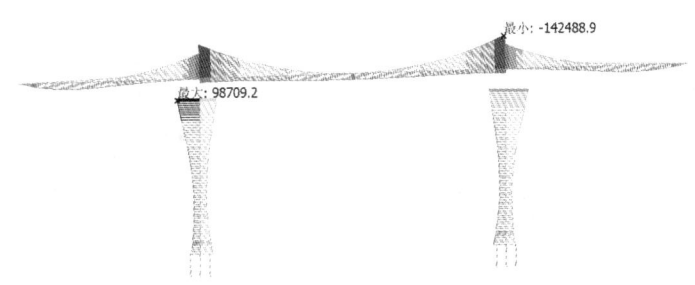

图 6.5.26　汽车荷载作用下弯矩包络图（单位：kN·m）

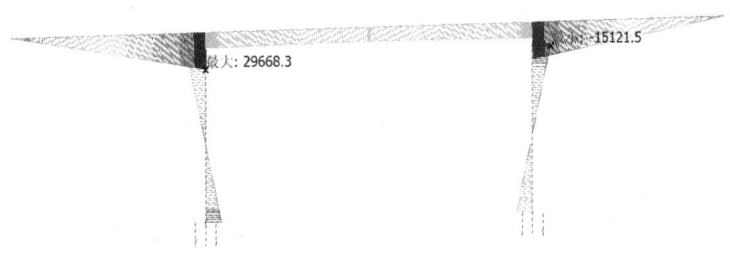

图 6.5.27　日照温差引起的次内力弯矩（单位：kN·m）

3. 结构验算

在确认施工阶段、活载下计算结果正确性之后，进一步查看桥梁结构的验算结果。桥梁结构验算可根据设计规范要求进行各项内容的验算，分析是否通过验算及未通过验算的原因。

本桥例按照公路桥梁规范验算要求，包括持久状况承载能力极限状态、持久状况正常使用极限状态、持久状况构件的应力和短暂状况构件的应力验算结果如下。

1）持久状况承载能力极限状态验算

图 6.5.28 展示的是程序按照《公路钢筋混凝土及预应力混凝土桥涵设计规范》（JTG 3362—2018）验算持久状况下的正截面抗弯承载力（对应规范 5.2.2～5.2.5 条）。

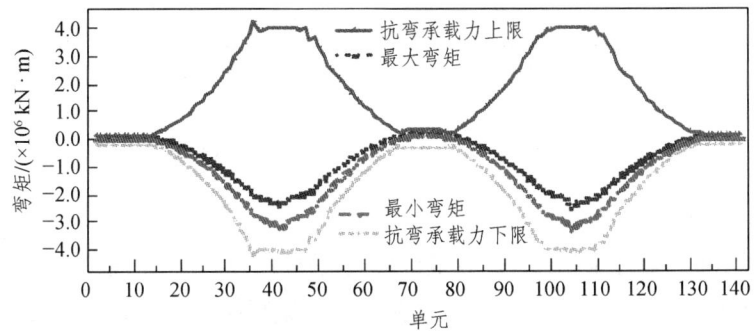

图 6.5.28　正截面抗弯验算抗力和荷载

2）持久状况正常使用极限状态验算

表 6.5.29 展示的是程序根据《公路钢筋混凝土及预应力混凝土桥涵设计规范》（JTG 3362—2018）验算持久状况下的正截面抗裂的验算结果（对应规范 6.3.1）。图中正值表示压应力。

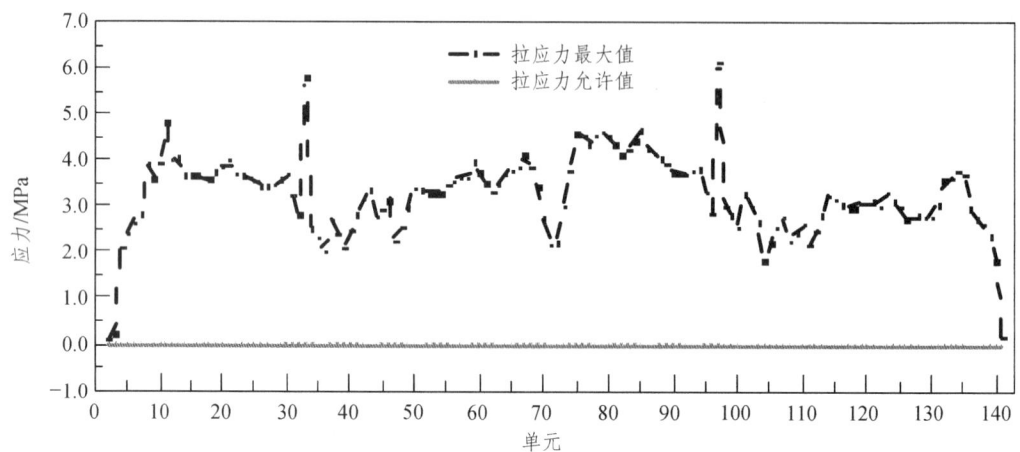

图 6.5.29　预应力受弯构件正截面混凝土抗裂验算

3）持久状况构件的应力验算

图 6.5.30 展示的是按照《公路钢筋混凝土及预应力混凝土桥涵设计规范》（JTG 3362—2018）验算持久状况下混凝土的压应力的验算结果（对应规范 7.1.5）。图中正值表示压应力。

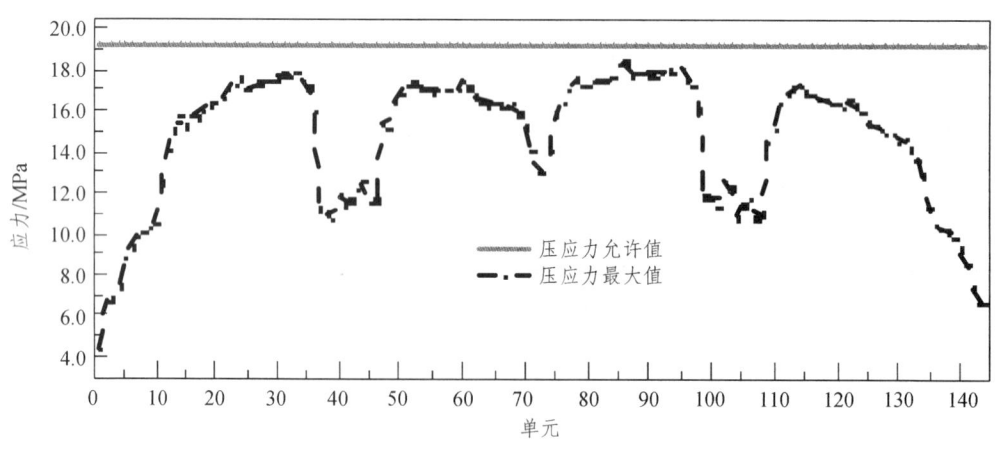

图 6.5.30　预应力受弯构件正截面混凝土的压应力验算

4）短暂状况构件的应力验算

图 6.5.31 展示的是程序根据《公路钢筋混凝土及预应力混凝土桥涵设计规范》（JTG 3362—2018）验算短暂状况下受弯构件部分单元正截面应力验算结果（对应规范 7.2.7 和 7.2.8）。图中正值表示压应力，负值表示拉应力。

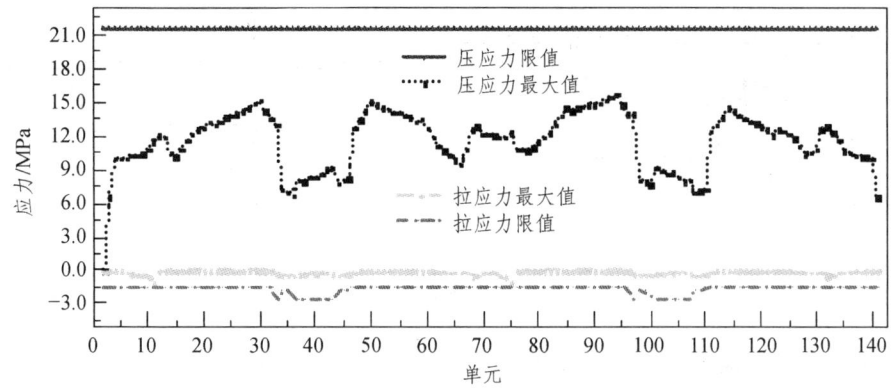

图 6.5.31 短暂状况下混凝土受弯构件正截面应力验算

4. 计算分析报告整理

在桥梁结构计算及验算无误,且满足全部设计规范要求后,可将计算分析全过程整理为"设计计算书"或"计算分析报告"。计算书或计算分析报告应包括:工程概况、设计结构情况、建模与计算参数设计、计算结果(恒载、各项活载单项结果图表等)、验算结果以及必要的建议等。

6.6 箱梁空间受力特性*

思考与练习题

6.1 相比简支梁桥,预应力混凝土连续梁桥的特点有哪些?

6.2 预应力混凝土连续梁桥与刚构桥、刚架桥的构造有哪些差异,其受力特性差异在哪里?

6.3 简要介绍混凝土连续梁桥有哪些施工方法。

6.4 预应力混凝土连续梁桥的悬臂施工过程中,结构恒载内力如何计算?

6.5 顶推施工方法适合哪些桥型,简要叙述其施工特点,并说明施工过程中结构受力计算方法与原理。

6.6 预应力混凝土连续梁桥次内力引起的原因是什么?

6.7 四跨等高度箱形截面连续梁跨径组合及截面尺寸均示于下图,试计算边跨和中跨中部及中间支点处的翼缘有效宽度。

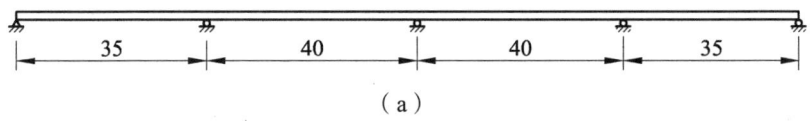

(a)

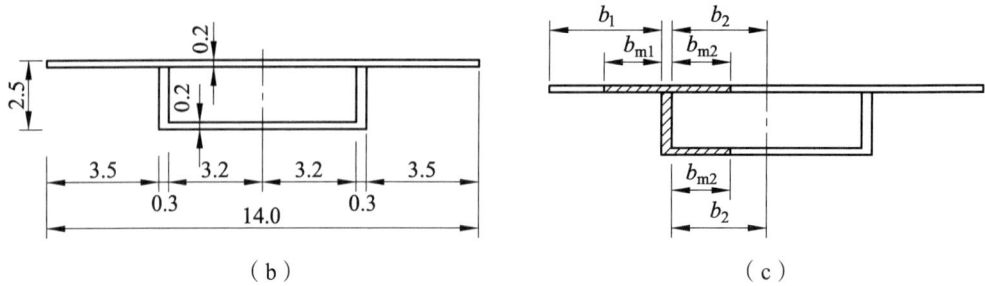

(b)　　　　　　　　　　　　　(c)

练习题 6.7 图

6.8　简要叙述连续梁桥有限元建模的过程。

6.9　简要叙述箱梁空间受力的主要特点。

6.10　下图所示的两跨等截面预应力混凝土连续梁，跨度布置为 25 m + 25 m；主梁抗弯刚度为 EI。预应力钢筋按直线布筋，其轴线与梁形心轴的偏心为 $e_y = 1.0$ m；有效预应力为 $N_y = 8\ 000$ kN。试求预应力作用下的跨中支座 B 的次反力 F_B 并请绘制出由预应力产生的初预矩、次力矩和总预矩图（需要标出 A、B、C 支点处的弯矩值）。

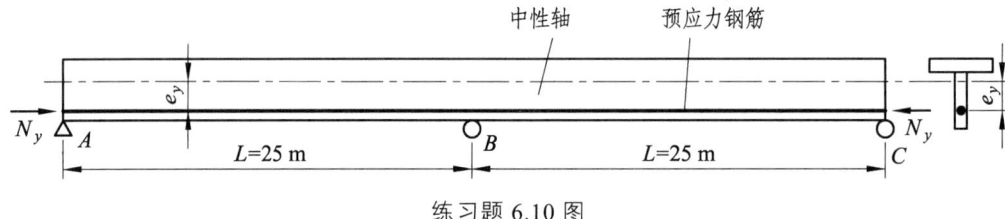

练习题 6.10 图

第 7 章 混凝土拱桥

7.1 概 述

7.1.1 拱桥的基本特点及适用范围

拱桥（Arch bridge）是一种古老而重要的桥梁类型。其设计和建造技术经历了数千年的发展。在考虑拱桥设计时，工程师必须仔细评估多个因素，以确保结构的稳定性和耐久性。拱桥在竖向荷载作用下，两端支承处既有有竖向反力，也有水平推力。在水平推力作用下，拱内产生压力，从而拱圈的截面弯矩得到大幅度降低，截面上的应力分布也较为均匀。特别地，若拱桥线形设计合理，拱桥截面主要承受压力作用，弯矩和剪力的作用可忽略。因此，一些抗压性能好但抗拉性能差的砌体材料（石料、混凝土、砖等）也能用于拱桥的建造。

拱桥主要优点：

① 材料效率：由于拱肋主要承受压力，抗压性能较好的材料（如石料、混凝土）可以被有效利用，这为较大跨度提供了可能；

② 经济性：与使用大量钢材和水泥的梁式桥相比，拱桥可以更多地利用本地材料，从而降低成本；

③ 耐久性：由于其简单的结构和较为均匀的应力分布，拱桥通常具有较长的使用寿命，并且维修需求较低；

④ 刚度：拱桥的刚度较大，这意味着在使用阶段的变形较小，有助于提供平稳的行车条件。

拱桥主要缺点：

① 自重和水平推力：拱桥的自重可能导致较大的水平推力，这会增加下部结构（如桥墩和基础）的设计和施工难度，尤其是在地基条件不理想的情况下；

② 复杂的稳定性要求：在多孔大跨度桥梁中，需要采取特殊措施来抵抗水平推力，防止一孔坍塌导致整座桥梁失效，这可能会增加设计和施工的复杂性和成本；

③ 建筑高度：与梁式桥相比，拱桥的建筑高度较高，这可能会导致桥面高程提高，增加两岸引道的长度和造价，同时对行车造成不利影响。

拱桥适用范围：

拱桥适用于多种环境，从小跨度的石拱桥到大跨度的钢拱桥。根据地基条件，可以选择有水平推力或无水平推力的拱桥类型。拱桥的设计使其能够适应不同的环境和要求，因此它们仍然是许多地区桥梁设计的常见选择。在现代工程实践中，拱桥的设计和建造仍然需要综合考虑材料性能、地质条件、经济因素以及功能要求。通过使用现代分析和设计工具，工程师能够创造出既安全又美观的拱桥，满足现代社会的需求。

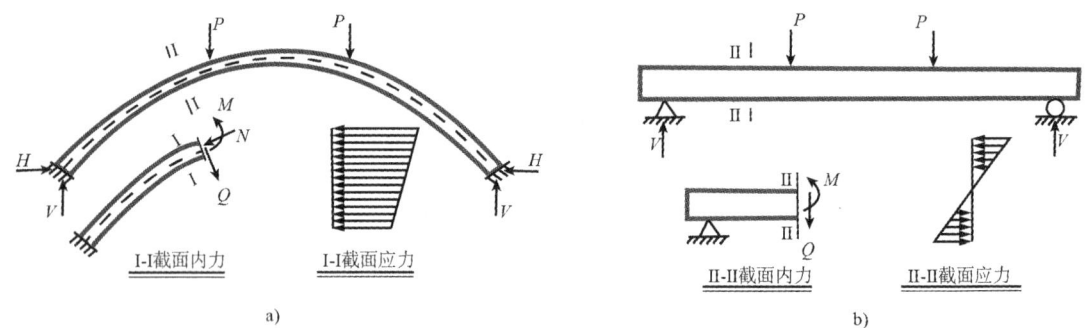

图 7.1.1 拱和梁的应力分布

7.1.2 拱桥的组成和类型

7.1.2.1 拱桥的主要组成

拱桥由上部结构和下部结构组成。上部结构由主拱圈和拱上建筑构成。主拱圈是指主要承担拱桥重量的曲线形拱圈。拱圈的最高处称为拱顶,拱圈和墩台连接处称为拱脚(或起拱面)。拱圈各横向截面(或换算截面)的形心连线称为拱轴线。拱圈的上曲面称为拱背,下曲面称为拱腹。车辆直接在弧面上行驶是不合理的,所以桥面系与主拱圈之间需要传力构件或填充物,以使车辆能在平顺的桥道上行驶。桥面系与传力构件或填充物统称为拱上建筑。

拱桥的下部结构由桥墩、桥台及基础等组成,用以支承桥跨结构,将桥跨结构的荷载传至地基。桥台还起到与两岸路堤相连接的作用,使路桥形成一个协调的整体。拱桥的主要组成部分如图 7.1.2 所示。

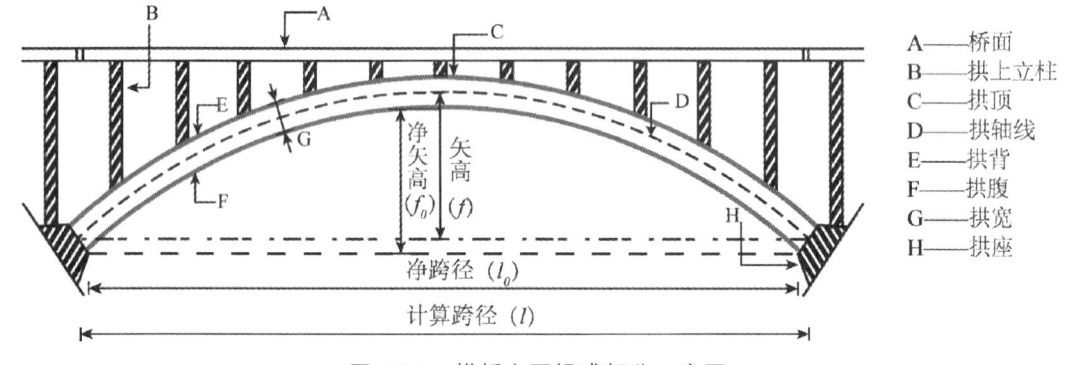

图 7.1.2 拱桥主要组成部分示意图

上图中,净跨径(l_0)指每孔拱跨两个起拱线之间的水平距离;计算跨径(l)是相邻两拱脚截面形心点之间的水平距离。拱圈(或拱肋)各截面形心点的连线称为拱轴线,故也就是拱轴线两端点之间的水平距离;净矢高(f_0)是拱顶截面下缘至起拱线连线的垂直距离;计算矢高(f)是拱顶截面形心至相邻两拱脚截面形心之间连线的垂直距离;矢跨比(D或D_0)是拱圈(或拱肋)的净矢高与净跨径之比,或计算矢高与计算跨径之比,即 $D_0 = f_0/l_0$ 或 $D = f/l$,一般将矢跨比大于或等于 1/5 的拱称为陡拱;矢跨比小于 1/5 的拱称为坦拱。

7.1.2.2 拱桥的类型

拱桥结构有不同的类型，可以按照以下几种方式对拱桥进行分类。

根据主拱圈使用的材料可以分为：圬工拱桥、钢筋混凝土拱桥、钢拱桥和钢-混凝土组合拱桥等。

根据拱上建筑的形式可以分为：实腹式拱桥和空腹式拱桥。

按照主拱圈线形可以分为：圆弧形拱桥、悬链线拱桥和抛物线拱桥。

按照桥面位置可以分为：下承式拱桥、中承式拱桥和上承式拱桥，如图 7.1.3 所示。

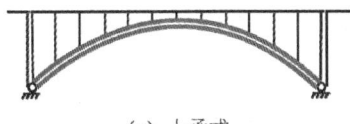  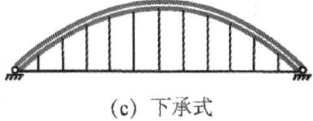

（a）上承式　　　　　　　　（b）中承式　　　　　　　　（c）下承式

图 7.1.3　桥面位置不同的拱桥

按照有无水平推力可以分为：有推力拱桥和无推力拱桥。

按照结构受力图式可分为：简单体系拱桥，组合体系拱桥和拱片桥。

按照拱圈截面形式可分为：板拱桥、板肋拱桥、肋拱桥、双曲拱桥、箱形拱桥、钢管混凝土拱桥、劲性骨架混凝土拱桥。

限于篇幅，此处仅按其中两种分类方式作简要介绍。

1. 按照结构受力图式分类

（1）简单体系拱桥

简单体系拱桥均为有推力拱桥，按照主拱的结构特点和支撑条件可分为无铰拱、两铰拱和三铰拱，如图 7.1.4 所示。

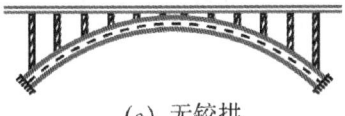 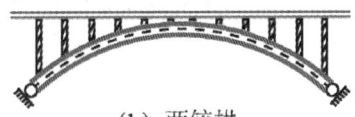 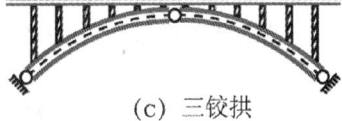

（a）无铰拱　　　　　　　　（b）两铰拱　　　　　　　　（c）三铰拱

图 7.1.4　主拱的静力体系

① 无铰拱

特点：无铰拱是一种三次超静定结构，没有设置铰链，因此整体刚度较大，挠度小，构造简单，施工方便，维护费用低。

适用条件：由于其超静定次数高，对地基的要求较高，适合在地基条件良好的地方建造。温度变化、收缩徐变等因素会在拱内产生较大的附加内力，因此需要特别注意这些因素的影响。

② 两铰拱

特点：两铰拱是一种一次超静定结构，在拱脚处设置了铰链，这使得其整体刚度相对于无铰拱较小。

适用条件：由于铰链的存在，基础位移、温度变化、混凝土收缩和徐变等引起的附加内力相对较小,因此可以在地基条件较差的情况下或坦拱中使用。

③ 三铰拱

特点:三铰拱是一种外部静定结构,设置了三个铰链,温度变化、混凝土收缩徐变、支座沉陷等因素引起的变形不会对其产生附加内力。

适用条件:尽管三铰拱对地基条件的要求较低,但由于铰链的存在,其构造复杂,施工困难,维护费用高,整体刚度减小,抗震能力降低,且拱顶处的挠度曲线有转折,对行车不利,因此较少采用。

(2)组合体系拱桥

拱式组合体系桥是将梁和拱两种基本结构组合起来,共同承受桥面荷载和水平推力,充分发挥梁受弯、拱受压的结构特性及其组合作用,达到节省材料的目的。拱式组合体系桥一般由拱肋、系杆、吊杆(或立柱)、行车道梁(板)及桥面系等组成。根据受力特点可划分为有推力和无推力两种类型。

① 无推力组合体系拱

无推力组合体系拱桥(也称为系杆拱桥),具有较大的跨越能力和较强的地基适应能力,故一般用于大、中跨径桥梁。系杆是将两拱脚相互联系在一起的水平构件,拱的推力由系杆承受,墩台不承受水平推力。系杆常用钢绞线或平行高强钢丝组成,或采用配有较多预应力筋的预应力混凝土承担。根据拱肋和系杆(梁)相对刚度的大小及吊杆的布置形式可以分为:

(i)具有竖直吊杆的柔性系杆刚性拱——系杆拱;

(ii)具有竖直吊杆的刚性系杆柔性拱——蓝格尔拱;

(iii)具有竖直吊杆的刚性系杆刚性拱——洛泽拱;

(iv)以上三种拱,当用斜吊杆来代替竖直吊杆时,称为尼尔森拱。

② 有推力的组合体系拱

此种组合体系没有系杆,由梁和拱共同受力,拱的水平推力由墩台承受。它没有明确的合理拱轴线,仅适用于上承式拱桥。如图 7.1.5(g)是刚性梁柔性拱(倒蓝格尔拱),图 7.1.5(h)是刚性梁刚性拱(倒洛泽拱)。

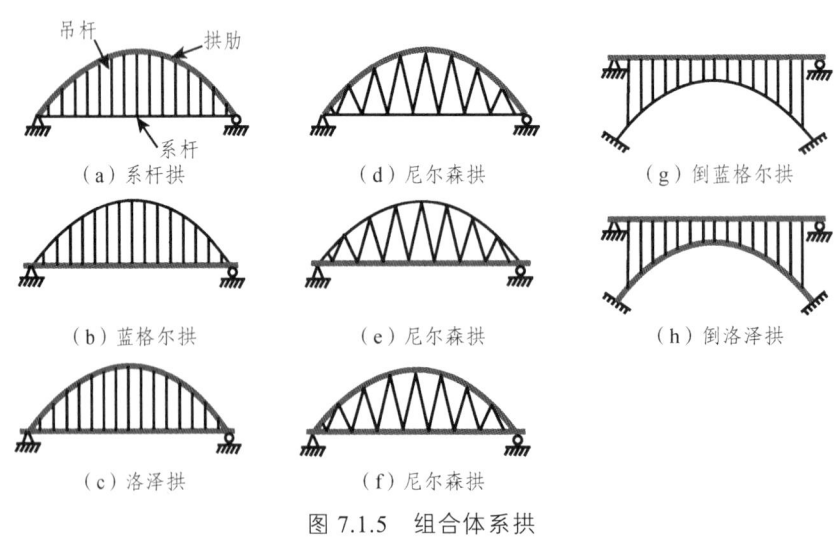

图 7.1.5 组合体系拱

2. 按照主拱圈截面形式分类

拱桥的主拱圈，沿拱轴线可以做成等截面或变截面的形式。对于小跨径无铰拱，由于其内力总体都较小，采用变截面省料并不多，但却费时费工，故多用构造简单、易于施工的等截面。主拱圈截面形式多样，常见的基本类型有如下几种。

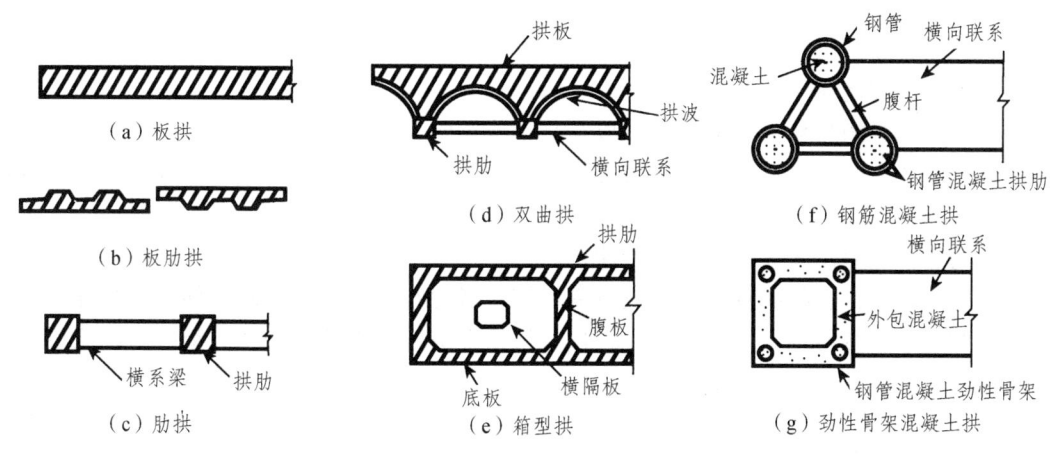

图 7.1.6 主拱截面形式

（1）板拱桥

主拱圈采用矩形实体截面的拱桥称为板拱桥[图 7.1.6（a）]。

特点：采用矩形实体截面，构造简单，施工方便。

缺点：实体矩形截面的抵抗弯矩较小，若要提高抵抗弯矩，需要增大截面尺寸，会增加结构自重和材料用量。

适用场合：通常用于地基条件较好的中、小跨径拱桥。

如果在较薄的拱板上增加几条纵向肋（以提高拱圈的抗弯刚度），构成板拱的另外一种形式，即板肋拱[图 7.1.6（b）]，它的拱圈截面由板和肋组成。

（2）混凝土肋拱桥

肋拱桥[图 7.1.6（c）]是在板拱桥的基础上发展形成的，它是将板拱划分成两条或多条分离的、高度较大的拱肋，肋与肋间用横系梁相连。

优势：可以用较小的截面面积获得较大的截面抵抗矩，节省材料，减轻自重。

适用场合：多用于大、中跨径的拱桥。

（3）双曲拱桥

特点：主拱圈截面由一个或数个小拱组成，纵向及横向均呈曲线形，如图 7.1.6（d）。

优势：截面抵抗矩较大，节省材料。

缺点：施工工序多，整体性较差，易开裂。

适用场合：一般用于中、小跨径拱桥。

（4）箱型拱桥

特点：闭合箱形截面，截面挖空，抗扭刚度大，横向整体性和结构稳定性好。

优势：节省材料，特别适用于无支架施工。

适用场合：跨径在 50 m 以上的拱桥常采用箱形截面。

（5）钢管混凝土拱桥

钢管混凝土拱如图 7.1.6（f）所示，属于钢-混凝土组合结构中的一种，主要用于以受压为主的结构。

特点：钢-混凝土组合结构，利用钢管增强混凝土的稳定性，同时混凝土提高钢管的抗压能力。

优势：具有较高的抗压强度和抗变形能力。

（6）劲性骨架混凝土拱桥

特点：以钢骨桁架作为受力筋，可以是型钢或钢管。

优势：解决大跨度拱桥施工的自架设问题，钢管骨架外挂模板浇筑外包混凝土，形成钢筋混凝土结构。

适用场合：主要用于大跨度拱桥的建设。

在实际工程中，选择哪种类型的拱桥需要综合考虑跨越能力、地基条件、经济性、施工技术和维护成本等多种因素。设计师应根据具体情况进行详细的分析和决策，以确保桥梁的安全、经济和功能性。

7.2 拱桥的设计与构造

7.2.1 拱桥的总体设计

经过桥位选址方案比较确定桥位之后，即可根据当地水文、地质、地形等具体情况，对拱桥进行总体布置。拟定结构体系和结构形式，拟定桥梁的长度、跨径、孔数、桥面标高和主拱圈的矢跨比，桥梁高度以及墩台和基础的形式以及埋深等是拱桥总体布置的主要内容。

7.2.1.1 确定桥梁长度及分孔

在进行水文水力计算和技术经济对比后，根据泄洪总跨径的要求确定了两岸桥台间的整体长度。考虑了桥梁与道路的连接，在纵、横、平三个方向做了综合考虑后，确定了桥台的位置和长度，从而确定了桥梁的总长。确定桥梁全长后，再根据桥位所处的地形、地质条件以及结合选用的结构体系和结构形式、施工方式，进一步决定选择单孔还是多孔结构。选用多孔拱桥时，总体布置中一个比较重要的问题是如何进行分孔。如果桥梁所处位置属于通航河流，在确定孔数与跨径时，一般分为通航孔和不通航孔两部分。分孔时，除了确保净孔径之和满足设计洪水安全通过的需要外，还应确定一孔或两孔作为通航孔。通航孔跨径和通航标高的大小应满足航道等级规定的要求，并与航道部门协商。通航孔的位置多半布置在常水位时的河床最深处或航行最方便的地方。对于航道可能变迁的河流，必须设置几个通航的桥跨，以满足通航的主流位置变迁要求。不通航孔或非通航河段桥孔划分应从经济角度考虑，原则上尽量降低上下部结构的总造价。

在分孔设计中，有时为了避开深水区或地质条件不良的地段（如软土层、溶洞、岩石破碎带等），可能加大跨径。在水下基础结构复杂、施工条件复杂的地方，为减少基础工程，也可考虑采用较大跨径。对需要跨越高山峡谷、水流湍急的河道或宽阔水库的拱桥，选择建造大跨比选用多孔小跨来得经济合理。当条件允许时，甚至可采用单孔大跨拱桥，这不仅可以提升桥梁的经济实用性，还可以在技术上带来创新和挑战。分孔中还必须考虑施工的便利性和可行性。通常建议全桥采用等跨的或分组等跨的分孔方案，并尽可能选用标准跨径，这样不仅便于施工和修复，还有助于改善下部结构的受力以及节省材料。此外，分孔中还需考虑桥梁的整体造型和美观性，有时候为了追求更好的视觉效果和与周围环境的和谐统一，我们甚至可能将造型和美观作为决定分孔方案的主导因素。

对于跨河桥梁，在完成分孔后，泄洪总跨径是否满足要求应再次检查，若不满足，则应该适当调整墩台位置。

7.2.1.2 确定桥梁的设计标高和矢跨比

1. 桥梁的设计标高和矢跨比的确定

拱桥的标高主要有四个，即桥面标高、拱顶底面标高、起拱线标高、基础底面标高，如图 7.2.1 所示。这几项标高的合理确定直接的影响拱桥设计的合理性，是拱桥总体布置的一个重要问题。

桥面与缘石相接处的高程是拱桥桥面标高，一方面由两岸线路的纵断面设计来控制，当为跨越平原河流的拱桥时，桥面的最小高程由桥下最小净空来控制；另一方面还要保证桥下净空能满足泄洪及通航的要求。设计时需按规定综合考虑有关因素，并与有关部门（如航运、防洪、水利等）商定。当确定桥面标高之后，拱顶底面的标高由桥面标高减去拱顶处的建筑高度确定。拱顶处的建筑高度由拱顶填料厚度（30～50 cm）及拱圈厚度组成。

拟定起拱线标高时，考虑受力方面为使墩台基础底面的弯矩较小，经济方面使墩台的圬工数量更少，优先考虑低拱脚设计方案。但在具体设计时，拱脚的位置往往又受到通航净空、泄洪、流冰等条件的限制。《公路桥涵设计通用规范》（JTG D60—2015）中规定：对于有铰拱桥，拱脚需高出设计洪水位以上 0.25 m，有铰拱的拱脚允许被洪水淹没，但不宜超过拱圈高度的 2/3，且拱顶底面至计算水位的净高不得小于 1.0 m。如图 7.2.2 所示，为了防止冰害，不管是有铰拱还是无铰拱，拱脚均应高出最高流冰面至少 0.25 m。

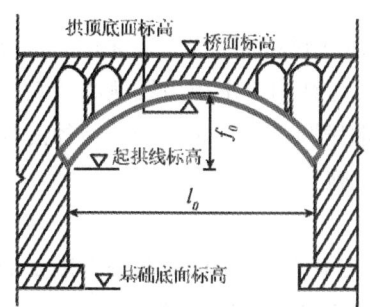

图 7.2.1 拱桥的主要标高示意图

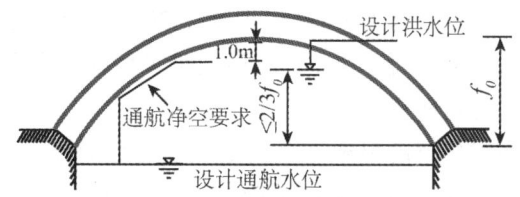

图 7.2.2 拱桥桥下净空的有关规定

其次，应主要根据冲刷深度、地质情况及地基承载能力等因素确定基础底面的标高。当确定拱顶、拱脚的标高后，根据分孔时拟定的跨径，即可确定拱的矢跨比（f/l）。拱桥主拱圈的矢跨比是拱桥设计的主要参数之一。它既影响拱圈内力、拱桥施工方法的选择，还在一定程度上影响周围景物与拱桥外形的协调性。因此，矢跨比的确定应从上、下部结构受力、通航、泄洪等综合因素考虑。

计算结果表明，恒荷载的水平推力 H_g 与垂直反力 V_g 的比值，随矢跨比的减小而增大。当矢跨比减小时，拱的推力增大，反之则推力减小。显然，推力大相应地会使主拱圈内产生的轴向力也大。虽然这有利主拱圈自身的受力，但对墩台基础而言是不利的。此外，拱圈受力后，因由于弹性压缩，或因温度变化、混凝土收缩、墩台位移等多种原因，无铰拱的拱圈内都会产生附加内力，而拱愈平坦（矢跨比愈小），附加内力愈大，对主拱圈就愈不利。对于多孔拱桥，矢跨比小的连拱作用明显大于较矢跨比大的连拱作用，对主拱圈也不利。当拱的矢跨比过大时，拱脚区段过陡，这会给拱圈的砌筑或混凝土的浇筑都带来困难。因此，在设计矢跨比的大小时，需要通过综合比较进行合理选择。

另外，拱桥外观的美观性、与周围景物之间的协调性，都同矢跨比都有很大的关系，因此矢跨比的大小在设计时，应该经过综合的比较后进行选定。混凝土板拱桥及双曲拱桥的矢跨比一般为 1/8 ~ 1/4，钢筋混凝土箱形拱桥的矢跨比一般为 1/8 ~ 1/5，拱桥的矢跨比不宜小于 1/12。对矢跨比大于或等于 1/5 的拱桥称为陡拱，矢跨比小于 1/5 的拱桥称为坦拱。

2. 拱轴线选择和拱上建筑布置

理想拱轴线是在各种荷载作用下拱圈截面只受轴向压力，而无弯矩作用，这是为了充分利用圬工材料的抗压性能。但事实上这种理想拱轴线是不存在的，因为除结构自重外，拱圈还要受到活载、温度变化和材料弹塑性变形等因素的作用。考虑到公路拱桥的结构自重占全部荷载的较大比重，在设计时以结构自重压力线作为设计拱轴线基本上是合理的。

一般来说，拱桥设计中拱轴线的选择需要满足以下几方面的要求，即要求拱圈截面的弯矩尽量小，使主拱圈在考虑弹性压缩、温升温降、混凝土收缩徐变等影响后，各主要截面的应力较为均匀。且满足截面拉应力最大限度小，最好是不出现拉应力；对于无支架施工的拱桥，尚应满足各施工阶段的要求，为便于施工，应尽可能少用或不用临时性施工措施。

拱桥常用的拱轴线形有以下几种：

（1）圆弧线

在均布径向荷载（如水压力）作用下，拱的合理拱轴线为一圆弧线[图 7.2.3（a）]。这类拱桥，线形简单，施工方便。但在一般情况下，圆弧形拱轴线与结构自重压力线偏离较大，使拱圈各截面受力不够均匀。因此，20 m 以下的小跨径拱桥常用圆弧线。对于较大跨径的预制装配式钢筋混凝土拱桥，有时也可采用圆弧形拱轴线以简化施工。

（2）悬链线

实腹式拱桥的恒载集度，从拱顶向拱脚是均匀增加的（均变荷载），这种荷载分布图式的拱圈的压力线是一条悬链线[图 7.2.3（b）]。因此，实腹式拱桥拱轴线采用悬链线。在结构自重作用下，当不计拱圈由结构自重弹性压缩产生的影响时，拱圈截面将只承受轴力而无弯矩。

a) 圆弧线　　b) 悬链线　　c) 抛物线

图 7.2.3　拱桥拱轴线形

（3）抛物线

在竖向均布荷载作用下，拱的合理拱轴线是二次抛物线[图 7.2.3（c）]。对于结构自重集度比较接近均布的拱桥，往往可以采用二次抛物线作为拱轴线。

对于某些大跨径拱桥，由于拱上建筑布置的特殊性，为了使拱轴线尽可能与结构自重压力线相吻合，也可采用高次抛物线（如四次或六次抛物线）作为拱轴线。

综上所述，拱上建筑的形式及其布置与合理拱轴线的选择有密切联系。在一般情况下，小跨径拱桥可采用实腹式圆弧拱或实腹式悬链线拱；大、中跨径拱桥可采用空腹式悬链线拱；轻型拱桥或全透空的大跨径拱桥可以采用抛物线拱。

3. 拱圈截面尺寸的拟定

拱圈宽度设计时需要考虑桥面净空，对于铁路桥，尤其是单线铁路桥，桥面净空较小，为确保拱的横向刚度和稳定性，设计中应满足：拱圈的宽度 B 不得小于计算跨度的 1/20，且不得小于 3 m；肋拱两外肋中心线之间的最小距离，不宜小于计算跨度的 1/20；其外缘的距离不宜小于 3 m，否则应检验计算其在拱平面外的稳定性。

拱肋本身的宽度则应根据截面计算，并考虑钢筋布置方式。当跨度不超过 60~80 m 时，铁路拱桥的宽度可定为 0.8~1.0 m，当跨度更大时可定为 1.0~2.0 m。采用无支架吊装施工时，单根拱肋宽度不宜小于其高度的 0.6~1.0 倍。

钢管混凝土主拱的经验高度 d 为：$(1/60 \sim 1/30)/l_0$，跨径大或桥面窄时取下限。当桥梁跨径增大时，应该选用变截面形式，对大跨径钢管混凝土主拱，有以下几种处理方式：对于哑铃形截面，通过改变钢管材料或壁厚来达到目的（如拱脚采用 Q345 钢，拱顶 Q235 钢，或拱脚段管壁变厚而外径不变，此时壁厚变化不宜过大，每段以 2 mm 左右为宜）；对其他的桁肋拱，可以变化截面高度或变化厚度；也可将桁肋拱的拱脚段腹杆变成实腹板，内填混凝土等。对于变截面钢筋混凝土拱圈拱顶截面厚度 $d_d = (1/50 \sim 1/30)/l_0$，拱脚截面厚度 $d_j = (1/50 \sim 1/30)/d_0$

7.2.2 拱桥的一般构造

根据桥面在整个拱桥中的不同位置，可以将拱桥分成上、中、下承式拱桥，除了上述分类方式分类的桥型，常见的拱桥类型还有组合拱桥。

7.2.2.1 上承式拱桥

上承式拱桥分为两大类：一类是普通型上承式拱桥，这类拱桥组成有主拱（圈），拱上传力构件、桥面系，其中主要承重结构是主拱（圈）；另一类是整体型上承式拱桥，这类拱桥组成则有主拱片（指由拱圈与拱上传力构件组成的整体结构）和桥面系，主要承重结构是主拱片。

1. 主拱的构造与尺寸拟定

（1）普通型上承式拱桥

按照主拱（圈）截面形式差异可分为板拱、板肋拱、肋拱、双曲拱和箱形拱等。

① 板拱

按照主拱所用的建筑材料划分，板拱又可分为混凝土板拱和钢筋混凝土板拱等。

Ⅰ、混凝土板拱

Ⅱ、钢筋混凝土板拱

与混凝土板拱相比，这类拱桥可以设计成较小的板厚，有构造简单、外表整齐、轻巧美观的优点，如图 7.2.4 钢筋混凝土板拱的横断面所示。根据桥宽需要可做成单条整体拱圈或多条平行板（肋）拱圈，施工时一套较窄的拱架与模板可以反复利用，很大程度的节省了材料。等截面钢筋混凝土板拱的拱圈高度可按跨径的 1/60 ~ 1/70 初拟，跨径大时取小者。

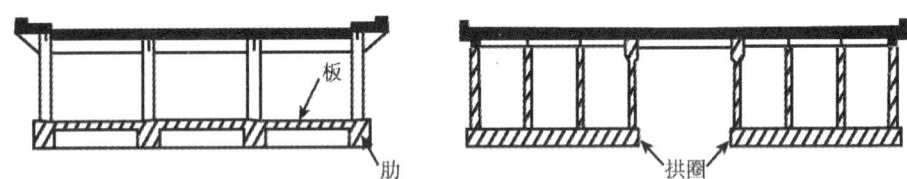

图 7.2.4 钢筋混凝土板拱的横断面

② 肋拱

肋拱的结构形式是由两条或多条分离的平行拱肋代替拱桥的拱圈，并和横系梁、立柱和由横梁支承的行车道部分组成，如图 7.2.5 所示。由于肋拱很大程度的减轻了拱体重量，拱肋恒荷载内力减小，相应活荷载内力的比重增大，钢筋可以较好地承受拉应力，建筑材料的作用可以得到充分利用。肋拱跨越能力较大，常常用于一些矢跨比很大的拱桥中。

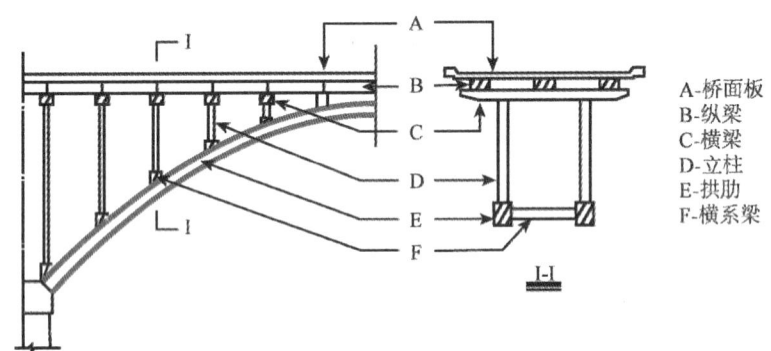

图 7.2.5 肋拱桥立面布置示意图

③ 箱形拱

箱形拱的拱圈，可以由一个闭合箱（单室箱）或由几个闭合箱（多室箱）组成（图 7.2.6），每一个闭合箱又由箱壁（侧板）、顶板（盖板）、底板及横隔板组成（图 7.2.7）。

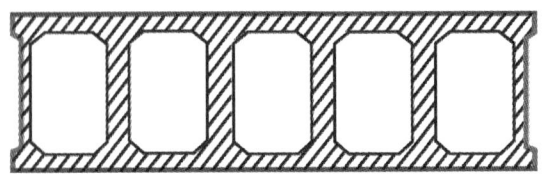

图 7.2.6 箱形拱拱圈截面示意图

箱形拱截面的组成方式有以下几种：
（i）由多条U形肋组成的多室箱形截面[图7.2.8（a）]。
（ii）由多条工字形肋组成的多室箱形截面[图7.2.8（b）]。
（iii）由多条闭合箱肋组成的多室箱形截面[图7.2.8（c）]。
（iv）整体式单箱多室截面[图7.2.8（d）]。

箱形拱截面尺寸的拟定主要包括拱圈的高度、宽度、箱肋的宽度以及顶底板及腹板尺寸。

拱圈的高度主要取决于拱的跨度，还与拱圈所用混凝土强度有很大关系。初拟拱圈的高度时，拱圈高度可取跨径的 1/55～1/75，或者按如下经验公式估算：

$$h = \frac{l_0}{100} + \Delta \tag{7.2.1}$$

式中　h——拱圈高度（m）；
　　　l_0——净跨径（m）；
　　　Δ——箱形拱为 0.6～0.7 m，箱肋拱为 0.8～1.0 m。

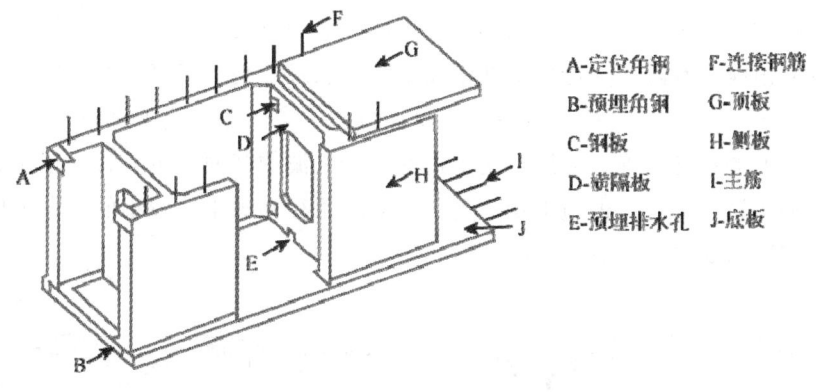

图 7.2.7　箱形拱闭合截面的构造

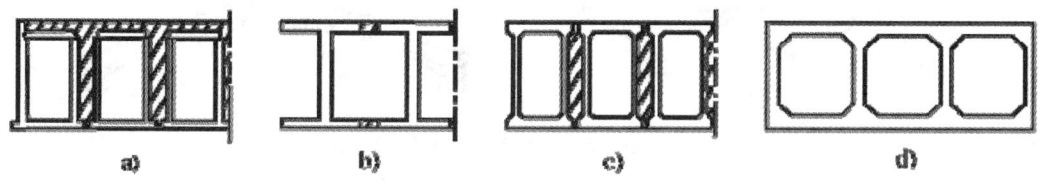

图 7.2.8　箱形截面组成形式

④ 双曲拱桥

双曲拱桥主拱圈组成为拱肋、拱波、拱板和横向联系等几部分，如图 7.2.9 所示。双曲拱桥的主要特点是将主拱圈以"化整为零"的方法按先后顺序进行施工，再以"集零为整"的组合式整体结构承重。施工时，先将拱圈划分成拱肋、拱波、拱板及横向联系四部分，并预制拱肋、拱波和横向联系，即"化整为零"，然后吊装钢筋混凝土拱肋成拱并与横向联系构件组成拱形框架，在拱肋间安装拱波，随后浇筑拱板混凝土，形成主拱圈，即"集零为整"。

因此，双曲拱的构造与板拱、肋拱相比较就有其独特之处，尤其适用于无支架吊装施工且无大型起吊机具时的情况。双曲拱桥是我国于20世纪70年代提出的，其主要目的是减轻吊装质量。

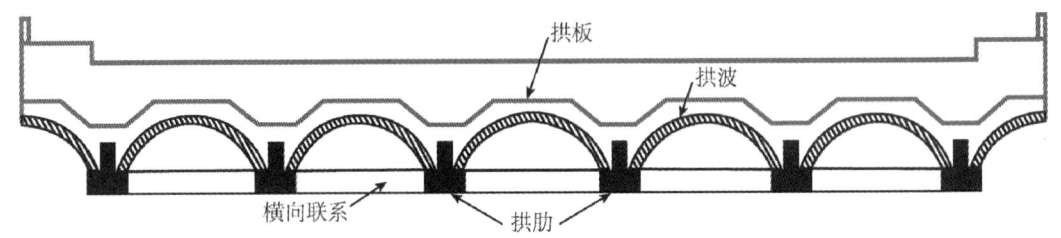

图 7.2.9　双曲拱桥主拱圈横断面

根据桥梁的跨径、宽度、设计荷载的大小、材料类型和施工工艺等各种情况，双曲拱桥主拱圈截面可以采用不同的形式（图 7.2.10）。一般来说多肋多波的截面形式采用最多 [图 7.2.10（a）、（b）、（c）]。设计时，肋间距不宜过小，在拱宽一定的情况下，肋的间距宜大一些，这有利于加大拱波矢高，增加拱圈的截面刚度，截面较为经济，结构整体性也好。由于无支架施工的起吊能力有限，为避免增加吊装重量，以及给施工带来麻烦，拱肋间距不宜过大，以免加大拱肋截面尺寸。一般公路桥梁截面常用 4~7 波。随着施工机械吊装能力的提高，主拱圈截面向少波的趋势发展；采用在两个边肋上悬半波的截面，可节省一根拱肋，减小侧墙高度。桥梁外形轻巧美观，但施工稍为复杂。对于跨径和载重量较小的单车道桥梁，还可以采用单波的截面形式[图 7.2.10（d）]。

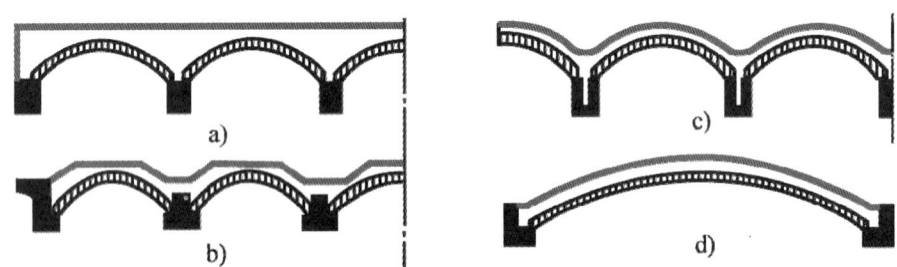

图 7.2.10　双曲拱桥主拱圈截面形式

（2）整体型上承式拱桥

桁架拱桥和刚架拱桥是主要的整体型上承式拱桥。这些桥型进一步减轻了拱桥自重，增强桥梁结构的整体性。该类桥型可以充分利用装配式结构工业化程度高、施工进度快等优点，使拱桥的使用范围扩大。

① 桁架拱桥

桁架拱桥又称拱形桁架桥。桁架拱桥是一种有水平推力的桁架结构，其上部结构包括桁架拱片、横向联结系和桥面。桁架拱片是主要承重结构，由上、下弦杆，腹杆和实腹段组成，其立面布置如图 7.2.11 所示。

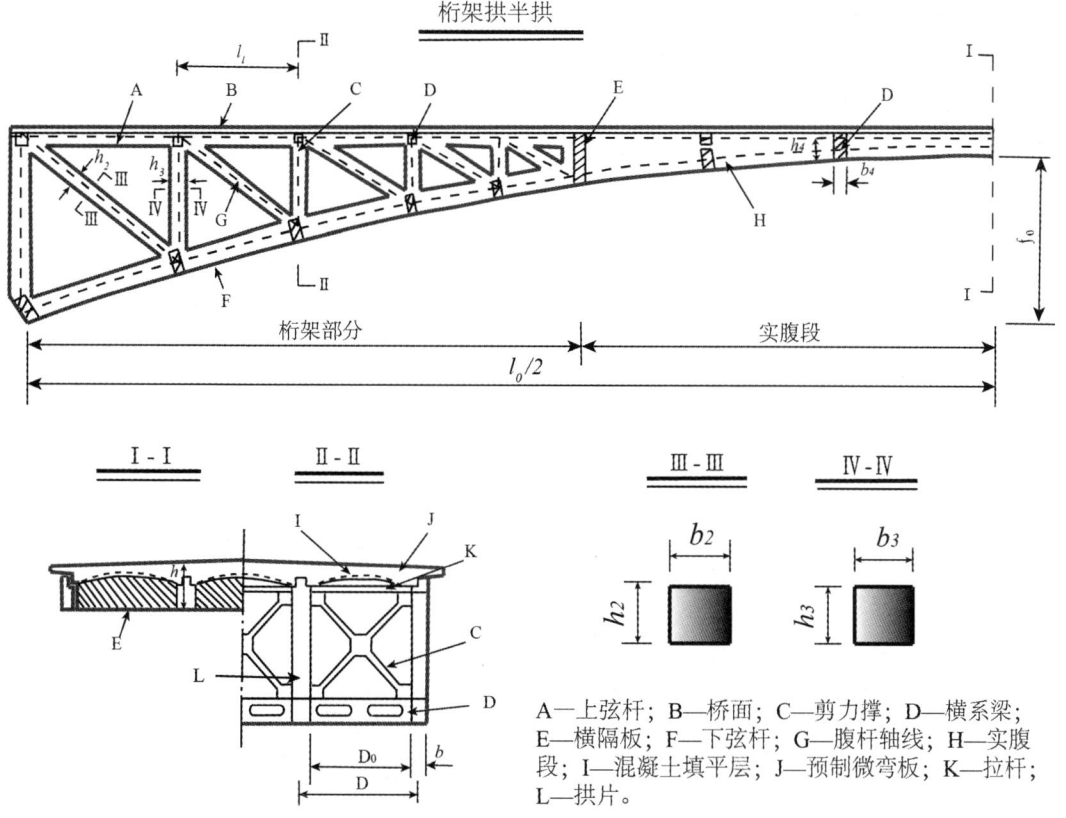

图 7.2.11 桁架拱桥的主要组成部分

桁架拱的拱上结构与拱肋成为一体共同受力，整体性好。桁架部分各杆件具有普通桁架的受力特点，主要承受轴向力。实腹段具有拱的受力特点；拱的水平推力减少了跨中弯矩，使跨中实腹段在恒载作用下主要承受轴向压力，在活载作用下将承受弯矩，成为偏心受压构件。桁架拱综合了桁架和拱的有利因素，以承受轴向力为主，可采用圬工材料修建，并能充分发挥圬工材料的特性。同时，拱上结构与拱肋已形成桁架，能充分发挥全截面材料的作用。与同跨梁桥相比，可以较多节省钢材用量。圬工用量与梁桥接近，比同跨度拱桥要少。另外，由于桁架拱外部通常采用两铰结构，因而地基位移、温度变化等产生的附加内力较小。综合上述分析，桁架拱有受力合理，自重轻，用料少的优点，适合软土地基上采用。

在桁架拱的拱上结构施工中，由于其具有整体的钢筋骨架，故可采用整体预制安装，也可采用分段预制、吊装就位后用接头联成整体。桁架拱预制构件规格少、施工工序少，因此工期短。但由于桁架拱各节点均为刚性连接，杆件两端容易因为节点的次应力导致开裂，架拱的耐久性降低；预制安装是桁架拱一般采用的施工方式，安装块件较大，运输和安装过程中需要较大的起重设备。因此，20～50 m 的中等跨径桥宜采用桁架拱桥。

② 刚架拱桥

刚架拱桥是由桁架拱桥、斜腿刚架桥等桥梁形式中发展出的另一种新桥型，属于有推力的高次超静定结构。由于它有构件少、质量轻、整体性好、刚度大、施工简便、造价低、造型美观等优点，被广泛用于跨径 25～70 m 的桥梁。刚架拱桥的上部结构由刚架拱片、横向联结系和桥面等部分组成（图 7.2.12）。

刚架拱桥的主要承重结构为拱片，一般由跨中实腹段的主梁、空腹段的次梁、主拱腿（主斜撑）、次拱腿（次斜撑）等构成，与桥面板一起形成刚架拱的主拱片。主节点为主梁和主拱腿的交接处，次节点为次梁和次拱腿的交接处。节点结构一般设计为固定结构。虽然是拱桥体系，但恒载推力小于传统拱桥。为控制桥梁建筑高度，可将矢跨比选择得小一些，一般取值为 1/10～1/7。

主梁和主拱腿构成的拱形结构的几何形状是否合理显著影响全桥结构的受力，其设计原则是在恒载作用下弯矩最小。主梁和次梁的梁肋上缘线一般与桥面纵向平行，主梁下边缘线一般可采用二次抛物线、圆弧线或悬链线，使主梁成为变截面构件。根据跨径大小和施工方法等不同，主拱腿可设计成等截面直杆或微曲杆。当从美观考虑采用与主梁同一曲线的弧形杆时，其受压稳定性需要特别注意。

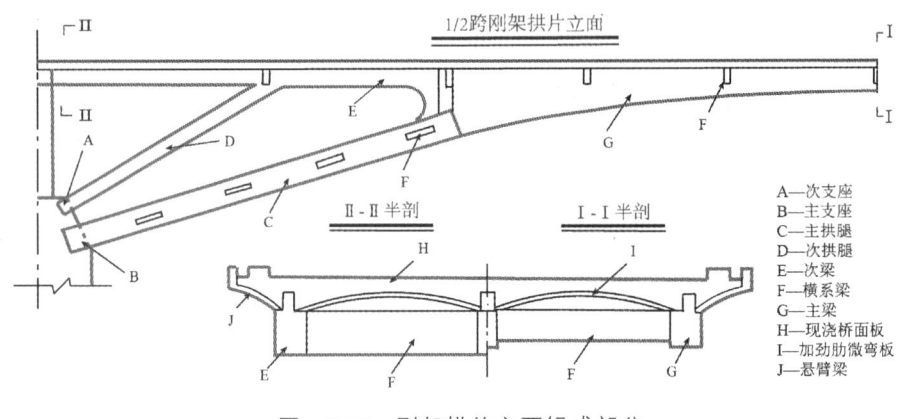

图 7.2.12　刚架拱的主要组成部分

横向联系起到将刚架拱片联成整体共同受力的作用，并保证其横向稳定。横向联系通常可采用预制装配式的横系梁或横隔板形式以简化构造，其间距视跨径大小具体布置。一般在刚架拱片的跨中、主次梁端部等处设置横系梁。当跨径较大或者跨径小但桥面很宽时可增设直抵桥面板的横隔板来加强跨中实腹段刚架拱片间的横向整体性，这也有利于荷载的横向分布。

刚架拱片可以采用现浇或预制安装的方法施工，具体方法需根据运输条件和安装能力确定，目前大多数采用后者。施工中可将主梁和次梁、斜撑等分别预制，用现浇混凝土接头连接以减小吊装质量。当跨径较大时，次梁还可分段预制。

2. 拱上建筑构造

拱桥按照拱上建筑采用的不同构造方式可分为实腹式和空腹式拱桥两种。由于实腹式拱上建筑的构造简单，施工方便，而填料的数量较多，恒荷载较重，一般情况下，小跨径拱桥多采用实腹式；大、中跨径拱桥多采用空腹式，以利于减小恒荷载，并使桥梁显得轻巧美观。

（1）实腹式拱上建筑

实腹式拱上建筑由拱腹填料、侧墙、护拱、变形缝、防水层、泄水管以及桥面系组成（图 7.2.13）。

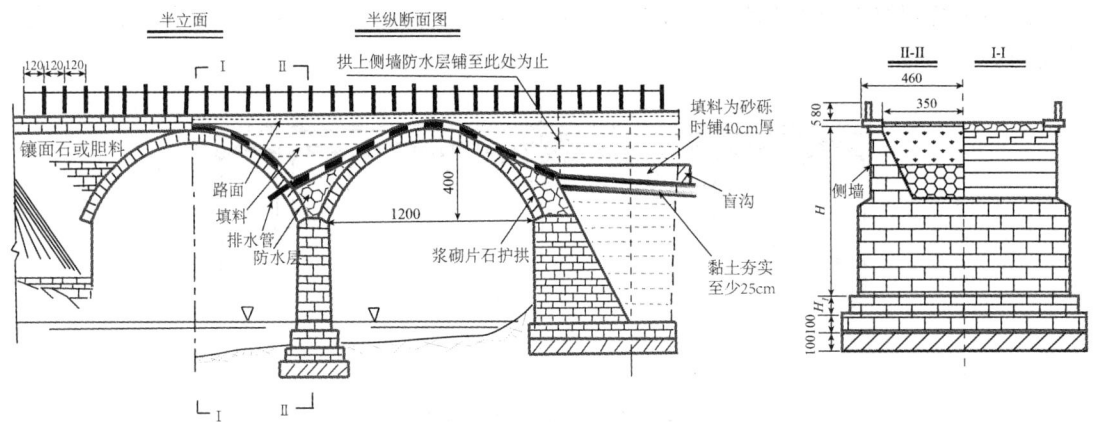

图 7.2.13 实腹式拱桥构造图

拱腹填料分为填充式和砌筑式两种。填充的方式是在拱圈两侧砌筑侧墙,以承受拱腹填料及车辆荷载所产生的侧压力(推力)。填充式拱腹填料应尽量做到就地取材,通常采用透水性好、土侧压力小的砾石、碎石、粗砂或卵石类黏土等材料,分层夯实,对于地质条件较差地区,还可采用如炉渣与黏土混合物,陶粒混凝土等以减轻拱上建筑质量的其他轻质材料。在散粒料不易取得时采用砌筑式拱腹填料,这是一种干砌圬工方式。拱腹上的散粒填料设计侧墙来围护,设置在拱圈两侧,通常采用浆砌块、片石,若有特殊的美观要求,可用料石镶面。对混凝土或钢筋混凝土板拱,也可用钢筋混凝土护壁式侧墙。这种侧墙可以与主拱浇筑为一体。侧墙按挡土墙进行设计,一般要求承受填料土侧压力和车辆作用下的土侧压力。对浆砌圬工侧墙,顶面厚度一般为 50~70 cm,向下逐渐增厚,墙脚厚度取用该处墙高的 0.4 倍。拱脚段设置护拱以便加强拱脚段的拱圈,同时,便于在多孔拱桥上设置防水层和泄水管,通常采用浆砌块、片石结构。当用贫混凝土时,往往不另设侧墙,而在外露混凝土表面用砂浆饰面或设置镶面。在多孔拱桥中,常设置护拱便于铺设防水层和排出积水。护拱一般用现浇混凝土或砌筑块片石修筑。

(2)空腹式拱上建筑

空腹式拱上建筑通常用于大、中跨径的拱桥,特别是当较大矢高拱桥。空腹式拱上建筑除具有实腹式拱上建筑相同的构造外,还具有腹孔和腹孔墩。拱上腹孔的布置应结合主拱的类型、构造、几何尺寸以及施工方法和桥位处的具体情况来进行。

① 腹孔

根据腹孔构造,可分为拱式拱上建筑和梁式拱上建筑两种。

(i)拱式拱上建筑

拱式拱上建筑构造简单,外形美观,但质量较大,一般用于圬工拱桥。腹孔的形式和跨径的选定既要能减轻拱上建筑的质量,又要避免主拱圈受力状况因荷载过分集中于腹孔墩处造成的不利影响,同时还要使拱桥外形协调美观。

腹孔一般对称布置在靠拱脚侧的一定区段内,其长度为跨径的 1/4~1/3[图 7.2.14(a)],此时,跨中存在一实腹段。对于中小跨径拱桥,腹孔跨数以 3~6 孔为宜。目前也有采用全空腹形式[图 7.2.14(b)],一般以奇数孔为宜。腹孔跨径,对中小跨径拱桥一般选用 2.5~5.5 m,

对大跨径拱桥则控制为主拱跨径的 1/15~1/8。腹孔构造宜统一，以便于施工和有利于腹孔墩的受力。

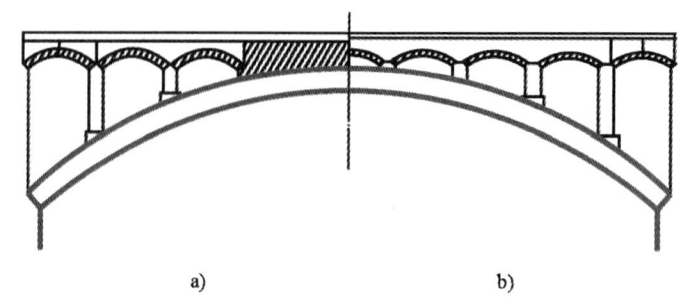

图 7.2.14 拱式拱上建筑

腹拱圈一般采用矢跨比为 1/5~1/2 的圆弧线板式结构，或矢跨比为 1/12~1/10 的微弯板或扁壳结构。腹拱圈的厚度与它的构造形式有关，当跨径小于 4 m 时，石板拱为 30 cm，混凝土板拱为 15 cm，微弯板为 14 cm（其中预制 6 cm，现浇 8 cm）；当跨径大于 4 m 时，腹拱圈厚度则可按板拱厚度经验公式拟定或参考已成桥的资料确定。拱腹填料与实腹拱相同。

目前在紧靠桥墩（台）的第一个腹拱设计中较多的有两种做法，一种是将腹拱的拱脚直接支承在墩（台）上[图 7.2.15（a）、(b)]；一种是跨越桥墩，使桥墩两侧的腹拱圈相连[图 7.2.15（c）]，由于拱圈受力后变形较大，而墩台变形较小，容易造成第一个腹拱因拱脚变位而开裂，因而靠近墩台的第一个腹拱应做成三铰拱。

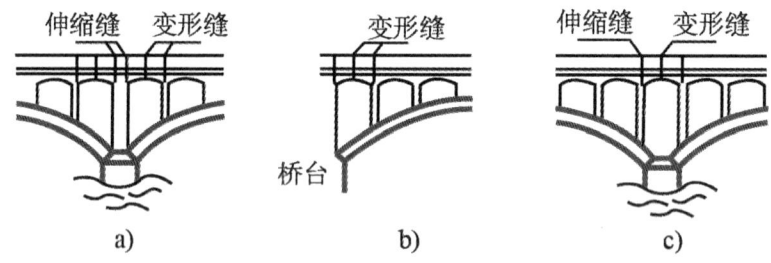

图 7.2.15 桥墩（台）上腹拱的布置方式

（ii）梁式拱上建筑

拱上建筑采用梁式腹孔，有使桥梁造型轻巧美观，减轻拱上重量和地基的承压力，降低拱轴系数（使拱上建筑的恒载分布接近于均布荷载），改善拱圈在施工过程中的受力状况的优点，也便于获得更好的经济效果。大跨径的钢筋混凝土拱桥绝大多数采用梁式腹孔。

② 腹孔墩

腹孔墩可分为横墙式或排架式两种。

（i）横墙式[图 7.2.16（a）]

腹孔墩常采用横墙式或立柱式。横墙式通常用石料、混凝土预制块砌筑，或现浇混凝土做成实体墙，横墙也可在横向挖空来节省圬工，减轻重量或便于检修人员在拱上建筑内通行。横墙的厚度拟定，使用浆砌片、块石时，不宜小于 0.6 m；用混凝土浇筑时，一般应大于腹拱圈厚度的 1 倍。由于横墙施工简便，节省钢材的优点，常用于基础较好及河流有漂浮物的情况。底梁能使横墙传下来的压力较均匀地分布到主拱圈全宽上,其每边尺寸较横墙宽 5 cm,其高度则以使较矮一侧为 5~10 cm 为原则来确定。底梁常采用素混凝土结构。墩帽宽度宜大于墙宽 5 cm,也采用素混凝土。

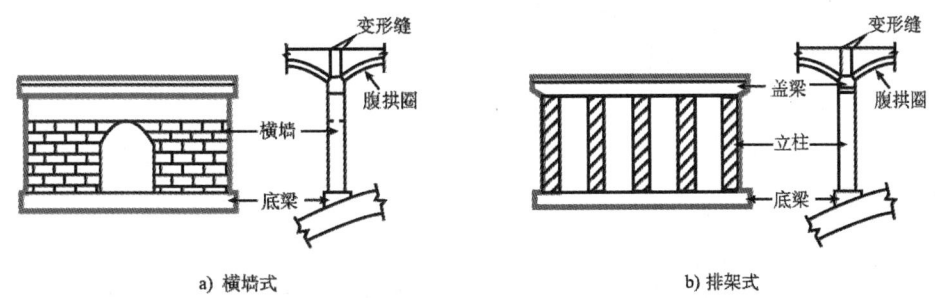

图 7.2.16　腹孔墩构造形式

(ii) 排架式[图 7.2.16（b）]

排架式腹孔墩是由立柱和盖梁组成的钢筋混凝土排架结构。立柱较高时,在立柱间应设置横系梁,其上下间距不宜大于 6 m。立柱钢筋应向上伸入盖梁的中线以上,向下伸入拱轴线以下,并应有足够的锚固长度（图 7.2.17）。立柱应尽量采用预制安装,可避免采用现浇施工时,工期长,耗用支架材料多的缺点,此时接头钢筋必须焊接牢固,并用混凝土包住。也可在接头处预埋钢板,焊接装配,以加快进度。立柱与盖梁的接头连接通过立杆预留钢筋伸入盖梁中留出的空洞内,再用高强度等级砂浆封口。为了使立柱传递给主拱圈的压力不至于过分集中,通常在立柱下面设置底梁。立柱和盖梁常采用矩形截面。截面尺寸及钢筋配置需综合考虑满足结构受力需要和拱桥的外形及构造相协调。为方便施工,腹孔墩的侧面一般做成竖直的。

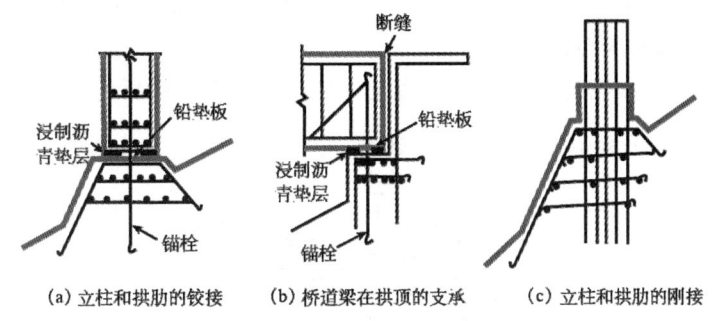

图 7.2.17　立柱与拱柱的连接和腹孔梁的支承

对于拱上结构与主拱联结成整体的钢筋混凝土空腹式拱桥,在活载或温度变化等因素作用下将引起拱上结构变形。变形使腹孔墩中产生附加弯矩,从而导致节点附近产生裂缝。为了使拱上结构不参与主拱受力,可以将腹孔墩的上下端设铰,使它成为仅受轴向压力的受力构件,以改善拱上建筑腹孔墩的受力情况。

由力学知识可知,当腹孔墩的截面尺寸相同时,高度较大的腹孔墩的相对刚度要比矮腹孔墩小,因此附加内力对其影响也较小。一般高立柱仍可采用固结形式,而只将靠近拱顶处的 1~2 根高度较小的矮立柱上、下端设铰（图 7.2.18）,这样可以简化构造和方便施工。

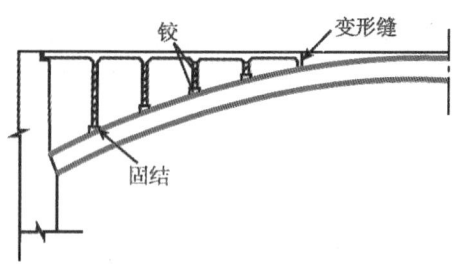

图 7.2.18 柱的连接方式

3. 其他细部构造

（1）拱上填料、桥面及人行道

拱上建筑中的填料，不仅可以使车辆荷载作用的面积扩大，还可以使车辆荷载对拱圈的冲击减小，但相应的拱桥的恒载质量增加。无论是实腹拱，还是空腹拱（除开无拱上填料的轻型拱桥），在拱顶截面上缘以上都作了拱腹填充处理。填充后，通常还需设置一层填料，即拱顶填料，在该填料以上才是桥面铺装（图 7.2.19）。主拱圈及腹拱圈的拱顶处，填料厚度（包括路面厚度）均不宜小于 30 cm，根据《公路桥涵设计通用规范》（JTG D60—2015）的规定，当拱上填料厚度（包括桥面铺装厚度）等于或大于 50 cm 时，设计计算中不计汽车荷载的冲击力。

在地基条件很差的情况下，为了进一步减轻拱上建筑质量，可减薄拱上填料厚度，甚至可以不要拱上填料，直接在拱顶截面上缘以上铺筑混凝土桥面，此时应计入汽车荷载的冲击力。

拱桥行车道部分的桥面铺装，根据桥梁所在的公路等级以及使用要求、交通量大小等条件综合考虑，也可以根据交通量发展情况进行分期修建，逐步提高。目前采用较多的是碎（砾）石路面、沥青混凝土路面。为利于桥面排水，应根据桥面的不同类型设置 1.5%~3.0%的横坡（单幅桥为双向，双幅桥为单向）。

拱桥行车道两侧，根据需要可设人行道及栏杆。其构造与梁桥的相似，不再赘述。

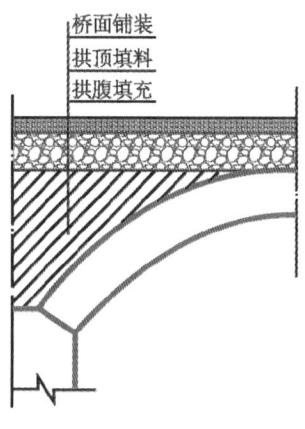

图 7.2.19 拱上填料图式

（2）伸缩缝与变形缝

由于拱上建筑与主拱圈的共同作用，一方面拱上建筑能够提高主拱圈的承载能力，但另一方面，它对主拱圈的变形又起约束作用，在主拱圈和拱上建筑内均产生附加内力，使结构受力复杂。

实际上，在设计计算上应作充分的考虑使结构的计算图式尽量与实际的受力情况相符合，避免拱上建筑的不规则开裂，以保证结构的安全使用和耐久性，此外，在构造上采取必要的措施，一般会设置伸缩缝及变形缝来使拱上建筑与墩、台分离，使得拱上建筑和主拱圈一起自由变形。伸缩缝通常是在相对变形（位移或转角）较大的位置设置，而在相对变形较小处设置变形缝。

伸缩缝宽 2～3 cm，其缝内填料可用预制板由锯末屑与沥青按 1：1 的比例制成，在施工时嵌入，并在上缘设置能活动而不透水的覆盖层，另外，也可采用沥青砂等其他材料填塞伸缩缝。变形缝不留缝宽，其缝可干砌、用油毛毡隔开或用低强度等级的砂浆砌筑。

（3）排水与防水层

拱桥排水要求将桥面雨水及时排除，并且要求将透过桥面铺装渗入到拱腹的雨水及时排除。桥梁可设置纵坡和桥面设置横坡排除桥面雨水，还可以沿桥面两侧缘石边缘设置泄水管。通过桥面铺装渗入到拱腹内的雨水，应由防水层汇集于预埋在拱腹内的泄水管排出。如果这些渗水不及时排出，会增大拱腹填料的含水量，降低承载能力，影响路面层的强度，使路面更易开裂破坏；渗水会沿着拱上结构的缝隙（如变形缝或裂缝等）渗透，在冬季冰冻时使结构产生冻胀损坏。上部结构的形式是设置防水层还是泄水管需要综合考虑。

防水层在全桥范围内不宜断开，在通过伸缩缝或变形缝处，为使其既能防水又可以适应变形应妥善处理。

7.2.2.2 中、下承式钢筋混凝土拱桥的设计与构造

1. 概　述

中承式拱桥的行车道位于拱肋的中部，桥面系（行车道、人行道、栏杆等）一部分用吊杆悬挂在拱肋下，一部分用刚架立柱支承在拱肋上，如图 7.2.20 所示。

下承式拱桥是用吊杆将纵梁和横梁悬挂在拱肋下，在纵、横梁系统上设置桥面系，如图 7.2.21 所示。由于车辆在两片拱肋之间行驶，所以需要用吊杆将纵、横梁系统悬挂在拱肋下，在纵、横梁系统上支承车道板，组成桥面系（行车道、人行道、栏杆等）。桥面系和这些传力构件统称为悬吊结构。

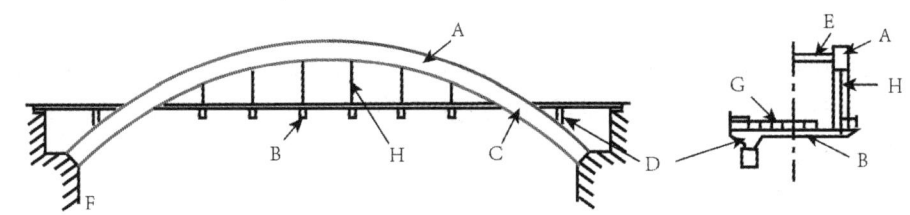

A—拱肋；B—横梁；C—固定横梁；D—拱上门式刚架；E—上横联；F—墩台；G—桥面纵梁；H—吊杆

图 7.2.20　中承式钢筋混凝土拱桥的总体布置

从图 7.2.20、图 7.2.21 中可以看出，中、下承式拱桥不仅具有上承式拱桥的基本力学特性，可以充分发挥拱圈混凝土材料的抗压性能，还在下列条件下有更强的适应性：桥梁建筑

高度受限时,更容易满足桥下净空要求;在不等跨多孔连续拱桥中,增加大跨度孔的矢跨比,可以减小与相邻拱跨的不平衡推力;在平原区或城市桥梁中,可以降低桥面高度,使线路更加平缓;造型美观、结构轻巧,与平原、河流地带的周边环境更为协调。

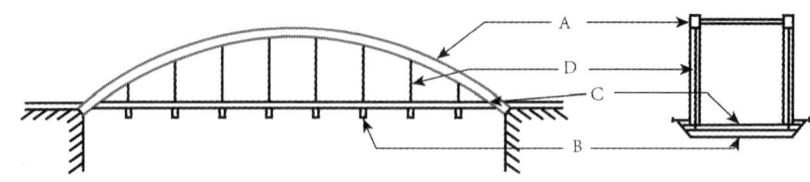

A—拱肋;B—横梁;C—桥面纵梁;D—吊杆

图 7.2.21　下承式钢筋混凝土拱桥的总体布置

2. 中、下承式拱桥的基本组成和构造

(1)拱肋

中、下承式拱桥的主要承重构件是两个分离式的拱肋,拱肋的材料包括钢筋混凝土、钢管混凝土、劲性骨架混凝土或纯钢材,两片拱肋一般在两个相互平行的平面内。为了提高拱肋的横向稳定性和承载力,也可使两拱肋平面内倾,使之在水平面上的投影呈"X"形(即提篮式拱,如图 7.2.22 所示)。由于中、下承式拱桥行车道布置在两拱肋之间,因此,在相同桥面净宽的条件下,拱肋的间距比上承式拱桥的大。中、下承式拱桥的拱肋为确保刚度一般采用无铰拱形式。由于恒载分布比较均匀,拱轴线形可采用二次抛物线,也可采用悬链线。

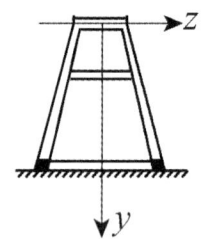

图 7.2.22　提篮式拱示意图

钢筋混凝土拱肋的截面形状根据跨径的大小、荷载等级和结构的总体尺寸,可以选用矩形、工字形、箱形或管形(即构成钢管混凝土拱肋)。根据截面沿拱轴的变化可以分为等截面或变截面。为增强肋拱的横向刚度和稳定性可将拱脚段的肋宽增大。其截面尺寸的拟定及配筋与上承式肋拱一样。

矩形截面的拱肋高度为跨径的 1/70~1/40,肋宽为肋高的 0.5~1.0 倍,施工简单,一般用于中、小跨径的拱桥。大跨径拱桥的拱肋截面常用工字形和箱形截面,拱顶的拱肋高度计算采用下列经验公式:

① 跨径 $l_0 \leqslant 100$ m 时

$$h_d = \frac{l_0}{100} + \Delta \tag{7.2.2}$$

式中　l_0——拱的净跨径;

　　　Δ——取 0.6~1.0 m,跨径大时选用上限。

② 当跨径 100 m < l_0 ≤ 300 m 时

$$h_d = \frac{l_0}{100} + \alpha\Delta \quad (7.2.3)$$

式中　l_0——拱的净跨径；
　　　α——高度修正系数，取值范围为 0.6 ~ 1.0；
　　　Δ——常数，取值范围为 2.0 ~ 2.5 m。

肋拱矢跨比的取值为 1/7 ~ 1/4。拱肋可以在拱架上立模现浇、也可采用预制拼装。

（2）横向联系

一般需在两片分离的拱肋间设置横向联系，横向联系可以保证两片拱肋的横向刚度和稳定性，这有助于结构承受作用于拱肋、桥面及吊杆上的横向水平力。横向联系可做成一字形、H 形、K 形、X 形或桁架式横撑等形式（图 7.2.23）。一般为钢筋混凝土构件，当拱肋间距较大时，横撑可制成钢结构构件以减少重量，横撑的宽度不应小于其长度的 1/15。横向联系在桥面系以上部分的设置应满足桥面净空高度的要求，有时需要将拱肋矢高加大来设置横向构件。对于中承式拱肋，横向联系还可以设置在桥面系以下的肋段。若桥面净空和视野要求较高的，可取消行车道以上的横向构件，做成敞口式拱桥。

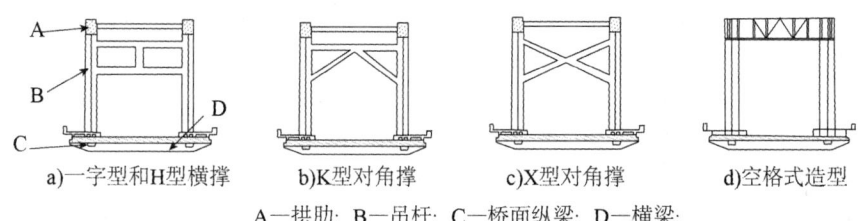

a) 一字型和H型横撑　　b) K型对角撑　　c) X型对角撑　　d) 空格式造型

A—拱肋；B—吊杆；C—桥面纵梁；D—横梁；

图 7.2.23　横向联系类别

可通过以下方法增加无横向风撑的中、下承式拱桥的横向稳定性：

i. 加强拱脚的刚性固结。

ii. 对于中承式拱桥，增大在桥面以下至拱脚区段的拱肋间固结横梁的刚度，并设置 K 撑或 X 撑。

iii. 对于下承式拱桥，可采用半框架式的结构，与整体式桥面结构或刚度较大的横梁固结，即采用刚性吊杆，如图 7.2.24（a）所示，给拱肋提供足够刚度的侧向弹性支承，以承受拱肋上的横向水平力。

iv. 加大拱肋的宽度，增加结构本身的横向刚度和稳定性。

v. 柔性吊杆的"非保向力"作用，如图 7.2.24（b）所示。

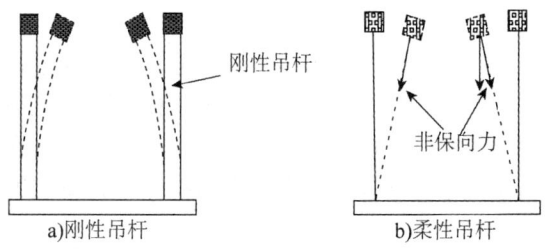

a) 刚性吊杆　　b) 柔性吊杆

图 7.2.24　无横向风撑的拱桥断面

(3) 吊杆

吊杆根据构造分为刚性吊杆和柔性吊杆。

刚性吊杆用钢筋混凝土或预应力混凝土制作,虽然能增强拱肋的横向刚度,但用钢量较大,施工程序多、工艺复杂。刚性吊杆不仅承担轴向拉力,还需抵抗上下节点处的局部弯曲。为了减小刚性吊杆承受的弯矩,其截面尺寸在顺桥向应设计得小一些,但为了增强拱肋面外的稳定性,横桥向尺寸应该设计得大一些。采用刚性吊杆时,吊杆两端的钢筋应和拱肋与横梁固结。

图 7.2.25 为预应力混凝土刚性吊杆示意图。

柔性吊杆(图 7.2.26)一般用冷轧粗钢筋、高强钢丝或钢绞线等高强钢材制作。

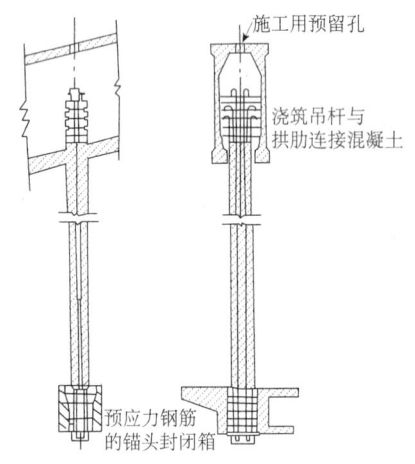

图 7.2.25 预应力混凝土刚性吊杆构造图

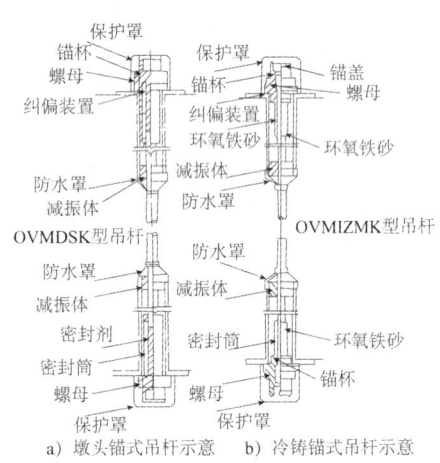

图 7.2.26 柔性吊杆构造图

一般根据构造要求和经济美观等因素确定吊杆的间距。吊杆的间距与行车道纵梁的跨长紧密相关。间距增大,吊杆数目减少,纵、横梁的用料增多;间距减小,则反之。吊杆的间距通常为 4~10 m,吊杆常取等间距。

(4) 行车道系

行车道系包括纵、横梁和车道板。桥面铺装,人行道和栏杆等设置在车道板上。桥面板可与纵梁连成整体,形成 T 梁或 H 梁,也可在预制的纵梁上现浇。还可以在横梁上密铺预制空心板或实心板来取代桥面板和纵梁。桥面板一般为普通钢筋混凝土结构,也有预应力或部分预应力结构。

为减小横梁和横向联系的跨度,通常将人行道布置在吊杆的外侧。为确保安全,避免吊杆遭到车辆碰撞破坏,导致桥面垮塌的严重事故,须在吊杆位于行车道一侧的桥面上设置防撞栏杆。

在布置行车道时,需在适当位置设置横向断缝,避免拱肋变形进而拉坏桥面。在中承式拱桥中,行车道系与拱肋交会处,行车道系支承在固定横梁上(该横梁还起横撑的作用)并与拱肋连接在一起,如果行车道不设断缝,行车道系将受到由于肋在外力(包括拱肋和桥面之间温度变化的影响)作用下发生变形而产生的附加拉伸,行车道的防水层和混凝土可能被拉裂,进而影响桥梁的耐久性。

行车道的断缝可设于桥跨的中部,也可设于端部。

7.2.2.3 拱式组合体系桥的设计与构造

1. 概 述

一种或者两种以上基本结构（梁、拱、板、杆）组合而成的桥梁称为拱式组合体系桥，其力学性能和材料指标通常优于同等设计条件下的单一结构体系。生活中常见的拱式组合体系桥是将梁和拱两种基本结构组合起来，充分发挥组合体系中梁主要承受弯矩和拱主要承受压力的力学特性，共同承担荷载，达到节省材料的目的。根据拱肋和行车道梁的受力形式，拱式组合体系桥可划分为有推力和无推力两种类型。

无推力拱式组合体系桥（也称为系杆拱桥）是外部静定结构，兼有拱桥的较大跨越能力和梁桥对地基适应能力强的两大特点，故使用较多。当桥面高程受到严格限制而桥下又要求保证较大的净空，或当墩台基础地质条件不良易发生沉降，但又要保证较大跨径时，无推力拱式组合体系桥梁是较优越的桥型。

在考虑梁拱组合体系桥梁的总体布置时，除了满足一般的基本原则外，还应注意以下事项以确保结构的经济性、安全性和施工的可行性：对于跨径在100米以下的桥梁，材料用量的差异不大，但随着跨径的增加，桥墩数量的减少可以显著降低墩台的圬工量（即混凝土或砌体工程量）。因此，在不过分增加施工难度的前提下，选择较大的跨径可以提高结构的经济性。在分孔设计时，主孔可以采用简支体系，这样可以减少中间支座的弯矩，简化结构。如果采用多跨设计，边跨应尽可能短，以减少边跨的弯矩和剪力，从而降低结构应力和材料用量。对于三跨布置的梁拱组合式桥梁，设计时应确保边跨末端支座不出现拉力，因为这可能会导致结构不稳定。为了实现这一点，可以通过在边跨增加压重（如填充混凝土块）来解决。边跨的设计应使弯矩图以负弯矩为主，这有利于预应力束的配置，因为预应力束在负弯矩区域可以提供抗拉能力。如果设计中出现正弯矩，应限制其在活载作用下发生，并且正弯矩区域应限制在较小的范围内，以便使用直索预应力束，这样可以简化施工并降低成本。在设计梁拱组合体系桥梁时，还需要考虑其他因素，如地质条件、航道要求、通航安全、施工方法、预期交通量、环境影响等。

（1）根据拱肋和系杆（梁）相对刚度的大小，无推力拱式组合体系可划分为：柔性系杆刚性拱、刚性系杆柔性拱和刚性系杆刚性拱三种基本组合体系。

① 柔性系杆刚性拱

柔性系杆刚性拱组合体系（图 7.2.27）是外部静定的结构，其推力由下弦（即系杆）承受。当基础发生不均匀沉降时，结构内不会产生附加内力。该体系结构，与普通下承式拱桥结构相比，增加了承受拱肋推力的受拉柔性系杆结构。在结构设计时假设系杆和吊杆均为柔性杆件，只承受轴向拉力，不承受压力和弯矩。拱肋与普通拱桥的拱肋一样，为偏心受压构件。

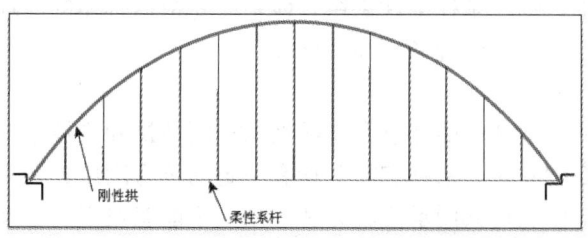

图 7.2.27 柔性系杆刚性拱组合体系

严格意义上,上述假设只有在拱肋与系杆的刚度比趋于无穷大时才能成立,即若拱肋与系杆采用同种材料时,必须有 $I_{拱}/I_{系} \approx \infty$。但在实际工程中,当 $E_{拱}I_{拱}/E_{系}I_{系} = 80 \sim 100$ 时,就可以忽略系杆承受弯矩的能力,认为组合体系中的弯矩均由拱肋承受,系杆只承受拉力。从而充分发挥材料特性,节省钢材,减轻墩台负担,使这种体系能用于软土地基上。

② 刚性系杆柔性拱

刚性系杆柔性拱组合体系(图 7.2.28)在桥梁工程中是一种常见的结构形式,它通过刚性的系杆和柔性的拱肋相结合,形成了一个既有良好的力学性能又具有优美外观的桥梁结构。以下是对该组合体系的简要介绍:

结构特点:刚性系杆通常具有较大的尺寸和较高的刚度,能够承受弯矩和拱的推力。柔性拱肋与系杆相比,刚度较小,主要承受轴向压力,几乎不承受弯矩。由于系杆的粗大和拱肋的纤细,这种结构也被称为蓝格尔梁,其特点是拱肋与系杆的刚度比相对小得多。

力学行为:由于内力按刚度分配,拱肋中的弯矩远小于系杆承受的弯矩,因此可以忽略拱肋中的弯矩,认为其只承受轴向压力。另外刚性系杆与吊杆、横撑组成的框架刚度较大,保证了拱的稳定性,即使在实用跨度内也不会发生面内"S"形变形。

设计考虑:矢跨比通常为 1/5 ~ 1/7,这是拱桥设计中的一个重要参数,影响结构的力学性能和经济性。拱肋高度根据设计需要和美观考虑来确定,常取为 $h = \left(\dfrac{1}{100} \sim \dfrac{1}{500}\right)l$。刚性系杆高度通常用 H 表示,根据结构受力和稳定性要求来确定,常取为 $H = \left(\dfrac{1}{25} \sim \dfrac{1}{35}\right)l$。

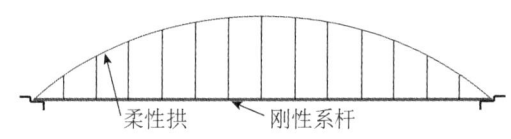

图 7.2.28 刚性系杆柔性拱

适用场景:由于其轻巧美观的特点,适用于城市环境中的桥梁建设。另外由于其优越的稳定性和安全性,还可用于跨越交通线路或水体。

施工方法:施工灵活性,可以选择满堂脚手架、整体拼装或整体拖拉(顶推)等多种施工方法,根据具体情况选择最合适的方案。由于结构的刚度较大,施工过程中的稳定性容易保证。

经济性和美观性:由于结构的内力分布均匀,可以减少材料的使用量,从而降低成本。刚性系杆和柔性拱肋的组合提供了多样化的设计可能性,可以创造出既美观又实用的桥梁结构。

在实际工程设计中,刚性系杆柔性拱组合体系需要根据具体的地理环境、交通需求、材料性能和经济条件等因素进行综合考虑和优化设计。

③ 刚性系杆刚性拱

刚性系杆刚性拱的构造和性能特点介于柔性系杆刚性拱和刚性系杆柔性拱之间。当刚度比 $(EI)_{肋}/(EI)_{系} = 0 \sim 80$ 时,系杆和拱肋均有一定的抗弯刚度,荷载引起的弯矩在系杆和拱肋之间按刚度分配,由它们共同承担轴力和弯矩,不能忽略不计。计算模型不忽略内力,故内力计算比较接近真实状况。系杆和拱肋的端部是刚性连接,体系为外部静定而内部超静定结构，超静定次数为 $3+n$（n 为吊杆根数）。由于拱肋和系杆均为刚性，这种组合体系的刚度较大，适用于设计荷载大的桥梁。由于拱肋和系杆受力较均匀，两者的尺寸可作适当比例的配合，达到使结构美观的目的，另外在构造上可使钢筋不过分集中于系杆，降低钢筋布置上的困难和连接部位的构造布筋难度。

由于刚性系杆刚性拱的刚度大，拱肋和系杆均能承受轴力和弯矩，在施工中可以采用刚性系杆柔性拱的施工方法，既可以用满堂脚手架，又可以整体拼装和整体拖拉（顶推）就位，选择施工方案的余地较大，施工时的吊装和稳定性也易保证。

（2）按照结构形式分类，拱式组合体系桥的基本形式有以下几种。

① 简支梁拱组合式桥梁（图 7.2.29）

简支梁拱组合式桥梁均为无推力的组合体系拱，只用于下承式。拱肋结构一般为钢管混凝土和钢筋混凝土，桥面上常设置风撑，简支梁拱组合式桥梁，外部为静定结构，内部为高次超静定结构，主要承重构件除拱肋外，还有加劲纵梁，它与横梁组成平面框架，由吊杆上下联系实现共同受力的目标。

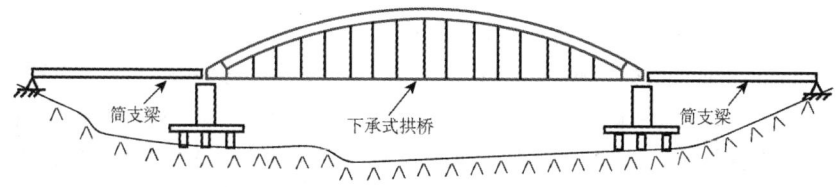

图 7.2.29 简支梁拱组合体系示意图

② 连续梁拱组合式桥梁（图 7.2.30）

这种体系可以是上承式、中承式及下承式，也可以是多肋拱、双肋拱或单肋拱与加劲梁组合。多肋拱及双肋拱的加劲梁的截面形式与简支梁拱组合式桥梁类似；而单片拱肋必须配置箱形加劲梁，用加劲梁强大的抗扭刚度抵消偏载影响。这种桥型具有刚度大，跨越能力大，造型美观的优点。

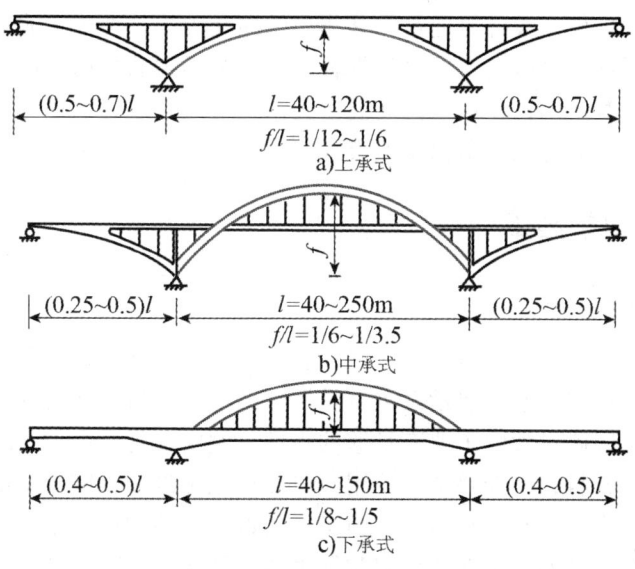

图 7.2.30 连续梁拱组合体系示意图

③ 单悬臂梁拱组合式桥梁（图 7.2.31）

单悬臂梁拱组合式桥梁只适用于上承式，采用转体施工经济高效。单悬臂梁拱组合式桥梁实际上是将实腹梁挖空，用立柱代替梁腹板，原腹板剪力主要由拱肋竖向分力及加劲梁剪力平衡。拱肋为钢筋混凝土，加劲梁采用预应力混凝土，受拉弯作用。

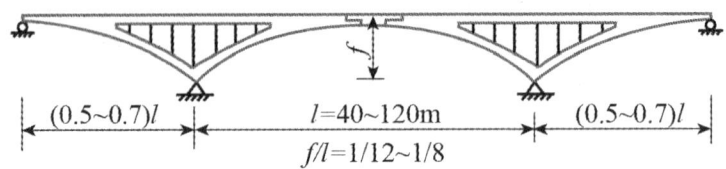

图 7.2.31　单悬臂梁拱组合体系示意图

2. 拱式组合体系桥的基本组成和构造

拱式组合体系桥一般由拱肋、系杆、吊杆（或立柱）、行车道梁（板）及桥面系等组成。

（1）拱肋

对于柔性系杆刚性拱，拱肋的构造和截面形式可参考普通的下承式肋拱桥，矢跨比常在 1/5～1/4 之间取值。拱肋截面根据跨径的大小和荷载等级可以选用矩形、工字形或箱形。公路桥的拱肋高度 $h=(1/50～1/30)l$，拱肋宽度 $b=(0.4～0.5)h$。如果采用无横撑的拱肋布局，拱肋宽度需适度加宽，工字型截面拱肋的腹板厚度应满足吊杆的设计构造和保护层的要求，且不宜小于 0.3 m，箱型截面腹板和翼缘板厚度应满足布筋和浇筑混凝土的要求。矩形截面一般用于较小跨径，当肋高超过 1.5～3.5 m 时，采用工字形或箱形较为合理。

（2）系杆

在系杆拱的设计中的关键问题是系杆的设置，一方面为保证系杆能很好地与拱肋共同受力要考虑系杆与拱肋的连接；另一方面为避免桥面行车道因阻碍系杆的受拉而遭到破坏又要考虑系杆与行车道之间的相互作用。

（3）吊杆

吊杆一般是长细构件，设计时通常将其作为轴向受力构件考虑。故顺桥向尺寸一般设计得较小，使之具有柔性，横桥向尺寸设计得较大，以增强拱肋的稳定性。吊杆以前多采用钢筋混凝土或预应力混凝土构件，由于钢筋混凝土吊杆易产生裂缝，预应力混凝土吊杆施工麻烦，现在吊杆的发展趋势是采用高强钢丝束或粗钢筋。

7.3　混凝土拱桥施工

7.3.1　拱架施工法

拱架施工法是一种传统的拱桥施工方法，它属于有支架施工法。在拱桥的建设过程中，拱架起到临时支撑的作用，它需要承载主拱及拱上结构的重量，同时确保主拱圈能够按照设计的形状进行施工。因此拱架除了要有足够的强度、刚度和稳定性外，还需要保证其构造简单、制作方便、节约材料，且能够重复使用，以加快施工进度，减少工期与施工费用。

由于拱桥跨度大小、材料供给情况、施工机具设备条件和桥址施工环境的不同，拱架的结构形式可分为满布式拱架、墩架式拱架和钢拱架三种。

7.3.1.1 满布式拱架

满布式拱架一般由拱架上部（即拱盔），支架（拱架下部，包括基础）和拱架卸落设备组成，如图 7.3.1 所示。这种形式的拱架覆盖整个桥梁跨度，为拱桥提供全面的支撑。它通常用于小跨度或施工条件不允许使用其他形式拱架的情况。支架是支承拱架的部分，其构造同一般脚手架。在拱架与支架间，应设置卸落设备，以备施工完毕后拱架卸载拆除。

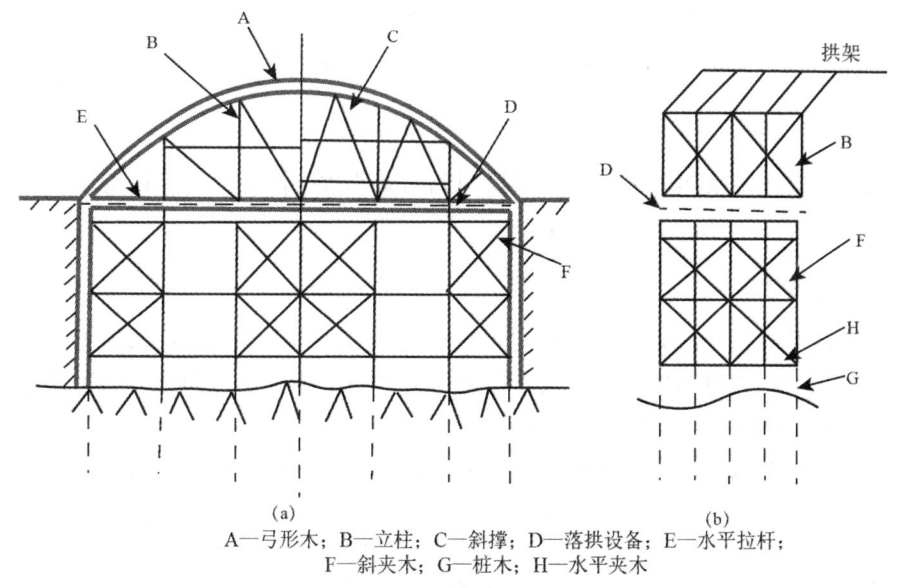

A—弓形木；B—立柱；C—斜撑；D—落拱设备；E—水平拉杆；
F—斜夹木；G—桩木；H—水平夹木

图 7.3.1　满布式拱架的构造示意图

拱架按材料分类主要有以下几种形式：木拱架、钢管拱架和土牛拱胎。

木拱架：制作简单，架设方便，但耗用木材较多。适用于小跨度的拱桥。

钢管拱架：多为常备式构件，一次投资较大，但能多次重复使用。对于大中跨度的拱桥，可以采用碗扣式或扣件式钢管拱架。这些钢管作为拱架，一般不再分支架和拱盔部分，而是将两者看作一个整体。

土牛拱胎：当拱桥跨度较小、钢和木材缺乏且运输不便时，可以采用简单经济的土牛拱胎。这种方法是在桥下用土、砂或卵石等填筑土胎（俗称"土牛"），然后在其上砌筑拱圈。砌成之后将填土清除即可。

7.3.1.2 墩架式拱架

墩架式拱架的上部结构与满布式拱架几乎没有区别，但其下部采用少数框架式支架加斜撑来替代满布式拱架所使用的大量立柱。这样的设计不仅减少了材料的消耗，还在桥下留出适当的空间，使得上部施工不会影响桥下的通航和通车。图 7.3.2 中展示的墩架式拱架形式适用于中等跨度的拱桥施工。工字梁的跨度可达 12 至 15 米，墩架可以采用钢管支架、贝雷梁、万能杆件、军用墩或军用梁等制式器材来制作。

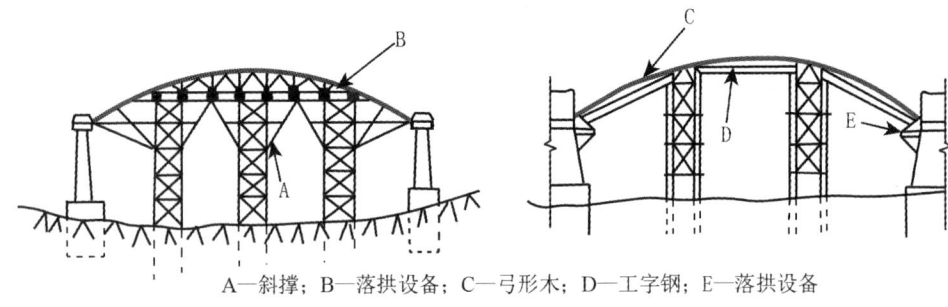

A—斜撑；B—落拱设备；C—弓形木；D—工字钢；E—落拱设备

图 7.3.2 墩架式拱桥的构造示意图

7.3.1.3 钢拱架

我国现有常备式钢拱架有工字梁拱式拱架和桁架式拱架两种。此外还可以用其他制式构件组拼拱式拱架。

1. 工字梁拱式拱架

该拱架由基本节、楔形插节、拱顶铰和拱脚铰等基本构件组成。用选配不同的基本节段及相互间插入 1~2 个楔形插节的方法，可使拱架适用于多种拱度和跨度的拱桥施工，如图 7.3.3 所示。这种拱架可用于建造跨度 40 m 以下的石拱桥。

工字梁拱架可做成三铰拱或两铰拱。落架设备可置于拱顶或拱脚，若置于拱顶，则拱顶铰改用落架设备。

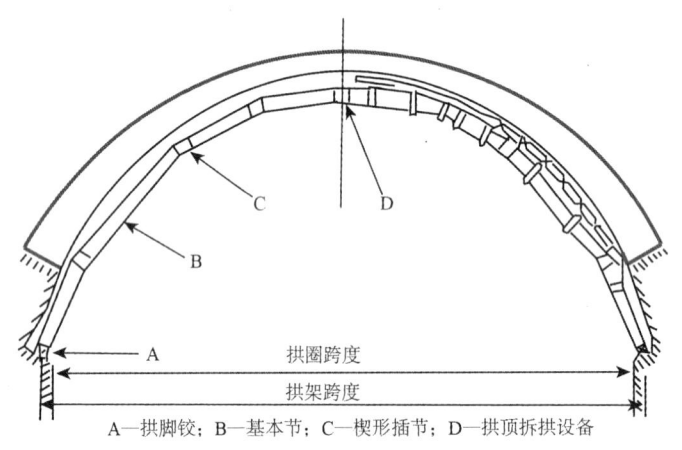

A—拱脚铰；B—基本节；C—楔形插节；D—拱顶拆拱设备

图 7.3.3 工字梁拱式拱架的构造示意图

2. 桁架式拱架

常备拼装桁架式拱架，由多榀拱形桁架构成。拱架一般采用三铰拱，桁架榀数视桥跨宽度和重量决定，榀与榀之间的距离可为 0.4 m 或 1.9 m。拱架由标准节、拱顶节、拱脚节和联结杆等以钢销或螺栓联结而成（如图 7.3.4 所示）。可用变换联结杆长度的方法，调整拱架的曲度和跨度，而当拟建拱桥跨度很大时，可用两层拱架。

除常备拼装桁架式拱架外，还有贝雷梁拼装式拱架、铁路军用梁拼装的拱式拱架和万能杆件拼装式拱架等不同结构类型，但其构造原理基本相同。

第7章 混凝土拱桥

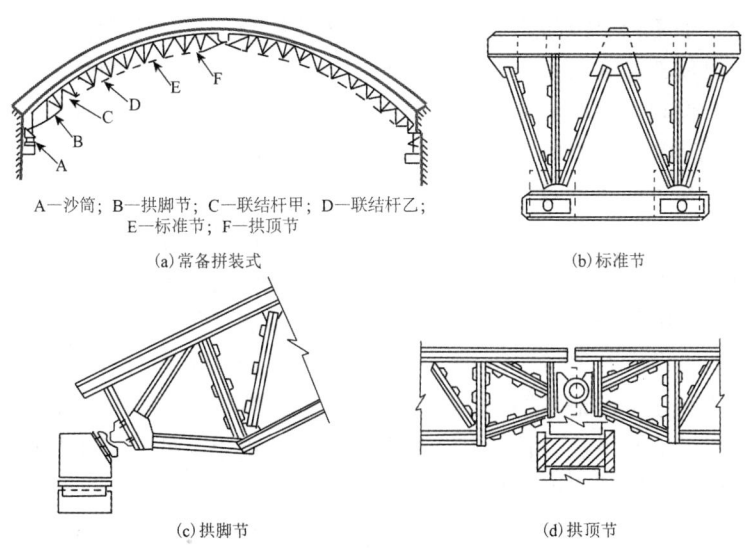

A—沙筒；B—拱脚节；C—联结杆甲；D—联结杆乙；
E—标准节；F—拱顶节

(a) 常备拼装式 (b) 标准节

(c) 拱脚节 (d) 拱顶节

图 7.3.4 桁架拱式拱架的构造示意图

7.3.2 缆索吊装施工法

缆索吊装施工法是目前拱桥无支架施工的主要方法之一。其施工步骤主要包括：

拱箱（肋）的预制、移运和吊装：在这一阶段，拱桥的主体构件（拱箱或肋）会在其他地点进行预制，然后运输到施工现场。使用缆索吊装的方法将这些构件吊装到位。

主拱圈的安装：主拱圈是拱桥的关键部分，连接拱桥两侧的拱脚。缆索吊装用于将主拱圈吊装到正确的位置。

拱上建筑施工：一旦主拱圈安装完毕，施工人员可以在其上进行进一步的建筑工作，例如搭建桥面结构、安装栏杆等。

图 7.3.5 为拱桥缆索吊装施工的示意图。缆索吊车由以下组件组成：

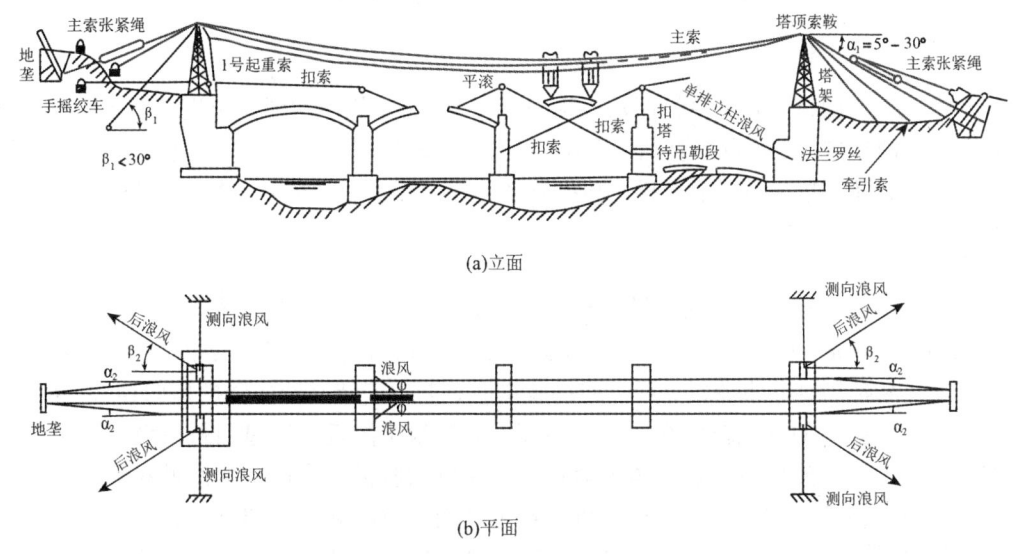

图 7.3.5 缆索吊装布置示意图

塔架：塔架立于桥台上或桥头高地，四面由风缆连接固定。主索：主索是由数根粗钢索构成，架立于塔架顶部的索鞍上，并设置地垄锚固。它是起重小车的轨索，用于吊装构件。牵引索：牵引索牵引起重小车，使其能够沿着主索滑动。起重索：起重索用于控制起重小车的动滑轮组升降。起重和牵引均采用绞车。联结索：联结索用于悬挂分索器，同时防止主索、起重索和牵引索相互干扰和下垂。

拱桥的构件在桥头预制或预拼后，送至缆索下，由起重小车起吊送至对应桥位安装。为确保端段基肋在合龙前保持一定位置，在其上使用扣锁临时固定，然后再松开吊索。吊装应该从一孔桥的两端向中间对称进行。在最后一节构件吊装就位，并将各接头位置调整到规定的标高后，方可放松吊索并将各接头接正合龙。最后，撤去所有的扣索。

吊装施工的关键在于保证基肋（指拱肋、拱箱或桁架拱片）有足够的强度和稳定性，不仅要按单根构件在运输和吊装时检验其强度和稳定性，更重要的是还要根据基肋合龙时及合龙后所承担的荷载，检算其强度及稳定性。

基肋吊装合龙要拟定正确的施工程序和施工细则，拱桥跨度较大时，应采用双基肋或多基肋合龙。此时基肋与基肋间的横系梁或横隔板必须紧随拱段的拼装即时焊接。如果需要，可在基肋的上下两平面内设置临时的交叉斜杆，以缩短基肋的自由长度。端段拱肋就位后，除上端用扣索拉住使之不下坠外，还应在左右两侧各用一对风缆牵住以免左右摆动。中段拱肋就位时，宜缓慢地放松吊索，必须使各接头顶紧，避免简支搁置和冲击作用。

施工时一般在每一接头处都设一对横撑或一对横向风缆来加强基肋的稳定性，通常两侧横向风缆要求角度对称设置。

钢管混凝土拱桥（Concrete-filled Steel Tubular Arch Bridge, CFST）和劲性骨架混凝拱桥（Steel Reinforced Concrete Arch bridge，SRC）在大跨径拱桥中具有较大经济优势，其施工方法大都采用缆索吊装和斜拉扣挂法，详情请参阅 7.3.4。

7.3.3 其他施工方法简介

除以上介绍的方法外，混凝土拱桥的施工方法还有以下两种：

7.3.3.1 转体施工法

转体施工法的特点是将主拱圈从拱顶截面分开，将主拱圈的混凝土浇筑作业从高空改为在桥孔下方或两岸进行。在施工前，需要预先设置好旋转装置。待主拱圈混凝土达到设计强度后，再将其就地旋转至指定位置形成拱。根据旋转的几何平面，转体施工法可以分为以下三种：

1. 平面转体施工法

图 7.3.6 为主拱圈在平面旋转过程中的示意图。这种施工方法被称为平面转体施工法，其特点如下：首先，将主拱圈分为两个半跨。在两岸利用地形，我们可以使用简单的支架（或土牛拱胎）来预制这些半桥段，现浇或拼装拱肋，然后安装拱肋之间的横向连接，如横隔板、横系梁等。将扣索的一端锚固在拱肋的端部（靠拱顶）附近。通过引桥桥墩延伸至埋入岩体内的锚锭。之后，使用液压千斤顶收紧扣索，使拱肋脱模，借助环形滑道和手摇卷扬机，将拱肋慢速地转体至指定位置。最后，再进行主拱圈合龙段和拱上建筑的施工。图 7.3.7 为拱桥转动体系的一般构造。其中的图 7.3.7（a）是在转盘上放置平衡重来抵抗悬臂拱肋的倾覆

力矩，转动装置是利用摩阻系数特别小的聚四氟乙烯材料和不锈钢板制造；图 7.3.7（b）是无平衡重的转动体系，它是把有平衡重转体施工中的扣索直接锚固在两岸岩体中，这种方法仅适合于在山区地质条件好或跨越深谷的地形条件下采用。

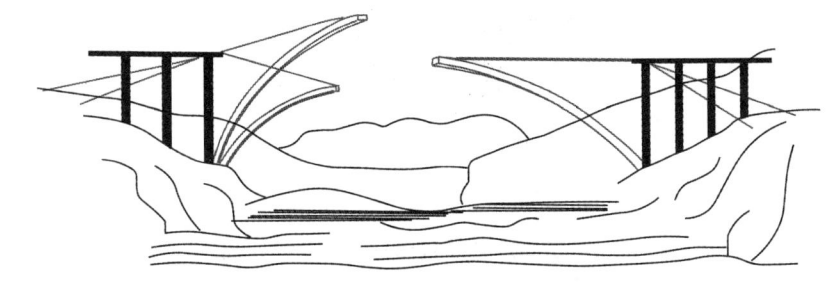

图 7.3.6 平面转体施工示意图

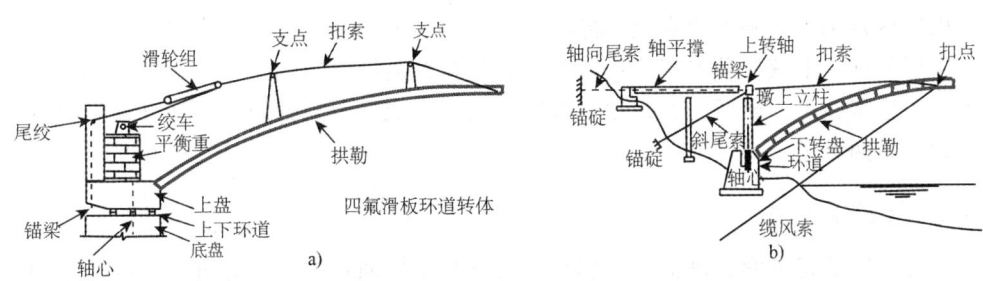

图 7.3.7 转动体系的一般构造

2. 竖向转体施工法

当桥位处无水或水很浅时，可以将拱肋分成两个半跨放在桥孔下面预制。如果桥位处水较深时，可以在桥位附近预制，然后浮运至桥轴线处，再用起吊设备和旋转装置进行竖向转体施工。这种方法最适宜于钢管混凝土拱桥的施工。因为钢管混凝土拱桥的主拱圈必须先让空心钢管成拱以后再灌筑混凝土，故在旋转起吊时，不但钢管自重相对较轻，而且钢管本身强度也高，易于操作。图 7.3.8 是采用扒杆吊装系统对钢管拱肋进行竖向转体施工的示意图。它的主要施工过程是，将主拱圈从拱顶分成两个半拱在地面胎架上完成，经过对焊接质量、几何尺寸、拱轴线形等验收合格后，由竖立在两个主墩顶部的两套扒杆分别将其旋转拉起，在空中对接合龙。拱脚旋转装置是采用厚度为 36 mm 的钢板在工厂进行配对冲压而成，使两个弧形钢板密贴，两弧形钢板之间涂上黄油，以减小摩阻力，如图 7.3.9 所示。

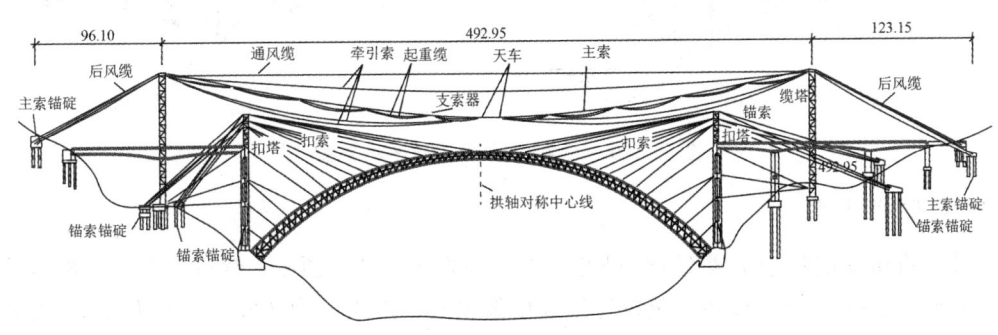

图 7.3.8 扒杆吊装系统总布置图（单位：m）

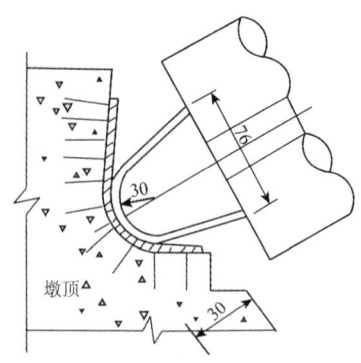

图 7.3.9　拱脚旋转装置示意图（单位：cm）

7.3.3.2　悬臂施工法

拱桥悬臂施工法施工要点是：将拱圈（肋）、立柱与纵、横梁对称地分成几段，加上临时斜拉（压）杆、上弦杆预先组成桁式框架，用拉杆或缆索锚固于台后，然后用扒杆或吊车逐段向跨中悬臂施工，最后，在拱顶将各段拱肋合龙成拱。悬臂施工方法又根据拱圈构件的制作方式分为两大类：

1. 悬臂浇筑法

此施工方法将拱圈、拱上立柱和预应力混凝土桥面板等齐头并进的边浇筑边构成桁架的悬臂。

灌筑方法：施工时，用预应力钢筋临时作为桁架的斜拉杆和桥面板的临时明索，将桁架锚固在后面的桥台上。悬臂浇筑法施工程序如图 7.3.10 所示，拱脚段拱圈（至第一立柱）在斜拉杆扣吊的钢支架上就地浇筑，随后各段均用挂篮从左右两岸悬臂灌筑混凝土施工拱肋。立柱间的拱圈采用悬臂施工，在拱圈节段中设预应力粗钢筋，以承受自重悬臂弯矩。施工至立柱部位，则用临时斜拉杆及上拉杆将立柱、拱圈组成桁架。立柱就地浇筑，上下设铰，空心桥面板利用钢支承梁整跨就地现浇，它比拱圈和立柱的浇筑错后一个节间。

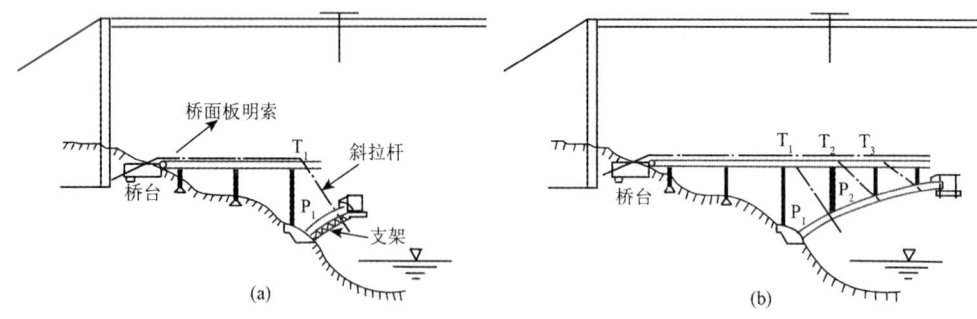

图 7.3.10　悬臂浇筑施工顺序示意图

2. 悬臂拼装法

首先，将拱圈的各个组成部分（侧板、上下底板等）进行预制，然后将整孔桥跨的拱肋、立柱通过临时斜压（拉）杆和上弦拉杆组成桁架拱片，沿跨分为几段（一般为 3~7 段），再用横系梁和临时风缆将两个桁架拱片组装成框构。每节框构整体运至桥位，由两端向跨中逐段悬臂拼装至合龙(图 7.3.11)。悬臂伸出去的拱体通过上弦拉杆和锚固装置固定于墩、台上，维持稳定。也可以将拱圈的各个组成部分分别在拱圈上悬臂组拼成拱圈，然后利用立柱与临时斜杆和上拉杆组成桁架体系，逐节拼装，直至合龙。

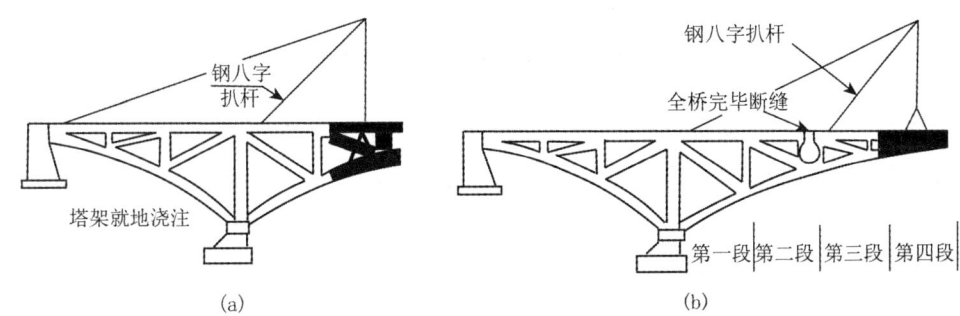

图 7.3.11 悬臂桁架法拼装示意图

图 7.3.12 是利用伸臂式起重机在已拼接好的悬臂端逐次起吊和拼接下一节段的施工示意图。每拼接好一个节段，即用辅助钢索临时拉住，每拼完三节，便改用更粗的主钢缆固定，然后拆除辅助钢索，供重复使用。这种方法适用于特大跨径拱桥的施工，因为有塔架和临时斜拉索，所以又称为塔架斜拉索法。

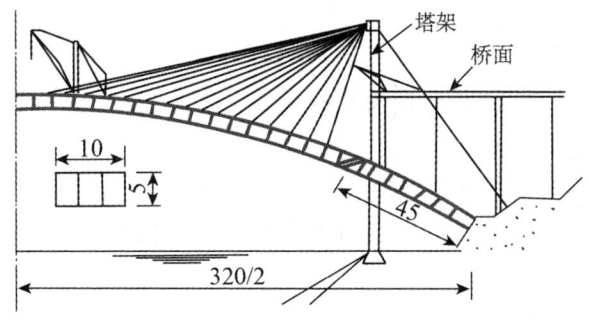

图 7.3.12 拼装示意图（单位：m）

7.3.4 大跨度拱桥施工方法专题*

7.4 拱桥的计算

7.4.1 拱桥的内力计算

7.4.1.1 拱轴线

1. 拱轴线形及其选择

在拱桥设计中，拱轴线的选择对结构的性能和经济性有着重要影响。理想的拱轴线（即合理拱轴线）能够在任何荷载作用下都能与拱圈的压力线相吻合，从而保证拱圈截面仅承受轴向压力，没有弯矩的作用，实现材料的均匀利用和最大强度的发挥。然而，在实际情况下，由于荷载的多样性和变化性，如活载、温度变化、材料收缩等因素，很难实现一个恒定不变的合理拱轴线。

一般来说，拱桥设计中所选择的拱轴线应满足以下4方面的要求：a. 设计应尽量减小由各种因素引起的拱圈截面弯矩，使得各主要截面的应力分布均匀，并尽可能减少拉应力的出现，以充分利用材料的抗压性能；b. 对于无支架施工的拱桥，所选的拱轴线应能够适应各个施工阶段的需求，减少或消除临时性施工措施的使用；c. 设计的拱轴线应便于计算和分析，以便工程师和施工人员能够轻松掌握和应用；d. 除了结构和功能上的要求，拱轴线还应具有良好的视觉效果，并且便于施工操作。

目前常用的拱轴线形有以下几种。

（1）圆弧线

圆弧拱线形简单，全拱曲率相等，由图7.4.1圆弧拱计算图式，可得其拱轴方程为：

$$\left. \begin{array}{l} x^2 + y_1^2 - 2Ry_1 = 0 \\ x = R\sin\varphi \\ y_1 = R(1-\cos\varphi) \\ R = \dfrac{1}{2}\left(\dfrac{l}{4f} + \dfrac{f}{l}\right) \end{array} \right\} \quad (7.4.1)$$

式中　x, y_1——圆弧拱任意一点以拱顶为原点的坐标；

　　　R——圆弧拱的计算半径；

　　　φ——圆弧拱任意一点至圆心的连线与垂线的夹角。

圆弧拱施工放样方便，易于施工人员掌握。但在一般情况下，圆弧拱轴线与恒载压力线有偏离。

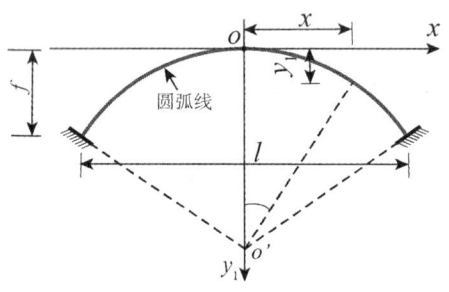

图7.4.1　圆弧拱轴线

当矢跨比 f/l 较小时，两者偏离不大；随着矢跨比 f/l 的增大，偏离逐渐增大；当矢跨比 f/l 接近1/2时，恒载压力线的两端将位于拱脚截面中心线以上相当远（实际中，常在拱脚处设置护拱，以帮助拱圈受力）。这将在截面上产生较大的弯矩，且使各截面受力不均匀。因此圆弧拱轴线一般常用于20 m以下的小跨径拱桥。有些大跨径钢筋混凝土拱桥，为了方便各拱节段的预制拼装、简化施工，也有采用圆弧线作为拱轴线的。

（2）抛物线

在均布荷载作用下，拱的合理拱轴线是二次抛物线。故对于恒载比较接近均匀分布的拱桥，例如矢跨比较小的空腹式钢筋混凝土拱桥、钢筋混凝土桁架拱和刚架桥等，可以采用二次抛物线作为拱轴线。其计算图式如图 7.4.2 所示，拱轴线方程为：

$$y_1 = \frac{4f}{l^2} x^2 \tag{7.4.2}$$

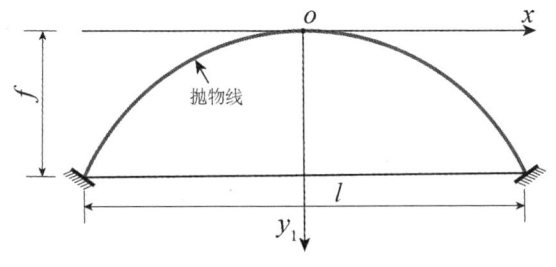

图 7.4.2　抛物线拱轴线

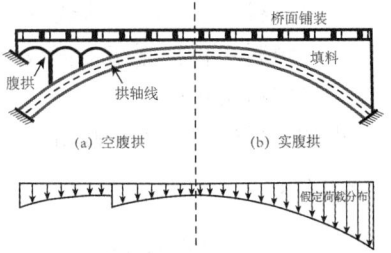

图 7.4.3　实腹式和空腹式拱桥图式

（3）悬链线

空腹式拱桥的恒载从拱顶到拱脚并不是连续分布的，如图 7.4.3（a）所示，其空腹部分的荷载由两部分组成，即拱圈自重分布恒载和拱上立柱（横墙）传来的集中恒载。因此，其相应的恒载压力线不再是平滑的悬链线，而是一条在腹孔墩处有转折点的多段曲线。在实际设计中一般采用与恒载压力线相近的悬链线作为拱轴线，使拱轴线与恒载压力线在拱顶、跨径 1/4 和拱脚 5 个截面相重合（称为五点重合法），这时恒载压力线与拱轴线将存在一定的偏离。理论分析证明，这种偏离对拱圈控制截面的内力是有利的，它可以减小由于弹性压缩在控制截面上产生的弯矩。同时，用悬链线作为拱轴线，对各种空腹式的拱上建筑适应性较强，并且已经具有现成和完备的计算图表可以简化计算。因此为了设计方便，空腹式拱桥也广泛采用悬链线作为拱轴线。悬链线是目前我国大、中跨径拱桥最普遍采用的拱轴线形。

实腹式拱桥，其恒载集度（单位长度上的恒重量）是由拱顶向拱脚连续分布、逐渐增大的[图 7.4.3（b）]，这种荷载分布图式的拱圈的压力线是一条悬链线。因此，实腹式拱桥采用悬链线作为拱轴线，在恒载作用下，当不计拱圈由恒载弹性压缩产生的影响时，拱圈将只承受轴心压力而无弯矩，即不计弹性压缩时实腹拱的合理拱轴线为悬链线。其计算图式如图 7.4.4 所示。

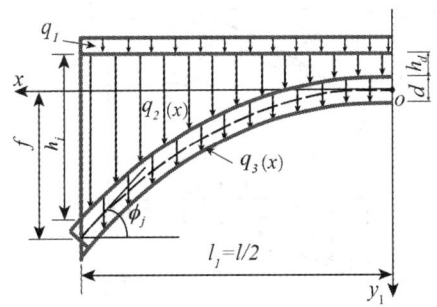

图 7.4.4　悬链线拱轴线的计算图式

图 7.4.4 中各参数表示：

d——主拱圈厚度；

h_d——拱顶填料厚度（不包括桥面，这样在实际计算中更方便、准确）；

h_j——拱脚处填料厚度（不包括桥面）；

f——拱的计算矢高；

l——拱的计算跨径；

l_1——计算跨径的一半；

q_1——桥面恒载集度（均布荷载）；

q_2——拱上填料（包括侧墙）恒载集度；

q_3——主拱圈恒载集度；

ϕ_j——拱脚处拱轴线的水平倾角。

悬链线方程：

$$y_1 = \frac{f}{m-1}(chk\xi - 1) \tag{7.4.3}$$

式中 y_1——以拱顶为坐标原点，拱轴上任意点的坐标；

ξ——计算截面到拱顶的相对距离；

f——拱的计算矢高；

m——拱轴系数（或称拱轴曲线系数），$m = \dfrac{g_j}{g_d}$。

对于拱脚截面 $\xi = 1$：$y_1 = f$，代入上式可得 $chk = m$。

若 m 已知，则 k 值可由下式求得：

$$k = ch^{-1}m = \ln(m + \sqrt{m^2 - 1}) \tag{7.4.4}$$

当 $m = 1$ 时，则 $g_x = g_j = g_d$，表示荷载是恒荷载，如前所述，在均布荷载作用下的压力线为二次抛物线，其方程为 $y_1 = f\xi^2$。

2. 悬链线的拱轴线方程

图 7.4.5 表示半跨拱桥及选取的坐标系。设其拱轴线即为恒荷载压力线，故在恒荷载作用下拱顶截面处弯矩 $M = 0$，由于对称性剪力 $Q = 0$，只作用有恒荷载推力 H_g，对拱脚截面取矩，则有：

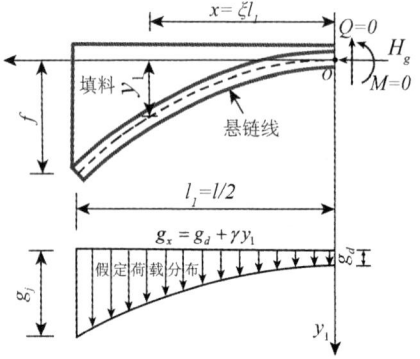

图 7.4.5 悬链线拱轴方程解析图示

$$H_g = \frac{\sum M_j}{f} \tag{7.4.5}$$

式中 $\sum M_j$ ——半跨恒荷载对拱脚截面的弯矩；

H_g ——拱的恒荷载水平推力（不考虑弹性压缩）；

f ——拱的计算矢高。

对任意截面取矩，可得

$$y_1 = \frac{M_x}{H_g} \tag{7.4.6}$$

式中 M_x —— x 截面以右全部恒荷载对 x 截面的弯矩；

y_1 ——以拱顶为坐标原点，拱轴上任意点的纵坐标。

式（7.4.6）即为数解法计算恒荷载压力线的基本方程。

为了得到拱轴线（恒荷载压力线）的一般方程（连续函数表达式），必须知道恒荷载的分布规律。假定恒荷载是沿拱跨连续分布的，其恒荷载集度与拱轴纵坐标呈线性关系，则任意点的恒荷载强度 g_x 可用下式表示：

$$g_x = g_d + \gamma y_1 \tag{7.4.7}$$

式中 g_d ——拱顶的恒荷载强度；

γ ——拱上材料的单位体积质量。

由式（7.4.7）得拱脚的恒荷载强度为：

$$g_j = g_d + \gamma f = m g_d$$

$$\gamma = \frac{g_j - g_d}{f} = \frac{g_d}{f}(m-1) \tag{7.4.8}$$

式中 m ——拱轴系数，其计算式为：

$$m = \frac{g_j}{g_d} \tag{7.4.9}$$

将式（7.4.8）代入式（7.4.7）得：

$$g_x = g_d + \frac{g_d}{f}(m-1)y_1 = g_d\left[1 + \frac{y_1}{f}(m-1)\right] \tag{7.4.10}$$

将恒荷载压力线的基本方程[式（7.4.6）]两边对 x 两次求导数得：

$$\frac{d^2 y_1}{dx^2} = \frac{1}{H_g} \cdot \frac{d^2 M_x}{dx^2} = \frac{g_x}{H_g} \tag{7.4.11}$$

此式即为恒荷载压力线（拱轴线）的基本微分方程。

将式（7.4.10）代入式（7.4.11），并引入参数 ξ：

$$x = \xi l_1, d_x = l_1 d\xi, dx^2 = l_1^2 d\xi^2$$

得：

$$\frac{d^2 y_1}{d\xi^2} = \frac{l_1^2}{H_g} g_d \left[1 + \frac{y_1}{f}(m-1)\right]$$

令：

$$k^2 = \frac{l_1^2 g_d}{H_g f}(m-1) \tag{7.4.12}$$

则：

$$\frac{d^2 y_1}{d\xi^2} = \frac{l_1^2}{H_g} g_d + k^2 y_1 \tag{7.4.13}$$

上式为二阶非齐次常数线性微分方程。解此微分方程，得到拱轴线方程为：

$$y_1 = \frac{f}{m-1}[\cosh(k\xi) - 1] \tag{7.4.14}$$

此式称为悬链线拱轴线方程。

以 $\xi = 1, y_1 = f$ 代入上式，得：

$$\cosh k = m$$

如 m 已知，则 $k = \cosh^{-1} m = \ln(m + \sqrt{m^2 - 1})$。

任意点的拱轴纵坐标 y_1 可由式（7.4.14）得出。

如 $m = 1$ 时，则 $g_x = g_d$，即表示恒荷载为均布荷载，其压力线为抛物线，任意点的拱轴纵坐标 y_1 可按 $y_1 = f\xi^2$ 求出。

由式（7.4.14）可看出，当拱的矢跨比 f/l 确定后，悬链线的形状将取决于拱轴系数 m。不难理解，m 越大（g_j 对 g_d 的比值大），则曲线在拱脚处越陡，而曲线的四分点位置越高。曲线四分点的纵坐标与 m 值有如下的关系。

当 $\xi = 1/2, y_1 = y_{1/4}$，由式（7.4.14）得：

$$y_{1/4} = \frac{f}{m-1}\left(\cosh\frac{k}{2} - 1\right)$$

因为

$$\cosh\frac{k}{2} = \sqrt{\frac{\cosh k + 1}{2}} = \sqrt{\frac{m+1}{2}}$$

所以

$$y_{1/4} = \frac{f \cdot (\sqrt{(m+1)/2} - 1)}{m-1} = \frac{f}{\sqrt{2(m+1)} + 2}$$

$$m = \frac{1}{2}(f/y_{1/4} - 2)^2 - 1 \tag{7.4.15}$$

由上式可见，$y_{1/4}$ 随 m 增大而减小（拱轴线抬高），随 m 减小而增大（拱轴线降低）。当 $m = 1$ 时由式（7.4.15）可得 $y_{1/4}/f = 0.25$，成为悬链线中最低的一条曲线，即二次抛物线。按式（7.4.14），在为 $y_{1/4}/f$ 为 0.18 ~ 0.25 的范围内，$y_{1/4}/f$ 与 m 的对应关系见表 7.4.1。

表 7.4.1 拱轴系数 m 与 $y_{1/4}/f$ 的关系

m	1.000	1.167	1.347	1.543	1.756	1.988
$y_{1/4}/f$	0.250	0.245	0.240	0.235	0.230	0.225
m	2.240	2.514	2.814	3.142	3.500	5.321
$y_{1/4}/f$	0.220	0.215	0.210	0.205	0.200	0.180

将式（7.4.15）对 ξ 取导数得：

$$\frac{dy_1}{d\xi} = \frac{fk}{m-1}\sinh(k\xi) \tag{7.4.16}$$

因为

$$\tan\varphi = \frac{dy_1}{dx} = \frac{dy_1}{l_1 d\xi} = \frac{2dy_1}{ld\xi}$$

以式（7.4.16）代入上式得：

$$\tan\varphi = \frac{2fk\cdot\sinh(k\xi)}{l(m-1)} = \eta\sinh(k\xi) \tag{7.4.17}$$

式中：

$$\eta = \frac{2fk}{l(m-1)}$$

由上式可见，拱轴线的水平倾角与拱轴系数 m 有关。拱轴线上各点的水平倾角的正切值，可直接由《公路桥涵设计手册拱桥》（以下简称《拱桥》）的表（Ⅲ）-2 查出。

7.4.1.2 拱轴系数的确定

如前所述，悬链线拱轴方程的主要参数是拱轴系数 m。m 确定后，悬链线拱轴的各点纵坐标就可求得。以下介绍确定拱轴系数的方法。

1. 实腹式悬链线拱桥的 m

实腹拱的恒荷载分布规律，完全符合推导拱轴方程时关于荷载的基本假定。其拱顶及拱脚处的恒荷载强度分别为图 7.4.6 所示。

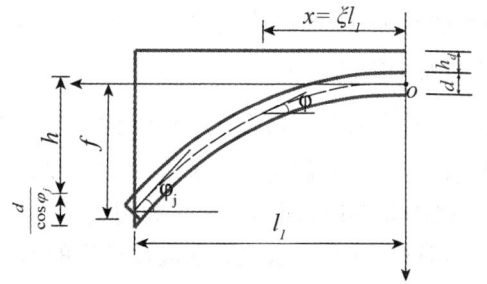

图 7.4.6 实腹拱拱顶和拱脚恒荷载强度

$$g_d = \gamma_1 h_d + \gamma_2 d$$

$$g_j = \gamma_1 h_d + \gamma_2 \frac{d}{\cos\varphi_j} + \gamma_3 h \quad (7.4.18)$$

式中 $\gamma_1, \gamma_2, \gamma_3$——拱顶、拱圈以及拱腹填料的重度；

h_d——拱顶填料厚度；

d——拱圈厚度；

h—— $h = f + \dfrac{d}{2} - \dfrac{d}{2\cos\varphi_j}$；

φ_j——拱脚处拱轴线的水平倾角。

从式（7.4.18）可以看出，除了 φ_j 是未知数，其余数值均为已知。

由于 φ_j 为未知，故不能直接算出 m 值，常用逐次近似法确定。即先根据跨径和矢高比假设 m 值，由《拱桥》附录表（Ⅲ）-20 查得拱脚处 $\cos\varphi_j$ 值，代人式求得 g_j 后，再与 g_d 一同代人式（7.4.9）求得 m 值。然后与假设的 m 值比较，如两者相符，即假定的 m 为真实值，如两者相差较大（差值大于半级，即相邻值的差值的一半），则以计算出的 m 值作为假设值（为了计算的方便，m 值应按表 7.4.1 所列数值假定），重新计算，直到两者接近为止。

2 空腹式悬链线拱桥的 m

空腹式拱桥的恒荷载不是连续分布的，其相应的恒荷载压力线不是一条平滑的曲线。为了计算方便，空腹式拱桥亦多用悬链线作为拱轴线。为了使拱轴线与恒荷载压力线偏离较小，不宜像实腹式拱桥那样根据 $m = g_j / g_d$ 确定拱轴系数。一般采用"五点重合法"来确定，即要求悬链线拱轴（虚拟恒荷载压力线）有五点（拱顶、两个 1/4 点和两个拱脚）与恒荷载压力线重合。欲达此目的，可根据上述五个点弯矩为零的条件确定 m 值。具体做法是先用数解法求出空腹拱恒荷载压力线在拱跨 1/4 点的纵坐标 $y_{1/4}$ 与 f 的比值，然后从悬链线拱轴坐标表中找出相应的 m 值：例如求出 $y_{1/4}/f = 0.20$，则其相应的 $m = 3.5$。$y_{1/4}/f$ 值可按下列公式计算。

根据拱脚和拱跨 1/4 点的截面弯矩为零的条件，可得：

$$H_g = \frac{\sum M_{1/4}}{y_{1/4}} \text{ 和 } H_g = \frac{\sum M_j}{f}$$

则

$$\frac{y_{1/4}}{f} = \frac{\sum M_{1/4}}{\sum M_j} \quad (7.4.19)$$

式中 $\sum M_{1/4}$——自拱顶至拱跨 1/4 点的恒荷载对 1/4 截面的力矩；

$\sum M_j$——半跨恒荷载对拱脚的力矩。

欲求得 $\sum M_{1/4}$ 及 $\sum M_j$，首先要确定恒荷载，而恒荷载与拱轴线形状有关，故空腹拱拱轴系数 m 仍需用逐次近似法确定。即先假定一个 m 值，定出拱轴线，布置拱上建筑，然后计算拱圈和拱上建筑恒荷载对拱脚和 1/4 截面的力矩，利用式（7.4.19）及表 7.4.1 求出 m 值，与假定的 m 值相比较，如不相符合并出入较大，则应以求得的 m 值为假定值，重新计算，逐渐接近。

第 7 章 混凝土拱桥

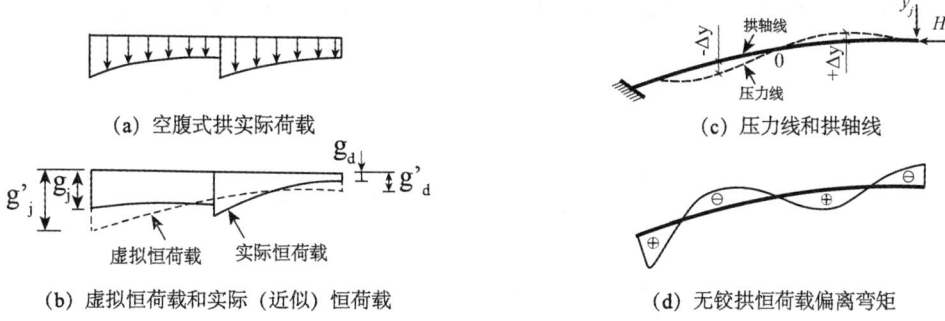

(a) 空腹式拱实际荷载

(b) 虚拟恒荷载和实际（近似）恒荷载

(c) 压力线和拱轴线

(d) 无铰拱恒荷载偏离弯矩

图 7.4.7　空腹式拱桥恒荷载分布

必须指出，用上述方法确定的拱轴线，只保证了五点与恒荷载压力线吻合，其他点存在偏离。在实腹段范围内（从拱顶1/4点附近），压力线在拱轴线之上，而在空腹段范围内（从1/4点附近到拱脚），压力线则在拱轴线之下，拱轴线与压力线存在一个正弦波形的曲线差[图7.4.7（c）]。这种偏离，在空腹式悬链线无铰拱内产生弯矩和剪力。其弯矩图形如图7.4.7（d）所示，拱顶为负值而拱脚为正值，恰好与该两截面的控制弯矩符号相反。这说明在空腹式拱桥中，用"五点重合法"确定的悬链线拱轴，其偏离弯矩对拱顶、拱脚都是有利的。

由于悬链线拱具有便于制表、计算的优点，以及恒荷载偏离弯矩能够改善拱顶、拱脚截面受力情况，因此采用悬链线做空腹拱的拱轴线还是比较合理的。

【例 7-4-1】　某无铰拱桥，计算跨径 $l=80$ m，主拱圈及拱上建筑结构自重简化为图所示的荷载作用，主拱圈截面面积 $A=5.0$ m^2，重度 $\gamma=25$ kN/m^3，试应用"五点重合法"确定拱桥拱轴系数 m。

【解】

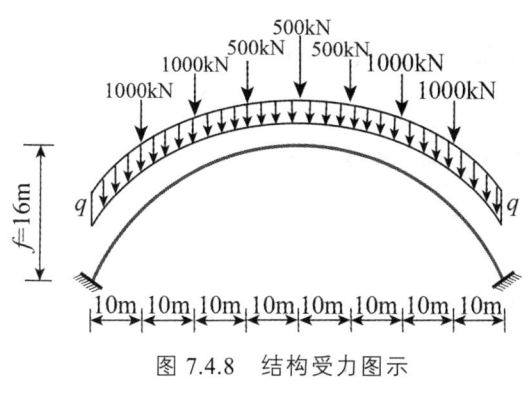

图 7.4.8　结构受力图示

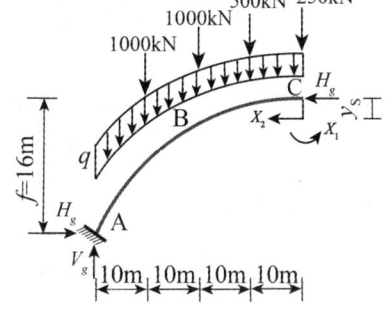

图 7.4.9　半拱结构受力图

$$\frac{y_{1/4}}{f}=\frac{\sum M_{1/4}}{\sum M_j}=\frac{1}{\sqrt{2(m+1)}+2}$$

半拱悬臂集中力荷载作用时：

$$M_{1/4}=500\times10+250\times20=10\,000\ (\text{kN}\cdot\text{m})$$

$$M_j=1\,000\times10+1\,000\times20+500\times30+250\times40=55\,000\ (\text{kN}\cdot\text{m})$$

（1）假定拱轴系数 $m=2.514, f/l=16/80=1/5$，查《拱桥》表（Ⅲ）-19 得：

$$M_k = \left(\frac{A\gamma l^2}{4}\right) \times [表值]$$

$$M_{l/4} = \left(\frac{5.0 \times 25 \times 80^2}{4}\right) \times 0.126\,19 = 25\,238 \text{ (kN·m)}$$

$$M_j = \left(\frac{5.0 \times 25 \times 80^2}{4}\right) \times 0.523\,28 = 104\,656 \text{ (kN·m)}$$

所有荷载作用下：

$$\sum M_{l/4} = 10\,000 + 25\,238 = 35\,238 \text{ (kN·m)}$$

$$\sum M_j = 55\,000 + 104\,656 = 159\,656 \text{ (kN·m)}$$

所以

$$\frac{1}{\sqrt{2(m'+1)}+2} = \frac{35\,238}{159\,656} = \frac{1}{4.531}$$

$$m' = 2.202$$

$$|m-m'| = 0.312 > 半级\left(=\frac{2.514-2\,240}{2}=0.137\right)$$

m 与 m' 不符，故需重新计算。

（2）假定拱轴系数 $m=2.24$

$$M_{l/4} = \left(\frac{5.0 \times 25 \times 80^2}{4}\right) \times 0.126\,25 = 25\,250 \text{ (kN·m)}$$

$$M_j = \left(\frac{5.0 \times 25 \times 80^2}{4}\right) \times 0.523\,54 = 104\,708 \text{ (kN·m)}$$

所有荷载作用下：

$$\sum M_{l/4} = 10\,000 + 25\,250 = 35\,250 \text{ (kN·m)}$$

$$\sum M_j = 55\,000 + 104\,708 = 159\,708 \text{ (kN·m)}$$

所以 $\dfrac{1}{\sqrt{2(m'+1)}+2} = \dfrac{35\,250}{159\,708} = \dfrac{1}{4.531}$

$$m' = 2.202$$

$$|m-m'| = 0.038$$

两者的差值小于半级，因此取拱轴系数 $m=2.24$。

7.4.1.3 悬链线无铰拱的内力计算

拱桥内力计算是一个复杂的过程，通常需要将计算分解为主拱内力计算和拱上建筑内力计算。这种分解的目的是为了简化计算模型，但它忽略了主拱与拱上建筑之间的相互作用。在实际结构中，主拱和拱上建筑是共同受力的，它们之间存在联合作用。这种联合作用会影响拱桥的实际内力分布，尤其是对拱式拱上建筑的内力影响较大。具体来说，主拱的弹性变位会影响拱上建筑的内力，而拱上建筑则会约束主拱的变位。研究表明，考虑联合作用后，主拱所受的弯矩会有所减小。因此，在进行拱上建筑的计算时，尤其是拱式拱上建筑，应该考虑联合作用的影响。而在主拱的计算中，不考虑联合作用仍然是偏安全的。在实际工程应用中，设计者通常会使用手算法或计算机程序来计算拱桥的内力。手算法包括等截面悬链线拱的恒载和活载内力计算，以及其他内力的计算和调整。此外，还可以考虑几何非线性对拱桥计算的影响。通过建立数学模型和解析几何方法，可以求解合理拱轴线，进而分析矢跨比与内力的关系，为拱桥的设计提供理论基础。总的来说，拱桥内力计算是一个综合考虑多种因素的过程，需要根据具体的桥梁设计和荷载情况来进行详细的分析和计算。在设计阶段，考虑主拱与拱上建筑的联合作用对于确保结构的安全性和经济性是非常重要的。

本节主要介绍等截面无铰拱主拱的内力计算，计算中不考虑联合作用的影响。

1. 基本计算理论

计算无铰拱的内力时，常利用弹性中心，求解时，采用悬臂曲梁[图 7.4.10（a）]或简支梁[图 7.4.10（b）]作为基本结构。将三个超静定赘余力 X_1、X_2、X_3 作用在弹性中心上，根据弹性中心的特性，则副变位均等于零。可以直接求解超静定赘余力 X_1、X_2、X_3。

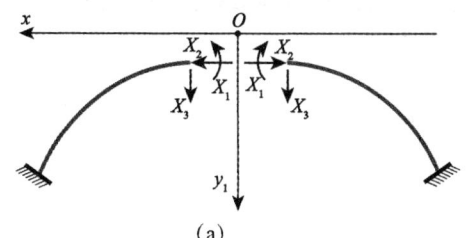
(a)

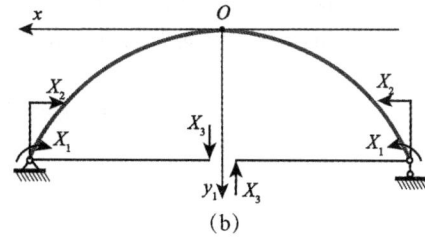
(b)

图 7.4.10 无铰拱内力计算图示

当拱左右对称时，弹性中心位于其对称轴上，距拱顶的纵坐标为：

$$y_s = \frac{\int_s \frac{y_1 ds}{EI}}{\int_s \frac{ds}{EI}}$$

式中：

$$y_1 = \frac{f}{m-1}[\cosh(k\xi)-1]$$

$$ds = \frac{dx}{\cos\varphi} = \frac{l}{2} \cdot \frac{d\xi}{\cos\varphi}$$

$$\cos\varphi = \frac{1}{\sqrt{1+\tan^2\varphi}} = \frac{1}{\sqrt{1+\eta^2\sinh^2(k\xi)}}$$

对于等截面拱，EI 为常数，则

$$y_s = \frac{\int_s \dfrac{y_l ds}{EI}}{\int_s \dfrac{ds}{EI}} = \frac{f}{m-1} \cdot \frac{\int_0^1 [\cosh(k\xi)-1]\sqrt{1+\eta^2\sinh^2(k\xi)}d\xi}{\int_0^1 \sqrt{1+\eta^2\sinh^2(k\xi)}d\xi} = \alpha_1 f \quad (7.4.20)$$

式中　α_1——弹性中心坐标系数，与拱轴系数 m 有关，可由《拱桥》中表（Ⅲ）-3 查得。

2. 恒荷载作用下拱的内力计算

当采用恒荷载压力线作为拱轴线时，如果拱是绝对刚性的，即拱轴长度是不变的，则在恒荷载作用下拱内仅产生轴向压力而无弯矩和剪力。但拱圈并非绝对刚性，它在轴向压力作用下，将发生弹性压缩变形，拱轴要缩短，因此会在拱中产生弯矩和剪力，这就是所谓的弹性压缩影响。拱圈的轴向力主要是在恒荷载和活荷载作用下发生的，因此，拱圈弹性压缩对内力的影响也要在恒荷载和活荷载内力计算中分别计入，拱圈弹性压缩影响与恒荷载、活荷载作用下产生的内力是同时发生的，但为了计算上的方便，先计算不考虑弹性压缩时的内力，再计算弹性压缩引起的内力，然后两者叠加起来。如果拱轴线对恒荷载压力线有偏离，则还要计算拱轴偏离引起的恒荷载内力。

（1）不考虑弹性压缩的恒荷载内力

① 实腹拱

实腹式悬链线拱的拱轴线与恒荷载压力线完全吻合，所以在恒荷载作用下，主拱各截面上仅产生轴向压力。根据力的平衡条件，拱脚的竖直反力为：

$$V_g = \int_0^{l_l} g_x dx = \int_0^1 l_1 g_d \left[1+(m-1)\frac{y_1}{f}\right]d\xi = k_g' g_d l \quad (7.4.21)$$

式中

$$k_g' = \frac{\sqrt{m^2-1}}{2[\ln(m+\sqrt{m^2-1})]}$$

由式（7.4.12）可得恒荷载水平推力为：

$$H_g = \frac{m-1}{4k^2}\frac{g_d l^2}{f} = k_g \frac{g_d l^2}{f}$$

$$k_g = \frac{m-1}{4k^2} \quad (7.4.22)$$

系数 k_g' 和 k_g 可由《拱桥》中表（Ⅲ）-4 查得。

主拱各截面的轴向力可按下式计算，而恒荷载弯矩和剪力均为 0。

$$N = \frac{H_g}{\cos\varphi} \quad (7.4.23)$$

② 空腹式拱

空腹式悬链线无铰拱，如暂不考虑拱轴偏离影响，则拱的恒荷载推力 $\dfrac{H_g}{\cos\varphi}$ 和拱脚竖向反力 V_g 可直接由力的平衡条件求出。

（2）考虑弹性压缩的恒荷载内力

在恒荷载轴向压力作用下，主拱的弹性压缩引起拱轴沿跨径方向缩短 Δl_g。为了平衡这一弹性压缩，就必定有一个作用于弹性中心而方向向外的水平力 H_g，如图7.4.11（a）所示。

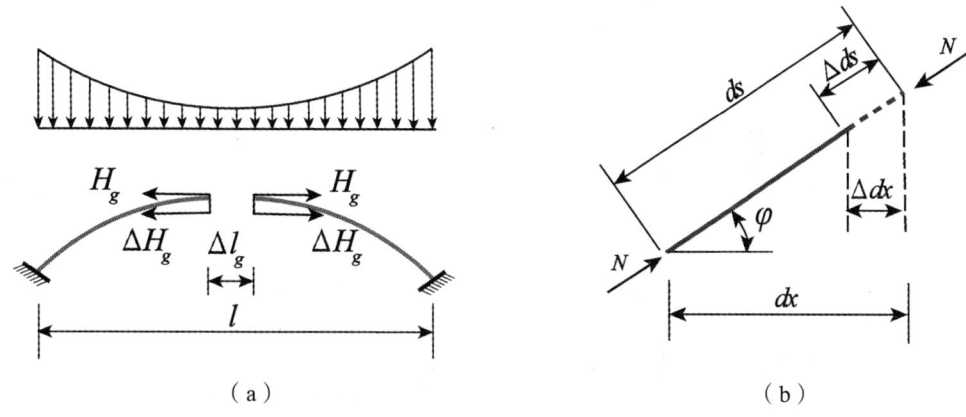

图 7.4.11　弹性压缩引起拱轴缩短

根据变形协调条件可得：

$$\Delta H_g \delta_{22} - \Delta l_g = 0$$

$$\Delta H_g = \dfrac{\Delta l_g}{\delta_{22}} \quad (7.4.24)$$

从拱中取一微段 ds[图7.4.11（b）]，其在恒荷载轴向压力作用下缩短 Δdx，则整个拱轴缩短的水平分量为：

$$\Delta l_g = \int_0^l \Delta dx$$

$$\Delta dx = \Delta ds \cdot \cos\varphi = \dfrac{Nds}{EA}\cos\varphi = \dfrac{Ndx}{EA} = \dfrac{H_g}{\cos\varphi} \cdot \dfrac{dx}{EA}$$

$$\Delta l_g = \int_0^l \dfrac{H_g dx}{EA\cos\varphi} = H_g \int_0^l \dfrac{dx}{EA\cos\varphi} \quad (7.4.25)$$

由于单位水平力作用在弹性中心，其产生的水平位移（考虑轴向力的影响）为：

$$\delta_{22} = \int_s \dfrac{\overline{M}_2^2 dx}{EI} + \int_s \dfrac{\overline{N}_2^2 ds}{EA} = \int_s \dfrac{y^2 ds}{EI} + \int_s \dfrac{\cos^2\varphi ds}{EA} = (1+\mu)\int_s \dfrac{y^2 ds}{EI} \quad (7.4.26)$$

式中：

$$y = y_s - y_1$$

混凝土桥

$$\mu = \frac{\int_s \frac{\cos^2\varphi ds}{EA}}{\int_s \frac{y^2 ds}{EI}} \tag{7.4.27}$$

将式（7.4.25）、式（7.4.26）代入式（7.4.25）得：

$$\Delta H_g = \frac{H_g}{1+\mu} \cdot \frac{\int_0^1 \frac{ds}{EA\cos\varphi}}{\int_s \frac{y^2 ds}{EI}} = H_g \frac{\mu_1}{1+\mu} \tag{7.4.28}$$

式中：

$$\mu_1 = \frac{\int_0^1 \frac{ds}{EA\cos\varphi}}{\int_s \frac{y^2 ds}{EI}} \tag{7.4.29}$$

在 μ 和 μ_1 的两个公式中。分母项可查《拱桥》中表（Ⅲ）-5，分子项可改写为：

$$\int_s \frac{\cos^2\varphi ds}{EA} = \frac{l}{EA}\int_0^1 \cos\varphi \frac{dx}{l} = \frac{l}{EA}\int_0^1 \frac{d\xi}{\sqrt{1+\eta^2 \sinh(k\xi)}} = \frac{l}{EA}\cdot\frac{1}{\upsilon} \tag{7.4.30}$$

$$\int_0^1 \frac{dx}{EA\cos\varphi} = \frac{l}{EA}\int_0^1 \frac{1}{\cos\varphi}\frac{dx}{l} = \frac{l}{EA}\int_0^1 \sqrt{1+\eta^2\sinh(k\xi)}dx = \frac{l}{EA}\cdot\frac{1}{\upsilon_1} \tag{7.4.31}$$

于是：

$$\mu = \frac{l}{EA\upsilon \int_s \frac{y^2 ds}{EI}} \tag{7.4.32}$$

$$\mu_1 = \frac{l}{EA\upsilon_1 \int_s \frac{y^2 ds}{EI}} \tag{7.4.33}$$

式中，υ、υ_1 值可由《拱桥》中表（Ⅲ）-10、表（Ⅲ）-8 查得，由于 ΔH_g 的作用，在拱内产生弯矩、剪力和轴力，各内力的正向如图 7.4.12 所示。则在恒荷载作用下，考虑弹性压缩后拱的内力为：

$$N = \frac{H_g}{\cos\varphi} - \frac{\mu_1}{1+\mu}H_g\cdot\cos\varphi$$

$$M = \frac{\mu_1}{1+\mu}H_g(y_s - y_1)$$

$$V = \mp\frac{\mu_1}{1+\mu}H_g\sin\varphi \tag{7.4.34}$$

剪力公式中上边符号适用于左半拱，下边符号适用于右半拱。

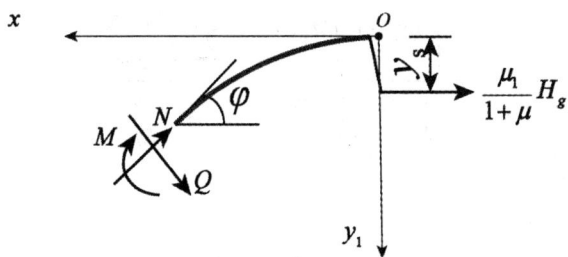

图 7.4.12 ΔH_g 作用在拱内产生的内力符号

从上式可见，考虑了弹性压缩后，主拱各截面将产生弯矩。例如在拱顶产生正弯矩，该处压力线上移；在拱脚产生负弯矩，压力线下移，即实际的恒荷载压力线不可能与拱轴线重合。

对于跨度较小而矢跨比较大的拱桥，可不计弹性压缩影响。《公路桥涵设计通用规范》（JTG D60—2015）规定，在下列情况下，设计时可不计弹性压缩的影响：$l \leqslant 30 \text{ m}$ 且 $\dfrac{f}{l} \geqslant \dfrac{1}{3}$；$l \leqslant 20 \text{ m}$ 且 $\dfrac{f}{l} \geqslant \dfrac{1}{4}$；$l \leqslant 10 \text{ m}$ 且 $\dfrac{f}{l} \geqslant \dfrac{1}{5}$。

（3）拱轴线偏离恒荷载压力线的附加内力

如前所述，悬链线空腹拱的拱轴是利用与恒荷载压力线在拱顶、拱脚及 1/4 处五点重合的方法确定的，除此五点外其他各点均与压力线有偏离，使拱内产生附加内力。

设恒荷载压力线上任意点 i' 的纵坐标为 y_1'，拱轴线上的相应点 i 下的纵坐标为 y_1，如图 7.4.13 所示，则：

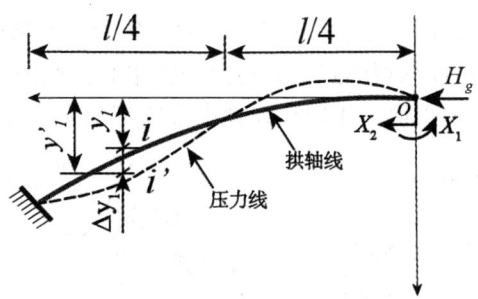

图 7.4.13 压力线偏离拱轴线情况

偏离值 $\Delta y = y_1 - y_1'$，故基本体系中由于拱轴线偏离压力线引起的弯矩为：

$$M_p = H_g y_1 - M_i = H_g \Delta y$$

由于偏离弯矩 M_p 的存在，在无铰拱弹性中心产生附加赘余力 X_1 和 X_2，其值分别为：

$$X_1 = -\dfrac{\Delta_M}{\delta_{11}} = -\dfrac{\int_s \dfrac{M_p ds}{EI}}{\int_s \dfrac{ds}{EI}} = -\dfrac{\sum_{i=0}^{n} \dfrac{M_{pi} \Delta x}{EI_i \cos \varphi}}{\int_0^l \dfrac{dx}{EI \cos \varphi}}$$

$$X_2 = -\frac{\Delta_{2M}}{\delta_{22}} = -\frac{\int_s \frac{(y_1-y_s)M_p ds}{EI}}{\int_s \frac{(y_1-y_s)^2 ds}{EI}} = -\frac{\sum_{i=0}^{n}\frac{y_1 M_{pi}\Delta x}{EI_i\cos\varphi}}{\int_s \frac{y^2 ds}{EI}}$$

式中　n——半跨拱分段数；

　　　Δx——分段水平长度。

由于上面两式的分子不易积分，故改为数值积分求解。

于是，考虑拱轴线偏离恒荷载压力线时的附加内力为：

$$\Delta N = X_2 \cos\varphi$$
$$\Delta M = X_1 + X_2(y_1 + y_s) + H_g \Delta y$$
$$\Delta V = X_2 \sin\varphi \tag{7.4.35}$$

偏离附加内力的大小与荷载的具体布置有关，一般是拱上腹孔跨度越大，偏离影响也越大。对于大跨度空腹拱桥，应该计算这种偏离影响。将式（7.4.35）叠加到式（7.4.34）上去，即得设计恒荷载内力。

3. 活载作用下拱的内力计算

求无铰拱活荷载内力时，一般先求出赘余力影响线，然后用叠加方法求出拱的支点反力和控制截面的内力影响线，最后在内力影响线上按最不利位置布载计算出截面最大内力。为计算方便，先不考虑弹性压缩影响，即暂不考虑轴向力对变位的影响，然后计算弹性压缩影响。

（1）不考虑弹性压缩的活荷载内力

① 赘余力影响线

为了使积分连续，便于制表，在此采用了简支曲梁作为基本结构，如图 7.4.14（a）所示：图中赘余力 X_2，X_3 作用在刚性悬臂端点，并通过弹性中心。设图 7.4.14（b）所示内、外力方向和与内力同向的变位均为正值。作用在弹性中心的赘余力，可按下式求算：

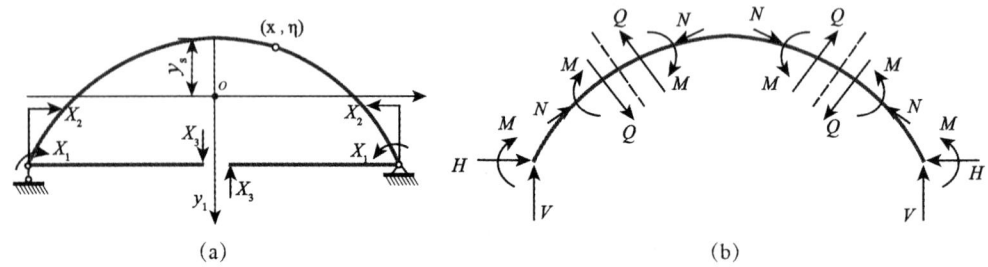

图 7.4.14　拱的基本计算结构

$$X_1 \delta_{11} + \Delta_p = 0, \quad X_1 = -\frac{\Delta_p}{\delta_{11}}$$

$$X_2 \delta_{22} + \Delta_{2p} = 0, \quad X_2 = -\frac{\Delta_{2p}}{\delta_{22}}$$

$$\delta_{33} + \Delta_{3p} = 0, \quad X_3 = -\frac{\Delta_{3p}}{\delta_{33}} \tag{7.4.36}$$

上式中分母为弹性中心的常变位值,分子为载变位值。

如暂不考虑轴向力对变位的影响(即暂不计拱轴弹性压缩影响),且不计剪力及曲率对变位的影响,则:

$$\delta_{11}=\int_s\frac{\overline{M_1^2}ds}{EI},\quad \delta_{22}=\int_s\frac{\overline{M_2^2}ds}{EI},\quad \delta_{33}=\int_s\frac{\overline{M_3^2}ds}{EI} \tag{7.4.37}$$

$$\Delta_{1p}=\int_s\frac{\overline{M_1}M_p ds}{EI},\quad \Delta_{2p}=\int_s\frac{\overline{M_2}M_p ds}{EI},\quad \Delta_{3p}=\int_s\frac{\overline{M_3}M_p ds}{EI} \tag{7.4.38}$$

式中 $\overline{M_1}$ ——当 $X_1=1$ 时,其在基本结构任意截面上所产生的弯矩,$\overline{M_1}=1$;

$\overline{M_2}$ ——当 $X_2=1$ 时,其在基本结构任意截面上所产生的弯矩,$\overline{M_1}=y_1-y_s$;

$\overline{M_3}$ ——当 $X_3=1$ 时,其在基本结构任意截面上所产生的弯矩,$\overline{M_1}=\mp x$;

M_p ——单位荷载作用在基本结构任意截面上所产生的弯矩,如图 7.4.16(a)所示。

为了简化 Δ_{1p}、Δ_{2p}、Δ_{3p} 的计算,可将单位荷载分解为正对称和反对称两组荷载(图 7.4.15),并设荷载作用在右半拱。

由于结构的对称性,Δ_{1p}、Δ_{2p} 只需考虑正对称荷载作用下的情况(反对称时为零);而 Δ_{3p} 只需考虑反对称荷载作用下的情况(正对称时为零)。

正对称时:

AB 段 $\qquad M_p=\dfrac{1}{2}(l_1-x)$

BC 段 $\qquad M_p=\dfrac{l_1}{2}(1-a)$

反对称时:

AB 段 $\qquad M_p=\mp\dfrac{a}{2}(l_1-x)$

BC 段 $\qquad M_p=\mp\dfrac{x}{2}(1-a)$

上述公式中上边符号适用于左半拱,下边符号适用于右半拱。

将 $\overline{M_1}$、$\overline{M_2}$、$\overline{M_3}$ 代入常变位及载变位公式(7.4.37 及式(7.4.38)得:

$$\delta_{11}=\int_s\frac{\overline{M_1^2}ds}{EI}=\int_s\frac{ds}{EI}=\frac{l}{EI}\int_0^1\sqrt{1+\eta^2\sinh^2(k\xi)}d\xi=\frac{l}{EA}\cdot\frac{1}{v_1}$$

$$\delta_{22}=\int_s\frac{\overline{M_2^2}ds}{EI}=\int_s\frac{(y_1-y_s)^2 ds}{EI}$$

根据弹性中心的特性,即:

$$\int_s\frac{(y_1-y_s)ds}{EI}=0$$

则:

$$\left(y_s+\frac{f}{m-1}\right)\int_s\frac{(y_1-y_s)ds}{EI}=0$$

故：

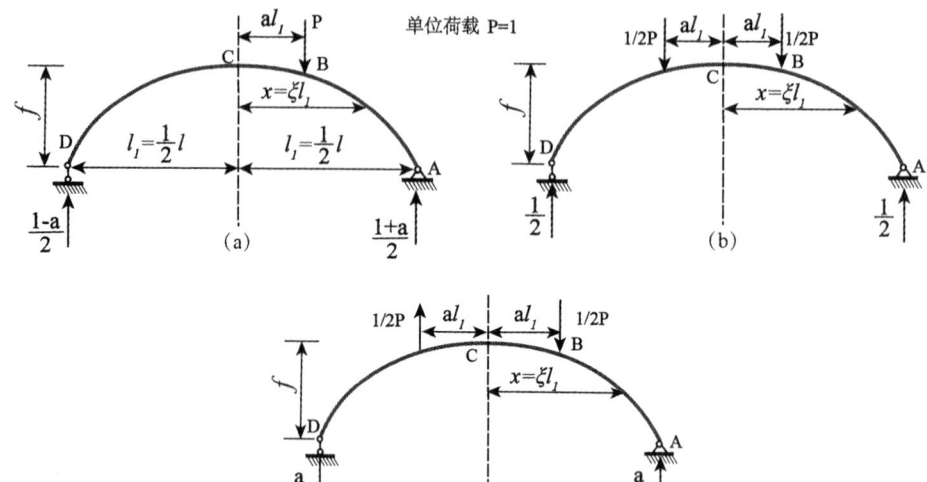

图 7.4.15　将荷载分解为正、反对称

$$\delta_{22} = \int_s \left[(y_1 - y_s)^2 + (y_1 - y_s)\left(y_s + \frac{f}{m-1}\right) \right]\frac{ds}{EI} = \int_s (y_1 - y_s)\left(y_1 + \frac{f}{m-1}\right)\frac{ds}{EI}$$

$$= \frac{l}{EI}\int_0^1 \left\{\frac{f}{m-1}[\cosh(k\xi) - 1] - y_s\right\}\left[\frac{f}{m-1}\cosh(k\xi)\right]\sqrt{1+\eta^2\sinh^2(k\xi)}\,d\xi = \theta\frac{lf^2}{EI}$$

$$\delta_{33} = \int_s \frac{\overline{M_3^2}\,ds}{EI} = \int_s \frac{x^2 dx}{EI} = \frac{l^3}{4EI}\int_0^1 \xi^2\sqrt{1+\eta^2\sinh^2(k\xi)}\,d\xi = \gamma\frac{l^3}{EI}$$

以上三式中，$\dfrac{1}{v_1}$、θ、γ 值可分别由《拱桥》中表（Ⅲ）-8、表（Ⅲ）-5、表（Ⅲ）-6 查得，$l \cdot \dfrac{1}{v_1}$ 等于拱轴线弧长 s。

$$\Delta_{1p} = \int_s \frac{\overline{M_1}M_p\,ds}{EI} = \frac{(1-a)l^2}{4EI}\int_0^a \sqrt{1+\eta^2\sinh^2(k\xi)}\,d\xi + \frac{l^2}{4EI}\int_a^1 (1-\xi)\sqrt{1+\eta^2\sinh^2(k\xi)}\,d\xi$$

$$\Delta_{2p} = \int_s \frac{\overline{M_2}M_p\,ds}{EI}$$

$$= \frac{l^2}{4EI}\left\{(1-a)\int_0^a \left\{\frac{f}{m-1}[\cosh(k\xi)-1]-y_s\right\}\sqrt{1+\eta^2\sinh^2(k\xi)}\,d\xi + \right.$$

$$\left. \int_a^1 \left\{\frac{f}{m-1}[\cosh(k\xi)-1]-y_s\right\}(1-\xi)\sqrt{1+\eta^2\sinh^2(k\xi)}\,d\xi\right\}$$

$$\Delta_{3p} = \int_s \frac{\overline{M_3}M_p\,ds}{EI} = -\frac{l^3(1-a)}{8EI}\int_0^a \xi^2\sqrt{1+\eta^2\sinh^2(k\xi)}\,d\xi -$$

$$\frac{l^3 a}{8EI}\int_a^1 \xi(1-\xi)\sqrt{1+\eta^2\sinh^2(k\xi)}\,d\xi$$

当荷载 P = 1 作用于不同位置时，即可利用上式分别求出赘余力 X_1、X_2、X_3 的各点影响线坐标，其图形如图 7.4.16（b）、（c）、（d）所示。

② 支点反力和内力影响线

求得赘余力影响线后，拱脚支点反力以及任意截面的内力影响线，可利用静力平衡条件和叠加方法求得。

（i）水平推力影响线。由 $\sum x = 0$，得水平推力 $H_1 = X_2$，即 H_1 的影响线与赘余力 X_2 的影响线是完全一致的，其坐标值可从《拱桥》中表（Ⅲ）-12 查得。

（ii）拱脚竖向反力影响线。由 $\sum y = 0$，得竖向反力 $V_R = V_0 \mp X_3$（上边符号适用于左半拱，下边符号适用于右半拱），式中 V_0 为简支梁反力。故 V_R 的影响线由 V_0 与赘余力 X_3 两条影响线叠加而成，如图 7.4.16（e）所示（图中虚线为左拱脚竖向反力影响线）。显而易见，拱脚竖向反力影响线 V_R 的总面积为 1/2。

（iii）任意截面的内力影响线。由图 7.4.16（a）可知，任意截面的内力为：

$$M = M_0 - H_1 y \pm X_3 x + X_1$$
$$N = Q_b \sin\varphi + H_1 \cos\varphi$$
$$Q = \pm H_1 \sin\varphi - Q_b \sin\varphi \tag{7.4.39}$$

式中　M_0——简支梁弯矩

　　　Q_b——作用于截面以左的竖向外力总和，称为梁式剪力，正值表示向上，负值表示向下；当单位荷载在截面左边时，$Q_b = V_左 - 1$；当单位荷载在截面右边时，$Q_b = V_左$。

　　　$V_左$ 为左支承竖向反力。

式（7.4.39）中上边符号适用于左半拱，下边符号适用于右半拱。

根据式（7.4.39）可叠加求得拱任意截面的内力影响线，其形状可见图 7.4.17。

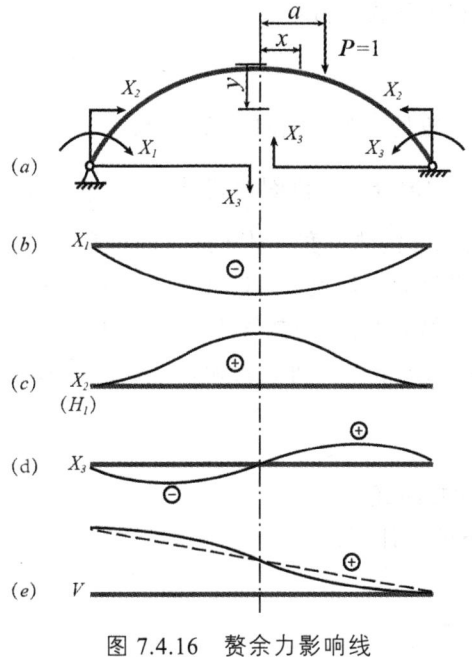

图 7.4.16　赘余力影响线

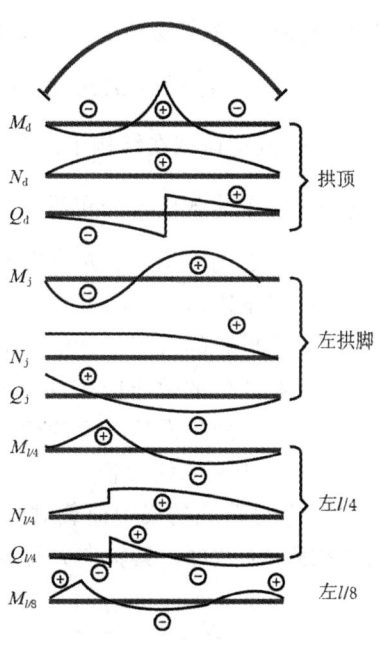

图 7.4.17　拱任意截面内力影响线

在实际计算中，任意截面的轴向力 N 和剪力 Q，一般不作影响线，而利用推力 H_1 和竖向反力 V 的影响线求得：

$$轴向力 \begin{cases} 拱顶： N = H_1 \\ 拱脚： N = H_1 \cos\varphi_j + V_R \sin\varphi_j \\ 其他截面： N \approx \dfrac{H_1}{\cos\varphi_X} \quad 其他截面： N \approx H_1 / \cos\varphi_X \end{cases}$$

$$剪力 \begin{cases} 拱顶：数值很小，可以忽略 \\ 拱脚： Q = H_1 \sin\varphi_j + V \cos\varphi_j \\ 其他截面：数值很小，可以忽略 \end{cases}$$

以上公式是根据单位荷载作用于右半拱推导出来的，如单位荷载作用在左半拱，则 Δ_{3p} 的公式要变号。

③ 活荷载内力计算

拱桥属于空间立体结构，当活载作用于桥跨结构时，在桥梁的横断面上会出现内力的不均匀分布，这种现象称为"活荷载的横向分布"。《公路桥涵设计通用规范》（JTG D60—2015）中规定，对拱上建筑为排架的板拱（包括双曲拱、箱形截面拱），应考虑活荷载的横向分布；对于其他的拱桥，活荷载按整体平均分布。

有了内力影响线和明确了活荷载的横向分布之后，即可按最不利荷载位置布载，以求得最大内力。拱是偏心受压构件，最大正应力是由弯矩 M 和轴向力 N 共同确定的，但荷载布置往往不可能使 M 和 N 同时达到最大。在实际计算中，考虑拱桥的抗弯性能远差于抗压性能，一般可以在弯矩影响线上按最不利情况加载，求得最大（或最小）弯矩，然后求出与这种加载情况相应的 H_1 和 V 的数值，以求得与最大（或最小）弯矩相应的轴向力。

不考虑弹性压缩的影响，汽车荷载内力可利用下式求得：

$$S_q = (1+\mu)\xi\eta(q_k\omega + P_k y)$$

式中　S_q——汽车荷载在结构上产生的效应，一般是弯矩、轴向力或剪力；

η——汽车荷载横向分布系数，当活载均匀分布于拱圈全宽时，$\eta = \dfrac{C}{B}\eta = C/B$，其中 C 为车道数，B 为拱圈宽度（此时 η 按单位宽度计）或拱箱个数；

ξ——多车道横向折减系数，《公路桥涵设计通用规范》（JTG D60—2015）规定，多车道桥梁的汽车荷载应考虑折减，当桥涵设计车道数等于或大于 2 时，由汽车荷载产生的效应应按规定的多车道横向折减系数进行折减，但折减后的效应不得小于两条设计车道的荷载效应。

ω——内力影响线面积；

y——车道荷载的集中荷载对应的内力影响线峰值。

对于拱跨 $l/4$ 截面，其轴向力可近似按以下公式计算：

$$N_{1/4} \approx \dfrac{H_1}{\cos\varphi_{1/4}}$$

（2）考虑弹性压缩的活荷载内力

与求恒荷载弹性压缩影响的原理相同，活荷载轴向力引起拱轴沿跨径方向变位 Δl。为了平衡此弹性压缩，必须在弹性中心上施加一个方向向外的水平拉力 ΔH。因而考虑弹性压缩后拱的活荷载推力为：

$$H = H_1 - \Delta H$$

式中，H_1 为不考虑弹性压缩的活荷载推力，ΔH 按下式计算：

$$\Delta H = \frac{\Delta l}{\delta_{22}} = \frac{\int_s \frac{Nds}{EA}\cos\varphi}{\delta_{22}}$$

在竖直力 P 作用下，拱任意截面上产生轴向力 N、弯矩 M 和剪力 Q，如图 7.4.18 所示。所有的力均投影在水平方向上、则轴向力为：

$$N = \frac{H_1 - Q\sin\varphi}{\cos\varphi} = \frac{H_1}{\cos\varphi}\left(1 - \frac{Q}{H_1}\sin\varphi\right)$$

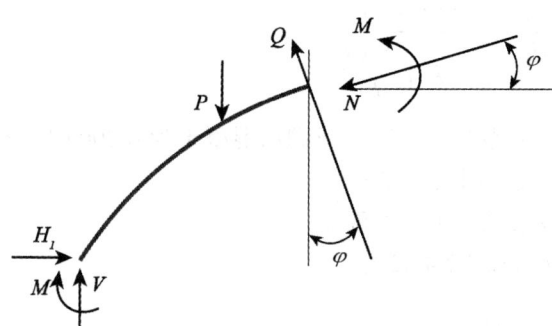

图 7.4.18　拱任意截面在竖直力作用下产生的内力

上式中第二项数值远比第一项要小，略去 $\frac{Q}{H_1}\sin\varphi$ 项，得：

$$N = \frac{H_1}{\cos\varphi}$$

于是：

$$\Delta H = \frac{H_1\int_0^l \frac{dx}{EA\cos\varphi}}{\delta_{22}} = \frac{H_1\int_0^l \frac{dx}{EA\cos\varphi}}{(1+\mu)\int_s \frac{y^2 ds}{EI}} = H_1\frac{\mu_1}{1+\mu} \quad (7.4.40)$$

上式中 μ_1 和 μ 同式（7.4.32）和式（7.4.33）

由弹性压缩引起的内力为：

$$\Delta M = \Delta H \cdot y = H_1\frac{\mu_1}{1+\mu}\cdot y$$

$$\Delta N = -\Delta H \cos\varphi = -H_1 \frac{\mu_1}{1+\mu} \cdot \cos\varphi$$

$$\Delta Q = \mp \Delta H \sin\varphi = \mp H_1 \frac{\mu_1}{1+\mu} \cdot \sin\varphi \tag{7.4.41}$$

上述剪力公式中上边符号适用于左半拱，下边符号适用于右半拱。

将不考虑弹性压缩的活荷载内力与活荷载弹性压缩产生的内力叠加起来，即得活荷载作用下的总内力。

4. 温度变化和混凝土收缩引起的内力

在超静定拱中，温度变化、混凝土收缩都将产生 Q 附加内力。

（1）温度变化引起的内力

与计算弹性压缩时一样，设温度变化引起跨径方向的变位为 Δl_t，为消除这一变位就需要在弹性中心施加水平推力 H_t（图 7.4.19）。显然，温度上升时，H_t 为正（向内作用）；温度下降时，H_t 为负（向外作用）。则 H_t 为：

$$H_t = \frac{\Delta l_t}{\delta_{22}} = \frac{\alpha l(t_2 - t_1)}{(1+\mu)\int_s \frac{y^2 ds}{EI}} \tag{7.4.42}$$

式中　α——材料的线膨胀系数，混凝土或钢筋混凝土为 0.000 01，石砌体为 0.000 008；

　　　t_1——封拱（或合龙）时的温度；

　　　t_2——当地最高或最低月平均气温。

式（7.4.42）中的 μ 同式（7.4.32）。

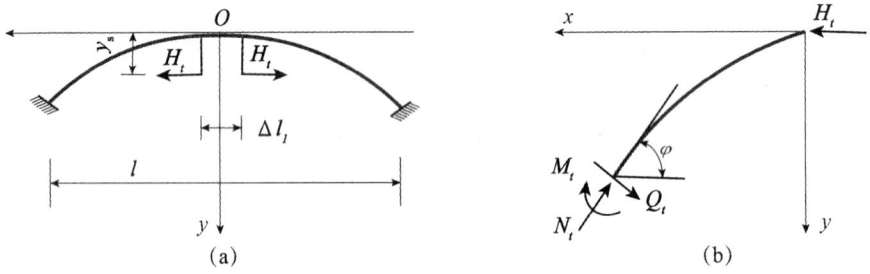

图 7.4.19　温差内力计算图示

由于 H_t 的作用，拱各截面的内力[图 7.4.19（b）]为：

$$M_t = -H_t y = -H_t(y_s - y_1)$$

$$N_t = H_t \cos\varphi$$

$$Q_t = \pm H_t \sin\varphi \tag{7.4.43}$$

上式中上边符号适用于左半拱，下边符号适用于右半拱。

《公路桥涵设计通用规范》（JTG D60—2015）中规定，对于跨径不大于 25 m 的砖、石、混凝土预制块砌体的拱桥，当矢跨比大于或等于 1/5 时，可不计温度变化影响力。

（2）混凝土收缩引起的内力

混凝土在结硬过程中的收缩变形，其作用与温度下降相似，通常将混凝土收缩的影响，折算为温度的额外降低。《公路桥涵设计通用规范》（JTG D60—2015）建议：

整体浇筑的混凝土结构的收缩影响，对于一般地区相当于降低温度 20 ℃，干燥地区为 30 ℃；整体浇筑的钢筋混凝土结构的收缩影响，相当于降低温度 15~20 ℃。

分段浇筑的钢筋混凝土或钢筋混凝土结构的收缩影响，相当于降低温度 10~15 ℃。

装配式钢筋混凝土结构的收缩影响，相当于降低温度 5~10 ℃。

计算拱圈的温度变化和混凝土收缩影响时，可根据实际资料考虑混凝土徐变的影响，如缺乏实际资料，计算内力可乘以下列系数：温度变化影响力取 0.7；混凝土收缩影响力取 0.45。

5. 拱脚变位引起的内力

在软土地基上建造拱桥，墩台常发生水平位移、不均匀沉降和转动，这些变位也将在超静定拱内产生附加内力。

（1）拱脚相对水平位移引起的内力

在图 7.4.20 中设左拱脚发生水平位移 Δ_{HA}，右拱脚发生水平位移 Δ_{HB}，两拱脚相对水平位移为：

$$\Delta_H = \Delta_{HB} - \Delta_{HA}$$

式中：Δ_{HA}，Δ_{HB} 分别表示左、右拱脚水平位移，自原位置右移为正，左移为负。这时在弹性中心处也将产生 Δ_H 的相对水平位移，但相对转角和垂直位移为零由变形协调条件可得弹性中心处的赘余力 X_2 为：

$$X_2 = \frac{\Delta H}{\delta_{22}}$$

式中：$\delta_{22} = \int_s \frac{y^2 ds}{EI}$，可由《拱桥》中表（Ⅲ）-5 查得。

任意截面的内力为：

$$M = X_2(y_s - y_1) = \frac{\Delta H}{\delta_{22}}(y_s - y_1)$$

$$N = X_2 \cos\varphi = \frac{\Delta H}{\delta_{22}} = \cos\varphi$$

$$Q = \mp X_2 \sin\varphi = \mp \frac{\Delta_H}{\delta_{22}} \sin\varphi \qquad (7.4.44)$$

上式中上边符号适用于左半拱，下边符号适用于右半拱。

（2）拱脚相对垂直位移引起的内力

在图 7.4.21 中，拱脚相对垂直位移：

$$\Delta_V = \Delta_{VB} - \Delta_{VA}$$

式中 Δ_{VA}，Δ_{VB}——左、右拱脚垂直位移，自原位置向下移为正，上移为负。

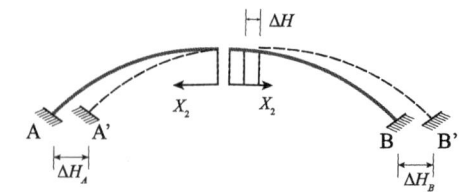

图 7.4.20 拱脚水平位移引起的内力计算图式

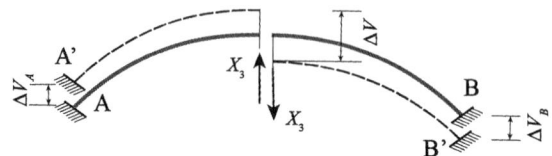

图 7.4.21 拱脚垂直位移引起的内力计算图式

在弹性中心处也将产生 Δ_V 的相对垂直位移，但相对转角和水平位移为零；由变形协调条件可得弹性中心处的赘余力 X_3 为：

$$X_3 = -\frac{\Delta_V}{\delta_{33}}$$

式中，$\delta_{33} = \int_s \frac{x^2 ds}{EI}$，可由《拱桥》中表（Ⅲ）-6 查得。

任意截面的内力为：

$$M = \pm X_3 x = \mp \frac{\Delta_V}{\delta_{33}} x$$

$$N = \pm X_3 \sin\varphi = \mp \frac{\Delta_V}{\delta_{33}} \sin\varphi$$

$$Q = X_3 \cos\varphi = -\frac{\Delta_V}{\delta_{33}} \cos\varphi \quad (7.4.45)$$

上式中上边符号适用于左半拱，下边符号适用于右半拱。

（3）拱脚相对转角引起的内力

在图 7.4.22 中，表示拱脚 B 发生相对转角 θ_B（θ_B 顺时针为正），这时在弹性中心处除了产生相同的转角 θ_B 外，还引起相对的水平位移 Δ_H 和垂直位移 Δ_V。由变形协调条件可得弹性中心的三个赘余力 X_1、X_2 和 X_3 为：

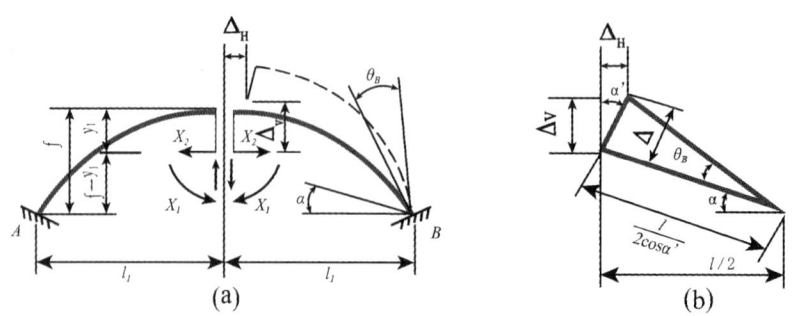

图 7.4.22 拱脚相对转角引起的内力计算图示

$$X_1 = -\frac{\theta_B}{\delta_{11}}$$

$$X_2 = -\frac{\Delta_H}{\delta_{22}}$$

$$X_3 = -\frac{\Delta_V}{\delta_{33}} \tag{7.4.46}$$

上式中 θ_B 是已知的，而 Δ_H 和 Δ_V 可由图 7.4.22 求得：

$$\Delta = \theta_B \cdot \frac{l}{(2\cos\alpha' 2\cos\alpha')} \quad \Delta = \theta_B \cdot l/(2\cos\alpha' 2\cos\alpha')$$

$$\tan\alpha' = \frac{2(f-y_s)}{l} \quad \tan\alpha' = 2(f-y_s)/l$$

$$\Delta_H = \Delta\sin\alpha' = \theta_B(f-y_s)$$

$$\Delta_V = \Delta\cos\alpha' = \theta_B \cdot \frac{l}{2} \quad \Delta_V = \Delta\cos\alpha' = \theta_B \cdot l/2$$

而 $\delta_{11} = \int_s \frac{\overline{M_1^2} ds}{EI} = \int_s \frac{ds}{EI} = \frac{1}{EI} \cdot \frac{1}{\upsilon_1}$，其中 $\frac{1}{\upsilon_1}$ 可由《拱桥》中表（Ⅲ）-8 查得。

拱脚相对转角引起任意截面的内力为：

$$M = X_1 - X_2 y \pm X_3 x$$

$$N = \mp X_3 \sin\varphi + X_2 \cos\varphi$$

$$Q = X_3 \cos\varphi \pm X_2 \sin\varphi \tag{7.4.47}$$

以上公式是假设右半拱顺时针转动推导出来的，若逆时针转动 θ_B，则式（7.4.46）中的 θ_B 均应以负值代入。如左拱脚顺时针转动 θ_A，则以 $-\theta_A$ 代替式（7.4.46）前两项中的 θ_B，以 $+\theta_A$ 代替式（7.4.46）第三式中的 θ_B。如果左、右两拱脚同时产生转角，则可采用叠加方法进行计算。

用上述各式计算拱脚变位引起的内力时，必须先要知道拱脚变位的数值，一般可根据墩、台的地基情况进行计算，或采用估计与实测相结合的方法，即先参考已成桥的数据，估计一个变位值，然后实测以进行校核和控制。考虑墩、台长期位移引起拱的塑性变形，以及使墩、台尺寸不致过大，拱脚变位引起的拱的内力可乘以 0.5 的折减系数。

6. 拱圈自重引起的内力

在拱桥搭架施工过程中，为了提高拱架的周转率，往往在主拱圈合龙达到一定强度后，就卸落拱架。在无支架施工中，亦存在裸拱状态，这时须计算拱圈自重作用下的内力。

在拱圈自重作用下（不考虑拱上建筑），其压力线与拱轴线是不符合的，在拱内将产生弯矩和轴向力，计算时可采用悬臂曲梁为基本结构，如图 7.4.23 所示，则在弹性中心作用的弯矩 M_s 和水平力 H_s 为：

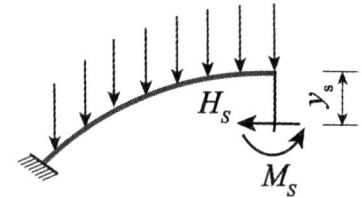

图 7.4.23 拱圈自重内力计算

$$M_s = -\frac{\Delta_{1p}}{\delta_{11}} = -\frac{\int_s \frac{\overline{M_1}M_p ds}{EI}}{\int_s \frac{\overline{M_1}^2 ds}{EI}} = -\frac{\int_s \frac{M_p ds}{EI}}{\int_s \frac{ds}{EI}}$$

$$H_s = -\frac{\Delta_{2p}}{\delta_{22}} = -\frac{\int_s \frac{M_p y ds}{EI}}{(1+\mu)\int_s \frac{y^2 ds}{EI}}$$

将上两式展开可得:

$$M_s = \frac{A\gamma l^2}{4}V_1$$

$$H_s = \frac{A\gamma l^2}{4(1+\mu)f}V_2 \qquad (7.4.48)$$

式中 A——拱圈截面面积；

γ——拱圈的重度；

V_1, V_2——系数，可由《拱桥》中表（Ⅲ）-15、表（Ⅲ）-16 查得。

式（7.4.48）中的 μ 同式（7.4.32）。

由静力平衡条件得拱圈任意截面在自重作用下的弯矩和轴向力为:

$$\left. \begin{aligned} M_i &= M_s - H_s(y_s - y_1) - \sum_{12}^{i} M \\ N_i &= H_s \cos\varphi_i + \sin\varphi_i \sum_{12}^{i} P \end{aligned} \right\} \qquad (7.4.49)$$

式中 $\sum_{12}^{i} M$——拱顶至拱任意截面间拱圈自重对该截面的弯矩，可由《拱桥》中表（Ⅲ）-19 查得；

$\sum_{12}^{i} P$——拱顶至拱任意截面间拱圈自重的总和，可由《拱桥》中表（Ⅲ）-19 查得。

注：《公路桥涵设计手册·拱桥》中，为计算简便，将主拱沿纵向均匀分为 24 个部分，对各部分截面进行编号，其中 12 号截面为拱顶截面，i 为任意截面。

计算表明，在拱圈自重作用下，拱顶、拱脚一般都产生正弯矩。拱轴线的 m 通常比裸拱恒荷载压力线的 m 值要大；其差值越大，则拱顶、拱脚由自重产生的正弯矩就越大。因而，采用无支架施工或早期脱架施工的拱桥，宜适当降低拱轴线的 m 值。

7.4.1.4 圆弧线无铰拱的内力计算

1. 圆弧拱的几何性质

设 AOB 为一圆弧拱轴线，如图 7.4.24，取拱顶 O 为坐标原点，采用图 7.4.24 所示直角坐标系。

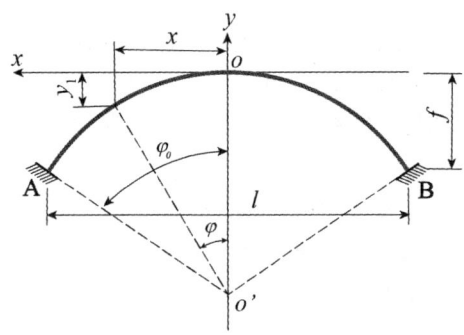

图 7.4.24 圆弧拱轴方程示意图

则拱轴方程为：

$$x + y_1^2 - 2Ry_1 = 0 \tag{7.4.50}$$

$$x = R\sin\varphi \tag{7.4.51}$$

$$y_1 = R(1-\cos\varphi) \tag{7.4.52}$$

式中 x, y_1——圆弧拱任意一点以拱顶为原点的坐标；

R——圆弧拱的计算半径；

φ——圆弧拱任意一点至圆心的连线与垂线的夹角。

若计算矢高 f 及计算跨径 l 已知，则：

$$R = \frac{l}{2}\left(\frac{l}{4f}+\frac{f}{l}\right) = \frac{l}{2}\left(\frac{1}{4D}+D\right) \tag{7.4.53}$$

式中：$D = \dfrac{f}{l}$。

由图 7.4.25 可知：

$$\left.\begin{array}{l} \sin\varphi_0 = \dfrac{l}{2R} \\ \cos\varphi_0 = 1-\dfrac{f}{R} \end{array}\right\} \tag{7.4.54}$$

半圆心角：

$$\varphi_0 = \arcsin\frac{l}{2R} = \arccos\left(1-\frac{f}{R}\right) \tag{7.4.55}$$

若计算半径 R 和半圆心角 φ_0 已知，则：

$$\left.\begin{array}{l} f = R(1-\cos\varphi_0) \\ l = 2R\sin\varphi_0 \end{array}\right\} \tag{7.4.56}$$

圆弧拱各几何量之间的关系见《拱桥》中表（Ⅲ）-2。

2. 圆弧线无铰拱的计算要点

计算圆弧线无铰拱时，可借助《拱桥》中附录（I）的计算用表以简化计算。在编制圆弧拱的计算用表时，将拱轴线沿弧长划分为 20 等份，这与悬链线拱沿跨径等分为 18（或 24）等份是不同的。圆弧线无铰拱与悬链线无铰拱的计算步骤和方法大体相似。

（1）拱圈的几何性质

设拱的净跨径 l_0 及净矢高 f_0 为已知值，假定拱圈厚度为 d，根据净矢跨比 f_0/l_0，由《拱桥》中表（Ⅲ）-2 查得水平倾角（或半圆心角）φ_0：

拱的计算跨径和计算矢高如下：

$$\left.\begin{array}{l} l = l_0 + d\sin\varphi_0 \\ f = f_0 + \dfrac{d}{2}(1-\cos\varphi_0) \end{array}\right\} \tag{7.4.57}$$

其他拱圈截面几何性质的计算与前述计算方法无异。

（2）恒荷载内力计算

圆弧无铰拱的恒荷载内力计算，与超静定拱一般分析方法是一致的：在恒荷载作用下，圆弧拱中各截面存在着弯矩，恒荷载内力的计算分为三步：① 计算拱的弹性中心；② 计算弹性中心的赘余力；③ 计算各截面的内力。

① 圆弧拱的弹性中心

$$y_s = \frac{\int_s \dfrac{y_1 ds}{EI}}{\int_s \dfrac{ds}{EI}} = \alpha R$$

式中 α ——系数，可根据矢跨比由《拱桥》中表（I）-4 查得。

② 计算弹性中心的赘余力

由于结构和荷载均对称，故在拱的弹性中心仅有两个赘余力——弯矩 Z 和水平力 H。计算等截面实腹式圆弧拱的恒荷载内力时，为了计算方便，可将恒荷载分为三部分，即：I 桥面，Ⅱ 拱上填料，Ⅲ 拱圈。先用弹性中心法对每一部分分别计算，然后叠加得弹性中心内力计算公式如下：

$$\left.\begin{array}{l} Z = (B_1 g_1 + B_2 g_2 + B_3 g_3)R^2 \\ H = (C_1 g_1 + C_2 g_2 + C_3 g_3)R \end{array}\right\} \tag{7.4.58}$$

式中　g_1——桥面填料自重；
　　　g_2——拱腹填料自重；
　　　g_3——拱圈自重；
　　　$B_1 \sim B_3, C_1 \sim C_3$——系数，由《拱桥》中表（Ⅰ）-4查得。

③ 计算各截面的内力。

有了弹性中心的赘余力之后，可根据静力平衡条件求得各截面的内力。

拱顶截面：

$$\left. \begin{array}{l} M = Z - Hy_s \\ N = H \end{array} \right\} \quad (7.4.59)$$

其他截面：

$$\left. \begin{array}{l} M = Z - Hy + M_p \\ N = H\cos\varphi + P_p\sin\varphi \end{array} \right\} \quad (7.4.60)$$

式中：

$$\left. \begin{array}{l} P_p = (a_1 g_1 + a_2 g_2 + a_3 g_3)R \\ M_p = -(b_1 g_1 + b_2 g_2 + b_3 g_3)R^2 \end{array} \right\} \quad (7.4.61)$$

在式（7.4.59）~式（7.4.61）中，1/4拱跨及拱脚处的 $a_1 \sim a_3$、$b_1 \sim b_3$、y、$\sin\varphi$、$\cos\varphi$ 均可自《拱桥》附录中表（Ⅰ）-5查得。

（3）活荷载内力计算

求圆弧拱的活荷载内力，仍是利用影响线，圆弧无铰拱的影响线与悬链线无铰拱对应的影响线十分接近。拱顶、1/4拱跨处和拱脚截面各项内力影响线面积由《拱桥》中表（Ⅰ）-42查得。计算活荷载内力时，通过在内力影响线上按最不利情况加载，即可得到各截面的活荷载内力。

圆弧拱的强度验算与其他拱桥一样（见本章后续内容）。鉴于圆弧拱一般跨径不大，通常不必验算拱的横向稳定性。

【例 7-4-2】　某无铰拱桥，计算跨径 $l = 80$ m，主拱圈及拱上建筑自重简化为图 7.4.8 所示的荷载作用，主拱圈截面面积 $A = 5.0$ m^2，重力密度为 $\gamma = 25$ kN/m^3，由"五点重合法"确定拱桥拱轴系数 $m = 2.24$，截面抗弯惯性矩 $I = 1.0$ m^4，计算考虑弹性压缩后，拱脚竖向力 V_g、水平推力 H_g 以及结构自重轴力 N_g 以及弹性压缩引起的拱脚截面弯矩。

【解】：

（1）不考虑弹性压缩时 V_g、H_g 和 N_g

$$H_g = \frac{\sum M_j}{f} = \frac{159\ 708}{16} = 9\ 981.8 \text{ (kN)}$$

由《拱桥》表（Ⅲ）-19查得半拱悬臂自重对拱脚截面的竖向剪力为：

$$P_j = A\gamma l \times [表值] = 5.0 \times 25 \times 80 \times 0.551\ 84 = 5\ 518.4 \text{ (kN)}$$

半拱悬臂集中力对拱脚截面的竖向剪力为：

$$P_j = 1\,000 + 1\,000 + 500 + 250 = 2\,750 \text{ (kN)}$$

$$V_g = \sum P = 5\,518.4 + 2\,750 = 8\,268.4 \text{ (kN)}$$

$$N_g = \sqrt{H_g^2 + V_g^2} = 12\,961.6 \text{ (kN)}$$

（2）由弹性压缩引起的 V_g、H_g 和 N_g

$$y_s = \alpha_1 \cdot f$$

由《拱桥》附录表（Ⅲ）-3 查得：$\alpha_1 = 0.339\,193$

$$y_s = 0.339\,193 \times 16 = 5.427 \text{ (m)}$$

$S = H_g \dfrac{\mu_1}{1+\mu}$，其中 $\mu_1 = [\text{表值}] \times \left(\dfrac{r}{f}\right)^2$，$\mu = [\text{表值}] \times \left(\dfrac{r}{f}\right)^2$，此处的[表值]分别由《拱桥》附录表（Ⅲ）-9 和表（Ⅲ）-11 查得，$r = \sqrt{\dfrac{I}{A}} = \sqrt{\dfrac{1}{5}} = 0.447\,2 \text{ m}$

$$\mu_1 = 11.050\,1 \times \left(\dfrac{0.447\,2}{16}\right)^2 = 0.008\,632$$

$$\mu = 9.147\,19 \times \left(\dfrac{0.447\,2}{16}\right)^2 = 0.007\,146$$

$$S = 9\,981.8 \times \dfrac{0.008\,632}{1+0.007\,146} = 85.55 \text{ (kN)}$$

$$H_g = -S = -85.55 \text{ (kN)}$$

$$V_g = 0$$

$$N_g = -\sqrt{H_g^2 + V_g^2} = -85.55 \text{ (kN)}$$

$$M_j = -S \times (f - y_s) = -85.5 \times (16 - 5.427) = -904.5 \text{ (kN·m)}$$

$$M_d = S \times y_s = 85.55 \times 5.427 = 464.3 \text{ (kN·m)}$$

（3）考虑弹性压缩时 V_g、H_g 和 N_g

$$H_g = 9\,981.8 - 85.55 = 9\,896.25 \text{ (kN)}$$

$$V_g = 8\,268.4 \text{ (kN)}$$

$$N_g = \sqrt{H_g^2 + V_g^2} = \sqrt{9\,896.25^2 + 8\,268.4^2} = 12\,895.8 \text{ (kN)}$$

【例 7-4-3】 等截面悬链线无铰拱，$l = 50$ m，$f = 10$ m，$m = 2.240$，汽车荷载为公路-Ⅱ级，求拱脚最大正弯矩及其相应的轴向力（不计弹性压缩和冲击作用）。

【解】：根据题意，由《公路桥涵设计通用规范》（JTG D60-2015）知，公路-Ⅰ级车道荷载的均布荷载标准值为 q_k = 10.5 kN/m，集中荷载标准值 P_k = 360 kN；公路-Ⅱ级车道荷载的取值为公路-Ⅰ级的 0.75 倍。

图 7.4.25 为左拱脚的弯矩 M_j 影响线、水平力 H_1 影响线和竖向反力 V 影响线。求拱脚的最大正弯矩时，应将均布荷载布置在弯矩影响线的正面积部分，集中荷载布置在弯矩影响线的最大正值处。

① 根据 m = 2.240，f/l = 1/5 由《拱桥》（上册）附录中表（Ⅲ）-20 查得拱脚处水平倾角的正弦及余弦为：

$$\sin\phi_j = 0.682\ 84,\ \cos\phi_j = 0.730\ 57$$

② 根据 m = 2.240，f/l = 1/5 由《拱桥》附录中表（Ⅲ）-13（30）、表（Ⅲ）-12（6）、表（Ⅲ）-7（6）查出内力影响线的峰值如下：

M_{max} 的影响线峰值：$y_M = 0.052\ 27l$；

相应 H_1 的影响线峰值：$y_H = 0.197\ 71\dfrac{1}{f}$；

相应的 V 的影响线峰值：$y_V = 0.293\ 07$。

③ 根据 m = 2.240，f/l = 1/5，由《拱桥》附录中表（Ⅲ）-14（43）查出 M_{max} 时的影响线面积为：

$$\omega_M = 0.019\ 05l^2,\ \omega_H = 0.090\ 67\dfrac{l^2}{f},\ \omega_V = 0.166\ 22l$$

④ 拱脚 M_{max} 及其相应的轴向力 N：

$$M_{max} = 0.75 \times 10.5 \times 0.019\ 05 \times 50^2 + 0.75 \times 360 \times 0.052\ 27 \times 50 = 1\ 080.7\ （\text{kN}）$$

$$H_1 = 0.75 \times 10.5 \times 0.090\ 67 \times 50^2 \div 10 + 0.75 \times 360 \times 0.197\ 71 \times 50 \div 10 = 445.4\ （\text{kN}）$$

$$V = 0.75 \times 10.5 \times 0.166\ 22 \times 50 + 0.75 \times 360 \times 0.293\ 07 = 144.6\ （\text{kN}）$$

$$N = H_1\cos\phi_j + V\sin\phi_j = 445.4 \times 0.730\ 57 + 144.6 \times 0.682\ 84 = 424.1\ （\text{kN}）$$

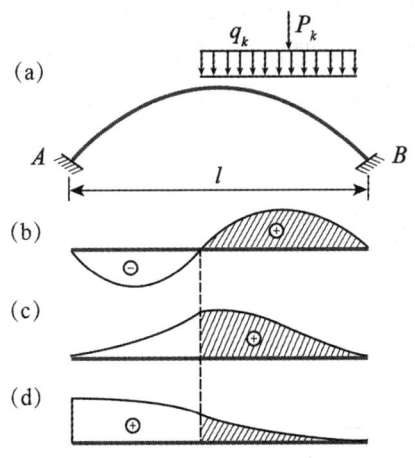

图 7.4.25　求拱脚 M_{max} 及相应 N 的布载图示

7.4.2 主拱强度计算

求出了各种荷载作用下的拱圈内力后，即可进行最不利荷载效应组合，进而验算拱圈的截面强度及拱的稳定性。一般无铰拱拱圈的控制截面为拱顶、1/4 拱跨和拱脚。对于小跨径的无铰拱，只验算拱顶、拱脚即可。

7.4.2.1 主拱强度验算

1. 圬工拱桥

根据《公路圬工桥涵设计规范》(JTG D61—2005)规定，对于圬工拱桥，其拱圈内力按分项安全系数的极限状态设计。其设计原则是作用最不利组合的设计值应小于或等于结构抗力的设计值。

（1）拱圈截面承载力验算

根据《公路圬工桥涵设计规范》(JTG D61—2005)规定，对于砌体受压构件：

$$\gamma_0 N_d < \varphi f_{cd} A \tag{7.4.62}$$

式中　N_d——轴向力设计值；

　　　f_{cd}——砌体或混凝土抗压强度设计值；

　　　A——验算截面面积；

　　　γ_0——结构重要性系数；对于特大桥、重要大桥为 1.1，对于大桥、中桥、重要小桥为 1.0，对于小桥、涵洞为 0.9；

　　　φ——主拱截面轴向力的偏心距 e 和长细比 β 对墩身承载力的影响系数，按《公路圬工桥涵设计规范》(JTC D61—2005)有关规定计算。

（2）拱圈截面合力偏心距验算

任一截面应满足：

$$e \leqslant [e] \tag{7.4.63}$$

式中　e——截面轴向力的偏心距；

　　　$[e]$——偏心距限值；基本组合，$[e] \leqslant 0.6s$；偶然组合，$[e] \leqslant 0.7s$；

　　　s——截面或换算截面重心轴至偏心方向截面边缘的距离。

验算截面在各种荷载组合下的偏心距 e 如果超过偏心距限值时，可按下式确定截面承载力：

单向偏心：

$$\gamma_0 N_d \leqslant \varphi \frac{A f_{tmd}}{\dfrac{Ae}{W} - 1} \tag{7.4.64}$$

双向偏心：

$$\gamma_0 N_d \leqslant \frac{A f_{tmd}}{\dfrac{Ae_x}{W_x} + \dfrac{Ae_y}{W_y} - 1} \tag{7.4.65}$$

式中 f_{tmd}——受拉边缘的弯曲抗拉极限强度；

W——单向偏心时，截面受拉边缘的弹性抵抗矩，对于组合截面应按弹性模量比换算为换算截面弹性抵抗矩；

W_x，W_y——双向偏心时，截面 x 方向受拉边缘绕 y 轴的截面弹性抵抗矩和截面 y 方向受拉边缘绕 x 轴的截面弹性抵抗矩，对于组合截面应按弹性模量比换算为换算截面弹性抵抗矩；

e——单向偏心时，轴向力偏心距；

e_x, e_y——双向偏心时，轴向力在 x 方向和 y 方向的偏心距；

其余符号意义同前。

（3）拱圈正截面直接受剪计算

$$\gamma_0 V_d \leqslant A f_{vd} + \frac{1}{1.4} \mu_f N_k \tag{7.4.66}$$

式中 V_d——剪力设计值；

A——受剪截面面积；

f_{vd}——砌体或混凝土抗剪强度设计值，按《公路圬工桥涵设计规范》(JTG D61—2005) 有关规定采用；

μ_f——摩擦系数，采用 $\mu_f = 0.7$；

N_k——与受剪截面垂直的压力标准值。

2. 钢筋混凝土拱桥

根据《公路钢筋混凝土及预应力混凝土桥涵设计规范》(JTG 3362—2018) 的规定：钢筋混凝土拱圈应进行承载能力极限状态和正常使用极限状态的计算。

$$\gamma_0 N_d \leqslant 0.90 \varphi (f_{cd} A + f'_{sd} A'_s) \tag{7.4.67}$$

$$N_d = \frac{H_d}{\cos \varphi_m} \tag{7.4.68}$$

式中 N_d——拱的轴向力组合设计值；

H_d——拱的水平推力组合设计值；

φ_m——拱顶与拱脚连线与水平线的夹角；

φ——轴压构件稳定系数，按《公路钢筋混凝土及预应力混凝土桥涵设计规范》(JTG 3362—2018) 有关规定采用；

A——构件毛截面面积，当纵向钢筋配筋率大于 3% 时，A 应改用 $A_n = A - A'_s$；

A'_s——全部纵向钢筋的截面面积；

其余符号意义同前。

7.4.2.2 主拱稳定性验算

拱圈或拱肋的稳定性验算分为纵向稳定与横向稳定。实腹式拱桥，跨径不大时，可不验算纵、横向稳定性；在拱上建筑合龙后脱架的大、中跨径拱桥，由于拱上建筑与主拱圈的共同作用,不致产生纵向失稳,此时无须验算拱的纵向稳定性。采用无支架施工或在拱上建筑合龙前就脱架的拱桥,应验算拱的纵向稳定性。当拱圈宽度小于跨径的 1/20 时,应验算拱的横向稳定性。

1. 纵向稳定性验算

计算分析和试验均表明,竖向均布荷载作用下,无铰拱和两铰拱在拱轴平面内的失稳形式为反对称失稳;三铰拱的失稳形式取决于矢跨比 f/l,当 $f/l \geqslant 0.3$ 时,发生反对称失稳,当 $f/l \leqslant 0.2$ 时,发生对称失稳,如图 7.4.26(c)所示。

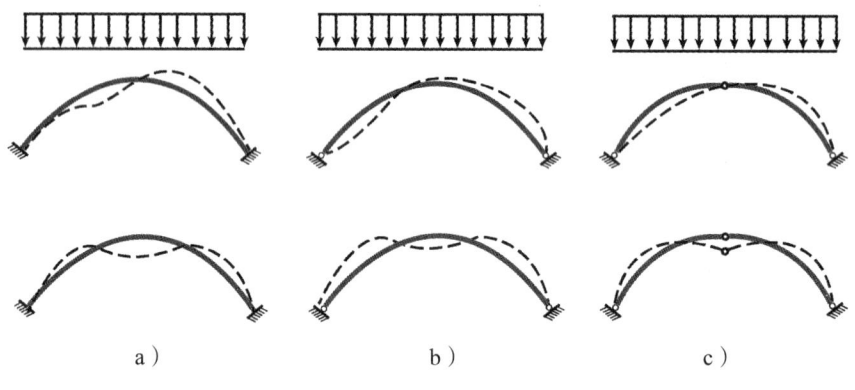

图 7.4.26 各类拱失稳形式

(1)对于长细比不大,矢跨比在 0.3 以下的拱,纵向稳定性验算一般可表达承载力校核的形式,即将拱圈(肋)换算为相当长度的压杆,按平均轴向力计算(图 7.4.27)。

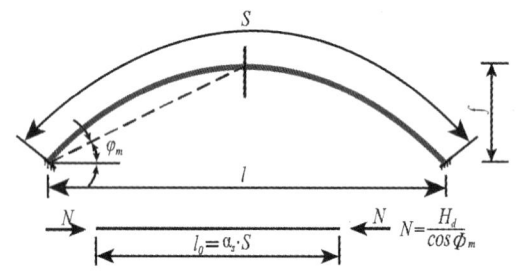

(无铰拱 $a_s = 0.36$;两铰拱 $a_s = 0.54$;三铰拱 $a_s = 0.58$)

图 7.4.27 拱圈纵向稳定验算

拱圈(肋)正截面稳定性的验算公式为:

砌体(包括砌体与混凝土组合)受压构件

$$\gamma_0 N_d < \varphi f_{cd} A \tag{7.4.69}$$

混凝土受压构件

$$\gamma_0 N_d \leqslant \varphi f_{cd} A_c \tag{7.4.70}$$

钢筋混凝土构件

$$\gamma_0 N_d \leqslant 0.90\varphi(f_{cd}A + f'_{sd}A'_s) \tag{7.4.71}$$

式中 A_c——验算截面混凝土受压区面积；
　　　N_d——拱的轴向力组合设计值，按式（7.4.68）计算；
其余符号意义同前。

（2）对长细比较大，超出《公路钢筋混凝土及预应力混凝土桥涵设计规范》（JTG33 62—2018）受压构件纵向弯曲系数表列范围时，可近似采用欧拉临界力验算稳定性，即：

$$N_d \leqslant \frac{N_{L1}}{K_1} \tag{7.4.72}$$

式中 N_d——拱圈或拱肋轴向力设计值；
　　　K_1——纵向稳定安全系数，一般取 4~5；
　　　N_{L1}——纵向失稳的临界轴向力，表示为：

$$N_{L1} = \frac{H_{L1}}{\cos\varphi_m} \tag{7.4.73}$$

$$H_{L1} = k_1 \frac{E_a I_x}{l^2} \tag{7.4.74}$$

H_{L1}——纵向失稳的临界水平力；
E_a——拱圈或拱肋材料的弹性模量；
I_s——拱圈或拱肋截面对自身水平轴的惯性矩；
k_1——纵向失稳的临界推力系数。等截面悬链线或抛物线拱在均布荷载作用下的 k_1 值分别按表 7.4.2、表 7.4.3 采用；

其余符号意义同前。

表 7.4.2 悬链线拱临界推力系数 k_1

f/l	0.1	0.2	0.3	0.4	0.5
无铰拱	74.2	63.5	51.0	33.7	15.0
两铰拱	36.0	28.5	19.0	12.9	8.5

表 7.4.3 抛物线拱临界推力系数 k_1

f/l	1/10	1/9	1/8	1/7	1/6	1/5	1/4
无铰拱	35.6	35.0	34.1	32.9	31.0	28.4	23.5
两铰拱	75.8	74.8	73.3	71.1	38.0	63.0	55.5

2. 横向稳定性验算

拱的横向稳定性验算目前尚无成熟的计算办法，工程上常用与纵向稳定相似的公式来验算拱的横向稳定性。即：

$$K = \frac{N_L}{N_j} \geqslant 4 \sim 5 \tag{7.4.75}$$

式中 K——拱的横向稳定安全系数;

N_j——拱的轴向力组合设计值;

N_L——拱丧失横向稳定时的临界轴向力。

(1) 对于板拱或采用单肋合龙时的拱肋,丧失横向稳定时的临界轴向力,常用竖向均布荷载作用下,等截面抛物线双铰拱的横向稳定公式计算:

$$N_L = \frac{H_L}{\cos\varphi_m} \tag{7.4.76}$$

式中 φ_m——半拱的弦与水平线间的夹角;

H_L——临界水平推力,按下式计算:

$$H_L = K_2 \frac{EI_y}{8fl} \tag{7.4.77}$$

式中 K_2——临界荷载系数,与矢跨比、拱端固定方式等有关,在设计中,为了简化计算,按表 7.4.4 确定;

I_y——拱截面对自身竖轴的惯性矩。

表 7.4.4 等截面抛物线双铰拱横向稳定临界荷载系数

f/l	0.1	0.2	0.3
K_2	28.0	40.0	36.5

实验与计算表明:无铰拱的临界荷载比有铰拱大得多。对于悬链线无铰拱的横向稳定,采用双铰拱的计算公式计算临界轴向力显然是偏于安全的。

(2) 对于肋拱或无支架施工时采用双肋合龙的拱肋,在验算横向稳定性时,可视为组合压杆,如图 7.4.28 所示,组合压杆的长度等于拱轴长度 s,临界轴向力可按下式计算:

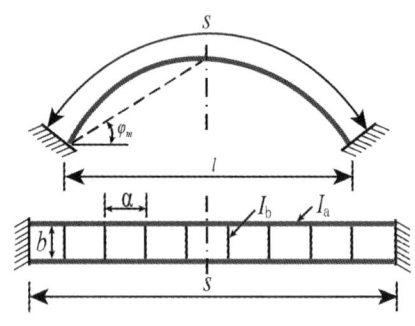

图 7.4.28 拱肋稳定计算图示

$$N_L = \frac{\pi^2 E_a I_y}{l_0^2} \tag{7.4.78}$$

式中 I_y——两拱肋截面对桥纵轴(y—y 轴)的惯性矩;

E_a——拱肋材料的弹性模量;

l_0——组合压杆计算长度,$l_0 = \rho \cdot \alpha \cdot s$;

α ——计算长度系数，无铰拱为 0.5，两铰拱为 1.0；
ρ ——考虑剪力对稳定的影响系数，按下式计算：

$$\rho = \sqrt{1 + \frac{\pi^2 E_a I_y}{L_j^2}\left(\frac{ab}{12E_b I_b} + \frac{a^2}{24E_a I_a} \times \frac{1}{1-\beta} + \frac{na}{bA_b G_c}\right)} \qquad (7.4.79)$$

a ——横系梁（或夹木）的间距；
b ——两拱肋中距，即横系梁的计算长度；
I_a ——单根拱肋对自身数轴的惯性矩；
I_b ——单根横系梁（或夹木）对数轴的惯性矩；
E_b ——横系梁（或夹木）的弹性模量；
β ——考虑节间局部稳定的有关系数，$\beta = a^2 N_L / 2\pi^2 E_a I_a$，只能通过试算法求解。没有足够数目的横系梁时，可以忽略不计；
n ——与横系梁截面形状有关的系数，对矩形截面 $n=1.2$，对圆形截面 $n=1.1$，$na/bA_b G_e$ 项系考虑横系梁中剪力的影响；
G_e ——横系梁的切变模量；
A_b ——横系梁的截面面积；
$L_j = \alpha \cdot S$。

以上介绍了拱的面内、面外稳定性的简单验算，不考虑拱轴变形及材料非线性对拱稳定性的影响。对于复杂结构，坦拱或大跨径拱，需要利用有限元法，对拱进行非线性稳定分析。用有限元法求出拱结构的稳定系数 K，只要 $K \geqslant 4 \sim 5$ 即可。

思考与练习题

7.1 为什么混凝土拱桥的承载潜力比梁桥要大？
7.2 按照桥面所处空间位置，拱桥分哪几类？
7.3 上承式拱桥一般在哪些部位设置伸缩缝或变形缝？为什么？
7.4 净矢高、计算矢高和矢跨比是如何定义的？
7.5 当多孔连续拱桥必须采用不等跨径时，可以采用哪些措施来平衡推力？
7.6 拱桥设计中常用的拱轴线有哪些？各有什么受力特点？
7.7 连续梁拱组合式桥梁有哪些基本力学特征？
7.8 对于拱脚弯矩 M、水平推力 H 和竖向反力 V，车道荷载分别如何作用将达到内力峰值？
7.9 什么叫系杆拱桥？有哪几种主要类型？
7.10 什么叫作拱轴线、压力线和起拱线？什么是理想拱轴线？拱轴线形有哪几种？
7.11 拱轴系数的物理意义和几何意义是什么？
7.12 什么是"五点重合法"如何用"五点重合法"确定空腹式悬链线拱的拱轴系数？
7.13 在现行设计中，为什么一般不计压力线与拱轴线偏离产生的偏离弯矩的影响？
7.14 什么称为"拱上建筑联合作用"？为什么设计中一般不考虑它？

7.15 拱桥计算中，什么情况下可以近似地不计荷载横向分布的影响？什么情况下必须考虑？

7.16 拱圈除进行强度验算之外为什么还需要进行偏心验算？

7.17 拱圈在结构重力、活荷载和温度变化引起的内力求出之后，接着验算其强度，强度即使足够，下面还要进行裸拱圈强度验算，为什么？

7.18 调整主拱圈应力的方法有哪几种？

7.19 假载法如何调整拱圈内力？

7.20 如下图所示，受桥面荷载和土重荷载的半拱中各参数及参考表格已经列出： $l_0 = 15 \text{ m}, f_0 = 3 \text{ m}, h_d = 0.7 \text{ m}, \gamma_1 = 20 \text{ kN/m}^3, \gamma_2 = 19 \text{ kN/m}^3, \gamma = 24 \text{ kN/m}^3$，试确定拱轴系数 m。

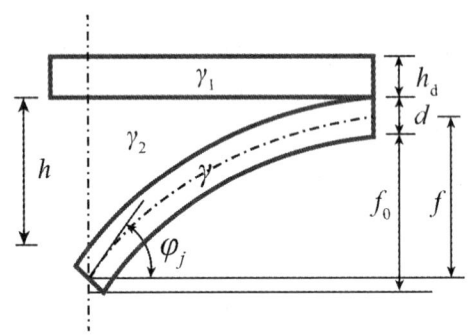

习题 7.20 图　受力结构示意图

m	2.240	2.514	2.814	3.142	3.500	3.893	4.324
$\cos\phi_j$	0.730 57	0.721 91	0.713 19	0.704 40	0.696 63	0.686 63	0.677 65

7.21 某悬链线无铰拱桥，$l = 40 \text{ m}$，$f = 8 \text{ m}$，拱轴系数 $m = 2.514$，$E = 3.0 \times 10^7 \text{ kPa}$，$I = 0.67 \text{ m}^4$，$\delta_{22} = 0.099\,632 \dfrac{lf^2}{EI}$，$\cos\varphi_j = 0.721\,91$，$\sin\varphi_j = 0.691\,98$，$y_s = 0.336\,314f$，左拱脚左移 0.01 m，右拱脚右移 0.02 m，求由于相对水平位移而引起的左拱脚及拱顶的 N、Q、M。

第 8 章　混凝土斜拉桥与悬索桥简介★

第 9 章 混凝土桥梁的支座与墩台

9.1 桥梁支座

9.1.1 支座的作用与一般要求

桥梁支座是连接桥梁上部结构与墩台的重要构造装置（如图 9.1.1）。支座的作用包括：

图 9.1.1 铁路简支梁桥支座布置

（1）承受上部结构传来的荷载，包括恒载和活载引起的竖向力和水平力，并将它可靠的传递给墩台。

（2）保证结构在荷载、温度变化、混凝土收缩和徐变等因素作用下能自由变形，而不产生额外的附加内力。

（3）使桥梁结构的实际受力情况符合设计的计算图式（参见图 9.1.2）。

（4）保护梁端、墩台帽不受损伤。

（5）阻止由地震、风荷载等引起的结构平移，减少震动对结构的不利影响。

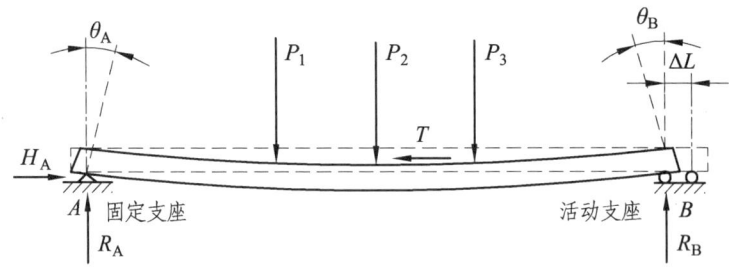

图 9.1.2 简支梁桥的设计计算图式

桥梁支座按位移和转角的自由度分为固定支座与活动支座。固定支座保持上部结构在墩台顶面的位置固定，允许上部结构在支座处的自由转动而不能移动，传递竖向力和水平力；活动支座则允许上部结构在支座处既能自由转动又能水平移动，只传递竖向力。桥梁结构在支座处的位移和转角以纵桥为主，宽桥的横桥向位移和转角也不可忽视。为此，活动支座又可分为单向活动支座（仅一个方向可自由移动，另一个方向表现为固定）和多向活动支座（纵向、横向均可自由移动）。

桥梁支座作为传力和变位装置，要求具有足够的承载能力和位移量。支座的设计和选用，必须确保支座所承受的荷载与活动支座的位移量计算正确；由于一些不可估计的因素，通常计算值宜乘以 1.3 左右的安全系数，此安全系数也不宜过大，以免影响支座自由移动和转动的灵活性。支座的设计和选用需要考虑多种因素，包括支座反力的大小、支座处最大转角及纵向横向位移、桥梁跨度、建筑高度、防震减震等因素，不可盲目抉择。一些特殊弯梁桥、斜梁桥等的支座选择及布置需要谨慎，这在于结构受力变形复杂，比如弯梁桥特有的弯扭耦合作用，斜梁桥的伸缩方向和转动方向不一致，尤其在梁桥端部容易产生支座脱空或附加约束力等问题。一般来讲，桥跨结构体量越大，结构越复杂，结构对承载和变形的需求也就越大，从而对支座的要求也随之提高。桥梁结构设计也要尽可能避免出现拉力支座。

桥梁支座应当便于安装、养护和维修，并在必要时可以更换。梁桥支座的支承面一般必须是水平的，以使荷载作用不产生附加水平力。支座安装平面位置和顶面高程必须正确，不得偏斜、脱空、不均匀受力，应使上部结构的支点位置与下部结构的支座中心对中，纵桥方向一致。

当桥梁位于坡道上时，应使支座的支承面保持水平，桥道纵坡大于 1%时通常需要在支座顶面附近的梁底部设置楔形垫块来调平梁底。

对连续长度较长的桥梁，活动支座安装应考虑支座安装温度与设计要求的差异、预应力、混凝土收缩与徐变等因素的工后影响所导致的梁长方向的位移变化，通过计算分析设置合适的支座预偏量。

9.1.2 支座的布置

桥梁支座布置所需遵循的一般原则是，有利于结构的受力，有效释放附加内力，尤其利于墩台传递纵向、横向水平力。通常根据结构型式及桥梁宽度，按照以下原则进行支座布置。

固定支座布置一般应使梁跨受压、桥墩受力较小、平衡台后土压力等。当桥梁位于坡道上时，固定支座应设在较低一端，使得梁体在竖向荷载沿坡道方向分力的作用下受压，以便能抵消一部分竖向荷载产生的梁体下缘拉应力。当桥梁位于平坡上时，固定支座宜设在重车方向或主要行车方向的前端。在铁路车站附近，固定支座宜设置在靠近车站一端。除特殊情况外，不能将相邻两孔梁的固定支座设在同一桥墩。还应注意到，相邻孔跨或联跨的简支梁和连续梁的固定支座横向布置应当保持左、右侧一致，以避免相邻孔跨梁端的横向变形反向错切，有可能导致桥面设施或轨道结构的横向错切破坏。国内高铁桥梁施工曾发生数起相邻孔跨固定支座横向异侧安装问题，后期补救整改较为困难，是为工程质量事故。

简支梁桥一端设固定支座，另一端设活动支座。公路简支梁桥由于桥面较宽，因而要考虑支座横桥向移动的可能性，即在固定墩上设置一个固定支座，相邻的支座设置为横向可动、纵向固定的单向活动支座，而在活动墩上设置一个纵向活动支座（与固定支座相对应），其余均设置多向活动支座，支座布置如图 9.1.3 所示（图中箭头所指表示支座活动方向，无箭头者表示不能活动）。对于一般铁路桥梁及其他窄桥，由于桥宽较小，支座横向变位很小，一般只须设置单向活动支座（纵向活动支座），如图 9.1.4 所示。

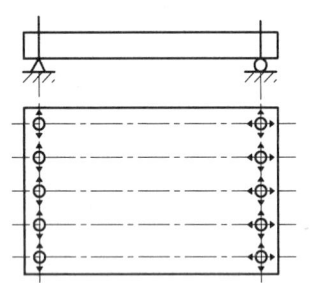

图 9.1.3　公路简支梁桥支座布置

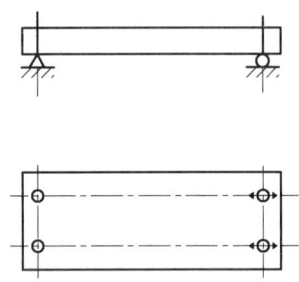

图 9.1.4　铁路简支梁桥支座布置

多跨连续梁桥及桥面连接的简支梁桥，一般在每联设置一个固定支座，其他墩台设置活动支座，支座布置如图 9.1.4 所示。固定支座宜置于每联的居中桥墩上，有利于均衡和减少梁两端的活动支座位移量，以及避免梁端伸缩缝过宽。如果墩身较高，固定支座应考虑避开，或采取特殊措施，以免墩身尺寸过大。

曲线连续梁桥的支座需要适应来自于曲梁的纵、横方向的自由转动和移动，一般在中间墩上设置一个固定支座或采取墩梁刚接，而在其他墩上设置多向活动支座。此外，曲线箱梁各中间墩上支座通常采用单支点支座，在梁的端部设置双支座，以承受扭矩力。有意识地使曲梁支点向曲线外侧偏离，可调整曲梁的扭矩分布图，见图 9.1.6。

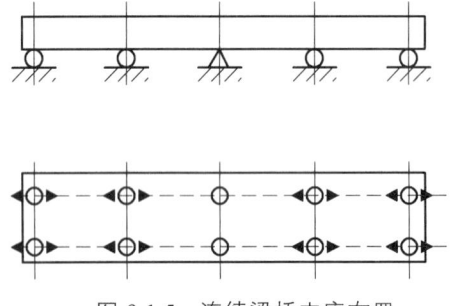

图 9.1.5　连续梁桥支座布置

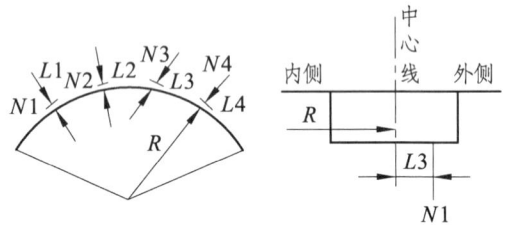

图 9.1.6　曲线连续梁知支座布置

悬臂梁桥在锚固跨一侧设置固定支座，另一侧则设置活动支座。T 构桥挂孔按简支梁处理。

9.1.3　支座的类型和构造

如前所述，桥梁支座按位移和转角自由度分为固定支座与活动支座，活动支座又分为单向活动支座和多向活动支座。此外，按特殊使用功能，支座还可分为拉力支座、高阻尼隔震橡胶支座、双曲面减隔震支座等。按制作材料，桥梁支座一般分为橡胶支座（包括普通承载的板式橡胶支座、大吨位承载的盆式橡胶支座）、钢支座、钢筋混凝土支座、简易支座及特种支座等。

目前，中小跨径公路桥梁已大量采用板式橡胶支座，大跨度公路桥梁一般采用盆式橡胶支座。铁路桥梁除采用传统钢支座外，也已大量换用橡胶支座以减少耗钢量，大跨度铁路桥也较多采用阻尼支座。

9.1.3.1 橡胶支座

橡胶支座与其他金属刚性支座相比，具有构造简单、加工方便、省钢材、造价低、结构高度小、安装方便等一系列优点。此外，橡胶支座能方便地适应任意方向的变形，故对于宽桥、曲线桥和斜桥具有特别的适应性。橡胶的弹性还能消减上、下部结构所受的动力作用，这对于抗震也十分有利。

在桥梁工程中使用的橡胶支座大体上可分为两大类，即板式橡胶支座和盆式橡胶支座，板式橡胶支座又可分为普通板式橡胶支座和滑板橡胶支座。

（1）普通板式橡胶支座

板式橡胶支座是仅用一块橡胶板（矩形、圆形）做成的适用于中、小跨度桥梁的一种简单橡胶支座。它的活动机理是：利用橡胶的不均匀弹性压缩实现转角 θ，利用其剪切变形 γ 实现水平位移 Δ（见图 9.1.7）。因橡胶与钢或混凝土之间有足够大的摩阻力（摩擦系数 0.25 ~ 0.40），橡胶板与梁底和墩台顶之间一般无须连接。

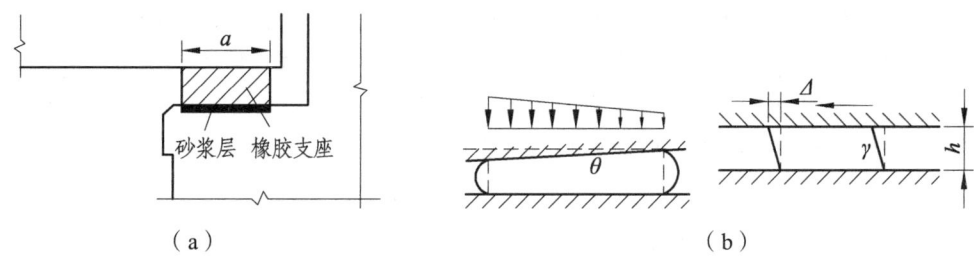

图 9.1.7　板式橡胶支座的活动机理

公路桥梁板式橡胶支座一般不区分固定支座与活动支座，所有水平力由各个支座均匀分担，必要时也可采用不等高的橡胶板来调节各支座传递的水平力，传力大者可起到固定支座的功能。铁路桥梁的支反力和位移量较大，其板式橡胶支座需要设置上、下支座钢板和限位构造来分别实现固定支座与单向活动支座的功能。

直线桥梁一般采用矩形板式橡胶支座，其短边沿顺桥向布置以确保自由转动灵活度，长边沿横桥向布置以增大承载力。曲线梁桥和斜梁桥由于变位方向复杂，可以采用圆形板式橡胶支座。此外，对圆板橡胶支座顶面改进采用纯橡胶制成球形表面（中厚 4 ~ 10 mm），称为球冠圆板橡胶支座，可用于纵横坡度较大（3% ~ 5%）的桥梁。

常用的板式橡胶支座都用几层橡胶和薄钢板叠合而成，薄钢板（厚度 2 ~ 4 mm）起到加劲作用（见图 9.1.8）。由于橡胶片之间的加劲层能起阻止橡胶片侧向膨胀的作用，从而显著提高了橡胶片的抗压强度和支座的抗压刚度，其抗压容许应力可以达到 10 MPa，而加劲物对橡胶板的转动变形和剪切变形几乎没有影响。

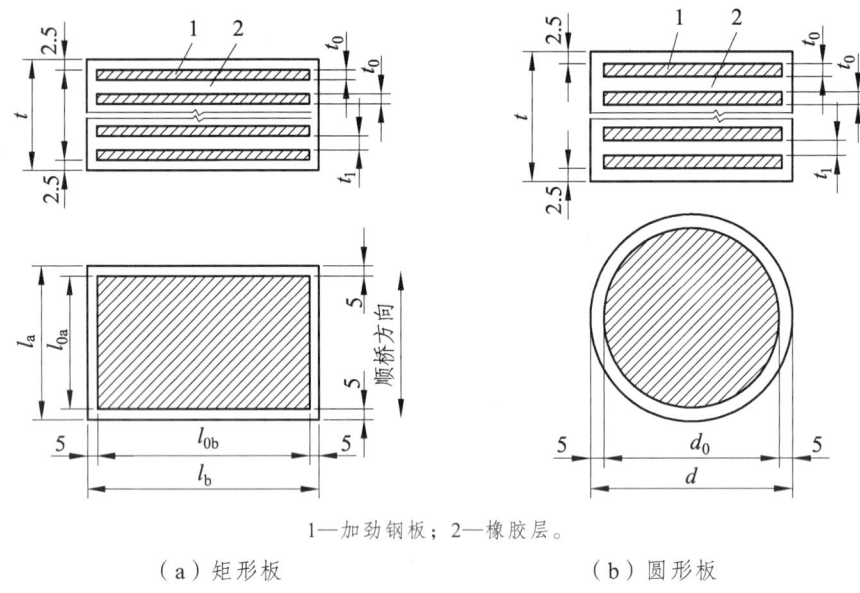

1—加劲钢板；2—橡胶层。

（a）矩形板　　　　　　　　（b）圆形板

图 9.1.8　板式橡胶支座构造（单位：mm）

国内使用的橡胶以氯丁橡胶为主，也可采用天然橡胶，三元乙丙胶。氯丁橡胶的使用温度不低于 -25 ℃，天然橡胶、三元乙丙胶不低于 -40 ℃；使用温度也不高于 60 ℃。板式橡胶支座的技术参数和技术要求（包括抗压弹性模量 E、剪切弹性模量 G、极限抗压强度 R_{ck}、容许剪切角的正切[tgγ]等），应符合现行铁路桥梁或公路桥梁板式橡胶支座标准的要求。根据试验分析，橡胶压缩弹性模量、极限强度和容许剪切角的值，均与支座的形状系数有关。形状系数为加劲板式橡胶支座的承压面积与自由表面积之比，即

矩形板：$S = \dfrac{l_{0a} \cdot l_{0b}}{2t_1(l_{0a} + l_{0b})}$

圆形板：$S = \dfrac{d_0}{4t_1}$ （9.1.1）

式中　l_{0a}——矩形加劲钢板的短边尺寸；

l_{0b}——矩形加劲钢板的长边尺寸；

d_0——圆形加劲钢板的直径；

t_1——中间橡胶层的单层厚度。

形状系数是用来表示支座的形状特征，为满足橡胶的容许压应力和使支座能适应转动的要求，支座的长度 l_{0a} 与宽度 l_{0b} 之比取决于主梁下的有效宽度及所需的剪切角γ。一般应充分利用有效宽度 l_{0b}，而尽可能减小 l_{0a} 的尺寸，以降低阻抗力矩。

国内铁路、公路桥梁板式橡胶支座的生产已形成系列化规格标准，可供中小跨径桥梁的不同承载吨位支座直接选用。成品板式橡胶支座的承载能力铁路为 300～3 000 kN、公路为 100～4 900 kN，已可以用于中等及以下跨径的桥梁支座。

（2）滑板橡胶支座

当活动支座的位移量较大时，要使橡胶板产生相应较大的剪切变形，就必须增加橡胶板

的厚度。这样一则多耗材料,二则支座不稳,三则相邻支座上方的桥面衔接处车辆驶过时会产生高差,行车不平顺。为克服这一缺点,可在用作活动支座的橡胶板顶面贴一片滑板,再在滑板与梁底之间垫上一块光洁度很高的不锈钢薄板。由于聚四氟乙烯板与不锈钢板之间的摩阻力极小(摩擦系数通常为 0.06),故可利用它们之间的滑动来满足活动支座位移的需要(见图 9.1.9)。

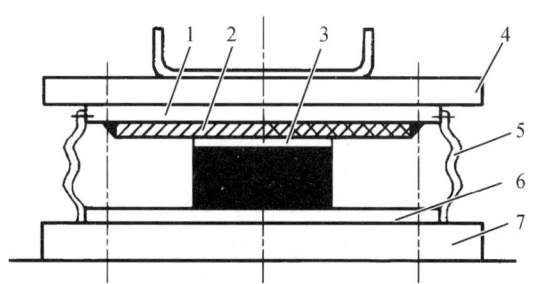

1—上钢板;2—不锈钢板;3—滑板;4—预埋钢板;
5—防尘罩;6—下钢板;7—垫石。

图 9.1.9 滑板橡胶支座构造

滑板通常采用聚四氟乙烯板或改性聚四氟乙烯板,滑板厚度不小于 2 mm(当矩形支座长边或圆板支座直径不大于 500 mm 时),或滑板厚不小于 3 mm(当矩形支座长边或圆板支座直径大于 500 mm 时)。

(3)盆式橡胶支座

盆式橡胶支座是在板式橡胶支座的基础上进一步改进后,适用于大中跨桥梁的橡胶支座。它与板式橡胶支座的主要区别在于:它不是利用置于橡胶中的加劲物来加强橡胶,而是将素橡胶板置于圆形钢盆内来加强橡胶。橡胶在受压后的变形由于受到钢盆的约束,处于三向受压状态,只要钢盆不破坏,橡胶就不会丧失承载能力。这时橡胶的容许抗压强度可以进一步提高到 2 500 kPa。密封在钢盆内的橡胶板,可以做适度不均匀压缩来实现转动,如果再加上聚四氟乙烯板和不锈钢板,则还可以实现水平位移。因此,盆式橡胶支座可做成固定支座,也可做成活动支座,活动支座又可为多向活动支座和单向活动支座。如图 9.1.10 所示盆式橡胶支座的四种构造,是由上支座板、聚四氟乙烯滑板、圆钢盆、橡胶板、密封圈和下支座板等组成。

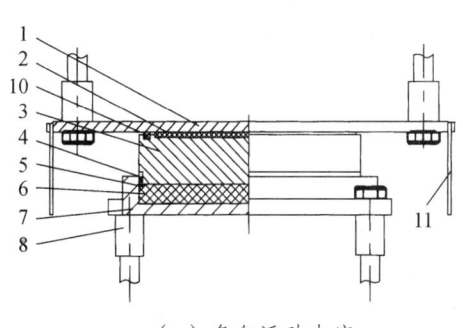 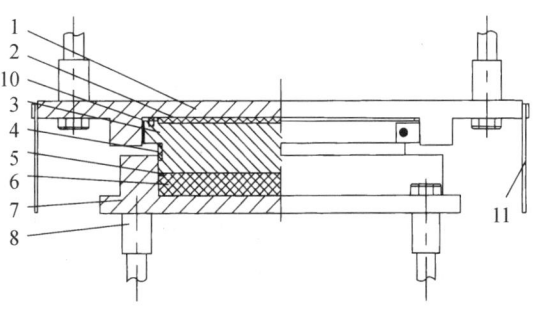

(a)多向活动支座　　　　　　(b)纵(横)向活动支座(两侧导向)

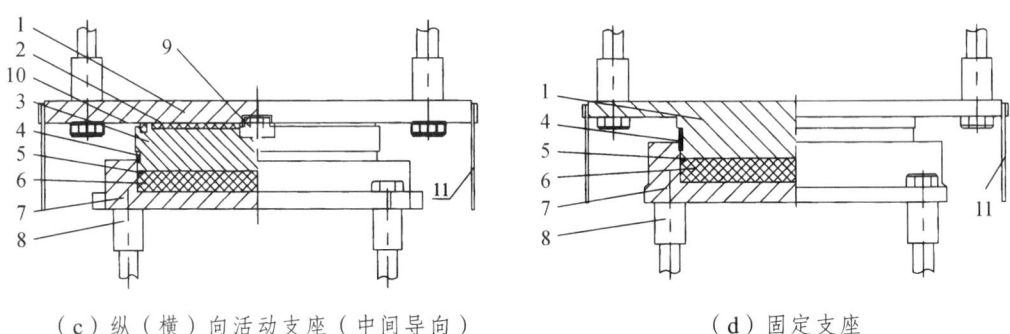

（c）纵（横）向活动支座（中间导向）　　　　（d）固定支座

1—上支座板；2—滑板；3—导向滑条；4—中间钢衬板；5—橡胶密封圈a；6—橡胶板；
7—下支座板；8—锚栓；9—中间导向块；10—橡胶密封圈b；11—防尘围板。

图9.1.10　盆式橡胶支座构造

盆式橡胶支座结构紧凑、承载能力大、位移量大、摩擦系数小、转动滑动灵活、结构高度小，节省钢材。在同样的载重下，它的体积（高度）和重量不到钢支座的1/10。而且它在纵向及横向均可转动和移动，在功能上优于钢支座，能满足宽桥对支座横向也要能转动及伸缩的要求。因此在大跨度铁路及公路桥上均已得到广泛应用。

国内盆式橡胶支座的生产已形成系列化规格产品，铁路桥常用的TPZ系列盆式橡胶支座的设计承载力为1~60 MN，活动支座的顺桥向位移量为30~250 mm，横桥向位移量为10~40 mm；公路桥常用的GPZ系列的设计承载力为1~80 MN，活动支座的顺桥向位移量为30~250 mm，横桥向位移量为50 mm。

9.1.3.2　钢支座

钢支座是靠钢部件的滚动、摇动和滑动来完成支座的位移和转动的。它的特点是承载能力强，活动性能好，无橡胶支座日久老化的缺点，目前仍较多应用于铁路桥梁上。钢支座包括传统钢支座（弧形支座、摇轴支座、辊轴支座等）和新型钢支座（球面支座、柱面支座、双曲面支座、铰轴滑板支座等）。

传统钢支座用碳素钢或优质钢经过制模、翻砂、铸造、热处理、机械加工和表面处理制成。其构造基本上都由可以相对摆动的所谓上摆、下摆组成，摇轴与辊轴支座还包括摇轴（可以看作下摆）、辊轴与底板。传统钢支座能较好地适应不同跨度桥梁的要求。但钢支座构造复杂，用钢量大，大型辊轴支座可高达数米。当弧面半径很大时，如积有污垢，就转动不灵，需要定期养护。目前公路桥梁已较少采用。

（1）弧形支座

弧形支座由上、下摆所组成，上摆是平的钢板，下摆顶面为圆柱面的弧形钢板。这样，上摆沿着下摆弧形接触面的相对滑动和转动实现了活动制作的功能。对于固定支座，尚需在上摆上做成齿槽或销孔，在下摆上焊以齿板或销钉，安装齿合后实现位置固定，见图9.1.11。

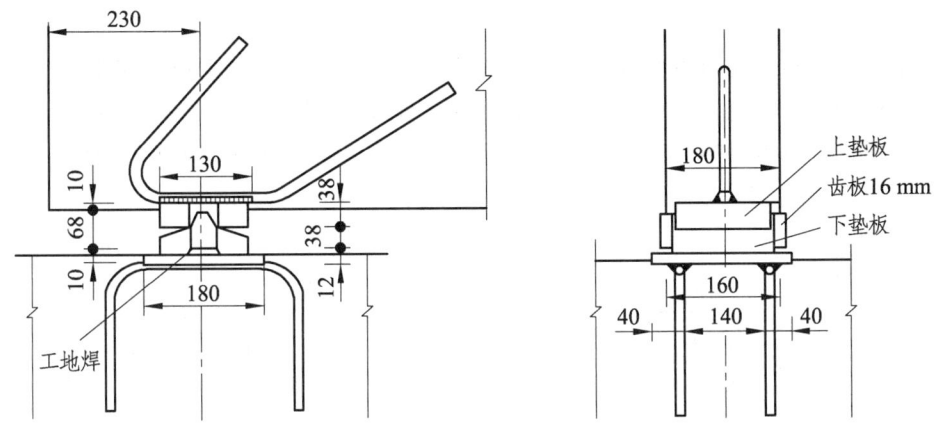

图 9.1.11 弧形钢板支座构造

（2）摇轴支座

摇轴支座由上摆、底板和两者之间的辊子组成。将圆辊多余部分削去成为扇形，就是所谓摇轴，见图 9.1.12。摇轴支座能很理想地满足活动支座的各项要求。如果摇轴的直径可以任意加大，它的承载能力从理论上讲是没有限制的。但支承反力愈大，相应要求辊子（摇轴）的直径也愈大，这就使支座高度变得很大。

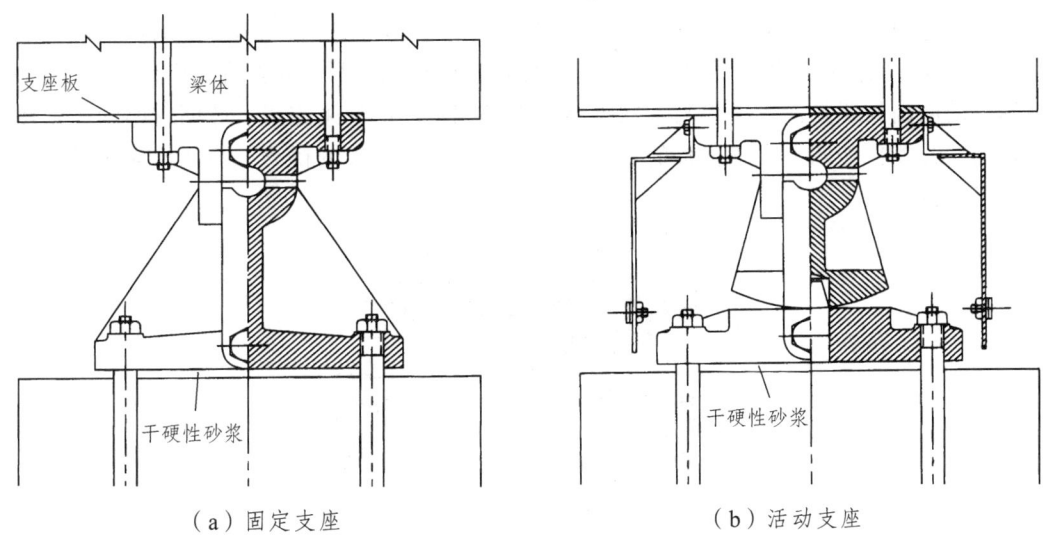

（a）固定支座　　　　　　　　　（b）活动支座

图 9.1.12 摇轴支座构造

（3）辊轴支座

辊轴支座克服了摇轴支座的缺点，适用于跨度更大的梁跨（图 9.1.13），它相当于将摇轴固定支座放在一些钢辊子上。辊轴支座除了能很好地满足活动支座的各项要求外，由于反力是通过若干辊轴压在底板上的，因此辊子的直径可以随其个数的增多而减小，反力也可分散而均匀地分布到墩台垫石面上。辊轴支座适用于各种大型桥梁。辊轴的个数视承载力大小而定，一般为 2～10 个。

355

（4）新型钢支座

新型钢支座主要采用以下几种型式：a. 采用不锈钢或高级合金钢支座，并封闭在油箱内，以防生锈；b. 对承受接触应力的部分进行表面硬化处理，以提高其容许承载力；c. 将支座的转动部分制成钢制或黄铜制成的圆柱形或球冠形，圆柱面或球冠面粘贴曲形滑板，实现自由转动；d. 在钢制圆柱或球冠的基平面粘贴平面滑板，实现自由移动。

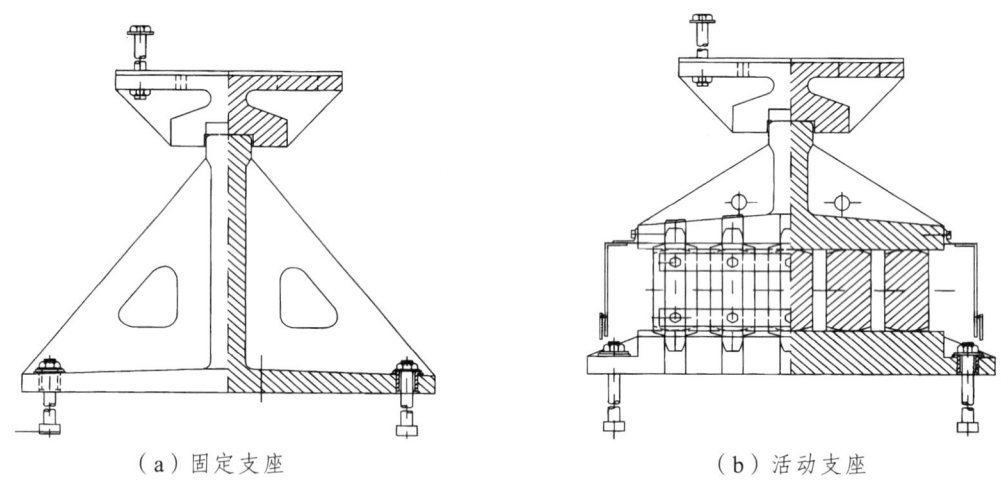

(a) 固定支座　　　　　　　(b) 活动支座

图 9.1.13　辊轴支座构造

球面支座由高级锻钢或热处理的合金钢制作，桥面的转动依靠光洁度高的接触面的滑动来完成，润滑后的滚动摩擦系数非常小。若要保持它的使用效果，通常将支座密封在油箱内。改进的滑动面由聚四氟乙烯滑板与不锈钢板或镀铬钢板的滑动来完成。球面支座的优点在于全向转动，并能预先调整支座上板的角度，适于梁端转角较大的桥梁。图 9.1.14 所示为球面支座的二种构造。

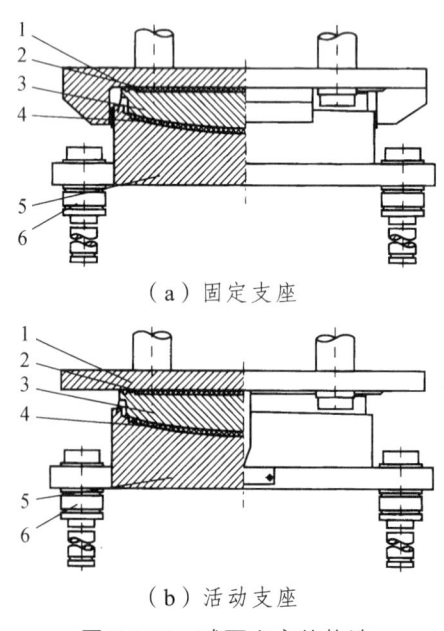

(a) 固定支座

(b) 活动支座

图 9.1.14　球面支座的构造

我国目前已可生产系列化规格的钢支座产品，铁路桥钢支座 TGZ 系列设计承载力从 1～100 MN 共 35 级，活动支座的顺桥向位移量为 30～300 mm，横桥向位移量为 10～40 mm；公路桥球面支座 GQZ 系列的设计承载力为 1～60 MN，活动支座的顺桥向位移量为 50～300 mm，横桥向位移量为 20～40 mm。

9.1.3.3 钢筋混凝土支座

钢筋混凝土支座包括钢筋混凝土摆柱式支座、混凝土铰，具有成型方便、造价较低的特点。但由于钢筋混凝土支座质量和耐久性难以得到保证，目前在桥梁工程中已较少采用，仅用于一些低等级或临时性桥梁。

钢筋混凝土摆柱式支座的摆柱类似于辊轴钢支座的辊子，摆柱放在梁底与支承垫石之间，它的上下两端各放弧形钢板来固定支座。摆柱由强度等级高的混凝土制成，柱体内配置加密竖向钢筋及水平钢筋网，以承受支座受竖向压力时所产生的横向拉力。摆柱高度取用圆弧形钢板半径的 2 倍，以使圆弧的圆心与摆柱的对称中心点重合，这样易于摆动。

混凝土铰有各种类型，桥梁上常用弗莱西奈铰，它是利用颈缩部分混凝土的双向或三向应力状态而使其承压能力提高，并可作少量转动，约 1/300（11.5′）。混凝土铰是最简单，也是最便宜的中心可转动的支座。混凝土铰需要在铰颈上下设置足以抵抗横向拉应力的钢筋，铰颈高度为铰颈宽度的 1/2～1/3。铰颈部分应做成顺滑的抛物线形，铰颈两旁可用玛蹄脂或沥青材料填塞。

9.1.3.4 简易支座

对于跨度 10 m 以下的公路桥涵和 4 m 以下的铁路板桥，可不设专门的支座装置，而是在梁底和墩台顶面之间设置垫层来支承上部结构。垫层可用油毛毡、石棉板或铅板等做成，利用这些材料比较柔软又具有一定强度的特性来适应梁端比较微小的转动与伸缩变形的要求和承受支点荷载。固定的一端，加设套在铁管中的锚钉锚固。锚钉预埋在墩台帽内。

简易支座变形性能较差，为避免主梁端部和墩台混凝土拉裂，通常应将墩台顶部的前缘削角，并宜在支座部位的梁端和墩台顶面布设钢筋网加强。

9.1.3.5 特殊功能支座

（1）减隔震支座

震区桥梁应使用具有减震和抗震功能的支座。减隔震支座的作用是尽可能地将结构或部件与可能引起破坏的地震地面运动分离开来，以大大减小传递到上部结构的地震力和能量。目前国内主要的减隔震支座的类型有高阻尼隔震橡胶支座、铅芯隔震橡胶支座、弹塑性钢减震支座、双曲面球型减隔震支座、摩擦摆式减隔震支座等。图 9.1.15 所示为减隔震支座的二种构造。

（2）拉力支座

当连续梁桥、连续刚构桥的边跨由于桥位条件困难设计为较短边跨时，端支座容易出现负反力；斜拉桥的边跨支座一般会出现负反力；悬臂梁桥、斜桥、宽悬臂翼缘箱梁桥以及小半径曲线桥上，容易出现支点负拉力。因此，必须设置拉力支座，以便抗拉且承受相应的转动和水平位移。

混凝土桥

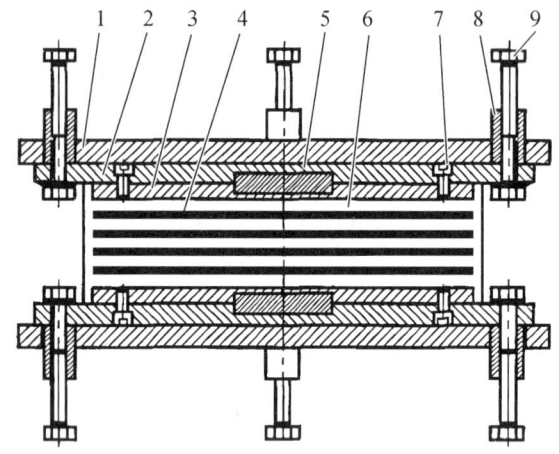

1—预埋钢板；2—外连接钢板；3—封板；4—加劲钢板；
5—剪切键；6—橡胶；7—螺钉；8—套筒；9—螺栓。

(a) 超高阻尼隔震橡胶支座

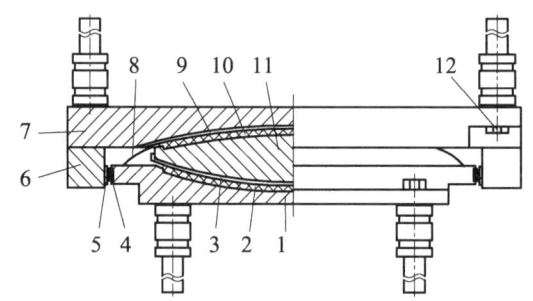

1—下座板；2，3—下滑板；4，5—导向滑板；6—限位板；
7—防尘装置；9，10—上滑板；11—中座板；7—锚栓。

(b) 双曲面球型减隔震支座

图 9.1.15　减隔震支座的构造

板式、盆式橡胶支座及球形支座都能变更功能作为拉力支座。板式橡胶拉压支座适用于拉力较小的桥梁，盆式橡胶支座及球形支座适于反力较大的桥梁。

9.1.4　支座的设计与计算

9.1.4.1　支座受力与变位分析

在进行桥梁支座的设计时，首先必须求得每个支座上所承受的竖向力和水平力以及需适应的位移和转角。然后，根据它们来选定支座的各部尺寸并进行强度、稳定等各项验算。

(1) 支座受力分析

作用于支座上的竖向力有结构自重的反力、活载的支点反力及其影响力。在计算活载的支点反力时，要按照最不利的状态排列荷载。在计算列车或汽车荷载支反力时，应计入冲击影响力。当支座可能会出现上拔力时，应分别计算支座的最大竖向力和最大上拔力。桥梁上部结构可能被风力掀离的支座，应计算支座锚栓的反力。

作用于支座上的水平力包括纵向水平力和横向水平力。正交直线桥梁的支座，一般仅需计算纵向水平力。斜桥和弯桥，还需要计算由于列车或汽车荷载的离心力或风力所产生的横向水平力，铁路桥梁还有列车横向摇摆力所产生的横向水平力。

支座上的纵向水平力，包括由列车或汽车荷载的制动力（牵引力）风力、支座摩阻力或温度变化，支座变形所引起的水平力以及其他原因如桥梁纵坡产生的水平力。列车或汽车的制动力（牵引力）应分别按照铁路桥规与公路桥规的要求确定，制动力在各支座上的分配亦应按铁路、公路各自的桥梁规范计算。

地震区桥梁支座的外力计算，应根据设计的地震烈度，按铁路或公路抗震设计规范的规定进行。

（2）支座变位分析

支座的水平位移包括纵向位移和横向位移。支座纵向位移有温度伸缩位移、混凝土收缩徐变变位、活载作用下梁体下翼缘伸长、下部结构的位移等。支座横向位移有温度、混凝土收缩徐变变位、下部结构横向位移、斜桥和弯桥荷载引起的横向变位等。

支座沿纵向的转角有结构自重产生的梁端转角、活载转角、混凝土收缩徐变产生的转角、下部结构的转角等。

通过以上各项支座反力和变位的计算，然后依据桥规的规定进行荷载和变位的组合，就为支座的设计提供了计算数据。

桥梁支座类型繁多，应当根据具体的支座类型和构造进行相应的各自不同的设计验算。以下以矩形板式橡胶支座为例，对其设计计算作一简要说明。

9.1.4.2 板式橡胶支座的设计验算

板式橡胶支座的设计，包括确定支座的平面尺寸 $a \times b$ 及厚度 h，验算梁截面发生转角后支座不致于与梁底脱空形成局部受压情况和验算支座的抗滑性能。现行铁路桥梁规范与公路桥梁规范对板式橡胶支座的计算规定有所不同，计算参数代号各异，应根据桥梁的使用别采用相应的规范进行设计。板式橡胶支座的一般设计步骤如下：

（1）确定平面尺寸 a、b

根据橡胶支座与支承垫石混凝土的压应力不超过它们的容许承压应力，确定 $a \times b$，一般由橡胶支座控制设计：

$$\sigma = \frac{N_{\max}}{ab} \leqslant [\sigma] \qquad (9.1.2)$$

式中　$N_{\max}$——运营阶段由桥上全部恒载与活载（包括冲击力）所产生的最大支点反力；
　　　$[\sigma]$——橡胶支座的平均容许压应力。

（2）确定厚度 h

确定支座厚度 h 必须先求橡胶片的总厚度 $\sum t$，它是由梁产生纵向位移时，支座的受剪状态决定的，即由剪切变形来换取线位移，应满足下式

$$\tan\gamma = \frac{\varDelta}{\sum t} \leqslant [\tan\gamma] \qquad (9.1.3)$$

即
$$\sum t = \frac{\Delta}{[\tan\gamma]} \tag{9.1.4}$$

式中 $[\tan\gamma]$——橡胶片容许剪切角的正切，应按桥规规定取用，它依是否计入活载制动力而取不同值。

Δ——荷载、温度变化等所引起的支座顶、底面的相对水平位移。

$\sum t$ 确定后，再加上加劲薄钢板的总厚度，即为橡胶支座厚度 h。铁路和公路桥梁设计规范还分别要求 h 或 $\sum t$ 不大于 $0.2a$（a 为支座短边长度），以保证支座的稳定。

(3) 计算支座转角，验算支座不脱空条件

主梁受荷挠曲，梁截面将出现转动，其转角 θ 应满足下式，以确保支座与梁底可靠接触，不致脱空而导致过大的局部承压问题。

$$\tan\theta \leqslant [\tan\theta] \tag{9.1.5}$$

式中 $[\tan\theta]$——支座容许转角的正切，铁路桥取 $\dfrac{4\delta}{a}$，公路桥取 $\dfrac{2\delta}{a}$，δ 为支座平均压缩变形。

公路桥规还规定 δ 应不大于 $0.07\sum t$。

(4) 验算支座的抗滑性能

橡胶支座一般直接搁置在墩台与梁底之间，当它受到水平力 H 后，应保证支座不致滑动，即应满足下式：

$$\mu R_{min} \geqslant 1.4GA\frac{\Delta_D}{\sum t} + H_T \quad (活载作用时) \tag{9.1.6}$$

$$\mu R_D \geqslant 1.4GA\frac{\Delta_D}{\sum t} \quad (无活载作用时) \tag{9.1.7}$$

式中 R_{min}——支点最小反力，结构重力加相应于计算制动力时的最小荷载；

R_D——恒载支点反力；

H_T——活载制动力在一个支座上的水平力；

A——支座承压面积；

Δ_D——由上部结构温度变化等引起的支座顶、底面相对水平位移；

μ——橡胶板与墩台底或梁底间的摩擦系数；

G——橡胶板剪变模量。

9.1.5 成品支座的型号与选用

我国铁路、公路桥梁支座早已形成系列化规格成品的生产供应，可以直接根据支座反力、梁体水平位移以及梁底构造尺寸等，选择合适的支座型号即可。所选支座必要时还需做支座偏转、抗滑性能等的补充验算。合适的支座型号，除了应满足结构水平位移量和转动量的需要外，还宜满足计算的最大支反力不超过支座容许承载能力，最小支反力不低于容许承载能力的 80%，以确保支座具有良好的滑移性能，减小支座内在摩阻的影响。

铁路桥梁板式橡胶支座型号的表示方法举例：TBZ1000GD-0.1P-C，表示竖向设计承载力 1 000 kN、设计水平荷载为竖向设计承载力 10%的常温型固定板式橡胶支座，采用氯丁橡胶；TBZ2000ZX-e40-0.2P-F，表示竖向设计承载力 2 000 kN、设计位移为 ±40 mm、设计水平荷载为竖向设计承载力 20%的耐寒型纵向活动板式橡胶支座，采用天然橡胶或三元乙丙胶。

公路桥梁板式橡胶支座型号的表示方法举例：GBZJ300×400×63（CR），表示支座平面尺寸为 300 mm×400 mm、总厚度为 63 mm 的常温型普通矩形橡胶支座；GBZYH300x54（NR），表示支座直径为 300 mm、总厚度为 54 mm 的耐寒型圆形滑板橡胶支座。

铁路桥梁盆式橡胶支座型号的表示方法举例：TPZ 3000GD-0.1P-i0-C，表示竖向设计承载力为 3 000 kN、设计水平荷载为竖向设计承载力的 10%、支座顶面不设纵向坡度、常温型固定盆式橡胶支座。TPZ 6000ZX-el00/0-0.2P-i8-F，表示竖向设计承载力 6 000 kN、顺桥向设计位移量 ±100 mm、横桥向设计位移量 0 mm、设计水平荷载为竖向设计承载力的 20%、支座顶面纵向坡度 8‰的耐寒型纵向活动盆式橡胶支座。

公路桥梁盆式橡胶支座型号的表示方法举例：GPZ（2023）15-10%-SX-±100-C，表示 2023 年设计、竖向设计承载力 15 MN、横向水平设计承载力为竖向设计承载力的 10%、双向活动顺桥向设计位移为 ±100 mm 的常温型盆式橡胶支座；GPZ（2023）15-15%-ZX-±50-F，表示 2023 年设计、竖向设计承载力 15 MN、横向水平设计承载力为竖向设计承载力的 15%、纵向活动顺桥向位移为 ±50 mm 的耐寒型盆式橡胶支座。

铁路桥梁钢支座型号的表示方法举例：TGZ-YZM（SCL）6000 ZX-el00/0-0.1P-i8-F，表示竖向设计承载力为 6 000 kN、顺桥向设计位移量为 ±100 mm、横桥向设计位移量为 0 mm、设计水平承载力为竖向设计承载力的 10%、支座顶面纵向坡度为 8‰、耐寒型纵向活动竖向测力圆柱面钢支座。

9.2 桥墩和桥台

9.2.1 墩台的作用与一般要求

桥梁结构分为上部结构和下部结构。桥墩、桥台作为下部结构，其主要作用是承受上部结构传来的荷载，并将它及本身自重传给地基基础。桥墩支承着相邻的两孔桥跨，分布在全桥的中间部位。桥台居于全桥的两端，它的前端支承着桥跨结构，后端衔接两岸接线路堤，起着支挡台后路基填土并把桥跨与路堤连接起来的作用。桥梁墩台除承受上部结构的作用力外，桥墩还受到风力、流水压力及可能发生的冰压力、船只和漂流物的撞击力，桥台还需承受台背填土及填土上车辆荷载产生的附加侧压力。此外，桥梁墩台往往还要承受施工临时荷载，比如架设上部结构时作为支撑所需。因此桥梁墩台不仅本身应具有足够的强度、刚度和稳定性，而且对地基的承载能力、沉降量、地基与基础之间的摩阻力等也都提出一定的要求，以避免出现过大的水平位移、沉降、倾斜等。

在桥梁总体方案设计比选中，往往注重展现下部结构的功能和造型，使上、下部结构协调一致，互为点缀，进而烘托出桥梁方案的整体效果。对于城市桥梁，其下部结构的造型往往有更高的景观要求，也出现了许多造型新颖、轻巧美观的结构型式（图 9.2.1）。

图 9.2.1 轻型桥墩各种造型

确定桥梁下部结构应遵循满足交通要求、安全耐久、造价低、维修养护少、施工方便、工期短、与周围环境协调和造型美观等原则。桥梁的墩台设计与上部结构受力有关；与土质构造和地质条件有关；与水文、流速及河床性质有关。因此，桥梁墩台要置于稳定可靠的地基上，要通过设计和计算确定基础型式和埋置深度。从桥梁破坏的实例分析，桥梁下部结构要经受洪水、地震、桥梁活载等的动力作用，要确保安全、耐久，必须充分考虑上述各种因素的组合。

要重视下部结构与上部结构的合理组成，桥梁是一个整体，上下部结构共同工作、互相影响。特别是在墩梁固结的预应力混凝土连续刚构桥中，桥墩与上部结构融合在一起。因此，桥梁的下部结构在某种情况下，很难与上部结构截然分开。同时还要求桥梁下部结构的造型与周围的地形、地物条件密切关联，使桥梁与环境和谐、匀称。

桥梁墩台的型式总体上可分为两类：即重力式墩台和轻型墩台。重力式墩台的主要特点是靠自身重力来平衡外力 而保持其稳定。因此，墩身、台身比较厚实，可以不用钢筋，而用天然石材或片石混凝土砌筑。它适用于地基良好的大、中型桥梁，或流冰、漂浮物较多的河流中。在砂石料来源方便的地区，小桥也往往采用重力式墩台。其主要缺点是圬工体积大，因此其自重和阻水面积也较大，也加大了基础工程量。轻型墩台的构造尺寸小，一般来说刚度小，允许在一定范围内发生弹性变形和出现拉应力，所用材料大都以钢筋混凝土和少筋混凝土为主，因此工程量较小自重轻，同时也节省基础工程量。

随着经济的发展和用工成本上升以及环保景观的需要，桥梁下部结构的发展方向是轻型、薄壁、注意造型等。

9.2.2 桥墩的类型与构造

桥墩的常见型式有重力式墩、各种轻型桥墩（空心式墩、薄壁墩、桩（柱）式墩、框架式墩、柔性墩等）。

9.2.2.1 重力式桥墩

重力式桥墩也称实体式桥墩，它主要靠自身的重量来平衡外力而保持其稳定。因此墩身比较厚实,可以不用钢筋,而用天然石材或片石混凝土砌筑。重力式桥墩取材方便,施工简易,养护工作量小,对抵抗外界不利因素如撞击、侵蚀的能力较强,在中、小跨桥梁,尤其是铁路桥梁中常被采用。它的缺点是工程量大、自重大。因而对地基承载力的要求也较高,基础工程量也往往随之增大。

按墩身横截面形式的不同,常见的重力式桥墩可分为矩形墩、圆端形墩、圆形墩等。图 9.2.2 为铁路重力式墩的一般构造。

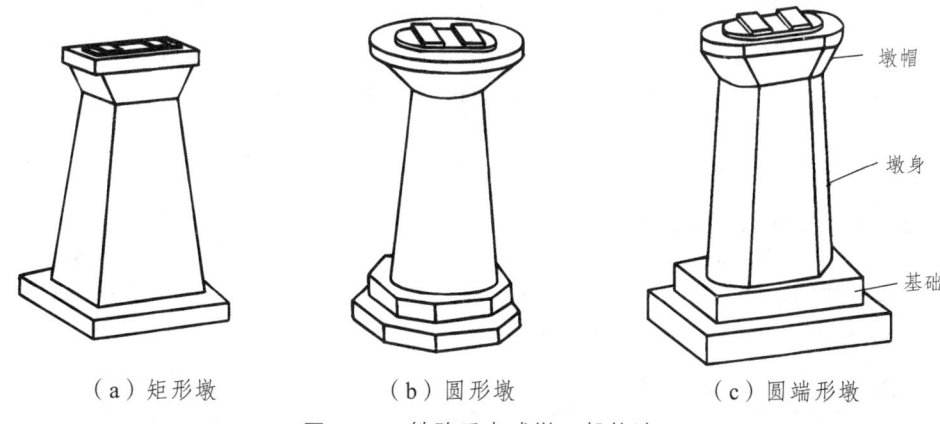

（a）矩形墩　　　　　（b）圆形墩　　　　　（c）圆端形墩

图 9.2.2　铁路重力式墩一般构造

（1）矩形墩　它的外形简单、施工方便、圬工数量较省。但对水流的阻力甚大,引起局部冲刷。一般用于无水或静水处。在水流影响小,不受流水撞击,靠近河岸的桥墩以及建在基岩上并且桥孔不压缩、不通航河流上的桥墩也可采用这种型式。

（2）圆形墩　其截面为圆形,圬工用量较多,且施工较麻烦,但其流水特性较矩形墩为好。一般用于河流急弯、流向不固定或与水流斜交角大于15°的桥梁。

（3）圆端形墩　它的截面是矩形两端各接一个半圆,施工稍麻烦,但较适合水流通过,可减少局部冲刷。一般用于水流斜交角小于15°的桥梁,是水中桥墩使用最广泛的一种型式。

公路桥梁一般较宽,重力式桥墩截面一般为矩形、圆端形、还可采用尖端形。为减少桥墩尺寸节省圬工,宜采用带挑臂式钢筋混凝土墩帽的实体墩,也可适当挖空墩身面积,如图 9.2.3 所示。

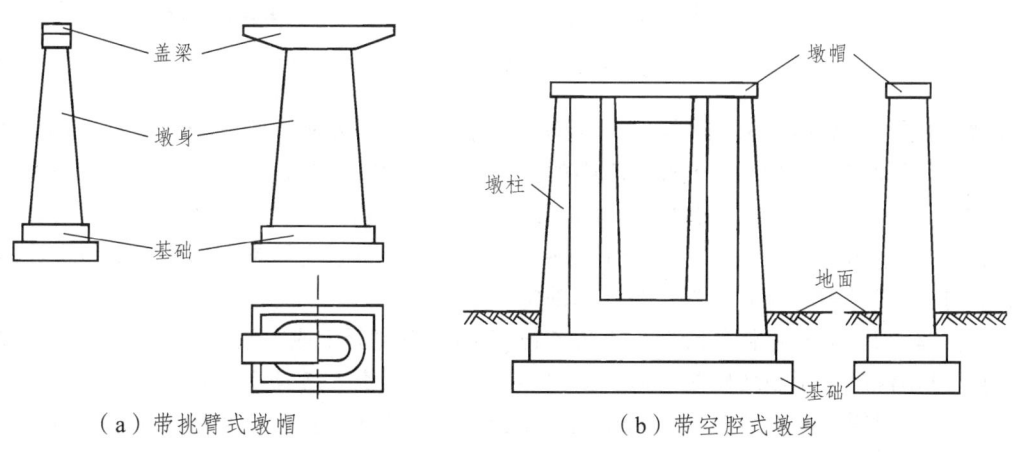

（a）带挑臂式墩帽　　　　　（b）带空腔式墩身

图 9.2.3　公路重力式墩一般构造

重力式墩由墩帽、墩身和基础三部分组成。

墩帽位于桥墩顶部，其构造见图 9.2.4，它的主要作用是把桥梁支座传来的相当大的较为集中的力，分散均匀地传给墩身。因此要求墩帽具有一定的厚度和较高的强度，要满足桥梁支座布置的需要。墩帽与支座直接接触的部分称为支承垫石，应力更集中，需具有更高的强度。此外，墩帽要为施工架梁和养护维修提供必要的工作面。因此其平面尺寸与墩身相比一般较大。通常当两者尺寸相近时，可仅在墩帽下设置 10～20 cm 的檐口。但当两者尺寸相差较大时，则需在墩帽下设置托盘过渡，称为托盘式墩帽（图 9.2.5）；或者让墩帽挑出墩身一定长度，称为挑臂式墩帽（图 9.2.5）。铁路桥墩常用托盘式墩帽，公路桥墩当桥面较宽时，为节省墩身及基础圬工，也选用挑臂式墩帽来缩短墩身横向尺寸。

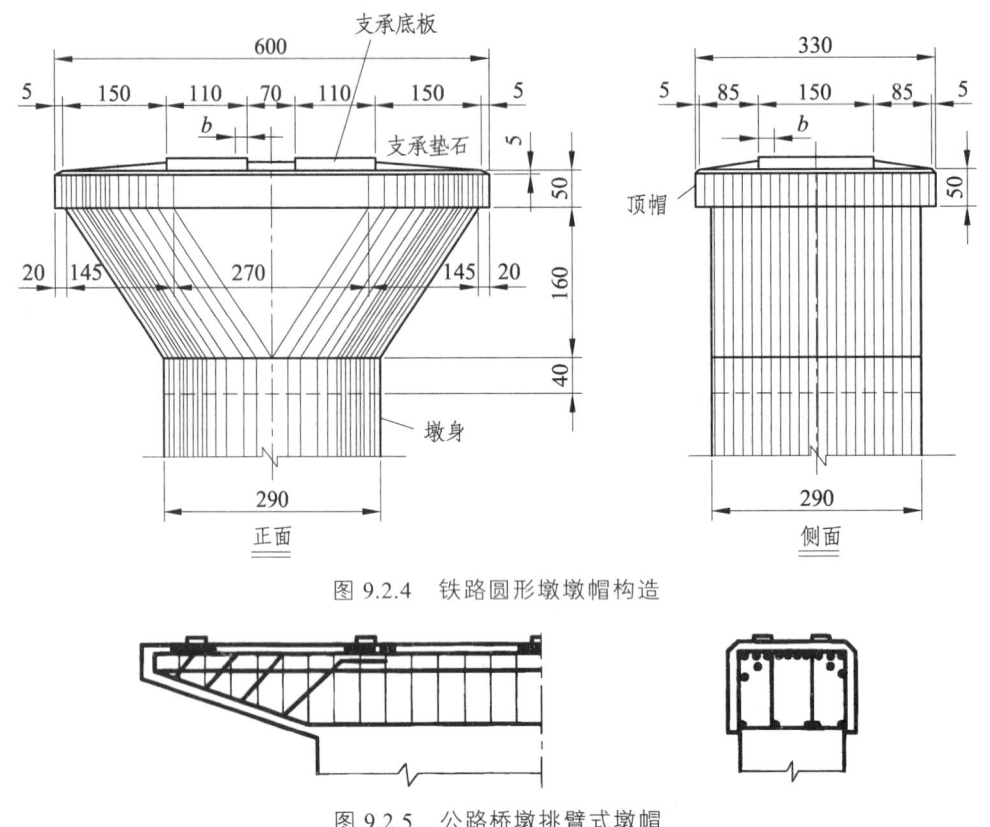

图 9.2.4　铁路圆形墩墩帽构造

图 9.2.5　公路桥墩挑臂式墩帽

墩帽的厚度一般不小于 30～40 cm。为防雨水侵蚀，墩帽表面一般设不小于 3% 的排水坡，但支承垫石顶面应高出排水坡上棱。墩帽的平面尺寸根据支座布置要求和架梁与养护时移梁和顶梁的要求确定。铁路和公路桥规对墩帽的尺寸有具体的规定。

墩帽一般采用 C20 级以上的混凝土做成，加配构造钢筋。支承垫石部位加配一层或多层钢筋网。挑臂式墩帽的受力钢筋需经计算确定。

重力式桥墩的墩身材料一般用不小于 C15 级的片石混凝土或 M7.5 水泥砂浆砌片石或块石，也可以用混凝土预制块砌筑。墩身的主要尺寸包括墩高、墩顶面、底面的平面尺寸及墩身侧坡。墩身的侧坡可采用 30∶1～20∶1。小跨径且高度不大的桥墩可做成直坡。高度很大的桥墩也可分节段做成阶梯状。

9.2.2.2 空心式桥墩

在一些墩高较大的桥墩中，为了减少圬工体积，节约材料，减轻自重，减少地基负荷，可以将墩身内部做成空腔体，即为空心式桥墩。这种桥墩在外形上与实体墩差别不大，只是自重减轻，因此，它是介于重力式桥墩和轻型桥墩之间。空心式桥墩可以充分利用材料的强度，因此节省材料，进而也能减少基础工程量。一般高度的空心墩比实体墩节省圬工 20%~30%左右，钢筋混凝土空心墩可节省圬工 50%左右。空心式墩可以采用钢滑动模板施工，使施工速度快，质量好，节省模板支架，特别对于高墩，更显出其优越性。

按建筑材料的不同，空心式桥墩可分为混凝土空心墩和钢筋混凝土空心墩两类。混凝土空心墩可在高度小于 50 m 的桥墩中使用。钢筋混凝土空心墩受力性能比混凝土墩要好，高桥墩一般采用这种类型。空心墩的壁厚应根据设计和施工的要求来选定，混凝土墩身壁厚不宜小于 50 cm，钢筋混凝土墩身壁厚不宜小于 30 cm。考虑到温度应力等的影响，墩身一般均应加设护面钢筋。此外为减少墩身内外温差，在离地面一定高度处的墩身周围，应设置直径 20~30 cm 左右的通风孔。桥墩的截面形式有圆形，圆端形，长方形等数种，如图 9.2.6 所示。其中圆形及圆端形的截面形式便于滑模施工。桥墩的立面布置可采用直坡式，侧坡式和阶梯式等，直立式和侧坡式便于滑模施工。

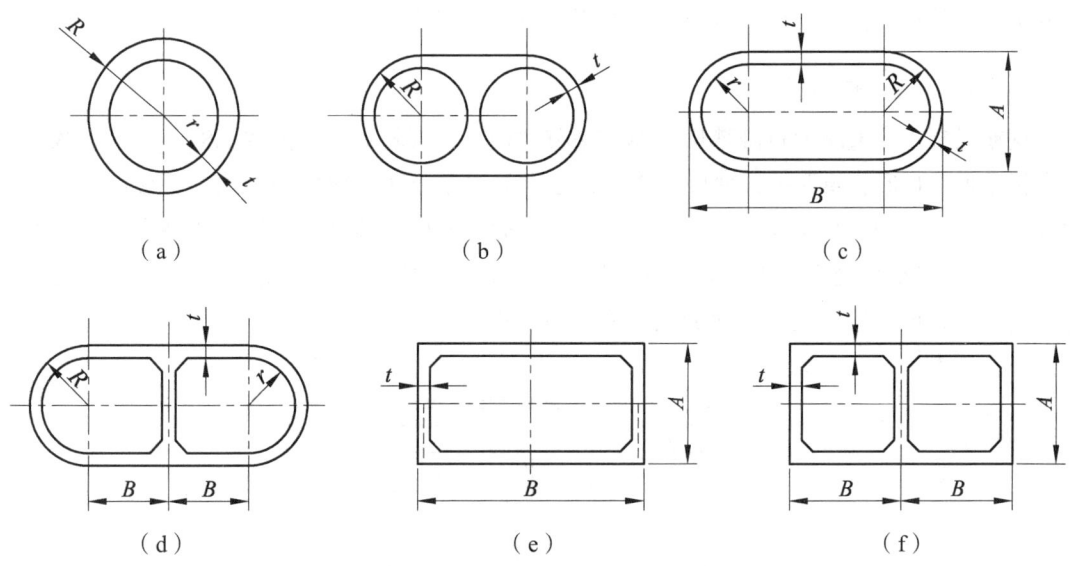

图 9.2.6 空心式桥墩的截面型式

早期空心墩仿照竹节构造每隔一定高度设置一道横隔板。横隔板对空心结构的抗扭有明显作用，对薄壁的稳定也有帮助。但内力分析和模型试验证明，一般空心墩所受扭矩很小，薄壁的局部稳定也不太控制设计。因此现在的趋势是不设或少设横隔板，对滑模施工也更为方便。空心式桥墩的顶部可设置实体段，以便于布置支座，均匀传力并减少对空心墩壁的冲击。实体段的高度取用 1~2 m。墩身与底部或顶面交界处，为改善应力集中，应采用墩壁局部加厚或设置实体段的措施。图 9.2.7 为空心墩的一般构造。

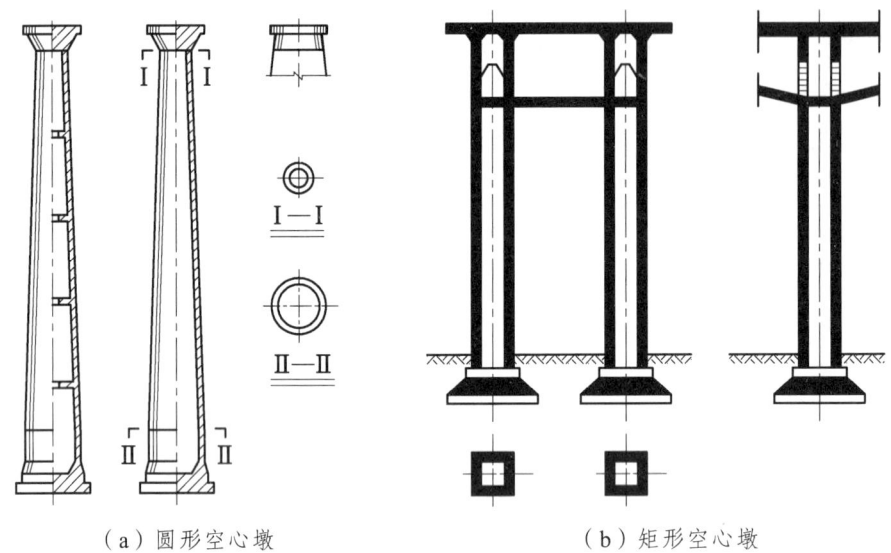

(a）圆形空心墩　　　　　　（b）矩形空心墩

图 9.2.7　空心墩一般构造

薄壁空心墩在流速大并夹有大量泥砂石的河流，以及在可能有船只、冰和漂流物冲击的河流中不宜采用，但可在设计水位以下改用实体段来用它。

9.2.2.3　薄壁墩

钢筋混凝土薄壁墩通过减薄墩身厚度来节省圬工，减轻自重（图 9.2.8）。薄壁墩截面型式有板壁形、I 形、箱形等，薄壁空心墩也是钢筋混凝土薄壁墩的类型之一。板壁形的薄壁墩构造简单、轻巧、圬工体积少，适用于地基承载力较弱的地区。薄壁墩的高度一般不大于 7 m，由于墩身受压受弯，因此要配有适量的受力钢筋和构造钢筋。薄壁墩与桩柱式墩比较，圬工用量多，但对漂流物及流冰的抵抗能力要强些。

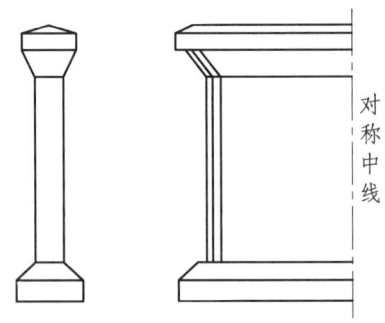

图 9.2.8　板壁型薄壁墩构造

双薄壁墩是在墩位上有两个相互平行的墩壁与主梁铰接或刚接的桥墩。钢筋混凝土双壁墩可增加桥梁刚度，减少主梁支点负弯矩，增加桥梁美观。图 9.2.9 为国外某三跨连续刚构桥，两个水中墩均采用双壁墩。

第 9 章 混凝土桥梁的支座与墩台

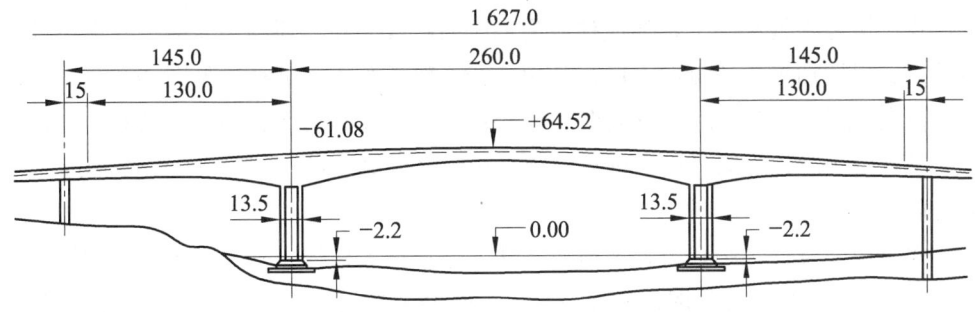

图 9.2.9 连续刚构桥的双薄壁墩（单位：m）

双壁高墩在预应力混凝土连续梁桥采用墩梁固结体系中是一种理想的柔性墩，它既能支承上部结构，保持桥墩稳定，又有一定柔性，适应上部结构位移的需要。

9.2.2.4 柱式（桩柱式）桥墩

柱式桥墩的结构特点是由分离的两根或多根立柱（或桩柱）所组成，因此节约圬工，外形美观，视觉通透。柱式墩是桥梁中广泛采用的桥墩形式，特别是在桥宽较大的城市桥和立交桥中。柱式桥墩的墩身沿桥横向常由 1~4 根立柱组成，柱身为 0.6~1.5 m 的大直径圆柱或方形、六角形等其他型式，使墩身具有较大的强度和刚度，当墩身高度大于 6~7 m 时，可设横系梁加强柱身横向联系。

柱式桥墩一般由基础之上的承台、柱式墩身和盖梁组成。双车道桥常用的型式有单柱式、双柱式和哑铃式以及混合双柱式四种，见图 9.2.10 所示。单桩式墩适用于斜交角大于 15°的桥梁，流向不固定的桥梁和立交桥上使用。双柱式墩在桥梁上用得较多，哑铃式和混合双柱式墩对有较多漂流物和流冰的河道较为适用。

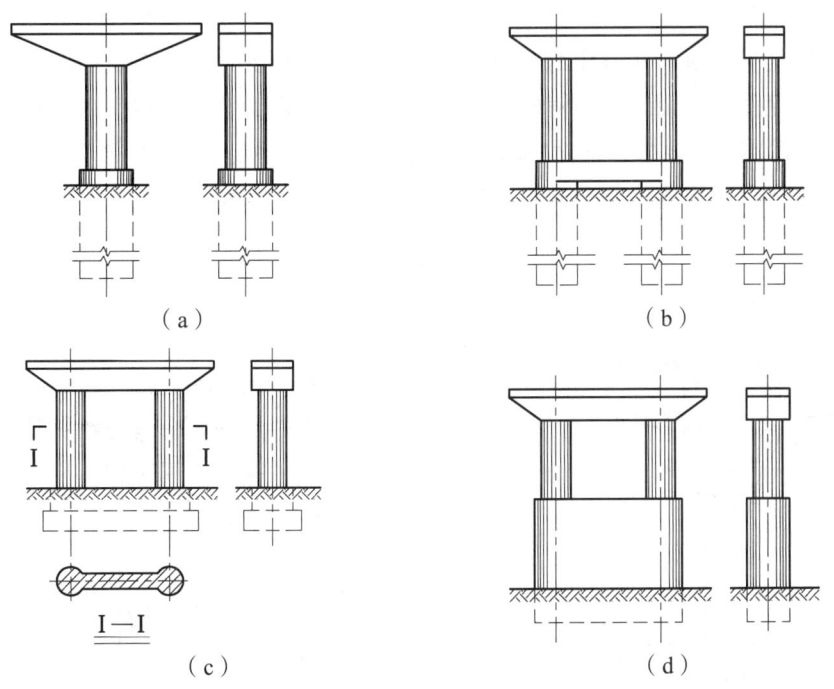

图 9.2.10 柱式桥墩一般构造

桩柱式桥墩是将桩基向上延伸成柱做为桥墩的墩身,在柱顶浇注盖梁,通常在桩柱之间设置横系梁,以增加桩柱的侧向刚度,其中柱径一般适当小于桩径,见图 9.2.11。桩柱式墩在墩位的横向可以是一根、两根或数根(桩+柱)。在一个墩台纵向设置一排桩时,称为单排桩墩。如设置两排时称为双排桩。桩柱式墩采用钢筋混凝土结构,盖梁可用矩形或 T 形,等截面或变截面。

桩柱式桥墩适合许多场合及各种地质条件。通过增大桩径、桩长或用多排桩加设承台等措施,也能适用于更复杂的软弱地基以及更大的跨径和较高的桥墩。桩柱式墩材料用量经济,施工方式优越,故目前得到广泛采用。有漂流物和流速过大的河道,桩墩容易受到冲击和磨损,不宜采用。

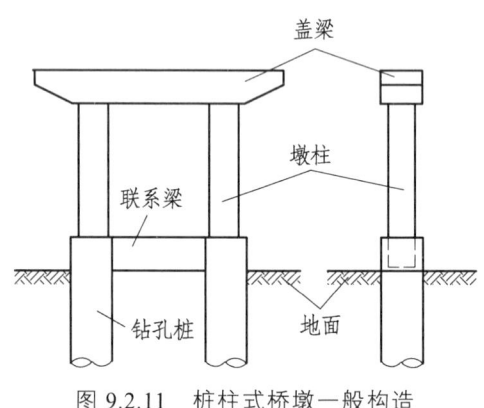

图 9.2.11 桩柱式桥墩一般构造

9.2.2.5 框架式墩

框架式墩是采用由构件组成的平面框架代替墩身,必要时可做成双层或多层的框架来支承上部结构,见图 9.2.12。由于框构受压受弯,因此配置受力钢筋和构造钢筋,必要时设置预应力筋。为适应景观要求,可以采用各种形式的框架式墩身,如"V形"、"Y形"、"X形"、倒梯形等。这类桥墩构造偏复杂,施工较麻烦,但结构造型轻盈,桥下视野通透,景观效果较好。

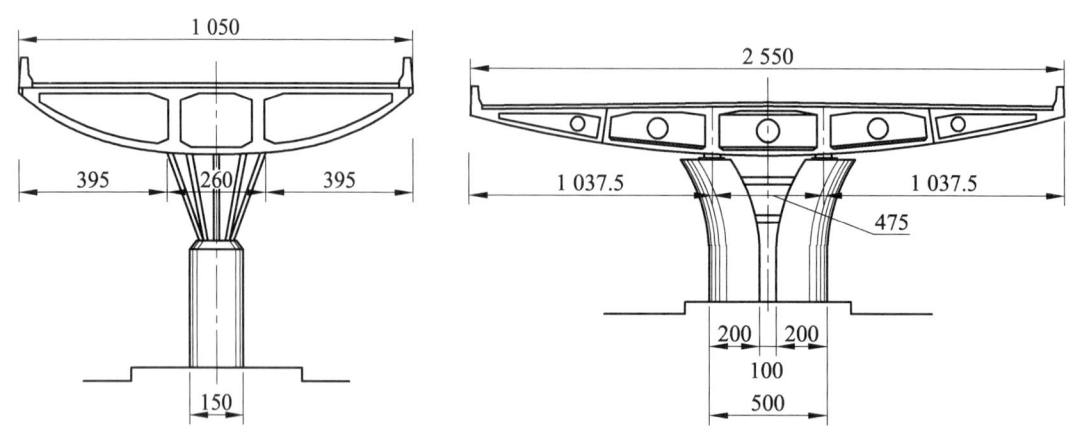

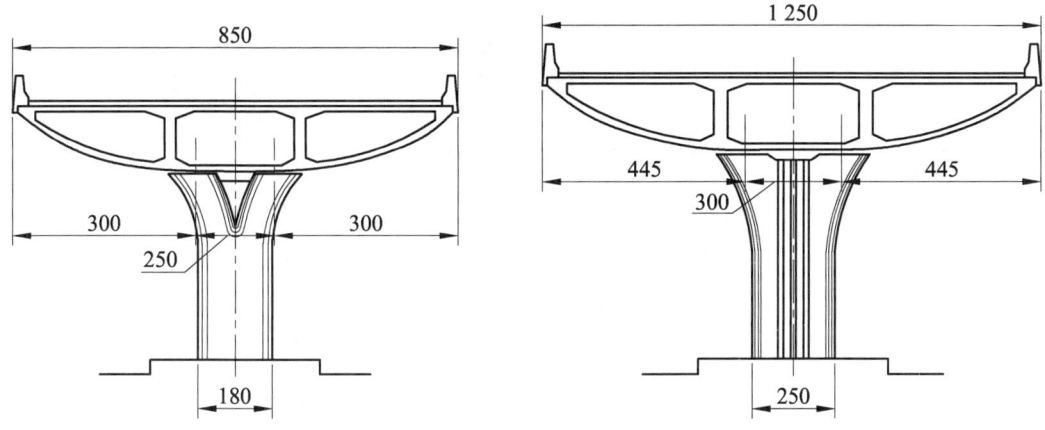

图 9.2.12 框架式桥墩一般构造（单位：cm）

9.2.2.6 柔性墩

柔性墩是在多跨桥的两端设置刚性较大的桥台，中墩均为柔性墩。同时，在全桥除在一个中墩上设置活动支座外，其余墩台均采用固定支座。根据理论分析和实验表明：作用在桥梁上的水平力将按各墩台的刚度分配；因此，作用在每个柔性墩上的水平力较小，从而柔性墩可以采用单排桩墩、柱式墩或其他薄壁式桥墩。

由于柔性墩在布置上，只设一个活动支座。当桥梁孔数较多且桥较长时，柔性墩固定支座的墩顶位移量过大而处于不利状态，活动支座的活动量要求也要大，刚性桥台的支座所受的水平力也大。因此，多跨长桥采用柔性墩时宜分成若干联，两个活动支座之间或刚性台与第一个活动支座间称为一联，见图 9.2.13。每联设置一个刚性墩（台），刚性墩宜布置在地基较好和地形较高的地方。一联长度的划分视地形、构造和受力情况确定。

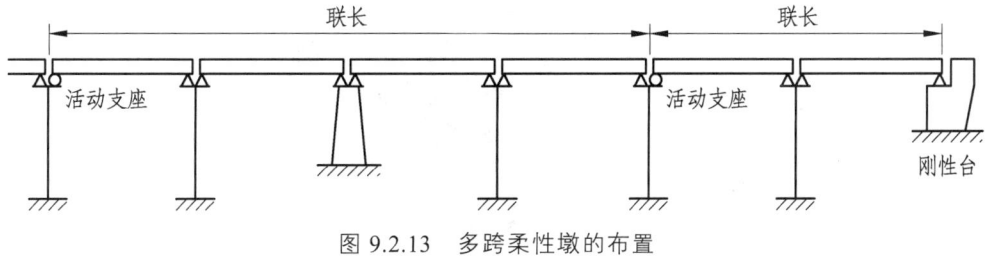

图 9.2.13 多跨柔性墩的布置

9.2.3 桥台的类型与构造

桥台的常见型式有重力式桥台、轻型桥台、框架式桥台、组合式桥台等。

9.2.3.1 重力式桥台

重力式桥台也称实体式桥台，它主要靠自重来平衡台后的土压力。桥台台身多用石砌、片石混凝土或混凝土等圬工材料建造，适合于砂石料来源丰富的路段选用。

重力式桥台的常用类型有矩形桥台、U 形桥台、T 形桥台、埋式桥台、耳墙式桥台等。其中矩形桥台和 T 型桥台主要用于铁路桥梁。图 9.2.14 为它们的一般构造，T 型桥台构造另见图 9-2-14。

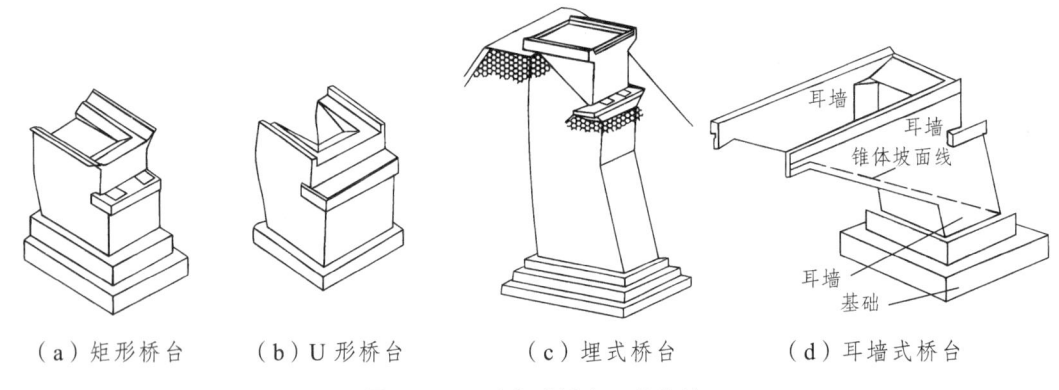

（a）矩形桥台　　（b）U形桥台　　（c）埋式桥台　　（d）耳墙式桥台

图 9.2.14　重力式桥台一般构造

（1）矩形桥台　它的形状简单，施工方便，但工程量大，目前已较少采用。当填土不高、桥跨较小且桥面不宽时可考虑它。

（2）U形桥台　当桥面较宽或桥跨较小，填土较低时，采用U形桥台较为节省。为公路桥常用型式。

（3）T形桥台　主要用于铁路桥，工程量较小，使用广泛，尤其适用于较大的桥跨和较高的路堤。

（4）埋式桥台　当填土较高时，为减少桥台长度节省圬工，可将桥台前缘后退，使桥台埋入锥体填土中而成的一种桥台型式。

（5）耳墙式桥台　在台尾上部用两片钢筋混凝土耳墙代替实体台身并与路堤连接，借以节省圬工，这种桥台也可以设计成埋入式。

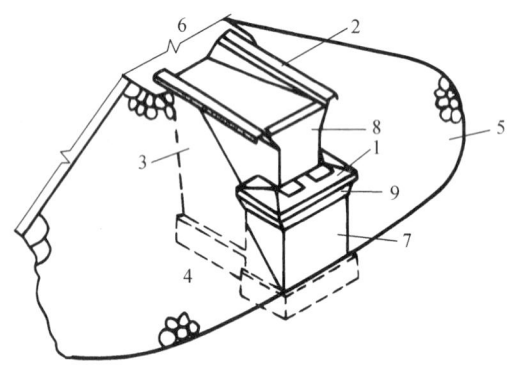

1—台帽；2—道砟槽；3—后墙；4—基础；5—锥体；6—路堤；7—前墙；8—胸墙；9—托盘。

图 9.2.15　T形桥台及锥体一般构造

重力式桥台一般由台帽、台身（前墙、胸墙和后墙）及基础等组成，如图 9.2.15 所示。台帽支承桥跨，设有支承垫石和排水坡，它一般用钢筋混凝土做成。台身承托着台帽，并支挡路堤填土，它一般用石材或片石混凝土做成。此外，桥台上部应伸入路堤一定深度，以保证桥台和路堤的可靠连接。在路堤前端的填土应按一定坡度做成锥形，称为锥体填土。桥台的主要尺寸有桥台全长、填土高度、埋置深度及台身平面尺寸等。台帽的主要尺寸要求与桥墩类似。

9.2.3.2 轻型桥台

轻型桥台型式很多,其主要特点是利用结构本身的抗弯能力来减少圬工体积而使桥台轻型化。轻型桥台所用材料大多以钢筋混凝土或少量配筋的混凝土为主。轻型桥台主要用于公路桥台。

(1) 薄壁轻型桥台

薄壁轻型桥台常用的形式有悬臂式、扶壁式、撑墙式及箱式等,见图 9.2.16。在一般情况下,悬臂式桥台的混凝土数量和用钢量较高,撑墙式与箱式的模板用量较高。薄壁轻型桥台的优点与薄壁墩类同,可依据桥台高度,地基强度和土质等因素选定。

(2) 支撑梁轻型桥台

单跨或少跨的小跨径桥,在条件许可的情况下,可在轻型桥台之间或台与墩间,设置 3～5 根支撑梁。支撑梁设在冲刷线或河床铺砌线以下。梁与桥台设置锚固栓钉,使上部结构与支撑梁共同支撑桥台承受台后土压力。此时桥台与支撑梁及上部结构形成四铰框架来受力。

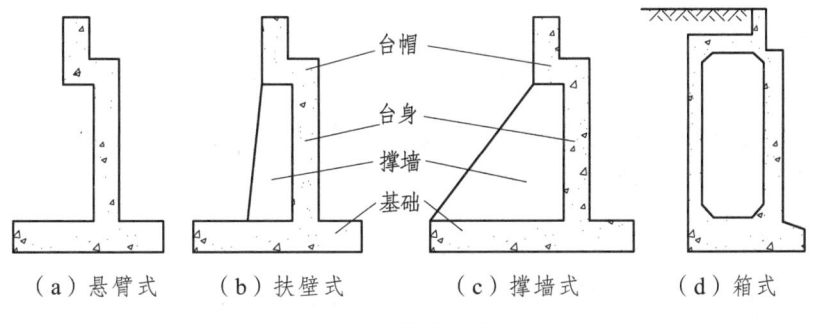

(a) 悬臂式　　(b) 扶壁式　　(c) 撑墙式　　(d) 箱式

图 9.2.16　薄壁轻型桥台

轻型桥台可采用八字式和一字式翼墙挡土(图 9.2.17),如地形许可,也可做成耳墙,形成埋置式轻型桥台并设置溜坡。

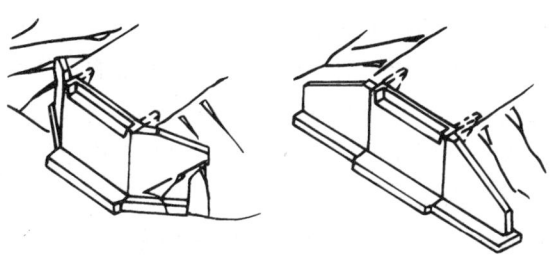

图 9.2.17　桥台八字式翼墙和一字式翼墙

9.2.3.3 框架式桥台

框架式桥台是一种在横桥向呈框架式结构的桩基础轻型桥台,它所受的土压力较小,适用于地基承载力较低、台身较高、跨径较大的梁桥。其构造型式有柱式、桩柱式、墙式、半重力式和双排架式、板凳式等。图 9.2.18 为桩柱式、墙式桥台构造。

柱式桥台,一般为双柱式,当桥较宽时,可采用多柱式。一般用于填土高度小于 5 m,为了减少桥台水平位移,也可先填土后钻孔。填土高度大于 5 m 时,可采用墙式,墙厚一般为 0.4~0.8 m，设少量钢筋。台帽可做成悬臂式或简支式，需要配置受力钢筋。半重力式构造与墙式相同，墙较厚，不设钢筋。对于柱式和墙式桥台一般在基础之上设置承台。当柱式桥台采用钻孔桩基础并延伸做台身时，可不设承台，成为桩柱式桥台，是目前公路桥常用桥台型式。

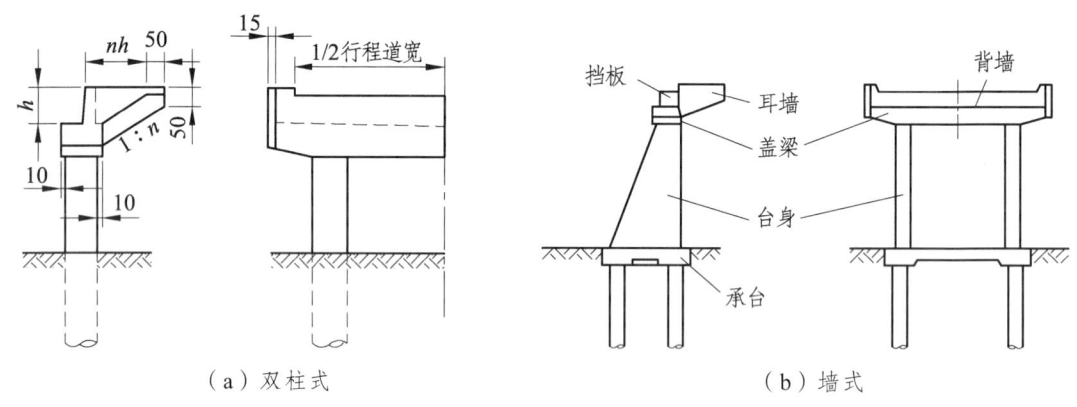

（a）双柱式　　　　　　　　　　（b）墙式

图 9.2.18　框架式桥台一般构造（单位：cm）

框架式桥台均采用埋置式，台前设置溜坡。为满足桥台与路堤的连接，在台帽上部设置耳墙，必要时在台帽上方两侧设置挡板。

9.2.3.4　组合式桥台

为使桥台轻型化，桥台本身主要承受桥跨结构传来的竖向力和水平力，而台的土压力由其他结构来承受，形成组合式桥台。组合的方式很多，如桥台与锚定板组合；桥台与挡土墙组合；桥台与梁及挡土墙组合；框架式的组合；桥台与重力式后座组合等。

图 9.2.19 所示为锚定板式桥台。它有分离式和结合式两种形式。分离式是台身与锚定板、挡土结构分开，台身主要承受上部结构传来的竖向力和水平力，锚定板设施承受土压力。锚定板结构由锚定板、立柱、拉杆和挡土板组成，见图 9-2-18（a）。桥台与锚定板结构预留空隙，上端做伸缩缝，桥台与锚定板结构的基础分离，互不影响，使受力明确，但结构复杂，施工不方便。结合式锚定板式桥台的构造见图 9-2-18（b），它的锚定板结构与台身结合在一起，台身兼做立柱或挡土板。作用在台身的所有水平力假定均由锚定板的抗拔力来平衡，台身仅承受竖向荷载。结合式结构简单、施工方便，工程量较省，但受力不很明确，若台顶位移量计算不准，可能会影响施工和运营。锚定板可用混凝土或钢筋混凝土制作。立柱和挡土板通常采用钢筋混凝土。

图 9.2.20 所示为后座式组合桥台，它由台身和后座两部分组成，台身主要承受竖向力和部分水平推力，后座主要承受水平推力。后座多用重力式U型桥台。台身与后座之间设构造缝，构造缝必须严格按要求施工，既不能约束后座桥台的垂直位移，又不能使前面部分受力后产生较大的塑性变形。水平推力是由台后土压力和摩阻力来平衡（或者部分平衡），若推力很大不足以平衡时，则按桥台与土壤共同变形来承受水平力。这种结构型式的桥台适用于覆盖层较厚的地质情况，或单向推力较大的拱桥。它能大大减少主体台身的基础工程量，稳定可靠，不会产生很大的水平、竖直位移。

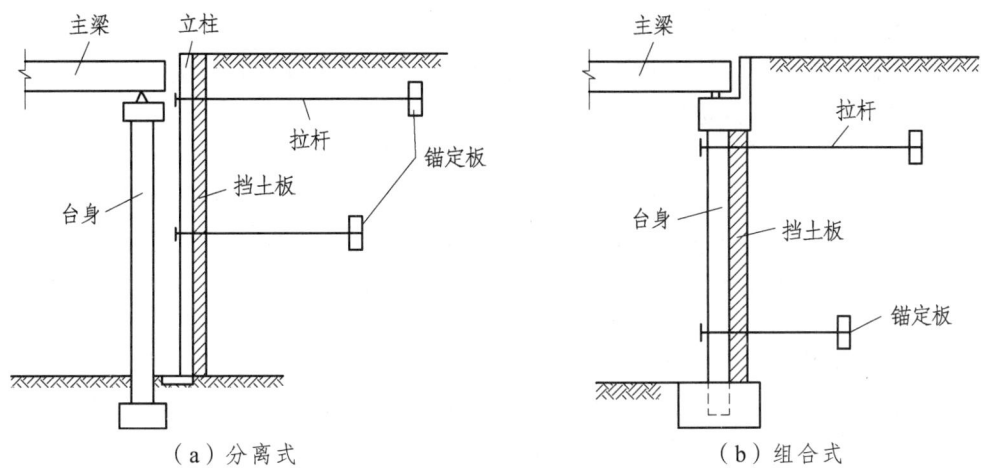

(a) 分离式　　　　　　　(b) 组合式

图 9.2.19　锚定板式桥台一般构造

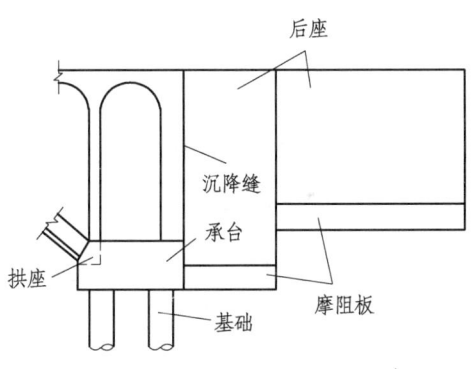

图 9.2.20　后座式组合桥台一般构造

9.2.4　墩台的设计与计算

9.2.4.1　墩台的设计荷载及其组合

在进行墩台设计时，首先应确定作用在墩台上的荷载。它们主要包括恒载（永久荷载）、活载（基本可变荷载）及附加荷载（其他可变荷载）。恒载有结构自重、土重和土侧压力、混凝土收缩徐变的影响力、水的浮力；活载有列车或汽车荷载、列车或汽车冲击力、离心力、活载土侧压力、人群荷载、挂车或履带车荷载；附加荷载有制动力或牵引力、风力、流水压力、冰压力、支座摩阻力、温度变化的影响力。此外，通航河流中要考虑船只的撞击力，地震区应考虑地震力。在施工中出现的临时荷载，如架桥机架梁等，也需考虑。

以上各荷载和外力的计算值，应采用墩台在正常情况下结构上有可能出现的最大荷载值，可依据桥规和有关资料计算。土压力计算一般采用库伦主动土压力公式，活载土侧压力的计算，铁路桥台要考虑其沿横桥向的分布宽度，而公路桥台较宽，一般按横桥向全宽均匀分布处理。

墩台所受的各项荷载中，除恒载外，其他各项荷载的数值是变化的且不一定同时发生。因此在设计墩台时，就需要针对不同的验算项目，拟定各种可能的最不利荷载组合，对墩台加以验算，确保设计安全。在荷载组合当中，车辆荷载的变动起着支配作用。

（1）重力式桥墩荷载组合

重力式桥墩计算中，一般需验算墩身截面的强度、墩身截面的合力偏心距及桥墩的纵向及横向稳定性。为此，可拟定如下几种可能的荷载组合：

（a）按在桥墩各截面上可能产生的最大竖向力的情况进行组合。

它是用来验算墩身强度和基底最大应力。因此，应在相邻两跨满布活载的一种或几种，以及可能产生的附加荷载如制动力或牵引力、纵向风力、支座摩阻力、桥跨结构温度变化力等。铁路桥墩的活载布置图式见图 9.2.21（a），称为“双孔重载”；公路桥墩的活载布置图示见图 9.2.22（a）。

（b）按桥墩各截面在顺桥向上可能产生的最大偏心和最大弯矩的情况进行组合。

它是用来验算墩身强度，基底应力、偏心、墩顶位移以及桥墩的稳定性。因此，应在跨径较大的一孔上布置活载的一种或几种，以及可能产生的附加荷载如制动力或牵引力、纵向风力、支座摩阻力、桥跨结构温度变化力等。铁路桥墩的活载布置图式有两种可能不利的情况，如图 9-2-21（b）、图 9-2-21（c）所示，分别称为“单孔轻载”、“单孔重载”；公路桥墩的活载布置图示见图 9.2.22（b）。

（a）双孔重载

（b）单孔轻载

（c）单孔重载

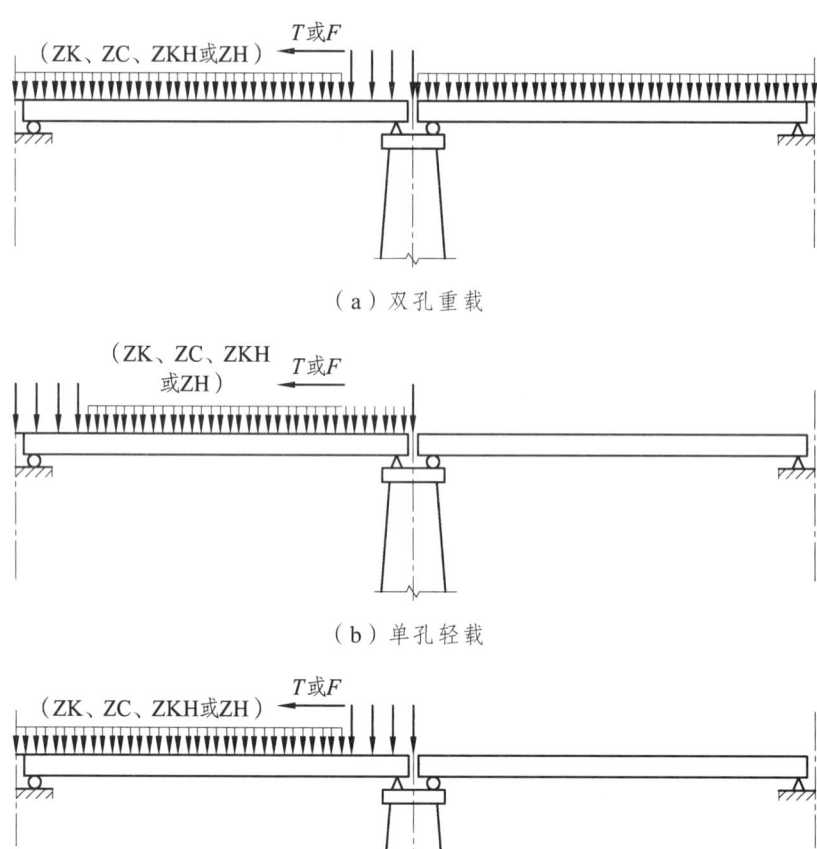

图 9.2.21　铁路桥墩活载布置图式

(c) 按桥墩各截面在横桥向可能产生最大偏心和最大弯矩的情况进行组合。

它是用来验算横桥向的墩身强度、基底应力、偏心及桥墩的稳定性。因此,应在相邻两孔上偏于桥面横向一侧布置活载的一种或几种,以及可能产生的其他横向作用力。对于铁路桥墩,应在相邻两跨布置空车以产生横向摇摆力,而竖向力又不大,称为"双孔轻载"(也称"双孔空车");对于公路桥墩应注意将活载偏于桥面的一侧布置,此外还应考虑其他可变荷载如横向风力、流水压力等,如图 9-2-22(c)所示。

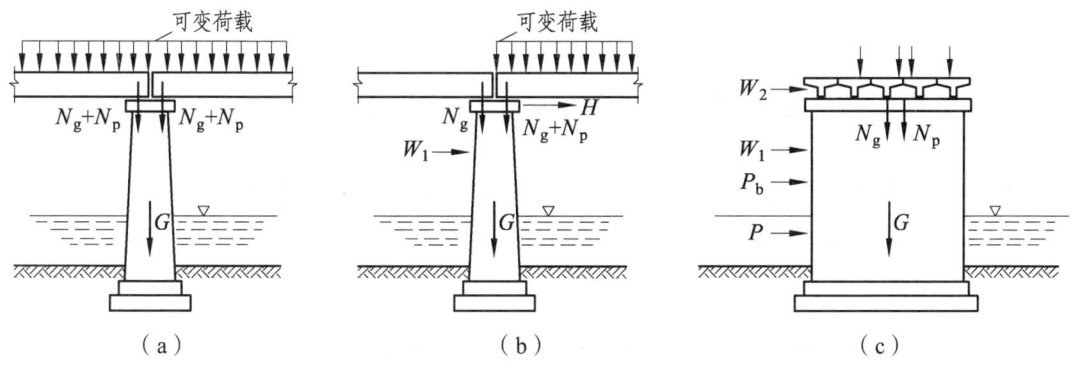

图 9.2.22 公路桥墩活载布置图式

(2)重力式桥台荷载组合

重力式桥台计算中,一般需验算台身截面和基底的强度、偏心以及整体倾覆和滑动稳定性。为此,可拟定如下几种可能的不利荷载组合:

(a)前端验算组合 按在台身截面和基底产生最大的向桥跨方向力矩的情况进行组合。

它是用来验算台身和基底的桥跨端强度和偏心距。活载布置图式有两种可能不利的情况,即在桥跨结构、台顶及台后满布活载,或只在桥跨结构上布载,同时考虑指向桥跨方向的制动力或牵引力等。铁路桥台的活载布置图式见图 9-2-23(a)、图 9-2-23(b);公路桥墩的活载布置图示见图 9.2.24(a)、图 9-2-24(b)。

(b)后端验算组合 按在台身截面和基底产生最大的向台后方向力矩的情况进行组合。

它是用来验算台身和基底的后端强度和偏心距。只在台顶布置活载,同时考虑指向台后方向的制动力或牵引力等。这样,桥台将有向后移动趋势,引起台后土体的被动土压力。但为安全计,验算仍按主动土压力计算为宜。铁路桥台的活载布置图式见图 9-2-23(c)。

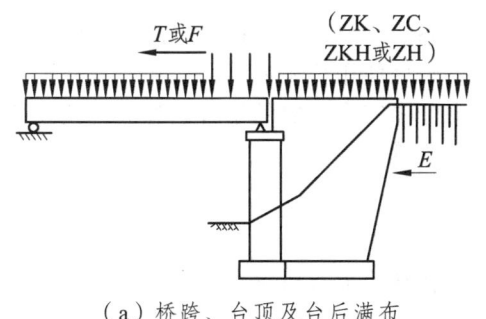

(a)桥跨、台顶及台后满布

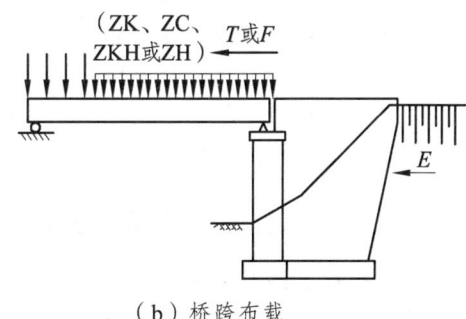

(b)桥跨布载

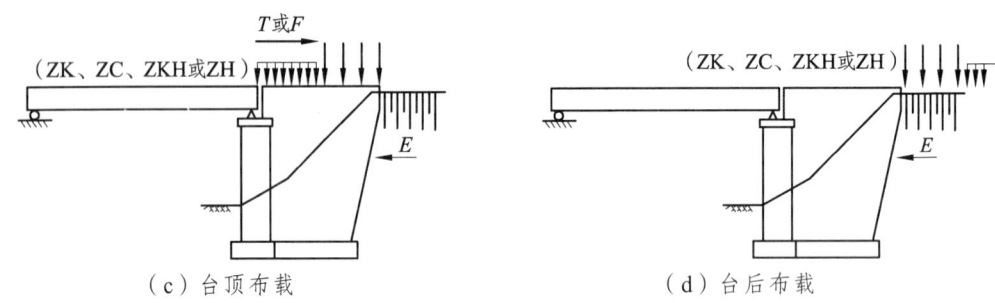

图 9.2.23 铁路桥台活载布置图式

（c）稳定验算组合 按桥台和基底所受到的竖向力最小，而台后土压力及活载土压力仍存在的情况进行组合。

它是用于桥台的倾覆稳定性和滑动稳定性的验算。只在台后布置活载，产生台后活载土压力。铁路桥台的活载布置图式见图 9-2-23（d）；公路桥台的活载布置图式见图 9-2-24（c）。

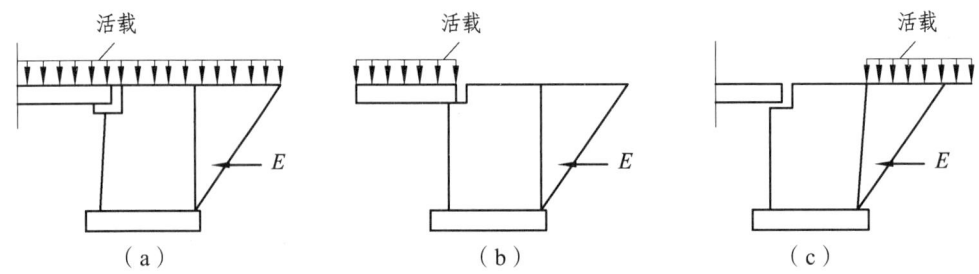

图 9.2.24 公路桥台活载布置图式

9.2.4.2 墩台的验算内容

桥梁墩台的设计过程是，首先选定墩台型式及拟定各部分尺寸；然后计算各项外力和进行最不利荷载组合，选取验算截面和验算内容；计算各截面的内力，进行配筋和验算。

墩台验算的目的在于确定经济合理的尺寸，并保证其在施工和使用阶段的安全。就重力式墩台来说，应满足两方面的要求：其一是墩台本身有足够的强度和稳定性，并且不出现过大的开裂和其他变形。为此应进行强度验算、稳定性验算及偏心验算。其二是桥墩或桥台作为一个整体，不致发生不容许的变位。为此，就扩大基础而言，应进行基底应力验算、整体稳定性验算（包括倾覆稳定性和滑动稳定性）。第二个方面的验算属于墩台的基础检算。此外对于较高的桥墩，须验算墩顶弹性水平位移。对超静定桥梁结构，应验算基底沉陷量。钢筋混凝土墩台要进行配筋设计和验算。

圬工结构的设计理论主要有容许应力法和极限状态法。目前铁路桥规采用容许应力法，公路桥规采用极限状态法。容许应力法的荷载组合值采用使用荷载值直接相加，其验算式表现为应力的形式；极限状态法的荷载组合值采用考虑分项安全系数的组合计算式，其验算式表现为荷载效应的形式。墩台身一般按偏心受压构件验算。

9.2.5 柱式及桩柱式墩台的设计要点

柱式及桩柱式墩台在公路桥梁中应用十分普遍，在铁路多线桥梁中也广泛采用，以下主要针对公路桥简要介绍其设计要点。

9.2.5.1 盖梁(帽梁)计算

(1) 计算图式

柱式及桩柱式墩台通常采用钢筋混凝土构件。在构造上,桩柱的钢筋伸入到盖梁内,与盖梁的钢筋绑扎成整体,因此盖梁与桩柱刚接呈刚架结构。双柱式墩台,当盖梁刚度与桩柱刚度比大于5时,为简化计算可以忽略节点不均衡弯矩的分配及传递,一般可按简支梁或悬臂梁进行计算和配筋,多根桩柱的盖梁可按连续梁计算,当盖梁计算跨径与梁高之比,对简支梁小于2,对连续梁小于2.5时,应按桥规作为深梁计算。当刚度比小于5时,或桥墩承受较大横向力时,盖梁应作为横向刚架的一部分予以验算。

(2) 外力计算

外力包括上部结构恒载支点反力、盖梁自重和活载。活载的布置要使各种组合为桥上最不利情况,求出支点最大反力作为盖梁的活载。活载的横向分布计算,当活载对称布置时,按杠杆法计算;当活载非对称布置时,可考虑按其他适当方法计算。在盖梁内力计算时,可考虑桩柱支承宽度对削减负弯矩尖峰的影响。

盖梁在施工过程中,荷载的不对称性很大,各截面将产生较大的弯矩,因此要根据当时的架桥施工方案,对各截面的受弯、受剪进行验算。

(3) 内力计算

公路桥桩柱式墩墩台的帽梁通常采用双悬臂式,计算时的控制截面选取支点和跨中截面。在计算支点负弯矩时,采用非对称布置活载与恒载的反力;在计算跨中正弯矩时,采用对称布置活载与恒载的反力。桥墩沿纵向的水平力以及当盖梁在沿桥纵向设置两排支座时,上部结构活载的偏心力对盖梁将产生扭矩,应予以计入。

桥台的盖梁计算,一般可不考虑背墙与盖梁共同受力,此时背墙仅起挡土墙作用。必要时也可考虑背墙与盖梁的共同受力,盖梁按L形截面计算。桥台耳墙视为单悬臂固端梁,水平方向承受土压力及活载水平压力。

(4) 配筋验算

盖梁的配筋验算方法与钢筋混凝土梁配筋类同,根据弯矩包络图配置受弯钢筋,根据剪力包络图配置弯起钢筋和箍筋。在配筋时,还应计算各控制截面扭矩所需要的箍筋及纵向钢筋。

9.2.5.2 墩台桩柱的计算

(1) 外力计算

桥墩桩柱的外力有上部结构恒载与盖梁的恒载反力以及桩柱自重;活载按设计荷载布置车列,得到最不利的荷载组合。桥墩的水平力有支座摩阻力和汽车制动力等。

桥台桩柱(包括双片墙式台身)除上述各力之外还有台后土压力、活载引起的水平土压力及溜坡主动土压力等。土压力的计算见桥规的有关规定。

(2) 内力计算

桩柱式墩台按桩基础的有关理论计算桩柱的内力和桩的入土深度。对于单柱式墩,计算弯矩应考虑两个方向弯矩的合力,纵、横方向弯矩合力值为:$\sum M = \sqrt{M_x^2 + M_y^2}$。

计算墙式台身内力时,应按盖梁底面、墙身中部、墙身底面、承台底面等分别进行内力计算和应力验算。

(3) 配筋验算

在最不利的内力组合之后,先配筋、再验算,验算方法按钢筋混凝土偏心受压构件计算。

9.2.5.3 铁路多线双柱式墩计算特点

多线铁路桥梁相对较宽，其采用双柱式墩是铁路桥墩轻型化的重要方向之一。这种桥墩尤其适用于地形复杂、山坡陡峻的山区铁路多线桥，此时左右两立柱取不等高度值，基础采用分离式明挖基础或嵌岩桩型式，以适应地形横坡的变化，减少基坑开挖数量，保持山体的稳定性。图 9.2.25 为国内某三线铁路上较多采用的不等高双柱墩的一般构造。

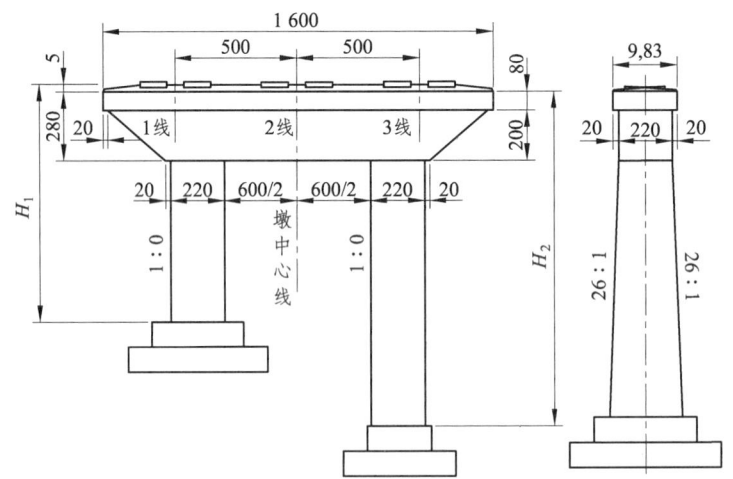

图 9.2.25　国内某三线铁路不等高双柱墩一般构造图（cm）

铁路双柱式墩一般作为空间刚架计算，荷载组合要考虑各轨线的分阶段架梁、分阶段运营等各种情况，可能的不利荷载组合有时达数十种，其他计算内容与公路柱式墩类似，兹不赘述。

思考与练习题

9.1　桥梁支座的作用主要表现在哪些方面？

9.2　桥梁支座的布置原则是什么？固定支座有哪些布置要求？

9.3　桥梁支座有哪些类型，各自的特点和适用范围是什么？

9.4　简述板式橡胶支座的工作原理，公路、铁路桥梁板式橡胶支座在构造上有何不同？

9.5　盆式橡胶支座有哪些优点？说明其工作原理。

9.6　桥墩一般由哪几部分组成？各部分的作用是什么？

9.7　何谓重力式桥墩？常用型式有哪些？各自适用于哪种桥位环境？

9.8　何谓轻型桥墩？主要有哪些类型？

9.9　简述柔性墩的工作原理及其作用。

9.10　简述柱式墩、桩柱式墩的构造特点及使用条件。

9.11　何谓重力式桥台？常用的型式有哪些？各适用于何种条件？

9.12　铁路桥台一般由哪些部分组成？以 T 形桥台为例。

9.13　简述轻型桥台的主要型式、各自的构造特点和工作原理。

9.14　桥墩上的作用荷载主要有哪些？铁路、公路桥墩验算一般采用哪几种活载布置方式？

9.15　桥台上的作用荷载主要有哪些？铁路、公路桥台验算一般采用哪几种活载布置方式？

9.16　简述桩柱式墩的设计计算要点。

参考文献

[1] 中交公路规划设计院有限公司. 公路钢筋混凝土及预应力混凝土桥涵设计规范：JTG 3362—2018[S]. 北京：人民交通出版社，2018.

[2] 中交公路规划设计院有限公司. 公路钢筋混凝土及预应力混凝土桥涵设计规范：JTG 3362—2018 [S]. 北京：人民交通出版社，2018.

[3] 中交公路规划设计院有限公司. 公路桥涵设计通用规范：JTG D60—2015 [S]. 北京：人民交通出版社，2015.

[4] 中铁工程设计咨询集团有限公司. 铁路桥涵混疑土结构设计规范：TB 10092—2017 [S]. 北京：中国铁道出版社，2017.

[5] 中国铁路设计集团有限公司. 铁路桥涵设计规范：TB 10002—2017 [S]. 北京：中国铁道出版社，2017.

[6] 郑健. 中国高速铁路桥梁[M]. 北京：高等教育出版社，2008.

[7] 赵人达. 大跨度铁路桥梁[M]. 北京：中国铁道出版社，2012.

[8] 姚玲森. 桥梁工程[M]. 3 版. 北京：人民交通出版社，2021.

[9] 邵旭东，等. 桥梁工程[M]. 5 版. 北京：人民交通出版社，2019.

[10] 雷俊卿，郑明珠，徐恭义. 悬索桥设计[M]. 北京：人民交通出版社，2002.

[11] 陈宝春，何福云，李聪，等. 美兰法与美兰拱桥技术发展综述[J]. 交通运输工程学报，2022，22（6）：1-24.

[12] 陈艾荣. 基于给定寿命的桥梁设计过程 [M]. 北京：人民交通出版社，2009.

[13] 中交路桥技术有限公司. 公路工程抗震规范：JTG B02—2013 [S]. 北京：人民交通出版社，2013.

[14] 范立础. 桥梁工程（上册）[M]. 北京：人民交通出版社，2017.

[15] 同济大学. 公路桥梁抗风设计规范：JTG/T 3360-01—2018 [S]. 北京：人民交通出版社，2018.

[16] 上海市政工程设计研究总院. 城市桥梁设计规范（2019 年版）：CJJ 11—2011 [S]. 北京：中国建筑工业出版社，2019.

[17] 北京市市政工程研究院. 城市人行天桥与人行地道技术规范：CJJ 69—95 [S]. 北京：中国建筑工业出版社，1996.

[18] 招商局重庆交通科研设计院有限公司. 公路桥梁抗震设计规范：JTG/T 2231-01—2020 [S]. 北京：人民交通出版社，2020.

[19] 中国铁道科学研究院铁道建筑研究所.铁路列车荷载图式：TB/T 3466—2016 [S]. 北京：中国铁道出版社，2017.

[20] 中交第一航务工程勘察设计院有限公司. 港口与航道水文规范：JTS 145—2015 [S]. 北京：人民交通出版社，2015.

[21] 中铁第四勘察设计院集团有限公司. 铁路无缝线路设计规范：TB 10015—2012 [S]. 北京：中国铁道出版社，2013.

[22] 中华人民共和国铁道部. 铁路工程抗震设计规范（2009年版）：GB 50111—2006 [S]. 北京：中国计划出版社，2009.

[23] 李亚东. 桥梁工程概论[M]. 成都：西南交通大学出版社，2020.

[24] 唐继舜. 铁路桥梁[M]. 北京：中国铁道出版社，2011.

[25] 占玉林，徐腾飞，姚昌荣. 城市轨道交通高架桥设计与施工[M]. 北京：科学出版社，2015.

[26] 强士中. 桥梁工程（上册） [M]. 2版. 北京：高等教育出版社，2011.

[27] 孙树礼. 高速铁路桥梁设计与实践[M]. 北京：中国铁道出版社，2011.

[28] 中交路桥技术有限公司. 公路沥青路面设计规范：JTG D50—2017 [S]. 北京：人民交通出版社，2017.

[29] 中交公路规划设计院有限公司. 公路水泥混凝土路面设计规范：JTG D40—2011 [S]. 北京：人民交通出版社，2011.

[30] 交通运输部公路科学研究院. 公路交通安全设施设计规范：JTG D81—2017 [S]. 北京：人民交通出版社，2017.

[31] 交通运输部公路科学研究院. 公路交通安全设施设计细则：JTG/T D81—2017 [S]. 北京：人民交通出版社，2017.

[32] 国家铁路局. 高速铁路设计规范：TB 10621—2014 [S]. 北京：中国铁道出版社，2015.

[33] 范立础，顾安邦. 桥梁工程[M]. 3版. 北京：人民交通出版社，2017.

[34] 葛俊颖. 桥梁工程[M]. 北京：中国铁道出版社，2007.

[35] 贾二虎. 满堂支架现浇连续梁桥施工技术分析[J]. 山西建筑，2018，44（20）：167-168.

[36] 刘文硕，戴公连，胡楠. 高速铁路中小跨径连续梁的设计[J]. 铁道科学与工程学报，2010，7（2）：45-51.

[37] 刘超群，李小年，杨孟刚. 连续梁悬臂法施工控制[J]. 铁道标准设计，2009（1）：57-60.

[38] 孟庆斌，王明慧，张桥，等. 悬臂浇筑连续梁墩梁临时固结及计算分析研究[J]. 铁道工程学报，2021，38（1）：72-75，90.

[39] 刘吉元. 铰接悬臂拼装连续梁剪力铰受力影响因素分析[J]. 铁道建筑，2022，62（9）：61-65.

[40] 张策，邵旭东，张阳. 超大跨径UHPC连续箱梁桥接缝设计及模型试验[J]. 土木工程学报，2015，48（4）：52-58.

[41] PENG X T，XIONG Y，WU Y，et al. The Alignment Control of Large-Span Continuous Beam Bridge Cantilever Construction Method[J]. Applied Mechanics and Materials，2013，351：1226-1230.

[42] 赵人达，张双洋. 桥梁顶推法施工研究现状及发展趋势[J]. 中国公路学报，2016，29（2）：32-43.

[43] 高光品，何乔东. 京张高铁土木特大桥连续梁墩顶转体施工技术[J]. 桥梁建设，2018，48（6）：1-5.

[44] 孙桂森. 大跨度连续梁转体施工的关键技术问题[J]. 工程建设与设计，2019（24）：170-171.

[45] 徐斌. 基于先简支后连续的高铁道岔连续梁设计研究[J]. 铁道工程学报，2022，39(2)：68-72，84.

[46] 沙嵩. 预应力混凝土连续箱梁桥梁结构设计分析[J]. 科技创新与应用，2021，11（28）：106-108.

[47] 王军文，石现峰，李建中. 预应力混凝土连续组合梁桥的收缩徐变次内力分析[J]. 公路交通科技，2003（5）：40-44.

[48] 杨阳，曹兴龙，崔建龙，等. 不同合龙方式对连续梁桥成桥状态的影响[J]. 铁道建筑，2014（5）：19-20，99.

[49] 田力. 预应力连续箱梁日照温差次内力、应力计算方法[J]. 甘肃科技，2006（11）：174-176，184.

[50] 张玉元，余剑搏，张元海. 考虑梗腋影响的箱形梁剪力滞效应分析[J]. 铁道学报，2020，42（11）：155-160.

[51] 蔺鹏臻,刘凤奎,冀伟,等. 变分原理分析混凝土箱梁的剪力滞效应[J].铁道学报，2013，35（2）：93-98.

[52] 张元海，白昕，林丽霞. 箱形梁剪力滞效应的改进分析方法研究[J]. 土木工程学报，2012，45（11）：153-158.

[53] 鲍永方,黄文彬. 矩形箱梁约束扭转理论的分析与比较[J]. 工程力学,1997(3):132-137.

[54] 张元海，刘泽翔，王晨光. 带悬臂板薄壁箱梁极惯性矩的合理计算方法[J]. 铁道学报，2019，41（8）：94-99.

[55] 中交公路规划设计院. 公路圬工桥涵设计规范：JTG D61—2005 [S]. 北京：人民交通出版社，2005.

[56] 郑皆连，等. 500米级钢管混凝土拱桥建造创新技术[M]. 上海：上海科学技术出版社，2019.

[57] 顾懋清，石绍甫. 公路桥涵设计手册：拱桥（上册）[M]. 北京：人民交通出版社，1997.

[58] 吉姆辛 J N. 缆索支承桥梁：概念与设计[M]. 北京：人民交通出版社，2002.

[59] 强士中. 桥梁工程（下册）[M]. 2版. 北京：高等教育出版社，2011.

[60] 张文明. 悬索桥设计理论和施工控制技术[M]. 北京：科学出版社，2021.

[61] 徐恭义. 大跨度铁路悬索桥设计[M]. 上海：上海科学出版社，2022.

[62] 严国敏. 现代悬索桥[M]. 北京：人民交通出版社，2002.

[63] 钱冬生，陈仁福. 大跨悬索桥的设计与施工[M]. 成都：西南交通大学出版社，1999.

[64] 广东汕头海湾大桥公司. 桥梁明珠：广东汕头海湾大桥工程总结[M]. 北京：科学出版社，1998.

[65] 刘白明，王邦楣. 斜拉桥手册[M]. 北京：人民交通出版社，2004.

[66] 林元培. 斜拉桥 [M]. 北京：人民交通出版社，2004.

[67] 沈锐利. 缆索承重桥梁[M]. 北京：人民交通出版社，2021.

[68] 廖朝华. 公路桥涵设计手册：墩台与基础[M]. 北京：人民交通出版社，2013.

[69] 金吉寅. 公路桥涵设计手册：桥梁附属构造与支座[M]. 北京：人民交通出版社，1999.

[70] 铁道部第四勘测设计院. 铁路工程设计技术手册：桥梁墩台[M]. 北京：中国铁道出版社，1997.

[71] 中国铁路桥梁史编辑委员会. 中国铁路桥梁史[M]. 北京：中国铁道出版社，1987.

[72] 李国豪，等. 中国土木建筑百科辞典：桥梁工程 [M]. 北京：中国建筑工业出版社，1999.

[73] 徐恭义，舒思利. 4座预应力混凝土板式加劲梁悬索桥的设计[J]. 桥梁建设，2003（3）：25-27.